厦门大学繁荣哲学社会科学计划项目"中国发展道路的理论与实践研究"资助

厦门大学马克思主义论丛

第4辑

红色文化与中国发展道路论文集

HONGSE WENHUA YU ZHONGGUO FAZHAN DAOLU LUNWENJI

白锡能 任贵祥 主编

中国社会科学出版社

图书在版编目（CIP）数据

红色文化与中国发展道路论文集／白锡能，任贵祥主编．—北京：中国社会科学出版社，2015.7
ISBN 978-7-5161-6601-7

Ⅰ．①红… Ⅱ．①白…②任… Ⅲ．①革命传统教育—中国—文集②中国特色社会主义—社会主义建设模式—文集 Ⅳ．①D642-53②D616-53

中国版本图书馆 CIP 数据核字（2015）第 160119 号

出 版 人	赵剑英
责任编辑	田 文　王艳春
责任校对	张爱华
责任印制	王 超

出　　版	中国社会科学出版社
社　　址	北京鼓楼西大街甲 158 号
邮　　编	100720
网　　址	http://www.csspw.cn
发 行 部	010-84083685
门 市 部	010-84029450
经　　销	新华书店及其他书店
印刷装订	三河市君旺印务有限公司
版　　次	2015 年 7 月第 1 版
印　　次	2015 年 7 月第 1 次印刷
开　　本	710×1000　1/16
印　　张	38.5
插　　页	2
字　　数	633 千字
定　　价	128.00 元

凡购买中国社会科学出版社图书，如有质量问题请与本社联系调换
电话：010-84083683
版权所有　侵权必究

《厦门大学马克思主义论丛》编委会

主　任　张　彦
副主任　白锡能
编委会成员（按姓氏笔画排序）

孔明安　白锡能　任贵祥　孙　麾　严书翰
吴　倬　吴潜涛　余　斌　张文喜　张有奎
张　彦　陈武元　陈振明　林东伟　林炎志
金民卿　周　凡　郑永廷　贺东航　徐进功

马克思主义是光荣和梦想的事业（总序）

马克思主义是"我们时代的真理和良心"，昭示着人类的命运和未来，因而是光荣和梦想的事业。

马克思主义是这个时代不可超越的理论视野。伴随工业革命、法国大革命和启蒙运动而兴起并取得对整个世界的支配和统治地位的资本主义及其根本原则，一方面显示出神奇的力量，带来难以想象的物质财富，另一方面又造成衰颓和物化的景象。浪漫主义和实证主义不能辩证地对待资本主义的症候和矛盾性，走向彻底否定或者彻底肯定的极端。马克思主义深刻洞察了资本主义的历史必然性和局限性，力求通过实践的变革实现人类的解放。二十世纪的人类历史是马克思主义的理论发展与实践探索的历史。完全可以说，不理解马克思主义，就不能理解人类的二十世纪。今天，随着全球化、信息技术的普及、航空航天技术、生态环境保护、文化冲突等诸多问题的凸显导致我们时代的面貌和主题与马克思的时代有很大不同，但从物质生产方式角度来讲，我们并没有根本性地超出马克思的视域，没有摆脱马克思批判对象的束缚，马克思主义依然具有不竭的生命力，依然是我们的旗帜和指南。

马克思主义具有与时俱进的理论品质。它不是书斋里的学问，而是革命斗争的学说，不是一经形成就凝固了的理论化石，不是冷冰冰的教条，不是封闭的体系，而是活生生的开放性理论。实践性是马克思主义的灵魂。从实践的观点出发，理论不是抽象存在的独立王国，不是自足的存在，而是深深扎根于现实生活之中，随着生活实践的变迁，理论的内容和形式必然也要或快或慢地发生相应的变化。马克思主义发展史，就是马克思主义理论依据革命实践的新变化新要求不断创新的历史。在新的世纪和新的时代条件下，真正坚持马克思主义就要不断发展马克思主义。这里要警惕和防范教条主义和实用主义的两种错误态度。教条主义者不顾马克思主义产生的具体条件，把马克思主义看作普遍适用的药方和公式；实用主义者不顾马克思主义的基本立场和原则，常以发展和创新的名义随意地修改不合自己主观需要的马克思主义科学论断，导致马克思主义的理论硬核软化了，马克思主义和非马克思主义的原则界限模糊了。这两种态度都违背了马克思主义的根本精神和实践原则。

马克思主义对中国具有特殊的重要意义。它是中国近代以来历经种种艰难的探索和苦难的洗礼才寻找到的救亡图存的真理。在马克思主义的指引下，中华儿女经过28年的浴血奋战，有了一个全新的中国，又经过近30年的对社会主义建设的摸索，终于走上改革开放的康庄大道。中国特色社会主义道路的开创和取得的伟大成就，离不开马克思主义的引领。目前，国际形势复杂多变，国内各种矛盾凸显，中国如何在马克思主义真理光芒的照耀下依然高举中国特色社会主义伟大旗帜，顺利实现社会主义现代化和中华民族伟大复兴的壮丽事业，这是摆在富有社会责任感和历史使命感的知识分子面前的一道难题。破解难题的关键在于，从中国国情出发，努力实现马克思主义和中国实际相结合，不断推进马克思主义中国化。

厦门大学与中国共产党同年诞生，具有马克思主义研究的光辉历史和优良传统，是我国早期研究和传播马克思主义的重要阵地之一，曾经涌现出以王亚南（最早的《资本论》中文全译本的翻译者之一）为代表的一大批马克思主义理论家。秉承厦大马克思主义理论研究的历史传统和精神追求，我们拟定《马克思主义论丛》的出版计划。根据计划的安排，马克思主义学院、马克思主义与中国发展研究所每年主办或承办一次马克思主义理论方面的全国性或国际性学术研讨会，会后把会议论文集纳入《论丛》出版。

《论丛》的目的在于搭建交流的平台，推进马克思主义在新的历史时期的理论创新，彰显马克思主义的当代意义，进而助益于改革开放和中国特色社会主义伟大事业的顺利前行。

编者

2013年4月

目 录

专题一 红色文化的历史与理论问题研究

红色文化传承与理想信念教育 …………………………… 金民卿(3)
党史文化研究的"新文化史"视角 ………………………… 郭若平(12)
延安时期马克思主义时代化及其基本经验 ………………… 吴 炜(25)
试论红色文化的内涵 …………………………… 邓如辛 周宿峰(37)
毛泽东——中国红色文化发展的灵魂、脊梁和路径的
　　奠基者 …………………………………………… 谭献民(45)
论江西红色廉政文化的基本形态 ………………… 王 员 肖 洁(52)
论红色资源与马克思主义大众化 ………………… 张泰城 肖发生(61)
革命战争时期民间祭祀革命烈士的文化记忆 ……………… 钟健英(72)
关于红色文化负面研究的一些思考 ………………………… 曹春荣(79)
红色文化与当代中国社会主义先进文化建设 ……………… 曹开华(86)
早期红色革命传播中的群众意识
　　——以1927—1937年中共在上海的出版活动为例 …… 杨卫民(95)
红色文化与群众路线的价值契合及启示
　　——以闽西红色文化为例 ………………… 吴文春 张雪英(114)
正确把握党史文化的几个要点略谈 ………………………… 赵秀华(125)
救亡语境下启蒙思潮的中国化转型及其运行困境
　　——以新启蒙运动为中心 ………………………… 庞 虎(136)

专题二　红色文化的传承与实践问题研究

东北地区红色文化的教育与传承 ………… 陈松友　巩瑞波(157)
论红色文化传承的规律 ………………………… 郑　洁　陈一樟(164)
简论新中国成立初期艰苦奋斗教育的基本
　　经验 ……………………………………… 孙炳芳　赵　昭(171)
红色文化的意识形态价值探析 ……………………… 李　丽(178)
论黑龙江红色文化的传承与创新 …………………… 贺彦凤(185)
《中国近现代史纲要》与社会主义核心价值观的
　　培育 ………………………………………………… 黄延敏(192)
依托海西红色资源创新高校思想政治教育
　　——基于1300名大学生的调查 ………… 骆文伟　詹芬萍(200)
"中国梦"视野下的高校苏区精神主题教育探析 ………… 谢　彪(213)
南下干部与延安革命经验的实践和推广
　　——以党的群众路线为例 ………………………… 刘立振(220)
当代大学生红色文化认同及其路径研究 …………… 周艳红(228)
党史文化产品的传承与创新
　　——以1956年浙江昆苏剧团《十五贯》进京演出
　　　为例 …………………………………… 王文军　李　玲(237)
当代大学生红色文化教育的现状及可能性路径
　　探析 ………………………………………………… 毕昌萍(246)
浅谈如何走出我国"红色文化"传播的误区 ………… 陈沭岸(255)
陕西红色文化资源在高校思政教育中的作用及应用的
　　思考 ………………………………………………… 谷　曼(263)
以用为本：新时期传承延安精神的活力所在 …… 谢霄男　李　净(270)
浅论海南国际旅游岛建设中红色文化资源的开发利用
　　——基于红色文化的德育视角 …………………… 何宏米(278)
文化发展成果共享视域下红色文化共享的思考 …… 苗瑞丹(284)
弘扬苏区精神，加强党的作风建设 ………………… 罗礼太(294)

专题三 中国发展道路问题研究

中国发展道路的经济路径与缘由 …………………………… 董志凯（309）
中国向社会主义转变的理论与实践的历史考察 …………… 庞　松（322）
三线建设对中华民族携手共圆中国梦的启示 ……………… 郑有贵（337）
生态文明解读与制度建设分析 …………………… 刘　燕　黄寿松（346）
试论邓小平协商民主思想 …………………………………… 王　骏（355）
毛泽东的问题意识与中国梦 ………………………………… 王盛泽（365）
发展中国特色社会主义要处理好其道路、理论和
　　制度的关系 ……………………………………………… 吴克明（373）
民族院校大学生认同中国特色社会主义的路径
　　选择 ……………………………………………… 张　琳　成　媛（381）
20世纪末21世纪初中国共产党对农村社会
　　多元性政治整合分析 …………………………………… 孔繁金（391）
论掌握意识形态话语权的当代价值 ………………………… 葛彦东（399）
唯物史观视域下中国特色社会主义道路的历史
　　现象学分析 ……………………………………………… 魏忠明（409）
十六大以来党的历次代表大会文化建设的理论
　　创新研究 ………………………………………………… 李贵忠（417）
中国近现代的现代化道路选择及启示 ……………………… 李宏斌（425）
中国特色社会主义道路的世界意义 ……………… 夏静雷　张　娟（437）
力量转移与中国道路 ………………………………………… 张艳涛（444）
理解"道路自信"的三个维度 ………………………………… 刘洪刚（450）
习近平"劳动美"思想是对马克思主义的
　　新贡献 ………………………………… 李仙飞　吴　茜　陈盼盼（457）

专题四 中共党史其他问题研究

农村包围城市道路研究中的难点
　　——《毛泽东给林彪的信》是否有了农村中心思想 … 刘晶芳（473）
《才溪乡调查》的历史价值与党的群众路线的继承 ……… 蒋伯英（482）

中国革命道路理论的历史考察和现实启示·········傅柒生 赖文燕(490)
以闽西为核心的福建中央苏区的形成及历史贡献··········苏俊才(500)
论毛泽东对"第三次'左'倾路线"的认识发展 ·············郭圣福(511)
试论苏州"五卅路"的修筑起因与资金来源
  ——兼与退款筑路说之商榷················许冠亭(526)
中央苏区时期邓小平的人格魅力·················黄惠运(533)
新中国成立前夕党对纯洁性建设的探索与启示··········李朝阳(542)
革命精英、底层民众与政治动员:万源保卫战取胜之道 ···李万斌(551)
论中国共产党统一战线的同心圆模型特征
  ——兼论马克思主义大众化················谭 毅(567)
中央苏区时期中国共产党反腐败斗争的历史经验及启示 ···张中国(574)
论苏区时期毛泽东对群众路线的探索·············陈再生(581)
抗战时期台湾同胞在福建的抗日活动··············周雪香(590)
"红色文化与中国发展道路"学术研讨会综述 ·············吴 茜(602)

 后记 ··(606)

专题一

红色文化的历史与理论问题研究

红色文化传承与理想信念教育

金民卿

中国共产党在领导人民革命建设改革发展的历史进程中，创造了内涵丰富、积淀深厚的红色文化。红色文化构成了中国共产党人文化创造的深厚积累，奠定了中国共产党执政地位合法性的文化基础，产生了持久的文化影响力，不仅是马克思主义中国化实践发展和理论创新的精神动力，而且是当前加强理想信念教育的重要资源。

一 红色文化是红色文化历史、符号和意义的统一体

从文化学的角度来看，文化是活动、符号、意义的统一。活动是文化的过程，符号是文化的载体，意义是文化的本质。从最广泛的意义上说，文化就是人类在自己的生存实践中所创造的被人类赋予一定意义的符号，这些文化符号与人类生存实践休戚相关。在某种程度上说，人类世界就是一个符号的世界。人们每天都在创造和接触着各种各样的文化符号，诸如文学、绘画、音乐、学术作品，诸如休闲、娱乐、消遣活动，诸如服装、建筑、商场等人造物体样态等，都可以作为文化符号、作为文化分析的文本来看待、来理解、来分析。文化分析和研究首先要对各种文化符号进行收集、整理、分析，离开了符号，也就失去了文化存在的载体，这也是文化研究借重于符号学方法论的基本原因。文化同时作为过程而存在，它更主要是一系列逻辑展开的意指实践过程；文化产品不是纯粹的客观物，而是承载着人类价值指向、生命感受和对社会的理解的人造成果，内在地表征着人类的生存体验和意义追求，文化的生成过程实际上是人类把自己对世界的各种理解附着于一定符号产品的

意义赋予过程和意义表征过程，而文化传播、接受、反馈则是一个更漫长、更复杂的文化意义传递和实现过程。进一步地说，文化在本质上作为意义而存在，文化的意义是人所赋予的，人是文化意义的真正生成者、赋予者、传播者和接受者，对文化意义的分析归根到底也就是对人的分析，对文化过程中不同人的不同角色、地位、作用的分析。人不是抽象的概念性存在物而是在现实社会中生存的实践性存在物，研究文化的变迁、类型、特征、结构必然要研究社会的变迁及其对人类生存实践的影响，研究社会变迁中人类的生存矛盾、情感诉求和文化取向，正是这些内容构成了文化的深层次意义。①

红色文化是红色文化历史、红色文化符号与红色文化意义的有机统一体。从特定的意义上说，我们在这里讨论的红色文化，主要是指中国共产党带领中国人民在革命建设、改革和发展的过程中所积累下来的优秀文化。红色文化作为一种特殊形态的文化系统，具有鲜明的意识形态色彩，具有先进性、人民性等鲜明特征，包含着深刻的价值观内涵，构成了中国共产党人文化创造的深厚积累，奠定了中国共产党执政地位合法性的文化基础，产生了持久的文化影响力，对于当代人的政治思想和理想信念有着强大的导向性和引领作用。

自成立以来，中国共产党人前赴后继、一脉相承地领导人民，完成了新民主主义革命，成立了新中国；完成了社会主义革命，实现了中国历史上最伟大的历史变革，建立了社会主义制度，开始社会主义建设的艰辛探索；领导开展了波澜壮阔的改革开放和社会主义现代化建设，开创了中国特色社会主义伟大事业，日益接近实现中华民族文化大复兴的中国梦。这一切构成了以中国共产党和中国人民为主体的红色文化实践历史。在这些红色文化实践的过程中，涌现了无数革命先烈和时代英模，形成了无数红色历史遗产和各种具有标志性意义的红色文化遗迹，它们共同构成了红色文化的符号系统。这些红色文化历史和符号的背后，是中国共产党人始终不渝地坚持的马克思主义科学理论和共产主义的远大理想，是中国人民矢志不移地追求的国家富强、民族振兴和人民幸福的坚定信念，是为着理想信念不懈奋斗的价值追求和精神境界，这些都构成了红色文化的深层意义。

---

① 金民卿：《现代移民都市文化》，海天出版社1996年版，"前言"及第一章。

在当今的时代条件下，我们学习和弘扬红色文化，就要把红色文化历史、红色文化符号和红色文化意义有机结合起来，追溯、学习和研究红色实践历史，收集、完善和学习红色文化符号，体会、弘扬和践行红色文化意义。不应该把红色文化符号、红色文化历史、红色文化意义割裂开来，脱离了文化符号的红色文化精神就会陷入意义的抽象化，成为飘荡的灵魂；脱离了历史实践和文化精神的红色文化符号就会陷入碎片化，成为失去灵魂的符号堆积；脱离了文化符号的红色文化历史和精神，则很容易在新的时代条件下被人们忘却或篡改。

二 红色文化传承的核心是红色文化精神的传承

中国共产党在革命建设改革的过程中，把自己坚持的理论、坚守的信仰、追求的理想对象化和具体化，转换成为具体的、生动的实践精神，实现坚定理想信念和科学理论指导向实践理念的转化，红色文化意义向红色文化精神的转化。

近百年来，中国共产党在领导人民进行革命建设改革发展的历程中，积累了内涵丰富、具有不同时代特点的红色文化精神，诸如井冈山精神、苏区精神、延安精神、西柏坡精神、雷锋精神、焦裕禄精神等。[①] 这些红色文化精神作为红色文化意义和红色文化符号的统一体，直接体现在红色实践当中和时代英模身上，对人们产生了形象性的、时代性的和持久性的感召力。这些红色文化精神作为中华民族精神不可分割的内在组成部分，是马克思主义中国化实践的内在精神支撑，融汇到中国化马克思主义的理论体系当中，已经成为中国共产党和中国人民弥足珍贵的优良传统。在新的历史条件下继承和发展红色文化，其核心就是要传承红色文化精神。

中国共产党历来高度重视红色文化建设，总结红色文化精神，保护红色文化遗迹，收集红色文化遗存，建设红色文化场馆，出版红色文化书籍，组织大型纪念活动，举行红色文化会议，开辟红色文化旅游，拍摄红色文化影视，等等。现在，这一切都已经构成了一个红色文化的传

---

① 李小三：《中国共产党人精神研究》，中央文献出版社2008年版，对中国共产党人的红色文化精神做了比较全面的阐述，尤其是该书第三章和第四章。

承系统，成为当代中国主旋律文化的重要内容。

但是，在红色文化建设、宣传中也出现了一些值得关注的问题，这些问题集中体现在红色文化符号和红色文化精神之间的分离，导致了红色文化精神难以得到很好的传承。

一是红色文化符号形式化，忽略红色文化意义。一些作品把红色文化符号高大全化，脱离了人民群众的生活感受和体验，使红色文化精神抽象化，难以引起人们的关注和兴趣，甚至成为笑谈的对象，例如一些抗日神剧中的英雄形象，完全脱离了当时的历史条件，成为无所不能的传奇，看似抬高了英雄而实际上则是损害了英雄。一些地方只注意符号本身的完善和表达，只注重纪念场馆建设、形象打造、设施安排，这样的红色文化建设已经沦为形象工程，忽略了符号背后的文化意义和精神内涵。另外一些情况则是忽略了红色文化符号的保存和建设，有的地方本来是红色文化精神的发源地或重要的精神起点，但是缺乏有效的保存和保护，很多红色文化遗迹难以找到，出现了红色历史的断裂，失去了红色文化精神的载体和依据，使人们在这些地方难以体会到红色文化精神的价值。

二是红色文化符号低俗化，贬低了红色文化意义。把红色文化符号进行贬低、贬损、毁坏，在去符号的同时去意义、去精神。例如，一些以红色文化历史和符号为主题的作品，颠覆和摧毁中国共产党领导下的八路军、人民解放军的形象，把中国共产党的将领编造成为满口粗话、不守纪律、粗俗不堪的形象，甚至横行霸道、装疯卖傻。这就把红色文化符号和红色文化精神割裂甚至对立起来，出现了符号与精神的严重分离，人们在看了这些作品之后对红色文化精神的敬畏之情顿失，甚至导致了对红色文化精神的抵制和蔑视。一些地方在开发红色文化旅游的过程中，把红色文化同各种编造的故事混为一谈，故意加入一些迎合现代游客兴趣的打诨插科的故事，甚至捏造一些革命历史人物的风流韵事或封建迷信的东西，把高尚、纯洁的红色文化精神埋葬在低俗当中，冲淡甚至消解了红色文化意义。

三是红色文化现代化，脱离了红色文化历史，改造了红色文化精神。打着还原历史、使英模人物人性化的旗号，按照当代人的价值认知和文化趣味，刻意把红色文化符号现代化，给历史人物、历史遗迹，附着上过多的现代元素，重新塑造历史上形成的文化符号，在抽象掉红色文化符号历史内涵的同时剥离了符号背后的意义，在改造红色文化符号的过程中改造了红色文化意义。例如，对于张思德、雷锋、焦裕禄等历史人物刻意进行现代化包装，把诸多现代人的精神感受和价值追求附着到历史人物身上，把个性张扬、锐意创新等现代元素加进雷锋精神、焦裕禄精神之中，而他们身上的那种坚定的共产主义信念、无私奉献的精神等则被掩盖，这些英模人物似乎生活在改革开放时代而不是革命或建设年代，人们长期认同的红色文化精神也失去了本色。

四是红色文化工具化，冲淡了红色文化的教育功能。在社会主义市场经济条件下，借助于经济手段来推动红色文化建设，借助红色文化推动经济发展，实现红色文化资源和经济资源的良性互动，这是一个合理的选择。但是，一些地方打着红色文化建设的旗号，搞单纯的利润追逐，把红色文化变成了经济建设的工具和利益追逐的载体，借助保护红色文化搞市场开发、房地产开发，把红色文化遗产淹没在高楼大厦之中，甚至挤占了红色文化保护的区域。一些地方以红色旅游的名义大搞旅游开发，使红色文化沦为挂靠的角色。人们到这些地方听到、看到的，更多是利润增长、经济开发的数据展示，而不是红色文化历史和精神的介绍。

这些现象对于红色文化建设、红色文化精神传承形成了很大的冲击，不仅影响到当代人对红色文化的认知，而且对红色文化本身产生了强大的消解效应，必须引起人们的关注和警惕。

三 充分发挥红色文化在理想信念建设中的作用

理想信念对于个人和社会是至关重要的。从个人角度来说，理想信念是关系到生死问题的终极判断，能够产生巨大的目标牵引力量。人们一旦确立某种高尚的理想信念，个体生命就能够超越自我而同群体生命联系在一起获得集体化存在，有限的个人生命也就同某种未来的目标联系在一起获得持久性意义。由此，个人的理想信念实际上也就是一个人的精神依托和生命归宿。从社会角度来说，理想信念是生活在这个社会中的群体对未来社会发展方向和目标的一种共同意志和思想共识，能够形成强大的社会凝聚力量和精神维系力量，当一个社会确立了共同的理想信念，就能够产生强大的实践发展合力。缺乏理想信念的个人很容易走向极端个人主义,缺乏理想信念的社会则往往陷入无政府主义状态而难以自拔。

中国共产党人历来高度重视理想信念建设,始终把马克思主义科学理论、共产主义远大理想、民族国家的独立富强和广大人民的幸福生活,作为最根本的价值追求和精神动力。毛泽东历来高度重视用马克思主义理论来武装头脑、凝聚力量,用共产主义理想信念来教育群众形成共识。早在1920年,他就明确提出,一个政治组织要成为主义的结合而不仅仅是个人情感的结合,必须要用共同信仰的主义把大家凝聚成一个团结战斗的集体,"主义譬如一面旗子,旗子立起了,大家才有所指望,才知所趋赴"[1]。在领导党和人民进行革命和建设的过程中,他反复强调马克思主义的理论指导和共产主义的理想武装,"应该扩大共产主义思想的宣传,加紧马克思列宁主义的学习,没有这种宣传和学习,不但不能引导中国革命到将来的社会主义阶段上去,而且也不能指导现时的民主革命达到胜利"[2]。无数革命志士和时代英模,把个人生命同民族振兴、国家富强、人民幸福联系起来,把共产主义理想信念作为人生奋斗的旗帜和方向,在敌人屠刀面前无所畏惧,在艰难困苦面前决不后退,为着自己的理想信念奋斗不止。邓小平评价刘伯承的话代表了一大批革命志士的共同特性,"为实现自己的信仰鞠躬尽瘁,万死不辞。从他接受马克思主义、参加中国共产党那一天起,从民主革命时期到社会主义革命和建设时期,从战争年代到和平年代,从指挥作战到治学办校,顺境也好,逆境也好,无论何时何地,客观环境有什么变化,他始终是把自己的一切贡献于、服从于党的需要,把自己融合于党的事业之中,毫无个人荣辱得失的考虑,真正达到了忘我的境界"[3]。正是靠着对马克思主义理论、共产主义理想的坚定信念,中国共产党领导全国人民,取得了革命建设改革发展的伟大胜利,这些胜利是共产主义和社会主义在中国的胜利,是马克思主义在中国的胜利,正如邓小平所指出的,"对马克思主义的信仰,是中国革命胜利的一种精神动力。建国以后……我们解决吃饭问题,就业问题,稳定物价和财经统一问题,国

---

[1] 《毛泽东早期文稿》,湖南人民出版社2008年版,第497页。
[2] 《毛泽东选集》第2卷,人民出版社1991年版,第706页。
[3] 《邓小平文选》第3卷,人民出版社1993年版,第188—189页。

民经济很快得到恢复，在这个基础上进行了大规模经济建设。靠的是什么？靠的是马克思主义，是社会主义"。① 如果离开了马克思主义指导，离开了对马克思主义和共产主义的充分信仰和坚定信念，中国革命就搞不成功，中国的社会主义事业也不能兴旺发达。

然而，我们必须正视的是，当前中国社会的理想信念状况存在着严重的问题。第一，理想信念的缺失。马克思主义、共产主义的理想信念遭到了巨大冲击。一些人提出所谓的马克思主义多元化，弱化马克思主义的信仰力量；一些学者对马克思主义理论研究和教学持以消极态度，而对西方的意识形态、制度模式、理论体系、学术话语极为推崇，一些青年学生深受影响；以雷锋、焦裕禄等为代表的共产主义道德模范，在一些影视作品和网络文化中被严重"污名化"，打着"去神化""还原真实"的名义，去掉模范典型身上的精神光辉和理想要素，把长期在人们心目中形成的纯洁高尚的精神形象刻意还原为形同常人的世俗形象，这是一种摧毁理想信念的有效手法。第二，价值观的混乱。一些电视台在宣传社会主义核心价值观方面严重不够，相反却充斥着大量的鉴宝、消费类节目，宣扬投机发财、奢靡消费的价值观，极大地冲击尊重劳动、尊重创造的社会主义价值观。大量的征婚、相亲类节目，以及低俗、庸俗、恶俗节目，宣扬所谓的富二代生活方式和婚嫁标准，把试婚、婚前同居等宣传为主流生活方式，严重冲击中华民族传统优秀道德，对不良的人生观、价值观、利益观和社会风尚的滋长、蔓延起了推波助澜作用。由此，消费主义、享乐主义、实用主义、极端个人主义等价值观获得了发酵的土壤，在社会上蔓延。第三，优秀传统的颠覆。一些影视作品用抽象的人性论颠覆革命英雄主义的价值观，用历史虚无主义手法对革命英雄进行重塑，对一些历史上的反动人物进行平反，出现了"反面人物正面化"、"反动人物中性化"、"正面人物流氓化"的情况，中国共产党及其革命领袖、英雄人物往往成为嘲弄的对象，而袁世凯成了推动民主共和的英雄，国民党的将军都是遵守纪律、重礼诚信的典型，甚至连秦桧也被美化为值得同情和赞扬的人物，这实际上就是对中国历史特别是近现代史和优秀价值观的颠覆和摧毁。

出现这种情况的原因很多，归纳起来主要有如下几个方面。第一，

---

① 《邓小平文选》第3卷，人民出版社1993年版，第63页。

错误认识现实矛盾。中国社会正在经历的全方位的社会转型，是在社会主义制度下、中国共产党领导下、马克思主义特别是中国化马克思主义指导下进行的。一些人在转型期的矛盾面前，往往把矛盾归结为社会主义制度的"不合理"、党和政府的"不作为"、马克思主义的"指导不灵"，从而对马克思主义失去信仰，对共产主义和中国特色社会主义失去信念，对党和政府失去信任，对改革开放失去信心。第二，经济市场化的过度蔓延。一些人把市场经济的规则无限蔓延到政治文化社会领域，造成过度市场化，单纯以物质积累作为判断改革成败的标准，以财富多少作为价值判断的标准，造成了物质主义、消费主义、实用主义思想膨胀。高等教育过度产业化、实用主义化情况严重，某些高校只注重招生数量、抢占生源，只看重实用专业和技能教育，忽视了理想信念教育和人生观、价值观教育。第三，文化领域的过度产业化。一些地方和部门过度强调文化的产业化、市场化，强调文化的经济价值而忽视了社会价值，过度渲染文化产品的娱乐消费功能而忽视了它的价值观引领功能；一些地方以文化体制改革的名义甩包袱，对公共文化服务投入不够，使文化单位为生存、为经济效益而被逼庸俗、媚俗，而健康、高品位的文化产品也因文化单位缺乏资金难以出现。

信仰体系的丧失是最大的忧患，理想信念的动摇是最大的动摇。当前中国社会尤其是党员干部的理想信念状况，已经引起中国共产党的高度关注和重视。党的十八大报告特别强调，要坚定理想信念，坚守共产党人精神追求，报告明确提出"对马克思主义的信仰，对社会主义和共产主义的信念，是共产党人的政治灵魂，是共产党人经受住任何考验的精神支柱"。习近平同志也多次强调，"革命理想高于天"，理想指引人生方向，信念决定事业成败，理想信念坚定，骨头就硬，相反则会得软骨病，进而导致政治上变质、经济上贪婪、道德上堕落、生活上腐化。[①]

红色文化同中国共产党人的理想信念有着内在统一性。中国共产党人理想信念的核心，就是对马克思主义科学理论的坚定信仰，对社会主义和共产主义远大理想的坚定信念，对中国特色社会主义伟大事业的坚定信心。这些核心内容与不同的时代特点结合起来，展示为不同时代的

---

① 中共中央宣传部编：《习近平总书记系列重要讲话读本》，学习出版社、人民出版社2014年版，第159—161页。

红色文化历史，凝结为不同时代的红色文化精神，形成了不同时代的红色文化符号，成为中国共产党人理想信念的具体性体现和形象化样态，对于当代人具有强大的形象感染力、精神吸引力和行动感召力。在理想信念教育中充分运用红色文化，能够增加教育的示范性、形象性、故事性和体验性，避免了单纯进行思想政治教育的空洞性和说教化。这也正是我们在新的历史条件下深入研究、宣传红色文化的根本意义所在。

（作者单位：中国社会科学院马克思主义研究院马克思主义中国化研究部）

党史文化研究的"新文化史"视角

郭若平

对党史文化的研究,是党史学界近来开发出来的一个重要研究领域,它已构成中共历史学的一个重要组成部分。对党史文化如何界定,学界尚无统一的意见,但无论如何,党史文化既是一种历史行为,也是一种研究对象。现在需要做的是,如何在理论与方法上,寻求研究范式的进步,使党史文化研究水平得到进一步提高。在各种研究方式中,引入以"新文化史"命名的理论与方法,对党史文化研究而言应该是适时而有益的。新文化史是当今国际史学界的一种学术潮流,其中的研究观念及其具体方法,对党史文化研究在学术创新方面,是一种可供借鉴的理论资源。

一 新文化史意欲何为?

新文化史对深化党史文化研究到底能够起何种作用,主要取决于新文化史相关理论与方法是否适应于党史文化研究试图解决的问题,同时还取决于新文化史的研究方式是否具有可运用性。那么,新文化史具备何种研究特征呢?这里可以以新文化史经典成果作为一种分析坐标。

1963年,英国马克思主义思想家 E. P. 汤普森的巨著《英国工人阶级的形成》出版,书题"形成"这个概念用语,透露出这样一种历史意识:"工人阶级"的产生,已不能用计量来确定,最精巧的社会学论证,也编织不了"工人阶级"的存在图形,"工人阶级并不像太阳那样在预定的时间升起，它出现在它自身的形成中"。① 这种观念一旦上升为一种历史认知方式，就意味着一个观察视角的诞生。对于现代社会阶级出现的历史分析，不能简单地借助社会学式的生产规模的扩展、职业分工的增加、劳动者数量的增长等来认定。相反，阶级的出现是一种历史现象，它"出现"在一定的历史关系之中。这种历史关系是由个体劳动者生产生活的"经历"和阶级意识的"觉悟"所构成。"经历"和"觉悟"是阶级的"形成"要素。就"经历"而言，"当一批人从共同的经历中得出结论（不管这种经历是从前辈那里得来还是亲身体验），感到并明确说出他们之间有共同利益，他们的利益与其他人不同（而且常常对立）时，阶级就产生了。"就"觉悟"而言，"阶级觉悟是把阶级经历用文化的方式加以处理，它体现在传统习惯、价值体系、思想观念和组织形式中"。② 在汤普森看来，这种"经历"与"觉悟"既是一种文化现象，也是在一定的生产关系之中被确定的，阶级只能在复杂的生产关系中"形成"，它不能被误解为是一个固定的"东西"，可以用数学方法来精确测定，马克思也从来没有这样认为过。因此，如果将阶级的"形成"过程中的"经历"与"觉悟"，简单地看成是被外在力量揭示出来的，以为经过这种揭示，阶级就出现了，那只不过是理论上的想象，而不是现实中的存在。

实际上，马克思在《路易·波拿巴的雾月十八日》中，曾对阶级的"形成"作过一个比喻，称波拿巴王朝的法国小农如果只是处在"同名数简单相加形成"的关系之中，那么，这就犹如把一个个马铃薯集成一麻袋，并不能代表什么。但是，"数百万家庭的经济生活条件使他们的生活方式、利益和教育程度与其他阶级的生活方式、利益和教育程度各不相同并互相敌对，就这一点而言，他们是一个阶级。而各个小农彼此间只存在地域的联系，他们利益的同一性并不使他们彼此间形成共同关系，形成全国性的联系，形成政治组织，就这一点而言，他们又不是一个阶级"。③ 显然，"生活方式""利益""教育程度"等要素，并非仅仅是物质性的，它同时是文化性的。因此，阶级的"形成"需要有这

---

① [英] E. P. 汤普森：《英国工人阶级的形成》（上册），钱乘旦等译，译林出版社2001年版，"前言"第1页。
② 同上书，"前言"第1—2页。
③ 《马克思恩格斯选集》第1卷，人民出版社1995年版，第677页。

些文化性的经验"经历",并且在这种"经历"中,"觉悟"到彼此间具有某种广泛的政治性"共同关系",这时,阶级的"形成"才能够成为现实。当这种认知被历史解释介入之后,显然是在提示,仅仅是一些群体或阶层的存在,尽管同样是一种经济活动的存在,并不足以构成阶级,阶级的"形成"还需要具备相应的文化前提。汤普森认为"阶级是社会与文化的形成,其产生的过程只有当它在相当长的历史时期中自我形成才能考察,若非如此看待阶级,就不可能理解阶级"。① 汤普森所论与马克思的分析,实有相符之处,这是他的历史理论被称为"文化马克思主义"的由来。

汤普森的这种文化分析视角,日后成为新文化史研究的共同灵感。但这并不是说,汤普森的研究范式,是新文化史研究独一无二的来源。在汤普森之后的三四十年间,新文化史有了长足进展,以至于时至今日虽然有人提出"超越"的建言,但其仍是历史研究领域的主流之一。对于这场国际性的学术运动,尽管还不能够对其作出统一可接受的定义,但有论者概括其中的基本特点,认为新文化史"一方面,它注重考察历史中的文化因素和文化层面,也就是说,历史学的研究对象和研究领域从以往偏重于政治军事或经济社会等方面转移到社会文化范畴之内;另一方面,它提出用文化的观念来解释历史,新文化史在方法上借助了文化人类学、语言学、文化研究等学科的理论与方法,通过对语言、符号、仪式等文化象征的分析,解释其中的文化内涵与意义"。② 新文化史无疑要研究文化现象,但作为一种史学理论,新文化史追问的不是"文化"现象是什么,而是"文化"本身成为什么,尽管后者往往需要借助前者得到表达。

新文化史家彼得·伯克强调:"在某种意义上,新文化史所遵循的是一种新的'范式'。"③ 所谓的"新",主要是指有别于以布克哈特为代表的古典文化史、以法国年鉴学派"结构"社会史分析为主的"新史学"以及简单化处理经济基础与上层建筑二元结构关系的经济社会史

---

① [英] E. P. 汤普森:《英国工人阶级的形成》(上册),钱乘旦等译,"前言"第4页。
② 周兵:《新文化史:历史学的"文化转向"》,复旦大学出版社2012年版,第2页。
③ [英] 彼得·伯克:《什么是文化史》,蔡玉辉译,北京大学出版社2009年版,第57页。

等。尽管新文化史本身从这些历史研究理论中汲取过不少的思想养分，但新文化史突破了以往那种将文化置于历史观察被动地位的分析模式，而将文化的存在看成是历史变迁的决定性要素之一。所谓的"范式"，就是这样一种历史方法——"这种方法不是把文化简化为对社会的反映或上层建筑"①。

假如将对历史的叙述、阐释、分析、观察等技术手段，视作一座史学心智的瞭望台，那么，在新文化史心仪的广袤历史空间，叙述、阐释、分析、观察等瞭望视野，就不仅仅只有经济、政治等传统通道，以此相对应的文化通道俨然跃升为历史再现的自足性阐释手段。文化自足性阐释一旦在历史研究中居主导地位，那就意味转换了历史问题的思考方式，文化不再屈从于经济、政治等的绝对命令，而是转身走向独自的阐释原野。由此一来，文化要素在经济与社会中的位置，就不是简单被动地处在"反映"的层面上；相反，正如新文化史家林·亨特所强调的那样，"经济和社会关系并不先于或决定文化关系，它们本身就是文化实践与文化生产的场所——对文化生产的解释是不能从文化外经验维度推论出来的"。② 按照这种认知，显然可以推导出一种历史观念，这种历史观念认为，任何一种文化实践尽管必需在经济和社会关系这样的"场所"中生产，但是，这并不意味经济和社会关系之于文化实践就享有优先权，不仅如此，文化实践反而能够塑造经济和社会关系，能够改变社会经济生产的状态。新文化史的核心历史意识，就是确认文化具有解释历史变迁的功能。

尽管按照通常的见识，文化生产存在于一定的经济社会关系中，因此，一旦文化成为解释历史的主导要素，似乎颠覆了文化生产与经济社会的主仆关系，继而推论出历史解释客观性的丧失，但是，这恰是出自于对历史认识的误解。在新文化史的历史观念中，社会经济关系已经先在地制约着文化要素的作用，文化要素的历史自主功能，是建立在这种历史本体基础之上的，所谓"承认'客观性'自身实际上已成为了历史，而历史学家们恰好被委托去书写它"③ 正是此意。如果不是如此，

---

① [英]彼得·伯克：《什么是文化史》，蔡玉辉译，北京大学出版社2009年版，第46页。
② [美]林·亨特：《新文化史》，姜进译，华东师范大学出版社2011年版，第6—7页。
③ 李宏图、王加丰：《表象的叙述》，上海三联书店出版社2003年版，第110页。

任何文化实践的历史解释都可能导向虚妄。其实，在现代历史哲学发展史上，恩格斯在批判庸俗唯物主义的历史观时就指出："经济状况是基础，但是对历史斗争的进程发生影响并且在许多情况下主要是决定着这一斗争的形式的，还有上层建筑的各种因素。"[①] 不论是创造历史，还是认识历史，构成历史最终动力的是"一个总的合力"，其中"每个意志都对合力有所贡献，因而是包括在这个合力里面的"。[②] 这里提示的是，历史认知方式可以从各种复杂的文化要素入手，这既源于文化是历史"合力"的构成形式，又源于文化承载着历史解释的功能。新文化史在历史认知上，先在地将社会经济要素置于"已成为了历史"的位置上，直接将文化形式作为解释历史的物质载体，并且试图从中揭示文化蕴含的社会意义，这并不意味其对社会经济的存在熟视无睹。

党史文化是中共历史学范畴内的重要构成要素，它本身是一种历史存在，因而历史的时空意识、变迁意识、叙事意识、因果意识等就构成了党史文化的研究主轴。在这种前提下，党史文化的学科属性，并不会因学科跨越而致使学科的内在规定性瓦解；相反，党史文化的任何有意义的学术进步，在理论与方法上都需要其他学科的介入与参与，这并不意味党史文化会因此改变其自身历史学属性的学科身份，因为，学科"边界跨越所造成的互动与重组就像边界的形成与维持一样，也是知识生产与知识构成的中心"。由此可知，即便新文化史的相关学理介入党史文化的知识生产机制，表明的只是学科互补，而不是学科的替代。

二　介入与抗拒

中共党史是一种整体性历史范畴，党史文化只是其中的构成要素，因此，中共党史的整体性存在，无论如何不能缺少党史文化的参与，就像图绘一片海洋的傲慢，必须从尊重一滴水的谦逊开始一样。

确实，党史文化研究的困难之处，就在于如何在社会经济分析与文化表象分析之间取得平衡。以文化表象分析为主轴的新文化史，它的预设前提，已是在承认社会经济要素解释历史变迁的优先权，但"优先

---

① 《马克思恩格斯选集》第4卷，人民出版社1995年版，第696页。
② 同上书，第697页。

权"并不能顶替其他要素的解释功能。不但如此,新文化史的关键提示是,经济、社会、文化三驾马车,并不是相互分离的历史要素,而是共同贯穿于社会实践的全过程,并且对社会行为意图进行能动建构。既然如此,就党史文化的方法论而言,新文化史的研究意趣原本就隐匿在其中,只不过历来研究者忽略或不在意它的功能罢了。启动党史文化的历史分析,意味着只是强调,党史文化中的种种历史行为在任何情况下都是由行为者心智的自觉或不自觉所驱动,这种行为者心智蕴蓄着复杂的文化内涵,它可能是集体性的,也可能是个体性的,但这种行为者心智不仅是在相应的社会经济环境中形成,而且与这种社会经济环境存在内在的关系,对其进行分析,目的就在于揭示这种心智借以传达的文化价值与文化意义。更重要的是,党史文化研究一旦与新文化史邂逅,它试图分析的是,文化要素如何成为建构党史变化的维度并且从中产生意义,党史如何在文化空间被表达并且以此来理解周边世界,文化要素如何塑造党史自身并且在文化实践中不断地再生产。简要地说,党史文化研究介入新文化史,在认识领域可以打开一扇观察问题的门窗,即党史文化的意义是在历史表象中被表达和建构的,历史表象当仁不让地构成党史文化分析的出发点。

当然,简单地将党史文化看成历史表象,可能会造成一种认知偏向,以为历史表象可以抽空社会基础对历史解释的有效性。实际上,从新文化史本身来说,并没有把玩这种"抽空"游戏的嗜好;相反,新文化史虽然坚信研究文化对社会的塑造、建构、形塑、发明等的作用,是社会历史研究中的一种转向方式,并且这种研究可行性也是有史可证的,但文化并不是脱离社会基础的漂浮物,它只是具有独自运行的历史轨迹。对文化历史轨迹的研究,可以折射出社会历史的变迁面貌,甚至折射出文化构造社会的历史功能。党史文化研究介入新文化史,形成党史文化研究中的新文化史视角,并无意取缔历史存在的基础性理由,反而要抗拒这种企图。不但如此,党史文化研究对新文化史的介入,同时要抗拒那种以为进驻新文化史领地,就会导致党史文化研究变味的固执观念。新文化史在党史文化研究中的位置,需要在介入与抗拒之间取得合理的平衡。

新文化史的学术实践晚近以来已获得不小的成功,新文化史家林·亨特关于法国大革命政治文化的经典分析就是明证。亨特从种种历史细微环节中发现，法国大革命之所以发生，主要"不是新生产方式或经济现代化的出现，而是革命政治文化的出现"。①亨特单刀直入地将"革命的修辞学"、"革命象征形式"等文化要素，作为解释法国大革命史的出发点，将分析重点放在革命事件的展开上，而不是其长远的决定因素上。亨特认为，"法国大革命的政治文化不能从社会结构、社会冲突或革命者的社会身份中得出。政治实践也不仅仅是'下层次的'（underlying）经济与社会利益的表达。革命者通过语言、意象与日常的政治活动，致力于重新构建社会和社会关系"。②因此，需要分析的不是传统史学的那种因果解释关系，而是政治文化中的"隐蔽模式"，这种"隐蔽模式"实际上就是从"革命语言的普遍原则、革命象征物的运用，以及对仪式与体态的普遍关注"③等方面来分析法国大革命之史的变迁。亨特的这种史学分析，确实揭示了历史的另一种面相，其可靠性只能在这种历史面相中得到确认，幸好历史本身就是由多重面相构成，这就为历史阐释提供了多种可能性。

过于武断地拒斥社会经济的因果解释关系，显然是不明智的，但简单地给新文化史送上缺乏解释有效性的一记闷棍，同样是欠考虑的举动。实际上，任何一种历史的、文化的研究方式，都是一种特殊的阐释模式，因而它是永远存在争议的，"它不仅永远会受到那些对其解释性语境做出不同解读的人们的挑战和修正，而且还要受到那些成功地发现新的、不同的解释性语境的人们的挑战和修正"④。文化解释的不确定性，并不意味因此就应当放弃对解释可能性的选择。因此，当党史文化研究涉足新文化史领域，其中诸如表象、文本、语言、经历、发明、符号、实践、微观等新文化史惯常用语，都将毫不客气地鱼贯而入。这时，党史文化研究是裸身介入，还是盲目抗拒？看来，简单地表态都可能引起旧有知识体系的震荡。可靠的路径，恐怕理当回到党史文化领域，考察是否存在可能以资新文化史分析的对象。

---

① ［美］林·亨特：《法国大革命中的政治、文化和阶级》，汪珍珠译，华东师范大学出版社2011年版，第252页。
② 同上书，第24—25页。
③ 同上书，第27页。
④ ［英］达里奥·卡斯蒂廖内等：《民族语境下的政治思想史》，周保巍译，人民出版社2014年版，第195页。

三 党史文化能做什么?

毫无疑问,对党史文化的研究,需要展开一系列的文化"侦探",而这种"侦探"的对象,按新文化史的分析范式,迎面遇上的就是文化的"实践"行为和"表象"形式。

"实践"是新文化史的一个理论口号,但这里的"实践",不是通常所说的"理论与实践相结合"这一语式中的"实践",而是特指历史过程中可感触可识别的具体行为,就如研究某种理论发展史,所要研究的并不是这种理论本身的发展历史,而是研究这种理论的具体生产、扩散、接受等行为过程的历史。因此,新文化史中所谓的"实践",在很大程度上接近于"经历"这个用语。从这个角度回望党史文化的存在方式,其中储存着大量的尚未被发掘的"实践"史实,这些"实践"都隐藏在文化行为主体的感悟、体验、参与、思考等的具体"经历"中。无论从什么角度看,党史文化领域的这些隐蔽性"史实",都毫无例外地处在复杂的相互关系的结构之网中,如何从中提取其中可资新文化史分析的主题,考验着党史文化研究是否实现合理的问题选择。合理选择后的回眸一瞥,可能是另一片崭新的历史天地。当人们自信是站在分析制高点审视中国革命时,"革命"被种种波澜壮阔的运动形式所描述,似乎中共的革命历程唯有如此才能被观察。然而,新文化史的历史想象可以不邀而至,径直入席而娓娓叙述"革命"的种种文化性面相:它可能是一个革命者的"革命"个体"经历",可能是人们面对"革命"而产生的反应过程,可能是"革命"符号左右人们的潜在认知,也可能是"革命"被语言表达时的意义生产过程,等等。诸如此类的历史理解,其所产生的"事实"效果,恐怕不是"波澜壮阔"的描述所能体现的,其中的历史意味当然是别样的,但它依旧可以达到"万宗归流"的目的,只不过是从文化侧面说出了中国革命的历史"故事"。

在新文化史视野中,相当部分的文化"故事"被表象所包裹,而表象隐藏的意义以及表象本身的解释功能,是新文化史极其关注的研究对象。"表象"是新文化史的另一理论口号。一场会议是一件不可否认的史实,而对会议的反应则是会议的表象;一份经济统计数据,反映的可能是经济变化的轨迹,而促成或代表这种"轨迹"形成的价值、话语、意义、特征等要素，则是这种经济变化的表象。历史的事实存在是简单明了的，但历史表象就让人感到捉摸不定。在党史文化领域，文化表象本身具有独立存在的资格。当研究"工人阶级"时，"工人阶级"肯定是一种现实存在实体，但构成这个实体的诸种要素，如出身、职业、教养等就是这个实体的表象，这些要素原本就独立存在着，不会因为不谈论实体而丧失。"社会特征"是一种事实存在，而对这种"特征"进行分析，"特征"就被纳入表象的范畴。通过表象而进入社会，正是新文化史最乐意侧身其中的事儿。无论如何，文化表象的历史解释功能是积极的，"当表象形成后，正是这种表象体系调整着人们的实践，影响、决定着人们对现实世界的理解和评判，同时，把自己的感知和意义赋予其实体，在这一能动的过程中再生产着实体。因此，表象不是被动地被感知，而是具有独立和能动的作用，是一种可以将实体赋予其意义的实践"。[①] 在某种意义上可以说，社会生产了文化表象，而文化表象也同样塑造了社会。

党史文化领域的"事实"与"表象"，尽管在社会实践上的功能主次不同，但以存在方式而言都是一种"事实"，只不过在认识视域中被不同角度"观看"，以至于造成既成幻象，似乎两者存在的差异是截然不同的世界。厘清这种观念上的无意识，有利于重新认知党史文化"历史现场"的存在方式。实际上，"历史现场"在最约化的层面上，无疑可以被看成是"事实"与"表象"的共同体，双方的功能博弈分别左右着历史的进程。哪一种功能成为解释历史的"主攻手"，只能取决于历史解释的需要，其中并不排斥或否认其他解释的合理性。党史文化研究拓展历史表象分析疆域，其可能性源自于这种历史表象的"事实"存在。表象史之于党史文化研究而言，并不是在党史文化画面随意溢出一笔，而是意在提升党史文化研究的历史观察视野，从而塑造中共历史多重结构的完型风貌。

按新文化史的学术运作规则，党史文化领域中的大量史实及其意义，同样可以通过文本来表达和建构。虽然新文化史家并未对文本内涵作严格的界定，但这里还必须指出，学界对文本的定义尽管不尽相同，但都不会脱离文本与符号、意义等的关系，"任何东西要想成为文本，就必须

---

① 李宏图、王加丰：《表象的叙述》，上海三联书店出版社2003年版，第297页。

具有符号、选择、排列以及某人在一定语境中用来传达特定意义的意向"①。也就是说,"一个文本就是一组用作符号的实体(entities),这些符号在一定的语境中被作者选择、排列并赋予某种意向,以此向读者传达某种特定的意义(specific meaning)"。② 因此,不能将文本简单地理解为一种实物或自然存在物,文本只能在意义参与之下才能被构成。党史文化研究在任何情况下都必须建立在相关的史料上,而遗存的史料表面上看是自然存在的,但实际上史料的遗存业已经过"选择"或"排列",为何这样遗存而不是那样遗存,本身就已蕴藏着意义,尽管这种"意义"可能是一种无意识的"储存"。因而,史料是一个巨大的文本存在,对史料文本进行研究(不是借史料进行其他研究),就可以建构起党史文化的存在方式。同样,一座革命纪念馆也是一种巨型文本,其中储藏着大量的中共历史符号。一顶红军的斗笠,一双匿名战士的草鞋,一封烈士的遗书,等等,它们被"排列"在纪念馆某个合适的地方,诉说着曾经发生过的腥风血雨,甚至蕴含着供参观者想象的空间。这种文本既是一种实物遗存,也是一种意义表征符号。分析这些文化符号蕴含的革命历程及其意义,实际上是在建构一段革命文化的历史。一旦对这些文本展开研究和分析,其过程就是在构成党史文化的新文化史研究。

从历史的认识域观察,也仅局限于这种观察,文本具有建构历史的功能似乎是可接受的,因为历史之所以可以被观察、思考、分析、研究,必须借助文本的基本构成要素:语言与符号。这两个基础要素,对新文化史分析历史问题起着莫大的作用,许多研究分支追踪其学理根源,大多与语言或符号的意义建构有关,如阅读史、表象史、概念史、话语史、记忆史等,都源自于这两大要素,此处不烦多说。但是,对于党史文化研究来说,再游离于建立在语言或符号基础上的文化研究,显然已是不合时宜了。一旦要叩问新文化史在党史文化研究领域的适用性,语言或符号的文化意义,就不能不暗含于其中并构成一种文化实践。在社会大众的观念中,中共作为一个政党的形象,是如何在人们心中形成政治烙印,一方面,当然取决于中共政治行为的合理性、可信性及其权威性;

---

① [美]乔治·J. E. 格雷西亚:《文本性理论:逻辑与认识论》,汪信砚、李志译,人民出版社2009年版,第60页。

② 同上书,第16页。

另一方面，在更大程度上是通过政治语言或政治符号来建构的，社会大众与中共的政党想象，只有通过相应的政治语言或政治符号才能表达，而这种表达就是在制造意义生产，也是政治价值或信仰认同的塑造。党史文化研究一旦介入这种研究，实际上就已跨入新文化史的研究疆域。

在新文化史研究领域，文本、话语、符号等并不是纯粹的语言学问题，对党史文化研究而言更是如此，它所要涉及的是语言与社会的文化意义关系，而不是语言本身的分析，尽管这种分析并非毫无意义。从语言的文化意义推及党史文化研究，问题就可能发生转换。当研究者以极大热情关注党史领域的学习问题时，如党史上的学习运动或"学习型政党"这样的问题，是否可以将其转换为阅读史呢？阅读史是新文化史着意拓展的研究空间，它涉及阅读文本、阅读实践、阅读心理、阅读反应等文化性问题。这种研究试图从这些问题"发现"阅读（学习）是如何进行的，可能性效果又是如何，从而展现一种政党的政治文化行为是如何被建构起来的。党史上的学习运动当然首先是一种政党的组织行为，但它又是政治组织范围内的个体学习（阅读）行为，两种行为又构成了组织与个体的关系。在这种关系中，学习（阅读）往往是在或者可能是在自修性学习（阅读）、读书会学习（阅读）、讨论会学习（阅读）、演讲会学习（阅读）等等运作方式中形成，这有点像"文本们的议会"——"想象文本们如同在议会里的议员，在某个历史时期或事件发生时，文本们便在一起互相倾听、讨论、协商"。① 假如将党史上的学习运动视为一种曾经发生过的文化"事件"，那么这一"事件"与学习（阅读）直接相关的历史遗留，大多是"事件"根据特定目的而开列出来的书目、文件或其他学习材料所构成。这样，从新文化史的观察视角出发，就可以将"学习"这种历史"事件"，转换为可被文化分析的阅读实践。

在新文化史触及的领域，依据党史文化本身的客观历史存在，其中可开拓的空间、可选择的议题、可讨论的问题，存在着巨大的研究可能性。尽管新文化史家声称，新文化史的研究类型有物质文化史、身体

---

① 复旦大学历史系、复旦大学中外现代化进程研究中心：《新文化史与中国近代史研究》，上海古籍出版社2009年版，第240页。

史、表象史、政治文化史、语言社会史、旅行史等①，但党史文化研究大可不必因此而画地为牢，它应当根据党史领域的具体情况来选择可供研究的对象。究竟应当如何运用新文化史的基本研究方法，应当如何选择相应的研究对象，应当如何开发新的研究领域，这些都是党史文化研究必须进一步深入探讨的课题。

四 余论:不可规避的问题

新文化史与党史文化研究的邂逅，是当代学术语境提供的机缘，并且在党史文化研究领域也已出现不少的研究成果，因而它绝对不是一种异想天开的人为构造。但是，同样不可否认的是，就像任何一种新成员的加入，都可能引起队列结构的重新整合那样，新文化史的窜入，肯定会引发党史文化研究的学术形态发生调整，这即便不将其看成是一种学术突围，也称得上是一种正常的学术尝试性跨越。现在的问题是，不能将新文化史看成包打天下的学术范式，新文化史本身存在的局限，无疑不可回避，而党史文化研究介入其中遇上的相应难题，更是不可简单地规避了之。

实际上，正当新文化史受到历史学界极大关注之际，新文化史研究的积极推动者林·亨特等人，就已在进行必要的反思，提出"超越文化转向"的口号，就是一种极具批判性的标识。虽然林·亨特等人并没有抛弃新文化史的价值取向，但他们已意识到新文化史存在某种理论困境，尤其是在历史解释上，"文化"的功能应当如何安置成了焦点反思对象。新文化史的兴起，在理论源头上深受海登·怀特《元史学》和吉尔茨《文化的解释》的影响。海登·怀特用诗学理论重新解释历史研究的观念，为新文化史注入语言释义的历史解释方法，这为历史解释的文化转向提供了价值坐标，但海登·怀特将诗学与史学看成是同构性的关系，这就为新文化史的历史解释预设了难题；吉尔茨的文化解释是极富形象性的，并且也确实点到过往史学的穴道，即人类社会实践是否可以纳入文化秩序中被解释？其实问题并不在于是否可能，而在于虽然承认社会实践的意义，是在文化秩序中被表达和建构，但这种表达和建

---

① [英]彼得·伯克:《西方新社会文化史》,刘华译,《历史教学问题》2000年第4期。

构是否就与社会实践的事实存在无涉，如何在两者张力之间获得平衡。显然，这个问题构成新文化史对历史阐释的内在紧张，尤其是对表象史研究可信度的限制。

尽管伴随着新文化史而衍生的问题亟待解决，但这并不表明可以将新文化史关注的研究对象逐一删除，无论如何，文化、文本、符号、意义、实践、话语、仪式、叙事等这些曾经被遮蔽的历史对象物，它们确确实实就在那里，它们原本就是一种文化历史存在。党史文化研究只要推开学术之窗，同样可以看到它们鲜活的身影。学术借鉴往往可以提供思想机缘，新文化史遭遇到的种种问题纠缠，反倒可以为党史文化研究介入新文化史之际，给出事先的警醒提示。党史文化研究不能也不必规避新文化史存在的问题，党史文化研究应当对这样的问题作出回应："'文化'能够被认为是一个构成原因的变数并且独立于包括社会或机构范畴的其他要素运作吗？"① 文化可以表征社会实践，甚至在一定范围内，社会实践只有通过文化才能被识别，因此，表象分析对于历史解读并非无关轻重，但文化并不是悬浮在实践之上的空洞物，任何文化表征都取决于可被表征的社会实践。因此，对党史文化研究来说，正确处理文化要素与党史实践的关系，是党史文化研究从新文化史的理论与方法中获益的前提。

党史文化研究同其他任何一种历史研究形式一样，都没有理由将自身的学术空间压缩在自话自说的牢笼内，也没有理由压抑能够为人们带来历史启示的激情审美，因此，尊重史实的真诚态度和学术戒律，并不等于就要牺牲历史再现的多样形式。新文化史面对理论悖论的提问，只有依赖学术的进步，才有可能得到逐步的解答，任何一蹴而就的心态，反倒是一种学术孱弱的变体。因而，尽管新文化史在历史之林不可能"万寿无疆"，但正如新文化史家彼得·伯克所期待的那样，"无论历史学的未来如何，都不应该回到想象力的贫乏中去"。② "想象力"在历史研究中制造的声响，在党史文化研究领域难道还要继续保持沉默吗？

（作者单位：中共福建省委党校）

---

① ［美］理查德·比尔纳其等：《超越文化转向》，方杰译，南京大学出版社2008年版，第8页。

② ［英］彼得·伯克：《什么是文化史》，蔡玉辉译，北京大学出版社2009年版，第46页。

延安时期马克思主义时代化及其基本经验[①]

吴 炜

中共十七届四中全会把推进马克思主义时代化作为重大战略任务提到全党面前，要求广大党员和领导干部努力学习马克思主义理论，提高全党的马克思主义理论水平，不断推进马克思主义时代化。这对于加强党的执政能力建设和先进性建设，丰富发展中国特色社会主义理论体系，全面推进改革开放和社会主义现代化建设具有重大而深远的意义。

共产主义运动的历史表明，马克思主义是与时俱进的理论体系，时代化是马克思主义最为基本的理论品格之一。在它看来，任何理论的产生和发展，都源于时代的需要。马克思和恩格斯多次强调，他们的理论不是教条而是行动的指南，是发展着的理论而不是必须背得烂熟并机械地加以重复的教条。对他们理论中一般原理的实际运用，随时随地都要以当时的历史条件为转移。列宁也告诫我们，只有"首先考虑到各个'时代'的不同的基本特征（而不是个别国家的个别历史事件），我们才能够正确地制定自己的策略；只有了解了某一时代的基本特征，才能在这一基础上去考虑这个国家或那个国家的更具体的特点"[②]，并提出符合实际的任务。所以，邓小平说："绝不能要求马克思为解决他去世之后上百年、几百年所产生的问题提供现成答案。列宁同样也不能承担为他去世以后五十年、一百年所产生的问题提供现成答案的任务。真正的马克思列宁主义者必须根据现在的情况，认识、继承和发展马克思列

[①] 本文刊载于付建成主编的《延安时期与中国共产党的发展论集》，中央文献出版社2011年版。

[②] 《列宁全集》第26卷，人民出版社1988年版，第143页。

宁主义。"① 因此，"马克思主义的时代化"这一命题虽然说只是在最近才正式提出来的，但实际上，这一命题所表达的要求指导革命的理论要与时俱进的精神却一直在中国共产党人的全部实践历程中得到了持续的体现。如果说，在大革命和土地革命时期，由于共产国际和党内"左"倾教条主义的影响，这一点表现得还不甚明显甚至很不明显的话，那么在中国共产党开始成熟的延安时期则表现得非常突出。因此之故，研究延安时期马克思主义时代化的历程，对其经验进行认真的总结，对于今天进一步推进马克思主义时代化具有重要的借鉴作用。

一　延安时期马克思主义时代化的主要成就

笔者认为，延安时期中国共产党在推进马克思主义时代化方面所做的工作和所取得的成就主要有以下几个方面。

（一）抗日民族统一战线新政策的制定

党中央结束长征到达陕北前后，中国正处于政治大变动的前夜。一方面，日本帝国主义不断蚕食中国的领土和主权，民族危机空前严重；另一方面，在深重的国难面前，国内各阶级的政治态度和政治取向发生了深刻的变化。此时，阶级矛盾不得不暂时让位于民族矛盾而使后者成为中国社会的主要矛盾，这使一切阶级和政治派别都不能不对这一前所未有的民族危机表明自己的态度。1935年8月1日中共中央发表了著名的《八一宣言》。11月13日又发布了《为日本帝国主义并吞华北及蒋介石出卖华北出卖中国宣言》，提出中国共产党愿同"一切抗日反蒋的中国人民与武装队伍"联合起来，共同反对日本帝国主义。12月17日至25日，党中央在瓦窑堡召开了政治局扩大会议，通过了《中央关于目前政治形势与党的任务决议》等文件，确定党的策略路线是发动、团结和组织全国人民反对当前主要的敌人——日本帝国主义与蒋介石。这里虽仍然没有改变对蒋介石的基本态度，但与以往相比，一个显著的变化是把"'左'倾关门主义"而不是"右倾机会主义"看作是党内最危险的敌人。"瓦窑堡会议是共产党统一战线政策的开端，但更为重要的

---

① 《邓小平文选》第3卷，人民出版社1993年版，第291页。

在于它证明了共产党总的精神取向的转变。"① 这次会议表明,在以毛泽东为主要领导人的新的党中央的领导下,中国共产党开始抛弃过去那种过"左"而僵硬的政策,顺应时代的要求,与时俱进,逐渐成熟起来。

(二)独立自主的山地游击战

在克服了"左倾"关门主义,建立了抗日民族统一战线之后,对中国共产党来说,接下来的一个既关系到中国抗日的大局又关系到中共的前途和命运的极为重要的问题就是,在统一战线中如何做到既维护和巩固这种统一战线而又保持党在统一战线中的独立自主。这一问题又分为两个有密切关系的方面:在政治上,保持党自身的纯洁和独立而不被统一战线中的其他党派和阶级所"同化";在军事上,充分估量自己的实力而采取灵活务实的战略战术。就第一个方面而言,出于共产党的阶级属性和奋斗目标因而不是一个太难解决的问题,尽管也有抗战初期王明右倾错误的短暂干扰。而第二个方面即中共究竟是应该配合国民党军队在正面战场上进行正规作战还是独立开展山地游击战的问题,尽管从历史上看,其解决也并未花太长的时间,但就理论而言却并非一个像今天许多人想象的那样容易解决的问题。这是因为,一则这一问题在当时相当多的人看来,似乎是一个有关抗日"道义"的问题,不解决好将有损于共产党的抗日形象;二则共产党的军队在十年内战后期已习惯于运动战,如要改成游击战一时恐不容易做到。但在像毛泽东这样深谙抗日战争"持久战"的特点和中国革命发展规律的领导人看来,只有开展独立自主的山地游击战,共产党所领导的军队才能够做到既保护自己又消灭敌人,从而最终战胜日本帝国主义。这一点早在瓦窑堡会议期间毛泽东就曾经提出过,后来在洛川会议上他更是明确提出了红军的五项基本任务,强调"红军的战略方针是独立自主的山地游击战,包括在有利条件下消灭敌人兵团和在平原发展游击战争"②。随着时间的推移,这一方针的正确性完全得到了验证,从而,中国共产党实现了从国内正规

---

① 杨炳章:《从革命到政治:长征与毛泽东的崛起》,郭伟译,中国人民大学出版社2006年版,第200页。
② 《毛泽东年谱(1893—1949)》中卷,人民出版社、中央文献出版社1993年版,第15页。

战争到抗日游击战争这一重要的转变。

(三) 陕甘宁边区的政治、经济建设

众所周知,按照马克思列宁主义的基本原理,中国共产党在自己局部执政的早期建立了一个类似于苏联模式的工农苏维埃共和国,执行的是一个比较"激进"的经济社会政策。然而,在瓦窑堡会议通过的《中央关于目前政治形势与党的任务决议》指出,由于中国目前的政治形势有了一个根本性的变化,因此必须建立全国性的国防政府和抗日联军,从工农苏维埃共和国转向人民共和国,从以前的阶级政策转变到社会革命的政策上来。决议规定:"苏维埃人民共和国改变对富农的政策。富农的财产不没收。富农的土地,除封建剥削之部分外,不问自耕的与雇人耕的,均不没收。在农村中实现平分土地时,富农有与贫农、中农分得同等土地之权。"而且,"苏维埃人民共和国用比较过去更宽大的政策对待民族工商业资本家。在双方有利的条件下,欢迎他们到苏维埃人民共和国领土内投资,开设工厂与商店,保护他们生命财产之安全,尽可能地减低租税条件,以发展中国的经济"。[①] 决议还表示共产党将向所有阶级开放,而不只是城市产业工人和贫农,"一切愿意为着共产党的主张而奋斗的人,不问他们的阶级出身如何,都可以加入共产党","能否为党所提出的主张而坚决奋斗,是党吸收新党员的主要标准。社会成分是应该注意到的,但不是主要的标准"。[②]

值得注意的是,瓦窑堡会议决议指出,"左"倾关门主义有三种有害的根源:(1)它不理解已经变化了的政治形势,因而不能理解改变我们的战略以适应新形势的必要性。(2)它不能把党的一般性口号和纲领同具体情况下的口号和纲领联系起来。(3)从根本上说,它把马克思列宁主义当作僵死的教条来崇拜,不能灵活地把它们运用到中国独特的具体环境中来。[③] 在这里,"马克思主义时代化"、"马克思主义中国化"的思想和精神已经表达得十分鲜明了。

1937年2月,中共中央致电国民党五届三中全会,表示愿意将苏

---

① 《六大以来:党内秘密文件》,人民出版社1980年版,第740页。
② 同上书,第744页。
③ 同上书,第743页。

维埃政府改名为中华民国特区政府,并提出把陕甘宁边区创造成为全国抗日民主模范区的任务。1940年年初,毛泽东提出了系统的新民主主义理论。这一理论是马克思列宁主义的基本原理与中国当时的国情结合的产物,是中国共产党在延安时期推进马克思主义时代化的最主要、最集中的理论成果,是陕甘宁边区新民主主义社会建设的指导性纲领。1941年5月1日,中共陕甘宁边区中央局发布了经中共中央政治局批准的《陕甘宁边区施政纲领》。该纲领共21条,全面体现了中国共产党团结抗战的基本路线和边区新民主主义建设的基本方针,举凡军事、优待抗日军人家属、"三三制"、人权保障、司法、廉正、农业、土地、工商、文化、卫生、妇女、民族、华侨、游民、俘虏、对待外国人等各项政策,都一一做了明确的规定。随后,在这一理论和纲领的指导下,陕甘宁边区的各项新民主主义建设有条不紊地进行,并取得了不俗的成绩,引起了国内外的广泛关注。一时间,陕甘宁边区成为中国的民主模范区。

(四) 党的建设

众所周知,凡是共产主义者都坚定不移地主张如下观点:"既要革命,就要有一个革命党。没有一个革命的党,没有一个按照马克思列宁主义的革命理论和革命风格建立起来的革命党,就不可能领导工人阶级和广大人民群众战胜帝国主义及其走狗。"[①] 对于像中国共产党这样一个由大量的农民和小资产阶级组成的政党来说,这一点显得尤为重要。比较而言,在中共中央落脚陕北之前,中国共产党也一直十分重视党的建设问题,并且取得了相当可观的成绩,但由于频繁的战争、"左倾"教条主义、党仍然处于不成熟时期等因素的影响,限制了这方面的成就。而在随后的延安时期,以毛泽东为代表的党的新的领导集体在这方面迈出了更大的步伐,提出"建设一个全国范围内的、广大群众性的、思想上政治上组织上完全巩固的布尔什维克化的中国共产党",并把这一建党任务称之为"伟大的工程"。从后来的实践特别是中共成功地夺取全国政权来看,这一"工程"的提出和实施,堪称中国共产党建党史上的一个大手笔。它同过去党的建设实践相比,更具全局性、整体

---

① 《毛泽东选集》第4卷,人民出版社1991年版,第1357页。

性、针对性、计划性和根本性。特别是1942年起在全党开展的整风运动，堪称是这一伟大工程的一次伟大而独具匠心的实践，是马克思主义中国化和时代化的典型体现，不仅在党的建设史上具有深远的历史影响，而且对今天党的建设仍有重要的现实意义。

之所以说整风运动是马克思主义中国化和时代化的体现，主要理由在于：中国特殊的国情决定了中国共产党只能主要由农民等非无产阶级成分来构成，这一点短期内难以改变，而且从历史教训来看，一个政党是否能够称得上无产阶级政党也不能单纯以工人阶级是否在数量上占多数来简单地加以衡量。党员的出身与生俱来，不能改变，但是，他们的思想是活的，是可以改变的。通过深入细致的思想政治教育，完全可以改变党员的思想状况，用真正的无产阶级思想武装他们。而且，中国传统文化一直存在着重视思想修养和"教化"的优良传统，如果对其进行马克思主义的改造和转换，完全可以成为党的建设的一个重要资源。在延安时期，中国共产党正是通过整风运动这一既本着马克思列宁主义基本原则又在共产主义运动中具有独创性的思想教育运动，成功地在党内实现了一场伟大的"思想革命"，彻底扭转了此前在党内占统治地位的教条主义倾向，从而为中国革命的最终胜利奠定了坚实的思想和政治基础。

（五）马克思主义时代化的一个重要途径：狠抓理论学习，注重理论联系实际

由于种种原因，建党初期，中国共产党的理论准备严重不足，党员干部的理论素养普遍较低，这是党长期犯教条主义错误、使革命事业遭到重大损失的一个非常重要的原因。因此，党中央落脚陕北后，十分重视理论学习，透过各种形式努力提高广大党员和干部的理论和文化素养，逐渐养成了勤于学习、善于学习的优良作风。可以这样说，延安时期是中共历史上学习氛围空前浓厚的时期。

1938年5月5日，为纪念马克思诞生120周年，中国共产党在延安创办了第一所专门学习和研究马列主义理论的学校——马列学院。同年10月，六届六中全会把学习理论的任务提高到重要的位置，毛泽东在会上特别强调了干部学习马列主义理论的重要性，他要求："一切有相当研究能力的共产党员，都要研究马克思、恩格斯、列宁、斯大林的理

论，都要研究我们民族的历史，都要研究当前运动的情况和趋势；并经过他们去教育那些文化水准较低的党员。"① 接着毛泽东指出了掌握理论对于革命事业的重要性："指导一个伟大的革命运动的政党，如果没有革命理论，没有历史知识，没有对于实际运动的深刻的了解，要取得胜利是不可能的。"② 1939年2月17日，为了贯彻执行六届六中全会关于学习问题的决议，有效组织和领导对党员干部的马克思主义理论教育，中共中央特别设立了干部教育部，由张闻天任部长。为加强党内对马列原著的学习，在他的直接领导下，在马列学院内专门成立了编译部，翻译出版了30多部马克思主义经典著作，对党的理论学习起到了重要作用。3月24日，中共中央发布《关于在职干部教育的指示》，规定以每年的5月5日为干部学习节，各单位要总结全年的学习情况和经验，并进行奖励。

对于中国共产党人来说，学习理论固然重要，但理论本身不是目的，把理论转化为实践、用于指导实践才是最终目的。因此，理论联系实际才是真正的关键。关于这一点，早在1936年12月，毛泽东在抗日红军大学作《中国革命战争的战略问题》的讲演时就指出："学习不是容易的事，使用更加不容易。""读书是学习，使用也是学习，而且是更重要的学习。"③ 1941年5月19日，毛泽东在延安干部会上作《改造我们的学习》的报告中，把马克思主义基本原理和中国革命实际问题的关系生动地比作箭和靶子的关系，强调要"有的放矢"，不能"无的放矢"。指出："教哲学的不引导学生研究中国革命的逻辑，教经济学的不引导学生研究中国经济的特点，教政治学的不引导学生研究中国革命的策略，教军事学的不引导学生研究适合中国特点的战略和战术……这样一来，就在许多学生中造成了一种反常的心理，对中国问题反而无兴趣，对党的指示反而不重视，他们一心向往的，就是从先生那里学来的据说是万古不变的教条。"④ 强调了理论和实际结合的重要性。同年5月，中共中央还作出《关于党员参加经济和技术工作的决定》，指出："学习理论与参加实际工作都是每个党员不可或缺的责任。""在革命运

---

① 《毛泽东选集》第2卷，人民出版社1991年版，第532—533页。
② 同上书，第533页。
③ 《毛泽东选集》第1卷，人民出版社1991年版，第178、181页。
④ 《毛泽东选集》第3卷，人民出版社1991年版，第798—799页。

动中……共产党员决不能避开这种实际工作去'专做'理论工作，因此借口学习理论而不愿参加实际工作，或仅仅埋头实际工作而不在工作中抽暇学习理论的倾向，都必须纠正。"① 8月1日，中共中央为了破除不求实际的作风，发布了《关于调查研究的决定》，动员全党同志加强对具体情况的调查和研究，以眼睛向下的态度向人民群众学习，向实践学习。毛泽东也经常告诫全党，社会实践是一切真理和知识的源泉，每一位党员都要有甘当小学生的精神，把人民群众看作良师益友，到实践中去，到群众中去，向实践学习，向群众学习，与群众相结合。

正是通过这种不懈的学习并将学习的成果努力运用到自己的革命实践中去，中国共产党在延安时期培养了一大批在各方面都过硬的干部，从而为最终夺取革命的胜利奠定了坚实的基础。

二　延安时期马克思主义时代化的基本经验

总结上述关于延安时期中国共产党推进马克思主义时代化的简要论述，我们认为，其中最为基本和重要的经验启示有以下几条。

（一）必须坚持实事求是、解放思想、与时俱进的思想路线

从中国共产党成立到延安时期党所经历的正反两方面的经验表明，思想路线对党的事业的发展和党的建设至关重要：正确的思想路线将能够使党制定和执行正确的政治路线，从而保证党的事业兴旺发达。相反，如果党采取的是一条错误的思想路线，则必然会形成错误的政治路线，从而危害党的事业，甚至走向绝境。因此，思想路线的正确与否是一个关系到党和革命事业生死存亡的重大问题。

然而，什么是正确的思想路线？党应该采取什么样的思想路线才能不断地使革命从胜利走向胜利？在中国共产党历史上相当长的一段时间，党并没有把这个问题搞清楚，甚至没有意识到这个问题的重要性。直到延安时期，特别是整风运动开始以后，全党才在这个问题上达成了共识，形成了实事求是的思想路线，即把马克思列宁主义的普遍原理与

---

①　武衡：《抗日战争时期解放区科学技术发展史资料》第1辑，中国学术出版社1983年版，第32页。

中国革命的具体实际相结合，最终形成了作为中国共产党指导思想的毛泽东思想。对毛泽东思想的本质和精髓，后来邓小平有一精辟的概括："毛泽东思想的基本点就是实事求是，就是把马列主义的普遍原理同中国革命的具体实际相结合。……毛泽东同志所以伟大，能把中国革命引导到胜利，归根到底，就是靠这个。"①

所谓实事求是，就延安时期（或抗日战争时期）来说，对中国共产党人最根本的一个方面，就是具体如何妥善地、务实地处理好阶级矛盾与民族矛盾、革命理想主义与政治现实主义的关系问题。从最终理想上来说，共产党人的目标无疑是实现共产主义，但在民族问题成为中国社会首当其冲的问题的抗日战争时期，阶级解放的目标不得不暂时让位于民族解放的目标。从理论上说，也只有作出这样的调整，才能够打败日本帝国主义，实现民族解放的任务，然后再去完成自己的革命使命。从实际情况来看，如果仍然僵硬地坚持土地革命后期的政治路线不变，必将失去民众的拥护，对抗战不利，而且最终也不可能实现自己的革命理想。因此，顺应形势的变化，使马克思主义时代化，对共产党人来说，是一件生死攸关的大事。最终，共产党人成功地实现了政策转变，不仅战胜了日本帝国主义这个民族敌人，而且最终完成了中国革命。不过，对共产党人来说，这种政治路线的转变的确来之不易，它只能建立在"实事求是"的思想路线的基础之上。而正是后者为中国共产党在抗战前后所采取的策略的联系提供了马克思主义的说明。对于这一点，就连许多西方学者也持有公正的立场。杨炳章指出，尽管在20世纪30年代前后期，毛泽东的政治主张确有很大的不同：前期反抗国民党，后期联合国民党；前期提"苏维埃政府"的口号，后期提"人民政府"的口号；前期实行平分土地的政策，后期实行减租减息政策，但在其中有一点是没有变化的，这就是毛泽东的思维方式——政治现实主义，以及他在江西苏维埃时期就已经形成的关于在中国开展共产主义革命的基本主张。史华兹也注意到了中国共产党的政治路线在长征结束之后所发生的变化，但是他认为，这种变化对共产党人来说只不过是一些形式上的改

---

① 《邓小平文选》第 2 卷，人民出版社 1994 年版，第 126 页。

变而已，在实质性内容上，共产党的政治路线并没有改变。①

（二）必须坚持统一战线的策略原则，团结最广大的人民群众投入到革命运动中去

当中国共产党确立了"实事求是"这一思想路线之后，就为在抗日战争中实行民族统一战线等重要的策略和方针奠定了理论基础（尽管前者的正式产生要比后者在时间上稍晚些）。在延安时期，中国共产党认真地、系统地总结了自己在大革命和土地革命时期的经验和教训，得出了一个此后一直坚持的重要结论并转化为自己坚定不移的政策，那就是建立、巩固和发展最广泛的统一战线，联合一切可以联合的同盟者，团结一切可以团结的力量，是夺取革命胜利的"三大法宝"之一。如果说，此前由于同盟者的背叛和自身政策的某些失误等原因，中国共产党对统一战线和同盟者问题尚不够重视，某些时期甚至还为了所谓"革命队伍的纯洁"而把可能的同盟者有意识地排除在革命阵营之外，乃至作为"最危险的敌人"来对待，那么，在土地革命后期革命事业遭受巨大损失的情况下，痛定思痛，中国共产党终于明白了加强统一战线的重要性和意义，开始有意识地、主动地寻找同盟者。抗日战争爆发后，国内政治局势发生了重大变化，抗日民族统一战线得以建立，中国共产党在不放弃自己的自主性和独立性的前提下，始终不渝地坚持统一战线的政策，从而确保了抗日战争的胜利，并使自己的力量获得了前所未有的发展。

（三）保持党的先进性，坚持全心全意为人民服务的根本宗旨，确保人民当家作主

全心全意为人民服务，实现人民当家作主的民主政治，本来就是共产党人的根本宗旨。不过，这个问题在抗日战争期间显得特别突出，需要中国共产党付出比以往更大的努力来求得这一问题的解决。这是因为，当时在中国存在着两个政权，人民在对两个政权的比较中进行自己的选择。得民心者得天下。延安之所以为全国人民所向往，是因为中国

---

① 杨炳章：《从革命到政治：长征与毛泽东的崛起》，郭伟译，中国人民大学出版社2006年版，第7页。

共产党始终坚持全心全意为人民服务的根本宗旨，始终坚持把人民的利益放在首位，因而凝聚了人心，赢得了民众的爱戴和拥护。正如毛泽东所说："中国共产党提出的各项政策，都是为着团结一切抗日的人民，顾及一切抗日的阶级，而特别是顾及农民、城市小资产阶级及其他中间阶级的。共产党提出的使各界人民都有说话机会、都有事做、都有饭吃的政策，是真正的三民主义的政策。"① 在这方面，中国共产党不仅制定了与时俱进、反映人民群众根本利益的新民主主义总路线和总政策，还制定了各方面的许多具体政策，诸如全面抗战路线、"三三制"的政权政策、减租减息的土地政策以及劳动、经济、文化教育政策，等等。这些政策，无不体现着强烈的人民性和民主性，得到各阶层人民的广泛欢迎和拥护。

（四）党的建设必须随着历史条件的发展，在内容和形式上不断创新

作为中国革命战胜敌人的"三大法宝"之一，党的建设对党的事业的发展的重要性不言而喻，但如何使这一问题得到真正的贯彻落实，却需要党在党的建设的内容和形式上花大力气，下大功夫。在这个问题上，延安整风能给我们以重要的启示。这一运动的一个重要的特点就是在党的建设史上实现了一系列的创新：第一，创造了用整风的方法解决党内矛盾的新形式。对党内存在的错误思想和倾向，毛泽东主张采用学习、对照、检查、批评与自我批评的方法，用"惩前毖后，治病救人"的方针来加以解决，在中国共产党的历史上，这是一个新的创举，既不同于苏联共产党的"清党"的做法，也不同于土地革命时期"左"倾路线的执行者对党内"异己"实施的"残酷斗争，无情打击"政策。实践证明，这种"和风细雨"式的解决问题的方式有利于经过批评和斗争，在新的基础上达到新的团结，使党通过思想上的一致，达到政治上和组织上的统一。第二，在整风运动中，毛泽东立足于中国革命的实际，利用中国传统文化极端重视道德修养的优秀资源，并加以马克思主义的改造，提出了"党风"这一新的科学概念，论述了党风问题的极端重要性，阐述了党风的内容和本质，丰富和发展了马克思列宁主义的

---

① 《毛泽东选集》第3卷，人民出版社1991年版，第808页。

建党学说。第三，用历史决议的形式总结党的历史经验在党的历史上也是一个创举。在延安时期之前，由于教条主义的影响等原因，中国共产党不习惯于、不善于总结自己的经验，也不知道如何总结经验。在延安时期，随着党逐渐成熟，中国共产党也开始学会开展这一工作，并且在毛泽东的主持下，采用召开党的高级会议来形成有关历史问题的决议这一方式来总结自己长期的革命经验和教训。这种集中集体的智慧用历史决议的形式来总结历史经验，在国际共产主义运动史上是一个新的创举。

(作者单位：中山大学教育学院)

试论红色文化的内涵

邓如辛　周宿峰

文化即人化，是人类从事社会活动结果的物化和标志，人类的全部尊严和智慧就在于其思想性或者说是文化性，这也是人与动物相区别的本质性标志。就历史和社会根源而言，文化是人类在社会实践活动中，发挥主观能动性所开展的一系列创造性实践活动的最终成果，所以说文化历来都与人的实践活动相联系，由此也产生了不同民族、不同地区和不同历史时期相对应的文化，呈现出文化发展的多元性和文化内容的广博性，也产生表现不同文化创造主体思想、意志和追求的文化。

一

在当今中国文化领域中，各种文化形式的多样性、内容的丰富性令人耳目一新、应接不暇。但我们不能不看到，无论文化怎样发展和创新，中国特色社会主义文化主旋律的主导性和引领功能是不变的，这个主旋律就是红色文化。

所谓的红色文化指的是自中国共产党成立以来，领导中国人民经过长期的革命战争、社会主义建设和改革开放大潮的洗礼的过程中逐渐形成的，反映中国共产党和最广大劳动人民的理想、信念、道德、价值以及对美好生活的追求和向往，以多样化的文化方式传承、记载、歌颂和承载这一历史过程和现实的文化综合体。

人们之所以在众多的文化中剥离出"红色文化"，表现出对党领导人民浴血奋斗历史的追忆，代表了对革命和建设形成的优良传统的继承与发展，渗透出人们对美好未来的追求和向往，"红色文化"所表现出来的激情、乐观、催人奋发、鼓舞人心和动人心弦的文化精神，是当今任何形式的文化都无法与之相媲美的。人们赋予这种文化以"红色"，是以色彩学中的红色揭示它的内涵。红色虽然是自然存在的色调，但人们赋予它深刻的人文含义，红色代表着热血激情和生命的再造功能，象征着充满生机活力的发展。所以当中国共产党领导革命，改造旧社会初始就对自身做了色调定位，称自身为"红"，"红军"、"红色政权"等，就寄托了中国共产党人的希望和理想，红色的八一军旗、夺目的中国共产党党旗、鲜艳的五星红旗，都把中国共产党领导人民的抗争和奋斗积淀在热血般的色彩中，由此也催生了承载着歌颂党的领导及其领袖人物，歌颂人民英勇斗争、歌颂人民革命和建设的激情及其对美好生活向往的文化。

红色文化与天然存在的红颜色不同，它不是天然存在的，而是不同文化全面关照和历史沉积共同造就的结果，它所闪耀的启蒙主义的光辉和所孕育的理想主义的品质要求我们不能够按照世俗主义或者说市侩主义的逻辑来对待这一文化现象。红色文化作为一种特殊的政治文化意识形态，是一定社会政治、经济和文化的综合反映，并在很大程度上作用和影响特定形态下的政治、经济和文化；红色文化印证了中国共产党成长发展的历程，是中国共产党代表先进文化前进方向的有力表征。红色文化所秉持的崇高的共产主义革命理想旨在使所有的社会异化能够积极有效地回归正轨，从而使人真正具有人的本质，使人回归为社会的人，成为社会的主人，达到全面发展，即合乎人的本性的自由状态。可以说，坚定的社会主义信念和共产主义理想，通过现实奋斗去实现美好生活的乐观主义的处世态度，积极向上的社会交往心态，奉行爱祖国、爱人民的原则，由此而催生的文化现象和文化载体即是红色文化的本质。因此，充分挖掘红色文化所具有的深刻的理论品质，加强红色文化建设对中国先进文化建设、社会主义核心价值体系的构建意义深远。

二

红色文化是中国人民在中国共产党领导的长期革命实践过程中，不断选择、融化、整合中外优秀文化的基础上形成的。红色文化是革命的文化、理性的文化、先进的文化，是历史与革命实践高度的理论抽象，是马克思主义精髓与中华民族优秀文化的有机结合，是继承与发展、继承与超越的有机统一。

文化是主体掌握客体的一种方式，是人类从必然王国迈向自由王国的必由之路，正如恩格斯曾指出的那样，"文化上的每一个进步，都是迈向自由的一步。"① 深度洞悉红色文化的逻辑层次结构是精准理解和把握红色文化科学内涵的必要手段。

红色文化的丰富内涵包含着器物层面、制度层面、精神层面三个层面，这三个层面相互联系、相互作用、相互依赖，构成了一个有机的整体。

红色文化的器物层面，即器物文化。红色文化的器物形态是红色文化建设、发展的物质基础，是红色文化发展演进中跳动着的最为活跃的元素，是红色文化精神层面的外在物化形式。红色文化的制度层面是红色文化器物形态的深化，是红色文化发展的结果和必然要求，是红色文化得以繁荣发展的理性构建和根本制度保障。红色文化的精神层面是红色文化发展的源泉，离开了它的精神层面，红色文化将失去赖以存活的骨血与活的灵魂。红色文化的这三个层面，你中有我、我中有你、相互依赖、相互促进、共同发展。

一定的内容需要通过一定的形式去表达和阐释，红色文化的器物形态是构成红色文化精神纯粹的客观载体，是红色文化主体参与红色政治实践活动的外在显性部分。具体地说是指中国共产党在革命战争年代所形成的历经沧桑、饱经风雨的革命文献、革命战争遗址、革命纪念地等一些红色文化的物质产品，它们承载着中国共产党领导中国最广大人民抗争和奋斗的历史经历，记录着中国特色社会主义先进文化的源起和发展的历史过程，这些器物性的东西总是发出历史的回声和现实的号角。不能否认的是，凝聚着红色文化精神纯粹的器物已逐渐成为中华民族优秀历史文化资源的重要组成部分。

由于中国的文化传统受自然环境、小农经济、封建礼法制度和统一政权结构的影响，国家在很长一段时间忽视了文化的器物和制度层面的建设，更多的是对文化的精神层面的深度挖掘，从而创造性地整合利用了各种各样的文化资源进行一系列自上而下的社会动员，当然这都是在

---

① 《马克思恩格斯选集》第3卷，人民出版社1972年版，第154页。

当时那个特殊的历史环境下为了支持国家力量的发展壮大。基于历史欠账的原因，新中国成立后直到1966年的两个"五年计划"时期，国家对文化的建设主要集中在物质层次上，组建了大量的文化事业和产业单位，投资兴建了大量的文化硬件设施。新中国在文化上的人力、物力和财力上的投入，为具有中国特色社会主义文化的发展奠定了坚实的物质基础。

三

红色文化的制度层面，即制度文化。红色文化是中国特色社会主义文化先进性的集中体现，无论现实社会中多样文化如何存在、无论一种文化形态如何风行一时，但红色文化始终是文化发展的核心和价值导向。因此，中国特色社会主义文化制度是立足于倡导红色文化，为其发展和传承提供制度和运行机制的保障。红色文化的发展演进是一个自然的历史过程，同时也是一定制度环境下的生长过程。具有中国特色的社会主义红色文化制度是具有中国特色社会主义文化制度的重要组成部分，是社会主义初级阶段主流价值观的制度化；有形的红色文化制度蕴含着无形的红色文化精神，并从根本上和全局上阐释和保障着红色文化的精神要义，无形的红色文化精神通过有形的红色文化制度载体得以体现。"十年动乱"给中国文化事业的发展蒙上了厚厚的一层阴影。改革开放以后，随着生产力的解放和发展，中国的经济取得了长足的进步，但文化的滞后性也日渐凸显。文化制度建设远远落后于市场经济的发展昭示着僵化和远离市场的文化体制必须进行创造性的变革。

红色文化制度是一切红色文化生产关系的总和，它以各种文化资源在不同文化主体之间的权利义务关系为内容，规定了红色文化生产力在具有中国特色社会主义文化空间中的发展路径；红色文化的文化精神是所有红色文化生产力的总和，是红色文化的特质与灵魂所在，是红色文化中最为稳定的高度理论抽象，其决定着红色文化的基本制度与走向，为人们的行为模式提供价值层面的范式。当红色文化的精神层面的发展超越了红色文化制度层面的规定的时候，这种文化就在急切地催生与之相适应的新的红色文化制度，即红色文化价值观念的变化必然会带来红色文化制度层面的变化；红色文化在制度层面要清晰地体现红色文化的精神特质，红色文化在制度规定上的模糊性将使红色文化的文化精神和制度流于形式。因此，只有实现红色文化制度层面和精神层面的内在协调和相互融合，才能真正地形成一个民族，乃至整个国家的强大的文化力。红色文化制度实质上就是，中国共产党以中国特色社会主义制度的力量，发展、传承、引导、教化红色文化的理想、信念的精神。

　　红色文化的制度文化是指经由红色文化的制度化升华为制度的文化化的过程。在这里需要将"文化制度化"和"制度文化化"这一组概念进行一个清晰的界定。红色文化制度化是形成国家强大文化力的关键所在，国家强大的文化力是文化制度化和制度文化化的内在统一。文化制度化是将中国社会主义初级阶段的主流价值观念通过系统性的、创造性的制度手段的运用，从而使之转化为人民群众在心理层面、思维方式和行为方式的可操作的具体规定的过程；制度文化化是指红色文化制度层面的各项规定同红色文化精神层面的精神理念的并行不悖和血脉相融，当红色文化的制度内涵被人民群众发自内心地接受，并自觉遵守时，文化制度就会逐渐地演变为制度文化。文化制度化和制度文化化在对人的调节方式上存在着差异。文化制度化所强调的是对人的行为模式的外在的硬性调节；制度文化化着眼于红色文化的精神纯粹的软性文化引导以及激起红色文化参与主体内心强烈的文化自律感。由此可见，制度文化化强调红色文化参与主体对蕴含着红色文化精神的制度的主观评价和心理认同，强调对人的自觉自主意识的激发。当红色文化精神层面的精神品质能够符合先进生产力的发展要求，能够体现人的全面自由的发展方向，其主流文化的认同度就高，相应地红色文化的制度成本就低；反之，红色文化的制度成本则高。因此，只有实现红色文化制度化和红色制度文化化的双向调整变革，实现红色文化制度化和红色制度文化化的互动结合才能真正打造具有中国特色社会主义的强大红色文化力。

四

　　红色文化的精神层面，即精神文化。红色文化的精神形态集中体现为红色文化的器物形态和制度形态所承载的主体的精神状态和境界，是对红色文化深层结构中的精神的高度凝练。红色文化的精神层面：它是中国共产党领导革命、建设和改革开放过程中创造出的精神产品，政治理论、文学、艺术、戏剧、歌曲和乐曲等。它颂扬中国共产党和领袖人物的历史功绩、讴歌党领导的人民军队的丰功伟绩，赞美党群关系和军民关系、赞美美好的生活、倡导和谐社会和人际关系、表征人的良好的心态及平和的自我情绪、造就以人为本的社会氛围和舆论环境及其价值取向的多样化的文化形式，形成了红色文化的引领和主导文化发展的现实功能，它挥发出的正能量植根于中国几代人的精神生活中，造就了几代人的文化精神的确立和价值的共鸣。

我们不能不承认，集中在中国的20世纪40、50、60年代的人群中，对"红色文化"有着强烈的文化认同。他们生活的时代，尽管物质生活匮乏，温饱不足，但社会关系单一、社会矛盾不突出、频繁的政治运动荡涤着社会的诟病，外来文化特别是西方文化极少进入国门，在相对封闭的环境中人们享受着红色文化的熏陶。人们争相阅读着诸如《暴风骤雨》、《平原枪声》、《林海雪原》、《青春之歌》、《逐鹿中原》、《敌后武工队》等小说；看着《党的女儿》、《赵一曼》、《白毛女》、《英雄儿女》、《国庆十点钟》、《渡江侦察记》、《红色娘子军》、《柳堡的故事》、《南征北战》、《上甘岭》、《洪湖赤卫队》、《地道战》、《地雷战》的影片；吟唱着《拥军秧歌》、《社会主义好》、《歌唱祖国》、《没有共产党就没有新中国》、《东方红》、《洪湖水浪打浪》、《沿着社会主义大道奔前方》、《九九艳阳天》、《红梅赞》、《绣红旗》、《敢叫日月换新天》等歌曲；听着《红旗颂》（交响乐）、《红旗渠水绕太行》（二胡独奏曲）、《我是一个兵》（笛子独奏曲）、《学习雷锋好榜样》（笛子独奏曲）、《大寨红花遍地开》（笙独奏曲）、《丰收锣鼓》（民乐合奏）、《北京喜讯到边寨》（民乐合奏）、《祖国之春》（民乐曲）等乐曲；欣赏着《东方红》（大型音乐舞蹈史诗）、《江姐》（舞剧）等剧目，这种文化表现的精神深深地镌刻在那一代人的心目中。特别值得指出的是，当时的基层文化活动十分活跃，各种体育活动、歌咏比赛成为常态，丰富了人们的文化生活。

问题的实质是，"红色文化"由于自身性质决定了它的社会扩散、宣传和教化带给人们的是一种激情和振奋，催人奋发向上，增进人们对理想和信念的坚守，鼓舞人民憧憬美好的未来，引导人们继承优良传统，教育人民热爱党、热爱社会主义、热爱领袖，带给人们的是艺术的享受，接受的是美妙乐律的熏陶，催生的是整个社会的正能量，也使个人心中的正能量不断增值。事实上，改革开放以来，文化的多元化发展，对红色文化是极大的冲击。尽管文化宣传主管部门和主流媒体大力宣传建立社会主义核心价值体系，但缺少了对"红色文化"的价值认知，弱化"红色文化"宣传和推广阵地，认识不到以中国共产党的宗旨和执政价值为核心的红色文化的正面作用，创建社会主义核心价值就是一个重大的缺憾。用文化多元化发展，消解红色文化的主旋律作用，用低俗萎靡文化、流行文化取代"红色文化"的地位，不能不是文化建设的一处败笔。

长期以来时髦商业的演出，尽管所谓的"天王""巨星""大腕"等频频露脸，尽管演出现场气氛呈现出泡沫式的火爆，台上矫揉造作、搔首弄姿，台下声嘶力竭摇旗呐喊，在台上台下的哀怨、惆怅、不知所云、懵懵懂懂、云山雾罩的发泄中，最后一哄而散，反观之后，一无所获。倒是主办方赚的盆钵具满。纵观荧屏之上，古代宫廷戏中后宫争斗之惨烈频频惊爆人们眼球。可能受此启发，现代剧中的商场之争、家庭内斗、职场之险恶、人际关系的失衡，总是不厌其烦地展示在观众的面前。这样的长抓不懈地宣传和发酵，实际上在给人们洗脑：这个世界没有好人、到处是陷阱、到处是敌人、留意身边的每一个人、警惕任何一个人、人们之间除了尔虞我诈、相互欺瞒、相互拆台没有其他关系；唯我主义、利益至上是每一个人的准则。不能否认，长期接受这样的文化熏陶，做人肯定会严重缺乏安全感，可能会产生人格的畸变。相反，我国每年会推出全国道德模范、最美乡村教师、十佳少年、全国劳动模范等，这些充满正能量和社会示范效应的人和事颁奖之后就烟消云散了，很少被拍成电视剧或编辑成书。所以，社会发展什么样的文化作为主旋律不是自发的、不是放任自流的，也不能完全依赖市场，依靠的是执政的中国共产党对文化发展的战略引领。2014年10月15日，中共中央总书记习近平在北京主持召开文艺工作座谈会并发表重要讲话时指出，"文艺是时代前进的号角，最能代表一个时代的风貌，最能引领时代的风气。文艺不能当市场的奴隶，不要沾染了铜臭气"，"低俗不是通俗，欲望不能代表希望，单纯感官娱乐不等于精神快乐"。可以说，习总书记的讲话高屋建瓴，直击时弊。在中国特色社会主义文化建设过程中，清扫低俗、颓废萎靡之风，剔除铜臭之气，以健康、乐观向上、陶冶情操、激励奋斗的文化产品满足人们的需要，成为不可回避的选择，而红色文化中蕴藏的火热的激情、乐观的生活态度、积极的奋斗精神、催人奋发的境界、爱国爱党爱人民的至善爱心等，必将在传承中与时俱进，发扬光大，转变为引领文化发展的主旋律。

红色文化不仅仅是中国特色社会主义文化的一种存在方式，更重要的是，我们倡导红色文化建设就是用体现先进生产力前进方向的、体现人的全面发展的、体现人的高尚思想境界的、体现工具理性和价值理性内在统一的文化精神和崇高境界去教育人、说服人、引导人和武装人，做到启迪思想、温润心灵和陶冶人生，扫除颓废、萎靡之风。事实上，文化的核心问题就是"人"的问题，人创造了文化，文化又培育人。文化问题说到底就是一个如何做人、如何化人的问题。现阶段，在五花八门的文化行为和文化现象扑面而来的时候，在大众对多元文化产品进行选择的条件下，提升对红色文化的认知，发挥其引领的作用显得十分重要。这就要求我们要充分重视红色文化对人的心理、思维方式和价值观的导向功能，对人的行为的规范和调节作用。我们不是简单地推荐红色文化的表达形式，更重要的是用红色文化所蕴含的精神和境界，激励人们对中国特色社会主义的自觉认同，增进对党的凝聚力和向心力，为全面建成小康社会去奋斗，以内在激发的激情和乐观向上的精神去面对生活，迎接挑战，实现中华民族伟大复兴的中国梦。

（作者单位：吉林大学马克思主义学院）

毛泽东——中国红色文化发展的灵魂、脊梁和路径的奠基者

谭献民

红色文化一般是指在世界社会主义和共产主义运动整个历史进程中形成和发展起来的人类认识世界和改造世界的先进文化。中国的红色文化，则是指在中国共产党领导人民进行的革命、建设和改革的历史进程中所形成和发展的，为实现民族独立、国家富强、人民幸福而把马克思主义普遍真理与中国具体实际相结合，兼收并蓄古今中外的优秀文化成果而形成和发展起来的先进的文化价值体系。它的内容可以分为物质文化、制度文化和精神文化三个相互统一的层次：物质文化一般是指革命、建设和改革时期的红色纪念地等实物；制度文化一般是指各个历史时期所形成的有关党的革命理论、纲领、路线、方针、政策等的革命文献作品；精神文化则是指各个历史时期所形成的具有中国共产党人特色的革命精神、革命道德传统等，是物质文化和制度文化的精神风貌的深刻写照，是红色文化的核心价值体系。红色文化是十月革命和马克思主义传入中国的历史产物，但其发展的历史转折却是以毛泽东率领秋收暴动的队伍开辟井冈山根据地为其标志的。

一

"十月革命一声炮响，给我们送来了马克思列宁主义。"十月革命的胜利无疑证实着马克思列宁主义关于无产阶级革命和无产阶级专政的理论，在一个经济文化比较落后的欧洲大国由理论转变为实践的历史过程，从而使当时先进的中国人确信中国革命应当由"走法国人的路"

彻底转向"俄国人的路"。近代中国资产阶级领导的旧民主主义文化开始向无产阶级领导的新民主主义文化转向。

这一"转向"既是深刻的，也是沉重的。一方面，旧民主主义文化发展虽然也像民族传统文化之优秀遗产一样孕育着红色文化发展的数重精神因子（如国而忘家、公而忘私的价值导向等），但它难以成为红色文化发展的源流。之所以如此，归根结底是因为旧民主主义文化无法用科学的理论解决中国的农民问题。另一方面，当时先进的中国人无论是在传播马克思列宁主义的革命理论、与假马克思主义和反马克思主义作理论斗争之时，还是自己由革命民主主义者向马克思主义者转变之时，都由于十月革命的胜利和马克思列宁主义的理论而难以具体地将理论思考的重心转向中国的农民问题。十月革命是依靠红军士兵和城市工人武装暴动而夺取政权的；马克思列宁主义关于无产阶级革命和无产阶级专政理论，也是根据欧洲工业革命以后的发展趋势而将农民视为落后的、保守的和分散的社会阶层，断定其难以成为革命的依靠力量。这样双重的理论思维限制的确是难以突破的。党的"一大"提出要以工人运动作为党的工作重心；"二大"总结三次工人运动高潮失败的经验而提出党在民主革命时期反帝反封建的革命纲领；"三大"提出建立革命统一战线以使党成为群众性的革命政党；"四大"提出无产阶级革命领导权和工农联盟的问题；"八七会议"提出"武装反抗国民党和开展土地革命"的方针，但都没有将之建构在如何解决农民问题的基础之上。农民问题是中国革命的基本问题和复杂难题，如果不能正确地解决农民问题，则无法认识中国革命的客观规律。红色文化的发展作为中国共产党历史的记录，也无法成为党认识中国革命的客观规律和中国革命新道路的实践探索和理论创新。

在半殖民地半封建社会的近代中国，农民占人口的百分之八十五以上。农民群众是中国革命的主力军和生力军；中国共产党如果不能组织发动农民阶级起来开展反帝反封建的革命斗争，则民主革命无法取得胜利。由此而决定着党组织只能在敌人统治力量薄弱的穷乡僻壤中予以生存和发展，创建农村革命根据地，以农民群众作为改造对象和发展对象。而在农民、小资产阶级似汪洋大海的农村，如果不能将党建设成为一个坚强的无产阶级政党，则党也不可能发动组织农民群众从事革命斗争。因此，截至秋收暴动之前，红色文化的发展，只能说是处在如何认识马克思主义普遍真理与中国革命具体实际的关系之中。如果不能认识和运用中国革命的客观规律和中国共产党建设的客观规律，则反映中国共产党历史的红色文化的发展，就既缺乏正确的方向和途径，也缺乏生命力和战斗力，也难以成为中国共产党人领导中华民族为实现民族独立、国家富强、人民幸福之与时俱进、生气勃勃的历史写照。1945年4月，毛泽东在"七大"讲话中解释"七大"的政治路线时说道：党内曾经占据统治地位的右倾和"左"倾错误，是不要马克思主义的，是不要无产阶级领导权的。因为他们都忘记了中国的农民：或是迁就地主和资产阶级而不敢领导农民运动；或是只搞工人运动和城市暴动而轻视农民运动。在中国，如果把"农民"这两个字忘记了，你"就是读一百万册马克思主义的书也是没有用处的，因为你没有力量"。① 毛泽东领导的秋收暴动，以农民问题作为马克思主义基本原理与中国革命具体实际相结合的"突破口"和"切入点"，来探索中国革命的特殊规律，从而开辟出"工农武装割据的"中国革命新道路，使民主革命时期中国红色文化发展走向正确的方向和道路。

二

之所以说马克思主义普遍真理与中国革命的具体实际相结合是红色文化的灵魂，是指它作为党和人民事业的"灵魂"而规定着红色文化的性质、内涵及其形成和发展的方向和前途。毫无疑问，红色文化历史地反映着中国共产党人不断地将马克思主义普遍真理与中国革命、建设和改革的具体实际相结合，而开创中国革命、建设、改革的正确道路和方向的历史。无论是物质文化层面，例如民主革命时期的革命战争地址；也无论是制度层面，例如党的文献、老一辈无产阶级革命家的著作；更无论是精神文化层面，例如"红船精神""井冈山精神""苏区精神""延安精神""西柏坡精神""雷锋精神"等，无一不是以其特有的内容和形式、本质与现象、理论与实际的统一，或者是以党与人民

---

① 中共中央文献研究室：《毛泽东在七大的报告和讲话集》，中央文献出版社1995年版，第106—107页。

的历史主动性和创造性来反映和体现着中国共产党人将马克思主义普遍真理与中国革命具体实际相结合的艰难历程的方方面面、点点滴滴、曲曲折折;而在将历史的客观条件和人们的主观能动性的相互碰撞之中,解放思想、实事求是地总结各个历史时期、各条战线、各个领域之内的特殊的历史经验;以坚持真理、修正错误地认识和运用各个历史时期的各种特殊规律,以及由此而认识和运用革命、建设、改革之与时俱进的总的规律;归根结底是以中国化的马克思主义的理论创新来实现民族独立、国家富强和人民幸福的奋斗目标。这是红色文化形成和发展的客观规律,也是全面地、系统地和辩证地认识红色文化的性质、内涵、地位和作用的历史依据和理论依据。正如毛泽东在《唯心史观的破产》一文中所说:"自从中国人学会了马克思列宁主义以后,中国人在精神上就由被动转入主动。从这时起,近代世界历史上那种看不起中国人,看不起中国文化的时代应当完结了。伟大的胜利的中国人民解放战争和人民大革命,已经复兴了并正在复兴着伟大的中国人民的文化。"[①] 如果不能坚持从这一"灵魂"的高度上认识和把握红色文化形成和发展的性质和特征,则极为容易将红色文化的发展脉络理解为零碎化、割断化和偶然化的历史发展事件和人物,既不能认识红色文化所体现的历史本质和历史哲学,更不能据此以有力地驳斥历史虚无主义的指鹿为马、故意歪曲历史的谎言。红色文化其更为深刻的价值导向,即作为马克思主义中国化、时代化、大众化之无法替代的历史画面和雄辩事实的教育,则难以有效地发挥其作用。

三

之所以说全心全意为人民服务是红色文化形成和发展的脊梁,是指它作为党和人民事业的"脊梁"而引导着红色文化沿着马克思主义中国化、时代化、大众化的方向和道路而历史地向前发展。毫无疑问,红色文化的各种类型、各个层面的深刻内涵和精神实质,无一不是历史地、生动地体现着党的全心全意为人民服务的唯一宗旨之与时俱进、实践创新的奋斗历程。中国共产党人正是以切切实实为人民谋切身利益作

[①] 《毛泽东选集》第4卷,人民出版社1991年版,第1516页。

为将马克思主义普遍真理与中国革命具体实际相结合的出发点；作为总结历史经验从而坚持真理、修正错误以制定正确的路线、方针和政策的落脚点；作为密切党群关系、干群关系而将党在各个历史时期的奋斗目标化为人民群众生气勃勃之斗争实践的切入点；从而使人民群众在党的领导下创造出复兴中华民族之彪炳史册、震撼心灵的红色文化画面。例如：革命战争遗址和革命烈士及英雄模范人物的事迹，无一不是生动地体现党如何发动组织群众开展土地革命、武装斗争、根据地建设的斗争，从而使人民群众在经济、政治、文化和社会建设的斗争中一步一步地将自己的切身利益与长远利益相结合；从而不断地锻造和形成阶级觉悟与民族觉悟；从而从群众斗争中培养群众领袖和英雄模范人物，以实现人民群众自己认识自己、自己解放自己的斗争目标。也生动地体现着各种类型的革命烈士和英雄模范人物，是如何以自己的坚定的信仰、坚强的意志和出色的斗争才能来实践党的全心全意为人民服务的唯一宗旨。又如党在各个历史时期的红色文献，深刻地体现着党的各级组织根据党的中心任务而加强党的建设，以为人民利益而坚持真理、修正错误的奋斗历程；深刻地体现着根据党的历史方位的变化而不断地保持和发扬理论联系实际、密切联系群众，以及批评和自我批评的优良传统和作风，不断地保持和发扬谦虚谨慎、艰苦奋斗和不骄不躁的优良传统和作风的奋斗历程；不断地将党的先进性质、领导水平和领导能力实现路径创新和制度创新的奋斗历程。正如毛泽东在《为人民服务》一文中所说："我们的共产党和共产党所领导的八路军、新四军，是革命的队伍。我们这个队伍完全是为着解放人民的，是彻底地为人民的利益工作的。""只要我们为人民的利益而坚持好的，为人民的利益而改正错的，我们这个队伍就一定会兴旺起来。"[①] 如果不是始终以人民的利益为出发点和落脚点，红色文化就不能始终沿着马克思主义中国化、时代化和大众化的方向发展，而成为与时俱进、实践创新的文化价值观念。因此，为人民服务作为红色文化的脊梁，是其核心的价值导向，是深入理解其之所以具有超越时空的精神魅力的关键所在。如果不能坚持从这一"脊梁"的高度上认识和把握红色文化，则极为容易将红色文化浅层次化、娱乐化或就事论事化。其深刻的价值导向，即作为塑造人们世界观、人

---

① 《毛泽东选集》第3卷，人民出版社1991年版，第1004—1005页。

生价值观的作用就难以发挥。

四

之所以说"从群众中来、到群众中去"的思想方法和工作方法,是红色文化形成和发展的正确路径,是指它作为党和人民事业发展的"路径"而指引着红色文化是如何沿着马克思主义普遍真理与中国革命具体实际相结合的道路和方向而向前发展的;是如何实现着党的"全心全意为人民服务"的宗旨与时俱进、理论创新的。红色文化的各个历史层面、或者说是党在各个历史时期和各个工作领域的斗争实践、各种类型的革命烈士和英雄模范人物的成长事迹,无一不是体现和反映着这样一个客观规律:中国共产党人在将马克思主义普遍真理与中国革命具体实际相结合的斗争中,无论是勇于开拓斗争局面,还是善于总结历史经验,都要切实遵循着"从群众中来、到群众中去"有效途径,方能克服主观主义的错误思想和错误作风,以制定正确的纲领、路线和方针;在忠实地实践党的"为人民服务"的宗旨的斗争中,都要切实遵循着"从群众中来、到群众中去"的有效途径,方能坚持真理、修正错误从而克服官僚主义和宗派主义的错误思想和错误作风,以正确的政策和策略、特别是以共产党员的先锋模范作用从而发动组织人民群众为实现自己的目前利益和长远利益的统一而奋斗;方能将党的领导作用与最为充分地尊重、相信和依靠人民群众自己解放自己的首创精神相结合;方能切实有效地使党的路线、方针和政策化为人民群众生气勃勃之斗争实践。正如毛泽东在《关于领导方法的若干问题》一文中所说:"在我党的一切实际工作中,凡属正确的领导,必须是从群众中来,到群众中去。这就是说,将群众的意见(分散的无系统的意见)集中起来(经过研究,化为集中的系统的意见),又到群众中去作宣传解释,化为群众的意见,使群众坚持下去,见之于行动,并在群众行动中考验这些意见是否正确。然后再到群众中集中起来,再到群众中坚持下去。如此无限循环,一次比一次更正确、更生动、更丰富。这就是马克思主义认识论。"[①] "从群众中来,到群众中去",体现红色文化形成与发展的正确

[①] 《毛泽东选集》第3卷,人民出版社1991年版,第899页。

路径，从而最为深刻具体地反映出红色文化是中国共产党人将认识中国革命、建设、改革时期的客观规律、党的建设规律和人民群众创造历史的规律合而为一的历史画面。如果不能坚持从这一"路径"的高度上认识和把握红色文化的形成和发展的历史进程，则难以理解红色文化是马克思主义普遍真理与中国革命具体实际相结合的产物，是党的"全心全意为人民服务"宗旨与时俱进的体现，是人民群众自己解放自己的历史画面。红色文化其深刻的价值导向，即个人的才能素质只有在为人民服务的斗争中、在与人民群众的智慧和需要相结合中，才能实现个人价值与社会价值的统一。

红色文化发展之灵魂、脊梁和路径的统一，是毛泽东留给我们丰富的思想遗产和精神遗产，也预示着中华民族的伟大复兴终将成为中国历史发展的必然趋势。

（作者单位：湖南师范大学公共管理学院）

论江西红色廉政文化的基本形态[*]

王员 肖洁

继党的十七大报告第一次在党的全国代表大会上正式提出"坚持深化改革和创新体制,加强廉政文化建设"[①]的要求后,党的十八大报告再次就廉政文化建设问题作了进一步论述,明确提出,"加强反腐倡廉教育和廉政文化建设。……全面推进惩治和预防腐败体系建设,做到干部清正、政府清廉、政治清明。"[②]加强廉政文化建设,要求我们深入研究廉政文化的科学内涵及其表现形态。江西具有独特而富有魅力的红色廉政文化资源,依据文化结构的相关理论,科学提炼江西红色廉政文化形态,对于新形势下推进廉政文化建设具有重要的现实意义。

一 江西红色廉政物质文化形态

"红色文化"是一种特殊的文化类型,在形式与内容上有着特定的物质载体和丰富的精神内涵。红色廉政文化的物质形态是指中国共产党领导人民在长期的革命和建设实践中创造、积淀和整合形成起来的内含强大廉政功能的一种特定物质形态(或载体)的文化。江西红色廉政文化物质资源十分丰富,其外在表现形态既包括革命遗址旧址、纪念场

---

[*] 本文为江西省社科规划重点项目"马克思主义大众化进程中的文化认同研究"(项目编号13KS01)、江西省廉政文化研究招标课题"江西红色文化中的廉政思想研究"的阶段性成果。

[①] 中共中央文献研究室:《十七大以来重要文献选编》(上册),中央文献出版社2009年版,第42页。

[②] 胡锦涛:《坚定不移沿着中国特色社会主义道路前进 为全面建成小康社会而奋斗——在中国共产党第十八次全国代表大会上的报告》,人民出版社2012年版,第54页。

馆、革命遗物等，也包括了反映革命内容、体现革命思想的小说、诗歌、戏剧、标语、歌曲和出版物等文化作品。

一是江西革命遗址、旧址品位极高，分布广泛。据统计，2005年江西全省"登记在册的革命旧居旧址有1500多处"[①]，其中许多在全国都具有较大影响，如中央纪委监察部旧址和井冈山革命博物馆，2010年被列入"第一批全国廉政教育基地名单"[②]。这在一定程度上说明了江西革命遗址旧址特色鲜明、品位较高，能在反腐倡廉宣传教育和廉政文化建设中发挥巨大的作用。江西革命遗址旧址除井冈山革命旧址群、瑞金革命旧址群、葛源闽浙赣革命旧址群等聚集分布外，其余则广泛遍布于全省各地，几乎每一个地方都或多或少存留着革命的遗址旧址，如"八一"南昌起义旧址、庐山会议旧址、上饶集中营旧址、秋收起义旧址、安源路矿工人运动遗址、于都红军长征渡口旧址等。在江西这片红土地上，革命遗址旧址作为红色文化的现实载体，从产生之日起，都具体形象地承载着红色革命精神。在井冈山革命遗址大井毛泽东旧居，陈列着毛主席用过的洗脸盆、粗布毛巾、油灯、皮箩（文件箱）等生活和办公用品，这些破旧的房屋和简单的用具，体现了党和红军领导人的艰苦朴素和清正廉洁。瑞金革命遗址"红井"是苏区时期毛泽东亲自带领干部群众一起开挖的，"吃水不忘挖井人"生动体现苏区人民对我们党执政为民的感激。

二是江西革命纪念馆数量众多、资源丰富。从安源路矿工人运动到秋收起义，从南昌起义到井冈山的斗争，再从建立中华苏维埃共和国到红军长征，追寻着江西革命的一系列重大活动，呈现了一大批的革命纪念馆。据统计，江西全省各类革命纪念场馆多达100余处，比较典型的有萍乡市安源煤矿工人运动纪念馆、修水秋收起义修水纪念馆、南昌八一起义纪念馆、江西革命烈士纪念堂、方志敏纪念馆、井冈山革命博物馆、井冈山会师纪念馆、瑞金革命纪念馆、宁都起义纪念馆、兴国革命纪念馆等。江西革命纪念馆不仅数量众多，而且馆藏的革命史料资料十分丰富，这些革命资料通过传统与现代技术的结合向参观者进行展示，

---

① 刘建林、任江华：《红色景点串起江西生态游》，《人民日报》（海外版）2005年11月3日。

② 《推进廉政文化建设、弘扬廉洁价值理念、中央纪委监察部命名第一批全国廉政教育基地》2010年5月18日，人民网（http://politics.people.com.cn/GB/1026/11630029.html）。

发挥其巨大的教育功能。以"全国廉政教育基地"井冈山革命博物馆为例，馆内"展出800余件文物、2000多幅历史图片、21处大型场景、7个电视短片、1个动漫、34件美术作品"，其中有关清正廉洁的资源十分丰富，如著名的油画"朱毛挑粮"，反映了毛泽东、朱德挑粮上井冈山的情境。"朱德的扁担"与当时挑粮食上山的小路旧照片一起展出，以及毛泽东背粮时用过的旧布袋等，直观体现了领导干部和普通士兵一起艰苦奋斗的井冈山精神和艰苦朴素的廉政作风。博物馆还陈列着毛泽东在撰写《中国红色政权为什么能够存在》和《井冈山的斗争》时使用过的简陋油灯与砚台，体现中国共产党艰苦奋斗的精神。

三是江西革命诗词、戏曲、标语、歌曲和出版物等文献资源丰富。在物质缺乏、残酷艰险的革命条件下，江西苏区从中央到地方，上至领导人，下至普通百姓都以乐观向上的态度对待革命，以高涨的革命热情创作并积累了大量的文献资料。首先，留下了极具艺术价值的一系列红色经典，如井冈山革命博物馆珍藏的《朱德名言》"我们要与群众有盐同咸，无盐同淡"，反映革命乐观主义精神的红色歌谣"红米饭，南瓜汤，秋茄子，味好香，挖野菜，也当粮，餐餐吃得精打光。干稻草来软又黄，金丝被儿盖身上，不怕北风和大雪，暖暖和和入梦乡"，产生于1933年反映群众歌颂苏区干部清正廉洁的革命歌谣《苏区干部好作风》等，是领导干部与人民群众艰苦奋斗、同甘共苦优良传统的真实写照。其次，创办了许多为宣传革命和教育人民的报刊和红色出版物，最具典型代表的是苏维埃中央政府机关报《红色中华》，《红色中华》报专门设立了"红板"、"黑板"和"反贪污浪费"专栏。"红板"专栏专门刊登苏维埃工作人员廉洁奉公、积极工作的先进事迹，"黑板"专栏则专门批评那些消极怠工、立场不坚定的工作人员，"反贪污浪费"专栏则专门披露那些贪污浪费案件，报道对有关人员的处理结果。① 除通过上述专栏监督政府工作人员的廉政行为，还积极倡导广大干部厉行节约、预防腐败的发生，如《红色中华》1933年3月13日就发出了"4个月节省80万元，支持革命战争"②的号召。此外还有《红灯》、《斗争》、《青年实话》、《红星》以及比较早的《新江西半月刊》（前身是

---

① 余伯流、何友良：《中国苏区史》（下册），江西人民出版社2011年版，第948页。
② 《为四个月节省八十万而奋斗》，《红色中华》1934年3月11日。

江西改进社社刊《新江西》），这些出版物设置了许多专栏报道政府干部的腐败情况，监督苏维埃政府的行为。近几年，江西省不断创新红色文化的新形式，形成独具特色的红色文化品牌，再现革命时期干部群众的鱼水之情和苏维埃政府的清廉与艰苦，成为传承和弘扬红色廉政文化的重要载体。

上述红色文化资源，只是众多红色廉政物质文化资源中的一部分，它们直观地展现了革命时期党员干部简陋的办公条件和艰苦的生活条件，体现了军民一致、官兵一致的优良传统，再现了苏区时期党员干部和普通士兵以及老百姓同甘共苦的廉政生活。这些物质形态的廉政文化资源为当前弘扬廉洁精神、培养艰苦朴素和清风正气、清正廉洁的价值理念提供了宝贵资源。

二 江西红色廉政制度文化形态

红色廉政文化的制度形态是指中国共产党领导中国人民在长期的革命和建设实践中创造、积淀、整合形成起来的一种特定的制度形态（或载体）的文化。江西红色廉政文化的制度形态主要形成于土地革命战争时期，集中体现为中国共产党在井冈山苏区（湘赣苏区）、中央苏区、闽浙赣苏区和湘鄂赣苏区的局部执政实践中。江西丰富的红色廉政文化的制度形态主要体现在以下三方面。

一是预防腐败的规章制度。苏区时期，中国共产党十分重视防止党员干部的贪腐行为。在井冈山革命根据地，毛泽东颁布了"三大纪律，六项注意"，要求一切行动听指挥，不拿群众一针一线，借东西要还，损坏东西要赔，体现了党领导的人民军队严守革命纪律的理念，防止损害群众利益和贪污腐败行为的发生。随着各级苏维埃政权先后建立，党开始了在苏区的局部执政。为预防腐败，各苏维埃政府进一步加强了民主制度建设，保证人民的主人翁地位，使人民群众拥有监督政府的权利，为有效预防政府腐败行为的发生提供了根本保障。

第一，建立了预防腐败的民主制度。苏维埃政权以宪法形式确定了工农兵代表大会制度，规定工农兵是国家的主人；确立了选举制度，规定工农兵的选举权，给予广大人民集会、结社、言论、出版和罢工的自由等，成为有效预防腐败的基础。

第二，建立了预防腐败的组织制度。党在苏区普遍建立代表会议制度，改善各级苏维埃的工作方法，实行集体讨论、精确分工与个人负责相结合的制度。地方政权实行议行合一制，由工农兵代表大会执行委员会行使地方政权的各项职权。中央和地方行政机关内普遍实行民主集中制的组织原则。工农兵群众对国家政权机关工作人员有监督、罢免和撤换权。使苏维埃政权更好地代表人民群众的根本利益，更有效地防止腐败现象的发生。

第三，建立了预防腐败的经济制度。为改变各苏区财政经济混乱状况，统一财政，加强管理，中国共产党在红军内部实行经济民主制和供给制。坚持官兵待遇平等，"从军长到伙夫，除粮食外，一律吃五分钱的伙食"。① 建立预算决算制度、税收制度、会计制度、审计制度等。中华苏维埃共和国颁布的《地方苏维埃政府的暂行组织条例》明确规定了省、县、区三级苏维埃执行委员会领取生活费的工作人员限额，规定省级苏维埃不得超过 90 人，县级苏维埃不得超过 25 人，区级苏维埃不得超过 15 人。② 中华苏维埃共和国还颁布了《中华苏维埃共和国暂行财政条例》、《统一财政编制预算决算制度》训令，规定了财政部门的组织系统和职责，从经济制度上保证了财政的统一和透明，严肃了财政纪律，有效预防了党员干部在经济上的贪腐行为。

二是惩治腐败的法律制度。1931 年中央执行委员会发布第 14 号训令，要求对苏维埃政府中的贪污腐化分子严惩不贷，对隐瞒、庇护和放松腐败分子的检查与揭发行为也将加以惩罚。为了严格惩治贪污及浪费行为，1933 年毛泽东、项英签发了《关于惩治贪污腐败行为》第 26 号训令，明确规定了"凡苏维埃机关、国营企业以及公共团体的工作人员，利用自己地位贪污公款以图私利"③，将根据贪污款额大小，分别处以死刑、5 年以下的监禁和半年以下的强迫劳动。同时，"没收其本人全部或一部分家产，并追回赃款。凡挪用公款为私人营利者，以贪污论罚如上。因玩忽职务而浪费公款，致使国家受到损失的，依其浪费程

---

① 《毛泽东选集》第 1 卷，人民出版社 1991 年版，第 65 页。
② 江西省档案馆、江西省委党校党史教研室：《中央革命根据地史料选编（下）》，江西人民出版社 1982 年版，第 150—153 页。
③ 《关于惩治贪污浪费行为》，《红色中华》1934 年 1 月 4 日。

度处以警告、撤职以至1个月以上3年以下的监禁"①。依据惩治贪污腐败的相关法律制度，苏维埃政府查处了于都县的集体腐败案。刘仕祥、李其采、腾琼等五人被判处死刑，县苏维埃主席熊仙璧、县委书记刘洪清等受到监禁、撤销职务等处分。闽浙赣苏区判处了万年县苏维埃政府首任主席吴泽元死刑。通过对这些重要案件的惩治，腐败分子受到应有的法律制裁，对其他党员干部也起了巨大的震慑作用。

三是保持廉洁的监察制度。为保持党和苏维埃政府的清正廉洁，江西各苏区先后建立了包括党内监督、行政监察和群众监督在内的比较完备的监察制度。

第一，党内监督制度的建立。1933年9月17日，中共中央发布了《关于成立中央党务委员会及中央苏区省县监察委员会的决议》，规定"在党的中央监察委员会未成立之前，特设中央党务委员会"，目的是"防止党内有违反党章破坏党纪不遵守党的决议及官僚腐败等情况发生。"② 中央党务委员会负责检察党内腐化现象，并与之作无情的斗争。同时建立党的省县各级监察机构，从维护党的章程和纪律出发，要求党员自觉遵守和互相监督，以约束党员的行为，防止党员的腐败。

第二，从中央到地方的行政监察系统的建立。行政监察系统由中央工农检察人民委员部（后改称为中央工农检察委员会）、地方各级检察部、控告局和检举委员会组成，以《工农监察部组织条例》、《工农监察部控告局的组织纲要》等法规支持检察系统的运作。各级检举委员会是各级工农监察机关为开展检举、监察工作而设置的一种临时性机构，其任务是考察各级苏维埃政府委员、工作人员等，检举腐败分子和阶级异己分子。根据《工农检察组织条例》要求，还设立控告局，通过控告箱或口头控告接受人民群众的控告。行政监察系统在苏区的反腐斗争中发挥了巨大作用。1934年查处中央互济总会财政部部长谢开松严重贪污案件，就是依据群众举报线索展开调查的。

第三，群众监督的实施。《中华苏维埃共和国宪法大纲》赋予了广大工农群众对政府机关及其工作人员批评、监督、检查和要求撤换、罢

---

① 《关于惩治贪污浪费行为》，《红色中华》1934年1月4日。
② 中央档案馆：《中共中央文件选集》第9册，中共中央党校出版社1991年版，第58页。

免等权利。中央苏区建立了一系列具有特色的群众性监察组织，如苏区团组织直接领导下的群众反腐监督机构轻骑队，主要揭露、检查和控告各级苏维埃政权机关、企业及合作社组织内的腐败现象；工农检察部指导下的群众性监督组织突击队，则采取突然地公开或暗中检查和调查的方式，对苏维埃政府干部进行监督；工农通信员和分散的群众监察员，则通过监督、收集证据和报告，构建对干部的监察信息网。通过群众监督，体现和保证了苏维埃政府的红色性质，也使腐败分子在群众的监督中无处藏身。

江西红色廉政制度文化体现了在党和苏维埃政权的领导下，进行反腐败制度建设的最初尝试，积累了宝贵的制度反腐经验和丰富的廉政制度文化资源，形成了独具特色的红色廉政文化制度形态，为新时期反腐倡廉制度建设积累了重要经验。习近平总书记强调"要加强对权力运行的制约和监督，把权力关进制度的笼子里，形成不敢腐的惩戒机制、不能腐的防范机制、不易腐的保障机制"[①]。可见，廉政制度文化建设在推进反腐倡廉建设中具有重大价值。

三 江西红色廉政精神文化形态

红色廉政文化的精神形态是指中国共产党领导中国人民在长期的革命和建设实践中积淀、创造、整合形成起来的一种特定的精神形态的文化。其基本内涵包括中国共产党人的革命精神、革命道德传统、无产阶级世界观人生观价值观等。坚定的革命理想信念、优良的革命作风、全心全意为人民服务的宗旨是红色廉政文化精神形态的具体体现。

一是革命理想高于天的坚定理想信念。坚定的共产主义理想信念引领党员干部正确的世界观、人生观和价值观的形成。安源是中国工人运动的策源地，安源路矿工人在党的领导下，以坚定的理想信念为支撑，取得了具有全国示范意义的工人大罢工斗争的伟大胜利。其表现出来的"彻底牺牲，勇往直前"坚定信念，构成了伟大的"安源精神"的内核；"坚定信念、敢闯新路"是井冈山精神内涵的根本所在。井冈山的斗争是在中国革命处于极度低潮，敌我力量对比非常悬殊的情况下进行

---

① 《把权力关进制度的笼子里》，《新华每日电讯》2013年1月23日。

的。以毛泽东为代表的中国共产党人正是靠着共产主义理想和革命必胜信念的支撑，点燃了井冈山革命的星星之火，铸就了伟大的"井冈山精神"。理想信念是修身之本和建设清明政治之要，是共产党人一身正气、勇往直前的明亮灯塔。革命战争年代，共产党人正是怀着崇高的革命理想信念，坚持以理想信念为支撑，以崇高的革命情操自觉约束自己的行为，不断提高自我道德修养，绝不追求个人的享受和回报，自觉自愿地为革命为人民奋斗。

二是艰苦奋斗的优良作风。艰苦奋斗是我们党的优良传统。苏区时期，为克服严重的经济困难，党在苏维埃政府中开展了反贪污浪费的节俭运动，党的高级领导干部率先节衣缩食，身体力行。为了节约用油，毛泽东坚持只用一根灯芯；为了节约粮食，刘少奇经常让伙夫煮红薯叶代替大米饭。陈云、邓颖超、陆定一、博古、毛泽覃等23人联名提出每人每天自愿少吃二两米，不领热天衣服，个人利益服从革命战争利益。为此，中共中央局决定全体同志每人每天节约二两米。同时，积极开展自力更生的生产活动。毛泽东、朱德等党和红军领导人以身作则，带领井冈山军民自己动手挑粮、种菜、编草鞋、挖草药、熬硝盐、办军械厂，克服各种困难艰险。以方志敏为代表的"清贫精神"充分体现了中国共产党人艰苦奋斗的优良作风。作为赣东北苏区最高领导人，方志敏生活简朴，他巡视工作从不让招待，只喝白开水不喝茶。当方志敏不幸被国民党逮捕时，在他的身上竟然没有搜出一个铜板。艰苦奋斗的优良作风在苏区党员干部身上得到了最好的彰显和升华。艰苦奋斗是一种精神状态，对砥砺共产党人的革命意志、凝聚人心、战胜国民党反动派发挥着巨大作用。正是这种"自力更生，艰苦奋斗"的精神，巩固和扩大了苏维埃政权。这种艰苦奋斗和清贫廉洁的精神为今天党员干部坚持厉行节约、反对浪费的方针，践行吃苦在前、享受在后，防止享乐主义、金钱主义等腐败思想侵蚀我们的头脑提供了强大的精神动力。

三是执政为民、全心全意为人民服务的宗旨。全心全意为人民服务是我们党的根本宗旨。苏区时期，我们党坚持执政为民的价值取向，"真心实意地为群众谋利益"，努力开拓进取，创造了"第一等的工作"精神状态。曾经在中央苏区广为传唱的《苏区干部好作风》歌曲，生动描绘了苏区干部一心为民、苏区政府高效廉洁好作风的动人情景："苏区干部好作风，自带干粮去办公，日穿草鞋干革命，夜打灯笼访贫农"。苏区干部就是这样坚持执政为民、全心全意为人民服务的根本宗旨,一心为了群众,和群众坐在同一条板凳上,"自带干粮去办公",不给群众增加任何负担。即使在一些特殊的紧要时候,吃了群众的东西,必须按规定交纳伙食费或者留下银元和字条。江西省苏维埃政府主席刘启耀,从1934年起,坚持从家里带米到省苏维埃政府办公,这一行动在江西苏区造成很大的影响,大家纷纷向他学习。1935年初,刘启耀在一次战斗中被迫冲散,和部队失去联系后只有靠乞讨度日,却从不动用带在身上的党费,直到1937年初中共江西临时省委成立时,他将保管了3年的经费全部上交给了组织。① 方志敏领导的赣东北苏区政府坚持全心全意为人民服务,被毛泽东誉为"苏维埃模范省"。即使在敌军频繁围剿的恶劣环境下,方志敏仍然时刻想着"如何去改善群众的生活,使群众生活日渐向上"。② 对农民购买农具、耕牛或者做小本生意缺乏资金、缺乏食盐和各种日用品,还有孩子上不了学、清洁卫生问题、老弱病残救济等问题,都列入苏维埃议事日程。赣东北群众过上了"从未有过的物质、精神上的好生活"。党在苏区时期,坚持执政为民和全心全意为人民服务的宗旨,自觉做到情为民所系,权为民所用,利为民所谋,真正做到"真心实意地为群众谋利益",以正确的权力观引领党员干部坚持清正廉明,以正确的群众观引领党和政府实现政府清廉、政治清明,这是红色廉政精神文化的价值所在。

(作者单位:江西师范大学政法学院)

---

① 赖宏、凌步机:《中央革命根据地党的建设发展史》,中国社会出版社2008年版,第251—252页。
② 方志敏:《方志敏文集》,人民出版社1985年版,第87—88页。

论红色资源与马克思主义大众化

张泰城　肖发生

马克思主义是中国共产党的指导思想，坚持用马克思主义基本思想来指导实践，用马克思主义基本立场、观点和方法来解决问题，用马克思主义中国化、大众化的理论成果来武装我们党和人民群众是马克思主义基本方法论的要求。红色资源是中国共产党在长期的革命、建设和改革过程中，将马克思主义与中国实际相结合所形成的具有中国化的历史遗存，是推动马克思主义大众化的优质资源。将红色资源与马克思主义大众化结合起来研究，对于增强马克思主义意识形态的吸引力和凝聚力具有重要的意义。

一　红色资源与马克思主义大众化关系

马克思主义大众化是指将马克思主义基本原理具体化、通俗化，以贴近实际、贴近群众、贴近生活的形式，让广大群众理解和掌握的过程。推动马克思主义大众化就是要让人民群众对马克思主义理论体系理解、认同、信仰，并不断适应时代和实践的需要，不断进行理论创新。红色资源是中国共产党成立以来，在继承中华民族优秀传统文化的基础上，坚持把马克思列宁主义基本原理同中国国情相结合，不断向人民群众宣传马克思主义的过程中所形成的资源形态。红色资源与马克思主义大众化两者之间有着密切的关系。

（一）红色资源与马克思主义大众化在核心内容上具有一致性

红色资源是中国共产党领导中国人民在血与火的革命战争年代和社

会主义现代化建设过程中，吸收中华民族优秀传统文化的合理内核，坚持把马克思主义基本原理同中国具体国情相结合，用热血和生命铸就革命精神，是中国共产党人世界观、人生观、价值观和中国共产党革命精神面貌的真实反映。这些精神的核心内容就是坚信中国共产党所领导的革命事业必然会走向胜利的坚定理想和崇高信念，它是中国共产党战胜一切困难的力量之源，是我们扬帆起航的旗帜，是中国革命精神的灵魂。而马克思主义大众化的根本保证就是要始终坚持马克思主义指导地位，中国共产党九十年的历史基本经验就是始终坚持马克思主义的指导地位，坚持推进马克思主义大众化，坚持用马克思主义中国化的最新成果武装全党，教育人民。可以说，马克思主义是我们立党立国的根本指导思想，坚持马克思主义是科学社会主义的基本原则，是马克思主义意识形态的核心内容。因此，红色资源与马克思主义大众化在核心内容上具有一致性，即坚持马克思主义的指导地位，坚定马克思主义信念。

（二）红色资源与马克思主义大众化在思想精髓上具有一致性

一切从实际出发，理论联系实际，实事求是，这是我们党的思想路线，也是中国共产党在长期革命、建设和改革时期所形成的红色资源的精髓。毛泽东指出："无产阶级最尖锐最有效的武器只有一个，那就是严肃的战斗的科学态度。共产党不靠吓人吃饭而是靠马克思列宁主义的真理吃饭，靠实事求是吃饭，靠科学吃饭。"[①] 在中央苏区，由于王明"左"倾冒险主义思想严重脱离中国革命实际，致使中国革命遭到了巨大的损失，红军最终被迫长征。在长征中，以毛泽东为代表的中国共产党人，坚持从中国的国情出发，实行正确的思想路线和方针政策，使红军从挫折走向胜利。在新中国成立后，面对"文革"错误思想的影响，邓小平坚持"实事求是"，提出"解放思想"，打破了思想僵化的痼疾。可以说，新民主主义革命和社会主义建设的胜利，是实事求是思想路线的胜利，是一切从实际出发指导的结果。同时，理论联系实际，一切从实际出发是马克思主义的科学方法，也是马克思主义的优良学风，还是马克思主义的基本原则。马克思指出："理论在一个国家实现的程度，

---

① 《毛泽东选集》第3卷，人民出版社2005年版，第836页。

总是决定于理论满足国家需要的程度。"① 马克思主义大众化只有坚持理论联系实际,才能更好地武装人民大众。因此,红色资源与马克思主义大众化在思想精髓上具有一致性,即坚持实事求是的思想路线。

(三) 红色资源与马克思主义大众化在价值取向上具有一致性

全心全意为人民服务是中国共产党人最高的价值追求,也是我们党区别于其他任何政党的根本标志。红色资源就是中国共产党以人民利益为出发点,在坚持全心全意为人民服务、为人民谋幸福和满足人民群众日益增长的物质和文化需求的过程中所形成的历史遗存,是中国共产党根本宗旨的体现,也是衡量中国共产党是否是马克思主义政党的重要标尺。中国共产党正是植根于广大人民群众,坚持从群众中来,到群众中去,全心全意为人民服务才赢得人民群众的支持,最后夺取中国革命的胜利,这是我们宝贵的经验。同样,马克思主义要大众化,要为人民群众理解和接受,更需要以解决群众的实际问题为基础,实现好、维护好、发展好最广大人民群众的根本利益。毛泽东指出:"我们无论和什么样的人做朋友,如果不懂得彼此的心,不知道彼此心里想些什么东西,能够做成知心朋友么?做宣传工作的人,对自己的宣传对象没有调查,没有研究,没有分析,乱讲一顿,是万万不行的。"② 只有让群众得到实在的利益,才能让群众感受到马克思主义理论是为他们服务的,感受到推动马克思主义大众化是有益处的。因此,红色资源与马克思主义大众化在价值取向上具有一致性,即坚持全心全意为人民服务的宗旨。

二 红色资源在马克思主义大众化中的价值

作为中国共产党和中国人民的根本指导思想,推动马克思主义大众化是马克思主义的本质属性和根本要求,也是马克思主义中国化发展的必然趋势。"马克思主义不能只是靠强权外在地存在,它必须要内在化

---

① 《马克思恩格斯选集》第 1 卷,人民出版社 1995 年版,第 11 页。
② 《毛泽东选集》第 3 卷,人民出版社 1991 年版,第 836—837 页。

在民族的血液、精神和灵魂中，成为真正本土的意识形态。"① 马克思主义只有被广大人民群众理解和掌握才能转化为强大的物质力量，才能成为人民群众认识世界和改造世界的武器，才能从根本上增强其理论的吸引力和说服力。红色资源是一种以物质的、信息的、精神的等多种载体呈现的资源形态，这种资源形态不仅将马克思主义所蕴含的丰富内容融入其中，而且以贴近民众、贴近生活、贴近实际，具体化、通俗化的形式展现出来，推动着马克思主义大众化。

（一）红色资源蕴含了推动马克思主义大众化的精神诉求

马克思主义指导思想是红色资源的永恒主题，红色资源最本质的特征就是马克思主义意识形态，它是在马克思主义指导下形成的文化成果，是马克思主义中国化、大众化进程中的文化创造和文化发展。因此，在中国红土地上培育出来的独特的红色资源特性决定了其蕴含了推动马克思主义大众化的精神诉求。

首先，红色资源突显了马克思主义大众化的前提条件。马克思主义要发挥好指导实践的巨大作用必须实现马克思主义大众化，要实现马克思主义大众化就必须立足中国国情，将马克思主义基本原理运用到中国的具体实践当中，用马克思主义理论指导和解决中国现实和发展中遇到的问题，这是马克思主义大众化的前提条件。作为中国共产党人以马克思主义为信仰，在改造主观世界和客观世界的过程中产生的红色资源，它既是中国共产党带领广大人民为实现中华民族解放和国家富强而不断努力的过程中形成的革命精神；也是以毛泽东为代表的中国共产党以马克思列宁主义为指导，结合中国具体国情，通过深入调查研究，将马克思主义运用到中国的实践当中形成的具有中国化、大众化的马克思主义。正是由于中国共产党始终坚持这条原则和真理，才使我们找到了中国特色的革命道路和中国特色的社会主义道路。

其次，红色资源彰显了马克思主义大众化的核心内容。马克思主义大众化的核心就是要用蕴含了坚定的马克思主义信仰，马克思主义的立场、观点和方法等重要内容的马克思主义理论武装全党和教育人民，提高广大人民群众的整体素质和觉悟水平，切实解决好事关人民群众利益

---

① 《列宁全集》第 1 卷，人民出版社 1984 年版，第 347 页。

的实际问题,千方百计地满足人民的需要,从而为社会主义现代化建设提供强大的精神动力。红色资源是中国共产党领导中国人民在谋求民族独立、复兴和追求幸福生活过程中所形成的历史遗产,这些遗产中的每一件文物、每一处遗址、每一个故事、每一首歌曲无不展示了马克思主义理论的丰富内涵,无不诠释着中国共产党热爱祖国、忠于理想、无私奉献的道德情操,无不展示了人民军队和革命先烈忠诚于党、勇往无前、艰苦奋斗的价值观和人生观。正是出于对"星星之火,可以燎原"、"中国革命必将取得胜利"的崇高信仰,正是出于胸怀大局、矢志不移、勇往直前的英雄气概,正是出于实事求是、独立自主的创新胆略,正是出于心系群众,无私奉献的高尚情怀,我们党走过了九十年的光辉历程,战胜了无法想象的困难,取得了举世瞩目的成就。

(二)红色资源为推进马克思主义大众化提供了重要载体

从一般意义上讲,马克思主义大众化就是要用生动的形式、科学的手段、大众的语言让马克思主义的基本理论深入人心,使其为广大人民群众理解和掌握,并内化为思想信仰、思维方式和行动指导,成为广大人民群众认识世界、改造世界的强大武器。因此,生动的形式、科学的手段、大众的语言等是推动马克思主义大众化最为重要的工具。多样的载体形式是红色资源最为重要的特性之一。它不仅有物质的,如旧居、旧址、遗址、遗迹等;也有信息的,如文献、图像、照片、歌曲、标语等;还有精神的,如井冈山精神、苏区精神、长征精神、延安精神、西柏坡精神等。这些多样的载体形式为马克思主义大众化提供了多种选择,使广大民群众能够真真切切地感受马克思主义理论强大的吸引力和感召力。

首先,红色资源为马克思主义大众化提供了鲜活教材。作为中国共产党在长期革命、建设和改革时期所形成的历史文化遗产,红色资源是由人、事、物三者共同构建的统一体。人是指在革命、建设和改革实践中具有一定影响或为革命事业牺牲的革命烈士;物是指革命志士或革命烈士所用之物,或在革命实践过程中留下的各种遗址或遗物;事是指在中国历史上具有重大影响的活动或事件。这些鲜活的红色资源既以文字的形式表现出来,又以实物的形式表现出来;既以图像的形式表现出来,又以情景的形式表现出来,让马克思主义理论走出艰涩难懂的学理论证，走出单调枯燥的文字载体，以直观、生动、形象的形式将马克思主义所蕴含的理论、观点和方法渗入进人民的内心，化作现实的行动。

其次，红色资源为借助科学手段实现马克思主义大众化提供了物质基础。从传播学角度看，马克思主义只有为大众所接受，并引起其共鸣才能发挥其科学的价值和作用。马克思主义大众化就是要让马克思主义自发地进入人们的头脑，使人们理解、接受，并内化为自身的行动。而要让马克思主义自发地进入人们的头脑，借助科学的手段就显得非常重要。从本质上说，红色资源是见证马克思主义在中国传播、接受的一种物态化和静态化的资源形态，这种形态凝结了中国共产党探索救国救民真理，将马克思主义与中国实践相结合的精神内涵。通过科学的手段，制作具有声情并茂和情景交融的、反映马克思主义思想的多媒体影像，展示具有视觉冲击力、蕴含马克思主义思想的珍贵文物，模拟催人奋进、体现马克思主义的实践本质的历史现场，对于将历史转化为现实、静态转化为动态、物态转化为情态，实现知、信、情相统一具有重要意义。

最后，红色资源为马克思主义大众化提供了通俗的话语。通俗化的话语体系是实现马克思主义大众化的重要手段。毛泽东指出："如果我们没有学会说群众懂得的话，那么广大群众是不能领会我们的决议的……洋八股必须废止，空洞抽象的调头必须少唱，教条主义必须休息，而代之以新鲜活泼的、为中国老百姓所喜闻乐见的中国作风和中国气派。"[①] 马克思主义大众化面对的"大众"，是个文化程度、知识结构、职业特点、生活状况等方面有着很大差异的阶层和群体。要实现大众化，就必须用通俗化的语言，让大众看懂，用得上。从红色资源的构成来看，它深深地扎根于群众的生活，体现民众的需求，反映大众的思维方式，具有鲜明的中国特色、中国风格和中国气派。如"苦野菜有丰富的政治营养"、"星星之火，可以燎原"、"一切反动派都是纸老虎"、"白猫、黑猫，抓住老鼠就是好猫"、"摸着石头过河"等。因此，红色资源可以让理论从理论家的书本、思想家的书斋中解放出来，透过通俗易懂的语言、深入浅出的道理，成为马克思主义走进大众的桥梁和纽带。

---

① 《毛泽东选集》第 2 卷，人民出版社 1991 年版，第 534 页。

三 红色资源在马克思主义大众化中的路径选择

马克思主义大众化是马克思主义实践的本质要求,通过有效的途径将马克思主义与普通大众联系起来,让人民群众学习马克思主义的立场、观点和方法,以马克思主义作为指导行动、观察问题的指南,是实现马克思主义大众化的根本任务。作为本身就体现马克思主义意识形态的资源形态,红色资源不仅在推动马克思主义大众化中具有重要的价值,而且红色资源本身的开发利用也为推进马克思主义大众化提供了有效路径。

(一) 红色教育与马克思主义大众化

红色教育是运用红色资源进行教育教学的简称,是指教育者将红色资源直接作用于受教育者,使其感受和体验红色资源的教育内涵,实现教育目标的过程。[①] 由于红色资源具有马克思主义的丰富内涵,运用红色资源开展教育教学本身就是马克思主义大众化的过程,借助红色教育,马克思主义理论的基本观点、方法也得以传播于受教育者群体之中。

首先,在红色教育中设计马克思主义大众化的人才培养方案。人才培养方案的设计是教育教学目标的重要体现。要实现马克思主义大众化融入红色教育的全过程,必须在人才培养方案的设计中,依据教学对象和教学目标,从教育教学的整体出发,对教学内容、教学过程、教学方法等教学要素进行科学安排、合理设计,形成有序的教学计划。如在高校推进红色资源教育教学过程中,除了在全校设置马克思主义大众化的教育教学内容外,还可以根据不同的专业,设置运用红色资源提高专业素养和专业能力的教育教学内容。如,在社会学和社会工作专业的本科生和硕士生中,开展"毛泽东在井冈山及周边地区社会调查的循踪调查";在艺术类专业,利用红色歌谣、舞蹈以及实物提升学生的音乐、舞蹈、绘画、动漫等专业训练水平;在体育学专业,开展"大学生野外

[①] 张泰城:《建构红色资源教育教学理论体系的思考》,《井冈山大学学报》2012 年第 5 期。

生存拓展训练"；在汉语言文学专业，开展"红色传说"采风活动；在中共党史专业、思想政治教育专业和历史教育专业，将红色资源列为专业课程史；在化学化工专业和建筑工程专业，开展旧居、旧址、遗址以及红色标语的保护等。

其次，在红色教育中开发马克思主义大众化的课程，编写马克思主义大众化的教材。课程和教材都是教育教学的重要载体。依据教学设计，在将马克思主义大众化的内容融入红色教育教学之中，还需根据学科、专业特点，选择恰当的课程内容，撰写适应的教材，最终建立"寓理于史、寓理于情"的课程和教材体系。如在课程体系上，利用独特的地方资源优势，开发校本课程；模拟历史场景中的重要片断，开设演出式课程；结合各学科特色，开设专业课程、实践课程；创设情景，开设参与课程、体验课程。在教材编撰上，为配合不同课程的教学方法，编辑出版有关中国共产党领导中国革命、建设和改革历史的文本类图书；录制再现革命时期党和人民丰功伟绩的音像类作品；建设鲜活展现革命精神的实物博物馆，从而真正实现红色资源进课堂、进教材。

最后，在红色教育中创新马克思主义大众化的方法。方法是实现马克思主义大众化的重要手段。要最终实现马克思主义进头脑，这就需要在马克思主义大众化的方法上进行创新。在运用红色教育推进马克思主义大众化的过程中，需要在把握红色资源教育特质的基础上，根据大学生的认知心理特征，将情景模拟、实物展示、现场体验和社会实践等结合起来，模拟历史场景，开展体验式教学；制作音像片，开展音像式教学；邀请革命英烈后代进课堂，开展访谈式教学；将博物馆、革命旧址遗址转化为课堂，开展展示式教学；实施实践性活动，开展参与式教学，把"看、听、思、悟、行"结合起来，推动了马克思主义大众化方法的改革与创新。

（二）红色艺术与马克思主义大众化

红色艺术是指中国共产党在革命、建设和改革的历史进程中所孕育的包括文学、戏剧、电影、舞蹈、音乐和绘画等多种艺术形态在内的艺术作品。这些在马克思主义指导下创作出来的艺术作品一个显著的特征就是面向大众的，是为人民大众服务的。马克思主义要让普通大众掌握，并变成"物质力量"，就要运用具有中国特有的民族语言、艺术形式、表现风格等文化艺术作品，来推进马克思主义在中国大众化和普及化。因此面向大众的红色艺术对于推动马克思主义大众化具有不可替代的优势。

首先，红色艺术为马克思主义大众化奠定了文化语境。马克思主义大众化的根本就是把马克思主义高度系统性、抽象性的原理变为具体、简洁的知识。"最高限度的马克思主义等于最高限度的通俗化。"[①] 只有将深奥化为通俗，变晦涩为清晰，马克思主义才能为大众所接受和掌握。红色艺术是中国共产党领导中国人民深入民众、深入实践，在学习和运用马克思主义过程中所创造的艺术作品，它是马克思主义基本原理与艺术原理的结合。正是通过这些结合，一方面，将马克思主义的核心内容融入于各种艺术类型或艺术形式之中，推动着马克思主义的艺术化；另一方面，用马克思主义的思想指导艺术创作，使马克思主义的精髓和思想渗透于各种艺术类型和各种艺术风格之中，并最终融为一体，从而让人们在欣赏和享受艺术作品的同时，既无形中接受马克思主义的基本原理，又在艺术的熏陶中，升华自己的情操和心灵，自觉地把马克思主义作为实践的指南和人生的终极信仰。

其次，红色艺术为马克思主义大众化提供了良好的传播方式。艺术是马克思主义传播的重要途径。通过利用艺术的传播方式，将马克思主义转化为具有一定的艺术文化形态，并推向社会，让大众在艺术的感知中，理解并接受马克思主义，是推动马克思主义大众化的重要手段。红色艺术诞生于激情燃烧的岁月，具有强烈的震撼力和感染力，是革命志士和英烈丰富的精神世界和情感世界的反映。通过将马克思主义基本原理融入这种中国特色的艺术世界之中，既可以以艺感人，也可以以情动人，使马克思主义理论的真理透过心灵和情感的沟通和交流，化为情感的真理，从而乐于并自觉地接受马克思主义的基本理论。同时，红色艺术还是艺术创作的审美实践与马克思主义的美学结合，通过将马克思主义的思想融入美的艺术形式之中，既可以以美化人，也可以以美育人，让大众在美的感悟和体验中净化心灵，最终使大众把马克思主义作为人生最美好的信仰、最美丽的终极关怀。

---

① 《列宁全集》第20卷，人民出版社1995年版，第467—468页。

(三) 红色旅游与马克思主义大众化

从现实任务上讲，马克思主义大众化就是通过人民群众喜闻乐见、灵活多样的方式领悟马克思主义的基本立场和观点，理解掌握中国特色社会主义理论体系。红色资源是红色旅游的基础，红色旅游就是以红色资源为载体，开展的一种集政治教育、休闲娱乐、经济发展于一体的主题性活动。《2011—2015年全国红色旅游发展规划纲要》明确指出，红色旅游要以社会主义核心价值体系建设为根本，以爱国主义和革命传统教育为主题，遵循旅游产业发展规划，教育和引导广大干部群众进一步坚定对党的信任、对中国社会主义的信念、对改革开放的信心，进一步巩固全党全国各族人民团结奋斗的共同思想基础。因此，红色旅游是旅游业和马克思主义理论教育工作相结合的一种创新，也是创新当代马克思主义大众化实现路径的重要方法。

首先，红色旅游推动了马克思主义理论表达方式的变革。马克思主义是科学的理论和方法，但在表达方式上趋向抽象化、学术化，理论教育更趋精英化，导致了马克思主义大众化的受众数量较少，范围更窄，这就需要创新表达方式以促进马克思主义大众化。红色旅游，作为一种大众喜闻乐见的活动方式，其生动活泼的语言，妙趣横生的故事情节，可以让人们在潜移默化中感受中国革命的艰苦卓绝历程，体会马克思主义理论的伟大精神。因此，通过红色旅游，对于推动马克思主义大众化，实现语言的通俗化和形式的多样化，提高受众的主动参与性有着积极的作用。

其次，红色旅游推动了马克思主义理论传播方式的革新。传播方式单一、枯燥乏味是马克思主义大众化中的重要问题。红色旅游就是通过将红色资源与红色旅游相结合，使普通受众通过参与旅游休闲活动达到学习马克思主义理论的效果，这为马克思主义理论传播方式方法的创新和发展提供了一定空间。一方面，红色旅游作为一种体验式的寓教于旅、寓教于乐、寓教于游的教育模式，将观光赏景与陶冶情操、提高马克思主义理论修养于一体，不仅符合受众的心理、生理特征，而且通过参与式的活动达到潜移默化的教育效果；另一方面，红色旅游借助报刊、广播、电视、网络等多种媒介，在多样化地宣传旅游产品的同时，也为马克思主义大众化的传播方式进行创新，实现马克思主义理论的大众化。

最后，红色旅游扩大了马克思主义大众化受众面。根据《2011—2015年全国红色旅游发展规划纲要》的要求，到2015年，全国红色旅游年出行人数将突破8亿人次。这意味着，全国将有近三分之二的人通过红色旅游接受或体验马克思主义理论的洗礼。因此，借助红色旅游的广泛性和普及性，在开展红色旅游的过程中，积极引导旅游者接受马克思主义的理论、观点和方法，增强其对历史和人民选择共产党、选择社会主义制度、选择改革开放的认识，这对于加强马克思主义指导地位，提升马克思主义的吸引力和感召力，扩大马克思主义大众化的受众面无疑具有较大的优势。

（作者单位：教育部人文社科重点研究基地井冈山大学中国共产党革命精神与文化资源研究中心）

革命战争时期民间祭祀革命烈士的文化记忆

钟健英

当一种文化植根于民众之中,并融入民众的精神世界时,这种文化便具有超强的生命力。在人类发展的悠悠长河中,一些来自于远古的文化形式,以其强大的时空穿透力,历久弥新,不断被一代代地传承下来,依旧在民众的生活中占有重要的位置。民间祭祀就是其中十分典型的一种,数千年以来,无论世道如何变幻,民间祭祀的香火依然长燃不熄。在那烽火连天的革命战争年代,当战火熄灭、硝烟退去,当人们为在战争中牺牲的烈士扼腕叹息、痛心疾首时,蓦然回首,会发现人民群众祭祀革命烈士的香火悄然点着。对于这种民众自发的祭祀行为,历史难以将之记载,后人也不知如何评价,但如果看到在烈士们简陋的墓茔前,祭祀中的人们那神情凝重的表情和噙满泪水的双眼,无论什么时代的人们都会有一种不应对历史漠视的同感。

一 民间祭祀是人心所向的一种文化表现

民间祭祀起源于对自然的敬畏和对先贤的追慕,蕴含着深刻的人与自然、人与社会以及人与人之间关系的理念,在传统农耕社会中有着深厚的群众基础。当拨开民间祭祀的神秘面纱,以历史的眼光去观察这一特殊的社会现象时,不难发现民间祭祀与历史进程一路同行,从某种程度上讲是在社会发展中发挥了重要作用的人文力量。

自远古以来,祭祀就在社会中占有十分重要的位置,中国儒家的重要典籍《礼记》记载:"礼有五经,莫重于祭,夫祭者,非自外至者也，自中出生于心也。心怵而奉之以礼，是故唯贤者能尽祭之义。"并在漫长的演变过程中，约定俗成了一条重要的祭祀原则，即凡是有利于人们的生存和发展的人或物，凡是有利于文明的保持和发展的人或物，都可以列为祭祀对象。在中国人的理念中，家国同构、家国一体，民间祭祀总体上看可以分为家国两个层面。在国家层面，历史发展过程中涌现出的英雄人物、爱国贤人等，大多被列为民间祭祀的对象，历史的正面评价往往与民间祭祀的对象具有高度的契合性。这种一致性并非偶然和巧合，而是源于广大民众对于历史的朴素认同感。《史记》记载："上奉天，下奉地，尊先祖而隆君师，是礼之本也。"在家庭层面，对于先祖和亲人的祭祀是中国民间祭祀中的重要内容。祭祀先祖的香火，既表达了后人对祖先的追思缅怀，也暗喻着生命的血脉在延续。更为重要的是，在凝重庄穆的仪式下，在年复一年的追根溯源中，一种无形的凝聚力默默地产生，由此，浓厚的家国情怀在具有人文精神的民间祭祀中油然而生。

　　民间祭祀的仪式自古而今被一代又一代地沿袭下来，但民间祭祀的内涵却在历史的感应中发生着悄然的变化。在革命战争年代，无情的战火没有掩去民间祭祀的香火，却使民间祭祀出现了历史性的整合和重构，展现出更为强烈的家国一体的倾向。因为，在此时无论是死者的长已矣，还是生者的常戚戚，都与国家的境况有着更为密切的关系。此时的国家可能是并非严格意义上的，但民众却往往把自己所寄托希望的政治力量视为国家的化身。在党领导的革命斗争中，广大民众执着地把共产党视为国家的化身，视为希望的所在，故而，把自己的身家性命都与革命战争拴在一起。中央苏区时期革命群众所传唱的："生也红来死也红，哪怕敌人逞凶狂；生要活在红旗下，死也跟着毛泽东"的山歌，正是这种关系的真实写照。

　　在这样的家国关系下，民间祭祀出现了超越家国界限的趋势。一方面，由于人民群众父送子、妻送郎踊跃参加革命，革命的军队本是人民的子弟兵，在革命战争中英勇献身的也本身就是民众自己的亲人；另一方面，为人民的利益而奋斗的革命者，都是在斗争中与人民群众朝夕相处、同咸共淡，虽不是亲人但民众视之等同于亲人甚至于胜似亲人。所以，在民间的祭祀中，牺牲的革命烈士和逝去的亲人，已然被摆上了同等的位置。怀念之情、悲痛之情、敬重之意、感恩之心的融合，促使民众主动垒起祭坛、筑起青砖、刻下石碑、点起香火,虔诚地希望祭祀仪式能够沟通起超越时空的生与死的对话。显然此时的民间祭祀已经被注入一种全新的内涵,使之产生超越现实的力量,一种能够凝聚起民众向心力的力量,这种力量的产生表明了民间祭祀已然成为一种代表人心所向的文化表现形式,是一种不可忽视的文化记忆。

二 民众主动祭祀革命烈士的历史片断

战争总是与死亡连在一起,无论胜与败都必须付出生命的代价,尤其是在冷兵器时代,战争从某种程度上讲主要是生命的相搏和堆积,故而古人有"一将功成万骨枯"的说法。即便是小米加步枪的时代,战争的胜负依然是以生命的消耗作为衡量的标准。战争是残酷无情的,但在相当长的历史时期里,历史不得不采取战争的方式来决定前进和后退的方向。1944年毛泽东在中共中央直属机关为追悼张思德而召集的会议上,说了这样一段著名的话:"要奋斗就会有牺牲,死人的事是经常发生的。但是我们想到人民的利益,想到大多数人民的痛苦,我们为人民而死,就死得其所。"为了革命事业、为了人民的事业,在艰苦卓绝的革命斗争中,无数共产党人和革命战士奋不顾身地英勇奋斗,即便是倒下了,"他们从地下爬起来,揩干净身上的血迹,掩埋好同伴的尸首,他们又继续战斗了"。[①] 在敌强我弱的力量对比下,在异常艰苦的环境里,在长期游击战争背景下,无法及时掩埋战斗中牺牲的烈士成为特殊条件下的一种悲痛无奈。而此时当人民群众见到那些在战斗中牺牲但又来不及掩埋的革命烈士时,他们出于对革命者的深厚情谊,冒着生命危险挺身而出主动承担起掩埋烈士的责任,并把祭祀烈士作为表达朴素感情的重要方式。

据统计,在革命战争时期有2100多万革命者捐躯,但在册记载的只有160多万,有1900多万革命烈士无法确认。仅在井冈山斗争的两年零四个月里,平均每天有50多位烈士倒下,而铭刻在烈士名录上的只有15744位,有3万多人连名字都没有留下。如此数以万计无法确认的革命捐躯者,谁为他们掩埋,谁来帮他们魂归故里,显然人民群众为

---

① 《毛泽东选集》第3卷,人民出版社1991年版,第1036页。

之掩埋和主动的民间祭祀发挥了不可或缺的作用。对此历史鲜有记载，但事实却会在偶然间被挖掘出来，留下感人心魄的历史片断。

福建连城，这一当年的中央苏区县，曾是国共两党激烈争夺的战场。历史虽沧桑变化，但这里的红土地下仍埋着无数的忠骨。在20世纪90年代，319国道硬化施工时，当地的文坊村口挖出了二三百瓮遗骨。2010年9月，因赣龙铁路复线工程开工建设，当地的甲利垄、斧头乾等地又发现大量遗骨。于是，一段尘封已久的"无祀会"感人事迹被历史知情者诉说出来。

1934年9月，在第五次反"围剿"斗争失败已成定局，主力红军被迫准备转移长征之际，为了阻击国民党军队在东线的进攻，红军红九军团、红二十四师与国民党的第三十六师、第九师、第八十师、第三师，展开红军长征前的最后一战——松毛岭战斗。在此次战斗中，国民党动用了四个师的兵力进攻，红军则由红九军团、红二十四师以及数以万计地方武装坚守松毛岭一线，双方均摆出决一死战的架势。战斗从9月23日持续到29日，据《长汀县志》记载：松毛岭保卫战斗双方死亡枕藉、尸遍山野，战事之剧，空前未有，敌我双方均付出极为惨重的代价。战事结束后，国民党军队留下了一个800多人的加强营，负责收敛火化国民党官兵的尸体。而此时，由于反"围剿"斗争的失败，主力红军被迫长征，且阵地已被敌军占领，已经来不及掩埋在这次战斗中牺牲的红军战士。这时连城县明口镇文坊村的村民项际申、项仲炳、项汝韶等19人，见到满山遍野的红军战士遗体，自发组成"无祀会"。冒着生命危险先是上山就地挖穴埋葬红军遗体，后为防止红军遗骸被野兽家畜破坏，又发动村民出钱出力，到松毛岭上收捡红军遗骸，挑到文坊村的"甲利垄"、"斧头乾"等地，将红军遗骸装进陶瓮和大水缸中，进行重新掩埋并筑成简易的墓地。在此之后，每逢节日"无祀会"就会举行一种名为"倒粥"的祭祀仪式，用肉粥当祭品，点好香、念完祭文后将粥泼在地上，祭奠埋于此的无名革命烈士。

也正是在此前后，1934年8月，红军北上抗日先遣队途经福州，福州战役后由于暴露目标，遭到国民党军队疯狂的围追堵截。为了阻击敌人，先遣队在福州城外的降虎村附近与敌展开激战。在战斗中红军牺牲七八百人，由于必须马上撤离转移，无法将之掩埋。降虎村的村民自发将红军战士的遗骨收捡集中安葬祭祀，直到如今村民们一直相传的红军简易墓依然清晰可见，时常可见祭拜先烈的鲜花。

在贵州遵义，有一座家喻户晓的红军坟，坟前有座一位红军卫生员正在给怀中骨瘦如柴的孩子喂药的铜像，铜像前香火不断。从1935年开始，当地的人们就口口相传，当年的红军离开遵义时，一位红军女卫生员因给群众的孩子治病而掉队，结果被敌人杀害。群众将她掩埋于此，年年虔诚祭拜，称之为"红军菩萨"。

面对这样的民间祭祀，谁能不为之动容；面对这样的祭祀者，谁能不为之心存敬重和感激。如果不解历史的人可能还会将之与一般的民间迷信连在一起，但是历史不能，历史应为之澄清，为之正名。

三　民间祭祀在革命战争洗礼下的升华

革命是改变社会最为直接的方式，暴风骤雨式的革命激荡改变着社会的人和事，即便是自古传承下来的民间祭祀也悄然为之改变。这种改变可能是细微的，不引人注目的，但却于细微之处见精神，蕴含着深刻的令人深思的含义。经过革命斗争的洗礼，此时的民间祭祀虽依然传承着旧时的仪式，但其内涵却有了新的超越和升华。

第一，寄托着人民群众对革命烈士的深厚情谊。远古传承下来的民间祭祀起源于人们对生命的认知，人们朴素地认为人的灵魂可以离开躯体永远地存在着，相信在现世之外有另外一个世界。正是在这种认知的驱使下，广大民众怎么会忍心让为自己的利益而英勇牺牲的革命烈士抛尸荒野、魂飞魄散呢？无论环境多么凶险，广大民众怀着对革命烈士的感恩之心，不惜冒着丧失身家性命的危险，想方设法地掩埋和祭祀革命烈士，哪怕是一碗粥、一束花、一缕香，都无不寄托着广大民众对革命烈士的深情，他们朴素地期盼英灵永在、忠魂不死。

第二，体现着人民群众对革命的忠贞不渝。民间祭祀既有喜庆时的"王师北定中原日，家祭无忘告乃翁"，更有横祸袭来时的焚香祭拜。民众祭祀革命烈士的现象，几乎无不例外地出现于革命遭到挫折进入低潮之时，无怪乎文中所采撷的几个历史片断，都是发生于红军长征前后的真实故事。主力红军被迫长征，中国革命陷入空前的低潮。"十万百姓泪汪汪，恩情似海不能忘，红军啊，革命成功早回乡。"红军已经远去，反动派的残害又接踵而至，此情此景，无助的广大群众只能收起泪水，压抑着内心的悲愤心情，以民间特有的方式表达自己对革命的情感。于是在空气中都弥漫着白色恐怖的日子里，民众自发祭祀革命烈士的义举开始暗流涌动，成为广大民众表达对革命忠贞不渝的一种方式。

第三，诠释出一种超越的生死观。祭祀既是对逝者的一种怀念，也是对生者的一种慰藉，更是对后来者的一种心灵拷问、一种心理暗示，凝重庄穆的祭祀仪式可以促使人们反思死亡的意义和人生的价值。让后来者感悟"人总是要死的，但死的意义有不同"，"为人民利益而死，就比泰山还重，替法西斯卖力，替剥削人民和压迫人民的人去死，就比鸿毛还轻"的人生道理。① 民间祭祀所诠释的正是这样一种全新的生死观。

第四，传导出革命事业将后继有人的信念。对祖先的祭祀是民间祭祀最为重要的组成部分，其功能既有追根溯源对祖先的怀念与追思，更在于表明故人虽已逝去，但生命仍在延续，祖先血脉依然一代又一代地传承下去。同样，民间祭祀革命烈士既饱含对革命烈士的怀念与追思，也传导出人民群众希望革命烈士的事业后继有人，将一代又一代地传承下去的强大信念。

第五，折射出共产党人不是亲人胜似亲人的形象。无论是从祭祀先贤还是从祭祀先祖亲人的角度上来讲，民间祭祀革命烈士的行为都折射出革命战争时期共产党人在广大民众心中的崇高形象。在革命战斗中牺牲的革命烈士绝大多数不是民众的血缘亲人，甚至不知他们姓甚名谁、来自何方，但人民群众还是将革命烈士当成亲人来祭祀，这从一个角度说明共产党人在人民群众心中的不是亲人胜似亲人形象。

毛泽东曾经指出："今后我们队伍里不管死了谁，不管是炊事员、是战士，只要他是做过一些有益的工作的，我们都要给他送葬、开追悼会，这要成为一个制度，这方法也要介绍到老百姓那里去。村上的人死了，开追悼会。用这样的方法寄托我们的哀思。"② 在革命战争时期我们党十分重视对革命烈士的追悼和纪念，为了纪念在革命战争牺牲的革命烈士，曾有40多个县以烈士的名字命名，仅在中央苏区就有以烈士

---

① 《毛泽东选集》第3卷，人民出版社1991年版，第1004页。
② 同上书，第1005页。

命名的公略县、博生县、杨殷县、太雷县、兆征县、代英县、明光县、登贤县等。从这种意义看,来自民间自发的对革命烈士的祭祀,也不失为一种对革命烈士的纪念。毛泽东在为人民英雄纪念碑所起草的碑文中这样写道:"三年以来,在人民解放战争和人民革命中牺牲的人民英雄们永垂不朽!三十年以来,在人民解放战争和人民革命中牺牲的人民英雄们永垂不朽!由此上溯到一千八百四十年,从那时起,为了反对内外敌人,争取民族独立和人民自由幸福,在历次斗争中的人民英雄们永垂不朽!"矗立于天安门广场的人民英雄纪念碑理所当然地永远纪念着那些被人民群众掩埋和祭祀的革命烈士们。

(作者单位:福建省委党史研究室)

关于红色文化负面研究的一些思考

曹春荣

红色文化说白了，就是革命文化，就是中共在领导中国人民进行推翻帝国主义、封建主义和官僚资本主义，建立人民当家作主的新中国的伟大斗争中，形成的党史文化。长期以来，红色文化的研究都是以正面为主（这当然对）。而对于负面的东西，即一向被定论的错误路线、错误决策、错误举措及其代表人物；被尊为正确一方代表人物的失误、错误；党的错误、失败历史，及其原因分析、责任担当；一些当时或后来被发现、证实弄错了的历史问题的澄清；等等，则研究得不够（或不明不白，或不痛不痒，欲言又止，含糊其词）。这直接影响到红色文化的宣传效果，妨碍到红色文化的传承发展。时至今日，有必要提出正视红色文化负面研究的问题。

一

之所以要正视红色文化的负面研究，主要是回应社会关切的需要。

进入改革开放新时期以来，随着党的解放思想，实事求是，团结一致向前看思想路线的深入人心，各种历史资料的发掘和解密，许多历史问题的拨乱反正及正本清源，长期被神化和绝对化的领袖走下神坛，人们对党的历史的关注度越来越高。有更多的人希望了解、弄清党史上一些模糊不清、悬而未决、决而可疑的事情的真相，以吸取应有的教益。笔者在红都瑞金从事文化、史志工作多年，接待过难以计数的各式参观、考察、研究者，其中不乏对瑞金时期（1929年至1934年）的各个历史事件、历史人物、历史定论感兴趣的人，进而提出质疑、要求解答的人。这里面就有不少涉及红色文化负面的东西。例如，老说毛泽东在瑞金备受排挤、打击，甚至连工作机会都没有，一度连个鬼都不上门。另一方面，又说毛泽东在创建中央苏区，推进苏区政治、军事、经济、文化、社会等各项工作上立下了丰功伟绩，受到人民群众的衷心爱戴。这两者孰是孰非，如何统一？又如，各种"纪实性"文艺作品及红色影视中的博古形象，大多一副思想僵化、言语僵硬，只知按共产国际指令行事的僵尸样，而且总是打压毛泽东，显得比反革命还要坏。这是真实的吗？类似问题，不消说只知按本本讲解的文博部门讲解员，以及从讲解词得到些许历史知识的导游员们无以为答；就是层次更高的党政官员，执以为业的党史工作者，也常常只能打马虎眼。

众所周知，革命旧址、旧居、博物馆陈列展出的东西（包括内容和形式），讲解员、导游员对参观游览、考察研究的群众（包括专家学者）进行的解说，一旦给人以不真实的感觉、印象，就会使人觉得不可信，进而不可接受。这样，红色文化的宣传、弘扬，岂不要大打折扣？在这个问题上，红色文化研究应当担负起为红色文化宣传打好基础、提供智力支持的责任，回应好社会关切。

正视红色文化的负面研究，还是还原历史，正确吸取历史经验，为现实服务的需要。

历史是现实的一面镜子，这面镜子的清晰、本真与否，给现实提供的发展基础、前提条件、路径选择及着力点，会有很大的以至根本的不同。历史经验值得注意，就因为它能给现实以借鉴、以启迪、以警觉，使现实工作更自觉、更理性、更合乎历史发展规律。但这个历史经验必须基于真实的历史，而不是被扭曲、掩盖，甚而篡改了的历史。否则，这个历史经验非但无益于现实，还会误导、危害现实，以至形成恶性循环。

例如反"左"一说，讲了几十年。延安整风时对党内第三次，即王明（以及博古）"左"倾错误路线，进行了高度的、密集的、猛烈的、毫不客气的批判。新中国成立后的历次政治运动，也没少对王明路线旧事重提、旧恨加新仇。按说全党、全国人民对"左"祸都应有切齿之恨，应有强大的免疫力。然而，眼见为实的，这么多年来，我们国家何尝摆脱过"左"的迷惑、困扰和危害？即便当下，一味蛮干、瞎干、乱干下的强占、强拆、强改、强上的事，还不够"左"吗？痛定思痛，我们不得不回想一下，过去对党史上历次"左"倾错误的清理、批判、反思，是不是那么到位，那么理性，那么实事求是。一个不争的事实是，光把王明路线和共产国际的错误指导、"二十八个半布尔什维克"的争权夺利、王明之流个人品质的低下恶劣联系在一起，而不虑及其他各项，是不足以全面、深刻、精准地解释"左"倾错误产生的原因，进而找到有效预防、制止、纠正的办法的。

所以，我们的红色文化研究应当重在还原历史，从中引出正确的历史经验。而要做到这一点，就离不开对红色文化负面的清醒、自觉、持久的研究。

二

对红色文化的负面研究，不仅是需要的，也是可能的。

从理论上来说，任何一种文化，都不是纯粹的、单一的文化，因为它们赖以形成的历史过程、历史条件，参与其中的各种力量，本来就是复杂的、变化的。所谓某种文化是先进的，首先是相对于别的文化而言，其次也并不表示该文化内部就清一色的先进。对红色文化当然也应作如是观。中国共产党领导的中国革命，是前所未有的社会大变革，它发生在具有两千多年封建制度、封建意识的国度，又遭遇多个强大的帝国主义势力的阻挠、破坏；它面对的、主要依靠的，是千千万万祖祖辈辈生活在小农经济形态中的少地及无地的农民群众；它的旗手和舵手自身理论准备不足，起初实力也很弱，又不能不听命于共产国际，而且他们自身的成分也是多样的，各自的文化素养、社会阅历、斗争经验都不一样。凡此种种，均足以使红色文化的各个阶段、各个局部，呈现不同的断面、色彩和亮度。用政治术语说，就是有正面和反面之分，先进和落后之别，成绩和缺点及正确和错误的不同，当然也还有介乎两者之间的人与事。过去受"群众运动（革命运动）天然合理论"的影响，有以为红色文化无一不是处，纯净得很，完美得很的看法，不是天真幼稚得可爱，就是自欺欺人。

从政治上来看，我党领袖早已并且仍在为我们做好红色文化的负面研究，开辟道路，指明方向。抗日战争期间，毛泽东说过："我们走了许多弯路。但是错误常常是正确的先导。"① 中共八大期间,他又说:"共产党人不要怕犯错误。错误有两重性。错误一方面损害党,损害人民;另一方面是好教员,很好地教育了党,教育了人民,对革命有好处。""错误犯得太多了,一定要反过来。这是马克思主义。'物极必反',错误成了堆,光明就会到来。"② 1961 年 6 月 21 日,毛泽东在会见日本共产党中央政治局委员志贺义雄一行时,更是从研究党史的角度说道:"研究中国党的历史,不仅要研究胜利的历史,也还要研究失败的历史。只有经过很多的痛苦,才能取得经验。不要把错误认为单纯是一种耻辱,要看作同时是一种财产;不能说错误路线没有用处,它是有很大的教育意义的。"③ 在这些论述中,毛泽东不仅坦诚我们党犯过错误,有过失败,而且肯定研究这些错误和失败是必要的、有益的。

习近平在纪念毛泽东诞辰 120 周年座谈会上的讲话,从全面科学地评价毛泽东和毛泽东思想的历史功绩及历史地位入手,鲜明地提出了对历史人物评价的基本原则,对党的失误和错误应采取郑重态度。这对于我们做好红色文化的负面研究,无疑具有很强的指导意义。

习近平指出:"对历史人物的评价,应该放在其所处时代和社会的历史条件下去分析,不能离开对历史条件、历史过程的全面认识和对历史规律的科学把握,不能忽略历史必然性和历史偶然性的关系。不能把历史顺境中的成功简单归功于个人,也不能把历史逆境中的挫折简单归咎于个人。不能用今天的时代条件、发展水平、认识水平去衡量和要求前人,不能苛求前人干出只有后人才能干出的业绩来。""革命领袖是人不是神。尽管他们拥有很高的理论水平、丰富的斗争经验、卓越的领导才能,但并不意味着他们的认识和行动可以不受时代条件限制。不能因为他们伟大就把他们像神那样顶礼膜拜,不容许提出并纠正他们的失误和错误;也不能因为他们有失误和错误就全盘否定,抹杀他们的历史功绩,陷入虚无主义的泥潭。"④ 显而易见,习近平所说的历史人物、

---

① 《毛泽东选集》第 3 卷,人民出版社 1991 年版,第 803 页。
② 《毛泽东文集》第 7 卷,人民出版社 1999 年版,第 136 页。
③ 《毛泽东文集》第 8 卷,人民出版社 1993 年版,第 276 页。
④ 习近平:《在纪念毛泽东同志诞辰 120 周年座谈会上的讲话》,《人民日报》2013 年 12 月 26 日。

革命领袖,是包括正确的和犯过错误的这两方面代表人物的。

习近平坦然表示:"我们党对自己包括领袖人物的失误和错误历来采取郑重的态度,一是敢于承认,二是正确分析,三是坚决纠正,从而使失误和错误连同党的成功经验一起成为宝贵的历史教材。"① 这其中的"正确分析",不正是我们的红色文化负面研究的要义所在、责任所系吗?不然的话,任由好事者信口开河、纵情八卦、恶意捏造,那就难免莫衷一是、黑白颠倒、满城风雨,以至谬种流传,后患无穷。

再从实践上来看,随着"文化大革命"的结束,党的实事求是思想路线的恢复,大量冤假错案的平反,《关于建国以来党的若干历史问题的决议》的公布,以及许多历史文献、档案资料的公开,学术研究上一个个禁区被打破。陈独秀、瞿秋白、张闻天等党的早期领袖的是非功过,得到了重新评价;对大革命失败的原因,中共红四军七大的评价,红军长征的原因、准备,红军西路军的悲剧结局等,党史、军史上较为敏感的问题,也开展了大胆而理性的探讨。这些尽可归入红色文化负面研究的活动,不仅深化了党史、军史、国史等学术研究,而且大大推动了文学艺术的创作与展演,促进了红色旅游的景区、景点建设及线路开发。这就在更大范围、更多人群中宣传了红色文化,有助于红色文化的传承和发展。

三

红色文化的负面研究既是需要,又是可行的。那么,我们怎么来进一步做好这项工作呢?

首先,还是要破除某些思维惯性。一是"路线斗争决定论"。即所谓党内一直存在两条路线的斗争,"路线对了,一切都对;路线错了,一切都错"。这种论调的模糊性、绝对化,以及运用时的随意性,已经无须再驳。1981 年 6 月,邓小平在中共十一届六中全会预备会上讲话,阐述《关于建国以来党的若干历史问题的决议》对若干重大问题的评价时指出:"历史决议"讨论稿不提"路线错误"和"路线斗争",党

---

① 习近平:《在纪念毛泽东同志诞辰 120 周年座谈会上的讲话》,《人民日报》2013 年 12 月 26 日。

内斗争是什么性质就是什么性质，犯了什么错误就是什么错误，原则上不再用"路线斗争"的提法。① 虽然中央在这个问题上讲得很明白，并且在党史正本《中国共产党历史》中进行了示范；我们的一些红色文化研究者脑子里总还有"路线斗争"这根弦，还是以路线站队评人论事。二是"成王败寇论"。这本是封建时代的史学观，却被今人沿袭了。对胜利者、成功者的一切，都被看好，"不好也好"；对失败者、犯错误者的一切，则都否定，"好也不好"。这种论调，放在上述习近平讲话面前，当不攻自破。三是"抹黑论"。即视红色文化的负面研究为给党"抹黑"，是丑化、否定党。这种论调虽然早已没有市场，但还存于个别"小心谨慎"者心中。破除了这些思维惯性，就会有开展红色文化负面研究的自觉和勇气。

其次，要把握历史发展大势，或曰历史趋势。这就是中国共产党领导的中国革命，虽然经历过数不清的艰难曲折、挫折失败，但它总是向着既定目标前进的。中国共产党虽然也犯过或大或小，甚至全局性的错误，但它有勇气和智慧修正错误，并从错误中引出经验教训。在改造客观世界的同时，不断地改造主观世界，是党不断取得成功且使自己不断成熟的法宝。犯错误的同志在主观上，大多数都是认识问题，不属于个人品质问题。随着革命进程的推进，他们的认识水平提高了，原有的一些错误也就改正了。党内斗争，不在于要不要搞革命，而在于怎么搞才能使革命成功。这就决定了党内斗争更多的是指导思想和方针、政策、策略及实施步骤、方法的争论。当然，这也难免涉及相关的人与事。因此，红色文化的负面研究，就不应热衷于做"翻案文章"、"揭秘文章"、"独家消息"一类的东西，去谋求标新立异、哗众取宠的社会效应。

最后，要端正态度，采用良法。我们做红色文化的负面研究，不是要拆正面研究的台，而是要补正面研究的不足，使红色文化更真实、全面，更合情合理，更可信，更有说服力、感染力。为此，就要下大力气去做资料收集、鉴别工作，不仅致力于新资料的发现，而且努力对已有资料进行合乎逻辑、合乎历史情境的新的解读。任何一个新的观点、新的结论、新的评判的提出，都应当在充分占有史料、把握史实的基础

---

① 中国共产党新闻网（http://cpc.people.com.cn/GB/64162/64165/65878/446686.html）。

上,经过严谨细致的科学分析之后。只要我们秉持客观公正的立场,对历史负责,对人民负责,实事求是,我们就有可能在红色文化负面研究上有所建树、有所贡献。

(作者单位:中共瑞金市委党史办、中国中共文献研究会任弼时研究中心)

红色文化与当代中国社会主义先进文化建设

曹开华

红色文化是指在新民主主义革命时期，在中国共产党的领导下，由中国共产党人、一切先进分子和革命群众在长期的革命斗争实践中，坚持以马克思主义为指导，共同创造的具有中国特色的先进的一切物质、制度和精神文化的总称。作为一种文化形态，它是革命时代社会生活的现实反映，具有重要的时代价值，在中国特色社会主义建设中发挥了政治价值、经济价值、文化价值、德育价值等社会功能。同时，红色文化作为中国社会主义先进文化的重要组成部分，与社会主义先进文化之间存在一种固有的内在联系，有着共同的价值取向。

一 红色文化是当代中国社会主义先进文化之魂

当前中国社会主义先进文化，就是具有中国特色社会主义文化，是深深植根于中华民族优秀文化传统和五四运动以来形成的革命文化传统之中，并在现代化建设实践中立足本国实际，吸收人类文明成果，不断开拓创新的新文化。它科学地回答了在新的历史条件下我们党用什么样的精神旗帜团结带领人民开拓前进、中华民族以什么样的精神面貌屹立于世界民族之林等重大问题，决定着中国特色社会主义文化的发展方向，是社会主义文化建设的引领和主导。

在社会主义先进文化构成的诸要素中，中国红色文化既是社会主义先进文化的重要源泉、核心要素，又是社会主义先进文化的灵魂。

（一）红色文化蕴含的马克思主义指导思想是社会主义先进文化的根本

邓小平指出："对马克思主义的信仰，是中国革命胜利的一种精神动力。"① 处在半殖民地半封建社会的旧中国，外有帝国主义的侵略，内有封建地主阶级的剥削压迫和封建军阀的残酷统治，众多有识之士为探求救国救民的道路奔走呼号。俄国十月革命一声炮响，给中国送来了马克思主义，中国人民由此拥有了强大思想武器，在中国共产党的带领下，以马克思主义为指导，以最终实现共产主义为目标，艰苦奋斗，勇往直前，推翻了"三座大山"，取得了新民主主义革命的胜利，建立了社会主义新中国。马克思主义的指导思想是中国革命取得成功的关键，是这场革命的染色剂，贯之于这场革命为红色革命。革命期间形成的红色文化是马克思主义科学理论与中国革命具体实践相结合的产物，是马克思主义中国化的集中体现。红色文化正是马克思主义中国化、时代化、大众化在文化上的具体体现，是中国先进文化的历史开端。

中国红色文化孕育于"五四文化运动"，形成于中国新民主主义革命时期，传承、创新于中国社会主义建设和改革开放时期。红色文化之所以始终贯穿于中国革命和现代化建设整个过程，就在于红色文化蕴含着马克思主义科学指导思想，就在于红色文化具有的伟大精神动力。在社会主义现代化建设的进程中，马克思主义的指导地位没有动摇，形成了马克思主义指导思想一元化，为当代中国先进文化的发展指明了前进方向，引领中国先进文化不断向前迈进。马克思主义指导思想是红色文化的水之源，是当代中国先进文化的木之本。

（二）红色文化凝聚的理想信念是社会主义先进文化的核心

胡锦涛指出，"理想信念，是一个政党治国理政的旗帜，是一个民族奋力前行的向导"②。红色文化是在中国共产党的领导下形成的文化

---

① 《邓小平文选》第3卷，人民出版社1993年版，第369页。
② 中共中央文献研究室：《十六大以来重要文献选编》（中），中央文献出版社2006年版，第636页。

形态，是指导中国革命和建设进程的一种认知体系。红色文化最核心部分就是坚定的理想信念。在革命斗争时期，尽管斗争的环境残酷艰苦，斗争的道路漫长曲折，无数优秀的共产党员正是怀着崇高的理想信念而前仆后继，投身于革命的洪流当中，以革命乐观主义精神，克服种种困难和挫折，战胜强大的敌人，取得了革命的胜利。邓小平同志指出："延安时候我们有什么？物质条件很差，就靠精神文明。靠有理想，靠坚强的信念，什么困难都能克服。在某种情况下，这种精神有决定意义。"①

当前社会主义先进文化建设的核心就是坚定中国特色社会主义共同理想。建设中国特色社会主义，把我国建设成为富强、民主、文明、和谐的社会主义现代化国家，是现阶段我国各族人民的共同理想。共同理想是发展社会主义先进文化的根本依托和根本方向。只有用这一共同理想去凝聚全党和全国人民的意志和力量，我们才能战胜前进道路上的艰难险阻，将中国特色社会主义事业不断推向前进。红色文化呈现出忠于党、忠于革命、忠于人民的文化实质和报效国家、献身革命的大无畏精神，这些都是新时代理想信念的充分体现，弘扬红色文化，就能很好地培养以爱国主义为核心的民族精神和以改革开放为核心的时代精神，加强社会主义和共产主义的理想信念教育，坚定走中国特色社会主义道路的信念。为更好地实现中国特色社会主义共同理想，广大人民群众在红色文化的感召下，不畏困难，勇于创新，始终坚定社会主义理想信念不动摇，始终坚持共同的价值取向，信心百倍地投身于社会主义现代化建设当中，成就了我们今天社会主义建设事业的辉煌。可以说社会主义先进文化建设所坚持的正确价值观和价值取向正是红色文化崇高理想信念的一种再现。

（三）红色文化体现的民族精神是社会主义先进文化的重要内容

"一个民族、一个国家，如果没有自己的精神支柱，就等于没有了灵魂，就会失去凝聚力和生命力，有没有高昂的民族精神是衡量一个

---

① 中共中央文献研究室：《论文化建设——重要论述摘编》，学习出版社2012年版，第55页。

国家综合国力的强弱的一个重要尺度。"[1] 红色文化是以中国共产党人为代表的先进分子、革命志士以及广大人民群众英勇奋斗、勇于胜利的精神建构起来的先进文化，其中体现的以爱国主义为核心的民族精神是我们党领导广大人民进行革命斗争的精神支柱，是革命取得胜利的精神保证。中国共产党自诞生以来，在长期的革命斗争历程中形成了井冈山精神、长征精神、延安精神、抗战精神、西柏坡精神等，还有坚定不移的理想信念、实事求是的思想路线、为人民谋利益的革命宗旨、勇于胜利的英雄气概、敢闯新路的创新精神等丰富的精神内涵，这些是红色文化的精髓，它进一步丰富和发展了伟大的中华民族精神，成为激励和鼓舞人民去实现民族复兴，创造人民幸福，建设美好家园的强大精神支柱。

弘扬和培育民族精神，是建设社会主义先进文化的必然要求。江泽民在党的十六大报告中指出："面对各种思想文化的相互激荡，必须把弘扬和培育民族精神作为文化建设极为重要的任务，纳入国民教育全过程，纳入精神文明建设全过程，使全体人民始终保持昂扬向上的精神状态。"胡锦涛同志也强调把弘扬和培育民族精神作为宣传思想战线极为重要的任务，要在爱国主义、社会主义的旗帜下，倡导一切有利于国家富强、社会进步、人民幸福的思想和精神，不断增强中华民族的凝聚力。红色文化是伟大的民族精神的集中体现，是社会主义核心价值体系的精髓部分。加强社会主义先进文化建设，就必须深入挖掘红色文化资源，弘扬红色文化。

（四）红色文化彰显的荣辱观是社会主义先进文化的道德基础

红色文化是一种高尚的文化。今天红色文化中的"每一件珍贵文物、每一处革命遗址、每一个革命事件、每一种革命精神，都在以无可辩驳的事实展示着中国共产党英勇斗争的光辉历史，都在以不容置疑的证据诠释中国共产党人热爱祖国、依靠群众、无私奉献、艰苦奋斗的思想道德境界。"[2] 中国共产党在苏区建设时期，提出了苏区执政理论，

---

[1]《十五大以来重要文献选编》（上），人民出版社2000年版，第549页。
[2] 李康平、李正兴：《红色资源开发与社会主义核心价值体系教育》，《道德与文明》2008年第1期。

形成了以讲正气、重服务作为奉献观的红色廉政文化。老一辈无产阶级革命家和革命先烈笃行的"爱国精神""为人民服务"的宗旨，以及艰苦奋斗、团结互助等优秀品德，是红色文化的重要内容。红色文化中也包含了移风易俗、惩恶积善、防腐倡廉等道德内容。红色文化中的优秀革命道德和革命精神引导着人们判断行为得失、善恶美丑，确定价值取向，做出道德选择、利益取舍。通过对红色文化作品的阅读、欣赏，能够陶冶人们的情操，感悟到理想信念的伟大，革命精神的伟大，人生观、价值观的崇高，在内心深处产生一种艺术美感，提高分辨是非、美丑、善恶的能力，培育廉荣贪耻、诚实守信的道德观念。

弘扬红色文化，有助于树立社会主义荣辱观，为社会主义先进文化建设奠定坚实的思想道德基础。在新世纪新时期，胡锦涛指出，要把社会主义先进文化放到十分突出的位置，要引导广大干部群众特别是青少年树立以"八荣八耻"为核心的社会主义荣辱观，这正是对红色文化中的民族传统美德、优秀革命道德和革命精神的继承和发扬。明确了当代社会最基本的价值取向和行为准则，涵盖了人生态度、社会风尚的方方面面，体现了社会主义基本道德规范，体现了中华民族传统美德、优秀革命道德与时代精神的完美结合。弘扬红色文化，有利于在全社会弘扬民族传统美德、优秀革命道德和革命精神，能够使社会主义荣辱观深入人心，转化为人们内心的规范并成为思想行为的指针，共同建设社会主义先进文化。

二 红色文化与当代中国先进文化具有共同的价值取向

（一）以人为本的价值取向

人本性是社会进步的首要特征，人是文化的源泉和历史起点，也是文化的对象和动力，更是文化的目的和基本归宿。胡锦涛指出："坚持以人为本，就是要以实现人的全面发展为目标，从人民群众的根本利益出发谋发展、促发展、不断满足人民群众日益增长的物质文化需要，切实保障人民群众的经济、政治和文化权益，让发展的成果惠及全体人民。"人民群众是红色文化的创造主体，也是红色文化的最终受益者。红色文化自始至终体现了中国共产党人为最广大人民谋利益的根本宗旨，人民利益是中国共产党人孜孜以求的目标。人本性也是社会主义先进文化的本质属性，以人为本是中国社会主义文化建设的基本价值向度。社会主义先进文化建设坚持文化为民，以无愧于时代、无愧于历史、无愧于人民的精品力作让广大群众享受文化发展的优秀成果。"以人为本"是红色文化与我国社会主义先进文化建设共同的价值取向。

（二）科学发展的价值取向

文化应科学发展，符合文化发展的基本规律，应做到理性、自由、独立。理性是人类认识客观世界的结果，也是人类认识自身的结果。红色文化是中国共产党和广大人民对中国革命斗争规律和中国社会发展规律的一种理性认识，在内外条件极其复杂的情况下，理性地选择了一条正确的革命道路，理性地做出了许多符合革命需要的选择和决定，充分地体现出了红色文化中理性探讨、科学认识的特点。同时，科学弘扬理性，也是社会主义先进文化的历史使命，是人类文化的基础，是文化从必然走向自由的标志。坚持先进文化的科学性，首先必须坚持科学理性文化方向，唯真理至上，科学至上，思想独立，科学自由的原则应得到普遍的遵守。

（三）人民共享的价值取向

十七大报告指出："要充分发挥人民在文化建设中的主体作用，调动广大文化工作者的积极性，更加自觉、更加主动地推动文化大发展大繁荣，在中国特色社会主义的伟大实践中进行文化创造，让人民共享文化发展成果。"文化是在长期的社会生活实践中凝聚和积累的物质和精神财富，体现着大多数人的利益诉求。中国共产党人为了让全体中国人民共享社会发展成果，一直致力于民族的独立、人民的解放，致力于社会的公平与正义，不断将社会文明进步发展的成果惠及全民，由全民共享。红色文化在新民主主义革命时期产生并发展，代表着中华民族和人民的利益，是广大人民群众追求独立、自由、平等、权利的精神积淀，体现了共享社会发展成果的价值内涵。在当代中国，社会主义先进文化反映和包含着集体主义、人民共同致富、社会公正合理、享受发展成果、追求幸福生活等体现社会主义价值精神的内容，它是社会主义政治、经济、社会全面发展进步的客观要求。

三 红色文化是引领社会主义先进文化建设的一面旗帜

"坚持什么样的文化方向,推动建设什么样的文化,是一个政党在思想上精神上的一面旗帜。"① 当前我国的各项社会建设事业取得了显著成就,但随之而来的社会问题也不少,要在复杂的社会背景下选择正确的方向就显得格外重要,同时也是对我们党执政能力建设的一个巨大考验。红色文化这一面鲜红的旗帜能始终为我们党和广大人民在文化建设的道路上指明方向,引领着社会主义文化建设朝着先进的科学的方向发展。

(一) 弘扬红色文化能有效阻挡非马克思主义思潮的冲击

自中国共产党成立以来,马克思主义思想一直是指导我国取得革命斗争胜利、社会主义建设和改革实践的主导性思想,马克思主义科学性、主导性地位丝毫没有动摇。然而,在社会主义现代化建设特别是改革开放后,各种非马克思主义思想也随之涌进。西方国家的价值观念如自由主义、实用主义、民主主义、宗教观、普世观等具有资本主义意识形态的价值观泛滥,像洪水猛兽般冲击着国人传统的思想观念,导致部分人对马克思主义指导思想产生了许多质疑,提出了马克思主义思想在中国是否还有存在的必要的疑问,甚至出现了反马克思主义思潮。这些问题是我们在发展中迫切需要解决的重大问题,而红色文化作为我们宝贵的精神文化财富在这一问题的解决上可以发挥独特的作用。

红色文化是广大人民群众在中国共产党的领导下用智慧与鲜血书写的一页光辉的精神篇章,是马克思主义思想与中国革命、建设和改革实践的有机结合。红色文化中所蕴含的不畏艰险、实事求是、顾全大局、患难与共的长征精神;全心全意为人民服务、毫不利己专门利人、自力更生、艰苦奋斗的延安精神;敢于斗争、勇于胜利、严守纪律、团结一致、谦虚谨慎、不断革命的西柏坡精神;爱国、团结、奋斗、奉献的红岩精神;一心为人民、一心为革命的焦裕禄精神;等等,这些红色精神都是根源于马克思主义指导思想,是红色文化的灵魂。中国人民以中国

---

① 《江泽民文选》第 3 卷,人民出版社 2006 年版,第 277 页。

革命和建设的伟大实践和历史篇章，诠释着马克思主义的科学性和高贵的理论品质。在新时期，弘扬红色文化，发挥其教育功能和价值导向功能，在很大程度上能阻挡各种非马克思主义思想的冲击，巩固马克思主义指导思想在中国的主导地位。

（二）弘扬红色文化能有效抵制西方腐朽落后思想对中国先进文化的侵袭

随着我国经济的大发展，社会物质财富极大丰富，人们的物质生活水平有了很大的改善，但许多人的生活方式和思想观念也发生了巨大的改变，出现了安于享乐、不愿劳动、好逸恶劳的不良现象，这完全与我国勤劳勇敢、艰苦奋斗的传统美德背道而驰。同时，许多不和谐现象更是频频发生，人们的思想道德素质呈现出滑坡的趋势，过分地追求物质上的享受，甚至把它作为人生的最终目标，并且为此不择手段，利欲熏心。其实这种现象的出现在很大程度上是由于受到西方享乐主义、拜金主义、"唯物至上"的西方腐朽思想的渗透和侵蚀，放弃了思想阵地。总体上说，人们的道德观念和理想信念受到了一定程度上的影响，部分人丧失了社会主义和共产主义信念，思想阵地被西方社会的享乐主义、个人主义、拜金主义腐朽思想所占领。

面对如此严峻的问题，如果不能牢牢把握住社会主义先进文化发展的主导权，那么就容易在各种落后、腐朽文化的包围、侵蚀、进攻面前败阵。但是一般情况下，在任何外来思想理论进入时，原本主导的思想文化还是会发挥它极其有力的守势，竭尽全力保护其阵地，而红色文化在抵制腐朽思想上就发挥了极大的作用。江泽民同志指出，面对西方各种腐朽思想的侵蚀，我们只有拿起思想政治教育这个武器进行抵制。

红色文化是党和人民群众英勇奋斗构建起来的先进文化，是思想政治教育的重要载体，是新形势下抵制腐朽落后思想文化侵蚀的重要精神武器，要让红色文化进教材、进课堂、进网络、进头脑。胡锦涛指出，要教育广大干部群众特别是青少年树立社会主义荣辱观，按照"八荣八耻"的要求，严格规范自身行为。这就要求我们充分发掘和运用好红色文化资源，发挥红色文化"防火墙"的作用，自觉抵制西方腐朽落后思想的侵袭。

总之，红色文化是社会主义先进文化建设的一面旗帜。旗帜就是方向，旗帜就是形势，旗帜就是信心。我们要大力弘扬红色文化，推动红色文化创新，不断提升红色文化软实力，发挥红色文化在社会主义先进文化建设中的巨大功用。

(作者单位：江西师范大学政法学院)

早期红色革命传播中的群众意识
——以 1927—1937 年中共在上海的出版活动为例

杨卫民

1927—1937 年，中国共产党处于国民政府镇压和帝国主义侵略的双重遏制之中。中国共产党在革命传播过程中，坚持密切联系群众，从中央到地方、从组织到个人，红色革命传播者不断与敌人作斗争，并采取多种方式，得以不断动员社会民众，形成了自己相对有效的群众路线传统。

一 国民党群众基础的自我弱化

1927 年大革命失败后，国民政府在对待革命的态度上群众意识日趋淡薄。国民政府有以下诸多活动：集权，反共，防止其他党派人员活动，将集权重点推行到邮局、工厂、教育、出版等部门，等等。其不但在军事上对红军进行"围剿"，与地方军阀势力进行战争，在政治上大肆搜捕、屠杀共产党和对汪精卫等人展开斗争，在思想文化上还加强对先进文化的"围剿"，如开办御用书店，出版大量图书，宣传其统治思想，同时竭力压制以至扼杀革命思想，限制、禁止乃至销毁革命的、进步的图书，甚至封闭进步书店，捕杀革命家和出版工作者。

1934 年 5 月以后，国民党中央党部民众运动指导委员会实行文化统治政策；6 月 6 日，国民党中央宣传委员会图书杂志审查会在上海设立办事处；10 月 12 日，国民政府上海市教育局公布监督文化团体规则。据统计，国民政府在 1927—1937 年颁布的相关出版法律法规就有

150 多种，涉及出版实务、著作及审查、取缔等多项。① 1929 年 6 月就连续颁布《查禁反动刊物令》、《取缔销售共产书籍办法》和《取缔共产书籍办法令》。另据张静庐辑注的《中国现代出版史料》乙、丙、丁编的统计，国民党在 1929—1941 年一段时间，就禁毁了书刊 2781 种。② 从 1929 年至 1935 年，社会科学和文艺书刊被查禁、扣押的就达千余种③。上海的进步书店，如鲁迅所说："封闭的封闭，关门的关门，暗暗改换店主'重操旧业'的也有。"④ 20 世纪 20 年代末至 30 年代上半期，上海创办了大批期刊。但同时，政府也加强了思想控制，从 1929 年到 1931 年查禁书刊达 531 种。⑤

1927—1937 年的上海出版人与当时政治高压采取了斗争。如在 1934 年 2 月 19 日，上海各书店收到了国民党上海市党部奉国民党中宣部查禁"反动"书刊的正式公文。其中共有 149 种图书遭到查禁，牵涉东华、新中国、现代、泰东、商务、中华、良友、天马、开明、新月、湖风、光华、北新等 25 家书店，涉及沈端先、蒋光慈、郭沫若、钱杏邨、丁玲、胡也频、陈望道、田汉、茅盾、鲁迅等 28 位作家及 37 种作品。⑥ 相关书店就由开明书店带头联合请愿，要求"体恤商艰"。在出版业界强大的压力下，国民党当局终于妥协。⑦ 尤其是邹韬奋及其领导的生活书店，在与国民党当局的斗争中，不仅不断丰富和创造自己的文化产品，而且还引领了当时的出版动向和时代潮流。关于上海的资本家与国民政府的关系问题，以前的革命话语较为看重他们的结盟，其实他们之间的矛盾也不时呈现，确切地说，资本家被国民政府压制得很厉害，到了 1937 年，前者几乎成了后者的附庸⑧。

---

① 上海市出版工作者协会《出版史料》编辑组：《出版法规汇编编目（1906—1949 年）》第 1 辑，上海学林出版社 1982 年版，第 148—153 页。
② 肖东发：《中国编辑出版史》，辽宁教育出版社 1996 年版，第 415 页。
③ 王双梅：《历史的洪流——抗战时期中共与民主运动》，广西师大出版社 1994 年版，第 16 页。
④ 赵家璧：《编辑忆旧》，生活·读书·新知三联书店 1984 年版，第 6 页。
⑤ 上海通志编纂委员会编：《上海通志》（9），上海人民出版社、上海社会科学院出版社 2005 年版，第 6066 页。
⑥ 上海市年鉴委员会编纂：《上海市年鉴》，上海市通志馆 1935 年版，T 部，一八。
⑦ 肖东发：《中国编辑出版史》，辽宁教育出版社 1996 年版，第 415 页。
⑧ Parks M. Coble., *The Shanghai Capitalists and the Nationalist Government*, 1927 – 1937, Cambridge, Mass.: Harvard University Press and Council on East Asian Studies, 1980, p. 3.

严格地说，国民政府的种种举措，已经在逐渐削弱自己的统一战线和思想认同基础。严密的封锁和镇压，既将共产党逼向了激烈对抗的境地，也使许多社会机构和部门对执政当局产生反感，甚至反抗。在对蒸蒸日上的市民社会处理上，国民党当局在意识形态上的紧缩和保守，一定程度上是历史的倒退，因此在发展策略上是存在问题的。

在思想文化领域，许多中小出版机构越来越紧密地与中国共产党加强了联系，支持或进行红色革命传播。南京国民政府建立后，以蒋介石为首的国民党从以党治国蜕变为以军治国。① 这一点可以赢取少部分人的支持，更多是面和心不和，确实得不到更多的支持。国民党的党组织涣散，知识分子对国民党也看不起。② 在上海出版界，商务印书馆、中华书局等和政府龃龉不深，带有近代"市民社会"组织的特征——实际上这种民主组织和思想本身带有反对军事独裁的本质，但是广大的小出版社就不这样了，他们直接面对的就是生活，军事独裁最不利的显然是中下层人民的生活。中小出版社为了生活而进行革命传播，这也算是一种历史奇观吧。比如亚东书局等，虽然带有糊口成分，但是谁也不否认图书出版发行后不同于物质食粮的存在和传播功能。一定意义上，国民党想控制的上海出版业，中国共产党力图影响上海出版界，实际上为商业文化的出版提供了博弈的条件，再加上上海独特的地理位置、租界的特殊历史环境，这种强化显然有利于商业出版，这些在一定程度上解释了都市商业文化繁荣、上海出版业繁荣的原因。这种商业出版环境愈发展，反而越不利于国民党之党政，严酷的党争现实表明，上海出版业的"左"的倾向由是越来越明显。中国共产党得以团结了精英阶层中的诸多同路人。

二 中共中央群众意识的加强

1927—1937 年，中共中央特别重视和指导对群众的宣传。中共中央发布相关政策，来反抗国民党的思想压制。1927 年 7 月 18 日中共中

---

① 耿云志：《西方民主在近代中国》，中国青年出版社 2003 年版，第 452 页。
② 王奇生：《党员、党权与党争——1924—1949 年中国国民党的组织形态》，上海书店出版社 2009 年版，第 268—269 页。

央提出《国民革命的目前行动政纲草案》，表示愿与全国一切革命分子共同商榷而实行之，同时主张反帝国主义，如反对列强武力干涉中国，收回租界，由租界居民组织市民议会管理之等，另在经济、政治、工人、农民、军人、教育、妇女诸方面提出了民族、民主主张。① 8月7日，八七会议通过的《中国共产党中央执行委员会告全党党员书》认为，"中国革命是资产阶级的民权革命，而有生长转变到社会主义革命的根本趋势。中国革命尚在资产阶级民权革命的阶段，它反对帝国主义的压迫及封建制度之一切社会经济政治的遗毒。现时中国革命的根本内容是土地革命，是工人阶级要求解除闻所未闻的压迫制度与奴隶制度之争斗，这种奴隶制度，正是帝国主义依据中国封建关系以建立其统治之基础"②。八七会议通过的《党的组织问题议决案》规定："中央临时政治局应当按期出版秘密的党的政治机关报，而传播之于全国。机关报之党报委员会，由政治局委任之。政治局之下应设一特别的出版委员会，专掌传播党的机关报及中央一切宣传品的责任。北方顺直省委（或北方局），南方局，以至上海省委之下，亦应设立出版机关及传播秘密宣传品传单等工作。""中央临时政治局，应当建立全国的秘密交通机关，与出版委员会的散布宣传品的工作相联络，担任传达通告指令输送宣传品等等的职任；并兼办探听反革命线索及其他各种消息各地环境的特务工作。各省亦应有此等机关之组织，务使本党有一全国的交通网。"③ 11月中央临时政治局会议通过的《职工运动决议案》规定：在各重要工人区域中，必须出版像《上海工人》这样的印刷品。党必须在纸上或口头宣传上猛烈批驳右派工会领袖高谈阔论的阶级调和政策，并尽量批评他们在《劳工日报》或其他反动报纸上发表的文章及他们在工人会议席上的演说报告等。④ 12月，中央通告主张彻底的民权革命——扫除封建制度脱离革命的战线，并不断在对各地工作的指导中和在《布尔塞维克》上暴露国民党的罪恶，指示反国民党的必要和中共领导工农暴动夺取政权的直接革命的任务和策略；但是，各地党部如江西、安徽、

---

① 《国民革命的目前行动政纲草案》，《向导》周报1927年7月18日。
② 中央档案馆：《中共中央文件选集》第3册，中共中央党校出版社1989年版，第255页。
③ 同上书，第302—303页。
④ 同上书，第518页。

陕西、福建、云南等仍然不明了中央决议，而对国民党保持政治上的幻想，甚至仍然保留一部分同志于国民党内想借其名义以发展工农斗争。①

1928年1月20日，中共中央宣布国民党为国民公敌，两党敌对关系完全、彻底公开化。② 5月9日，中共中央发表《中国共产党反对日兵占据山东告全国民众》，明确反对国民党统治和日本帝国主义对中国的侵略。③ 7月，中共"六大"通过的《宣传工作的目前任务》要求：①对广大群众进行煽动。②在宣传上，肃清机会主义残余、消沉倾向和"左"倾盲动倾向（包括先锋主义、恐怖主义、盲动主义和强迫罢工）以及藐视民主集中制的意义等倾向争斗，并应在精密研究中国与国际革命运动之经验与教训的基础上为党的布尔塞维克化而争斗。同时党应当同孙中山主义及创立第三党称为工农政党的一切企图作坚强理论上的争斗。③刊物。各种形式的刊物宣传（报纸、传单、小册子、宣言等），便获得极重大的意义了。在扩展群众中间的共产主义影响的基本任务上，无论如何必须组织每日出版的销行全中国的工农报纸。报纸的文字、内容、价格要十分适合广大群众的能力和程度。必须组织大规模的特别是在工农群众中间捐集报纸基金的运动，并应吸引党与少共全体群众参加销行此报的工作。此种报纸对于女工农妇问题应加以注意。在党的各临时政治运动中，应当注意与改善传单、宣言、小册子的内容及印刷。在党处于秘密工作条件之下，应重视党报，因此要极力改善党的定期刊物《布尔塞维克》与《党的生活》，以期其真正能够成为领导机关报（关于这两个报纸有具体的指示）。设立工农通讯员对于改善一般政治报纸与党报有极大的作用。对于不识字的工农，应当尽可能的组织诵读书报的公开或秘密的小组，宣传委员会即应指派一些不仅能够教读而且政治认识清楚的同志担任小组指导员的工作，以便利用这些小组作为宣传的工具。必须组织发行并供给城市与乡村用的大批通俗的政治书籍报章，注意程度浅劣的

---

① 中央档案馆：《中共中央文件选集》第3册，中共中央党校出版社1989年版，第587—588页。
② 《中国共产党宣布国民党为国民公敌宣言》，《布尔塞维克》第1卷第15期，1928年1月30日，第469—471页。
③ 《中国共产党反对日兵占据山东告全国民众》，《布尔塞维克》第1卷第20期，1928年5月30日，第659—664页。

工农，最好编成歌谣韵语；发行为中等党员所用、内容比较高深的书籍，如关于中国现时政治生活，党的目前任务，列宁主义、苏联、评孙中山主义及党内各种机会主义与左派盲动主义倾向等问题；发行中共中央文件选集和马克思、恩格斯、斯大林、布哈林及其他马克思主义、列宁主义领袖的重要著作。必须赶急指定同志从事此种工作，在技术上保证这些著作的发行，捐集发行基金等。因处于秘密条件之下，发行关系极为艰难，所以对组织散布秘密刊物于全国的特别人员应加以最大的注意，应极力注意改良分散刊物与输送方法。① 8月11日，《中央通告第六十二号——目前党的根本策略与政治宣传鼓动》严格规定：各省党费和职工运动费至少须以1/15作为政治宣传的经费；各省委须办一党的机关报，有职工运动的地方还须办一秘密的工会机关报；党报的内容必须包括中央政策的地方化、地方政治的批评、工农斗争的消息并指示其出路、反对第三党（理论的和事实的）和反帝国主义反国民党理论的介绍；党报必须有一编辑委员会主持，以省委常务委员一人为主席，常务委员都经常做文章；党报和工会报的出版须尽可能用铅印或石印，否则用油印，每期内容不求多，而散发份数则须求其多，使广大群众能接受我们的宣传；灰色刊物须尽可能利用中共领导的灰色团体拿钱来办，并在采取民众批评态度时遵守下列的政治精神：反帝国主义，反国民党反军阀，反第三党，反对国民会议，同情工人阶级斗争，赞成土地革命，赞成工农民主独裁的政权；对于中央刊物和书报的推销，必须遵照中央发行部的通告，切实办理，使中央刊物和书报不仅达到党员中，并且达到群众中去。② 10月1日，《中央通告第四号——关于宣传鼓动工作》进一步规定，实行真正的民主集中制，发展政策和理论的讨论，上级党部须经常地注意指导下级党部及同志的这种讨论（中央及省委有专供党内讨论的出版物及上级党部的巡视员特别注意政策理论的指导等）；建立党的理论的中心，改《布尔塞维克》为中央理论机关报；有计划地编译与出版马克思列宁主义的重要著作、小册子等；创立中央日报及某几个大城市的地方

---

① 中央档案馆：《中共中央文件选集》第4册，中共中央党校出版社1989年版，第414—422页。

② 同上书，第569—570页。

小日报，以扩大党的政治影响及加强对于敌党的政治反应之速度，尤其特别注意揭破民族资产阶级各派（蒋派、汪陈派、第三党等）的反革命假面具，加紧宣传党的政纲和武装暴动推翻国民党与帝国主义统治之必要，加紧反军阀反帝抗租抗税反白色恐怖及争取一切民众运动之自由的鼓动与宣传。①

1929年6月，中共第六届中央执行委员会第二次全体会议通过《关于中央政治局工作报告的决议》，认为在建立工厂报纸等路线的指导与督促上，中央组织工作需要今后予以严重注意；中央宣传工作如关于日报的创办，对全国宣传工作指导的加紧等，全会认为满意，只是关于马克思列宁主义理论的传播与通俗小册子的编辑以及发展党内政治讨论、供给各地训练干部的材料等，需要中央予以注意和领导，尤其是要利用一切可能的公开机会，以扩大党的政治宣传。② 会议通过的《组织问题决议案》认为，在过去向群众散发传单和标语基础上，学习欧洲宣传方法，出版工厂小报、小传单，各级党部应注意宣传品的发行、分配，对于群众刊物的编印，必须注意内容通俗、格式便于携带。③ 会议通过《宣传工作决议案》，认为文字宣传工作固然是宣传的重要部分，但离开了实际的斗争生活，决不会有正确的宣传文字。目前的任务是扩大党的政纲的宣传，特别要注意反帝国主义反国民党武装暴动与土地政纲；加紧反军阀战争及争取群众政治自由的宣传；加紧国际的宣传特别是要宣传反对世界大战拥护苏联；注意从事实与理论上反三民主义与反改良主义的宣传；扩大马克思列宁主义的宣传并且要普遍地把这种宣传带到工人中去；纠正党内一切不正确的倾向，反对托洛茨基反对派，反对机会主义的右倾取消派；特别要宣传共产主义的思想；要研究宣传革命斗争的经验与教训。在宣传路线上，要注意对于群众直接要求的鼓动，并且要使鼓动与宣传联系起来；要抓住每个时期的中心问题来扩大党的政治宣传；要利用一切公开的可能来扩大宣传，但必须反对合法主义的倾向；要在斗争中扩大宣传，以斗争形势的发展转变党的宣传鼓动

---

① 中央档案馆：《中共中央文件选集》第4册，中共中央党校出版社1989年版，第616—618页。
② 中央档案馆：《中共中央文件选集》第5册，中共中央党校出版社1990年版，第174页。
③ 同上书，第235—236页。

口号；宣传要深入反动势力下的群众中去，特别要注意迅速答复一切反动的宣传；宣传工作必须成为每个党员乃至每个赤色工会会员的工作；党的宣传工作与群众组织的宣传工作应当有不同的态度。其中，建立工厂小报要看成支部最重要的宣传工作。在特别注意的一般群众中的宣传工作上，尽可能地公开发行日报及其他地方性的党报；编印发行画报画册及通俗小册子为要适合于一般工农群众的兴趣；尽量利用群众的宣传组织与刊物，但须切实审查并给予正确的指导；建立秘密发行路线，扩大推销党的机关报于广大群众中间关于党的理论指导的机关报，如中央的《布尔塞维克》、《红旗》等，亦应注意到扩大推销到广大群众中去。在宣传工作的组织问题上，党报委员会应当与宣传部划分清白，中央宣传部设立：出版科——管理公开发行、出版的事务，编辑委员会——有计划的编辑一切宣传教育的丛书，小册子等，文化工作委员会——指导全国高级的社会科学的团体、杂志及编辑公开发行的各种刊物书籍。应该说，出版机构丰富了，分工更为明确了。其间还规定"党应当参加或帮助建立各种公开的书店、学校、通讯社、社会科学研究会、文学研究会、剧团、演说会、辩论会、编译新书刊物等工作"，以扩大政治影响。① 会议还通过了《职工运动决议案》，要求《中国工人》应按期出版，注重职工运动的理论和策略的讨论以及编辑各种问题的小册子，都是目前切迫的工作；铁路总工会的"周刊"应立即恢复、按期出版，扩大铁路的宣传，在各路设通信员，建立各路独立发行系统。②

三　中共中央群众意识和组织活动的深入结合

1930 年，伴随着"左"倾错误及对错误的反思。出版宣传工作大量地在中共组织工作中反映出来。7 月，中共中央组织会议通过《目前政治形势与党的组织任务》，要求党支部最重要的工作，就是很适当地组织宣传品的分配工作。要使党的宣传品和刊物能更迅速普遍地深入到群众中去，发行分配工作决不是技术工作，而是有严重的政治意义。发

---

① 中央档案馆：《中共中央文件选集》第 5 册，中央党校出版社 1990 年版，第 251—274 页。

② 同上书，第 312、316 页。

行分配工作应当从各级党部有系统地建立起来,应当运用整个党的组织形成一部发行机器,应当使党的支部成为党在各种群众中的宣传品发行所,刊物的代卖处。要建立全国发行交通网,适当运用一切交通的工具(轮船、火车等),运用群众组织路线来替党输运一切宣传品和刊物,普遍传递到各地;要运用一切公开的机会,设立党的刊物代卖处,在党的影响下的群众组织都是党的刊物的一个代卖处。① 9月,中共第六届中央委员会扩大的第三次全体会议通过《组织问题决议案》,认为党报不仅是统一党员意志的指南,而且是鼓动群众、说服群众、组织群众的利器,要求党报必须设立全国系统的工农通信员,经过他们使党报与广大群众密接起来,必须建立群众的发行网,以保持秘密的发行路线;在各省委与各地方党部亦必须尽力出版地方党报,多注意于讨论当地党部的任务与策略及地方性质的问题;此外,必须尽可能使各支部出版工厂农村小报。② 实际上这是在强化党报的作用。

1931年,随着国民政府对中共的摧残以及苏维埃地区政权的发展,中共中央对苏区的指导意见颇多,但对出版宣传的指示并未减弱。2月,中共中央总书记向忠发在发给共产国际的报告中陈述,党报工作在立三主义最盛时期虽办得很有规模,但以后迭受摧残,到现在《红旗日报》还只能日出一极小张,而且只能印1000多份,这是最大的不利。现在正计划恢复较大张的日报,并加强中央政治局对党报的领导,以实现党报在政治上领导全党与组织群众的任务。党报分四种:《布尔塞维克》——马克思列宁主义理论的刊物;《实话五日刊》——宣传党的政策的刊物;《红旗日报》——鼓动的刊物;《党的建设》——党内的刊物。这些刊物,除印刷困难的原因外,还有因为做工作同志没有养成读党报与写文章的工作作风,所以常因稿子少不能按期出版。③ 3月,中共中央通过《关于发展党的组织决议案》,要求尽量利用党报及一切公开刊物,扩大党在群众中的共产主义宣传,要坚决消灭忽视党报组织作用的现象,要赶快改良发行推销的工作,要在工厂中组织读报小组,地

---

① 中央档案馆:《中共中央文件选集》第6册,中共中央党校出版社1989年版,第204—205页。
② 同上书,第315页。
③ 中央档案馆:《中共中央文件选集》第7册,中共中央党校出版社1991年版,第136—137页。

方党部要设法帮助此种工作。① 5月，中共中央通过的《中央巡视条例》，要求对于各种刊物（特别是工厂小报）的考查须切实认真，甚至于拿一张标语传单为根据，都须与当地党部以批评和纠正，同时必须注意当地的发行工作是否能够按时传达到支部和群众中去；为着充分的收集各地的政治经济材料，除上述方法外，应随时注意当地的公开出版物（如报纸、杂志和书籍之类）以便参考；巡视员在巡视过程中，须尽可能多写文章和通讯，供给中央党报，以便将各种实际经验汇集起来，供各地参考和讨论。② 6月，中央政治局通过的《动员群众扩大反帝运动的决议》，要求在党报上及革命群众团体的出版物上经常地登载关于反帝运动的系统文章和各种材料，同时须将帝国主义者在中国的每一暴行和国民党各派的每一民族改良主义的武断宣传作为具体对象，立刻印发有鼓动性的标语、口号、宣言、传单、画报、壁报及小册子，到各种群众中去散发，以揭穿国民党最近的各种"反帝"假面具；要在各级党报上经常登载揭发立三路线及公开右倾机会主义对于反帝运动的取消、投降的理论与实际。③

1932年，面对经济危机的加深，中国的大饥荒，日本帝国主义对东北的步步侵略，加上苏维埃和红军的胜利，中共的反帝运动与反对国民党斗争更加直接地结合起来，追求在一省或数省争取胜利的热情又高涨了，并在城市诉求直接的武装革命斗争，但在统一战线上明显不足，过高估计工农群众的力量，飞行集会还在继续并得到中央的鼓励。进入20世纪30年代，中央也越来越重视工人的失业问题，上海成为重点关注的地方。1932年1月，中共中央通过的《中央关于二月二十五号失业工人运动日的决议》，要求动员党的一切的力量去发动丝厂、印刷等行业失业工人的斗争，要求失业工人集会、结社、出版的完全自由等；印发各种宣言、传单、画报、标语、小册子，动员党、团、工会、反日会、互济会、"上反"、各学校的宣传队，深入失业工人中，加紧失业的政治教育，坚定失业工人的阶级意识，扩大宣传煽动的工作，揭露国

---

① 中央档案馆：《中共中央文件选集》第7册，中共中央党校出版社1991年版，第164页。
② 同上书，第225—226页。
③ 同上书，第279、282页。

民党帝国主义资本家黄色工会压迫和欺骗失业工人的罪恶。① 3月，中央发布《中央为职工运动致同志的一封信》，要求在全总指导职工运动的理论刊物《职工指南》上发表关于组织和领导工人的反帝争斗的论文。② 10月，中央通过《中央关于检查妇女工作的决议》，在对上海、江苏省委等地女工工作检查基础上认为，中央妇女委员会必须彻底改变《妇女生活》的内容，使其成为领导妇女工作的刊物，在这刊物上应当首先无情揭露过去妇女工作中机会主义妇女主义的倾向，详细解释中央及国际指示，使这些指示具体化、通俗化。这个刊物应供给全党以作为妇女工作中具体领导的有力工具，同时中央妇女委员会必须帮助全国总工会创办一个女工的群众刊物。在党及群众刊物上设妇女栏。③ 同月，中央通过《中央关于组织失业运动日的决议》，要求党必须坚定地建立失业工人的刊物（如《失业工人》等），通过各种形式在整个城市发动如洪水一般地充满失业日的宣传；在这些宣传中，我们不仅将要求通俗化，指出工人斗争的出路，并且要指出在国民党白区失业工人的状况和苏区工人生活来相互对照等。④ 应该说，1932年，随着日本日益侵略中国，随着革命形势的发展，中共很快加强对日宣传，不断发展壮大，并且团结了各种进步力量，越来越有自己的策略。

四 中国共产党和抗日统一战线

1933年，中共主张建立统一战线，坚决反对日本帝国主义侵略中国，反对国民党反动派。2月，中共中央通过《中央关于三八妇女节工作的决定》，要求利用节日，具体地介绍苏联与中国苏维埃区域妇女生活的情形，把它与帝国主义国民党统治下的妇女生活情形对照起来，揭穿国民党及一切反革命派别的武断宣传与造谣污蔑，加强宣传和实地组织拥护苏联的工作，广泛地传播马克思列宁主义到妇女群众中去。⑤ 5

---

① 中央档案馆：《中共中央文件选集》第8册，中共中央党校出版社1991年版，第56—57、60页。
② 同上书，第174页。
③ 同上书，第496—497页。
④ 同上书，第526页。
⑤ 中央档案馆：《中共中央文件选集》第9册，中共中央党校出版社1991年版，第60—63页。

月,《中共中央、共青团中央为反对国民党出卖华北平津告民众书》发表,其中揭露了《晨报》等在抗日问题上发表的欺骗宣传。① 8月,《中央关于筹备世界反帝非战大会的紧急通知》要求,必须抓住目前西欧代表业已到沪与大会即将开幕的时机,必须立即开始最普遍的口头和文字的宣传,利用一切刊物、传单、标语和群众会议、演讲会等,尽量将大会进行的消息,任务与党的立场传播到群众中去,目前特别应组织广大群众对于大会的拥护和意见,将一切宣言、决议、通电与意见书公布出来并寄交上海筹备委员会,尽量发挥广大群众对于大会工作的自发性和积极性,给一切反动派的武断宣传如《社会新闻》之类以有力的打击。② 9月,攻击《时事新报》、《晨报》、《社会新闻》等。《中央宣传部关于中国法西斯蒂的提纲》,抨击《晨报》、《社会新闻》为法西斯蒂的机关报对苏联的污蔑,宣传教育文化事业的法西主义,压迫学生的革命运动,造成奴隶式的法西斯蒂文化等。③ 11月,中共中央通过《中央紧急通知——关于开展反对五次"围剿"的运动》:要求出版工厂小报、壁报、画报和通俗小册子,以推广拥护红军的宣传鼓动,回答反动报纸对红军的污蔑和武断宣传;利用我们所影响下的一切公开与半公开刊物,去进行反对"围剿"的抗议;发动学生的罢课,反对"剿匪运动周",反对"临时剿共教材",要求言论、出版、集会、结社的自由,要求进攻红军的军费作为教育基金;动员报馆印刷等工人反对反动报纸登载"剿匪"评论,不印一切反对红军苏区的宣言传单,反抗称红军为"土匪"。④ 11月,中共中央发布《中央关于检查江苏党工作的决议》,批评反帝非战的宣传鼓动工作是狭隘得无以复加,即反战大会特刊至今亦未能出版;宣传鼓动工作非常微弱,《列宁生活》不能经常出版,各区大半没有自己的报纸——没有一个真正的工厂小报,党支部小组的政治生活都需要大加改善。⑤

  1934年,赤色恐怖、飞行集会等武装斗争手段还在继续。7月,中

---

① 中央档案馆:《中共中央文件选集》第9册,中共中央党校出版社1991年版,第192—193页。
② 同上书,第308—309页。
③ 同上书,第328、331—332页。
④ 同上书,第363—364页。
⑤ 同上书,第420—421页。

央指示，根据上海的工作经验，中央局指出了开展武装自卫的运动方向：一是从目前狭隘和隐秘的状态变成公开的广大的群众运动；二是保证各地运动根据实际，保证全国运动的展开；三是保证运动真正深入到工农群众中去；四是用实际斗争充实1934年6月20日《中国民族武装自卫委员会筹备会为对日作战宣言》。①

依靠群众路线，抗日统一战线最终形成。1935年8月，中共中央发表《中国苏维埃政府、中国共产党中央为抗日救国告全体同胞书》《中国苏维埃政府、中国共产党中央为抗日救国告全体同胞书》（即《八一宣言》），强烈谴责："日寇要求封禁某些报章杂志，那些报章杂志便立刻被封禁了；日寇要求惩办《新生》等杂志主笔和新闻记者，《新生》主笔和许多记者便立刻被逮捕监禁了；日寇要求中国政府实行奴化教育，蒋贼便立刻焚书坑儒了……"② 12月，中央通过《中央关于目前政治形势与党的任务决议》，更是明确强调党要运用广泛的统一战线，并强调党内主要危险是关门主义。③

1936年，中共中央相继发表《中国共产党中央委员会为创立全国各党各派的抗日人民阵线宣言》（4月25日）、《中共中央致国民党二中全会书——提议停止内战一致抗日》（6月20日）、《中国共产党致中国国民党书》（8月25五日），强烈呼吁建立抗日民族统一战线。9月，中央通过《中央关于抗日救亡运动的新形势与民主共和国的决议》，认为民族革命的胜利决不是少数上层分子所能完成的，要吸收成千百万工人农民与小资产阶级群众参加到抗日民族统一战线中来；目前的"左"的关门主义倾向，依然是彻底实现抗日民族统一战线策略的主要的危险；正确的党内思想斗争的发展，将是完成党的一切政治任务的有力武器。④

1937年，国共抗日战线最终形成。1月，中共中央通过《中央关于统一战线区域内党的工作的基本原则草案》，要求应坚决用抗日救国的

---

① 中央档案馆：《中共中央文件选集》第10册，中共中央党校出版社1991年版，第367—368页。

② 同上书，第519—520页。

③ 同上书，第617—618页。

④ 中央档案馆：《中共中央文件选集》第11册，中共中央党校出版社1991年版，第92—99页。

名义组织群众、武装群众，参加到一切有群众的团体中去，争取其中的领导；抗日救国的团体，同时应该为群众生活的改善与民主权利的实现而斗争；民族斗争与阶级斗争的适当联系，是使抗日救国运动成为广大的群众运动的主要关键；这里应该防止过早的偏狭的关门主义及牺牲群众利益的右倾机会主义。[1] 4月，中共《国民党三中全会后我们的任务——中央宣传部宣传大纲》要求，我们的工作中的中心一环，是扩大民主运动，争取民主运动的实现；在民主原则的基础上，改革国内政治，召集国民会议，开放言论自由，开放民众运动；今天的民主运动，是为着抗日，同时是在抗日运动上表现出来。[2] 同月，《中央关于同蒋介石谈判经过和我党对各方面策略方针向共产国际的报告》指出："自七领袖被捕，上海及全国救联失败后，全国统一救国运动在国民党包办下左派群众尚未能加入。许多新刊物亦尚不能经常存在，尤其国民党三中全会后，因我党尚未能经常的公开发表政治领导主张，致'左'派刊物在民主运动中尚不能形成有力舆论，结果不能不使《大公报》及《国闻周报》的资产阶级影响扩大。上海工人斗争颇发展，国民党力图控制，我党似有一部分下层关系，但无从指导。"[3]《中国共产党中央委员会对沈章诸氏被起诉宣言》呼吁国民政府："吾人要求立即澈底修改危害民国紧急治罪法！""吾人宣言，真实之抗战准备，唯有给予民众民主权利！"[4] 10月，中共中央《关于对取消"全救"的认识及其取消后上海救亡工作方针的指示》要求，加强各种救亡协会与救亡团体的群众工作，扩大这些团体的群众基础与独立民主的救亡活动；用最具体的事实，揭发国民党及抗敌后援会包办政策的错误，以达到抗会的民主改造；在方法上，改变民主主义和包办主义，发展民主主义，发挥积极分子最大的积极性、创造性。[5]

在红色革命传播过程中，中共在上海的出版活动坚持反帝立场——可以说反帝一直是红色革命传播活动的主要目标。这里面既有对帝国主

---

[1] 中央档案馆编：《中共中央文件选集》第11册，中共中央党校出版社1991年版，第147—148页。
[2] 同上书，第172页。
[3] 同上书，第183—184页。
[4] 同上书，第188—190页。
[5] 同上书，第375—376页。

义的整体批判,也有对租界当局的反对以及与《字林西报》等的博弈。① 在反对帝国主义话语体系中,中共出版人与国民党话语体系、民族资产阶级话语体系进行了合作或斗争。上海都市中接近西方的市民生活习俗,在中国确实显得比较异类,因此,国民党的民族主义思潮在上海的推广以及国家政权整合和对社会进行引导,又是如此的有必要,这一点上严格来说,又和共产党有共同之处。因此,当外国势力日益对中国产生威胁甚至进行大规模侵略时,这种正当之间的结合在所难免,群众路线的扩大也在情理之中了。1927—1937 年,共产党的反帝立场依然如前般鲜明、坚定。1931 年《红旗日报》登出中共中央政治局决议,内容包括"在党报上及革命群众团的出版物上经常的登载关于反帝运动的系统文章和各种材料……"② 1937 年抗日战争全面爆发后,国共两党在出版方面积极开展了合作。在关于工人阶级问题上,国民党也有重点论述。关于革命与社会生活,20 世纪 30 年代的国民党中央民众运动指导委员会就有论述:"然而任何一个运动——主要是工人阶级的流血运动,他决不会无声无臭地过去,在某种条件之下,他会或多或少的在社会生活中发生反响,而上海的工人运动,也是在这种反响之下起来的。"③ 并认为"民族革命与阶级斗争的合流,必然的会激荡出一种革命的巨潮"④。革命与生活结合的话语,出现在了上海工人身上。

五

在密切联系群众的文化传播实践中,中共出版人也进行了诸多不懈的斗争或论争。1927—1937 年,中共出版人郑超麟、潘文郁、恽代英等人在不同时刻、从不同角度,与国民党出版人就群众路线问题曾展开激烈的斗争,与中间路线进行论争,同时在中共内部也有一定的争论。

在反对国民党的统治话语体系上,1928 年 6 月 30 日,郑超麟分析

---

① 上海市档案馆:《工部局董事会会议录》第 24 册,上海古籍出版社 2001 年版,第 600—601、614 页。
② 《动员群众扩大反帝运动的决议》,《红旗周报》1931 年第 11 期。
③ 王秀水:《上海工人运动史》,中国国民党中央民众运动指导委员会 1935 年版,第 11 页。
④ 同上书,第 12 页。

了国民党形式上取得统一后出现了代表各派政治理论的刊物：《再造旬刊》代表西山会议派，《夹攻》代表蒋介石派，《革命评论》代表汪精卫、陈公博派，《灯塔》、《突击》代表邓演达、谭平山一派。也有很多其他各派小刊物。这些刊物，不是仅做简单的政治鼓动，且有系统的理论宣传，对中国革命的性质及前途都有确定的答复。这些刊物代表着国民党政治联盟下不同的阶级，其理论就是各阶级的政纲和口号。虽然理论不同，并且他们之间还相互攻击，但都对国民党一致的政纲和口号不满意，当然也是对国民党中央和政府不满。应该说，国民党内部的冲突是一种自觉的状态，这是各自代表着一派利益的纷争。从读者层面看，这种现象表示了普遍不满意现状的社会心理。① 在此状态之下，中产阶级、小资阶级很可能就会厌倦这种状态，转移到中共的革命阵营中来。郑超麟由此判断："只是表示中国豪绅资产阶级日加一日的趋于分裂而孤立。中国社会阶级结合形势，又到了变化的关头。这是有利于革命的显现，这是中国革命新的转变的征兆。"② 从出版和出版人的视角看问题，真的是非常深刻，就笔者有限的学术视野来看，这是中共出版人分析国民党出版和出版人形势比较早的文章。11月27日，潘文郁在《红旗》第2期，结合"革命"类出版物的五花八门，批判国民党的"革命"出版物《黎明》旬刊等假左派刊物的"民族资产阶级的反革命的真面目"。③ 1929年1月23日，他在《红旗》第11期，批判国民党刊物《民众先锋》的"革命论"，认为陈公博等人在"陈仓暗渡的去帮助资产阶级的统治"，"对于革命民众还是一样的痛苦"。④ 2月21日，《红旗》第14期，潘文郁的《看〈民众先锋〉怎样"革命"》一文揭露国民党左派的空洞理论。⑤ 2—3月，恽代英发表《施存统对于中国革命的理论》，比较尖刻地讽刺批驳施存统在《革命评论》和《现代中国》刊物上给蒋介石、汪精卫捧臭脚，根源在于这些人质疑中共的力量的独立性以及这些人对下层民众的背离。⑥ 直到1937年，国共话语的对

---

① 郑超麟：《发展并完成中国的革命》，《布尔塞维克》1928年第1卷第22期。
② 同上。
③ 问友：《资产阶级最左的理论——黎明派》，《红旗》1928年第2期。
④ 问友：《怪哉〈民众先锋〉之"革命论"》，《红旗》1929年第11期。
⑤ 潘文郁：《看〈民众先锋〉怎样"革命"》，《红旗》1929年第14期。
⑥ 恽代英：《施存统对于中国革命的理论》，《布尔塞维克》1929年第2卷第4期，第5期。

立还是非常明显的。

在与民族资产阶级的论争上,1930年7月,罗绮园就邓演达、章伯钧、陈启修等人的政治宣传进行批判。从媒介内容上,就他们所出版的《穷话》进行批评,认为刊物名字起得很好听,但里面所说的没有一句是穷汉们的"穷话";从传播主体上来看,认为"邓演达这次漫游归来,满面春风,带着考茨基的帽子,穿着麦克唐纳尔的晚服,挽着汤姆斯的手杖,要对中国几万万将要饿死的民众,大谈起社会民主主义";从性质上,认为"在目前革命形势剧烈的发展、社会力量归极的过程中,只有革命的与反革命的两个营垒互相对峙,社会民主党自然也不过是反革命的国民党立的一个支流"。① 1933年1月,《时事新报》发表了《史泰林演说之教训》社评,认为共产党在大敌当前应该注重全国人民对外一致御侮,放弃"内战"。《红旗日报》发表《斥〈时事新报〉对共产党的狂吠》一文,给与驳斥,认为此乃《时事新报》国民党文丐之言论,这是对共产党一贯反帝的诬蔑等。②

中共党内的批评、批判也很激烈。1927年后,随着革命形势紧张,中共出版人内部的博弈呈显性化发展。1929年7月28日,陈独秀给中共中央写信,批评中央在中东路问题上的宣传过于说教、超越了群众。8月5日,李立三在《红旗》上公开批判陈独秀等人的机会主义。③ 8月7日,《红旗》同时发表陈独秀《撒翁同志对中东路问题的意见》和《中央答复撒翁同志的信》,批评陈独秀在中东路问题上犯有极大的原则性错误,不是简单的革命策略问题,同时希望很快得到陈独秀取消自己观点的申明。④ 以后李立三、王明等不断对陈独秀展开批评、批判,并逐渐升级。⑤ 其中,王明恐怕是中共出版史中在党刊上公开对中共前领导人、出版前辈集中火力进行敌对性攻击的第一人。1930年,李立三盲目发动革命暴动,给革命造成重大损失,在对其进行批判时,瞿秋

---

① 易元:《所谓社会民主党的政纲》,《红旗》1930年第124期。
② 可夫:《斥〈时事新报〉对共产党的狂吠》,《红旗周报》1933年临时附刊。
③ 立三:《反托洛斯基主义和中国的机会主义大纲》,《红旗》1929年第36期。
④ 《撒翁同志对中东路问题的意见》和《中央答复撒翁同志的信》,《红旗》1929年第37期。
⑤ 立三:《误国政策与拥护苏联》,《红旗》1929年第38期;慕石:《两个策略与两个政纲》,《红旗》1929年第56期;慕石:《论陈独秀》,《红旗》1929年第57期。

白也深陷于舆论的漩涡，① 在党内也遭到了从苏联回来的王明、沈泽民等人的批判。1931年5月10日，《布尔塞维克》第4卷第3期刊登了《共产国际执委主席团对于立三路线的讨论》并附《国际东方部关于中国党三中全会与李立三同志的错误的报告》，批判瞿秋白的两面派和调和主义。② 派系斗争特色日益明显。1932年4月，张闻天在《在争取中国革命在一省与数省的首先胜利中中国共产党内机会主义的动摇》一文中批评机会主义等：这种对于倾向的调和主义与自由主义，就是我们中央党报的编辑同志与宣传部的一些同志，有时也不免表现出来的，如猷新的《论中国革命转变》的文章，包含有许多严重的非马克思主义的错误，甚至有些地方偷运着托洛茨基主义的私货，然而《布尔塞维克》的编辑者却"马马虎虎"地把它发表出来了；贯雷的"世界经济恐慌"的小册子上也有严重的政治错误，甚至在有些地方偷运了立三主义的私货，然而我们却不加任何注解，而把它出版了；此外有些各有个别错误的一些文章，我们也没有能够加以详细的审查，而把它们发表了出去。他认为这种现象当然绝对不能再继续下去。③

综合来看，中共出版人的努力分化了国民党思想文化传播者的群众基础，揭露了中间势力的华而不实，在党内则进一步深化群众认识的思想基础。

小　　结

1927—1937年，国民政府在思想文化战线上的统治政策，实际上给中国共产党在进行红色革命传播中密切联系群众提供了历史机遇。可以看出，中国共产党在进行革命传播过程中，目标是极其明确的，坚持反帝就是主要的特点；在传播过程中，既有中共中央在大局上持续的不断的方针指导，也有革命传播者如出版人进行深刻的分析和持续不断的斗争；在传播手段和方式上，贴近群众日常生活，将革命活动和社会生

---

① 黄玠然：《党的"六大"前后若干历史情况》，《党史资料丛刊》1979年第1辑。
② 《共产国际执委主席团对于立三路线的讨论》并附《国际东方部关于中国党三中全会与李立三同志的错误的报告》，《布尔塞维克》1931年第4卷第3期。
③ 中央档案馆编：《中共中央文件选集》第8册，中共中央党校出版社1991年版，第634页。

活实践有效结合起来。总之，通过中国共产党和其他思想文化团体的紧密联系、与国民党坚持不懈的斗争、坚持抗日并积极推动民族统一战线、积极开展外部斗争与内部争论等，中国共产党在红色革命传播过程中增强了自己的群众意识。

（作者单位：上海理工大学社会科学学院）

红色文化与群众路线的价值契合及启示
——以闽西红色文化为例

吴文春 张雪英

文化是"社会成员共享的理想、价值和信念,人们用它们解释经验,发起行为,而且文化也反映在人们的行为之中。"① 红色文化则一般指中国共产党领导人民在革命战争时期形成的,并在后来加以整理开发的革命历史文化。闽西红色文化的形成始于马列主义在闽西的传播,形成于闽西苏维埃时期特别是闽西中央苏区时期,在红军长征之后得到保持并扎根于民众之中。其构成形态包括核心和外围两个部分:前者包括古田会议精神、才溪乡调查精神、苏区精神等精神文化和毛泽东思想早期建党建军思想等思想理论成果;后者主要包括文化教育、文学艺术、新闻出版、体育卫生等具体形态和表现,以及社会思潮与文化变革。红色文化的现代建构和应用已经成为中国社会主义文化建设乃至政党对信息社会与多元思潮下对主流意识形态建设的重要内容,也是当前中国人文社会科学研究的热点议题之一。当前,中国进入了社会全面转型的攻坚期,诸多矛盾复杂交错,政党和政府治理也存在着挑战。新一届执政团队发起了新一轮的政党治理议程——党的群众路线教育实践活动。以此为背景,以闽西红色文化为例探讨红色文化与群众路线有何价值共通性?它对群众路线教育实践活动有何启示?文章拟对这些问题进行梳理和探讨。

---

① [美]威廉·A. 哈维兰:《文化人类学》,上海社会科学院出版社 2006 年版,第 36 页。

一 闽西红色文化与群众路线的价值契合

(一) 闽西红色经典文本阐述了群众路线的基本框架

1. 阐明了中国共产党群众路线的重要性。1928年，中共六大提出"党的总路线是争取群众。"由毛泽东执笔的《红军第四军前委给中央的信》(1929年3月)就阐述了群众工作情况：一是在汀州宣传组织群众取得了好的效果。二是要"在全国范围内猛力地夺取群众"。这表明争取群众的重要性已经成为明确的认识。《古田会议决议》(以下简称《决议》) 对群众路线的重要性作了全面阐述。《决议》多次提及了"群众路线"概念。认为红军只有争取广大群众，才能消灭反动势力，促进革命高潮的到来。《决议》指出，红军"离了对群众的宣传、组织、武装和建立革命政权等项目标，就是失去了打仗的意义，也就失去了红军存在的意义。"[①] 如果脱离群众，红军就不是人民军队了。《关心群众生活，注意工作方法》一文更是在价值理性与工具理性相统一的意义上阐述了群众路线的极端重要性。一方面，"组织革命战争，改良群众生活"[②]，是中国共产党的宗旨所在。革命党只有真心实意地为群众谋利益，解决群众的生产和生活的问题，才能够得到群众的拥护；另一方面，关心群众生活，一切依靠群众又具有工具性的一面。贯彻好群众路线，必须匹配以合适的工作方法。文章阐述了实践群众路线的方法问题，明确提出必须反对官僚主义的工作方法，抛弃命令主义的工作方法。

2. 阐明了中国共产党的宗旨。中国共产党为谁革命，红军为谁打仗，我们的一切工作都是为了谁，这是价值取向和宗旨问题。中国共产党的立党宗旨就是全心全意为人民服务，党的宗旨就是红军的宗旨。《决议》提出："中国的红军是一个执行革命的政治任务的武装集团"，"红军的打仗不是单纯地为了打仗而打仗，而是为了宣传群众、组织群众、武装群众，并帮助群众建设革命政权才去打仗的。"[③] 就这个政治

---

① 《毛泽东选集》第1卷，人民出版社1991年版，第89页。
② 同上书，第139页。
③ 同上书，第86页。

任务展开来说,在政治上就是推翻反动政权,建立代表工农兵利益的苏维埃政权,让人民群众当家作主;在经济上,就是打土豪、分田地,实行土地革命;在军事上,就是帮助地方武装建立与发展。

3. 阐明了中国共产党革命的依靠力量。在中国乃至世界的长期历史过程中,群众往往被看作是消极落后的因素,而马克思主义则把群众视为历史创造者。"历史活动是群众的活动,随着历史活动的深入,必将是群众队伍的扩大"。中国共产党始终认为取得革命的胜利,推动社会变革必须依靠群众。为此,一是要宣传群众、组织群众、争取群众。《决议》把宣传工作定为"红军第一重大工作",并提出"红军宣传工作的任务,就是扩大政治影响争取广大群众。由这个任务之实现,才可以达到组织群众、武装群众、建立政权、消灭反动势力、促进革命高潮等红军的总任务。"为了组织群众,要求红军帮助群众成立工会、农会、士兵会、妇女会等群众组织,帮助群众建立革命政权、革命武装等。为了争取群众,倡导实行民主、官兵平等、废除肉刑等。二是相信群众、尊重群众、依靠群众。《决议》认为,我们要相信人民群众的智慧和力量,尊重人民群众的意愿和自主权。在建设地方政权和地方武装时,红军只能起指导和帮助作用,不能包办代替。在有政权的地方,要放手让群众、让地方政权自己去处理事情。同时,认为红军的发展、纯洁性建设、肃反工作、筹款工作等都要依靠群众。

4. 阐明了中国共产党智慧和信息的来源。调查研究是了解掌握实际情况的最佳方法,也是了解群众和与群众建立密切联系的最好办法。毛泽东在闽西期间撰写的经典文献,如《古田会议决议》、《才溪乡调查》等本身就是调查研究的结果。事实上,早在《给林彪的信》(1929年6月)中就提及了群众观点问题。"四军中向来就有一些同志偏于军事观点的,与站在政治观点即群众观点上的人意见不合,这是一个很严重的政治路线问题。"此处群众观点意指经过集体讨论的集中了多数人正确意见的观点。这里把政治观点与群众观点等同,实质上阐明了共产党的正确主张是基于民主基础上的意见汇总。通过不断开展调查研究、通过向群众讨教,毛泽东摸清了红四军内存在的各种非无产阶级思想的表现、危害、来源,找到了解决办法。这些都在《决议》中得到充分的阐述。《决议》本身包含了调查研究的方法和精神。《决议》提出,要"使党员注意社会经济的调查和研究,由此来决定斗争的策略和工作的方法"。①

5. 阐明了中国共产党政策主张的执行路径和方法。《决议》认为，通过各种方式收集上来的群众的要求、建议、意见，要认真加以分析、研究、加工，通过党的会议上升为党的决议、方针、政策，再由群众去贯彻落实执行。《决议》强调："一切工作，在党的讨论和决议之后，再经过群众去执行。"②并对贯彻落实的途径、办法也提出了指导意见，提议"上级的决议，凡属重要一点的，必须迅速地传达到下级机关和党员群众中去。其办法就是开活动分子会，或开支部以至纵队的党员大会，派人出席作报告。"③古田会议非常重视群众路线的执行。对如何执行群众路线提出了具体措施：一是加强政治理论学习，通过学习树立马克思主义群众观；二是加强工作方法的培训，通过培训，使红军官兵学会"怎样做群众工作"，掌握做"群众工作的策略和技术"；三是把群众工作能力纳入考核考评体系，并作为用人的一个重要依据。《决议》规定：上政治课的"目的在提高现任下级干部的政治水平，使能领导群众，以预备将来能充当中级干部"。

6. 阐明了群众路线的认识论与方法论基础。在《反对本本主义》（1930年5月）中，毛泽东对当时红军中的教条主义作了全面分析，提出了"没有调查，没有发言权"的观点。这篇文章不但初步形成了实事求是的思想路线，更是将它与群众路线结合起来，从认识论的角度，不经过调查研究所作的瞎指挥，"一定要弄坏事情，一定要失掉群众，一定不能解决问题"。只有通过开展调查研究，才能获得解决问题的各种必要材料，才能了解情况并且获得解决问题的思路。中国革命需要学习马克思主义的本本，但是"必须同我国的实际情况相结合"。而纠正脱离实情的本本主义的解决方法就是开展调查研究。开展社会经济调查就是为了解真实的社会政治经济状况，从而制定出正确的革命斗争战略和策略。从方法论的角度，尽管很多人也注意调查工作了，但他们的调查方法是错误的，为此，毛泽东阐明了革命环境下开展社会调查的目的、主要对象和主要方法，提供了较为详细的具体调查技术。这既阐述

---

① 《毛泽东选集》第1卷，人民出版社1991年版，第92页。
② 同上书，第88页。
③ 同上。

了科学务实的精神和方法,更为群众路线奠定了马克思主义认识论和方法论基础,使"从群众中来,到群众中去"建立在科学、理性的逻辑基础上。

综上所述,以毛泽东为代表的革命党人撰写闽西红色经典文献,阐述了党的群众路线观点、价值取向、依靠力量、执行路径和方法、理论基础和逻辑关系等问题。这表明,一套比较完整的群众路线理论框架(即一切为了群众,一切依靠群众,从群众中来,到群众中去的群众路线)已经形成。

(二)闽西红色文化具体形式有丰富的群众路线内涵

1. 先进性。闽西红色文化的各种具体形式均体现出革命文化的先进性。这主要体现在:一是文艺与新闻出版的先进性。苏区的歌谣、戏剧、新诗、美术等众多文艺作品真实反映了苏区土地革命和战争生活,它们表现反抗压迫、剥削和宣传革命思想;或者表现红军胜利和苏区建设成果;或者歌颂革命党和红军、红色政权;或者服务苏区建设实践。如毛泽东的《清平乐·蒋桂战争》表现了红四军进入闽西建立红色政权,实行土地革命的喜悦。在新闻出版方面,中国共产党以报刊为阵地,宣传党的政策主张,出版了《马列主义政治理论》等大量图书,为革命斗争和苏区建设服务,同样体现出革命性与先进性。二是社会新风尚的先进性。通过开展文化建设运动,广大农村封建文化和社会旧习发生了改变,逐渐形成了革命新风尚。以共产主义为核心的文化教育提高了群众的思想觉悟和文化水平。苏区社会形成了包括民主作风、为民务实、集体主义、团结友爱、倡导科学、文明卫生、艰苦创业、无私奉献等思想品质的新思潮、新风尚。这是马克思主义指引下产生的文化变革,具有先进性。以毛泽东为代表的共产党人身体力行地密切联系群众,注重调查研究,为民务实清廉工作,《苏区干部好作风》就是典型的体现。

2. 人民性。闽西苏区社会思潮的变革体现出很强的人民性。闽西苏区时期,在政治上,工农群众当家做了主人,民主、平等的新理念确立了起来;在经济上,土地革命打破了宗族制,家庭关系也发生变化。人们之间单独生产的形式向集体合作生产转变;在社会生活上,政府废除了旧婚姻习俗,制定新婚姻法,保护妇女合法权益,保障男女自由平等。政府还开展破除封建迷信运动,对传统节日、喜庆习俗进行改革,加入新的革命内容。这些变革是基于人民利益、自由和幸福而开展的，获得民众广泛支持，激发他们投身革命、保卫苏区的热情。

3. **群众性。**闽西苏区各项社会事业和红色文化的形成，均体现出广泛参与的群众性。这主要体现在：一是文化教育方面。苏区普遍建设了消灭文盲协会这一广泛的群众性团体，下设若干个小组。社会教育形式多样，包括俱乐部、工农剧社、博物馆、图书馆等。其中俱乐部是中心，在各级、各类正式机构中普遍建立起来。如才溪乡的"日学"和夜校多数依靠"群众募集款子"，表明文化教育工作贯彻着群众路线。二是卫生事业方面。为开展群众性卫生运动，建立了各级卫生运动委员会，为推动群众性体育活动，俱乐部和赤色体育会得到广泛建立。为解决药材缺乏问题，闽西各乡成立了药材合作社，吸收医生参加，并发动群众上山采集中草药。三是文学艺术与新闻出版方面。整个苏区有数以千计的歌谣和新诗，而闽西也是数量众多。苏区文学艺术的群众性主要体现在群众基础深厚，戏剧演出是宣传群众，建设和保卫苏区，扩大红军的一种有效形式。文学艺术的创作有专业作家，更多的来自群众作者和集体创作。在革命根据地初期，就有"毛铭新印刷所"为刚入闽西的红四军提供印刷服务。

4. **多样性。**闽西红色文化主体虽然在中央苏区时期形成，但其表现形式并非一成不变，它能够根据党在不同时期中心任务的要求，获得多元多样的表现形式，体现出多样性的特点。如抗日战争时期，闽西抗战文化广泛兴起。各地出版了《汀江日报》等三十多种刊物和众多剧团组织积极开展抗日宣传。永定县抗敌后援会还帮助各地学校、书店销售进步书籍和报刊达上百种。群众性美术活动十分活跃，永定县侨育中学的木刻作品创作者众多，内容丰富，技术成熟，社会影响较大。在解放战争时期类型众多的学校（如财经学校、闽西公学等），不同于中央苏区时期的革命动员主题，它们已经着手培养革命后的国家建设人才。

5. **坚韧性。**红军主力长征之后，闽西党组织和红军游击队依靠人民群众，坚持三年游击战争，形成了中国革命在南方的重要战略支点。在相对困难时期，党组织依然通过文告、标语、报刊等载体继续宣传党的政策主张，红色报刊依然保持战斗力，持续塑造社会舆论。游击区党组织把政治思想工作和解决斗争的实际困难结合起来，激发广大党员保持革命的斗志。历史事实表明，闽西红色文化内核中蕴含的人民性、群众性和先进性，已经扎根在闽西群众心中并且获得传承，成为一种共同的思想信仰和精神品质，一种社会核心价值，因而具有坚韧的生命力，激励和指引闽西各个时期的革命斗争。

革命战争时期，党在领导闽西广大群众进行土地革命、武装斗争和根据地建设的创造性实践中形成了形式多样的红色文化，其具体形式表现出的先进性、人民性、群众性、多样性及坚韧性诠释着群众路线的内涵。

二 闽西红色文化对群众路线实践的启示

（一）群众路线的贯彻执行需要具体坐实

闽西红色文化是基于马克思主义的理论指导和中国新民主主义革命实践（主要是闽西中央苏区时期实践）而形成的，其中确立了群众路线的基本理论框架（其价值内核就是"为民、务实和清廉"）。这一价值内核与中国共产党的宗旨完全一致。它使得中国共产党能够在国家动荡、外敌入侵和民族危亡的艰难环境下有力地凝聚民众意志和力量，汲取社会资源，在复杂的斗争中获得国家领导权并且重新建构国家治理秩序。因此，在20世纪世界大革命、大动荡和诸多政党兴衰的背景下，群众路线是中国共产党的伟大创造，它建基于中国共产党在谋求政权的奋斗过程，却锻造出了超越时空和具体条件的政治理性。其逻辑表述就是：一切为了群众，一切依靠群众，从群众中来，到群众中去。作为一种政治理性，它无论在民族独立时期，还是在国家建设时期，乃至在当代社会大转型时期，都具有恒久适用性。这也是当前新一届中央领导团队发起"群众路线教育实践活动"的动因所在。当然，就贯彻落实而言，群众路线的具体贯彻需要具体化。以"为民、务实、清廉"为主题的群众路线教育实践活动无疑是正确的，但在不同领域，不同行业，不同的社会分工部门，群众路线的具体价值表述则应当有所区别。比如就整体政府而言，其价值追求就是要建设法治政府、服务政府、责任政府、效能政府、廉洁政府和专业化、前瞻性政府；而就执法监管部门和窗口单位、服务行业而言，其具体内涵显然则不尽相同。这样的理解，并不是对群众路线之价值理性的解构或偏离，而是对它真正地、具体地、有效地贯彻。

（二）群众路线的实现形式需要不断完善

闽西红色文化显著体现了群众性与人民性的相互支撑。无论是精神文化和理论成果，还是具体文化类型，都离不开广大工农群众全心全意的参与和创造。在此过程中，众多的社会组织（如俱乐部、协会、工会、农会等）发挥了有力地组织民众的作用。亨廷顿认为，"组织是通向政治权力之路，也是政治稳定的基础"①。现代社会科学研究则表明，"组织的数量与经济、政治发展的程度之间具有显著的相关性"②。人类历史发展的总趋势是由自然国家走向权利开放秩序。这一秩序的关键特点之一就是"存在着大量组织的、丰富而充满活力的公民社会"③。中国自改革开放启动以来，正在向权利开放秩序转型。随着改革开放深入、市场经济发展、民主政治进步、公民社会成长，人民群众的组织化程度不断提升。在社会各领域，群众有了日益增长的自主意识和理性精神，对自身权利有了清晰的认知。今天的群众是有民主法治意识、权利意识的公民；作为整体，他们还是国家最高权力主体。他们的权利应当受到最大的尊重和保障。不仅如此，革命年代的社会动员方式和信息传播方式，跟信息时代深度渗透与重构人类社会组织形式、生产与生活方式大不一样了。这就引发了群众工作方式的重大变化。因此，作为一种政治理性的群众路线的实践，其中介或工具形态，在很大程度上需要更新。其实践要点可能包括：一是普及和保障公民权利（包括创建组织的权利），促进健康有序的公民社会成长，从而大幅度提高民众组织化程度，提高其经济参与、政治参与和社会参与水平；二是保障和探索信息化条件下群众路线的实现机制，包括建设更好、更易用的电子政府，利用社交网络实现快速高效汇集民意、民智等；三是改进传统的群众路线实践形式。在长期的革命、建设和改革实践中形成的一些群众路线实践形式，如"三下乡"、走基层、"联帮挂"、干部驻村等，都要在坚持的同时加以完善和创新。

---

① ［美］道格拉斯．C．诺思等：《暴力与社会秩序——诠释有文字记载的人类历史的一个概念性框架》，格致出版社、上海三联书店、上海人民出版社2013年版，第10页。

② 钱穆：《中国文化精神》，九州出版社2011年版，第12页。

③ 同上书，第14页。

(三) 群众路线的动力系统需要有效整合

历史学家钱穆指出，文化是"大群集体的公共人生"[①]。在此意义上，文化也可理解为人类社会的基因。闽西红色文化是中国共产党把来自外部世界的文化传统与中华文化、地方文化以及鲜活革命斗争实践相结合，由此形成闽西红色文化这一基因组，而群众路线则是其中关键的"密码"。在长期发展过程中，群众路线成为一个有力的政党治理工具。它是"克服官僚主义、提升党的活力的一剂良药"[②]。同时，就其动力源来看，此工具在不同生存环境下动力源是有所不同的。在革命年代，在非执政条件下，革命党掌握资源很有限，为生存和发展，自然有强劲的动力去走"群众路线"。当革命党转变为执政党时，众多的社会资源、政治资源、经济资源掌握在手中，加上长期以来形成了民众对党的高度信任，以及特定的意识形态指引，形成了建设和改革时期的政党与社会关系，干部与群众关系的新状态。在此条件下，群众路线的动力系统不能满足于单线的中央或上级部门推动，而应当把自下而上，自上而下，由外到内动力加以整合，由此形成体制内与体制外多源混合动力，方能保障群众路线获得不竭动力。为此，操作重点包括：一是把作风建设转向伦理建构和制度建构。当前群众路线教育实践活动重点在解决"四风"问题，有治标作用，无疑是正确的。同时，要使之转向科学规范的伦理标准建构，实现"以制度取代运动，以伦理强化作风，制度和伦理相互依赖、相互促进"，"群众路线才能最终摆脱单纯工具性价值，产生主体性动力"[③]。二是科学设计群众路线的评价机制。要把当前以政党建设和政府管理中目标管理为主要手段转向以政府和政党绩效评估、社会治理绩效评估为主要评价机制。要让服务对象和社会评价参与评估，评估结果得到运用。三是推动党内民主与社会民主同步发展。无论在价值还是工具的意义上，民主都是党的追求，也是群众路线最为根本的动力之源。党内民主与社会民主的同步、互动发展，以及在国家治

---

① 钱穆：《中国文化精神》，九州出版社 2011 年版，第 15 页。
② 王奇生：《新史学：20 世纪中国革命的再阐释》第 7 卷，中华书局 2013 年版，第 55 页。
③ 肖泳冰：《群众路线的制度化、伦理化及其相互关系》，《中共福建省委党校学报》2014 年第 4 期。

理体系中各种民主类型的有序发展,将是未来党的群众路线的高端形态。

(四) 群众路线的实践主体需要全面拓展

闽西红色文化形成过程有一个重要特点是参与主体的广泛性。正是中国共产党的领导团队与千万劳动群众紧密结合在苏区革命、生产、生活实践共同塑造出了闽西红色文化。这种文化成为一种共享的理想、价值和行为准则,并且之后代代相传,支撑着"红旗二十年不倒"。在此过程中形成的群众路线,其实践主体同样具有广泛性。一大批共产党和红军的先进分子认识到实践群众路线在发动群众乃至推动社会变革中的巨大力量,创造了古田会议精神、才溪乡调查精神、苏区干部好作风等精神文化,由此带动着千万工农群众一起实践着群众路线,由此形成了变革旧制度、旧秩序的巨大力量。群众是真正的铜墙铁壁。历史演化进程证明,正是基于"一切为了群众,一切依靠群众",才有了民族独立和政治秩序重建,也才有了当代中国经济、政治、文化与社会领域的空前繁荣发展,为迈向民族复兴打下扎实基础。当然,随着时代主题的变迁,在全面深化改革和国家治理现代化创新的当代中国,群众路线的实践主体也要作新的理解。一方面,全体党员和干部,一切公共财政支持的人员和组织、一切公共和非营利组织和人员,都应当成为群众路线实践的核心主体。这是责任所在,并且应当纳入公共行政伦理的检验范畴;另一方面,广义上,全体中国人都应当在追寻自己的中国梦,创造自己幸福生活的同时,为他人的中国梦,为中华民族复兴,使自己成为历史发展的合力之一。

(五) 群众路线的实践重点需要准确把握

闽西红色文化形成过程及具体形式启示我们,要高度重视民生和利益问题。在革命年代,想要得到群众拥护,就得关心群众生活,"解决群众的生产和生活的问题,盐的问题,米的问题,房子的问题,衣的问题,生小孩子的问题,解决群众的一切问题"[①]。这些问题就是民生问题,其本质就是公共服务的问题。民生是民众维持生存与基本尊严的生

---

① 《毛泽东选集》第一卷,人民出版社1991年版,第138页。

活必须保障的基础条件，是人民群众的切身利益问题。闽西红色文化在其具体形态上，表现出革命党对于教育、体育、卫生、文学艺术、新闻出版、休闲娱乐等公共服务的重视，以集体主义、共产主义为内核的红色文化正是在这种公共服务提供过程中酝酿和发展起来的，战争条件下物资匮乏，整个社会生产和生活艰难的条件下，最为基础的公共服务问题的解决，免去了人民的后顾之忧，能够全身心地投身革命事业。在革命后国家进入和平建设时期，特别是现代社会经济繁荣，全面建成小康社会的阶段，各级党和政府应当高度重视公共服务问题。这既关系到公民的基本福祉和尊严，也直接影响政府信任与合法性，影响党群、干群关系，是群众路线教育实践活动的重点所在。为此，一方面要重视公共服务问题。公共服务是基本人权视野中的服务，应当便捷、无差别、均等化地提供。历史地看，政府在公共服务中欠账较多，投入不足，体制机制障碍繁多，迫切需要各级党和政府承担起责任。当前经济和社会发展阶段，要重点关注的是基本公共服务（保障性公共服务）。随着社会发展水平的提高，则要把非基本公共服务（发展性公共服务）逐步纳入政府责任范畴。另一方面，要更加重视国家治理体系现代化建设。民生不是群众路线的全部内容。政党是民意整合的工具。在现代社会利益高度分化和多元化条件下，只有建立起现代化的国家与社会治理体系，才能有效实现国家的政治、经济、文化和社会职能，有效融合民意，有效实现社会正义，有效实现包容性发展。这才是制度设计意义上的国家与社会发展最为重要的问题，也是群众路线实践的终极问题。

（作者单位：福建省龙岩学院）

正确把握党史文化的几个要点略谈

赵秀华

文化是民族之魂,更是政党的党魂。没有自身的独特文化,或者有了独特文化而不坚持的政党是不能永远保持先进性的。中国共产党之所以能够带领人民取得革命胜利并成为长期执政的党,深层次原因就在于有自己的文化,这也是我们党一直高度重视历史和文化的重要原因。为迎接建党90周年,中共中央于2010年6月份下发了《中共中央关于加强和改进新形势下党史工作的意见》。随后的7月份,在北京隆重召开了全国党史工作会议,提出了党史发展的新要求,彰显了党中央对党史工作的高度重视。2011年,举国同庆建党90周年,党史研究呈现一片繁荣。2012年8月,中共党史研究室与中共浙江省委联合举办的全国党史文化论坛在杭州召开,主题就是党史文化,党史文化作为一个新的研究对象被凸显出来。众所周知,概念乃理论发展的前提与基础,"一个新概念的形成和实践,常常意味着理论认识的推进乃至思想创新的开始。党史研究宣传的文化自觉,是从追问党史文化的内涵开始的"[①]。当然,杭州论坛之前就有研究者在不同含义上使用过"党史文化"这个词,并试着对其内涵进行过不同的表述。但对什么是党史文化,如何理解党史文化与党史的关系、党史文化与文化的关系等问题,学术界还未形成比较一致的看法。在2014年党史文化论坛即将召开之际,笔者将个人的一些思考付诸笔端,欢迎批评指正。

---

① 陈晋:《弘扬党史文化的几个着力点》,《中共党史研究》2012年第10期。

一 追溯成果——党史文化的研究现状

历史文化不分家，有党史必然就有党史文化。但"党史文化"这个词的频繁使用仅是最近的事。尤其是 2012 年 8 月份杭州论坛以党史文化为主题，开辟了党史研究的新天地，党史文化从此成为专门的研究范畴，突出体现了党对加强和巩固自身执政地位的重视与思考。但从目前可以搜索出的包含"党史文化"四个字的论文来看，早在 21 世纪之初就有人使用过这个词了。高荣朝 2000 年在其题为《关于党史文化的几点思考》一文中明确使用"党史文化"，并对党史文化的内涵做了解释，认为党史文化可以从广义和狭义两个角度来理解。"广义党史文化是指中国共产党在领导革命、建设和改革实践中创造的全部精神财富，主要包括党在各个历史时期形成的正确的理论、路线、方针、政策；党的优良传统和优良作风；党在领导政治、经济……等方面所积累的经验、教训。"狭义的党史文化则指"以党的历史为题材的文化艺术作品"，并从这个角度把党史文化分为理论文化、事件文化、人物文化和纪念地文化。[①] 杨莉于 2001 年在其文章《切实搞好党史文化建设》中也使用了党史文化这个概念，但把党史文化归结为与党史相关的文化艺术，并认为党史文化属于先进文化的一部分。[②] 韦秀康于 2002 年的一篇文章中基本上把党史与党史文化画等号，他说："中共党史虽然是社会科学中的一门特殊学科，具有很强的政治性和自身的学术发展规律，但仍然属于史学范围，是一种精神产品，也是社会意识形态的一部分。所以，也可以称之为党史文化。"并认为党史文化的丰富内涵包括正确的理论路线、方针政策、党的优良传统作风和党在各项工作中积累的工作经验。[③] 张维民于 2003 年在其题为《积极开发和培育党史文化产业》的文章中也提及"党史文化"，但作者并未对党史文化的内涵作出相应解释，而只是从重视党史工作、开发党史文化资源的角度使用了这个词。[④] 王龄，杨智勇在《浅谈历史

---

① 高荣朝：《关于党史文化的几点思考》，《世纪桥》2000 年第 4 期。
② 杨莉：《切实搞好党史文化建设》，《世纪桥》2001 年第 6 期。
③ 韦秀康：《贯彻"三个代表"重要思想 推动党史文化大发展》，《上海党史与党建》2002 年第 8 期。
④ 张维民：《积极开发和培育党史文化产业》，《党史博采》2003 年第 6 期。

档案对党史文化工作的影响作用》一文中借用杨莉的观点,也倾向于把党史文化理解为记录和宣传党史的文化艺术,是由中国共产党的理论文化、人物文化、事件文化、纪念地文化、制度传承和精神传承汇聚而成的独特的历史文化。[①] 之后,有学者从开发地方文化资源的角度使用了党史文化,比如,张棣在《弘扬广东党史文化 建设广东特色文化强省》一文虽使用了党史文化这一名词,但并未对其内涵作出直接解释,而只是说,广东党史文化是广东文化的一部分,广东有丰富的党史资源,因而有充分的党史文化可以开发利用,并把党史事件、党史人物、党史纪念地和党史遗迹都看做是党史文化资源。[②] 从以上的研究成果来看,2011年之前的党史文化研究呈现如下三个特点:1. 研究处于"隐形"状态,党史文化未成为专门的研究对象,研究者大都是不自觉地使用了这个概念,比如把党史与党史文化画等号。2. 倾向于把"党史文化"概括为与党有关的文化艺术。学者们虽然同样是从广义和狭义两个角度理解和解释党史文化,但却倾向于把广义党史文化解释为党所创造的精神财富的总和,同时把狭义文化限定在文化艺术的范围。3. 大部分学者认为党史文化的内涵应该覆盖理论文化、事件文化、人物文化、制度文化和精神文化等方面。总体来说,这个时期学者们虽对党史文化做了些许界定,但比较含糊,或有所特指,其内涵与目前我们理解的党史文化有一定的出入。

随着2012年党史文化论坛征文的发起,党史文化才真正作为一个研究对象进入研究者视野。从目前可以看到的研究成果来说,学者们从不同角度探讨了党史文化的内涵、意义、组成部分、党史文化与中国特色社会主义先进文化的关系、党史文化与社会主义核心价值体系的关系等,焦点集中在对党史文化内涵的阐释与争论方面。比如,胡庆胜从保持党的纯洁性入手,论述了党史文化的作用,并对党史文化做了界定,指出"党史文化,是指党在领导中国革命、建设、改革的伟大实践中创造的物质财富和精神财富的总和",认为党史文化凝聚着党的思想纯洁性、政治纯洁性、组织纯洁性、政治纯洁性和精神纯洁性的精髓,因而

[①] 王龄、杨智勇:《浅谈历史档案对党史文化工作的影响作用》,《世纪桥》2011年第19期。

[②] 张棣:《弘扬广东党史文化 建设广东特色文化强省》,《岭南学刊》2011年第4期。

要大力弘扬和深入研究党史文化①。王黎锋在其文章《论党史文化与社会主义核心价值体系建设》中从广义来理解党史文化，认为"党史文化是中国共产党 90 多年发展历程自身所蕴含的文化"，"是党的历史与先进文化相结合的产物"，并把党史文化内涵理解为以精神层面文化为核心的物质文化、制度文化和精神文化的融合②。随着杭州论坛的结束，相关期刊陆续刊登与此论坛有关的文章及领导讲话，为我们理解党史文化提供了新的丰富资料。陈晋在《弘扬党史文化的几个着力点》一文中把目前党史界对党史文化的理解概括为 5 种，并认为由于角度不同，大家对党史文化的理解也有所不同，但都一致认同"党史文化是我们党的奋斗史、探索史和自身建设史中形成的，与党的实践、理论和精神相关的文化"③。并从弘扬党史文化的视角对党史文化进行了新的解读，提出党史文化的对象是党史中的文化问题，强调要研究宣传党史的文化感觉和文化表达方式，要注重把党史成果转化为文化作品，最终实现"以文化人"的作用。④ 李卫红在《弘扬党史文化 进一步加强大学生思想政治教育》一文中认为，党史文化是党的历史与先进文化有机结合的结果，分为物质、制度和精神三个层面，其中作为核心的精神层面又包括科学理论、优良传统作风和崇高精神。并在此基础上指出，对党史文化来说，马克思主义是灵魂，辉煌历程和丰硕成果是主题，思想路线和优良作风是核心，伟大精神是精髓⑤。欧阳淞在《关于大力弘扬党史文化的几个问题》一文中，认为十七届六中全会决议中强调重点研究与部署的是与经济建设、政治建设、社会建设相对应的文化建设。因而，根据这个精神，研究党史文化也应该从精神层面把握文化范畴，也就是说要着重从狭义来理解党史文化的含义。"重点研究党的思想、理论等精神层面成果形成和发展的历史过程。"对党史文化的基本内涵，作者从六个方面进行了概述，认为党史文化以马克思主义中国化两大理论成果为灵魂，以崇高理想和坚定信念为核心，以全心全意为人民服务

---

① 胡庆胜：《党史文化：党的纯洁性建设的红色血脉》，《党史博采》2012 年第 9 期。
② 王黎锋：《论党史文化与社会主义核心价值体系建设》，《大庆社会科学》2012 年第 4 期。
③ 陈晋：《弘扬党史文化的几个着力点》，《中共党史研究》2012 年第 10 期。
④ 同上。
⑤ 李卫红：《弘扬党史文化 进一步加强大学生思想政治教育》，《中共党史研究》2012 年第 10 期。

为主题,以解放思想、实事求是、与时俱进为精髓、以党的光荣传统和优良作风为集中体现,以民族性、科学性和大众性为特征。① 当然,陆陆续续会有更多的研究成果出现。就目前这些成果来说,大概体现以下特点:1."党史文化"研究由"隐性"走向"显性"。党史文化由作为潜意识概念被应用,转变为专门的研究对象,既充分体现了学术界深化和细化党史研究工作的探索与创新,也彰显了中共中央对党史工作的高度重视。2. 本阶段对概念的广狭义界定更加科学。把广义文化界定为党所创造的物质财富和精神财富的总和,范围远大于前阶段的精神文化;把狭义党史文化理解为前阶段的广义党史文化——精神成果。与此相对应很重要的一点是,不再把党史文化限定在文化艺术方面,而是把文化艺术当做展现党史文化的工具。3. 对党史文化的内涵理解更加深刻全面。比如把党史文化细化为灵魂、主体、核心、精髓等。这种细化有利于我们更准确地把握党史文化的具体内涵。

二 辨别是非——正确理解党史文化内涵

通过上面对党史文化研究现状的简单梳理可以看出,关于党史文化的概念和内涵,学者们还没取得完全一致的看法。但大部分学者认为党史文化并不是从文化角度重新梳理和阐述党史,而是为党史研究提供新的视角、开辟新的领域。正确理解党史文化尤其要注意区分容易混淆的领域:

(一)党史文化不是对党史的文化表述

二者所强调的内容不同:党史文化强调的是文化,党史的文化表述突出的是党史。虽然历史文化不分家,具体细化,还是有不同侧重点的。党史文化突出强调我们党九十多年来在革命和建设过程中凝聚起来的精神,是以文化的形式沉淀下来的党的精华。它高度集中在党的信仰、光荣传统和崇高精神等方面。而党史的文化表述,则是以文化形式再现党的历史进程,在表述中也会强调文化在党的成长与发展中的作用,但重心却是从另一个角度展示党奋斗与发展的史诗画卷。

---

① 欧阳淞:《关于大力弘扬党史文化的几个问题》,《中共党史研究》2012年第9期。

二者要展示的重点不同：党史的文化表述重在展现过程，党史文化则重在凸显过程中的精气神。如果可以把党史的文化表述当做"体"的话，党史文化无疑就是此"体"之"神"。没有体，神将是无源之水；而没有神，这个"体"也只能是一堆呆板的历史符号。但"神"与"体"是不能混为一谈的，把党史文化从对党史的文化表述中剥离出来，正是为了突出强调党史文化对党历史过程的统领和导向作用。

党史文化是党的文化之历史体现与党史的文化积淀二者的高度融合。中国共产党自成立时起就高度重视对文化的运用和发展。以马克思主义为指导，我们党成立了，把马克思主义理论应用于中国的革命与建设实践，形成了毛泽东思想和中国特色社会主义理论体系两大中国化马克思主义理论。党的历史在理论方面的积淀已经成为党史文化的核心与灵魂。同时，党史文化也是党的文化在历史进程中不断升华的结果。没有文化的历史不成其为历史，我们党自成立那天起就非常重视对中国传统文化的继承和发扬，重视对外来优秀文化的吸收与借鉴。以此为基础，我们党不断推进自身文化的创新与发展，在党史日趋推进的过程中形成和丰富着我们的党史文化。

（二）党史文化不是党史与文化的简单相加

"文化和历史同源同流、密不可分，有历史必有文化，有文化必有历史。"[①] 我们党的历史确实包含和体现为我们党自身文化自觉和文化自信的历史，在各个阶段都注重对先进文化的吸收与应用，但党史文化既不能仅仅理解为对一种文化的简单论证，也不能理解为对中共党史换个角度的梳理，因为党史文化并不等于党史与文化的简单相加。

首先，党史文化姓党，是党全部历史的高度浓缩和集中反映。党史文化是党史的集中反映，"更多展示的是党探索奋斗的历程"，[②] 是党的"所以然"。因而，必须强调党史文化的党性，在推动和发展党史文化的过程中，必须突出强调党史文化的马克思主义指导思想，强调党史文化为人民服务的宗旨，突出党史文化对社会主义先进文化的引领作用，彰显中国共产党的勇于开拓创新的魄力。这不仅是推动党史文化发展繁

---

① 欧阳淞：《关于大力弘扬党史文化的几个问题》，《中共党史研究》2012 年第 9 期。
② 同上。

荣的要求，更是深化党史研究的迫切需要。我们承认，党史文化本身是对党史的高度浓缩，是从党九十多年的生动实践中沉淀下来的有益经验、难忘教训、优良传统、高风亮节和崇高精神，这是理解党史文化的前提与基础。但还必须强调的是，党史文化姓党不等于说要把党史文化与党的历史等同起来。党的历史与党史文化，是"体"与"神"、"源"与"流"的关系，"如果说党史文化是巍峨的大厦，党史研究就是坚实的基石，党史文化是流，党史研究就是源"①。党史文化源于党史却高于党史，研究党史文化，一定要从党史中跳出来，高屋建瓴方能体现文化的统领作用。

其次，党史文化属文化，是融汇于党史中的党的文化的内核。"党史文化是一种文化存在，对其进行分析，无法回避文化及其文化的解释性问题。"② "党史文化"与"党的文化"只一字之差，含义却相差很大。党的文化是指政党自身独特的内在的文化特质和品格，"它包括一个政党在特定时期普遍奉行的一整套政治意识、态度、理想、信念、情感、价值、作风等基本取向"。而"伴随着党的文化的形成和发展，也形成和发展了鲜明体现、充分反映党的文化特质和品格的党史文化"③。从这个角度来讲，党史文化是党的文化的内核，是党的文化的一个分支，研究党史文化，必须注重用文化的方式来表述党的历史。但是，对党的文化的研究要照顾到其内涵的方方面面，这个宽泛的覆盖面是党史文化所不及的，党史文化的研究范围仅覆盖党的文化中最精华的那一部分。

基于以上两个方面，必须把党史文化这个名词作为一个整体进行理解。党史文化不是党史与文化两张皮的简单黏合，不是把党史的东西与文化的内容黏在一起的复合体，党史文化是一个专有名词，只有把其当做一个整体来理解，才能正确把握党史文化的内涵。

（三）党史文化不等于党的文化史

强调党史文化的初衷不是要对党领导的文化工作进行简单梳理，梳

---

① 胡庆胜：《党史文化：党的纯洁性建设的红色血脉》，《党史博采》2012年第9期。
② 郭若平：《党史文化：学科范畴中的文化视野》，《中共党史研究》2012年第11期。
③ 欧阳淞：《关于大力弘扬党史文化的几个问题》，《中共党史研究》2012年第9期。

理工作在党史编撰过程中已经完成。党史文化是要开拓党史研究的新天地,是要在厘清党史这个特殊历史与文化之间关系的基础上,凸显文化在中共党史中的存在及作用,从文化视角反思党的道路与历史得失。"我们所强调的文化存在、文化理路并不仅仅在于给中共党史研究增添一些'文化史'的因素,或者是对'中国共产党领导的文化工作'的一般梳理,而是倡导一种新的、反思的史学观念。"① 因而,党史文化就是要为中共党史学引入历史文化取向,这个史学观念的确立,有助于拓宽党史研究视野,有利于深化党史研究,有利于丰富和发展中国共产党对自身的全面认识。

在中央提出发展中国特色社会主义先进文化的新形势下,深化党史文化研究是党史工作围绕中心、服务大局的重要体现。党史文化离不开党的历史与党的文化,但是不能因此而把党史文化表述和展现为党的文化史。党史文化是目前研究薄弱的领域,学界对党史文化的概念、内涵、作用、意义、传播等,都提出了有益观点,目前虽没有形成定性的党史文化概念,但大部分专家学者一致认为,党史文化要区别于党的文化史。弄清楚党史文化与党的文化史之间的关系是研究党史文化和推进党史文化建设的基本前提。通过比较,才会更清楚党史文化的深刻内涵,才能抓好推动党史文化建设的着力点。党史文化可能也会像党的文化史一样梳理党的文化发展史,但梳理的目的是提炼出党史文化的本质内涵。并且党史文化也不能像党的文化史那样,仅仅局限于对史的梳理,而必须在梳理的基础上有所升华。

三 把握方向——坚持党史文化的政治性

把党史文化当做整体来理解,本身就意味着党史文化具有不同于大众文化的特殊性。我们不否认党史文化与大众文化有重合区域,但也必须看到,党史文化姓"党",是政治性很强的一种文化,坚决摒弃文化专制主义并不等于可以忽略党史文化的政治性。相反,必须强调这个政治特性,这是党史文化区别于其他文化而得以存在的重要原因,它主要体现在以下几个方面:

---

① 侯且岸:《中共党史学的历史文化取向》,《中共党史研究》2005年第2期。

（一）整合价值取向：凝聚发展力量，汇聚民智民慧

价值认同往往是一个政党或者统治集团维系其统治的基石，而文化具有整合社会不同价值取向的功能，"如何恰当地运用文化对于社会的整合和软化作用，有效地消除由整体性生存压力而给国家带来的安全危机，就成为一个朝代能否获得长治久安的关键"①。党史文化是党的文化的历史积淀，体现着党的价值追求，凝聚着党的理想信念，展示着党的政党形象，其突出作用首先表现在宣传真理与唱响主旋律上，是作为党和国家意识形态中最先进的部分存在着。在当前这个不同思潮激烈碰撞、社会充分活跃的背景下，作为中国特色社会主义文化最先进部分的党史文化如果能够发挥好整合社会价值的功能，将能更好地凝聚力量、汇聚智慧，巩固党的执政地位。这也就是为什么帝国主义侵略者在武力掠夺的同时不会忘记对被侵略民族加紧进行文化同化，也是为什么西方政党在竞选时总是想法设法丑化对方政党的原因。一个统治阶级一旦失去了民众对其价值的认同，统治地位必然不能长久。"测试一个政治体制或政治权力的合法性，是看一定的政治环境是否已经培养起一种共同的长期延续的政治文化。"②"党史文化，作为我们党独有的精神财富，已经融汇成一种红色血脉，滋育着我们党的千秋伟业。"③ 集中反映着政党成员的政治价值观，我们要充分发挥好党史文化的镜鉴与引领作用，使我们的党和人民更好地把握历史发展的主题与主线，有力粉碎敌对势力丑化中共的企图，增强党的纯洁性，强化党的凝聚力，巩固党的执政地位。因而在开发党史文化资源的过程中，既要彰显其为人民服务、为社会主义服务的政治标准，更要突出党史文化引领社会前进方向的政治功能，使"党史文化内化成党员的世界观，外显为政党的旗帜，范导着政党的前进方向，体现出政党的根本性质，反映着民众对政党的基本认知，承载着社会对政党的价值判断"④。

---

① 胡惠林：《中国国家文化安全论》，上海人民出版社2005年版。
② 邢学民：《论信仰的本质及其内在张力》，《新华文摘》2006年第17期。
③ 胡庆胜：《党史文化：党的纯洁性建设的红色血脉》，《党史博采》2012年第9期。
④ 汪洋：《认识党史文化的意义发挥党史文化的功能是政党成熟的重要标志》，《观察与思考》2012年第9期。

(二) 资政育人：党的发展有所需，党史文化有所为

如果说资政育人是党史文化的前进方向和主要任务，资政就是党史文化的首要任务。我们党是靠先进文化起家的，同样要靠文化巩固党的地位和增强党的凝聚力。"缺失文化灵魂，弱化精神动力，不拥有文化软实力，一个政党肯定是没有前途的，更谈不上强大，即使强大了，也不会持久，也会失去影响力。"[①] 党史文化所包含的党奋斗过程中积累的正反两方面的经验教训是党前行的基点，站在这个党带领全国人民用九十多年的奋斗历程换来的鲜活经验平台上，继续前行才能把握好大方向，才能站得更高、看得更远，而这些经验教训正是党史文化最重要的组成部分。所以，要充分重视对党史文化的研究，重视开发党史文化资源，发挥党史文化资政兴邦的巨大威力。育人，也就是以党的成就激励人、经验教育人、教训警示人，培育适应新时代新要求的优秀党员、干部。间接来说，培育好党员和干部，也是为了巩固与加强党的执政地位，最终还是为了资政。资政、育人相互协调，统一于党史文化的政治服务功能之中。

(三) 汲取精华：党在政治方面的经验教训构成党史文化的基本内容

党史文化是对中共党史的高度浓缩，是我们党在继承优秀文化基础上进行文化创造的逻辑发展。其中党领导人民进行革命、建设和改革的经验教训构成了党史文化的重要组成部分。从广义文化来看，党在革命过程中形成的党史事件、党史人物、党史遗址等都是构成党史文化的重要因素。比党史人物和与党史事件更进一步，党的制度也会形成制度文化，成为党史文化不可或缺的一部分。当然，作为党史文化核心的伟大精神、优秀品质、经验教训等，也同样是党史发展的结果。丰富发展党史文化，必须从党丰富多彩的党史中汲取精华。党史与党史文化是密切相关的。中共党史在目前的学科体系中，依然被划归为政治学而非历史学，足以说明党史是一门政治性很强的学科。党史文化虽然属于文化范畴，但却不同于大众文化，属于中国特色社会主义先进文化中引领前

[①] 陈晋：《弘扬党史文化的几个着力点》，《中共党史研究》2012 年第 10 期。

进方向的那一部分，根本原因在于党史文化姓"党"，是政治性很强的文化。强调党史文化的政治性，有利于把握发展党史文化的正确方向，有利于推进党史文化的大繁荣。

总之，党史文化作为一个新的研究领域，是对党史研究的深化与发展。为充分利用这个研究领域，必须正确理解党史文化的内涵，准确把握党史文化的政治性，发挥党史文化在中国特色社会主义先进文化建设中的引领作用。

(作者单位：福建省委党校党建教研部)

救亡语境下启蒙思潮的中国化
转型及其运行困境
——以新启蒙运动为中心

庞 虎

近代以来，中国的文人志士以救亡启蒙为己任，立足国内民族危机的形势变化，不断探索适合中国国情的启蒙道路，到抗战前后，启蒙运动的中国化转向已趋于成型。该过程虽然困难重重、波折不断，但其特殊的思想轨迹、艰难的选择历程，迄今仍耐人寻味。

一 近代启蒙的中国化转向

翻开中国近现代史，呈现在人们眼前的是相互关联的两股洪流：一是外来帝国主义和中国封建主义相勾结，企图把中国变为半殖民地甚至殖民地的野蛮狂潮；二是中华民族奋起反抗，汇聚成巨大威力，不断发出保家卫国的愤怒呼吼。由这一特殊历史情形所决定，近代中国的启蒙运动一直洋溢着爱国主义的主题。历次启蒙运动的思想家，无论是"中体西用"的倡导，还是"全盘西化"的号召，从其实质上看，力图解决的最终都是民族问题，是救亡以图存，救亡引发了启蒙，更催化着启蒙。西方列强的侵华态势、方式手段，特别是对待中国文化的具体态度，直接决定着启蒙思潮的价值导向。

（一）鸦片战争——五四运动："中国化"列强文化的涌入与"西化"为导向的启蒙大潮高涨。

该阶段，西方列强一方面发挥洋枪大炮的淫威，加紧武力征服的步伐；另一方面又试图减少入侵阻力，竭力彰显西方资本主义文明的优越，力图促成中国民众对西方文化的完全认同与归顺。在该过程中，传教士起了最关键的推动作用。在西方，传教士不仅有着良好的教育背景、深厚的西学造诣、虔诚的普世愿望，而且更是西学在华传播的早期倡导者和亲历者，① 其先驱们的成败得失已给他们留下了深刻警示：要"化中国"，必先"中国化"，"必须调整自己的生活，以赢得中国人的尊重，绝对不能做任何让他们感到厌恶的事情……许多传教士就是因为要显示他们自己在风度上不能偏离英国人的标准，却完全不能为中国式的观点和看法所理解，才失去了他们的机会"。② "中国化"成为西方文化渗入古老中国的必选途径。

在这里，与古代情况不同的只是，近代以来，在一系列不平等条约的约束下，中国政府已逐渐成为帝国主义所驯服的殖民工具，此时列强所谓"中国化"的重点已不再是对中国统治者的百般迎合，而是转向了反抗意识相对激烈的社会民众。通过中西对比，传教士们洞察到了中国民众的诸多特质：他们有着自己的信仰，即以儒学为核心的传统经典，孔子在中国人心中有着独特的地位，"每个中国人都尊敬他，他的话就是律法，上至王公贵族，下至平民百姓，人们流利地引用他的话来讨论国际问题或是乞求施舍，他的话被用来争吵、定国策，有时这种引用显得古怪可笑，和讨论的话题风马牛不相及，但是他还是很有分量，他是伟大的仲裁者、权威、调解人"③。因此，在传教内容上，传教士着力阐明西教与儒学的内在联系，创造出"耶稣加孔子"的教义模式，"吾教中人曰：耶稣心合孔孟者也，请略言之，俾使众知以消后变，儒教之所重者五伦，而吾教亦重五伦，证以《圣经》"④。中国人还特别注重习俗，"在中国，习俗总是在很大程度上任意支配着人们的行动"⑤。因此，在传教形式上，传教士尽量遵守中国的风俗人情，"既能通达中国之学，中国之礼，则能与中国儒士官绅接见，情谊交孚"⑥。表现在

---

① 中国第一历史档案馆：《清中前期西洋天主教在华活动档案史料》第1册，中华书局2003年版，第17页。
② [英]柏格里：《在未知的中国》，东人达译，云南民族出版社2002年版，第763页。
③ [美]何天爵：《中国人的本色》，张程译，中国言实出版社2006年版，第81页。
④ [美]林乐知：《消变明教论》，《教会新报》1869年12月4日。
⑤ [美]何天爵：《真正的中国佬》，鞠方安译，光明日报出版社1998年版，第241页。
⑥ [美]李佳白：《筹华刍言》，商务印书馆1904年版，第34页。

语言上，就要遵守中国人的用语习惯，虽然"汉语是一种贫乏、讨厌的语言……用这样的语言来讲解我们的教义，对于我们的教义本身来说也是一种灾难，但是在中国，上帝正是要通过这样的方式把它的子民从魔鬼撒旦那里解救出来"。所办报刊也力争"用中国经籍陈言，发挥基督要道"①，例如《格致汇编》《格致益闻录》等，都是当时的典范之作。此外，中国人的世俗化倾向也为西方社会所看重，"如果我们宣讲在天国里没有财主的位置，群众就可能嘲笑我们象在另一个世界讲话"②。因此，在传教的途径上，他们采取间接迂回的策略，通过创建诊所、学堂、文化馆、福利院等服务机构，广泛兴办公益事业，来拉近与民众的距离，获取他们的认同。

  西方列强对中国化进程的推进，一定程度上降低了国人的排外情绪。太平天国因拜上帝教与基督教的某些关联而把洋人称为"洋朋友"，戊戌变法志士更尊奉西方传教士为"吾人维新运动的一位良师"③，具有革命意识的同盟会也坦言其革命思想"得力于教会及西教士传教者多"④，而以"扶清灭洋"为号召的义和团，虽然公开对外决裂，但因"除直隶及山西一部分，其余全国人都没有赞成"⑤，最终没有成为思想主流。在此背景下，西方文化的在华传播得以迅猛发展，大批西学读物蜂拥而至。仅以传教士李提摩太主持的广学会为例，"三十余载，所著译如神道、哲理、法律、政治、教育、实业、天文、地理、博物、理化之类，以及《万国公报》、《中西教会报》、《大同报》诸出版物都四百数十种，卷书约数百万"⑥。西学的涌入也使国人的思想观念产生了重大变革。人们开始逐渐抛弃"华夷之辨"的传统思维，从魏源的"师夷长技"，到张之洞的"中体西用"，再到梁启超的"世界主义国家"，最后发展为胡适的"全盘西化"，对西学的崇拜愈演愈烈，

---

  ① ［美］卫斐列：《卫三畏生平及书信：一位美国来华传教士的心路历程》，顾钧译，广西师范大学出版社2004年版，第150页。
  ② ［英］柏格里：《在未知的中国》，东人达译，云南民族出版社2002年版，第782页。
  ③ ［英］苏特尔：《李提摩太传》，周云路译，香港基督教辅侨出版社1957年版，第99页。
  ④ 孙中山：《在广东医学共进会欢迎会的讲话》，《民生日报》1912年5月13日。
  ⑤ 蔡元培：《中国的文艺中兴》，《东方杂志》1924第21卷第3号。
  ⑥ ［英］苏特尔：《李提摩太传》，周云路译，香港基督教辅侨出版社1957年版，第281页。

一股以"西化"为导向的轰轰烈烈的救亡大潮迅速高涨。

（二）五四运动——抗战前后："去中国化"法西斯主义的登场与"中国化"为主流的启蒙思潮兴起。

第一次世界大战过后，世界格局重新调整，德、意法西斯主义抬头，日本也在日俄战争、对朝战争、第一次世界大战等一系列战争的胜利中，充实了国力，壮大了军威，民族自信心随之膨胀。一批法西斯狂热分子被突如其来的胜利冲昏了头脑，在国内掀起了一股"民族优越论"的喧嚣。他们鼓吹日本民族是"朝鲜、支那、南洋以及土著居民的化学结晶"，由这种"结晶"产生的混血民族自然是亚洲"最优秀"的民族，也自然有权"领有"其"父体"和"母体"的居住领地，并和这些"亲戚们"一道生存下去。① 在此基础上炮制出的"文化中心转移"说更加露骨地宣称：日本是"东洋文化的中心"，"现在的日本已经成为超越支那的先进国家，尽管对于日本的隆盛，支那人投以猜忌的眼光，但倘若通过某种机缘，使日本与支那形成一个政治上统一的国家的话，文化中心移入日本，那时即使日本人在支那的政治上社会上很活跃，支那人也不会把这视为特别不可思议的现象"。② 在该思想的鼓嚣下，法西斯主义迅速蔓延，东京帝国大学的"日之会"、北海道帝国大学的"烽之会"、京都帝国大学的"犹兴学会"、拓殖大学的"魂之会"、早稻田大学的"潮之会"、佐贺高等学校的"太阳会"、第五高等学校的"东光会"等法西斯团体纷纷出笼，成为日本对外扩张的急先锋。

受其影响，日本的对华侵略已演变到近似疯狂的程度。为彻底征服中国，日本法西斯也在思想文化上大做文章。但与以往欧洲列强不同的是，此时傲慢至极的日本法西斯，已不可能去效仿西欧列强拿出"主动中国化"的"谦卑"姿态，而是直接以"大东亚新秩序"的"主宰者"自居，实施以"去中国化"为导向的赤裸裸的文化奴役。早在1918年，日本众议院就通过《有关中国人教育的建议案》，拟将同化教育作为未来征服中国之急务。到1919年，日本政府更在巴黎和会上，

---

① ［日］北一辉：《北一辉著作集》第2卷，东京美铃书房1972年版，第260页。
② ［日］内藤湖南：《新支那论》，东京博文堂1924年版，第70页。

公开叫嚣大日本帝国要以"消除人种差别"为己任。① 日人控制下的大连租借地、满铁附属区等地，遂成为继台湾地区之后，同化教育在中国大陆的首选区域。在该地区，由"文部省国语科"等机构编写《日本语读本》、《初等日本语教本》、《成人速成日本语教本》，作为统一教材，强令使用，并由"兴亚院"负责培训和派遣日语教师掌控主要课程，极力排斥中华民族的传统影响，就连先前一度被奉为殖民统治理想工具的"孔孟之道"，此时也以"王道主义给予了因没有得到善待或失权而心怀不满的人兴起革命运动的动机"为由，一概禁止传授。② 据当年参观过南满中学的罗振邦表述："凡我国青年入南满中学受教四年之后，国家观念及中国完全化为乌有。"③ 时任旅顺师范学堂堂长的津田元德，也在《关东州内师范教育的回顾》一文中坦言："称日语为国语，按日本读法念汉文，还上军体与柔、剑道课，特别是不学历史，修身课以报恩、遵纪、守法三项内容为重点，这些都是同化主义教育的明显特色。"④ 之后，日本政府还制订"二十年百万移民计划"，大量向蒙满地区迁移日人，让他们"优秀的天资成为满洲国的构成要素，存在于官民之间的一切角落，并要始终一贯地做为其他民族的先锋"⑤。

面对日本法西斯"去中国化"的罪恶行径和殖民主义文化的大量侵入，一些国人逐渐从对外来思想的盲目崇拜中清醒过来，开始了对"舶来品"的重新审视与考量。此时的胡适提出了"多研究些问题，少谈些主义"的呼喊，虽因诋毁马克思主义之嫌而遭到众多批判，但毕竟这位曾经的"西化"论者，在"五四"之后也表达出了对外来主义是否都能解决中国问题的质疑，就连当时与之论争的李大钊也坦言："我的意见稍与先生不同，但也承认我们最近发表的言论，偏于纸上空谈的多，涉及实际问题的少，以后誓向实际的方面去作。"⑥ 1921 年，无政府主义者郑太朴首次提出了"中国式无政府主义"的概念，认为"中

---

① ［日］井上哲次郎：《应赐朝鲜新刺语》，《大和新闻》1919 年 4 月 28 日。
② ［日］千叶命吉：《满洲王道思想批判》，东京大日本独创协会 1933 年版，第 207 页。
③ 罗振邦：《参观南满中学校公学堂及第一、第二寻常小学校后的感想》，《东北》1924 年第 4 期。
④ ［日］津田元德：《关东州内师范教育的回顾》，《南满教育》1926 年特别号。
⑤ 黑龙江省社会科学院历史研究所、黑龙江省档案馆：《日本向中国东北移民》，1989 年，第 16 页。
⑥ 李大钊：《再论问题与主义》，《每周评论》1919 年第 35 号。

国式的无政府主义，意思就是说，按照中国的社会情形、人民性情而酌定的无政府，不是贸然把西洋那个无政府学者底办法胡乱装上"①。该论断开启了西方学说中国式思考的先河。1922 年，《中国基督教教育事业》一书又提出了"要使教会学校更有效率，更基督化，更中国化"②的口号，从而使"中国化"一词首次公之于众。1935 年 1 月，上海十位教授联名发表《中国本位的文化建设宣言》，最终引发了"本位"与"西化"的直接交锋。交锋中，陈序经等"西化"论者对"本位文化"论断给予竭力批驳的同时，也不得不承认，"西化"阵营正在逐渐萎缩，甚至昔日的热烈追随者到今天"不但反对我们所主张的全盘西化论，而且怀疑了他自己以往的西化主张"③。

该背景下爆发的新启蒙运动，更把"中国化"思潮推向高峰。新启蒙运动爆发于抗日战争前夕，是由陈伯达、艾思奇等左翼知识分子发起的，吸引进步文化人士参加的，以鲜明的爱国主义和民族主义为特色的思想文化运动。该运动能在名字之前冠以"新"字，自然有它特殊的含义。新启蒙者认为，过去的启蒙运动"虽然从西洋搬进了一些自由、平等、博爱的观念，但并没有明白地确定了新文化的意义"，即使"五四"新文化运动从西方引进了"民主"与"科学"两大招牌，但运动的目标并未实现，"德先生一直没有正式出现，是谁也看得明白的事；而那位赛先生，又因为没有发达的产业，民族资本主义就没有力量栽植它，自然科学水准因此低得可怜"④。因此，新启蒙运动就是要以"继承五四，超越五四"为号召，立足自我、博采众长，在当时中国思想界有关西化与复古的不朽论争之间，独辟蹊径，走出一条适合中国国情的思想启蒙道路。经过三年多的努力，该运动无论在启蒙根基、启蒙主体、启蒙途径、启蒙目标等理论体系的架构上，还是在领导体系、动力机制、评价标准等践行方案的设计方面，都在很大程度上突破了以往启蒙运动的缺陷与不足，形成了较为完整的中国化启蒙体系，是近代以来启蒙运动价值取向上的一次重要转型，极大地推动了"中国化"话语

---

① 郑太朴：《论中国式的安那其主义答光亮》，《觉悟》1921 年 7 月 17 日。
② 巴顿调查团：《中国基督教教育事业》，商务印书馆 1922 年版，第 9 页。
③ 冯恩荣：《全盘西化言论续集》，岭南大学青年会 1935 年版，第 105 页。
④ 艾思奇：《论思想文化问题》，《认识月刊》1937 年创刊号。

的高涨，并逐渐汇聚成为当时中国社会的主流思潮。①

二　中国化导向下的启蒙困境

然而，思想启蒙的实现程度，又总是取决于它满足该国客观需要的程度。随着日寇亡华野心的日益膨胀，民族救亡遂成为国内所有阶层必须面对的首要使命，中国人民由于外敌入侵的共同遭遇而产生的对地域、语言、习俗、性格及命运等方面的认同感也愈发强烈。严峻的客观现实要求包括启蒙运动在内的一切活动都必须以救亡图存为中心，甚至连"具有批判意识的知识分子都被指责损害民族自信，不够中国人的样子"②。并且，帝国主义的疯狂入侵、亡国灭种危险的加剧，也使得此时的启蒙运动没有了"五四"时期自我批判的余暇，更不可能拥有像18世纪欧洲启蒙运动那样从容的步履，而只能被迫选取一条能应救亡之急并且能起立竿见影功效的"快餐"式启蒙发展道路。该形势下，即使是最优秀的启蒙思想家，也来不及在短短几年内完成西方国家花费上百年才完成的启蒙使命，更不可能达到完美尽致的程度。最终，新启蒙运动只能在继承与超越、传统与现代等一系列的博弈斗争中，左右摇摆、艰难推动。

第一，批判意识与传统情结的纠葛。

与近代知识分子一脉相承，新启蒙者的骨子里也有着针砭时弊的内在冲动。面对抗战前夕思想文化界的复杂状况，1936年9月陈伯达率先提出文化批判的紧迫性："中国的旧传统思想，一般地缺乏了有系统的深刻批评，而这种数千年来的统治传统思想，目前，却正成为帝国主义者和汉奸用来奴役中国人意识的有力工具。"③随后，艾思奇也通过反思近代启蒙的历史局限，附和了陈伯达的见解。他认为：过去的启蒙运动虽然轰轰烈烈，但并未改变封建落后的文化现状，"新的文化完全

---

①　庞虎：《救亡语境下启蒙思潮的中国化话语论析——以抗战前夕新启蒙运动为中心》，《厦门大学学报》2011年第6期。

②　[美]微拉·施瓦支：《中国的启蒙运动》，李国英译，山西人民出版社1989年版，第12页。

③　陈伯达：《新哲学者的自己批判和关于新启蒙运动的建议》，《读书生活》1936年第9期。

说不上建立,所有的只是片段零碎的成绩,并且也只是保存在极少数人的手里,没有能够达到普遍化大众化的地步,传统文化屡次地死灰复燃,它的根仍然支配在民众的文化生活里",即便是旧启蒙所取得的少许艰难成果,后来也遭到了极大破坏:一切新的东西被视作洪水猛兽加以排斥,早已打倒的"孔家店"又重新开张,某些思想著作,充满了神秘主义,贯穿了神学,白话文也一再被人视为"离经叛道",复古、尊孔等文化思潮,随着几年来国土的沦丧,又"死灰复燃起来"。① 基于此,艾思奇指出:思想文化的批判工作并未结束,"同样的文化上的任务仍然遗留到现在,同样需要现在的文化运动来完成它,这就是为什么在旧启蒙运动之外还要再来一个新启蒙运动"②。这一观点既是对"五四"批判精神的延续继承,也是对当时国内文化现状的本能反应,仍具有一定的历史合理性。

然而,随着运动的推进,新启蒙者的思想立场产生了明显动摇,批判的声音越来越弱,妥协的成分逐渐增加。在运动的倡导期,陈伯达还能以洒脱的姿态,号召人们"摆脱一切传统思想的镣铐,大无畏地从事批判一切"③;到运动的发展期,就被艾思奇"只要是对民族的生存有利益的话,就是对一部分封建势力携手,也是在所不惜"④ 等言论所取代;运动的高潮期,兆欧更是提倡仅能批判封建思想中"被敌人以及汉奸利用的那一方面",而其余的方面则不必提及;⑤ 等到运动的收尾期,张申府甚至将新启蒙运动与提倡"四维八德"的新生活运动撮为一体,因为新生活运动强调的"礼"与新启蒙运动倡导的"理"是完全一致的,"'礼者理也,''礼必本乎人情;人情即是理性','礼'不过是把情理加以条理,或说加以调理",所以"新生活运动与新启蒙运动在根本上不但是相通的而且是相同的"⑥。这一蜕变,虽然一定程度上纠正了"五四"时期的激进态度,但随即又难免陷入了保守主义的深渊。这样一来,新启蒙运动曾以反对封建复古为动因,但最后却又恰恰走向

---

① 艾思奇:《什么是新启蒙运动》,《国民周刊》1937年第8期。
② 艾思奇:《论思想文化问题》,《认识月刊》1937年创刊号。
③ 陈伯达:《真理的追求》,新知书店1937年版,第14页。
④ 艾思奇:《新启蒙运动和中国的自觉运动》,《文化食粮》1937年创刊号。
⑤ 兆欧:《五四和新启蒙运动》,《北平晨报》1937年5月4日。
⑥ 张申府:《什么是新启蒙运动》,生活书店1939年版,第40页。

了自己的反面,"五四"时期备受批判的封建礼教又在新的形势下重新找到了合理化空间。

本来,批判是思想启蒙的应有之义,也是文化进步的必要动力。但在当时特殊的历史背景下,新启蒙者迫于形势压力,既顺应潮流又迷恋过去,既想标新立异又没有信心勇气。这种缺乏坚定立场、带有明显调和意味的思想品质,既不为革命志士所欣赏,也不会被封建势力所看重,只能在激进和保守的夹缝中艰难生存,致使启蒙运动丧失了应有的锐气。

第二,"济天下"与"善其身"的脱节。

受传统情结的影响,抗战时期,启蒙精英们竭力发扬古代士大夫阶层的优良风格,继续遵循"内圣外王"的先师之道,力图沿着"诚意、正心、修身、齐家、治国、平天下"的传统轨迹,达成"文化"与"政治"两大价值的交融:一方面,作为文化精英,想安身立命,就必须潜心于思想修养和文化研究,做到"独善其身";另一方面,作为民族成员,"国家兴亡、匹夫有责",又不得不忖度"兼济天下"的现实意义。面对空前严峻的民族危机,精英们不约而同地宣扬思想启蒙的济世意义和文化人士的社会责任。陈伯达提出,大敌当前,世人应将一切私利都抛之脑后,现代中国的新人生观应该是"以'治国''平天下'为'修身''齐家'的出发点"。[①] 张申府、齐柏岩更是极力宣扬思想文化的社会意义,认为:"文化在社会一切活动中居于领导的地位",文化人士应在民族救亡中"肩负起应该肩负的领导责任",甚至通过新启蒙的发动,就"可以不但解放了中华民族,并且可以解放了全人类"[②],"新启蒙运动的成功,也就是社会运动的完成"[③]。在当年生死存亡的严峻考验下,文化精英们仍能以"敢为天下师"的豪迈胸怀,扮演着社会启蒙者、人类"救世主"的特殊角色,并以此彰显自我的社会意义和生命价值。就其精神而言,我们应当承认真诚的救世者和自救者都是难能可贵的。

但是,当年的事实却表明,想当精英的人太多,而真正的智者太少

---

① 陈伯达:《新人生观的创造》,辰光书店 1940 年版,第 52 页。
② 张申府:《抗战一年的文化工作》,《救亡日报》1938 年 7 月 9 日。
③ 齐柏岩:《五四运动与新启蒙运动》,《读书月报》1937 年第 2 号。

了。一向以"先知先觉者"自居的文化精英在大张旗鼓地奔走呐喊、济世救国的同时，却严重忽视甚至刻意掩盖了自身的缺陷，淡化了对自我水平的反思。新启蒙运动时期，新启蒙者仍以"圣贤"自喻，极力抬高文化精英的历史价值。陈伯达甚至鼓吹"文化上的圣贤不但为我祖国河山生色，而且也正是我民族长存至今之重大的因素"，因为他们"都表现了最崇高的德行"。①但实际上，当时文化精英的修养水平与"治国平天下"的雄心壮志之间还存在相当的差距。他们没有对各类文化进行细致的鉴别整理，更没有实现"创造中国的百科全书"的远大抱负；他们也缺乏团结各界人士将新启蒙运动贯彻到底的能力和勇气，而只能坦言"只希望表现一个潮流，造成一种风气……志同道合者的集体，固所需要，但勉强凑合，劳民伤财，诚可不必"②；他们对突如其来的历史剧变缺乏足够的准备，对中国错综复杂的国情状况尚未深刻地解读，对广大民众的世俗愿望没有切实地关注，甚至还认为"最大的文化毁灭者，正是要从那衣食太丰足的人们中间去找，而衣食感到恐慌的人群，却往往是前进的生活和文化诞生的基础"③；并且在普及与提高的关系问题上，新启蒙者为了更广泛地动员民众，过分致力于通俗化的倡导，而相对降低了对情操水准的要求，认为"高尚的情操不一定是生艺术的胎"④。这样一来，精英们的思想认识并没有达到时代所要求的高度，也就无法以超凡的文化魅力和高尚的人格形象去引导整个社会完成由传统到现代的文化转型。

后来，张申府也曾意识到这一点，指出：精英们"实在应该自省、自我检讨，自我清算"⑤。但当时严峻的民族形势，已不可能给精英们的自我启蒙留下过多的空间和余暇。在自救与拯救的不和谐变奏中，思想精英们的呐喊也就失去了应有的感召力。正如德国哲人费希特所说："你们都是最优秀的分子，如果最优秀的分子丧失了自己的力量，又用什么去感召呢？"⑥

---

① 陈伯达：《在文化战线上》，生活书店1939年版，第84、23页。
② 张申府：《什么是新启蒙运动》，生活书店1939年版，第41页。
③ 艾思奇：《目前中国文化界的动向》，《现世界》1936年创刊号。
④ 艾思奇：《新哲学论集》，读者书房1936年版，第102页。
⑤ 蔡尚思：《中国现代思想史资料简编》，浙江人民出版社1982年版，第720页。
⑥ ［德］费希特：《论学者的使命·人的使命》，梁志学译，商务印书馆1984年版，第45页。

第三，权威淡化与文化联合的偏颇。

新启蒙者对"善其身"的相对降低，使得他们无力树起自身的思想权威，更难以成为启蒙运动的领导核心。因而，新启蒙者就以文化联合为名，干脆淡化权威领导的实际意义。艾思奇认为："启蒙运动的意义其实并不在于谁主导的问题，而在于运动本身的性质和任务的问题。"① 陈伯达把任何理论权威都看作是外来束缚，"应该废止思想上外来的权威，思想应该从外来的权威独立起来，一切关于思想的外来镣铐都不应存在"②。何干之、柳湜等人甚至呼吁："大家不必强求领导权，更不必作无谓的争夺"③，启蒙运动"不应提出什么思想的标准"，"我们要使一个人对腐烂思想的动摇、舍弃，但我们并不希望他盲目的来相信什么"。④ 在新启蒙运动那里，权威已成为众矢之的。

但是，缺失了核心权威，所谓的文化联合也就变成了已被极其泛化了的文化杂糅。柳湜直接将文化联合的原则界定为："宽容，宽容，第三个还是宽容。"⑤ 艾思奇、陈伯达更对柳湜的"宽容"给予具体解读，认为：在抗战形势下，一切具有爱国意义的文化成果，"不论是资本主义的文化要素也好，封建的文化要素也好，不论是实验主义也好，社会主义也好，只要你所发挥的是有用美点，都竭诚欢迎你到这运动中来"；⑥ 一切思想流派，只要他们对抗战发挥一丝一毫的有用美点，新启蒙运动都不排斥他们，"我们要和一切忠心祖国的分子，一切爱国主义者，一切自由主义民主主义者，一切理性主义者，一切自然科学家……结成最广泛的联合战线"。⑦ 例如：有些人不愿意反对孔子，不反对宗教，却愿意传播爱国的思想，新启蒙运动就视他们为联合的对象；有的人在某些问题上表现为非理性主义者，但在另一些问题上又表现为理性主义者，新启蒙运动仍会欢迎他；有的人对于爱国运动的直接参与不很积极，但却仇视愚民的传统思想，反对神道邪教，反对复古，反对独断和盲从，这就是间接地帮助了救亡运动，新启蒙运动同样团结

---

① 艾思奇：《论思想文化问题》，《认识月刊》1937 年创刊号。
② 陈伯达：《思想的自由与自由的思想》，《认识月刊》1937 年创刊号。
③ 何干之：《近代中国启蒙运动史》，生活书店 1937 年版，第 241 页。
④ 柳湜：《国难与文化》，黑白丛书社 1937 年版，第 68 页。
⑤ 同上书，第 74 页。
⑥ 艾思奇：《中国目前的文化运动》，《生活》1936 年星期刊第 19 期。
⑦ 陈伯达：《论新启蒙运动》，《新世纪》1936 年第 1 卷第 2 期。

他们；即使有的人主张中国需要"本位救国"，只要他们真正力图保卫祖国、挽救国难，新启蒙运动仍把他们看作是爱国行列中的一员。各路文化人士，在抗战的前提下，"不拘成见，不分畛域，不论新旧，摒绝破坏分子的挑拨离间"，① 他们"爱想什么就想什么，爱怎样想就怎样想"，这就是实现文化联合的"有效的途径"。② 这样一来，"抗战"就成为评判是非曲直的唯一标准，在此前提下，"放任"又成为文化联合的主要特征，至于各联合对象自身的价值取向以及联合之后的主体关系、变化趋势等问题，新启蒙者并不涉及，也就使得该联合的凝聚力、战斗力大打折扣。

在当时，新启蒙者实际上已经开始了对唯物主义、辩证法的研究，并且提出了"解析唯物论"、"动的逻辑"等一系列独到的见解。但是，在民族危机的高压之下，对于各种文化形态的褒贬取舍，新启蒙者只能更加倾向实用理性，而相对弱化它们内在的科学价值。在新启蒙者看来，马克思主义还仅仅是启蒙动员的武器之一，如果在当时思想阵营分歧严重、政治色彩过于敏感的形势下，立即对马克思主义进行广泛宣传并进而提升为抗战文化界的思想核心，还难免显得有些不合时宜，相比之下，"抗战""救亡"的口号则更具有普世意义和时代内涵，也就更容易地成为民族动员的最终选择。

第四，民族至上与人本关怀的失衡。

在救亡联合的昭示下，新启蒙者的民族意识和国家观念已发展到前所未有的高度。陈伯达明确指出："启蒙思想不是别的，乃是救中国的思想。"③ 艾思奇也认为，爱国救亡的本质"就是半殖民地的民主革命，而且是它的最高形态，是决定生死存亡的最高形态"，④ 过去一切文化运动的直接目的，主要是对内而非对外，是由对内的改革达到对外的独立，"而如今，敌人要吞并的是整个中国，即使是封建残余，倘若是想走活路的话，也只有走上爱国主义的一途"。⑤ 何干之则在总结近代启蒙发展史的基础上，进一步指出："一百年来的文化思想史，都充满了

---

① 陈伯达：《在文化战线上》，生活书店1939年版，第95页。
② 夏征农：《现阶段的中国思想运动》，一般书店1937年版，第43页。
③ 陈伯达：《思想无罪》，《读书月报》1937年第3号。
④ 艾思奇：《目前中国文化界的动向》，《现世界》1936年创刊号。
⑤ 艾思奇：《中国目前的文化运动》，《生活》1936年星期刊第1卷第19期。

爱国主义的气味，中国启蒙运动史，简直可以说是爱国主义文化史的别名"，今日，中华民族所遭受的更是生与死的威胁，"在生与死的最后交界线战中，我们要考虑民族的自觉，我们倘不万众一心，团结御侮，抵抗强权，唯有全体死亡，我们只有走上爱国主义的一途，此外，再没有第二条路可走"①。于是，"爱国主义"成为新启蒙运动时期最响亮的战斗口号。

然而，民族的解放又离不开个体的支持，人本价值的关怀和个体诉求的尊重是民族动员的必要前提，"国群"与"小己"的和谐统一更是思想启蒙的应有追求。早在严复时期就创造性地提出过"国立为民"和"民生为国"的设想："谓国立所以为民，此重人道之说也；而谓民生所以为国，此重公义之说也。"②但他没有找到联结"人道"与"公义"的桥梁，最终只能以"民智愚昧"为由牺牲了"人道"，因而失去了民众的支持。"五四"启蒙者效仿西方，大力倡导人本主义、个体价值，但又因为相对弱化了"国群"权威，很快就招来世人批判。抗战前夕，在内忧外患的严峻局势下，新启蒙运动倡导者再度顾此失彼，在"民族至上"的强烈呼喊中，"小己"关怀被严重忽视。柳湜指出："我们自己要不乱用一分力量除开为了我们的民族，我们耻于滥费一分力量为自己个人。"③艾思奇也将个体价值的提倡视为对民族利益的损伤，一切社会民众都应消融自我诉求，要在民族利益基础上，达到"无我同一"，不能再留有个体价值的"余裕"。④张申府则大力呼吁："一切学术都发生国防的意义，应用一切学术于抗敌建国上，使一切学术都与抗敌建国密切相关。"⑤陈伯达更是极力倡导：爱国人士有必要放弃职位，走上前线，直接融入战争，以此显示民族气节，勇于自我牺牲，因为评价国人是否具有爱国情操，就是"看其能否牺牲私意，牺牲小我"。⑥

应该说，在当时，新启蒙运动把民族解放作为首要任务，顺应了客观形势的要求，是对中国国情的必然反应。如果说，个体价值的过分张

---

① 何干之：《近代中国启蒙运动史》，生活书店1937年版，第230页。
② 王栻：《严复集》，中华书局1936年版，第315页。
③ 柳湜：《国难与文化》，黑白丛书社1937年版，第74页。
④ 艾思奇：《中国目前的文化运动》，《生活》1936年星期刊第1卷19期。
⑤ 张申府：《关于文化政策》，《全民周刊》1938年第1卷第16号。
⑥ 陈伯达：《新人生观的创造》，辰光书店1940年版，第15页。

扬是当年"五四"启蒙典型特征的话,那么,到新启蒙运动时期就未免显得过于理想化,毕竟抗战时期的民族危机与"五四"时期相比,已不能同日而语。但如果据此就将原本并行不悖的"国""己"两大元素对立起来,降低个体价值的合理地位,那就违背了思想启蒙的初衷,重新陷入了新的思想桎梏。这样形成的救亡运动,也因降低了自由民主的现实意义、缺失了"小我"利益的动力支撑,暂时难以形成生动活泼的繁荣景象。

三 启蒙之后的"中国"反思

如上所述,新启蒙者以团结抗战为宗旨,以中国化为导向,囊括古今、折衷中西,甚至不惜淡化领导权威,试图在民族危亡的关键时刻,掀起救亡启蒙的新高潮。但却在诸多方面陷入困境,启蒙运动的效果也是响应寥寥、备受非议。

右翼势力将新启蒙者斥为"分裂中国,挑拨内争"的"残余的西班牙主义者",通电全国予以声讨。[①] 中间人士则从"思想独立"的立场出发,将"误认旁人的意见为自己的思想"视为"思想界的危机",力主独立思考,"学会怀疑,不轻下判断,不盲从任何派所谓领袖"。[②] 即便在左翼阵营内部,也并未达成较为一致的意见。艾思奇较早撰文分析了文化运动的动向,自称是受到陈伯达的启发,但通览全文,并无一处涉及"新启蒙"的字眼,而是仅就文化上的"爱国主义"进行了大篇幅阐释,其言论与"新启蒙"的宗旨还存有明显间隙。[③] 柳湜也认为:"'新启蒙运动'、'爱国主义'……我们暂时都可以不管它,我们所要认明的只是它的特点,它与过去的有什么不同处。"[④] 夏征农、江凌等人更是坦言:"我们自己虽然提出了口号,而不付与具体的内容,虽然已经指出了新的路向,而不能坚决执行",[⑤] "虽然口口声声地说这是全民族的自觉运动,应该广泛的联合,但事实上并未做到",虽然这

[①] 陶希圣:《残余的西班牙主义者——一个忠告》,《大公报》1937年5月8日。
[②] 朱光潜:《中国思想的危机》,《大公报》1937年4月4日。
[③] 艾思奇:《中国目前的文化运动》,《生活》1936年星期刊第19期。
[④] 柳湜:《柳湜文集》,生活·读书·新知三联书店1987年版,第717页。
[⑤] 夏征农:《新启蒙运动的开展》,《文化报》1937年6月7日。

一运动是中国政治的反映，但"并未紧紧地把握住中国政治的脉动"，所以该运动"没有一般的广大地开展起来"。①

抗战全面爆发后，随着北平、上海等文化中心的沦陷，新启蒙者纷纷流亡延安、汉口、重庆等地，虽然仍继续于新启蒙诸问题的探讨，但此时已经声音寥寥、阻力重重，很难激起太大的波澜。1939年，国民党政府以"违反本党政策之荒谬宣传"为由，下令取缔新启蒙运动。②托派人士彭述之也对新启蒙者的"不负责任"态度给予了抨击："他们不是根据一时的投机冲动，就是盲从某方面的命令等因，奉此而行事，一等到个人的私图达到了，或某方的命令停止了，于是'运动'也就随之而置诸高阁，不管原来的目的达到与否"，"所谓新启蒙运动也者，不过是向一切旧势力旧思想之屈服投降而已"。③甚至连中共领袖毛泽东，对初到延安的陈伯达等人一开始也"并未注意"。④于是，新启蒙运动在各方纷纷扰扰的质疑声中，落下了帷幕。

尽管有些质疑还不太客观，甚至有的还存有明显的偏激，但是已经足以映射出当年新启蒙运动左右为难的尴尬处境。那么，究竟如何才能闯出困境、另辟蹊径？成为关系启蒙之后中国文化前进方向的现实问题，也是决定启蒙知识分子自身命运的紧要问题。已赴延安的新启蒙者，有感于革命圣地的切实体验，率先对中国的国情问题做出了重新思考。他们认识到：在以往的思想运动中，"所谓中国的国情中国的特殊性，不外就是落后的、垂死的、旧的、封建或半封建的中国，而不知道（或故意抹煞）除此之外还有一个正在诞生中的新中国"，今天的思想运动"不能在落后的半封建的状态下保持自己民族的独立自主"，而应发展为"新的革命运动"即"推翻死的旧中国，建立近代的新中国"。⑤救亡启蒙仅是当前国人应该解决的课题之一，除此之外，"我们要发展健康的民族精神和培养革命的阶级思想，我们要进行思想革命，将从古以来就流行于大众里面的旧思想，洗涤干净"。⑥

---

① 江凌：《开展中国新文化运动》，《国际知识》1937年第1卷第1期。
② 孟广涵：《抗战时期国共合作纪实》上卷，重庆出版社1992年版，第650页。
③ 彭述之：《对于"新启蒙运动"的检讨》，《动向》1939年创刊号。
④ 叶永烈：《陈伯达传》，作家出版社1993年版，第125页。
⑤ 艾思奇：《论中国的特殊性》，《中国文化》1940年创刊号。
⑥ 何干之：《何干之文集》第2卷，北京出版社1993年版，第387页。

对国情及使命的认识变化，直接决定了延安文化人士立场态度的革新。他们开始在民族救亡的使命中，注入明显的阶级因素。他们意识到，知识分子并不是超阶级的，而总是隶属于某一阶级才能获取自己的力量，知识分子不应因为文化动员就刻意掩盖自身的阶级属性。并且，当前知识分子赖以立足的必须是坚定的无产阶级立场。陈伯达指出："真实的无产阶级战士是特别的人，但他们是地上特别的人，此外还有一种特别的人，就是天上特别的人：一方面，度量是无限小，另方面，吹牛却是无限大"，要使知识分子由"天上特别的人"变为"地上特别的人"，就需要"很好的大夫，很好的医法"，即："依赖人的实际经验。"① 这里所说的"依赖人的实际经验"的"很好的大夫"，其实已在艾思奇那里提升为"辩证法唯物论"：以辩证法唯物论的方法研究人类社会，"不单只要在社会的物质生活条件方面来研究新社会的因素、研究新旧势力的斗争，而且要研究社会的精神生活、社会的思想意识中间的新旧斗争、研究什么是社会历史发展中代表新兴的革命势力的前进思想、研究这种思想怎样与旧的反动思想斗争、怎样影响了群众，为革命的群众所接受，怎样掌握了群众"。② 有了"辩证法唯物论"的理论指导，有了无产阶级的坚定立场，曾经一味妥协、调和的新启蒙者，此时也表现出十足的批判勇气。陈伯达直接跻身"中央直属系统学习委员会"，在之后批判王实味的《野百合花》、驳斥蒋介石的《中国之命运》等批判斗争中，扮演了重要角色。艾思奇也积极响应整风号召，其撰写的《反对主观主义》、《谈主观主义及其来源》、《不要误解"实事求是"》、《"有的放矢"及其他》、《怎样改造了我们的学习》等文章，充满了战斗的气息。何干之则以《鲁迅思想研究》一书的出版，表达出对鲁迅"痛打落水狗"式的彻底批判精神的赞赏与向往。

与延安新启蒙者比较鲜明的态度相比，身在国统区的张申府，则表现出较为温和的改良倾向。运动过后，张申府意识到，启蒙运动应"不但努力于普及，更要努力于深入与提高"。③ 而"深入与提高"的根基就是时代的发展，"谁不认识时代，谁就会为时代所丢掉"。④ 张申府将

---

① 陈伯达：《旧阶级本性的改造》，《解放日报》1942 年 6 月 27 日。
② 艾思奇：《辩证法唯物论怎样应用于社会历史的研究》，《解放》1941 年第 126 期。
③ 张申府：《论青年思想》，《战时青年》1940 年第 2 卷第 5 期。
④ 张申府：《祝苏联十月革命节》，《新华日报》1941 年 11 月 7 日。

人类思想的发展分为三个阶段，即"有灵论阶段"、"机械论阶段"和"辩物论阶段"（即辩证法与唯物论），其中，"辩证法与唯物论其实乃中国古代的真传统"，它经过长期的磨炼，如今"已入了一般哲学入门书了，已登上了大学讲坛了，而且在一般哲学字典里占到了优越地位了"，①"辩证唯物论是相反相成的辩证与唯物的结合，也就是活与实的结合，由这一结合，正有一个广大的一般的新时代在开发着"。② 它代表了人类思维的发展趋向，我们就应该"随顺唯物辩证法或辩证唯物论以及历史唯物论的指导"。③ 但是在这里，与艾思奇等人不同的是，张申府所倡导的辩证法唯物论，更侧重方法层面的强调，他认为辩证法唯物论的重要性"本在它是方法，本在它是实践的，本在它有助于实践，本在它是大可用的方法，本在它是用来可以大有效验的利器……至于讲什么不可触的本体，讲什么抽象的认识，那无宁是次要的"。④ 而这种方法的精髓就是"活"，"辩证唯物论在实践上，最最中心的精蕴就是活"，因为"有力量的主义学说思想理论必是活的"。⑤ 在该方法的指导下，张申府选择了一条较为灵活的发展道路。他连篇累牍地为《新华日报》撰稿，努力响应中国共产党的文化政策，但从不言明自己的政治立场，还希望《新华日报》"办得不仅仅是党报，而且是天下人的报"，"尽力吸引同情者，而绝不把一切所谓中间派的知识分子一个一个地都骂翻或骂走"。⑥ 他主张文化人士应具有"开朗的态度、明白的头脑、明亮的心胸"⑦，但从不拟定刻板的条框，相反认为"人要认真，也不太认真，太认真者不容一点恶一点毛病，这在今日，还是作不通的"。⑧ 他承认组织在文化运动中的重要作用，"与其说中国今日需要自由，毋宁说中国今日更需要组织"，但又反对埋没个体的才能，一个合理的领导组织必须做到："一，把一切人或群己的才力都发展到最高处；二，把一切人已有的或已发展成的才力都使用到至尽处；三，使一切人对他

---

① 张申府：《祝苏联十月革命节》，《新华日报》1941年11月7日。
② 张申府：《科学运动与新启蒙运动》，《中国教育》1940年第1卷第2期。
③ 张申府：《重述我对于青年的期望》，《中国教育》1940年第1卷第5期。
④ 张申府：《唯物论的重要》，《新华日报》"科学专页"，1942年8月27日。
⑤ 张申府：《论青年思想》，《战时青年》1940年第2卷第5期。
⑥ 张申府：《友声与民主》，《新华日报》1942年9月27日。
⑦ 张申府：《论青年思想》，《战时青年》1940年第2卷第5期。
⑧ 张申府：《友声与民主》，《新华日报》1942年9月27日。

所属的团体或所担负的任务，都得尽其最大的可能，作其最善的努力。"①

值得一提的是，新启蒙运动落幕之时，正值抗日战争的相持阶段。国内民族危机尚未解决，但阶级矛盾已明显激化，思想文化领域的阶级对立和意识形态纷争也急剧增加，已远非新启蒙运动开展之时所能比拟。该形势下，张申府淡化阶级立场、力主"与人为善"的温和表现，就似乎显得不合时宜，因而也必然招来原启蒙阵营乃至中共方面的诸多指责，张申府本人后来也做出了"态度暧昧""不知自己立场""与党的路线不能配合"以致"混乱了战线，漠忽了视听，使一些青年们迷失了方向"之类的忏悔。② 但是，如果以场域的角度重新反观的话，张申府的表现又未免不是对抗战时期国统区复杂形势的直观反应。与延安解放区中共领导有力、马克思主义信仰坚定、群众基础良好、政治倾向几乎一边倒的情况相比，抗战中期的国统区却在"一个主义、一个政党、一个领袖"的喧嚣下逐渐失去了进步文化的生存空间，该场域下，如果再要求一场锋芒毕露、大刀阔斧的文化革命运动，已几乎无望，如果再以此来评判一位非中共身份的启蒙人士的话，那就更是过于苛刻了。

（作者单位：厦门大学马克思主义学院）

---

① 张申府：《自由与组织》，《民宪》1944 年第 1 卷第 1 期。
② 张申府：《忏悔》，《北京日报》1955 年 3 月 9 日。

专题二

红色文化的传承与实践问题研究

东北地区红色文化的教育与传承

陈松友　巩瑞波

一　东北地区红色文化资源的概况与优势

首先，黑龙江省红色资源非常丰富。据调查统计，该省拥有12个国家级革命老区，240余处烈士陵园、纪念碑、抗联遗址，47个爱国主义教育基地，其中，国家级重点爱国主义教育基地6个。更值得一提的是，在《2004—2010年全国红色旅游发展规划纲要》中，黑龙江省被确定为十二个"重点红色旅游景区"之一。全国100个经典红色旅游景区中，黑龙江就拥有3处9个景区，其中，哈尔滨中东铁路被看作是传播共产主义的"红色丝绸之路"，而中共早期领导人李大钊、陈独秀、瞿秋白和周恩来都曾在黑龙江战斗和生活过，其居住地旧址也是重要的红色旅游资源。此外，新中国成立后的北大荒精神和大庆铁人精神也已列入红色资源规划之中。

其次，吉林省同样是一个有着优良革命传统的地区，据吉林省旅游局旅游信息服务中心相关资料显示：吉林省目前拥有仅抗日战争和解放战争时期的各种红色遗存达200多处，红色旅游景区众多，除了长春市有吉林省博物院、解放纪念碑、伪满皇宫博物院、苏联红军烈士纪念塔等之外，省内还有四平战役纪念馆、革命烈士陵园，白山市郊七道江遗址、临江市"四保临江"烈士陵园、陈云旧居，靖宇县杨靖宇将军殉难地等景区，其中，有八处入选全国一百个红色景点景区，拥有四个重点爱国主义教育基地，且四平—吉林—敦化—延吉—白山—临江—通化—集安线被列入全国红色旅游精品路线。正如在团队调查时，长春市旅游专家咨询委员会委员吴广孝所说："在中国现代史上，我省是抗日战争、解放战争中一系列重要战役的发生地,从艰苦卓绝的抗日斗争到四保临江,红色旅游景点和线路开发的潜力很大。"在今年 6 月份绘制发布的《吉林省红色旅游地图》中,突出标注的全省在抗日战争和解放战争时期中英雄人物的活动纪念地及重大红色事件发生地也有 122 处之多,足见吉林省红色资源的丰富性。

第三,辽宁省在东北的红色文化和红色旅游的发展中占有举足轻重的地位,红色资源极其丰富,全省 48 个县(市)中,有 9 个县(市)属于革命老区,9 个老区县(市)共有乡镇 213 个,其中老区乡镇 170 个,占总数的 79.8%。辽宁省不但红色资源丰富,而且类型多样,拥有抗日战争时期、解放战争时期、抗美援朝时期、社会主义建设时期这四大历史时期的红色旅游区点达 50 余处。其中全国一百个红色景区中辽宁省拥有 10 处,占全国的 1/10,全国重点爱国主义教育基地 10 处,省级爱国主义教育示范基地 35 处,且(沈阳—锦州—葫芦岛—秦皇岛)一线被国家列入重点发展红色旅游精品线路,此外,辽宁省红色资源具有很大的开发潜力和优势。

总体来看,东北地区红色文化资源较为丰富。抗日战争和解放战争遗留了许多纪念地和革命遗址,为东北红色文化的发展提供了得天独厚的资源优势。在全国一百个红色旅游经典景区、重点爱国主义教育基地和三十条红色旅游精品线路中,东北地区所占比例同样比较高。同时,东北地区凭借其悠久的历史文化和革命传统成为全国十二个"重点红色旅游区"之一,这些都构成了发展东北红色旅游的资源优势和物质基础。除此之外,东北地区红色文化的受众较广。地形以平原为主,交通极其便利,一方面,紧靠环渤海湾京津唐经济发达区,人口众多,文化需求更高;另一方面,北靠俄罗斯东临韩国和日本,日韩俄为我国主要客源国,旅游消费层次相对较高,有利于红色文化走向国际化。2004年,中共中央办公厅,国务院办公厅印发了《2004—2010 年全国红色旅游发展纲要》之后,东北地区红色旅游和红色文化的发展也迎来了一个良好的发展机遇期,东北三省也出台了相应的政策措施、法律法规,为红色文化的健康、稳定、和谐的发展创造了良好的条件。[①]

---

① 刘海洋、明镜:《东北地区红色旅游开发策略思考》,《科学决策》2009 年第 3 期。

表1　　　　　　　　东北地区重点红色资源统计

省份	全国重点爱国主义教育基地（共200个）	全国一百个红色经典景区	三十条红色旅游精品路线
黑龙江省	6个：侵华日军第七三一部队罪证陈列馆；东北烈士纪念馆；铁人王进喜同志纪念馆；瑷珲历史陈列馆；哈尔滨烈士陵园；马骏纪念馆	9处：东北烈士纪念馆；东北抗联博物馆；哈尔滨烈士陵园；侵华日军第七三一部队罪证陈列馆；尚志市革命烈士陵园；赵一曼被捕地；八女投江革命烈士陵园；杨子荣烈士墓及剿匪遗址；马骏故居和纪念馆	哈尔滨—阿城—尚志—海林—牡丹江线
吉林省	4个：杨靖宇烈士陵园；四平战役纪念馆暨四平烈士陵园；延边革命烈士陵园；"四保临江"烈士陵园	8处：四平战役纪念馆；四平革命烈士陵园；四平烈士纪念塔；白山市郊七道江遗址；"四保临江"烈士陵园；陈云旧居；杨靖宇将军殉难地；杨靖宇烈士陵园	四平—吉林—敦化—延吉—白山—临江—通化—集安线
辽宁省	10个："九一八"事变博物馆；万忠墓纪念馆；辽沈战役纪念馆；抗美援朝纪念馆；抚顺雷锋纪念馆；鸭绿江断桥；抗美援朝烈士陵园；黑山阻击战烈士陵园；葫芦岛市塔山烈士陵园；关向应故居纪念馆	10处："九一八"历史博物馆；沈阳抗美援朝烈士陵园；平顶山惨案遗址纪念馆；平顶山战犯管理所旧址；丹东市抗美援朝纪念馆；鸭绿江断桥景区；辽沈战役纪念馆；黑山阻击战纪念馆；葫芦岛市塔山阻击战纪念馆；大连市关向应故居纪念馆	沈阳—锦州—葫芦岛—秦皇岛线
总计	20个	27处	3条
所占比例	10%	27%	10%

二　东北地区红色文化教育传承的实践及经验

（一）广泛利用现代宣传手段，丰富红色文化内涵

红色文化的精神内涵是红色资源价值的重要体现。只有不断地挖掘红色文化的精神内涵，提高红色文化的品位，才能彻底杜绝红色文化资源开发中的庸俗化、功利化问题。在建设社会主义核心价值体系，推进

红色文化创新的过程中,要坚持以中国特色社会主义先进文化为指导,广泛利用各种宣传工具和现代媒体手段,提炼和丰富红色文化的精神特质和科学精髓,把纯洁、文明和表现社会主义核心价值的东西展示给人们,引导人们对红色文化主流的认知和认同。在调查过程中我们发现,东北三省非常重视丰富红色文化的内涵。

据调查了解,借着中国共产党成立九十周年的良好契机,辽宁省由省委宣传部牵头,联合其他几个部门,于 2011 年 9 月 1 日在全省范围内启动了"红色网络文化工程"。活动以"颂红色经典、撰红色博文、编红色短信、筑红色平台"为主要形式。活动非常明确地指出:"此次活动旨在弘扬辽宁红色文化,充分展示我省近年来文化体制改革和文化建设成果……是推动我省网络文化繁荣发展,为振兴辽宁老工业基地营造良好舆论环境的重要举措之一。"工程主要包括四项基本内容:一是在东北新闻网推出"红色文化"主题频道,设置辽宁英模、爱国主义教育网上展馆、红诗辽宁、先进模范进大学校园等专题和专栏;二是举办"红动辽宁"短信创作及传播大赛;三是组织"红色记忆"博客大赛,网民可以撰写、发布原创博客作品,真实记录红色人物、事迹、场景;四是开通"理聊网",设有 9 大板块,为广大干部群众和理论工作者提供理论宣传、学习交流和文献检索等功能的综合性网络平台。此次活动已经在全省乃至整个东北地区都产生了良好的效果,其中一些活动内容还将持续到年底。除此之外,辽宁省在沈阳市举办了"2011 红色达人才艺大赛",通过"唱响红色经典,凝聚民族力量,弘扬先进文化,彰显时代精神",对辽宁省的红色文化的弘扬和传承起到了巨大的推动作用。

黑龙江则充分发挥自身在红色资源数量方面的优势,先后启动了重塑"红色丝绸之路"工程、举办了"红色经典再生光辉"之《八女投江》演出等活动,效果良好,颇受人们的青睐。今年六月份又由黑龙江人民广播电台组织发起了"东方红太阳升,龙江大型红色徒步活动",对全省各重点红色景区进行了徒步走访,亲身感受了红色精神的洗礼,接受了红色文化的熏陶。中国红色文化资源内容丰富,分布广泛,但具有一定的潜隐性。只有通过各种各样的活动和宣传,通过资源整合,才能使红色文化资源的内涵发挥其最大效益。

近年来,吉林省在红色内涵的丰富方面也出台了一系列新的措施,较为典型的是于 2006 年全面启动了"红色旅游宣传工程"。重点对四平战役纪念馆、靖宇烈士陵园、七道江会议遗址、四保临江战役纪念馆、陈云故居等红色旅游资源进行了新的整合和宣传。同时，随着全省红色旅游资源的科学整合、宣传促销，一批特色的"红色旅游精品线路"陆续推出，吉林省红色文化的内涵和红色旅游的影响力得到了大大提升。此外，在红色文化的宣传和内涵的丰富方面，吉林省的各大高校也作出了很大的贡献，如 2011 年 6 月 11 日至 13 日，吉林省高校工委、吉林省教育厅组织高校校园媒体记者开展了"寻访红色足迹　铭记党史党恩"重走红色路线联合采访宣传活动。此次活动共有来自全省 35 所高校近百名高校报纸、网络、电视、广播等校园媒体学生记者参加。[①]吉林大学在庆祝中国共产党成立九十周年之际，举办了红色革命知识、党史知识竞赛，组织师生亲赴红色革命圣地进行红色教育等活动，另如吉林师范大学在六月份举办了红色文化艺术节歌手大赛，吸引了全校广大师生的积极参与，产生了巨大的反响。这一系列丰富多彩的活动，既是红色文化的宣传、教育，也是对红色文化自身内涵的极大丰富。

（二）创新红色文化载体，扩展文化市场

一般文化的传承都需要借助一定的载体，红色文化的发展和传承同样需要相应的载体和手段。其中一个重要的载体就是红色资源，主要包括红色经典景区、红色遗物、红色人物以及红色故事等，但是，当红色文化借助这些载体进行传播的时候又需要一些手段，比如红色旅游、红色歌曲、红色教材等。其中红色旅游是红色文化传承最重要的手段。因此旅游产品的开发、旅游服务的质量、旅游设施的配备、旅游市场的开拓等，每个环节都影响着红色文化的发展和传承。然而目前全国由于在红色旅游发展模式方面的雷同，导致了红色在市场上的形象不突出，从而降低了其吸引力，影响了红色文化传承的效果。这就要通过高智力、大投入的策划，追求主题化的发展。鲜明的主题有助于在市场上形成显著的形象，高效地传承文化。调查中我们发现：近年来东北地区在红色旅游开发模式方面采取了一些非常好的举措，且收到了良好的效果，积累了丰富的经验。

---

① 《寻访红色足迹　铭记党史党恩》，《四平日报》2011 年 6 月 20 日。

首先，创新红色信息传播手段和载体。东北三省先后于 2014 年 6 月绘制出了清晰展现本省红色资源和红色经典的"红色地图"，如辽宁省将中国第一架飞机成功研制的地方、"辽沈战役指挥所"、"抗联密营遗址"等较小的红色遗迹，都绘制在了一张特别编制的地图上，让人一目了然，便于寻找参观。"吉林省红色地图"则展现出了本省多达 120 多处红色遗迹，极大地方便了人们的走访或旅游。而早在 2006 年吉林省委宣传部就组织编写了《吉林省红色旅游手册》。这些措施和手段的运用为红色旅游提供了便利，而以书本为载体、以文字为载体的这种宣传，又是红色文化发展的重要手段。

其次，完善红色旅游设施、开发红色旅游路线。在旅游设施的建设和完善方面，黑龙江省经过长期挖掘和努力，目前红色旅游景区建设极大地提档升级，省内拥有全国红色旅游经典景区数目已增加至 19 处，接待游客年平均增长 24.7%，红色旅游直接就业人数约为 8000 人，间接就业人数约为 3.8 万人。在 2011 年召开的全国红色旅游工作会议上黑龙江省有 3 家红色旅游景点获先进集体称号。这对全省下一步发展红色旅游创造了良好的条件。吉林省文化厅则坚持以"进一步加强文物保护和充分利用革命历史文化遗产，增强爱国主义情感，弘扬和培育民族精神，带动全省经济和社会协调发展"为主目标，于 2007 年 5 月份开展了"革命旧址、革命文物保护与利用情况调查"的活动，对全省已建纪念馆、拟建纪念馆，已开发景点、拟开发景点等进行了实际的调查和统计，在发现问题后，有针对性地提出了相关的对策建议。辽宁省在红色经典建设方面采取了传统解说与高科技演示结合、静态展览与动态演示相结合的方式，增强红色资源的感知度，让游客有身临其境之感，提高游客的游览兴趣。如抗美援朝纪念馆采用了照片、电动沙盘、电动图表、影视设备、全景画等现代设备生动地展示了抗美援朝战争的历史。在红色旅游路线的开发方面，最早是由吉林省在 2005 年出台了吉林省红色旅游发展规划，全面启动"红色旅游"精品线路建设工程。要求全省各地，充分发挥资源优势，深入挖掘文化内涵，重点建设几条精品红色旅游路线，来推动红色旅游发展。吉林省还在 2011 年 7 月制订了"红色专线"，迎来了全省新的红色旅游热。黑龙江省也于 2011 年 6 月正式推出了"抗联英雄、林海雪原"、"东北小延安"、"北大荒精神"、"二战胜利和平之旅"、"爱国主义教育"、"大庆精神"六条红色旅游精品线路，进一步开拓了黑龙江红色旅游市场，为红色文化赋予了新的内涵。

（三）开展各类实践活动，促进红色文化教育

在红色资源得到进一步开发、红色文化的内涵得到一定的丰富之后，红色文化教育就成为了红色文化传承和发展的重要手段。黑龙江、吉林、辽宁三省在红色文化教育方面采取的措施是各具特色，且成效显著。通过调研我们发现，东北地区在红色文化教育中除了运用传统的课堂和思想政治教育的形式之外，还注重寓教于乐和感知教育等方法的运用。首先，寓教于乐。黑龙江省2014年4月在全省范围内开展了手机红色短信大赛的活动，6月发起了红色动漫进校园活动；辽宁省则以红色大赛、红色表演等形式举行了全省"红色达人"的评选活动，如吉林师范大学等东三省众多高校则举办了各类红色综艺文化活动。这些活动以人们喜闻乐见的方式，将红色文化和红色精神潜移默化地注入到了每个人的思想之中。其次，感知教育。2011年5月6日吉林省启动了"寻访红色足迹"的活动，黑龙江省人民广播电台于6月组织发起了"东方红太阳升，龙江大型红色徒步活动"等，这些活动带领人们，通过实地踏查党在不同历史时期的革命遗址遗迹，采访历史知情者、党史研究专家、当地干部群众等实体感知的方式，来记录宣传党领导人民进行革命、建设和改革，建立不朽的丰功伟绩和光荣传统。在对历史记忆、历史经验和崇高精神的追寻和传承中获得促进地方发展的丰富营养和强大动力。

（作者单位：吉林大学马克思主义学院）

论红色文化传承的规律

郑 洁 陈一樟

党的十八大和十八届三中全会都强调，要建设社会主义文化强国，增强国家文化软实力。红色文化是中国人民在反帝反封建过程中，特别是中国共产党领导人民在新民主主义革命、社会主义革命和建设、改革开放时期形成的一种特色文化。红色文化反映了马克思主义中国化的过程，是中华民族优秀传统文化在我国革命和建设时期的继承和发展，主要内容是中国共产党领导全国各族人民浴血奋战、艰苦奋斗、开拓进取，积淀孕育下来的物质文化和精神财富的总和。党的十七届六中全会以来，传承红色文化的理论意义和现实意义尤显重要。传承红色文化，促进社会主义文化大发展大繁荣成为全社会关注的焦点，也成为学术界关注的热点问题。

一 红色文化的价值决定红色文化的传承力

自从鸦片战争以来，中国进入半封建半殖民地社会，为了实现民族独立和人民解放，为了实现人民富裕和民族复兴，在以爱国主义为核心的民族精神和革命精神的鼓舞下应运而生的红色文化，其价值是红色文化存在的根据，是红色文化生命力的标志，也是红色文化传承的前提条件。作为主流文化，红色文化的传承必须深挖红色文化的内涵，提升红色文化的品质，感受红色文化的精神。红色文化的价值取决于文化自身的内涵。文化的内涵不同，其满足主体需要的方式和程度不同，因而表现出的文化价值也不同。红色文化的底蕴深，品位高，能准确把握时代脉搏，价值性大，符合社会需要，传承的概率也高。红色文化具有重要的历史价值和当代价值,红色文化是指导中国革命取得胜利的重要法宝,是历史和人民选择中国共产党的历史见证;在当代传承红色文化是建设社会主义先进文化的前提,也是提升国家文化软实力的需要,红色文化是文化自信的重要源泉,有利于推动国民素质的提高和党的自身建设。文化内涵能体现红色文化的本质要求,是红色文化重要的价值体现,是红色文化传承最重要的价值内核。

二 政府主导是红色文化传承的动力和保障

政府主导是主流文化传承发展的动力和一种保障机制。一个民族要想振兴,必须以文化觉醒为先导,并依赖于先进文化的繁荣。无论在社会发展的任何历史时期进行文化建设,都必须重视国家政权和政策的作用。一个政党的执政能力也包括对先进文化建设的能力。任何事物的运动变化都是一定内因和外因共同作用的结果。文化本身的价值性是文化传承的根本,但文化外部的作用力既可以成为动力,又会影响着文化的发展方向并影响其发展程度,抑或成为某种文化传承的保障。文化必然受到占统治地位的社会集团共同价值取向的影响,作为人类维系其社会集团的生存和发展纽带,要实现文化在未来的延续,采用一定的强制手段是必要的,这是文化传承和发展的基本规律。红色文化与中国共产党的建立和成长相伴相随,中国共产党建立后就选择了红色文化,继承了红色文化,创造了红色文化,创新了红色文化。可以说红色文化是中国共产党的主导文化,是代表中国先进阶级的先进文化,也是民族文化的精华所在,其中包括成熟进步的政治主张和经济发展的战略。作为执政党的中国共产党,有责任有义务传承红色文化,因为它不仅会主导一个国家的未来发展,还决定着各个时期民族凝聚力的强弱。中华民族要振兴,就必须首先要有文化自觉和文化自信,即文化的觉醒。而中华民族文化的觉醒就必须传承红色文化,传承红色文化是文化自觉的基础,是文化自信的源泉。红色文化作为先进文化的重要组成部分,红色文化的传承需要党和政府的强力推动,这是红色文化传承的动力和基本保障。

文化传承除了自然传播形式之外,更主要在于有组织、有意识、有计划、有目的的传承。红色文化作为中国共产党的主导文化、政治文化,作为一种以爱国主义、集体主义、社会主义及民族凝聚力和改革创新为鲜明特质的红色文化,更加需要发挥政府的主导作用,进行广泛深入的传播,才能更好地彰显其科学内涵和发挥它的应有价值。我们党在长期的革命和建设中,形成和发展了一整套优良传统和优良作风,这是我们的政治优势,是我们治党治国的传家宝,任何时候都丢不得,丢了要吃大亏。特别是在建设中国特色社会主义先进文化的过程中,要充分发挥红色文化的导向功能,大力弘扬红色文化的精神内涵,培养民族精神等群体归宿性因素,夯实社会主义核心价值体系的根基,使其成为社会主义先进文化建设的精神支柱和源泉。用红色文化去激发中华民族儿女的文化自觉和增强文化自信,提高国民的民族自豪感和实现中华民族伟大复兴的责任感,让国民始终保持一种奋发向上的积极的精神状态。这些都有赖于红色文化的有效传承,这也是红色文化责无旁贷的重任。正是由于党和政府的高度重视,特别是从 2007 年党的十七大报告到 2011 年十七届六中全会《关于深化文化体制改革推动社会主义文化大发展大繁荣若干重大问题的决定》,再从党的十八大报告到 2013 年十八届三中全会《中共中央关于全面深化改革若干重大问题的决定》,已经在全国上下掀起了文化大发展大繁荣的高潮,红色文化也得以广泛传承。

三 从具体感知到抽象领悟是红色文化传承的必然途径

文化不仅仅是社会存在的反映,它本身是人类社会生活的基本内容,是人类一切行为的技术方法、社会方法和价值取向的解释、规范与综合。文化是人创造出来的,是人为的信息系统,而指挥人的思维、创造智慧的是人的大脑,人们对文化的认同是通过人脑的价值判断而作出的理性选择。文化从低到高可分为不同的层次,"器"文化与"道"文化。较低层次的"器"文化是文化的物化形式,是具体的文化,包括器物文化、技术文化等。"道"文化是抽象的高层次文化,包括理论、信仰、价值观、思维方式、生活方式等。"器"文化作为一种物态文化,具有工具性或者中介、媒介的作用,因为与人的价值观和人生观没有直接冲突,一般容易接受,具有传播速度快和规模大的特点。而"道"文化则涉及人生价值、信仰、生活方式、思维原则、行为习惯等方面,不同地域、不同民族、不同信仰的人接受时可能会发生文化理念和价值观念的冲突，因此具有排他性。但是一旦接受就会具有持久性。其实所谓"器"文化和"道"文化就是分别指的物质文化和精神文化。

红色文化是中国共产党和广大人民群众共同创造的物质文化、制度文化与精神文化的总和。红色文化传承也必然经由从表层到深层，从感知物质文化到领悟接受精神文化这样一个过程。通过观瞻、触摸、感知器物文化，从而去联想、深思凝结在这些器物文化上的伟大红色精神、感人事迹、动人故事，因此，我们要对红色文化物质遗产加强保护，注重其原真性。要通过红色文化遗产的物态化，丰富红色文化传播的载体，让人们在领略、感受红色文化中，使自己的思想和灵魂得到升华。

四 情感共鸣是红色文化传承的理想状态

在文化的传承中，文化适应是影响文化传承的重要机制之一，反映了文化的一种选择性。红色文化首先必须适应受众的文化基础和心理需求，只有其内容符合人们的心理需要，才能在思想上产生文化共鸣，目标受众才能主动接受这一文化，避免或减少文化的冲突或排斥。

情感共鸣对传承红色文化的形式和方法提出了要求。红色文化可以各种方式将革命战争年代的情感体验、情感共鸣传达给当代人，引导和帮助人们实现这种转化。例如，学校教育主要通过说教的形式利用红色文化对人们进行思想教育。社会教育的方式很多，红色旅游是一种寓教于乐的有效方式，通过让人们在革命纪念地现场或者看到革命战争年代的实物等，进行感官刺激，再由导游讲解，激发人们产生回忆或者联想，产生情感共鸣。同时必须研究游客的心理需求，依据心理学上知、情、意、行的规律，注重游客的利益诉求，满足游客的心理需要，开发符合游客需要的旅游产品，达到情感共鸣的目的。还有其他方式如红色经典影片、纪录片、红色书籍等，如红色影片通过还原一种历史现场氛围，以高度的视觉、听觉刺激和情感触动，将人们置身其中，共同感受和体验，从而发人深省并产生认同。

红色文化传承要把握对象，有的放矢，采取最佳的方式，以取得良好的情感共鸣效果。对于从革命战争年代走过来的老一辈，只要听到一句革命歌词或者毛主席语录，可能就会引起革命年代的记忆，产生共鸣，而对于年轻一代，则必须从视觉、听觉等各方面利用具象感性材料还原历史氛围，才能引起他们的情感共鸣，也就是形象化教育。因此，传承红色文化必须根据人们的思想、政治、经济、文化、年龄等状况，准确分析他们的"共鸣点"，力求引起对方的感情共鸣，从而达到最佳效果。

五　主流文化向非主流文化辐射和渗透是红色文化传承的必然

文化传播具有主流文化的辐射和渗透作用。文化的传播遵从力学发展的规律，文化的交流与传播过程中存在着主流征服非主流的显著特征，处于高位的文化总是向处于低位的文化传播，很难出现逆向的文化传播，主流文化通常指文明程度较高的文化，非主流文化往往表现为落后的文化。从一个特定的历史断面来看，有的国家的文化与社会文明发达，综合国力强，文化就处于主流、高位和强势状态，具有很大的张力和辐射力；有的国家的文化与社会文明层次则不发达，综合国力弱小，人民对本土文化失去信心，渴望引进和接受新文化和先进文化，从而为主流文化的扩张和进入提供了空间和可能。从一个国家的特定历史时期来看，也会同时存在几种文化，但是每一种文化都有其特定的社会基础，每一种社会制度都会相应地产生特定的主流文化。

随着鸦片战争的失败，中国沦为半殖民地半封建国家。为了挽救国家和民族危亡，中国人民进行了艰苦卓绝的斗争，红色文化也随之逐渐形成和发展起来。红色文化以先进文化——马克思主义作为自己的理论支撑，并指导中国革命和建设最后取得了胜利，实现了中国的繁荣富强，历史用实践证明了红色文化的先进性。红色文化的主流文化和先进文化的地位，是被历史和实践所证明了的，具有优势扩散功能，有较强的传播力。越是先进、文明、发达的文化越容易得到扩散和传播，红色文化作为一种先进的文化，是既具有跨时代性，又具有继承性，是中华民族优秀的民族精神和时代精神的有机结合，具有持久的艺术魅力，给中国带来了新的发展，符合广大人民的需要，容易被优先选择。红色文化继承了中华民族传统文化的精髓，丰富和发展了伟大的民族精神，特别是新民主主义革命时期的井冈山精神、长征精神、延安精神、抗战精神、西柏坡精神；社会主义革命和建设时期的抗美援朝精神、大庆精神、"两弹一星"精神、抗洪精神、抗震救灾精神等，都是民族精神在特定时期的具体化。红色文化还传承和创新了无产阶级革命理论，毛泽东思想、邓小平理论、"三个代表"重要思想、科学发展观等都是马克思主义中国化的理论成果，共同组成了中国共产党的指导思想体系。由此可见，红色文化已成为当代的主流文化。我们一定要把握红色文化的主旋律，弘扬精神品质，让优势、先进的红色文化来影响和熏陶国民，特别是广大青少年。21世纪的中国综合国力日益增强，综合国力强大的国家，其文化也会因为有强大的综合国力作后盾而表现出强烈的自信和巨大的张力，其他国家的民众在关注这些国家的政治、经济的同时，必然会关注其文化。随着中国综合国力的日益增强，在国际事务中扮演的角色越来越重要，中国的语言、文化也正在越来越被世人所重视，红色文化将在世界上放射出它应有的光芒。

六　媒介的影响力决定红色文化传承的有效性

当代社会是一个以媒介环境为基础的信息社会，媒介带来的信息充满了人们生活的空间，并成为一种举足轻重的生活环境。处在这样的环境媒介中，人与环境的互动关系发生了重大变化。从一定意义上说，文化的本质是传播，离开传播就谈不上文化的传承、增值与重构，也谈不上文化的冲突、变迁与控制。大众传播是大众文化的载体，是大众文化传播过程中的策划者、实施者和推动者。传播媒介使得时间和空间虚拟化，人类生存的空间超越了过去地域的限制，要进行文化传承，就必须重视媒介传播。离开媒介也谈不上文化的传承，特别是大众传媒这种主流传播媒介。媒介的权威性和影响力决定文化传承的效果。人们偏向于接受权威媒介传播的内容和方式，认为权威媒介是可信任、可亲近的、合乎人性的。红色文化是作为主流文化，代表了中国先进文化的前进方向，理应注重通过主流媒介进行传播。为了增强红色文化传承的有效性，必须以主流媒介为主，整合各种媒介资源，构建立体的红色文化优势媒体传播网络平台。大众传媒对人们价值观的形成有导向性作用，主要取决于所揭示的"象征性现实"，取决于大众传播的某些倾向性和特定的价值观，在潜移默化中制约着人们的价值观。因此作为一种社会公器的大众传媒，应该承担起传承红色文化的社会责任，同时充分组合运用互联网、手机等媒介作为传播红色文化的媒体，和大众传媒一起成为红色文化传承的主渠道，引导国民树立正确的理想信念和价值观。

因此，作为红色文化的主导传播者，政府应该加大资金投入，给与更多的政策倾斜和支持，充分发挥公共性媒介和商业性媒介的合力作用，特别是官方媒介、权威性媒介的主导作用。这样充分发挥出各种传播媒介的优势，形成强大的红色文化传播力量。通过权威性的电视台、广播电台、报刊、互联网等携手合作，以各种不同的形式传播红色文化，包括讲座类、资讯类、访谈类等各种红色文化传播节目；红色文化专题报道，互联网直播，红色文化论坛、贴吧，播映各种红色文化电影、电视剧、纪录片等形式，共同打造立体的红色文化优势媒体传播网络平台，提高红色文化传承的有效性。

（作者单位：重庆邮电大学马克思主义学院）

简论新中国成立初期艰苦奋斗教育的基本经验

孙炳芳　赵　昭

新中国成立初期中国共产党为了巩固新生政权、加强执政党建设、应对严峻的国际国内挑战，围绕"勤俭建国"的总方针，在全党全国开展了艰苦奋斗教育。通过在人民群众中进行勤俭节约与劳动奉献教育、在知识分子中进行艰苦奋斗教育、在抗美援朝战争中开展勤俭奉献与艰苦作战教育、在党员干部中开展"三反五反"等拒腐防变教育与政治本色教育，有力地推动了社会主义革命和社会主义建设的顺利进展，给我们留下了宝贵经验。本文试就新中国成立初期艰苦奋斗精神教育的基本经验做一总结。

一　开展艰苦奋斗教育首先要从党内抓起，以党风引领民风和社会风气

政党尤其是执政党对社会风气的进步具有重要的引领作用。邓小平说："为了促进社会风气的进步，首先必须搞好党风，特别是要求党的各级领导同志以身作则。党是整个社会的表率，党的各级领导同志又是全党的表率。"① 艰苦奋斗教育必然要求执政党进行道德建设，只有党保持了纯洁的风气，社会才会风清气正。正如《论语·子路篇》："其身正，不令而行；其身不正，虽令不从。"新中国成立初期的艰苦奋斗教育就是首先从共产党自身抓起的。

---

① 《邓小平文选》第2卷，人民出版社1994年版，第177页。

中国共产党对自身内部存在的违反群众意愿的贪污腐化行为一贯坚决打击。新中国成立后，我党对于贪污腐化分子，绝不姑息纵容，无论涉及谁，地位多高，都一律严惩不贷。在"三反"运动中，毛泽东严正指出："现在必须向全党提出警告：一切从事国家工作、党务工作和人民团体工作的党员，利用职权实行贪污和实行浪费，都是严重的犯罪行为。"①"贪污与浪费是极大的犯罪"这一命题成为全党的共识。毛泽东强调除恶务尽，"务将一切贪污分子追出而后止"。这种做法给党内同志留下深刻印象，薄一波回忆道："我党的'三反'斗争经验中最可贵的一条，就是以毛主席为首的党中央对清除党的肌体上发生的腐败现象，表现出了高度的自觉性和巨大的决心与魄力，真正做到了从高级干部抓起，敢于碰硬，从严治党。"②对于党内曾经的功臣刘青山、张子善的坚决惩处就是典型例证。

事实上，中国共产党往往将贪腐和浪费并提，"严惩浪费，必须与严惩贪污同时进行"③。中国共产党第一代领导人对于浪费现象深恶痛绝。对于党内出现的浪费现象，毛泽东深感忧虑，他不止一次地告诫党内："要严格的节约，反浪费。"④他带头勤俭节约，保持革命战争年代的艰苦奋斗作风。

在不断加强党风廉政建设的同时，中国共产党特别重视以党风带动社会风气的转变。毛泽东曾经指出"只要我们党的作风完全正派了，全国人民就会跟我们学。党外有这种不良风气的人，只要他们是善良的，就会跟我们学，改正他们的错误，这样就会影响全民族。"⑤新中国成立初，我党开展的整党整风运动，不仅纯洁了党的队伍、改进了党的作风，更重要的是对整个社会风气形成了良好的引领示范作用，无数优秀党员干部身上那种艰苦朴素、无私忘我的作风以及由此而折射出来的艰苦奋斗思想，对于在人民群众中树立克服困难、建设新中国的思想起到了至关重要的作用。

---

① 《建国以来毛泽东文稿》第 2 册，中央文献出版社 1988 年版，第 535 页。
② 薄一波：《若干重大决策与事件的回顾》（上），中共中央党校出版社 1991 年版，第 147 页。
③ 《建国以来毛泽东文稿》第 2 册，中央文献出版社 1988 年版，第 535 页。
④ 《毛泽东著作专题摘编》（上册），中央文献出版社 2003 年版，第 852 页。
⑤ 《毛泽东选集》第 3 卷，人民出版社 1991 年版，第 812 页。

二 开展艰苦奋斗教育要有层次性和针对性，保证实效性

中国共产党具有强大的社会动员和整合能力，这是中国共产党之所以能够战胜各种困难的重要武器。新中国成立初期开展艰苦奋斗教育，目的就是为了有效调动全体国民的积极性，为实现社会主义革命和社会主义建设而共同奋斗。只有全社会的所有成员形成共识，同心协力，家国一致，共同奋斗，我们社会的整体精神风貌才能根本改变。新中国成立初期的艰苦奋斗教育涵盖了工农兵学商等各个阶层，甚至深入到家庭领域。在教育实践中，党并不一刀切，既有整体要求，也有针对各个阶级阶层的不同指针。对于全体国民，我们提出了勤俭建国的总方针，对于党员干部开展克服精神懈怠、牢记"两个务必"的政治本色教育；对于劳动者则以增产节约运动为号召，在工人中开展爱国增产节约运动，农民中开展爱国丰产运动，"三大改造"中又提出勤俭办社乃至勤俭办一切事业的方针；对于知识分子则提出向工农学习、改造旧的世界观的教育；对于军人则提出了艰苦作战教育；对于家庭则希望民众能够勤俭持家……如此等等，不一而足。这就体现了整体与部分的辩证关系，我们充分尊重特殊性，考虑到各阶级阶层的不同特点，适应其旧有传统，有的放矢地开展工作，但又有整体期待，归根到底目标是一致的。实践证明，新中国成立初的艰苦奋斗教育有效调动了各方面的积极性，展现出中国人民自觉的伟大力量。

艰苦奋斗既是思想层面的教育，更要典型激励，践行带动实效。教育的目的是为了践行，践行必须有实效。中国共产党选树了大量先进模范，如勤俭持家的模范周春娇，"创造生产新纪录运动"的发起人赵国友，艰苦作战的邱少云、杨根思等，带领社员打翻身仗的王国藩，艰苦奋斗的大寨等，在人民群众中间营造了一种艰苦奋斗、奉献有为的精神氛围。中国共产党因势利导，充分调动人民积极性，不断推动各项工作向纵深推进。

开展艰苦奋斗教育是个系统工程，必须顺应思想教育规律，在面向全体国民的同时，更要注意不同阶级阶层的特殊性，有针对性地进行教育引导，才能起到事半功倍的效果。

三 开展艰苦奋斗教育要与改善民生相结合,注重长远

艰苦奋斗是新中国成立初期现实环境的必然选择,开展艰苦奋斗教育有助于号召人民勒紧裤腰带,勤俭过日子,以便把有限的人力物力投入到当时最紧迫的经济建设任务中去。但是,艰苦奋斗的最终目标是民生改善。新中国成立之初,我党在提倡艰苦奋斗的同时,也十分注重民生的改善,既要节衣缩食、发展生产,又要改善民生、着眼长久。

节衣缩食,不断加大建设投资。新中国成立初期制约经济发展的一个重要因素就是资金问题,毕竟经济建设需要大规模的投入。通过税收、发行爱国公债、裁减政府支出等一系列举措增加政府收入,尤其是改革了财政经济管理方式,开始统一管理财政,也就是用开源节流的办法增加资金,同时政府以计划手段管控经济运行。计划经济在当时有助于整合经济资源,推动社会经济发展。"一五"计划开始后,我国不断加大在工业领域的投资,基本建设投资达到588亿元,限额以上的工矿建设项目921个。① 这些资金的获得,很大一部分是来自人民群众的勤俭节约,特别是农民群众的贡献。陈云说过,"中国是个农业国,工业化的投资不能不从农业上打主意"②。客观地讲,农民为中国工业化作出了巨大的贡献,农民节衣缩食省下来的资金多数投入到工业领域的建设之中。他们在为工业发展贡献力量的同时,也集中力量搞好农业建设,这也需要资金积累,所以负担还是比较重的。包括新中国成立初在内的整个计划经济时代,中国居民储蓄率不高,社会储蓄率仅为5%。③ 这一方面说明人民收入的整体水平还比较低,收入更多满足于日常用度;另一方面也说明人民将更多的钱贡献到社会主义建设中去了。广大人民群众充分体现了艰苦奋斗、节约资金为推动国家建设的主人翁精神,当时就有农民表示:"咱们使用的步犁、喷雾器、化肥,哪一样不是工厂出的……咱们得把余粮卖给国家,支援工业建设","有些农民

---

① 胡绳:《中国共产党的七十年》,中共党史出版社1991年版,第387页。
② 《建国以来重要文献选编》,中央文献出版社1993年版,第267页。
③ 艾春荣、汪伟:《中国居民储蓄率的变化及其原因分析》,《湖北经济学院学报》2008年第6期。

把售粮款全部存入银行"。①

以艰苦奋斗精神调动劳动者的积极性,大力发展社会生产力。马克思主义认为人是生产力三要素中最重要和最活跃的因素。社会主义制度的确立,又使生产关系和生产力相互适应,这必然有力推动社会发展。新中国成立以后,我国各个领域的劳动群众翻身做了主人。艰苦奋斗教育下的中国人民表现出与以往不一样的精神风貌,劳动者的主观能动性被充分调动起来,为新生的人民共和国各项中心任务努力工作。新中国成立之初,各个领域热火朝天的生产建设场面就是生动体现,当时工人们"有着强烈的翻身感,表现出罕见的劳动干劲,这种干劲和精神在今天的工人身上已经很难看到"②。中国人民有为自己的国家努力的衷怀,有人将之誉为五十年代精神。中国共产党有效地将这种精气神与艰苦奋斗联系起来,用先进示范带动,不断推动社会主义革命和建设取得更大的成绩。由于生产竞赛的开展,各种新的技术和先进工作方法的不断涌现,农民的"两个积极性"被充分调动起来,我国工农业领域劳动生产率大大提高。生产率的提高带动了国民经济的飞速发展,"一五"期间工业产值年均增长高达18%,初步建立起了现代工业体系。

艰苦奋斗与改善民生并行不悖。民为邦本,本固邦宁。艰苦奋斗不仅仅是单纯要求人民艰苦,更要用艰苦奋斗的成果惠及人民。艰苦奋斗与提高人民福祉并不矛盾。毛泽东特别注意给人民以利益。整体上来看,20世纪50年代前期,新中国政府虽然一直注重大规模的投资建设,以便建成新中国的工业基础,但当时我国消费积累之间的比例还是比较正常的。有研究表明,在整个50年代,中国最终消费占国内生产总值的比重平均为73%,居民消费在1952年前占的比重比较高,1952年时居民消费占国内生产总值的比重为65.4%。③ 即便以今天的角度来看,新中国成立后的头七年,我国人民的实际收入增长速度也是比较高

---

① 卢汉川、吴碧霞、蔡济群:《中国农村金融四十年》,学苑出版社1991年版,第93—94页。

② 袁进、王有富:《20世纪50年代上海钢铁工人生活记录》,《热风学术》第1集,广西师范大学出版社2008年版。

③ 刁永祚:《中国居民消费需求不足的体制与制度背景》,《首都师范大学学报》(社会科学版)2002年第4期。

的。一般意义的"高积累低消费"要到"大跃进"之后才逐渐成为我国经济建设的方针。事实说明,这一时期工人农民的收入和生活水平都有较明显的提高。新中国成立之初,政府重视民生,艰苦奋斗与民生改善并行不悖,这是一个很好的经验。

四 开展艰苦奋斗教育要紧紧围绕中心工作,系统化和常态化

中国共产党历来重视思想政治教育,注重以理论成果推动实践发展。早在延安整风运动时期,毛泽东就指出:"掌握思想教育,是团结全党进行伟大政治斗争的中心环节。"[①] 故此,中国共产党在各个历史阶段都始终把思想政治教育当作工作的中心环节。艰苦奋斗教育作为思想政治教育的重要方面,贯穿于新中国成立之初的各项运动和工作之中,形成了许多行之有效的办法和制度,实现了艰苦奋斗教育的系统化和常态化。

注重系统开展艰苦奋斗的思想教育。新中国成立后,中国共产党一再强调艰苦奋斗。毛泽东在给延安同志的回信中强调:"全国一切革命工作人员永远保持过去十余年间在延安和陕甘宁边区的工作人员中所具有的艰苦奋斗的作风。"[②] 之后,毛泽东形成了勤俭办社、勤俭办一切事业、勤俭建国等思想。在党的思想政治工作中不断提倡勤俭节约、坚决反对铺张浪费,重申贪污浪费是极大的犯罪。通过舆论引导、政治学习、组织活动等多种方式,在人民群众中开展艰苦奋斗的思想教育,尤其强调党员干部应该带头艰苦奋斗。刘少奇指出,党员干部"多应该提倡艰苦朴素,少宣传生活如何美好,要多为人民生活着想"。面对可能出现的思想波动,刘少奇强调:"只要多宣传,大家就会想通的。"[③] 延安整风期间形成的许多行之有效的办法开始广泛运用于党员干部与群众教育之中。

艰苦奋斗教育要紧紧配合中心工作进行。在新中国成立之初的三大

---

① 《毛泽东选集》第3卷,人民出版社1991年版,第1094页。
② 《建国以来毛泽东文稿》第1册,中央文献出版社1987年版,第96页。
③ 《刘少奇论党的建设》,中央文献出版社1991年版,第652页。

运动以及社会主义改造过程中，围绕中心工作，不断开展艰苦奋斗教育，在工农业领域开展了增产节约运动、爱国增产运动等；在整风整党以及"三反五反"中，也以拒腐防变、艰苦奋斗教育激励和鞭策党员干部，这些都是围绕当时的中心工作开展的。以改善财政经济工作为例，邓小平就指出："为了把国家财政放在稳固的基础上，保证社会主义工业建设，必须节减一切可以节减的开支，克服浪费。"[①] 紧紧围绕中心工作开展艰苦奋斗教育是新中国成立之初思想政治教育的一大特色。

开展艰苦奋斗教育要与群众路线相结合。通过典型示范，充分发扬人民群众的自主精神，相信人民群众能够自己解放自己。中国共产党善于选树先进模范，在各个领域都涌现出很多艰苦奋斗的典范，这些人用自己的实际业绩证明了艰苦奋斗的伟大力量，从而激励人民群众艰苦奋斗，引领他们沿着既定的道路继续前进。

新中国成立初期党的艰苦奋斗教育给我们留下了丰富的遗产，这些宝贵的经验对我们在新时期继续推动艰苦奋斗教育具有很好的借鉴作用。

（作者单位：石家庄铁道大学思政部）

[①] 《邓小平文选》第2卷，人民出版社1994年版，第197页。

红色文化的意识形态价值探析

李 丽

"红色文化是中国共产党领导中国人民在长期的革命和建设实践中积淀、创造、整合形成的一种特定的文化类型。"① 是五四运动以来,中国人民在建立中国共产党、建设社会主义新中国过程中出现的英雄事迹、典型人物、代表地区、标志场所,以及所产生的精神动力和社会影响等内容的融会与升华。红色文化一直激励和影响着一代又一代中华儿女为祖国富强、民族振兴而前赴后继、英勇斗争,激励新形势下的中国共产党和中国人民为全面深化改革,实现中华民族伟大复兴而不懈努力。在中国社会转型的新形势下,针对中国社会思想文化领域多元、多变的现实,迎接国内外敌对势力对我国意识形态的挑战,必须大力加强中国主流意识形态建设。研究红色文化的意识形态价值具有十分重要的现实意义。

一 红色文化的意识形态价值属性

从意识形态的视角,从红色文化的思想引导和社会教育的层面,研究红色文化的价值和意义,更能突出红色文化的地位和作用,更能体现红色文化的意识形态价值。

(一) 红色文化的基本内涵

红色是中国革命的标志性颜色。革命先烈用鲜血和生命建立了中国共产党,并带领中国人民经过浴血奋战,建立了社会主义新中国。用鲜血染

---

① 管仕廷:《论红色文化的内涵与特征》,《传承》2012 年第 7 期。

红的颜色更能代表中国革命的艰辛，更能体现中国共产党对革命先烈的尊重与怀念。中国共产党把领导人民建立的政权比作红色政权，把根据地叫做红区，把对党和人民的赤诚比作红心，中国共产党党旗、中华人民共和国国旗都是红颜色。在研究纪念革命历程、总结提炼革命精神、发扬传承革命传统过程中，红色成为中国共产党、中国人民的政治标志，成了党和人民共同的向往和追求。在与白色恐怖、黑暗社会等思想和行为的斗争中形成了红色文化，在与腐朽的思想意识、与当代各种错误思潮的斗争中巩固了中国红色文化。新民主主义文化是我国红色文化的主流和源泉。包括新中国建立之前的奋斗和牺牲，包括社会主义建设时期党领导人民群众艰苦创业、建设国家、创造美好生活、发展社会主义各项事业的文化思想与价值体系。广义的红色文化还包括中国特色社会主义先进文化，新形势下人民群众的理想、信仰、道德追求、奋斗目标、奉献精神以及社会主义核心价值体系等内容，都属于红色文化的基本范畴。

（二）红色文化的两种类型

红色文化可以分为物质文化和精神文化两种类型。红色文化的物质形态是指红色文化的外在表现形式，是革命理论、革命精神、革命传统等精神遗产的物质载体。如表现革命内容、革命思想、革命过程的文化作品，包括小说、文章、诗歌、戏剧、标语、歌曲、出版物和革命文献；也包括革命遗迹、纪念地、标志性物件等，如战场纪念地，革命会议遗址、领袖的故居、旧居等纪念馆，革命前辈用过的物品或穿过的遗物等（也包括新中国成立后社会主义建设初期的重要遗址、纪念地、物品等）。红色文化的精神形态，指的是红色文化的内在构成要素，包括理想、信仰、思想、道德规范、价值观念体系和科学文化知识。其中，代表性的是不同时期形成和展现的各种精神力量。如长征精神、雷锋精神、"两弹一星"精神、铁人精神、抗洪精神等。"红色文化的精神形态蕴含着中国共产党人的政治理想、爱国情怀、思想观念和道德追求，彰显了中国共产党人的崇高精神和优良传统，是中华民族宝贵的精神财富，是新形势下加强意识形态建设的宝贵资源"[①]。概括起来，红色文

[①] 穆华：《遵义红色文化资源与美育之精神内涵相结合的研究》，《新课程》（上）2013年第7期。

化是具有民族性、科学性、大众性的文化；是坚持以马克思主义为指导的先进文化；是具有中国特色的政治文化；是与时俱进的开放性文化。

（三）红色文化的意识形态价值

红色文化是以马克思主义为指导的科学文化，符合中国主流意识形态的基本要求，能够对中国社会多元的思想文化起到引领作用。红色文化是革命文化，是反帝反封建、实现中华民族独立和解放的革命文化；是推动社会主义现代化建设、艰苦奋斗、实现中华民族伟大复兴的价值体系；是在汲取中华民族精神、弘扬民族优秀传统文化的基础上创造的新文化体系。红色文化是中国共产党一贯倡导的先进文化，在传承中国革命和建设的优良传统中，能够激励广大人民群众积极投身社会主义建设。红色文化具有先进性，是在对英雄人物、先进群体、伟人精神的纪念和弘扬中形成和发展的；红色文化具有广泛性，贯穿中国革命和建设的全过程，覆盖当代中国的各个领域；红色文化具有群众性，产生于人民群众中间，能够被人民群众广泛接受和普遍认同。红色文化是代表社会主义核心价值体系目标要求的思想文化，体现社会主义核心价值观的基本内涵，能够凝聚中国特色社会主义建设力量。红色文化继承和发展中华传统文化，强调友爱、互助、奉献、公平、正义；强调勤俭节约、克己奉公、勤政爱民；强调道德伦理、天理良心。为当代中国凝练社会主义核心价值观积累了宝贵经验，奠定了坚实基础。

二 红色文化的意识形态价值诉求

红色文化的意识形态价值，是指红色文化对当代中国意识形态建设所产生的，或应当具有的作用和贡献。当今中国社会正处在转型的关键时期，社会深层次矛盾相继凸现，各种社会思潮相互激荡，人们的价值取向呈现出多样化的趋势，加强红色文化的意识形态价值导向作用，丰富和发展主流文化的价值，促进社会的健康发展显得尤其突出。[1]

---

[1] 苏东霞、文玉忠：《红色文化的社会价值思考》，《理论学习》2011年第7期。

（一）发挥红色文化的意识形态价值作用，为中国共产党执政奠定文化基础

红色文化的意识形态价值作用在政治上具体表现为传播政治意识、引导政治行为、推动政治稳定、促进政治发展等。红色文化是中国共产党执政文化的重要基础。红色文化所体现的共同理想、民族精神以及时代精神与当代中国意识价值诉求在根本上是一致的，所蕴含的重要思想集中反映了中国共产党的政治思想、执政理念、价值取向，集中反映了中国共产党主导的意识形态、民族价值观、思想素养，为构筑中国共产党执政文化提供了重要的资源借鉴。红色文化是培养人民群众政治认同感的重要载体。任何一个政党要想获得政权，维护其政治的稳定，都必须拥有该国民众对其政权的一种政治心理和政治情感的认同。中国共产党要想使自己的执政文化成为主流意识形态，就必须充分发挥红色文化的作用，广泛深入地打造群众基础和价值认同。红色文化是加强党员干部思想教育的重要内容；红色文化是党的宝贵精神财富；红色文化是当代中国党员干部政治理论学习、思想道德塑造、加强群众路线教育的重要教材。利用红色文化资源加强对党员干部教育培训，使党员干部树立执政为民、立党为公的科学的执政理念，从而不断提高党的执政能力和水平。

（二）发挥红色文化的意识形态价值作用，为发展社会主义市场经济营造文化氛围

红色文化的意识形态价值作用在经济上的表现是，为经济的发展提供精神动力和智力支持，促进经济的平稳快速发展。红色文化为市场经济发展指引方向。社会主义市场经济的基本特征是以公有制为主体，坚持共同富裕的原则。要求与之相符合的社会意识形态，如经济文化、经济道德、经济思想为其服务，规范整个社会的价值取向和经济行为。红色文化所包含的集体主义精神、全心全意为人民服务精神以及无私奉献精神等，为市场经济发展提供思想引领。红色文化建设为市场经济建设提供精神动力。用艰苦奋斗、自力更生、勇于胜利的精神来激发和调动劳动者的积极性、创造性，促进生产力的发展；用实事求是、勇于创新的胆略提高人们改革的自觉性，推动生产力的解放和发展；用特别能吃苦、特别能战斗、特别能攻关、特别能奉献的航天精神提高劳动者掌握先进科学技术的科技意识。红色文化建设为市场经济建设创造良好的环境。用马克思主义科学世界观、人生观、价值观来影响人们的思想和行为，逐渐建立先进健康的舆论环境、诚信互利的道德环境和安定祥和的社会心理环境，营造有利于经济快速、协调、持续、健康发展的良好环境。

（三）发挥红色文化的意识形态价值作用，为繁荣发展中国特色社会主义先进文化创造条件

红色文化的意识形态价值作用在文化上的表现是，为集聚民族凝聚力和创造力，为提高中华民族的综合国力创造重要资源。发挥红色文化对社会主义文化的传承和创新功能。发挥红色文化的传承和渗透功能。在教育者和受教育者双向互动和情感交流过程中，传承政治文化、道德文化、经济文化、社会文化、历史文化和民族文化；将红色文化渗透到社会生活的方方面面。对社会主流文化弘扬，对校园文化、企业文化、社区文化、村镇文化、军营文化、家庭文化进行引导。发挥红色文化对社会不良文化的批判和抵制作用。针对多元、多变的文化现实，在加强主流意识形态建设过程中，坚持用红色文化批判各种社会思潮，抵制腐朽和低俗文化，规范管理网络文化，积极引领市民文化、草根文化，不断汇聚中国全面深化改革的正能量。发挥红色文化对文化事业和文化产业的繁荣和发展作用。进入新世纪以来，红色文化成为热门话题。以红色文化为背景的文化事业和文化产业得到快速发展。红色文化发展规划进一步完善；红色文化建筑面积扩大、开放程度不断提高；红色培训、教育进一步加强；红色文化作品在质量和数量上进一步提升。

三　红色文化的意识形态价值实现

实现红色文化的意识形态价值需要在科学理解红色文化的基本属性、红色文化的价值诉求的基础上，认真探索红色文化意识形态价值的实现路径和方法。要妥善处理红色文化传承过程中的各种关系，要充分调动社会各方面的积极性，要不断创新红色文化的建设方法。

(一) 理顺红色文化建设的各种关系

要妥善处理红色文化与先进文化的关系。建设红色文化就是建设先进文化,坚持了文化的社会主义方向,与社会主义主流意识形态相适应,符合广大人民群众的愿望和要求;建设先进文化需要红色文化做支撑,红色文化是先进文化的核心内容,体现了先进文化的属性和要求,代表了文化的发展和未来。要在先进文化建设中突出红色文化,要在红色文化建设中丰富先进文化建设思路。要妥善处理广义红色文化与狭义红色文化的关系。广义的红色文化泛指符合中国先进生产力要求的,符合广大人民群众愿望和要求的,符合中国未来发展方向的社会主义先进文化。这是对中国特色先进文化基本属性的判断;狭义的红色文化指特定的历史时期、特定的时代背景、特定的语言和社会环境下,有着特定的历史和教育意义的文化,体现的是传统、精神和价值。从狭义方面强调红色文化建设,更能体现红色文化建设的地位和作用。要妥善处理红色文化集中建设与长远发展的关系。建设红色文化是社会主义先进文化建设的核心内容,建设红色文化要遵循文化建设和发展的基本规律,既不能一哄而上,强调建设红色文化,冲淡先进文化建设,短期行为。也不能以建设先进文化忽视红色文化,把二者截然分开。要在先进文化的长期建设和发展中始终保持红色文化建设既有的地位。

(二) 创新红色文化建设的方式方法

充分发挥红色文化的意识形态价值,需要不断探索红色文化的发展路径,不断创新红色文化的建设方法。将红色文化建设融入党的建设、国家建设、人民群众思想教育的全过程。一是坚持红色文化建设与传承中华文明、弘扬中华优秀文化传统相结合。大力弘扬中华民族的吃苦耐劳、英勇顽强、艰苦奋斗的优良传统;大力弘扬中国人民团结拼搏、爱岗敬业、无私奉献的价值追求;大力弘扬中国社会深化改革、激励创新、追梦圆梦的时代精神。二是坚持红色文化建设与党员干部教育相结合。针对改革开放过程中出现的个别党员干部理想信念缺失、生活腐化堕落、工作作风奢靡等腐败现象,开展以红色文化为核心的党员干部思想教育工作,集中解决党员干部的工作动力问题、工作信心问题和工作态度问题。为营造党员干部"不想腐、不敢腐、不会腐"的教育管理氛围创造条件。三是坚持红色文化建设与凝练社会主义核心价值观相结合。在凝练社会主义核心价值观、构建社会主义核心价值体系的过程中，需要大力弘扬中华民族的优良传统，需要大力提倡当代中国改革创新的时代精神，需要大力凝聚中国人民的巨大能量。把红色文化建设与"三个倡导"结合起来，创造富有鲜明时代特色的中华民族宝贵精神财富。

（三）构建红色文化建设的科学体系

充分发挥社会各方面的积极作用。发挥党组织的方向引领作用，规划、设计、组织、引领、督促、检查红色文化建设，牢牢掌握红色文化建设的领导权和管理权；发挥各级宣传思想文化部门的组织协调作用，有效组织开展各种形式的建设活动，不断创新红色文化建设载体和方法；发挥人民群众的主体作用，组织人民群众积极参与红色文化建设活动，实现人民群众教育与自我教育的结合，有效整合红色文化发展资源。完善红色文化的场馆设施建设，最大程度地开放现有场馆，增强其使用效率；完善红色文化精神材料的收集和整理工作，深入开展党史文献研究，加工和提炼饱含思想教育价值的英雄人物、典型群体的事迹，用来教育和引导人民群众；完善红色文化研究和宣传队伍建设，吸引更多专家学者研究红色文化、宣传红色文化。科学评价红色文化建设效果。构建红色文化建设考核评价的完整体系，实行从国家层面，到省市层面，到县区层面、乡镇层面的层层考核；制定和完善考核指标体系，量化到具体项目，定期考核评价各地的红色文化建设情况；以会议交流、研讨，典型培养和推广，项目推介和资助等形式，推进红色文化建设工作。对考核评价结果予以公开，努力构建促进红色文化建设的有效机制。

（作者单位：常州大学思政部）

论黑龙江红色文化的传承与创新

贺彦凤

红色文化是中国共产党人在血与火的革命战争年代领导中国人民创建的无产阶级的政治文化，是中国共产党领导中国人民在马克思主义中国化进程中的文化建设与文化改革的基本成果，具有强大的引导力与影响力，是先进文化的核心支柱，是社会主义核心价值体系的源头。红色文化不仅在革命战争时期发挥了重大作用，而且在建设社会主义和谐社会的当代，仍然具有重大的理论价值和现实意义。黑龙江红色文化资源十分丰富，红色文化也鼓舞和激励了一代又一代的黑龙江人。在信息化高速发展的当今时代，如何赋予这些红色文化以新的时代精神，是我们要解决的一个重要问题。

一 黑龙江红色文化的传承

红色文化以马克思主义作为思想指导，吸收并融合中华民族传统文化，是时代的主流，具有鲜明的时代性。黑龙江红色文化是我国红色文化体系中的一个部分，有其独特的内容。

（一）黑龙江红色文化内容

黑龙江红色文化形成于抗日战争时期，由中国共产党人领导人民群众进行反法西斯战争过程中创造的具有中国特色的、以政治为基础的革命文化和先进文化。可以把它分为两个阶段，一是抗日战争和解放战争时期形成的抗联与剿匪文化；二是社会主义建设时期形成的建设文化。

1. 抗联与剿匪文化

黑龙江红色文化在抗日战争时期初步形成，即抗联文化。九一八事变后，黑龙江政府代理主席和军事总指挥马占山，在日本关东军要求他撤离嫩江铁桥时，下令抵抗，黑龙江打响了抵抗日本侵略者的第一次有组织、成规模的战役，江桥战役在敌强我弱的情况下，坚持了半个月，给全国人民以很大的鼓舞。中国共产党直接领导了东北人民的抗日武装斗争，中共满洲省委在中央的指示下，派大批党员干部到抗日义勇军中工作，领导抗日游击。1933年初，党领导的抗日游击队在东北各地崛起，在此基础上，成立东北人民革命军，后改组建制为东北抗日联军，在及其艰苦的条件下，同日本侵略者殊死搏斗。我党领导的东北抗日联军共11个军，在黑龙江省的深山丛林中抗击日本侵略者的有9个军，涌现出了周保中、杨靖宇、赵尚志、李兆麟、赵一曼等一批著名的抗日英雄和"八女投江"等英烈事迹。抗联精神成为了黑龙江人共克时艰、再铸辉煌的精神支柱。在这期间，抗联故事创作与抗战歌曲演唱在东北抗战实践中产生了很大的影响。

解放战争时期，陆续进入东北的八路军和新四军的各部队，同东北抗日联军进行了合编，组成了东北民主联军。这一时期东北地区匪势猖獗，据不完全统计，"1945年底，东北全境土匪总数达10万余人，被国民党收编加委的有16个系统，37种番号"①。匪患成为开辟黑龙江根据地的主要障碍，先期到达宁安的中央政治局委员、东北局代表张闻天同志要求东北局火速派老部队来参加剿匪，以便尽快稳定形势。在剿匪过程中涌现出一批剿匪英雄人物，如杨子荣等。描写这一时期史实的长篇小说《林海雪原》、京剧《智取威虎山》等脍炙人口，形成了剿匪文化。

2. 建设文化

红色文化的演进是一个动态的过程，从新民主主义革命时期到社会主义建设时期，我党把马克思主义与中国的具体实践相结合，创造出了具有鲜明时代特征和中国特色的红色文化形式。黑龙江红色文化在社会主义革命与建设时期发展成为一种建设文化，它展现了黑龙江人民的一

---

① 中国人民解放军第四野战军战史编委会：《中国人民解放军第四野战军战史》，解放军出版社1998年版，第65页。

种精神追求和精神风貌，形成了传承久远的精神文化。

响应党中央、中央军委的号召，1958年王震将军率领十万解放军复转官兵进军北大荒，掀起了大规模开发北大荒的建设高潮。这场大规模的开发建设，是在极其艰苦的条件下进行的，国家百废待兴，非常贫穷。"北大荒"人脚踏荒原，头顶蓝天，喝雪水、吃窝头、人拉犁、住马架，以苦为乐，以苦为荣；不计报酬，不计名利，以报效祖国，造福人民为己任，克服了无数个艰难与险阻，经历了半个世纪的艰苦卓绝的奋斗与创业，开垦了数千万亩的耕地，使"北大荒"由一片荒地变成了大规模的粮食基地，由此创造了永放光彩、令人敬仰的"北大荒精神"。

20世纪的60年代，正处于我国社会主义道路探索的初始阶段，出现了严重的石油能源危机，没有石油能源，国家的发展就会陷入绝境。这样，来自全国各地的几万名工人与官兵来到大庆，展开了一场轰轰烈烈的石油大会战。在石油挖掘阶段，生产生活条件非常差。在这样艰苦的条件下，王进喜表示"有条件要上，没有条件创造条件也要上"。钻井队队员迎难而上，在他的带领下，用人扛的方式将大型运钻机运到目的地，通过脸盆运水的方式耗时124小时成功打通了第一口油井，创造了国内油井打通的记录。在这一时期，他们不畏艰险，排除万难，解决了石油问题。员工的这种工作态度和精神被称为"铁人精神"，大庆人用铁人精神成功完成了石油会战的任务，实现了原油外运，对于国家正常的生产经营与发展作出了卓越贡献。

综上所述，黑龙江红色文化是我党领导黑龙江人民在革命战争和社会主义建设时期创造的先进文化。在人物上涌现出了抗日英雄赵一曼、周保中、杨靖宇、赵尚志、马占山、杨子荣等；在红色文化教育基地上建成了东北烈士纪念馆、侵华日军第七三一部队罪证陈列馆、牡丹江市八女投江革命烈士陵园、杨子荣烈士纪念馆等；在精神文化上涌现出抗联与剿匪精神、北大荒精神、铁人精神等。

（二）黑龙江红色文化的特点

黑龙江红色文化根植于黑龙江地域上，是黑龙江人民长期进行的伟大革命与建设实践的结晶，具有浓郁的地域特色及鲜明的时代特征。

1. 地域性

发生在黑龙江地域上的抗日战争、解放战争和新中国成立后的社会主义建设，拥有着黑龙江的地域特色，打上了黑龙江地域的印迹。从抗日战争到解放战争时期黑龙江大地上的英雄们留下的抗战遗址，是任何其他地方的红色文化资源所没有的，如七三一部队遗址、杨子荣墓等。在新中国成立后的社会主义建设方面所创造的文化特色，如北大荒文化、铁人王进喜的事迹等也是其他地方所没有的。

2. 时代性

黑龙江红色文化是与时俱进的，是在马克思主义的指导下形成的文化成果，是马克思主义中国化进程中的文化创造。黑龙江红色文化随着时代的进步和社会的发展，其内涵和功能也不断与时俱进，体现了强烈的时代性。在当前改革开放的新时期，改革的文化理念也深深地融入了黑龙江红色文化发展中。黑龙江红色文化建设在继承民族精神的基础上，打造与弘扬改革创新的时代精神，黑龙江人民发展创造出一些新形式的红色文化。

3. 教育性

黑龙江红色文化在新的历史时期，其在革命传统教育和爱国主义教育等方面有着得天独厚的教育作用。随着时代的发展与进步，红色文化在帮助人们特别是青年学生树立正确的世界观、价值观和人生观方面具有不可替代的教育作用。运用红色文化进行教育具有生动性，可以避免空洞的说教，做到了理论联系实际。如我们在《中国近现代史纲要》课的实践教学中经常会带学生去杨子荣烈士纪念馆、八女投江纪念馆等进行参观。这种教育能够引人入胜，与红色革命史进行对话，通过对历史的感知来思考当今的生活，极大地增强了教育的直观性，具有身临其境的教育效果。

4. 引领性

红色文化的力量，主要体现在对人民群众的思维方式、价值观念的影响上，红色文化已经是引领人民大众投身革命战争和社会主义建设的文化动力。黑龙江红色文化具有强烈地敢于牺牲和勇于奉献的精神，是社会主义先进文化的重要组成部分，是黑龙江文化建设的核心力量，引导着黑龙江省的文化建设，对于实现文化强省目标有着重要的引领作用。

二 黑龙江红色文化的创新思考

改革开放后,全国各地都十分重视先进文化的建设,在红色文化建设方面也勇于探索,不断创新。黑龙江红色文化在建设的过程中也取得了有目共睹的显著成绩,如建成了一批爱国主义教育基地,形成了一批红色旅游区,推进了红色文化建设产品的创作生产,丰富了红色文化宣传方式,等等。但在红色文化建设方面也面临着严峻的挑战。在新世纪新阶段,黑龙江红色文化的建设要从整合红色文化资源、打造红色文化品牌做起。

(一) 加强黑龙江红色文化的品牌建设

1. 要不断整合红色文化资源,打造红色文化品牌。挖掘与利用红色文化资源,要统一规划、合理布局、优化配置,以资源为纽带,把零散的红色文化资源整合起来,形成点、线、面相结合的格局,建立保护与利用体系。要把民俗文化深入到红色文化当中去,加大宣传力度,用文化牵引民俗特产起跑,使民俗文化深入人心,形成品牌效应。

2. 要规划旅游路线,打造红色旅游品牌。文化提升旅游,旅游传播文化。黑龙江红色文化资源多且分布广,应该在红色文化建设中考虑到自然景观建设问题,把红色文化资源与风景旅游更好地结合起来,科学规划文化旅游主题线路,大规模、高层次实施市场营销。开阔设计思路,开发有鲜明特色的红色旅游品牌。

3. 要深入挖掘内涵,打造红色文化城市品牌。我们要深入挖掘红色文化的内涵,根据城市自身特色,强化特色,打造城市品牌战略。胡锦涛在建党90周年讲话中将大庆精神列为七种精神之一,铁人精神、大庆精神在开发建设大庆中发挥着不可替代的作用,是留给我们的一笔精神财富。我们应把这些红色资源蕴含的内涵挖掘出来,不仅有利于丰富红色城市品牌的文化内核,更加有利于红色城市品牌的塑造。

(二) 加强红色文化教育基地的建设

党的十八大报告中明确提出"加强社会主义核心价值体系建设,大力弘扬民族精神和时代精神,深入开展爱国主义、集体主义、社会主义教育"。红色文化教育基地是进行爱国主义教育的重要物质载体，只有把红色文化教育基地建设好，红色文化才能真正发挥其应有的作用。

1. 创新展览模式。黑龙江省各类红色文化教育基地要从丰富展出内容、改进陈列方式、创新展示手段等方面入手加强建设。在不断丰富展览手段同时要创新展览方式，充分利用现代科技手段和科技产品创新展示方式，强化视觉冲击力和精神震撼力，增强红色文化教育基地吸引力。

2. 拓展红色文化基地功能。把到红色文化教育基地参观学习纳入高校思想政治教育计划中，黑龙江红色文化教育基地应该结合高校，定期邀请学生到基地进行参观，使大学生能更好地体验到红色资源的自身的价值，接受红色文化的教育。红色文化教育基地应该广泛利用各种渠道，将红色文化作为重要的精神资源，融入社会教育、家庭教育和学校教育中。

（三）加大对红色文化的宣传力度

红色文化建设中一个重要环节就是宣传工作与舆论氛围的营造，宣传要重点突出，有的放矢，形式多样。

1. 宣传要有针对性。针对性的宣传，有利于提升黑龙江省红色文化知晓度。宣传的对象要以青少年、中年人群为主体。因为黑龙江省在50周岁以上的群体中，多数知晓一些抗日战争时期和社会主义建设时期的历史，而其他群体知之甚少。宣传的内容主要是：黑龙江省红色资源、红色精神、抗日战争革命先烈事迹、社会主义建设时期的方针政策、红色文化建设的成就和进一步推动红色文化建设的举措等。

2. 宣传方式要丰富多样。运用灵活多样的载体和平台，如书籍、影视、讨论、学会等多种有效形式，利用声光电技术全方位进行宣传：在主流媒体上开设红色文化专栏，积极完善黑龙江红色文化的网站建设；编撰适合青少年和党政干部学习的黑龙江红色文化系列读本，如抗日联军革命史，赵尚志、杨子荣传、铁人王进喜英雄故事等，作为中小学等的思想品德课的地方教材，作为各级党组织学习的资料；不断进行文艺创作，要以红色文化这一主线，组织广大文艺家深入生活、潜心创作出反映黑龙江红色文化各种文艺作品；开展红色文化的知识大奖赛、大讨论等。

(四) 加大对红色文化建设的投入力度

1. 加大经费投入。首先,加大经费投入以保证革命旧址、遗址及纪念地的保护与维修费用;其次,在对现有红色文化教育基地基本陈列提升专项扶持的基础上,增设临时展览补助专项经费,用于扶持地方红色文化教育举办的重要馆际交流文物展览,并对黑龙江偏远地区及各市县级的红色文化教育基地予以投入经费的倾斜;最后,在争取国家红色文化专项资金的同时,广泛地采用社会资金的筹集方法,吸引企业与社会组织的资金投入。

2. 政府主导,提供政策保障。红色文化具有公益性的特征,这就要求由政府主导来建设和发展红色文化,需要政府相关部门制定与完善一系列的扶持政策与措施,不断进行制度创新。要求省市县级的政府制出相关的红色文化发展规划及扶持红色文化的若干政策性文件。

3. 加强人才队伍建设。黑龙江相关部门要协调省内各高校、文艺团体免费对纪念馆讲解员的培训,采取上挂下派等多种形式培训相关的人员。同时省委省政府要进一步采取措施加强省内红色文化专业人才队伍建设,支持与培育红色文化研究所的研究工作。采取切实可行的措施引进紧缺人才,并要为人才的成长、发展创造良好的环境。

(作者单位:牡丹江师范学院马克思主义学院)

《中国近现代史纲要》与社会主义核心价值观的培育[①]

黄延敏

党的十七届六中全会指出:"社会主义核心价值体系是兴国之魂,是社会主义先进文化的精髓,是全党全国各族人民团结奋斗的共同思想道德基础。发展中国特色社会主义,必须大力推进社会主义核心价值体系建设。"[②] 高校思想政治理论课是对大学生进行社会主义核心价值观教育的主渠道和主阵地,是帮助学生提高思想觉悟,培养道德素质,树立正确世界观、人生观、价值观的重要途径。结合《中国近现代史纲要》(以下简称为《纲要》)课的课程特点与社会主义核心价值观建设的基本要求,《纲要》课教学中凸显社会主义核心价值观教育应在以下四个方面下功夫:

一 在上编"从鸦片战争到五四运动前夜(1840—1949)"的讲授中突出中国选择马克思主义的历史必然性教育

坚持马克思主义的指导思想既是四项基本原则和社会主义核心价值体系的重要内容之一,也是近代以来中国人民自己选择的结果。近代以降,由于清政府的闭关锁国、腐败无能,在外国列强的"坚船利炮"

[①] 本论文为2014年北京市科研基地建设——科研创新平台:中国共产党与中国文化建设创新研究平台项目(项目号:PXM2014 - 014203 - 07 - 000258)、2014年北京市属高校优秀中青年思想政治理论课教师择优资助计划(项目号:JGWXJCZX2014018)的阶段性成果。

[②] 《中共中央关于深化文化体制改革推动社会主义文化大发展大繁荣若干重大问题的决定》,《人民日报》2011年10月19日。

的进攻面前，中国逐渐失去了独立自主的主权国家地位，中国社会逐渐沦为半殖民地半封建社会。面对西方列强的侵略和社会日益沉沦的现实，中国社会各阶级各阶层在反抗外国列强和清王朝的同时，也借助各种"主义"，提出了诸种救国方案，探索中国的出路。

以洪秀全为代表的近代农民阶级创立"拜上帝教"，发动了以推翻清王朝，建立"天朝上国"为目的的农民革命。农民革命的领袖提出了《天朝田亩制度》《资政新篇》作为其革命纲领，反映了近代农民革命在指导思想上所具有的新特点。太平天国农民革命横扫大半个中国，给清政府以沉重的打击。但是，由于农民革命的领袖们借助于宗教猛烈冲击传统却不能借助宗教而挣脱传统的六道轮回，反封建的人没有办法洗净自己身上的封建东西，太平天国农民革命最后以失败而告终。太平天国的失败表明，拜上帝教教义不是科学的思想理论，不仅不能正确指导斗争，而且给农民战争带来了危害。在讲授"农民群众斗争风暴的起落"一节内容时，在肯定太平天国农民战争反封建积极意义的同时，讲授的重点在于分析太平天国农民革命失败的思想根源。

19世纪60年代初至90年代，为了挽救清政府的统治危机，在中央以奕䜣为代表，在地方以曾国藩、李鸿章、左宗棠、张之洞为代表的洋务派，以"中学为体，西学为用"为指导思想，发起了一场以"求强""求富"为目的，以兴办近代企业、建立新式海陆军、创办新式学堂、派遣留学生为中心内容的洋务运动。洋务运动对中国早期工业和民族资本主义的发展起了某些促进作用，开办了新式学堂，是近代中国教育的开始，并促进了社会风气的转变，是中国近代化的开端。甲午战争中北洋海军的全军覆没宣告了洋务运动的失败。洋务运动的失败固然与其对外的依赖性、洋务企业管理的腐朽性有着重要的关联，但是洋务运动失败的根本原因还是其"中体西用"指导思想的封建性。

以孙中山为代表的资产阶级革命派，以"三民主义"为指导思想，发动了资产阶级革命，推翻了统治中国两千多年的封建君主专制制度，建立了中国历史上第一个资产阶级共和国，给人们带来了一次思想的解放，促使社会经济、思想习惯和社会风俗发生了积极的变化。辛亥革命最终以失败而告终固然与资产阶级革命派自身的弱点和错误有关，但根本原因还是在帝国主义时代，在半殖民地半封建的中国，资本主义的建国方案是行不通的。

在上编的讲授过程中，在客观评价各阶级各阶层探索中国出路的贡献的同时，重点在于分析上述探索失败在指导思想方面的原因。无论是太平天国农民革命，还是洋务运动，乃至辛亥革命都是通过向西方寻求"批判的武器"。但是，诚如毛泽东所指出的："帝国主义的侵略打破了中国人学习西方的迷梦。很奇怪，为什么先生老是侵略学生呢？中国人向西方学的很不少，但是行不通，理想总是不能实现。多次奋斗，包括辛亥革命那样全国规模的运动，都失败了。"① 这种讲授的逻辑，就可以使学生明白为什么"五四"前后先进的中国人把马克思主义作为改造中国的思想武器。就能以雄辩的历史事实向学生讲清"中国选择马克思主义"的历史必然性。

二 在中编"从五四运动到新中国成立（1919—1949）"讲授中通过对比上编中国社会各阶级对中国出路的探索突出"没有共产党就没有新中国"的教育

坚持中国共产党的领导是四项基本原则之一，也是社会主义核心价值体系的题中应有之义。针对诸如"告别革命"等错误观点，结合贯彻社会主义核心价值体系教育的具体要求，在《纲要》课教学中必须在讲清楚中国近现代史基本脉络的基础上，重点阐释中国选择共产党的历史必然性、中国共产党进行中国新民主主义革命的合法性以及中华人民共和国成立的重要意义。

首先，中国选择共产党的历史必然性。中国共产党是马克思主义与中国工人运动相结合的产物，是近代中国社会诸多因素交互作用的结果。在北洋军阀统治时期发生的新文化运动动摇了封建社会所谓正统思想的权威，为各种新思想的传播打开了闸门，为中国先进分子接受马克思主义准备了适宜的土壤，这是中国共产党诞生的思想条件；辛亥革命后，随着无产阶级队伍的壮大和罢工斗争的高涨，在民族危机和社会危机日益严重的情况下，在俄国十月革命和新思潮的影响下，中国无产阶级开始觉醒并迅速登上历史舞台，这是共产党诞生的

---

① 《毛泽东选集》第4卷，人民出版社1991年版，第1470页。

阶级基础；1917年列宁领导的俄国十月革命的成功及其后共产国际的帮助指导是中国共产党诞生的国际条件；五四运动促进了马克思主义与工人运动的结合，这就为中国共产党的成立作了思想上和干部上的准备。通过上述历史分析，中国共产党诞生的历史必然性就不言自明了。在讲授第四章"开天辟地的大事变"这一章时，上述内容应当成为本章的主题。

其次，通过对北洋军阀特别是南京国民政府的统治现状与社会性质的深入分析，结合中国共产党诞生后领导新民主主义革命的历史实践，深入阐释中国共产党领导新民主主义革命的历史合法性。早在20世纪90年代提出并盛行的"告别革命论"，尽管是在脱离半殖民地半封建社会的基本国情、无视北洋军阀以及南京国民政府统治现状做出的错误结论，但此说在当下仍有较大的市场。此说的用意在于否定中国共产党领导新民主主义革命的合法性。阐释中国共产党领导新民主主义革命的历史合法性，主要从以下中国国情与新民主主义革命的对象两个方面进行分析：其一，对北洋军阀和国民党政府统治时期的中国社会进行深入的分析和评判。通过对外国垄断资本在中国的扩张、占统治地位的封建经济、官僚资本的急剧膨胀以及民族资本主义经济的艰难处境的现实分析，认清北洋军阀和国民党政府统治时期的中国社会仍是半殖民地半封建社会的现实国情。由半殖民半封建社会的基本国情决定的帝国主义和中华民族的矛盾、封建主义和人民大众的矛盾不仅没有变化，而且加剧了。其二，从中国共产党领导的新民主主义革命任务与半殖民地半封建社会的国情对比分析。由中国社会主要矛盾决定的反帝、反封建的历史任务也不应当有变化。循此逻辑，中国共产党领导的以推翻帝国主义、封建主义和官僚资本主义为代表"三座大山"为革命对象的新民主主义革命不仅是理所使然，而且是势所必至。中编综述"翻天覆地的三十年"应当是讲授的重点。

最后，通过对中国共产党解放战争胜利的原因以及中华人民共和国成立的历史意义的讲授，讲清楚中国共产党的执政地位是历史的选择，是人民的选择。学术界关于解放战争胜利的原因以及蒋介石兵败大陆的原因进行了较为深入的探讨，尽管学者在对待具体战役、具体人物的评价上聚讼纷纭，莫衷一是。但在蒋介石集团由于腐败而丧失民心这一点上不仅学术界意见一致，就连蒋介石本人对此也有深刻的反思。在三种政治力量,三种建国方案,两个中国之命运的抉择中,人民选择了中国共产党,选择了人民共和国。正如毛泽东在新中国成立前夕所指出的:"就是这样,西方资产阶级的文明,资产阶级的民主主义,资产阶级共和国的方案,在中国人民的心目中,一起破了产。资产阶级的民主主义让位给工人阶级的人民民主主义,资产阶级共和国让位给人民共和国。"① 中华人民共和国的成立,标志着半殖民地半封建社会的结束和新民主主义社会在全国范围内的建立。要结合上编第二章"对国家出路的探索"以及第三章"辛亥革命与君主专制制度的终结"中的农民阶级、地主阶级洋务派、资产阶级维新派、资产阶级革命派对中国社会探索的积极意义与局限性进行对比,从比较中讲清楚中国共产党领导新民主主义革命的重要意义。

三 在下编"从新中国成立到社会主义现代化建设新时期(1949—2009)"的讲授中突出"只有社会主义才能救中国,只有社会主义才能发展中国"的中国特色社会主义理想教育

中国特色社会主义理想是社会主义核心价值体系的主题。党的十七届六中全会明确指出:"中国特色社会主义是当代中国发展进步的根本方向,集中体现了最广大人民根本利益和共同愿望。要深入开展理想信念教育,引导干部群众深刻认识中国共产党领导和中国特色社会主义制度的历史必然性和优越性,深刻认识中国特色社会主义道路既是实现社会主义现代化和中华民族伟大复兴的必由之路,也是创造人民美好生活的必由之路,自觉把个人理想融入中国特色社会主义共同理想之中,最大限度把广大人民团结和凝聚在中国特色社会主义伟大旗帜之下。""组织学习中国近现代史特别是党领导人民进行革命、建设、改革的历史,坚定广大干部群众对中国特色社会主义的信心和信念。"② 在《纲要》课教学中贯彻社会主义核心价值体系,应当在下编"从新中国成

---

① 《毛泽东选集》第4卷,人民出版社1991年版,第1471页。
② 《中共中央关于深化文化体制改革推动社会主义文化大发展大繁荣若干重大问题的决定》,《人民日报》2011年10月19日。

立到社会主义现代化建设新时期（1949—2009）"的讲授中突出"只有社会主义才能救中国，只有社会主义才能发展中国"的中国特色社会主义理想信念教育。

首先，讲清楚中国选择社会主义的历史必然性和中国选择社会主义的意义。针对有人提出的"早知今日，何必当初？"错误观点，通过对社会主义改造历史条件的具体分析，通过新民主主义社会与社会主义初级阶段的对比，讲清楚社会主义改造以及中国选择社会主义的历史必然性。关于中国选择社会主义的社会历史条件可以从以下三个方面进行分析：其一，在民主革命以后建立社会主义制度，是中国共产党在创立初期就已经确定的奋斗目标，这是选择社会主义的理论基础；其二，十月社会主义革命后，苏联社会主义建设的巨大成就充分显示了社会主义制度的优越性，这是中国选择社会主义的历史依据；其三，新中国成立后西方资本主义的封锁和遏制，苏联对中国的帮助。这是中国选择社会主义的国际环境。对于社会主义制度确立的意义，胡锦涛在党的十七大报告中指出："新民主主义革命的胜利、社会主义基本制度的建立，为当代中国一切发展进步奠定了根本政治前提和制度基础。"[①]

其次，结合改革开放三十多年的历史进程与成就，讲清楚中国特色社会主义的优越性。阐释中国特色社会主义的优越性应从以下几个方面分析：其一，从现代化的视角，对近代以来（半殖民地半封建社会）、新中国成立之初（一穷二白）、改革开放30年以来（中国经济总量世界第二）的经济社会发展状况凸显中国特色社会主义的优越性；其二，从科学社会主义发展的视角，通过中国与俄罗斯、朝鲜经济社会状况的对比，凸显中国特色社会主义的优越性；其三，从世界经济发展的视角，通过对中国与世界资本主义国家的发展速度、发展潜力的比较，凸显中国特色社会主义的制度优势；其四，从总结历史经验的角度，凸显中国特色社会主义道路、中国特色社会主义理论体系在改革开放中的重大理论指导作用，增强对中国特色社会主义事业的信心。

---

① 《十七大以来重要文献选编》（上册），中央文献出版社2009年版，第6页。

四 在《纲要》课程的整个教学过程中,结合中国近现代历史丰富的历史素材,贯穿以爱国主义为核心的民族精神和以改革创新为核心的时代精神教育

以爱国主义为核心的民族精神和以改革创新为核心的时代精神是一个民族赖以生存和发展的精神支撑,是社会主义核心价值体系的精髓。一个民族,没有振奋的精神和高尚的品格,不可能自立于世界民族之林。《中共中央国务院关于进一步加强和改进大学生思想政治教育的意见》指出:"要把民族精神教育与改革创新为核心的时代精神结合起来,引导大学生在中国特色社会主义事业的伟大实践中,在时代和社会的发展进步中汲取营养,培养爱国情怀、改革精神和创新能力。"中国近现代历史巨幅画卷蕴含着丰富的历史素材,孕育了中华民族伟大的民族精神和时代精神。《纲要》课教学中贯彻社会主义核心价值体系教育,应当从丰富的历史素材中贯穿以爱国主义为核心的民族精神教育和以改革创新为核心的时代精神教育。

首先,在《纲要》课的整个教学过程中贯穿爱国主义教育,充分发挥中国近现代史的爱国主义教育功能。爱国主义是中华民族的优良传统,是中华民族精神的核心,是提高民族凝聚力、向心力的不竭源泉。爱国是具体的、历史的,不是抽象的。爱国是爱国之情、爱国之智、爱国之行三个方面的结合。大力弘扬爱国主义不仅是践行社会主义核心价值体系的必然要求,也是增强民族自尊心、自信心、自豪感,激励人民把爱国热情化作振兴中华的实际行动的重要基础。笔者以为,在《纲要》课教学中贯彻爱国主义教育必须在以下两个方面下功夫:其一,通过具体历史事例,对学生进行爱国主义教育;其二,对爱国主义的具体性、历史性、时代性进行科学的剖析。毛泽东曾经指出:"爱国主义的具体内容,看在什么样的历史条件之下来决定。"[①] 爱国主义是一个历史范畴,在社会发展的不同阶段、不同时期有不同的具体内涵,它总是随着时代的前进和历史的进步而不断丰富自己的内容,并向这个时期的

---

① 《毛泽东选集》第 2 卷,人民出版社 1991 年版,第 508 页。

人们提出新的要求。如果说，近代以来，爱国主义主要表现为反抗侵略，争取独立，寻求救国救亡之路，并向人们提出对外争取民族独立、对内争取人民解放的实践要求；那么，在社会主义时期特别是改革开放新时期，在中国共产党领导下坚定不移地走中国特色社会主义道路、实现中华民族伟大复兴，就是爱国主义最深刻的时代内涵和最本质的时代要求；其三，贯彻爱国主义教育要以课堂教学为主渠道，以重大纪念活动、历史节日为契机，以现实中的热点问题或重大事件为鲜活教材，以爱国主义教育基地为载体，以校园文化为补充来实现爱国主义教育。

其次，在《纲要》课的整个教学过程中贯穿中华民族精神教育，发挥中国近现代史的民族精神教育功能。在五千多年的历史发展中，中华民族形成了以爱国主义为核心，团结统一、爱好和平、勤劳勇敢、自强不息的伟大民族精神。井冈山精神、红军长征精神、延安精神、红岩精神、西柏坡精神是革命战争时期中华民族精神的突出表现；"两弹一星"精神、抗洪精神、载人航天精神、抗震救灾精神等则是和平建设时期中华民族精神的突出表现。对上述中国近现代历史发展过程中的中华民族精神，既要将其放在特定的背景下分析其历史意义，更要对其跨越时代的现实指导意义进行透彻的评述。

最后，在《纲要》课的整个教学过程中贯穿时代精神教育，充分发挥中国近现代史的时代精神教育功能。当今时代精神的内涵丰富，主要体现为解放思想、实事求是，与时俱进、勇于创新，知难而进、一往无前，艰苦奋斗、务求实效，淡泊名利、无私奉献的精神。在时代精神这一有机整体中，改革创新居于核心地位。在教学过程中，应当充分发掘中国近现代历史上先进中国人在探讨中国出路过程中所体现的与时俱进、与时偕行的变革精神、创新精神。在此基础上对其进行历时性的解读，将培养学生的改革精神和创新能力作为教学的着力点。

《中国近现代史纲要》教学中凸显社会主义核心价值观教育是一项长期的系统工程，教学内容的融入只是其中一个重要的环节。贯彻社会主义核心价值观教育，切实提升《纲要》课的育人功能还应当在教学理念、教学方法、教学模式方面进行更加深入的探索。

(作者单位：首都师范大学马克思主义教育学院)

依托海西红色资源创新高校思想政治教育
——基于 1300 名大学生的调查

骆文伟　詹芬萍

党的十八大报告中提出："社会主义核心价值体系是兴国之魂，决定着中国特色社会主义发展方向。""要深入开展社会主义核心价值体系学习教育，推动中国特色社会主义理论体系进教材进课堂进头脑。"《2011—2015 年全国红色旅游发展规划纲要》也明确要求："红色旅游以社会主义核心价值体系建设为根本，以爱国主义和革命传统教育为主题。"《海峡西岸旅游区发展总体规划（2010—2020 年）》（以下简称"规划"）首次从旅游资源学的角度引入"海西红色人文景观"概念，提出打造海西红色人文景观轴和粤东潮汕文化、赣东人文生态、闽粤赣客家与红色文化等三大人文旅游区。海西旅游区下辖的赣南、闽西和粤北同时为原中央苏区革命根据地，目前闽赣粤三省正加强联动，全力推动《中央苏区振兴计划》进入国家发展战略。因此，站在时代发展和海西建设大背景下，研究如何依托海西丰富的红色资源创新高校思想政治教育无疑具有重要的意义。

一　海西红色资源的现状及特性

根据"红色资源"概念的演进过程，在吸取前人成果的基础上，笔者把红色资源定义为"中国共产党领导中国人民在新民主主义革命和社会主义建设时期创造的，并可以为我们今天所开发利用，能够满足人们需要的各种伟大精神及其物质载体的总和"。海峡西岸旅游区所辖省、市在革命、建设和改革时期涌现出数量丰富而宝贵的财富。综观海西境内的红色资源，呈现出以下几个资源特性：

（一）数量丰富

目前，海峡西岸旅游区是12个"全国重点红色旅游区"之一"湘赣闽红色旅游区"的重要组成部分；全国123个"红色旅游经典景区"中，海峡西岸旅游区占有10个；全国30条"红色旅游精品线路"中有3条涉及海峡西岸旅游区；全国4批356个全国爱国主义教育示范基地属于海西旅游区区域的"红色资源"范畴的有19个；遍布于海西4省的省、市、县三级爱国主义教育基地（红色资源）更是星罗棋布、数量众多、内涵深刻。以福建为例，福建省目前130个省级爱国主义教育基地中，发现有65处重要革命纪念地、纪念馆、纪念物为中央革命根据地、红军长征、抗日战争、解放战争时期所留下的珍贵历史文化遗产，比例高达50%。

（二）内容完整

海西红色资源的时间分布上横跨了自中国共产党成立以来的各个历史时期，涵盖了建党、北伐战争、土地革命、抗日战争、解放战争和建设各个时期，历史跨度完整、丰富，主要表现在：第一，有展映中国共产党和人民军队创建初期奋斗历程的系列内容。毛泽东在古田会议时曾指出："中国的红军是一个执行革命的政治任务的武装集团。"这从根本上划清了新型人民军队同一切旧式军队的界限。古田会议决议成为指导中国共产党建设和红军建设的纲领性文件。第二，有展映中国共产党在土地革命战争时期建立革命根据地、创建红色政权的革命活动的系列内容。2011年习近平同志在"纪念中央革命根据地创建暨中华苏维埃共和国成立80周年座谈会"上的讲话中就指出："在党创建的各个革命根据地中，中央革命根据地'最具有代表性'。中央苏区是中华苏维埃共和国最为直接的依托，甚至可以说，没有中央苏区的创建就没有中华苏维埃共和国的成立。"第三，有展映中国共产党带领人民抗日救国、拯救民族危亡光辉历史的系列内容。"在新四军中，五千余名抗日健儿，是华中抗日的中坚力量；在八路军中，约两千名闽籍老红军，是华北抗战的骨干；在福建省内，共产党领导的一千多名游军战士，神出鬼没地战斗在沦陷区；在海外，约三百万闽籍华侨，热情支持祖国的抗战事业。"第四，有展映原中央苏区人民为争取自由解放、夺取全国胜利、建立人民共和国的奋斗历程的系列内容。闽西北是福建解放战争的重要一翼，"解放战争中，闽西北游击纵队共摧毁乡镇公所 85 个，歼俘敌 2900 人，促其起义 1400 人。缴获机枪 40 挺，长短枪 4813 支及大量弹药、装备、物资等，取得了丰硕的战果"。

（三）类型齐全

这些数量十分广泛且品位极高的红色资源遍布于海西各地，类型构成也极为丰富，主要分为：（1）战争或重大事件的发生地，如毛泽东才溪乡调查纪念馆、解放一江山岛烈士陵园等；（2）重要会议的会址，如古田会议旧址等；（3）各种重要机构的办公地旧址，如闽浙皖赣革命根据地旧址群、龙岩红四军司令部、政治部旧址等；（4）杰出人物的故居或纪念堂，如方志敏纪念馆、叶剑英元帅纪念馆等；（5）革命烈士陵园，如上饶集中营革命烈士陵园、瞿秋白烈士纪念碑等；（6）综合纪念馆，如福建省革命历史纪念馆等类别。

（四）分布集中

与全国的红色资源的分布一样，它们大多地处偏远地区经济发展水平相对落后的革命老区，主要集聚于闽西、闽北、赣南、浙中、浙东南、粤东北等地区，当地的红色旅游开发也初具品牌，而海西其他地方则相对较少且较分散。

除此，海西红色资源还具有知名度不等性、区间资源雷同性等资源特性。

二 海西红色资源在高校思想政治教育运用的问题与成因

新时期海西高校依托红色资源不断创新思想政治教育的机制、内容和手段，在青年大学生中积极培育和践行社会主义核心价值观。但近年来，海西红色资源在被充分挖掘和利用中，也存在着一些薄弱环节。为此，我们重点选择海西区域内三类不同性质（含综合性院校、高职高专院校、民办院校）的五所高校展开调查。本次调研共发放问卷数量为

1300 份，有效问卷数量为 1020 份，回收率达到 78.46%。受访对象中综合性院校占 43.5%，高职高专院校占 37.2%，民办院校占 19.3%。调研情况突出揭示了下面几个关键问题。

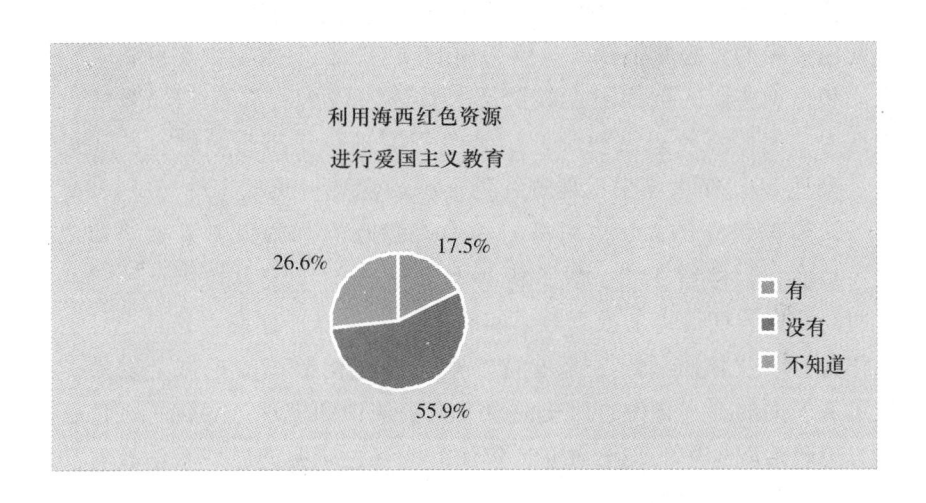

图 1　海西高校思政教师是否利用海西红色资源进行思想政治教育

表 1　　　　　　　　您是否知道红色资源的含义？

项目	知道	不知道
知道红色资源的含义	33.8%	66.2%

表 2　　　　　您对海峡西岸旅游区的革命历史了解度如何？

项目	频数	百分比
知道很少	701	53.9%
只有一般的了解	491	37.8%
了解比较全面	99	7.6%
非常熟悉	9	0.7%

（一）在教育内容上，注重红色资源物质层面的挖掘利用，忽视红色资源精神层面的提炼和梳理

目前学界比较赞同李实（2005）和耿琪（2006）对红色资源的界定，即认为红色资源包含了物质和精神两个层面。其中，物质的红色资源包括各种革命历史遗迹、纪念场馆、博物馆、文献、文艺作品等物化形态；精神的红色资源是指中国共产党人在革命、建设中所培养形成的价值取向。《规划》中提到的"海西红色人文景观"即属于物质层面的红色资源。总体而言，当前海西高校不同程度存在着弱化或忽视海西本土红色资源的思想政治教育价值利用的倾向，同时大学生对红色资源的内涵和精神实质的把握也比较匮乏。具体表现为：只有17.5%的大学生认为"海西高校思政教师利用红色资源进行思想政治教育"（见图1）；高达66.2%大学生不理解红色资源的含义（见表1）；分别有高达53.9%和37.8%的大学生对海峡西岸旅游区的革命历史了解"知之甚少"或者仅仅停留在"一般了解"上（见表2）。究其原因，关键在于海西高校在长期德育的教育教学实践中，一直以来存在着只是把红色资源作为一个"物质品牌"来看待，只注重物化形态的挖掘与发展，忽视了从人文的、文化的、历史的意义上去认识和梳理，弱化了红色资源在思想政治教育中的理论研究，致使海西红色资源的思想政治教育功能并没有得到充分发挥。

（二）在教育手段上，注重红色资源物化成果的理论灌输，忽视红色资源学习成果的实践强化和转化

当前在运用海西红色资源进行思想政治教育的手段和方式上，明显存在着两种倾向：一是手段单一化。访谈中我们了解到，当前最主要形式以课堂理论灌输为主，不过理论灌输存在着学习成果的实践强化问题。二是形式表面化。海西大学生普遍反映，当前思想政治教育的形式单调、缺乏创新，除了传统的课堂灌输，常见的不外乎观看爱国主义影片、图片展览、阅读书籍几种形式，即便是专题报告或专题讲座，学生对此的认同度也不高，大多数受访学生较倾向于以社会实践的方式接受感性教育。调查显示，在回答"你比较喜欢选择哪种爱国主义教育形式"时，认同"参观爱国主义教育基地"的占43.3%；认同"组织爱国主义的文艺活动"的占34.4%；认同"开设爱国主义课程"的占6.4%；认同"开讲座"的仅有9.4%。以上两种倾向均可以从本组调查数据得以体现，同时也反映出海西高校大学生对接受红色教育的内心诉求，也为海西高校依托红色资源加强大学生思想政治教育的实践可行性提供了佐证。事实上，一些高校即便开展社会实践也往往流于形式，以静态参观为主到处走走看看，似乎只要进行实践活动，就能自然地发挥积极的教育作用。因此，在依托红色资源创新思想政治教育时，既要避免简单说教，又要防止流于肤浅。这就涉及一个红色资源转换为教育教学资源的问题。近年来李康平（2010）、朱小理、杨宇光、胡松（2009）[4]以及罗国华、朱小理、胡松（2010）[5]等分别对红色资源的教育教学价值、红色资源转化的必然性以及红色资源转化的某单一特定路径开展研究。而如何结合时代特征、增进时代元素，创新和开发适合大学生心理发展和学习特点的教育教学方式，将革命传统教育、改革创新精神融入社会主义核心价值体系的构建和教育之中，发挥红色资源的强大感染力、冲击力，进而起到以史为鉴、形象直观、昭示未来的教育作用，更需要广大学者持续关注和深入探索。

（三）在教育功效上，注重红色资源的短暂经济效益，淡化红色资源的长远社会效益

调查显示，海西大学生对于海西旅游区内的红色景区（点）的知悉度较低，调研组提供了备选的6个全国红色旅游经典景区（点）和全国爱国主义教育基地，知道4个以上（含4个）红色景区（点）的仅占9.5%（见图2）。数据显示，以福建为例截至2010年年底全省红色旅游景区接待游客386.5万人次，红色旅游综合收入59.3亿元，比2005年分别增长167.5%和62.5%。这表明无论在经济效益还是社会效益上，海西红色旅游都还存在较大上升空间。然而，近年来由于海西红色旅游快速发展，个别地方为了片面追求经济效益、眼前利益，而淡化红色资源的社会效益和长远效益。伴随着游客的大量涌入，或是因景区开发管理不当，不可避免地会对旅游地点的资源和环境带来负面影响。更令人心痛的是，不少在经历战火和风雨侵蚀保留下来的宝贵红色文化遗产，却在今天的人为的经济活动中惨遭破坏。这些年代久远的革命遗址、遗物主要分布在急于脱贫致富的闽浙皖赣革命根据地中的偏远乡村，由于红色旅游资源的脆弱性和不可再生性，一旦遭到破坏，自我调整功能十分有限，几乎很难恢复，再加上人们对于红色旅游资源保护的意识不强，同时薄弱的地方经济基础也不足以支持红色旅游资源得到有效的修缮和维护，致使许多红色旅游资源长时间处于非人为的自然界的侵害，流失十分严重。

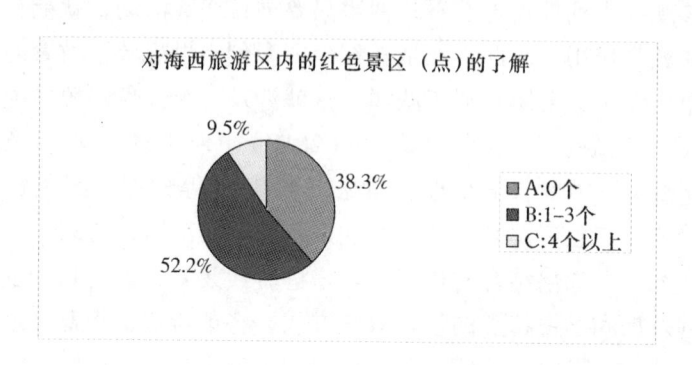

图2　对于海西旅游区内的以下红色景区（点）您了解几个？

①武夷山赤石红色旅游景区②漳州市毛主席率领红军攻克漳州陈列馆③上饶集中营革命烈士陵园④毛泽东才溪乡调查纪念馆⑤长汀县福建省苏维埃旧址⑥瑞金·中央革命根据地纪念馆

A.0个（38.3%）　B.1—3个（52.2%）　C.4个以上（9.5%）

（四）在时代创新上，突出了开发红色资源打造地方特色文化的重要性，却没有直接站在建立海峡西岸经济区国家战略背景下研究海西红色资源创新思想政治教育的时代意义和长效机制

谭冬发、吴小斌（2002）率先提出了"红色资源"概念。学界就红色资源的内涵、特征、价值、功能，以及红色资源的开发与利用等问题进行了卓有成效的探索。目前，江西省在这方面的研究颇有成果。该省充分利用其红色资源优势，成立了红色资源开发与教育研究中心，自2003年起召开红都瑞金爱国主义教育基地联席会，先后承担了国家社会科学基金项目、教育部人文社科研究项目等高级别课题，出版和发表了一批较高质量的专著和学术论文。除此，重庆、山东、陕西三省（直辖市）对红色资源的开发和应用进行了较深入的研究，为我们提供了较好的借鉴，但都省域色彩浓厚，也较少涉及区域联动。就海峡西岸旅游区而言，海西闽、浙、粤三省在该领域成果积累较少，呈现出研究的弱势，也限制了对红色资源的利用。过去海西各省、市（区）主要围绕红色资源的内涵、价值等问题，探讨了利用本地红色资源开展富有特色爱国主义教育的实施途径和方法，却没有直接站在海西经济区国家战略背景下激发大学生参与海西和谐社会建设和促进中央苏区振兴的主人翁意识。无论是海西红色资源的开发和保护，还是创新思想政治教育的理论研究和实践中，海西高校开展思想政治教育的时代创新性明显不足，海峡西岸旅游区各景区各自为局，缺乏区域统筹协调，区域合作与协作存在行政壁垒，阻碍生产要素的跨行政区域流动，造成了旅游业发展的诸多矛盾，如景区建设一拥而上、边界共有资源争夺、基础设施建设、生态环境保护、客源市场的非合理性竞争等，红色资源的整体效应得不到发挥。

三 依托海西红色资源创新高校思想政治教育的基本原则

海峡西岸旅游区拥有得天独厚的红色资源，这些资源同时也蕴藏着巨大的精神财富，是新时期海西高校对当地大学生创新思想政治教育的特殊课堂、鲜活教材和良好载体。新形势下依托海西红色资源创新思想政治教育应遵循以下几项原则：

（一）坚持德育渗透性原则，强化社会实践功能

1. 要深挖红色资源的精神内核。只有通过深入挖掘、凝练海西革命精神、解放精神、改革精神等红色精神，并将其渗透到包括专业学习在内的高校德育教学教育的各个环节中，深深植根于广大学生心中。当前的重点应是深入考察闽赣粤根据地红土地文化和革命优良传统，尤其是研究与探讨古田会议精神、苏区精神的精神内核，推进大学生理性地看待个人成长和坚定对中国共产党的信任、走中国特色社会主义道路的信念以及实现中华民族伟大复兴的信心的统一；引导海西高校大学生如何看待红色精神根植并融入中华传统文化，尤其是融入多彩"海西地域文化"、"闽台五缘文化软实力"与"增强中华民族凝聚力、实现祖国统一大业"的关系以及它们在推动海西经济区建设中的作用。

2. 要大力强化社会实践的教育功能。大力开发红色资源关键要处理好教育和实践的关系，做到寓教于游。通过组织大学生深入革命老区开展缅怀学习和红色旅游活动，亲身体验"重走红军路、穿红军服、唱红军歌、吃红军饭"，通过身临其境、亲身参与的方式，从历史中找到共鸣，可以激发他们强烈的社会责任感，而这种教育效果正是课堂教学代替不了的。这就要求各级组织者，在实践活动前期要有明确的教育目的，制定切实可行的组织措施，注重加强教育性。在实践活动中，应克

服形式主义，要及时注意掌握学生思想动向，并加以正确的引导。实践结束后，通过组织演讲赛、图片展览、论文评奖、出版专刊等适当形式，进一步扩大社会实践的教育范围。

3. 要建立起相对稳定的教育实践基地。近年来，海西高校与爱国主义教育基地间建立起良好的德育合作关系，利用寒暑假和特殊节日组织思想政治理论课教师、辅导员和大学生到革命老区等爱国主义基地开展红色旅游以及社会实践活动，并进行形式多样的爱国主义教育，取得了可喜的成效。但总体看来，目前海西高校的爱国主义教育基地的作用还没有得到充分发挥，教育实践基地建设还存在资金短缺、内容单调、展示手段落后、内部管理不善等问题。因此，如何构建促进海西爱国主义教育基地健康发展的长效机制以及海西基地共建共育共享模式应引起高校和各地政府的足够重视，并采取有效措施认真加以解决，使爱国主义基地真正成为思想政治教育的重要载体。

（二）坚持"社会效益优先"原则，打造三大工程

1. 要始终坚持"以社会效益为一切活动的唯一准则"。一方面，防止红色资源的"异化"和"变味"。红色旅游当然要按市场经济的规律运作，讲究经济效益，但不能一味追求经济效益而漠视社会效益，从而堕入"金钱至上"的迷途；另一方面，还要不断提升红色旅游的品位和质量。真正让大学生从中受到震撼、冲击和教化，从中看到革命圣地所蕴含的民族精神、革命精神、人文精神，从中接受革命先辈的理想信念，感受他们的志节情操和人格魅力，给他们以知识的汲取、心灵的震撼、精神的鼓励和思想的启迪。

2. 要始终坚持红色资源"开发与保护并重，保护为先"的原则。挖掘、整合红色资源进行思想政治教育并不意味着盲目地、过滥地开发，而应开发和保护并重，树立保护第一的观念。而不能以开发为借口，以牺牲红色资源为代价；也不能以新农村建设、旧城改造、住宅新区建设等为由，毁损红色资源。

3. 要始终坚持把红色旅游的"三大工程"建设作为核心内容来抓。"发展红色旅游，既是一项经济工程，更是文化工程、政治工程，是一项利党利国利民的重大举措。"海西高校在推进思想政治教育时，要依托红色资源，突出发挥红色旅游"三大工程"的综合功能。

（三）坚持时代创新性原则，力求多类型活动形式

1. 赋予海西红色资源新的时代精神内核。海西红色资源所承载的苏区精神、长征精神、瑞金精神和古田会议精神等，都是革命战争年代的产物，并汇集成巨大的精神财富传承下来，为一代代社会主义建设者提供取之不竭的精神动力。新时代条件下，海西红色资源融入并扎根于"海西地域文化"如闽越文化、潮汕文化、闽南文化、客家文化、红都文化、华侨华人历史文化、海丝文化、朱子文化等，爱国主义也在不断创新和丰富着它的时代内涵，如闽西精神、温州精神、客家精神、潮汕精神、闽南精神、海西精神、闽商精神、谷文昌精神、福建精神等。因此，海西红色资源作为一项重要的思想政治教育载体，只有与时俱进，实现其历史性和现实性的完美结合，才能重新焕发活力，为广大学生所接受。

2. 实现海西红色文化内在的精神价值"外化"。长期以来，海西高校在利用红色资源开展思想政治教育，主要是通过组织广大学生瞻仰革命旧址、参观革命纪念馆、观看影像资料、建立爱国主义教育基地等形式。随着时代的发展，需要突破传统的教育模式和观念，不断探索和创新其形式，如借助现代音响、影视、图书出版物、传媒技术和运用声、光、电以及远程教育等手段，缩短历史与现实的距离，增强吸引力和感染力。此外，构建旅游解说系统、提高解说人员素质、提升解说内容的品位及文化内涵已经成为红色旅游发展中亟待解决的重要问题。

3. 继续推进红色资源的高校思想政治教育"三进"体系。海西高校应重视把红色教育的触角延伸到学生中去，使红色资源走进课堂，更加贴近实际，贴近生活。具体做法是：一是进课堂教学体系。海西高校要重视研究和开发红色资源形成的德育成果，将之纳入高校思想政治理论课的课堂教学体系，可结合《形势与政策》开设海西红色资源教育专题讲座；可结合《思想道德修养与法律基础》等政治理论课穿插海西红色资源教学内容；可开设《海西红色资源可持续发展研究》跨院系选修课程；也可通过新生入学教育、国防军事教育、党团课和学生业余党校等平台提供更多的机会让大学生系统化学习海西红色资源。此外，编制以海西红色资源为主要内容的思想政治理论课特色教辅材料，使学生结合战争或重要历史事件、重要会议、杰出人物、历史纪念馆和

遗址等来深化对理论的学习。二是进网络教学体系。当前，网络化已成为当今社会发展的一个重要特征和内容，数据显示（见图3），在回答"您采取时政信息的渠道是哪一种？"时，71.2%的大学生选择"利用网络获取时政信息"。超过了电视、报纸、广播等其他渠道列居第一。互联网的产生、发展，带来了社会生产方式、生活方式以及人们思想观念的深刻改变，与此同时，互联网也正以其多元性、跨时空、无障碍的特点大范围快速传递海量信息，个人主义、自由主义、拜金主义等各种错误思潮对高校思想政治教育的内容形成强大的冲击。因此，海西高校可以通过开设海西红色教育网，如建立网上"海西英雄纪念碑"和网上"海西革命纪念馆"；与地方爱国主义教育基地联合建立"海西红色资源教育网络联盟"；也可建立网上"红色文化论坛"、BBS平台，或让学生自由讨论或让师生互动，从中及时把握大学生的各种思想动态。三是进校园文化建设体系。海西高校应因势利导把红色资源纳入党团组织活动和学生第二课堂活动，通过多种形式实现红色资源的资源优势向思想政治教育的育人优势转化。如组织入党积极分子到革命历史博物馆、纪念馆和烈士陵园瞻仰，缅怀革命先烈的丰功伟绩；组织学生党员到革命烈士纪念碑前开展新党员入党宣誓和重温入党誓词活动，用铮铮誓言表达对党的忠诚；开展以"红色精神"为主题的红歌会、辩论赛、诗歌朗诵赛、"红色名言"书法摘抄比赛和读书征文比赛等活动，多形式实现红色文化在海西校园的广泛传播，促使大学生的爱国主义意识在活动中得到升华。

（四）对接海西发展战略，发挥区域合力优势

中央苏区是土地革命战争时期全国最大的革命根据地，是全国苏维埃运动的中心区域，涵盖了现今闽粤赣3省7市34个县（市、区），这34个县（市、区）全部位于海峡西岸经济区。区域内拥有中华苏维埃共和国旧址群、古田会议会址、叶剑英元帅故居、红军长征出发地等一大批在全国具有很高知名度的红色资源，也是全国红色资源最集中、最丰富的区域之一。然而，由于种种原因，这些地区红色旅游资源缺乏有效整合，拓展红色旅游各自为战，区域协作点弧线短，缺乏知名的旅游品牌，在一定程度上影响了中央苏区这一独特红色旅游资源的有效开发。海西经济区建设上升为国家战略给区内开展红色旅游带来了重大机

遇，也给海西高校创新思想政治教育提供了新思维和新途径。区域抱团、协作、整合已成为必然趋势。为此，应注重挖掘、整合区内"红、绿、古"旅游资源，以红色旅游作为联系纽带组建中央苏区红色旅游合作联盟，建立海西红色旅游区域合作长效机制，实现资源共享、规划融入、主题对接和线路互推，如以瑞金、龙岩为中心的赣南、闽西"红色根据地"旅游区对接江西红色旅游经典景区，形成"南平—三明—龙岩—瑞金—井冈山"的红色旅游经典线路，精心编排海西"一程多站"精品旅游线路，共同打造中央苏区红色旅游精品和海西红色人文景观轴。海西高校在加强对海西红色资源的理论研究、探索思想政治教育方式方法改进的同时，应密切联系海西社会发展和海西国家战略来思考；应密切联系海西独特的省情教育来思考；应立足于海西高校所处的独特区域位置，密切联系海峡两岸的和谐发展来思考，为共同推进国家和平统一大业作出新的贡献。

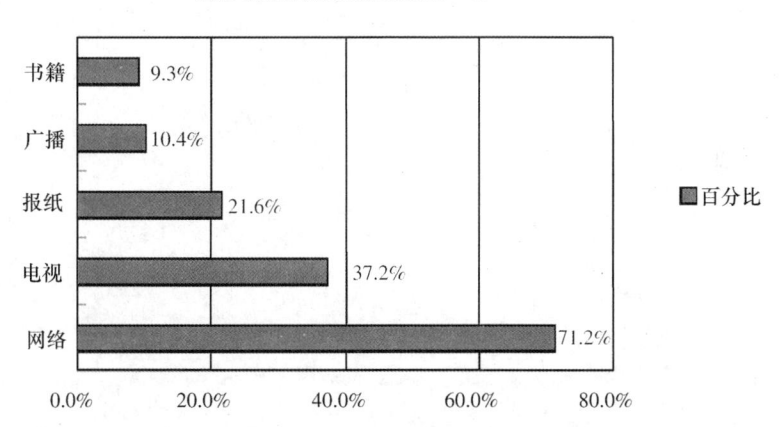

您采取时政信息的渠道是哪一种

渠道	百分比
书籍	9.3%
广播	10.4%
报纸	21.6%
电视	37.2%
网络	71.2%

图3　您采取时政信息的渠道是哪一种？（多选题）（%）

结　语

当前，高校大学生绝大部分都属于"90后"这个特殊群体，"90后"大学生思想政治教育是一项传统而常新的课题，也是一件十分艰巨而长期的工作。依托海西丰富的红色资源创新"90后"大学生思想政治教育,是结合时代脉搏的实效性教育。面对新的时代背景及新的教育对象,海西高校应该不断提升自身理论层次,创新教育方法。同时,社会也要加强相关制度建设,形成浓厚的社会氛围,用社会主义核心价值体系引领社会思潮、凝聚社会共识。

(作者单位:华侨大学马克思主义学院)

"中国梦"视野下的高校苏区精神主题教育探析

谢 彪

苏区精神是中国共产党在土地革命战争时期的革命实践中形成的优良传统,是中华民族精神的重要组成部分,也是实现中国梦和中华民族伟大复兴的强大精神动力。在新的历史条件下,发挥苏区精神对当代大学生的影响教化功能,是实现中国梦,把握党对高校意识形态的主导权,坚定大学生中国特色的社会主义方向和共产主义的理想信念的重要途径。

一 苏区精神是实现中国梦的强大精神力量

习近平总书记在参观《复兴之路》展览时指出:实现中华民族伟大复兴,是中华民族近代以来最伟大的梦想。这一时代解读,既饱含着对近代以来中国历史的深刻洞悉,又彰显了全国各族人民的共同愿望和宏伟愿景。

在十二届全国人大一次会议闭幕会上,习近平主席又一次对中国梦作了系统阐发。他强调:"实现中国梦必须弘扬中国精神。这就是以爱国主义为核心的民族精神,以改革开放为核心的时代精神。"深刻领会这一重要论述,对于把各族人民凝聚在中国特色社会主义的旗帜下,万众一心地实现中华民族的伟大梦想,具有重大而深远的意义。

中国精神是一个有着丰富内涵的历史性概念,不仅各民族的民族精神不同,就是同一民族在不同的历史时期其民族精神也有所不同。概括起来,民族精神具有民族性、时代性和先进性三个基本特征。

在实现中国梦的强大精神动力中，以爱国主义为核心的苏区精神将起到极其重要的精神力量和智力支持作用。苏区精神是我们党和国家在推进革命建设发展中的宝贵精神财富，是中华民族精神的重要组成部分，也是先进文化的重要内容之一。在长期的社会生产建设以及革命斗争实践中，苏区人民创造了丰硕的物质财富和值得自豪的精神财富，留下了弥足珍贵的苏区精神。在党中央大力践行中国梦的今天，要实现中华民族的伟大复兴，我们就必须创造、传承和实践以苏区精神为内容的革命精神财富。我们重提和弘扬苏区精神，其意义不仅仅在传扬，更重要的是要用苏区精神的精神价值，运用革命历史、英雄事迹和人格魅力教化大学生，激发大学生坚持理想、秉持真理的勇气，引导当代大学生吸取红色文化所蕴含的道德规范、行为方式和理想目标等营养成分，教导大学生去思考人生的目的、意义和价值，从而实现人格的完美。

《国家中长期教育改革和发展规划纲要（2010—2020年）》在战略主题中要求，教育改革发展的"核心是解决好培养什么人、怎样培养人的重大问题"。纲要体现的是对以往教育规律的科学总结和新时期的全新要求，也为新的十年里大学生健康成才提供了正确的方向。对于一个国家来说，年轻一代是最关键的一代，而大学生正好是这个角色的承担者。当代大学生肩负中华民族伟大复兴的神圣历史使命，用中华传统优秀文化激励和武装大学生，能坚定大学生的理想信念，牢固树立正确的世界观、人生观和价值观。

尽管21世纪大学生面临的机会多、选择大，但是只有为祖国前途、民族命运而奋斗，才能成为大有作为的青年，才会在中华民族复兴的历史进程中获得更为广阔的舞台，实现人生的真正价值。近现代以来的历史证明，中国共产党在爱国事业方面做出的伟大成就超过了中国历史上任何阶级和政治集团在这方面曾达到的高度。在爱国主义和民族精神的鼓励下，弘扬苏区精神是当代青年树立正确的价值观、坚定理想信念的重要途径。苏区精神就是这种以爱国主义为核心的伟大民族精神的延续。当代大学生是社会主义建设的接班人，更应该扛起以爱国主义为核心的包括苏区精神在内的民族精神，把个人前途与国家命运紧密联系在一起，踏实前进，艰苦奋斗，积极投身于中国梦的实现中。

二 苏区精神是马克思主义中国化的一个重要成果,是中华民族优秀文化的继承和发展,也是坚定大学生社会主义和共产主义道路信念的强大武器

马克思主义中国化,就是将马克思主义的基本原理和中国革命与建设的实际情况相结合,找到适合中国国情的社会主义革命和建设道路。马克思主义中国化是中国共产党取得革命和建设胜利的法宝,是推动建设的必由之路。进程中不仅取得了重大的实践成果,促使新中国成立,确立了社会主义道路,还取得了包括毛泽东思想、邓小平理论、"三个代表"重要思想以及科学发展观在内的重大精神成果,极大地改变了中国人民的精神风貌,丰富和发展了民族精神。这些精神既是马克思主义与中国实践相结合的产物,又是与中华民族传统优秀文化相结合而产生的精神成果。

苏区精神,则是在马克思主义指导下,以毛泽东、邓小平等为代表的中国共产党人在革命战争年代,用生命和鲜血凝聚成的一种无产阶级的彻底革命精神,也是中华民族优秀人文道德和精神血脉在革命战争年代的深沉积淀和光辉体现,凸现了无产阶级和人民大众的品质、作风及精神风貌。苏区精神在革命战争年代指引我们取得革命战争的胜利,在社会主义建设时期,在马克思主义中国化的毛泽东思想、邓小平理论以及"三个代表"和科学发展观的指导下,取得了社会主义现代化建设和改革开放的巨大胜利。

理想是人类所特有的行动目标,是人类建筑在理性基础上的精神状态。大学生是未来社会的中坚力量,他们的思想政治素质直接决定着未来中国社会主义事业的前途命运。中共中央16号文件《关于进一步加强和改进大学生思想政治教育的意见》指出,大学生是十分宝贵的人才资源,是民族的希望,是祖国的未来。以爱国主义和民族主义为核心价值体系的苏区精神,其本质蕴含着丰富的爱国主义精神和民族精神,汇聚着革命先烈的感人事例;从其形成、发展过程及其内涵来看,凝聚了爱国主义精神和民族精神的革命文化与先进文化。因此,弘扬苏区精神文化,不仅能够展现中国共产党人的光辉业绩,还能展示国家民族复兴崛起的艰难历程,这些都将极大地促进大学生对国家的认同感、责任感

以及国家富强的使命感，从而激励大学生为国家、民族的发展而努力奋斗。

特别是近代以来，一批又一批的有志青年面对黑暗滞后的社会现状不断探索，英勇作战，他们用生命和热血祭奠了青春年华，为实现国家的富强和民族的独立孜孜追求，同时也开创了救国于危难中的复兴之路。在那个时代，一代代大学生用自己独有的风采为我们诠释了中国梦的全部内涵。每个时代，大学生在一个国家里都担负这兴衰的重担，新时期的大学生是当代青年群体中的佼佼者和主力军，是党和国家宝贵的人才资源，更是中国梦的承担者与实现者。

在引领当代大学生共筑中国梦的进程中，大学生只有自觉地用以苏区精神为代表的中国传统优秀文化来武装头脑，才能成为中国特色社会主义的坚定信仰者、科学发展观的执行者和建设社会主义国家的接班人；才能以实际行动凝聚在党旗下，践行苏区精神在内的中国精神，才能切实地肩负起时代赋予的历史责任。

三　苏区精神是用社会主义意识形态抢占高校意识形态高地的有力武器

社会主义的意识形态，是社会主义政治、经济和文化的综合反映，是社会主义国家先进生产力发展要求、先进文化发展方向和广大人民群众根本利益的综合体现，起着凝聚人民意志、抵御腐朽没落思想侵蚀和反"和平演变"的重要作用。

习近平总书记在全国宣传思想工作会议上深刻指出，经济建设是党的中心工作，意识形态工作是党的一项极端重要的工作。当今时代是社会大变革、思想大碰撞、文化大交融的时代，意识形态领域的争夺空前激烈。西方敌对势力对我们的渗透攻击无孔不入、步步紧逼。他们打着"自由""民主""人权"的旗号，攻击诋毁我们党的领导和社会主义制度，对我意识形态核心阵地构成严重威胁。

当代高校教育是新世纪教育的重要阶段，能否培养出具有竞争力和高政治素质的人才，直接影响着激烈的经济与综合国力的竞争，要坚持社会主义道路不动摇，就必须加强改善意识形态教育，用马克思主义和中国传统优秀文化牢牢占据高校的意识形态高地。

邓小平同志指出，在社会主义教育中，我们必须坚持教育要为无产阶级服务，这是一条客观规律，也是一个正确的论断。邓小平同志总结建党以来正反两方面的经验，科学地概括了学生树立坚定的政治方向与学习科学文化素质的辩证统一关系。他指出："毫无疑问，学校应该永远把坚定正确的政治方向放在第一位。"

胡锦涛同志曾在全国教育工作会议上的讲话中指出："要坚持社会主义办学，牢牢把握党对学校意识形态工作的主动权，加强和改进学校思想政治教育工作，加强校园文明建设。"中共中央十六号文件《关于进一步加强和改进大学生思想政治教育的意见》指出，要坚持和巩固马克思主义在意识形态领域的指导地位，用科学理论武装大学生，用优秀文化培育大学生。在学习和贯彻党中央文件精神的过程中，我们应该充分认识到党对高校意识形态工作主导权的重要性。习近平同志指出，要巩固马克思主义在意识形态领域的指导地位，巩固全党全国人民团结奋斗的共同思想基础。意识形态工作事关党的执政地位，事关国家安全和社会稳定，事关中国特色社会主义事业的前途命运。只有进一步提高认识，增强政治责任感和使命感，高度重视并切实加强意识形态工作，通过不断更新高校党建工作的方法和理念，才能加强和提高高校党建工作的实效性，才能牢牢把握高校意识形态领域的主导权、主动权。

苏区精神蕴含着丰富的革命精神和厚重的情感内涵，折射出革命先辈们革命的科学的世界观、人生观，是我们社会主义意识形态的范畴，是全党、全军、全国人民的精神财富，它是中国共产党人革命精神的重要组成部分。它反映中国共产党人在大革命失败后武装反抗国民党反动统治，进行土地革命战争，在赣南、闽西地区实行工农武装割据，建立苏维埃政权的革命精神风貌。当今社会正处于社会转型期，思想意识形态多元化，我们必须充分挖掘苏区精神等红色资源，提高大学生综合素质，引导他们养成正确的人生观、价值观和世界观。

特别是在信息全球化的今天，高校思想政治教育工作在学生信息接收渠道中的单一、权威地位已被破除。一些有害信息冲击先进文化，影响大学生正确价值观的形成。因此，我们要自觉更新教育观念，用苏区精神等传统先进文化占领高校意识形态高地，牢牢把握高校意识形态主动权，积极宣传苏区精神等先进文化和精神，使实现中华民族伟大复兴的中国梦占据高校思想政治教育这一重要平台。

四 苏区精神是当代青年树立正确的价值观和世界观的精神源泉,是新时期做好高校思想政治工作的重要手段和方法

苏区精神与高校思想政治教育工作结合的基点是弘扬以爱国主义为核心的民族精神,最鲜明的特征之一就是中国共产党人以民族大业为重,以极其强烈的爱国主义作为一切行动和工作的精神指南,团结带领全国各族人民群众为民族独立和人民解放而不断奋斗,这是苏区精神赋予当代大学生坚定社会主义道路的精神源泉。

高校思想政治教育工作的出发点和落脚点在于培养具有爱国主义的公民。以苏区精神为代表的中华优秀文化精神,加强了大学生的社会主义和共产主义理想信念、爱国主义、民族精神以及艰苦奋斗精神教育,提升大学生的思想政治素质,激发青年学生求真务实、艰苦奋斗、追求真理、探索科研的精神面貌,对培养社会主义事业的合格建设者和可靠接班人以及构建和谐校园文化具有重要的意义。

大学生正处在人生的一个特殊阶段,是共产主义理想信念形成的关键时期。在市场经济大潮的冲击和功利主义的驱使下,思想政治教育往往沦落为口号和表面的文字形式,其根源在于我们对传统优秀文化采取了有意无意的忽略态度。正确的人生观和价值观来源于正确的理论指导和学习,而且人格具有品质化的特征,一旦形成就很难改变,如果没有将我们的大学生引导好、教育好,其后果是可想而知的。当代大学生迫切需要掌握正确的历史知识和优秀的传统文化,唯有如此才能对百年民族耻辱有所认识,才能明白自1840年来中国社会各阶层为实现民族独立和国家富强所付出的艰辛努力,才能明白中华传统文化在这一百年里面数次被推到历史的边缘,也才能明白要实现中华民族的伟大复兴,首先要继承和创新以苏区精神在内的中华优秀精神文化。这就要求我们用苏区精神包括的理想信念来教育当代大学生,帮助他们树立崇高的共产主义理想信念。

加强爱国主义和民族精神教育是中华民族的光荣传统,是千百年来人们巩固起来的对祖国的一种深厚感情,是全国各族人民共同的精神支柱。苏区精神的本质就蕴含着丰富的爱国主义精神和民族精神,汇聚着

大量的红色感人事例。从苏区精神的形成、发展过程及其内涵来看，其本身就凝聚了爱国主义精神和民族精神的革命文化与先进文化。因此弘扬苏区精神，不仅能够展现中国共产党人的光辉业绩，还能展示国家民族复兴崛起的艰难历程，这些都将极大地促进大学生对国家的认同感和责任感以及国家富强的使命感，从而激励大学生为国家、民族的发展而努力奋斗。苏区精神有利于帮助大学生坚定他们的社会主义方向和共产主义理想信念，指引他们沿着中国特色社会主义道路前进，使每一位大学生都能够成为合格的社会主义事业建设者和接班人。

总之，大学生是祖国的未来，是国家振兴和民族复兴的希望所在。因此我们要大力弘扬以苏区精神为代表的优良传统，引导当代大学生认清全面建设小康社会、基本实现现代化的长期性和艰巨性；运用红色文化蕴含的道德规范、行为方式和理想目标教化大学生，教育学生树立正确的人生观，使之在我国特色社会主义事业的伟大实践中产生巨大的力量。

（作者单位：福建师范大学福清分校）

南下干部与延安革命经验的实践和推广
——以党的群众路线为例

刘立振

一

群众路线就是"一切为了群众、一切依靠群众,从群众中来、到群众中去"①,这简洁明了的语言高度概括了群众路线的思想。群众路线是党在长期革命斗争中形成和发展起来的,是中国共产党人的伟大创造、毛泽东思想的活的灵魂,是党的独特优势②。自中国共产党成立以来,群众路线一直都是党的重要工作方法和思想武器。在延安时期,群众路线在理论上得到深入发展,在实践上更加成熟,1943年毛泽东在《关于领导方法的若干问题的决定》中用规范的语言系统阐述了"从群众中来、到群众中去"的科学领导方法,成为群众路线达到成熟的主要标志,达到了完备的科学的形态③。1945年中共七大把群众路线的基本精神写入了党章,成为党的根本政治路线和组织路线,是党的根本的工作路线。这样,群众路线进一步为全党所熟悉,在各项工作中得到了普遍和自觉的运用④,为中国革命的胜利奠定了丰厚的群众基础和思想资源。

然而,从历史时段上来看,对群众路线的"普遍和自觉的应用",

---

① 中共中央政策研究室、中共中央文献研究室编:《江泽民论加强和改进执政党建设(专题摘编)》,中央文献出版社2004年版,第450页。
② 中共中央文献研究室:《三中全会以来重要文献选编》,人民出版社1982年版,第834页。
③ 沈宝祥:《群众观点与群众路线新议》,中共中央党校出版社1991年版,第122页。
④ 衣芳等:《人民群众主体论》,人民出版社2008年版,第252—253页。

在1949年上半年前主要在北方老解放区付诸实践，而要将这一经验和工作方法推广到全国，成为全国各族人民共同熟悉并自觉运用的工作方法，则要通过解放大军渡江作战和南下干部接管、建立、巩固各级人民政权的历史行动来实现的。由此，本文以南下干部为例，试分析群众路线在全国的推广，进而为延安革命经验在全国普及情况的探讨做一例子。

二

在党的革命史上，南下干部是一个特殊的历史群体，它主要是指解放战争后期和新中国成立初期按照中央部署从老解放区抽掉出来，南下执行革命任务和进行新中国社会主义建设、管理的一个干部群体；广义上的南下干部也包括在南下过程中不断加进来的革命知识青年，如南京、上海等地成立的南下服务团等。南下干部对解放战争的胜利和新中国初期的建设起到举足轻重的作用。

南下干部到南方接管、建立各级人民政权的同时，也把发展成熟并行之有效的延安革命经验推广到全国，"把老解放区的光荣传统带到新区"[①]，党的群众路线这一工作方法和思想武器也是在这时推广到全国的，并为新中国的成立、巩固和随后建设的开展提供了群众基础和工作力量。可见，考察南下干部与群众路线在南方新解放区的实践和推广，有助于理解新中国成立前后群众路线在全国推广的过程，也为当前群众路线的学习实践活动提供可资借鉴的历史经验和付诸行动的思想资源。本文抛砖引玉，以引起更多的人关注并探讨党的历史上群众路线的实践情况，为今天的工作提供历史借鉴和前进的动力源泉。

由河北老区南下到湖南的干部杨敏之的《铁马冰河——我的南下征程》，是一部具有典型代表性的南下干部回忆录，在书中他明确指出了同"长征是宣言书、宣传队和播种机"相比，南下则是"判决书、收割机和铺路石"[②]，这里既指出了南下是革命成功前夕对革命的总结，

---

① 范敬德等：《长江支队太行太岳干部南下福建纪实》，福州内部发行1989年版，第29页。
② 杨敏之：《铁马冰河——我的南下征程》，湖南人民出版社2007年版，第2页。

又是为以后新中国的建设打下基础的"铺路石","铺垫了南方建设新社会的基础"①,从南下干部与延安革命经验的实践和推广这一角度来看,确实如此。

干部南下的历史进程是党的群众路线的良好的实践机会,在对南下干部的选拔、集训、行军进程以及到服务地后工作的开展等都得到普遍和自觉的运用,他们在把革命事业推向全国的同时,也传播了群众路线等革命文化传统,为随后的建设打下基础。

第一,在南下干部的选拔中群众路线和群众观点的体现。南下干部是随着解放大军渡江,接管旧政权,建立南方新解放区的人民政权,进而把党和人民的革命事业推向全国的特殊群体。因此,对南下干部的要求非常严格,如一个南下的干部必须具备政治立场坚定、工作能力较强、群众基础良好、身体健康等条件②;要德、才、资兼备,如没有德、才就没有群众,没有群众就没有资望③。以华北解放区为例,明确指出南下干部选拔和培养的条件是党性强,能联系群众,有领导水平等④。其中尤为突出的特点是,选拔过程中特别注重群众基础的好坏和做群众工作的能力等,当时的南下干部、后在福州市政协工作的成波平在回忆中说,他也是因"经过战争与群众运动的锻炼"⑤,符合南下条件而随军到福建的。

第二,在南下干部的集训中对群众路线和群众观点的学习。面对接管、建设南方新区的艰巨任务,党中央要求对南下干部进行理论和政策的强化教育⑥,以便在较短时间内理解南下政策,提高到达新区后的工作能力。因而,党中央在《中共中央关于准备五万三千个干部的决议》即《十月决议》中也着重指出:"为使调赴新区工作的干部,在政治上、思想上、组织上有充分的准备……除已在党校学习者外,尚须于明

---

① 杨敏之:《铁马冰河——我的南下征程》,湖南人民出版社2007年版,第166页。
② 孙建刚:《1949年华北解放区南下干部研究》,河北师范大学2004年硕士论文。
③ 山东省档案局:《告诉你一个真实的南下》,山东人民出版社2009年版,第98页。
④ 范敬德等:《长江支队太行太岳干部南下福建纪实》,福州内部发行1989年版,第6—7页。
⑤ 成波平:《回忆长江支队南下福建》,《党史研究与教学》1996年第3期。
⑥ 孙建刚:《1949年华北解放区南下干部研究》,河北师范大学2004年硕士论文。

年六月底以前及十二月底以前,分两期集中训练一个时期。"① 强化教育主要侧重于理论学习、时事教育、纪律教育、革命传统教育和党的路线方针政策教育等方面,此外还有军事训练、军事化编组等军事化管理②。其中,对如何做群众工作、贯彻群众路线等问题的学习,是非常突出的,各南下支队在常规的群众政策教育的同时,还请中央领导作关于群众路线的报告,如 1949 年在北京组建的南下工作团,在学习中请张闻天作《关于群众路线的问题》的报告,谈革命者和共产党人应该怎样走群众路线,谈怎样深入实际和到群众中去,拜群众为师,做艰苦细致的调查研究③。据河北南下干部杨敏之和山东干部宋寅的回忆,他们在南下进程中都听过了邓子恢作的名为《论群众运动》的报告④,以深入发动群众,为巩固政权打好基础。

由于这些强化教育和报告,南下干部受到了一次革命洗礼,感到南下途中"处处是课堂",南下干部纵队是"一所流动的'抗大'式的学校","一所新型的革命的大学校"⑤。对从北方老解放区抽调出来的南下干部而言,通过学习集训,学习城市工作方针和接管城市的经验报告,学习党的正式政策,加深了对南下政策的了解⑥,革命的自觉性和坚定性又有了新的提高,为顺利接管好南方新解放区的各项工作奠定了思想基础。对南下服务团、南下工作团中刚参加革命工作的青年学生来说,这种强化教育使他们学到了基本的政治、理论知识,懂得了党的路线、方针、政策,从思想上解决了实际问题,初步确立了马克思主义世界观和革命人生观⑦,为他们走上革命道路指明了方向。值得一提的例子是,有位南下干部为了革命需要而改名,因正学习毛泽东的论"群众路线",就把原名"景周"改成"群",也为了激励自己、提示自己终

---

① 中央档案馆:《中共中央文件选集》(第 17 册),中共中央党校出版社 1992 年版,第 431 页。
② 史兵:《战士指看南粤》,《广东党史》1999 年第 5 期。
③ 余玮:《激情燃烧的南下岁月——写在四野南下工作团建团 60 周年之际》,《红岩春秋》2009 年第 5 期。
④ 宋寅:《南下亲历记》,《春秋》2010 年第 1 期。
⑤ 范征夫:《从南下干部纵队到亲身接管大上海》,《上海党史研究》2000 年第 2 期。
⑥ 孙建刚:《1949 年华北解放区南下干部研究》,河北师范大学 2004 年硕士论文。
⑦ 史兵:《战士指看南粤》,《广东党史》1999 年第 5 期。

身为广大群众着想,不脱离群众,向群众学习,为群众服务①。

第三,南下干部在行军途中,对群众路线的贯彻执行情况。这主要体现在对《三大纪律八项注意》、"约法八章"和"入城守则"等纪律的严格遵守和切实执行上,如"三不走",即水缸不满不走、住地没扫不走、借物没还不走②。中共冀南二地委在抽调南下干部时,还专门成立民运科负责"检查群众纪律和驻地群众工作"③,以监督和保障群众路线的实践情况。

第四,南下干部到服务地之后,在实际工作中对群众路线的实践情况。南下干部在实际工作中灵活运用群众路线的工作方法和思想武器,有效地接管南方新解放的城市和乡村,这为南方新解放区人民政权的建立和巩固,取得整个解放战争的全部、彻底的胜利,乃至新中国政权的建立与巩固作出了巨大的历史贡献。

1949年7月粟裕在对南下服务团新团员讲话时说:南下服务团要很好地学习党的政策,将来运用到实际工作中;要宣传党的政策,提高人民的觉悟,要调查当地情况,组织人民政权;南下服务团是群众的组织者,要在各个地区建立人民政权;要用群众的眼、耳与经验,打击匪特等残余力量;同时,要做好建设工作,发展生产,发展经济建设,才能保证人民生活的逐步改善④。粟裕的话很好地概括了南下干部在到达新区后群众路线与实际工作结合的情况,在接管、巩固和建立新政权,发展生产等方面都有群众路线的切实实践。

在接管和巩固政权上,如在上海,为了接管官僚资本企业,新中国成立后不久成立了上海总工会筹委会,把工人组织到工会中来,建立"协助接管小组",广泛发动群众,广大工人也怀着强烈的翻身感,以主人翁的姿态,参加接管清点,有效地完成了接管工作⑤。在福建新区,把剿匪、新政权建立和巩固等任务结合在一起,通过开展群众工作,依靠群众建立政权、党支部和地方武装⑥。在恢复与发展生产方面,上海工人

---

① 聂群:《我的南下经历》,《春秋》2009年第4期。
② 程科:《参军南下》,《福建党史月刊》2009年第18期。
③ 山东省档案局:《告诉你一个真实的南下》,山东人民出版社2009年版,第142页。
④ 同上书,第251页。
⑤ 同上书,第44页。
⑥ 同上书,第330页。

阶级在做好协助接管工作的同时，还全力投入生产的恢复，如中纺各厂在上海解放后三天内全部复工，生产率达标准期80%。此外，上海市政府还通过广大群众运动，以群众力量为后盾，打击银元投机活动①，稳定了上海的金融秩序，为上海的经济恢复和发展奠定了基础。

三

新中国成立后，中国共产党从一个革命党转变为执政党，在这一伟大的转变过程中，如何将根据地行之有效的革命经验推行到全国，并继续发挥其作用，是一个重大的问题。南下干部响应党的号召南下，他们积极宣传党的各项政策和路线，把革命成功的经验付诸实践，进而推广到全国，形成了新的规范、新的工作方法、新的作风，形成了自己的群众观、群众工作观、群众路线观，以此工作路线建立了各级党政组织、巩固了新生的人民政权，把革命事业推向全国。

党的群众路线为党和国家政策的形成提供了总的规范和机制，成为新中国国家政权建设与制度建构的基本出发点②，如解放初期，作为实现政权组织过渡的各界人民代表会议，是体现联系群众、依靠群众的一种比较好的组织形式③，福建省闽北各县从1949年11月开始先后召开了各界人士代表大会，地方各项社会改革运动和重大工作，都须通过人民代表讨论，作出决定后再由县人民委员会（人民政府）组织实施贯彻，从而发挥了人民群众的智慧，密切了政府和人民群众的关系，促进了闽北地区各项工作的顺利进行，也更加巩固了人民政权④。

此外，不仅是群众路线这一思想方法在全国得到推广，而且延安时期其他的促进革命成功的工作经验，也深入到全国各地的工作实践中去，如统一战线政策、民族政策、军民关系、对民族资产阶级的政策等。以贵州为例来看民族政策的实践，贵州是一个多民族的省份，在"二野"南下西进支队进入贵州前，对所有的干部战士，进行了尊重少

---

① 山东省档案局：《告诉你一个真实的南下》，山东人民出版社2009年版，第44页。
② 徐辉：《论群众路线——重要论点摘编》，研究出版社2013年版，第104页。
③ 付启元、卢立菊：《解放战争后期对南京等城市政权的接管工作》，《档案与建设》2011年第8期。
④ 吴其乐：《闽北的解放和人民政权的建立》，《福建党史月刊》1999年第9期。

数民族风俗习惯和重视民族工作的教育。还根据党的民族政策，制定了一系列的具体办法，如在财经政策上，汉族聚居地区停止白银流通，要使用人民币，对少数民族地区则规定白银仍可暂时流通；汉族聚居区就地筹借粮款，对少数民族地区则规定不筹不借。①

这些革命经验在实践和推广中又丰富和发展了自身内涵，在新的形势下，党的革命经验与时俱进，促使党的理论创新水平不断提升，而理论创新的与时俱进，也是党的优势所在和先进性的体现。

四

南下干部的事业及其传播的革命文化和革命经验，不仅在共和国史、中共党史、革命史上有重要意义，也是延安时期以来党的新传统的构建、巩固、延续和发展，对今天构建社会主义核心价值体系、探索中国继续前进的道路有重要借鉴作用，也给我们以深刻的启示：

第一，学习是群众路线实践的前提和思想基础。在每一个历史转折时期，我们党十分强调学习的重要性，在解放战争后期，南下干部对党的理论、路线和政策的学习是这一学习传统的重要组成部分，也是秉承这一传统，为新中国的建立和随后建设的开展作了充分的理论知识储备。很多南下干部也在回忆中说，这些学习由于他们树立马克思主义的世界观和人生观②，为付诸行动提供思想基础。

第二，干部的选拔是群众路线实践的关键。党在南下干部选拔时十分注重其"掌握群众路线的基本功"③，最基本的是看在党内和群众中联系和影响，这就是"资"④，这就确保了干部的质量，为党的事业的推进提高了有力保障。

第三，监督是群众路线实践的制度保障。按照党章，每个党员必须接受党内外群众监督；党的领导干部还必须具备"密切联系群众，坚持党的群众路线，自觉地接受党和群众的批评和监督"⑤的基本条件。南

---

① 山东省档案局：《告诉你一个真实的南下》，山东人民出版社2009年版，第77页。
② 史兵：《战士指看南粤》，《广东党史》1999年第5期。
③ 沈宝祥：《群众观点与群众路线新议》，中共中央党校出版社1991年版，第138页。
④ 孙建刚：《1949年华北解放区南下干部研究》，河北师范大学2004年硕士论文。
⑤ 本书编写组：《中国共产党章程汇编》，中共党史出版社2007年版，第233页。

下干部是从北方老解放区根据严格的条件选拔出来的优秀分子，毕竟他们肩负中国人民解放事业的重任，关系到党的事业的成败，因此也更需要来自党内和群众的监督，如1949年2月，中共冀南二地委在抽调南下干部时，还专门成立民运科负责"检查群众纪律和驻地群众工作"[①]，以监督和保障群众路线的实践情况等。

  从历史来看，在每一个发展关键点上，进行群众路线的学习是很有必要的。今天，如何将党的群众路线深入贯彻下来，充分发挥群众的自主性，仍然是值得我们深入探讨的一个问题，而南下干部对延安革命经验的实践与推广，对今天的思考提供了很好的历史经验。

（作者单位：闽南师范大学马克思主义学院）

---

① 山东省档案局：《告诉你一个真实的南下》，山东人民出版社2009年版，第142页。

当代大学生红色文化认同及其路径研究

周艳红

近年来,红色文化作为一种正能量的文化形态,已成为学界研究的热点之一,也逐渐作为一种教育资源被高校吸纳,用于对大学生进行思想政治教育。从高校层面来讲,红色文化的育人功能越来越被看好及重视,各地高校纷纷将当地的红色文化资源和全国范围内广为称颂的红色文化资源融入校园文化建设体系与思想政治理论课等德育课堂和政治理论课堂,以期将当代大学生培养成具有社会主义核心价值观的一代新人。然而,据调查发现,理想与现实之间的差距是较大的,大学生对红色文化的认同与高校的期待值之间存在很大的差距,他们从内心层面并没有完全认同红色文化及其价值,更谈不上真知、真学、真信、真用。红色文化何以不被当代大学生认可与接受呢?他们认可与接受某种文化的心理机制又是怎样的?加强大学生对红色文化认同的有效路径是什么样的呢?这些疑问是高校思想政治工作者亟待解决的问题。

一 红色文化与红色文化认同

"红色文化"作为一个完整的理论概念,于 2004 年首次出现在学界视野中,在此之前的 2003 年曾经有人使用过"红色文化资源"一词①。对红色文化的定义,学界说法不一,比较典型的有两种:一种观点认为红色文化属于新民主主义文化,特指中国共产党领导的人民大众的反帝

---

① 韩延明:《中国红色文化的历史演进与社会主义先进文化建设》,《临沂大学学报》2012 年第 10 期。

反封建的、民族的、科学的、大众的文化形态①；另一种观点认为"红色文化是在中国共产党的领导下，在长期革命、建设、改革实践中，以马克思主义为指导，以最终实现共产主义为目标，将马克思主义先进文化理论与中华民族优秀文化传统相结合而产生的文化新形态"②。综观学界关于"红色文化"的文献资料，大家普遍认可的是后者。红色文化作为极具中国特色的一种文化形态，深深地打上了中国的烙印，它诞生于20世纪20年代中国的土地革命战争时期，发展和完善于中国革命和建设过程中，集中华民族为争取独立和富强的过程中凝练的各种优秀品质于一身，如艰苦奋斗、乐观向上、敢为民先、勤俭节约、爱国爱民等，表现为长征精神、井冈山精神、延安精神、两弹一星精神、大庆精神等。红色文化中所蕴含和彰显的优秀品质契合了社会主义核心价值观的精髓，是社会主义核心价值体系的源头活水。

要解读"红色文化认同"，绕不开的一个概念就是"文化认同"。所谓"文化认同"，是"人类对于文化的倾向性共识与认可"③，通俗地讲，就是指一个群体对于某种文化取向的价值认可与接受，并内化为一种思想理念和自己行为约束的内在力量。比如，作为华人，无论是国内的还是海外的，都普遍接受春节是家人团聚的日子，都喜欢在这个日子里穿上红色的、喜庆的衣服，通过各种热闹的形式（春节联欢晚会就是30年未变的被大家所接受和认可的一种形式），抛开生活中所有的琐碎和杂念，共同度过欢聚的时刻。随着西方理念的渗透，西方的很多节日也被大家逐渐接受与认可，如情人节、圣诞节等，这个接受与认可的过程实际上就是对西方部分文化的认同过程。在理解文化认同的基础上，我们不难发现红色文化认同就是指群体对于红色文化取向的价值认可与接受，并在接受的基础上内化为自己的思想理念和行为约束的内在力量，在实际生活中用红色文化的理念和价值判断标准规范自己的言行，不断地提升自己的道德境界。

由于所处时代、经历、文化背景以及年龄特征等差异，决定了不同群体对于同一种文化取向的态度和认同程度也是不一样的。生活于红色

---

① 张树盛：《红色文化热述评》，《福建党史月刊》2012年第11期。
② 荣开明：《关于"红色文化"的几点思考》，《湖北经济学院学报》2012年第7期。
③ 郑晓云：《文化认同与文化变迁》，中国社会科学出版社1992年版，第4页。

文化发生、发展、成长、成熟过程中的人们，亲身经历了其中的酸甜苦辣，更能发自内心地接受它、认可它、传承它，不约而同地形成了对红色文化的文化认同。这种文化认同一旦形成，就具有较强的稳定性，不易被外界的各种冲击所左右。与之不同的是，出生在改革开放之后的80后、90后，尤其是90后，生活在物质极度丰富、文化受西方冲击和影响剧烈的新时代，吃的是洋快餐（麦当劳、肯德基等），看的是欧美电影大片（《越狱》、《变形金刚》等），用的是科技日新月异带来的进口电子产品（三星、苹果），他们没有其父辈、祖辈的经历和感受，更没有接受他们父辈、祖辈所经历的红色文化洗礼，对传统的或者物质贫乏的革命和建设年代所孕育的很多理念都表示怀疑甚至否定，他们习惯于反传统、反权威。对于这样一个群体，红色文化认同程度怎么样呢？据资料显示，60%以上的学生认为由于红色文化离我们生活的时代太遥远，无法体会，甚至觉得红色文化已经过时，跟不上时代发展的步伐了，甚至有30%的学生认为红色文化毫无意义，甚至有些无聊①。这样一组寒心的数据足以引起包括高校思想政治工作者在内的所有人的警醒。

二 大学生红色文化认同面临挑战的原因分析

21世纪是一个既充满机遇又暗藏挑战的时代。站在21世纪的船头，展望中国的未来，我们需要的是年轻而富有知识的新一代，励精图治、奋发有为，助推"中国梦"的实现和中华民族的伟大复兴。人才，即先成人后成才，对于大学生的教育也同样如此。只有用积极的、富有正能量的知识对广大青年大学生进行教育和引导，才能保证教育的正确方向，才能保证21世纪中国这艘大船不偏离航向，用契合社会主义核心价值观的红色文化理念去占领大学生思想政治教育的阵地是其中应有之义。然而，饱受西方文化侵袭和物质文明涤荡的青年大学生对红色文化的态度却表现出异常冷漠的态度。红色文化为何不被大学生待见？究其原因，主要有以下几点：

---

① 王洪叶、王爱华：《当代大学生红色文化认同危机及应对思考》，《理论与改革》2013年第1期。

第一，红色文化的内涵理念空泛化。据前文对红色文化的内涵描述可以发现，红色文化涵盖了从土地革命战争开始到改革开放之后这样一个漫长的历史演进过程中凝练的各种优秀文化品质。这样一个大而全的文化形态让人们感觉看不见也摸不着，离我们的现实生活异常高远，难以企及。当目标和理想离现实太遥不可及的时候，人们通常会选择放弃，转而寻求经过努力能达到的阶段性目标和愿望。对待红色文化的态度也同样如此。青年大学生没有经过红色文化孕育年代的熏陶，对红色文化的认同程度不尽如人意也是很正常的，教育者的工作就是要在学生的知识结构、价值认同与教育的目标之间搭起一座桥梁，通过这座桥梁，实现目标与现实之间的衔接。但当这个目标让教育者搭建的桥梁都无法企及的时候，我们就该反思目标的合理性了。红色文化的内涵理念就是这样一个高远的目标。

第二，红色文化的传播途径政治化。笔者在高校从事学生工作七年，深深地感受到国家和各级政府以及高校本身对大学生思想政治工作的重视，通过多种形式为大学生开展红色文化教育活动，比较典型的有特殊纪念日举行的各种歌咏比赛、各种为宣传做铺垫的知识竞赛等。这些活动的效果，从一定意义上来说，是能促进学生了解相关知识背景，但这种学习和接受不是大学生主动的，而是被动接受的，在心理上存在一定的抵触情绪，这种抵触情绪的滋生在一定程度上抵消了该活动本身带来的正面效果。

第三，红色文化的传播方式显性化。由于中国是一个人口大国，为了最大范围内辐射影响面和扩大影响效果，一直以来在开展各种宣传教育活动时总是通过运动的方式来进行，这样也就将文化的传播方式放在了面上，特别显眼和引人注目，从而出现了显性化的特征。红色文化的传播方式也同样呈现出显性化的特征。而教育的最高境界是置教育于无形，达到"润物细无声""于无声处听惊雷"的效果，真正实现教育的无形化。但现实中，显性化的红色文化传播方式与反传统、反权威的极具叛逆心理的青年大学生相遇，带来的结果就是青年大学生的不认可，甚至厌烦和抵触。

第四，红色文化的传播主体敷衍化。邓小平同志曾经指出："一个学校能不能为社会主义建设培养合格的人才，培养德智体全面发展、有社会主义觉悟的有文化的劳动者，关键在教师。"作为红色文化传播主体的高校教师，其自身素质的高低直接影响着红色文化教育的成效以及大学生对红色文化认同的程度。现在高校普遍存在的状况就是思想政治理论课教学的效果极差，老师的教和学生的学呈现分离的状态，45 分钟的课堂，老师和学生彼此是各不相干。教育工作者在责怪学生不珍惜难得的学习机会，不尊重教师劳动成果的同时，可以反过来思考，是不是自己的课堂讲授不具有吸引力，致使学生的思想游离于课堂之外。站在教育者的角度和立场，只有努力提升自身素质和水平，才能使学生由"要我学"的状态发展成"我要学"。正如习近平总书记 2014 年 9 月 9 日在同北京师范大学的师生进行座谈时指出的，做好老师，一要有理想信念；二要有道德情操；三要有扎实学识；四要有仁爱之心。习总书记还特别强调，要努力培养和造就一大批一流教师，不断提高教师队伍整体素质，并把它作为我国当前和今后一段时间内教育事业发展的紧迫任务来对待。习总书记的这段讲话，对于红色文化在高校的传播也同样重要，只有全体教育工作者砥砺前行、勇攀高峰，才能助推大学生的红色文化认同更上一个新的台阶。

第五，红色文化的传播载体功利化。在当前的大环境下，红色文化的传播主要通过三大载体来进行：学校、红色旅游景点、新闻媒体。学校的红色文化教育一直是学校德育的一大重头戏，此处不赘述。值得一提的是红色旅游景点和新闻媒体的传承功能的发挥。1999 年江西省首先提出了红色文化旅游的战略，在全国都具有开创性和前瞻性，在红色文化热的催生下，各地的红色文化旅游顿时引爆，红色文化产业也骤然兴起。红色文化产业的兴起，本应是有利于红色文化传承和民族文化延续以及创新发展的一件好事情，但是在全球化浪潮的冲击下，红色文化产业发展出现了一些负面现象，对其正面价值有所消解。比如：黄山某景区只要购票即可进入"鬼子进村"的模拟现场，扮演日本"鬼子"和"花姑娘"等角色；还有些景区和影视节目为了谋取经济利益，为了吸引眼球，恣意演义历史，将真实的史实娱乐化、庸俗化，混淆视听。红色文化产业作为文化产业的一种，追求经济效益是无可厚非的，但同时红色文化又是我国意识形态领域的重要组成部分，从而必须加以捍卫。红色文化旅游景点也是我国思想政治教育和廉政教育的主战场，不能有丝毫的懈怠和放松。所以，红色文化在传播的过程中，在努力追求经济效益的同时必须优先考虑其社会效益，不能使红色文化传播的载体沦为谋利的工具。

三　大学生红色文化认同的心理机制

现在在校就读的大学生都是90后的孩子，这些孩子的典型特点就是爱憎分明，对传统和权威表示怀疑甚至否定，强调自我，极具个性。这样一个群体，对其进行红色文化认同的熏陶，不是通过简单的说教就可以实现的，他们追求的不仅仅是走眼、走耳和走嘴，更强调的是走心。他们只有从心理上真的认可它、欣赏它，才能发自内心地接受它、认同它。他们对人是如此，对思想观念和文化形态也同样如此。因此，他们对于红色文化的认同也有其独特的心理机制，即"认知——认可——认同"。

认知是认可和认同的基础。欲实现大学生群体对红色文化的广泛认同，首先需要做到的是让他们了解红色文化，了解红色文化背后的真实的历史事实。这种了解的过程需要打破传统的"粉笔加黑板"的教学模式，需要通过实地考察、影视展示、走访口述、社会调研等多种方式的共同进行才能确保大学生真正地了解红色文化及其历史背景，才能有助于他们站在当时时代的历史语境中更好地理解当时党的领导人的各种举措和决策。有了这份深入的理解，才能为后面的认可与认同奠定良好的思想基础。

认可是认知的升华，也是认同的前奏。在认知的基础上，大学生对红色文化有了一个初步的了解与判断，在心理上对红色文化产生了好感与理解，从而形成认可。这就仿佛一对互不相识的年轻人在大人的撮合下开始交往，起初没有任何了解的基础上只能说相互不讨厌，经过一段时间的接触且经历一些生活琐事之后，增进了了解与共识，从而开始认可对方，愿意作为朋友继续交往下去。这种认可具有一定的稳定性，但也具有一定的不稳定性，很容易受外来事件的冲击和影响，需要在此基础上进行有效的引导才能朝着预期的方向持续发展。大学生对红色文化的认同过程也是如此，要想朝着认同的方向前进，还需要不断加以教育和引导。

认同是认知和认可的归宿。认同是一种稳定的心理状态，这种心理状态一旦形成就不会轻易受到外界的冲击和影响，会在自己内心持久地存在下去，并随着历史的积淀会越来越深刻。这就是遍布世界各个角落的华人尽管常年深处国外异质文化的熏陶，但还是依然秉承自己的中华民族的文化特质的根源所在，因为他们对中华民族的文化认同已经深入骨髓，内化为其生命中的一部分，内化在其生活方式、思维方式等各个层面。这种认同之后的文化因子是难以被外界所影响和割裂的，这也正是我们中华文明历经五千年历史长河而经久不衰的根源。我们今天期待培养的正是大学生的这种深入骨髓的对中国优秀文化——红色文化的认同。

四 实现大学生对红色文化认同的路径探究

"文化认同在特定的条件下能决定文化的命运。"[①] 大学生作为"中国梦"实现的主力军，作为中华民族复兴的坚强基石，在意识形态多元化的时代背景下，面对各种社会思潮的纷至沓来，其对红色文化的认同与否对红色文化的命运起着举足轻重的作用。竭力开展大学生的红色文化教育，形成大学生对红色文化的认同，是发展和传承红色文化的重中之重。

首先，要凝练教育内容，打造红色文化精品。精品才能孕育精品，文化教育也同样如此。红色文化是一个宽泛的概念，包括的内容过于丰富，不具有针对性，因此，为了在大学生这样一个特定群体中有效地开展红色文化教育，首先要做的就是凝练红色文化内涵的优秀品质，并作为对大学生进行思想政治教育的主要内容。有学者指出，红色文化的精神形态包括诸多表现形式，如井冈山精神、长征精神、延安精神、抗日精神、西柏坡精神等革命精神，"两弹一星"精神、铁人精神、北大荒精神、雷锋精神等建设精神，改革创新精神、开放精神、抗洪精神、抗震救灾精神等改革精神[②]。固然这些精神形态都是值得我们广大青年大学生学习和效仿的，但广泛撒网不如着力一点，以取得更优的效果，于是，在对大学生进行红色文化教育时，首先要做的是凝练红色文化的优秀品质，典型的如长征精神、抗日精神、抗洪精神等，其中蕴含的则是

---

① 郑晓云：《文化认同与文化变迁》，中国社会科学出版社1992年版，第14页。
② 管仕廷：《论红色文化的内涵与特征》，《传承》2012年第7期。

爱国主义、艰苦奋斗、为人民服务等优良品质。

其次，要创新教育形式，提高文化教育实效。如前所言，90后的大学生是一个强调自我、极具个性的群体，对他们的教育，要真正体现"以生为本"，从他们的需求出发，运用他们喜欢的形式和载体，开展富有成效的红色文化教育。他们喜欢通过网络平台，借助手机、平板电脑等微介质实现与外界的互动和交流，所以我们可以将红色文化教育的平台拓展到网络空间，实现红色教育的无纸化和虚拟化；他们乐于接受和风细雨、润物无声的教育方式，所以我们的红色文化教育可以通过悄无声息的隐形教育来进行，"在一定程度上讲，教育者的教育意图越是隐蔽，就越是能为教育的对象所接受，就越能转化成教育对象自己的内心要求"①，实现红色文化教育的无形化，他们习惯在日常生活中感受点滴的感动与收获，所以我们可以在学生学习和生活的场所里植入红色文化的教育内容，实现红色文化教育的生活化。

最后，要付诸社会实践，提升红色文化认同。近年来，高校安全事故频发，为尽量减少安全隐患和人员伤亡，各大高校纷纷出台决定，要么禁止学生集体外出组织活动，要么设置繁复的审批程序，最终也使学生的集体外出成为泡影。应该说高校这样做有其不得已的成分，但从对学生进行教育的视角来看，似乎又是不可取的。早在改革开放之前的真理标准大讨论中，以邓小平为核心的党的第二代领导集体就明确指出，实践是检验真理的唯一标准。仅限于纸上谈兵式的红色文化教育也需要与实践接轨。自中国共产党成立以来，在一代又一代人的共同努力之下，积淀了丰厚的红色文化资源，这些资源既有进入我们教材和课堂的精神形态的资源，也有以物质形态呈现的红色文化资源，如中华苏维埃共和国临时中央政府所在地瑞金的一系列红色文化遗址，都可以作为对学生进行红色文化教育的重要载体。经过实地熏陶与接触之后的感受与传统的课堂讲授所带来的感染力和冲击力是截然不同的，尤其是在认同的程度上。因此，在加强安全教育和安全管理的前提下，带领大学生走出校园、走向红色文化教育基地，定能在红色文化传承方面起到事半功倍的效果。

---

① 管仕廷：《以红色文化引领大众文化的健康发展》，《湖北行政学院学报》2012年第12期。

红色文化是我国民族文化的重要组成部分，对红色文化的认同就是对民族文化的认同。"一个民族如果文化认同一旦改变，那么这个民族也就很容易消亡。"[①] 作为实现"中国梦"的主力军和中华民族伟大复兴的基石的青年大学生，应责无旁贷地担负起复兴民族文化的使命。认同民族文化方能复兴民族文化，认同红色文化应首当其冲。

（作者单位：赣南师范学院）

---

① 郑晓云：《文化认同与文化变迁》，中国社会科学出版社1992年版，第26页。

党史文化产品的传承与创新
——以1956年浙江昆苏剧团《十五贯》进京演出为例

王文军 李 玲

党史文化反映的是党的文化的历史发展过程和历史表现形态,是党的历史同党的文化的结晶。[①] 中国共产党在革命、建设和改革的伟大历史进程中,形成和发展了独具魅力和特色的党史文化。党史文化的传承与创新需要通过党史文化成果来体现。党史文化成果包括物质和精神两方面,既有党史著作、党史资料、党史刊物、党史宣传片、党史影视剧、党史遗址、党史纪念馆等物质产品,也有红船精神、井冈山精神、长征精神、遵义精神、延安精神、西柏坡精神、抗美援朝精神、雷锋精神、载人航天精神等精神产品。本文以1956年浙江昆苏剧团改编的昆剧《十五贯》进京成功演出为例,通过对昆曲这一古老剧种在新中国成立以来发展历程的分析,从而归纳总结出党史文化产品传承与创新的几条规律和经验。

一 1956年昆剧《十五贯》进京演出的过程与影响

1956年4月,正在中共中央酝酿提出"双百方针"之际,浙江昆苏剧团改编的昆剧《十五贯》正式进京演出。这次演出引起了毛泽东、周恩来等中央领导人的关注,进而促使他们对传统文化如何发展的问题进行了认真的思考。

---

① 欧阳淞:《深入研究大力弘扬党史文化 为社会文化大发展大繁荣作出贡献》,《中共党史研究》2012年第9期。

(一) 1956年昆剧《十五贯》进京演出的历史背景

1954年、1955年党内、国内接连发生的高饶事件、潘扬事件、胡风事件等,当时被认为是"随着我国社会主义事业的进展,阶级斗争必然日益尖锐化和复杂化"的反映。根据这个判断,从1955年下半年起,内部肃反运动在全国范围展开,分批进行。1955年5月12日,毛泽东在最高国务会议上提出肃反工作的方针:"提高警惕,肃清一切特务分子;防止偏差,不要冤枉一个好人。"① 1955年7月1日,中共中央发出《关于展开斗争肃清暗藏的反革命分子的指示》(以下简称《指示》)。《指示》基于当时对国内阶级斗争状况的严重估计,认为"在很多部门,在很多地方,大量的暗藏的反革命分子是还没有揭露和肃清的"②。中央当时估计,暗藏的反革命分子或其他坏分子约占全国各类机关总人数的5%左右,决定在全国范围开展一场肃清暗藏反革命分子的运动,以教育全党和全国人民,提高对暗藏反革命分子的警惕性。在肃反过程中,为防止肃反斗争出现偏差,中央提出了"以事实为根据,以政策为准绳"和"既严肃又慎重"的原则,实行毛泽东在最高国务会议上所说的"提高警惕,肃清一切特务分子;防止偏差,不要冤枉一个好人"的方针。肃反运动中提出的"以事实为依据,以政策为准绳;防止偏差,不冤枉一个好人"的方针成为昆曲《十五贯》中所反映的坚持实事求是,反对官僚主义思想的重要来源。

此后,从1955年年底到1956年春天,为准备党的八大的召开和迎接大规模经济建设,毛泽东等党中央领导进行了一系列调查工作。1956年4月25日,毛泽东在中央政治局扩大会议上作《论十大关系》的报告,对中国社会主义建设道路进行了初步探索。与此同时,在文化艺术领域,党中央提出了"百花齐放、百家争鸣"作为繁荣和发展社会主义科学文化事业的指导方针。5月2日,在最高国务会议第七次会议上,毛泽东正式提出了"百花齐放、百家争鸣"的方针。③ 这些都为昆曲《十五贯》的改编和进京演出提供了宽松的政治环境。

---

① 中央文献研究室:《毛泽东年谱》(1949—1966)第二卷,中央文献出版社2013年版,第372页。

② 中共中央党史研究室著:《中国共产党历史》第二卷上册,中共党史出版社2011年版,第300页。

③ 同上书,第388页。

(二) 1956年昆剧《十五贯》进京演出的过程及其影响

《十五贯》是根据清初戏剧家朱素臣的传奇剧本《十五贯》（又称《双熊梦》）改编的昆曲剧目。主要情节是：赌徒娄阿鼠图财杀死屠户尤葫芦，窃去铜钱十五贯，反嫁祸于尤之养女苏戌娟及身带十五贯钱的路人熊友兰；无锡知县过于执主观地断定熊、苏二人通奸杀人，将熊、苏判处死刑。苏州知府况钟奉命监斩时发现疑点，连夜去见巡抚周忱，请求缓刑复查。况钟亲赴现场和民间查访，终于查明了真凶，平反了冤狱。《十五贯》是由浙江昆苏剧团排练演出的。该剧团是新中国成立前的小剧团，不被人们所重视。1952年浙江省文化部门负责人黄源注意到该剧团，并派人帮助他们将200年前的昆剧《十五贯》进行了大胆取舍，推陈出新，改编为线索简洁、通俗易懂的新剧目。

1956年4月，昆剧《十五贯》在北京公演，盛况空前。周恩来观看演出后，先后于4月19日和5月17日两次发表谈话，赞扬该剧的演出是："一出戏救活了一个剧种"，"《十五贯》有丰富的人民性和相当高的艺术性。"① 由于周恩来的提倡、宣传，毛泽东、刘少奇等党和国家领导人先后观看了《十五贯》。1956年4月17日，毛泽东观看了《十五贯》，从政治上给予了充分的肯定。4月18日，毛泽东派人给昆剧团传达三条指示：一、祝贺《十五贯》的改编与演出，都非常成功；二、要推广，凡适合演出的，都可以根据各剧种的特点演出；三、对戏剧团要奖励。这几项指示，中央文化部当即执行了。② 4月27日，毛泽东在主持中共中央政治局扩大会议时指出："《十五贯》应该到处演，戏里边那些形象我们这里也是很多的，那些人现在还活着，比如过于执，在中国可以找出几百个来。"③ 他同时建议选一些类似题材的作品给办案的人学习。5月17日，周恩来对昆曲《十五贯》的成功演出，总结了五点意见：第一，昆曲的改革可以推动全国其他剧种的改革。你们的奋斗可以转变社会的风气。《十五贯》的演出复活了昆曲，为"百花齐放，推陈出新"奠定了基础。全国戏曲观摩演出有收获，但这次演

---

① 《周恩来选集》下卷，人民出版社1984年版，第192页。
② 黄源：《昆曲〈十五贯〉编演始末》，《新文化史料》1995年第1期。
③ 中央文献研究室：《毛泽东年谱》（1949—1966）第2卷，中央文献出版社2013年版，第569页。

出更有典型性，应该庆贺和传播，在报纸上多加宣传，予以表扬。第二，《十五贯》是从传统剧目的基础上改编的，改得切合了历史主义的要求。它改得恰当，没有把不符合历史的思想和现代词句硬加进去。《十五贯》有着丰富的人民性，相当高的思想性和艺术性，它不仅使古典和昆曲艺术放出新的光彩，而且说明了历史剧同样可以很好地起到现实的教育作用。第三，《十五贯》具有强烈的民族风格，使人们更加重视民族艺术的优良传统。第四，《十五贯》为进一步贯彻执行"百花齐放，推陈出新"的方针树立了良好榜样。这个剧本是改编古典剧本的成功典型。它不只是在昆苏剧团可以采用，在有条件的时候，其他剧种也可以采用，但不要勉强。第五，《十五贯》的思想性很强，反对主观主义，也反对官僚主义。① 5月18日，《人民日报》根据周恩来总理的讲话精神，以"一出戏救活一个剧种"为题发表了社论。② 一时间，全国争谈《十五贯》。老舍带头将它改成京剧。文艺界不少人写文章，从不同角度论述这个戏的成就及其实际意义。剧中的主角况钟走进人们的生活，成为人们讨论的人物。作家巴人的杂文《况钟的笔》就是由此而写的。《十五贯》不仅在国内反响巨大，在苏联和西方世界也产生了一定影响。德国作家龚特尔·魏森堡将《十五贯》翻译成德语，在汉堡演出，受到欢迎，还推广到其他德语国家。德国《汉诺威新闻报》评论说："《十五贯》巧妙地告诉我们，做一件正义的事，也需要智慧和毅力。"③

二 昆剧《十五贯》进京演出取得巨大影响的几点原因

（一）《十五贯》进京演出进一步促进了毛泽东、周恩来等中央领导人对如何继承与发展传统文化问题的认识，同时，也为"双百"方针的贯彻和执行树立了榜样和典范

中国传统戏曲历史源远流长，在人民群众中具有深厚的基础，长期以来是人民群众精神生活的重要组成部分，尤其是在我国广大农村地

---

① 可参见《周恩来选集》下卷，人民出版社1984年版，第195—198页。
② 《一出戏救活一个剧种》，《人民日报》1956年5月18日。
③ 转引自杨守松著《昆曲之路》，人民文学出版社2009年版，第28页。

区，文化历史知识、道德习俗等一定程度上是通过戏曲的形式传承的。所以戏曲改革蕴含的是传统文化如何发展的问题。正值毛泽东等中央领导人对传统文化发展问题进行深入思考，酝酿提出"双百"方针之际，浙江省文化部门对传统昆曲《十五贯》进行改编并进京演出可以说是恰逢其时。

1956年4月至5月，正值昆曲《十五贯》在北京演出期间，毛泽东、周恩来、陆定一等人就文艺问题、向外国学习问题、贯彻"双百方针"问题等发表多次讲话。如毛泽东的《论十大关系》（1956年4月25日）；周恩来的《关于昆曲〈十五贯〉的两次讲话》（1956年4、5月）；陆定一的《百花齐放，百家争鸣》（1956年5月28日）、《关于学习苏联和今后宣传工作中应注意的问题》（1956年5月28日）等，其中重点涉及了如何看待我国历史文化遗产、如何学习外国好的东西，避免照搬外国的经验、如何发展中国现实的文化等方面问题。这些讲话都是"双百"方针的重要组成部分。① 因此，可以说，昆剧《十五贯》进京演出使毛泽东、周恩来等中央领导人进一步深化了对如何继承和发展中国传统文化问题的认识。

另一方面，《十五贯》的改编和进京演出为进一步贯彻执行"百花齐放，推陈出新"的方针树立了良好的榜样。正如周恩来所说："《十五贯》的演出复活了昆曲，为'百花齐放，推陈出新'奠定了基础。"② 毛泽东、周恩来等中央领导人对《十五贯》的赞誉和扶持，当然不是对一个戏的个人爱好，而是着眼于党的文化艺术政策的贯彻和执行。随着《十五贯》的上演和宣传，中国传统戏曲得到一定的发展，"双百方针"得到进一步贯彻和落实。仅在戏曲界，1956年6月至1957年4月，全国就发掘、记录了上万个剧目，整理了4223个剧目，上演了1052个剧目，产生了《将相和》、《天仙配》、《十五贯》、《杨门女将》等一批享誉中外的优秀剧目，极大地繁荣了社会主义文化舞台。同时，一大批国外优秀文化作品被介绍进来，这些文化作品同样对繁荣社会主义文化舞台起到了促进作用，推动了中外文化的相互交流。③

---

① 中共中央党史研究室著：《中国共产党历史》第2卷上册，中共党史出版社2011年版，第386—388页。

② 《周恩来选集》下卷，人民出版社1984年版，第195—198页。

③ 郑师渠：《中国共产党文化思想史研究》，中共中央党校出版社2007年版，第256页。

（二）《十五贯》的成功改编符合时代主题和当时人民群众的审美需求

从艺术角度上来说，《十五贯》的成功改编符合时代主题和当时人民群众的审美需求。这主要体现在以下几个方面：一是昆曲《十五贯》对原著进行了较大幅度的改编，贯彻了推陈出新的理念。从思想内容上来看，改编者删去了原剧中才子佳人的老套式，使剧情更有生活气息。同时，改编者还删去了原剧中"宿命论""因果循环""忠君"思想等方面的内容。从语言的表达方式上，改编者将原剧中许多不容易懂的台词都换成了浅显易懂的文言，增强了大众的适应性，符合了时代的要求。比较原本与改本，语言的改变是一大特色。中国古代戏曲，宾白和曲词都属于文言，对于很多观众来说不甚习惯。尤其是曲词，好用典故，不加注释简直是不知所云。如原本《双熊梦》的"踏勘"一节有"玉壶冰"一词，语出鲍照《代白头吟》："直如朱丝绳，清如玉壶冰。"比喻自己胸襟高洁，心如玉壶中的冰一般。改编本将原本中的不易懂的台词换成易懂的文言，从而赢得了观众的喜爱。二是《十五贯》的改编充分体现了现实主义的创作原则，使作品更加平民化和大众化。例如改编者精简了原本的情节结构。原剧为双线并行构成，即熊友蕙和侯三姑、熊友兰和苏戌娟两起冤案，其性质相似、成因雷同，相形之下，后者比较曲折、激烈、深刻，足以揭示过于执的主观片面、刚愎自用，前者巧合过多，比较牵强，有枝节横生之感，决定将其删除，重点突出熊友兰、苏戌娟冤案从酿成到昭雪的全过程。三是《十五贯》经过改编后的主题是反对主观主义的思想作风和提倡实事求是的思想作风。这与当时的时代主题是非常符合的。浙江省文化部门负责人黄源在改编原本时，将原来"批判昏官，颂扬清官"主题，提高为"反对主观主义的思想作风和提倡实事求是的思想作风"。这并非外加进去，而是从剧情本身提炼出来。戏中过于执的主观判案，况钟的如实翻案，都是原来剧本中就存在的，改编时着重由此发掘。用黄源的话说，要把过于执和况钟两种审案的态度，提高到主观主义和实事求是两种互相对立的态度来看待和处理。① 这正是1955年肃反运动中坚持实事求是，不冤枉一个好

---

① 黄源：《昆曲〈十五贯〉编演始末》，《新文化史料》1995年第1期。

人方针的集中体现。四是经过改编，剧中的主要人物在现实中都可以找到原型，这也是该剧得到民众普遍接受的主要原因。① 改编后的《十五贯》中的主要角色过于执和况钟都是鲜明突出的人物。毛泽东看完《十五贯》后对过于执这个艺术形象留下了非常深刻的印象。② 这些都说明了昆曲《十五贯》的改编在艺术上是非常成功的。

三　从昆曲《十五贯》成功演出来看党史文化产品传承与创新要遵循的规律和原则

（一）党史文化产品的传承与创新要强调艺术性与人民性的结合，遵循文化本身的规律，塑造出鲜明的艺术形象，给读者和观众留下深刻的印象

任何一种文化艺术产品要想赢得人民群众的喜爱，都要兼顾艺术性和人民性。昆曲《十五贯》之所以受到人民群众的喜爱，正是由于其艺术性和人民性的高度结合。一方面，《十五贯》继承了传统昆曲艺术的特色和美感；另一方面，《十五贯》通过改编适应了时代要求，赢得了人民群众的喜爱。对于党史文化产品来说，其传承与创新也要强调艺术性与人民性的结合。艺术性主要包括：艺术形象的鲜明具体性和典型性；艺术情节的生动性和曲折性；艺术结构的严谨性和完整性；艺术语言的准确性和鲜明性；艺术手法的精当性和多样性；艺术表现的民族性和独创性等。最近十多年来，以影视剧《建国大业》、《建党伟业》、《亮剑》、《人间正道是沧桑》为代表的党史文化产品之所以深受人民群众的喜爱，一个重要原因就在于其具有较强的艺术性，塑造了一个个鲜明的艺术形象，给观众留下了难以磨灭的深刻印象。这些都是党史文化产品传承和创新的成功案例。同时，党史文化为人民大众服务的性质决定了党史文化产品必须要从生活中汲取艺术的养分，才能得到人民群众的支持与喜爱。正如毛泽东所说："人民生活中本来就存在着文学艺术原料的矿藏，这是自然形态的东西，是粗糙的东西，但也是最生动、最

---

① 汪诗珮：《传统与创新：〈十五贯〉的改编》，《文化遗产》2009年第2期；刘遗伦：《从昆曲〈十五贯〉的改编看新中国初年的戏剧改革》，《四川戏剧》2009年第3期。
② 中央文献研究室：《毛泽东年谱》（1949—1966）第2卷，中央文献出版社2013年版，第569页。

丰富、最基本的东西。"①

（二）党史文化产品的传承与创新要坚持多样化和包容性，提倡深入浅出、通俗易懂，满足不同层次群众的需求和欣赏水平，力求做到真实性、可读性、趣味性、知识性并存

文化具有多样化的特点，党史文化产品也是如此，创新要结合现实需要，摒弃简单说教，多使用人民群众易于接受的艺术形式，创作出群众爱看、爱读的精品力作。早在1955年10月，毛泽东在一次谈话中提到：印度的电影片一星期有好几百万人看，我们自己的片子则很少有人看，这就是人们以不看的法子来批判，因为没有味道，引不起兴趣。做得不好，人家总是要讲话的。文艺中的形式主义是弱点，千篇一律不好，要依情况出发，要入情入理。② 对于党史文化产品来说，吸引读者和观众是非常重要的。党史文化产品在保持真实性和严肃性的同时，要力求做到可读性、趣味性、知识性并存。同时，党史文化与传统文化之间有着密切的联系。诗词、歌赋、书法、篆刻、戏曲、武术等传统文化都可以成为传播党史文化的有效形式。总而言之，只要能够赢得人民群众的喜爱，不管哪一种文艺作品的形式都可以尝试。

（三）党史文化产品的传承与创新既要从传统文化中借鉴、吸收有益的形式和方法，同时也要从现实生活中汲取养分，创作出更多更好的党史文化作品，弘扬社会正气，传播正能量

艺术来源于生活，党史文化产品的传承与创新与现实生活之间有着密切的联系。我国将文化产业分为文化服务和相关文化服务两大部分。文化服务有图书出版发行、广播电视电影服务、文化遗产保护、文化艺术服务等七大类。目前涉及党史文化题材的文化商品极为丰富，有文学作品，如各种传记文学、纪实文学；也有影响很大的影视作品，如《建国大业》、《建党伟业》等；还有大量的表演作品，如《复兴之路》；此外，还有红色旅游、党史文物纪念品收藏等相关行业。这些相关党史文化产品已经遍布各大文化产业类别中，并已在社会生活中产生了积极正

---

① 《毛泽东选集》第3卷，人民出版社1991年版，第860页。
② 陈晋：《毛泽东与"百花齐放，百家争鸣"》，《文艺理论与批评》1996年第5期。

面的影响。因此,强化党史文化的宣传教育功能和社会责任显得极为必要。近年来,浙江的文艺工作者先后拍摄了《东方》、《五星红旗迎风飘扬》、《中国1921》等数十部思想性艺术性俱佳的文艺作品,在传播党史文化、弘扬社会正气、传播正能量等方面,产生了积极的影响。[①]一部好的作品能够影响到许多人。例如,20世纪50年代的电影《上甘岭》、60年代的小说《红岩》都曾影响了一代人的价值观。因此,在新的历史时期,我们有责任有义务创作出更多的优秀党史文化作品,引导人们认同并践行社会主义核心价值观,弘扬社会正气,传播正能量。

总而言之,党史文化是中国特色社会主义文化的重要组成部分,在促进社会主义文化大发展大繁荣的过程中发挥着非常重要的作用。党史文化产品的传承与创新要在充分借鉴和吸收历史经验的基础上,创作出更多人民群众喜闻乐见的精品力作,为弘扬社会正气,传播正能量作出应有的贡献。

(作者单位:中共浙江省委党史研究室、浙江大学城市学院商学院学工办)

[①] 《全国党史文化论坛文集》第1册,中共党史出版社2013年版,第4页。

当代大学生红色文化教育的现状及可能性路径探析

毕昌萍

21世纪，经济全球化、世界多极化已经成为必然的趋势和不争的事实。同时，随着我国改革开放的不断深入，我国正面临改革的攻坚阶段和关键时期，在此时期，各种形形色色的非无产阶级的思想、文化和价值观念对我国的主流意识形态带来了很大的冲击，尤其是对当代大学生的世界观、人生观、价值观的形成带来了一定程度的负面影响。更为令人担忧的是"现在有不少年轻人，对于我们国家和民族过去饱经忧患的历史，争取独立和解放的历史，不了解，不熟悉"①。为此，江泽民在十六大报告中指出："面对世界范围各种思想文化的相互激荡，必须把弘扬和培育民族精神作为文化建设的极为重要的任务，使全体人民始终保持昂扬向上的精神状态。"胡锦涛在党的十七大报告进一步强调："当今时代，文化越来越成为民族凝聚力和创造力的重要源泉、越来越成为综合国力竞争的重要因素。"由此，文化作为一种"软实力"的重要性可见一斑。

"红色文化"作为革命战争年代的产物，是中国共产党运用马克思主义理论在解决中国实际问题的过程中所凝结的丰硕成果，是马克思主义与中国革命实践相结合的时代产物，集中体现着我党的优良传统和革命精神，记录了中华民族自强不息的民族精神，谱写了中国人民英勇奋斗的壮丽诗篇，折射出中华民族可歌可泣的民族精神，具有鲜明的中国特色和时代精神，是凝聚和激励全国各族人民的精神食粮。因此，我们

---

① 葛晨虹：《公民道德中的爱国与守法》，《中国教育报》2001年第3期。

理应将"红色文化"作为加强大学生思想政治教育的重要内容、重要途径和手段。这对于继承中国民族优秀传统,提升当代大学生的思想政治素质,激发他们理性爱国、爱党、爱社会主义的精神风貌,激励他们高举中国特色社会主义的伟大旗帜,坚定不移地走中国特色社会主义道路,积极投身社会主义建设事业的昂扬斗志,以及提高我国的文化"软实力"均具有重要的时代意义。因此,如何深入挖掘红色文化的内涵,使之与高校德育工作有机结合,不断完善和创新大学生红色文化教育的路径,让当代大学生选择并接受红色文化,已成为高校思想政治教育的重要课题。

一 当代大学生"红色文化"教育的现状

2004年,《中共中央国务院关于进一步加强和改进大学生思想政治教育的意见》实施以来,一系列"红色文化"活动充斥着各个高校的思想政治教育体系,一时间"红色文化"在校园中掀起了教育热潮。但是"红色文化"教育中仍然存在诸多问题,主要表现为如下:

(一) 学生——激情多,行动少

大学生作为祖国未来的建设主力军和接班人,他们血气方刚,有着旺盛的精力和火一样的激情,他们乐于并易于接受新鲜事物,对祖国的未来充满着美好的憧憬。"红色文化"在校园的兴起,激起了他们高昂的斗志和强烈的兴趣,唱红色歌曲、看红色影视、参观红色纪念馆、看红色经典名著、开展红色诗歌朗诵、举办红色征文活动等在校园如火如荼地展开。一时间"愿为祖国抛头颅、洒热血"等口号充斥着校园。这也使得他们暂时扭转对思想政治教育的逆反心理,"高度认同邓小平理论和'三个代表'重要思想,充分信赖以胡锦涛同志为总书记的党中央,对坚持走中国特色社会主义道路、实现全面建设小康社会的宏伟目标充满信心"①。但是,随着时间的推移,他们的兴趣却逐步减弱,尤其是当"理想"、"激情"遭遇"现实"的考验,面对现实社会中生

---

① 《中共中央国务院关于进一步加强和改进大学生思想政治教育的意见》,《人民日报》2004年10月15日。

活、学业、就业等众多不尽如人意的状况,他们对"红色文化"的兴趣大打折扣,顿时心灰意冷、垂头丧气,对未来、对社会几近绝望。加之,当前受市场经济大潮的冲击和国内外形形色色的非无产阶级思想、价值观念的影响,在我国社会各阶级阶层中,不同程度地存在着个人主义、拜金主义和享乐主义的现象。这些现象已经或正在影响着在校大学生的人生观、价值观和世界观的形成,对在校大学生正确的理想信念的养成带来了诸多负面影响,以至于部分大学生提到"红色文化"往往认为是过去革命年代的产物与应用,与当今时代格格不入,与个人无多大关联。同时,还有部分大学生认为"红色文化"代表的是过去,已成为过时的东西,在当代理应退出历史舞台等,诸如此类的偏激看法使他们对红色文化的"兴趣"和"好感"急转直下。因此,此时的传统"红色文化"教育对他们来说,无论内容上还是形式上的说服力都显得如此的苍白无力。最终,大学生们的豪言壮语、满腔激情被残酷的现实吞噬殆尽,化为无为。

(二) 教师——理论多,实践少

"红色文化"资源是教育青少年一代的鲜活教材,是新时期进行德育的独特载体。它印刻着过去、昭示着现在、启迪着未来,是对当代大学生进行思想政治教育的宝贵资源。为让红色文化的血液流入学生的心田,唤醒大学生对红色文化的热爱,对老一辈无产阶级革命家无比的敬佩之情,对党、对祖国、对人民的坚信与热爱之情,高校思想政治课老师,一方面要做好有关"红色文化"理论知识的教授,同时更要注重"红色文化"的实践教学环节和过程,这种以实践体验为基本途径,使大学生在实践体验中,产生心灵上的共鸣,从而有效地把外在的教育内容内化为自己的思想道德品质,达到道德境界的升华。同时,因为实践教学是思想政治理论课教学活动的必不可少的环节,是让学生走出课堂,走上社会,运用所用的理论知识,结合现实社会的实际情况,分析问题、解决问题的重要体验过程。

然而,目前多数高校鉴于物力和人力方面的考虑,过多偏重于课堂知识的生硬说教、强行灌输,可谓名符其实的"一支粉笔一张嘴,教师从头讲到尾",讲台上教师激情四射,讲台下学生鼾声一片。同时,由于部分思想政治课老师自身对"红色文化"的内涵认识、理解、把握不够,致使上课时缺少激情、没有自信、生搬硬套、照本宣科，不能深层次剖析红色革命事迹或红色英雄人物，或者是全凭几张 PPT，骗骗大批学子们。更有甚者，全然不顾学校安排的红色文化教学课时，采取"放羊式"教学，让学生在课堂上自学，效果可想而知。这种教学模式增加了学生对思想政治理论的厌恶，也给学生造成红色文化"假、大、空"、"走形式"、"一阵风"等负面印象。如此，学生们怎么会真信、真学、真懂"红色文化"？所以久而久之，红色文化的教育便只能流于形式。

(三) 学校——形式多，收效少

近几年来，尤其是在迎接建党 90 周年的日子里，一股"红色文化"热潮悄然而至，全国范围内一时间兴起了唱红歌、读红书、看红色经典、发红色短信的热潮。各级各类大中小院校纷纷在校园内展开关于红色文化的教育活动。

不可否认，高校红色文化教育活动可谓"内容丰富、形式多样"，唱红歌、观红色影片、红色征文比赛、红色演讲等。然而，高校校园中开展的红色文化教育活动，跟风现象、形式主义比较严重。就当前来看，很多高校对大学生进行红色文化教育，仅仅停留在去红色资源地参观游览、看革命题材影片等较浅层面，未能深挖精神层面无形的红色教育资源。比如，高校组织学生参观、游览革命遗址、纪念馆时，随从的老师不做任何解释或讲解，任由学生"走马观花""来也匆匆，去也匆匆"，以至于对红色文化的了解局限于表面感知，不能深入理解、领会红色文化深层内涵和精髓，观后和观前相比精神境界没有多大的提升。再如，学校组织学生观看红色电影，选取的影片往往娱乐性偏浓，多是为了激起学生的兴趣，改变教师枯燥的课堂理论教学形式，没有给学生布置相应的学习任务，即让学生带着任务、有目的地去观看影片。结果只有少数大学生属于"会看的，看门道"，而大多数学生则是"不会看的，看热闹"。观后更没有进一步结合影片的历史背景、具体内容、思想内涵等组织学生发表观后演讲、写出心得体会、展开热烈讨论，学生是"来时一身轻，走时轻一身"。结果人力、物力、时间和资金是投入了，但很难收到实质性的教育效果。正因如此，红色文化尽管在高校以各种形式如火如荼地展开，但效果却不尽理想。有调查结果显示："有将近70%的大学生对关于红色教育、红色教育资源等概念只听说过，但定义不是很清楚；有20%的大学生是第一次听说红色教育；只有10%多一点的大学生对红色教育的内涵和事例比较了解。"① 这足以说明当前高校红色文化教育中重形式、轻实效的弊端所在，这种单调的形式推广，不可能激起大学生对红色文化的认同和共鸣，不可能在真正意义上传承红色文化。

二 加强红色文化教育的可能性路径

针对目前校园"红色文化"教育的现状，要使红色文化的内涵和精髓真正深入人心，引起当代大学生的认同和精神共鸣，进而内化为引导当代大学生树立正确的世界观、人生观、价值观的强大精神动力，高校教育工作者必须探索可行的路径和方式。

（一）发挥课堂主渠道作用

课堂是学生学习知识的重要场所，尤其是高校思想政治理论课，担负着对大学生进行系统的马克思主义理论教育的主渠道和主阵地的角色及相应使命，是培养大学生正确的世界观、人生观、价值观和崇高精神品格的重要途径。因此，高校在搞好思想政治理论课教学的同时，一定要把红色文化巧妙地融入课堂教学中，使其成为思想政治理论体系的重要组成部分。

《思想政治理论课》教师可以根据学校、学生的实际情况，结合课堂教学的实际需求，有针对性地选择红色文化的相关内容与思想政治理论课教学内容有机结合，并以不同的方式呈现出来。如，教师可以在课堂教学过程中组织安排"红色文化教学周"活动，每逢单周或双周开展一次这样的活动，活动内容尽可能丰富多彩，并以学生喜闻乐见的形式表现出来。在课堂教学中，教师通过制作多媒体课件，充分发掘和巧妙运用红色文化资源，如图片、经典文献、影视片段等，以增强教育效果。传统的红色经典如《红岩》、《红旗谱》、《青春之歌》、《保卫延安》等文学作品，《刑场上的婚礼》、《高山下的花环》、《铁道游击

---

① 徐朝亮、周琰培：《利用红色文化提升大学生思想政治教育成效》，《继续教育研究》2009年第7期。

队》、《中华儿女》、《周恩来》、《焦裕禄》等影视作品,《义勇军进行曲》、《东方红》、《保卫黄河》、《长征》等音乐作品,《毛主席去安源》、《开国大典》、《江山如此多娇》等美术作品;近年的红色佳作如《太行山上》、《我的长征》、《八月一日》、《恰同学少年》、《彭雪枫》、《亮剑》、《夜袭》、《复兴之路》、《建党伟业》、《建国大业》、《辛亥革命》等,教师可以在课堂教学中根据课程进度和教学内容的需要,有针对性地精心挑选一些红色文化纪录片和影片在课堂上播放,组织学生认真观看,观后让学生讨论或者写一些观后感或心得体会类的文章,作为学生平时成绩的一部分。

或者组织学生开展"红色文化"主题班会、专题研讨、演讲等活动。如,教师可给出一些议题,"如何科学评价毛泽东和毛泽东思想?"、"邓小平同志的三落三起给你什么样的启示?"等,组织学生在课堂上展开热烈的讨论,并记录在册作为学生平时成绩的一部分。其他课程如在《思想道德修养和法律基础》、《中国近现代史纲要》等思想政治理论课的教学中也可以采取类似的教学方法以激起学生课堂参与的积极性和主动性,在潜移默化中接受红色文化教育。也可以在课堂上使用红色文化教辅材料,抽取一定的时间在课堂上集中对学生进行红色文化的教育,学习完毕后,组织学生进行红色文化知识竞赛或辩论活动,或举行一次开卷考试。

除此之外,学校可组织相关人员集中编撰《大学生红色教育简明读本》,并将其纳入思想政治理论课课程体系当中,要求学生作为必修课来完成,进一步加大在校大学生红色文化的普及力度,深入贯彻、落实红色文化教育,增强红色文化教育的时效性。

(二) 向课外延伸

课堂上红色文化理论的学习使大学生对红色文化有初步的了解。但是,红色文化绝不是僵化的一厢情愿的纯理论说教,仅靠课堂上的理论灌输,起不到应有的教育效果。要使学生真正理解红色文化的内涵和精髓,能够真信、真学、真懂红色文化,必须让学生走出课堂,使红色文化教育实现理论与实践、课堂与课外的有机结合。

1. 参观红色纪念馆和红色基地

相对于单纯的课堂教学而言,坚持红色资源教育与大学生社会课外实践活动相结合，使大学生在社会实践活动中接受革命历史和传统教育，可增强红色文化教育的实践性和实效性，达到"寓教于乐"的效果。如，学校可定期组织大学生参观红色文化纪念馆和红色基地，利用红色文化纪念馆与红色基地，再现革命历史与红色精神，对大学生开展现场教育，是红色文化教育的重要特点之一。充分利用红色文化展馆和红色基地对大学生展开丰富多彩的红色文化教育，使学生在特定的历史氛围和环境下感受、理解红色文化的深层内涵，让受教育者在耳闻目睹，不知不觉中实现了与主流意识形态的沟通，为社会构建了强烈的文化认同感。给大学生带来心灵的震撼和思想的洗礼，激发他们强烈的爱国情怀和社会责任意识。

为使活动落到实处，收到实际的教育效果，高校可以考虑与当地的革命教育基地合作，使教育基地成为学生的社会实践基地，定期组织大学生深入教育基地接受革命教育，也可以选派一些优秀的大学生到红色基地做义务讲解员。通过参加这样的活动，一方面，学生可以身临其境地在讲解过程中增长红色文化的相关知识；另一方面，回校后学生可以把在红色基地学到的知识向全校学生做一次汇报演说，为全校学生进行一次红色文化知识的普及。

2. 组织"红色宣讲"活动

为让学生真切感受红色文化的精神，实现与红色精神和红色任务的"近距离"接触，学校可以不定期邀请相关人员深入校园或课堂开展红色文化宣讲活动。比如，可以邀请红色资源研究专家、学者，资深红色宣传员座谈或做专题讲座，老红军或其后代深入课堂宣讲红色事迹。这种现身说法的教育方法，可以给学生一种身临其境的感觉，增加学生的兴趣和信任度，容易激起学生的共鸣，收到较好的教育效果。有条件的学校还可加强同有关媒体的合作，开辟红色文化教育进校园的新渠道，如高校与电视台合作，策划和实施红色音乐进校园。

也可以经常组织大学生走出校园，到社区、企业、农村宣讲红色精神；组织学生就红色精神进行科学研究，创作编排有一定深度和文化底蕴的弘扬红色精神的文艺作品，建立校园红色文化体系等。或组织大学生深入周边中、小学校进行红色文化义务宣讲，开展"大手拉小手"的活动等，让红色文化的精神传遍社会的各个角落。

3. "红色假期"志愿活动

高校可以组织、号召大学生利用寒暑假时间积极参与各种红色文化活动。如，深入红色基地和红色场馆展开调研红色资源活动；到革命老区开展红色旅游、体验红色生活、重温红色历史；或组织优秀大学生或党员举行"红色文化下乡"慰问演出等活动。

通过组织丰富多彩的课外活动，容易激起大学生对红色文化的强烈兴趣和参与意识，他们在活动中切身体会老一辈无产阶级革命家的革命精神，从中体悟红色文化的深层内涵和精髓，实现由感性认知到理性认知的提升，增强红色文化教育的实践性与实效性。

（三）组织校园红色文化活动

校园文化是对学生进行思想政治教育的重要环节和有效载体。高校应当坚持用先进文化、红色文化来引领和充实高校文化建设。激起学生对红色文化的兴趣与激情，让他们主动参与活动并在活动中潜移默化地受到红色文化的熏陶和教育。

为使校园红色文化活动有声、有色、有效地开展，而不流于形式，高校一定要密切注意红色文化在校园传播的广度和深度，这不仅取决于传播的内容和形式，还取决于红色文化是如何进行传播，采用什么传播媒介手段进行传播。我们认为，要实现红色文化在高校中的有效传播，必须整合媒介资源，建设校园红色文化传播体系，使更多的人可以参与到红色文化传播中来。为此，高校可以红色资源所承载的红色文化为主题，在校园内组织、开展丰富多彩的红色文化学术、艺术、娱乐等活动。如，学校可以利用校报、广播、电视等媒体加强对红色文化的广泛宣传和普及教育；学校可以在校园网开设"红色网站"，将思想政治内容充实到网站的各个栏目，将感人革命故事、经典革命歌曲、惊险革命场景、典型红色电影等上传网站，并组建网上评论员队伍，开辟"红色论坛"专栏。通过"网上来、网上去"的方式，使网站成为学生思想政治教育工作的有效载体和途径，成为以人生导航为切入点的集思想教育、理想信念教育、素质培养、信息服务为一体的综合性网站，网上网下联动、全程关注、全程覆盖的立体交叉思想政治教育网络系统成了广大学生心海导航的明灯。

学校也可以利用重大红色历史事件纪念日，五四运动周年纪念日、建党周年纪念日、建军周年纪念日、长征胜利周年纪念日、抗战周年纪念日等，在高校开辟红色文化讲坛、红歌会、红色演讲等；有条件的学校可以利用优秀的红色影视、歌曲等红色文化资源，开展红色电影放映周，大型红色歌舞汇演，红色音乐演奏会，红色征文比赛和书画展等活动。

总之，利用多种多样的活动，拓展红色文化传播的途径，加强对大学生的"红色文化"教育，加大对大学生进行红色文化的宣传，使"红色文化"教育延伸到校园生活的各个角落中，从而使红色文化在大学校园中随处可见、可感、可学，主动地、多方面、多角度地了解红色文化，传承红色文化精神，形成良好的校园"红色文化"教育舆论氛围，以保证红色文化为基础的高校思想政治教育有序、有效开展，红色文化真正进入大学生思想和灵魂深处，在潜移默化中影响大学生世界观、人生观和价值观的确立。

三 结语

"红色文化"是中国特色文化，是社会主义先进文化的重要组成部分。大力弘扬"红色文化"，加强大学生"红色文化"教育，不仅是对民族文化和民族精神的再度审视，也是对民族文化的继承和发展。大学生是祖国的未来，是国家振兴和民族复兴的希望所在，他们肩负着维系祖国命运与前途的历史重任和使命。为此，加强大学生"红色文化"的教育有着深远的意义。高校应该利用好这笔宝贵的教育资源，充分挖掘红色文化所具有的价值与功能，紧密结合高校思想政治理论课的教育现状和实际，将红色文化巧妙融入思想政治教育体系当中，充分彰显红色文化的育人功能和精神食粮作用，用红色文化的内涵和精髓加强对大学生进行共产主义理想信念教育，使之成为有理想、有道德、有文化、有纪律的社会主义新人。

（作者单位：浙江理工大学马克思主义学院）

浅谈如何走出我国"红色文化"传播的误区

陈沐岸

随着世界经济全球化和我国改革开放进程的不断加快，在我们的日常生活中，各国文化相互交流，文化的多样性深深地影响着我们的物质生活和思想观念。特别是我国在原先高度集中的计划经济体制下，国家和社会的文化呈现出绝对一元化的特点，而现如今面对世界各种文化的进入和冲击，尤其是西方文化，我国特有的文化体系和价值体系遭受到极大的威胁。因此，胡锦涛同志在党的十八大报告中指出："建设社会主义文化强国，必须走中国特色社会主义文化发展道路，坚持为人民服务、为社会主义服务的方向，坚持百花齐放、百家争鸣的方针，坚持贴近实际、贴近生活、贴近群众的原则，推动社会主义精神文明和物质文明全面发展，建设面向现代化、面向世界、面向未来的，民族的科学的大众的社会主义文化。"

在如此背景下，"红色文化"作为社会主义文化的重要组成部分，如何进行有效的传播，使其能够获得最好的传播效果，充分利用"红色文化"的价值，从而有利于我国社会主义文化的建设，将是我们不得不面对的课题和挑战。

一　红色文化的概念

（一）核心内涵

当代的"红色文化"在广大人民群众心目中主要与政治文化相等同。一方面是由于官方或者是学界对"红色文化"都没有明确的界定，另一方面是由于"红色文化"在其形成和发展的过程中同中国的政治发展变革紧紧联系着，因此给人们"红色文化"等于中国现在的政治文化的印象。

本文在参考了大量文献之后，认为"红色文化"可以分为广义和狭义两个部分。广义的"红色文化"指的是从世界共产主义运动以及社会主义整个历史发展过程中世界各国所形成的人类的进步文化。相对于广义上"红色文化"的范围，狭义的"红色文化"主要是指"在新民主主义革命和新中国成立后长期的革命和建设过程中，充分吸收、借鉴和整合中华民族优良传统文化，大胆吸收和借鉴国外先进文化，并和中国国情相结合内化凝结而成的以革命精神为激励，以正向价值观为特点，以崇高信念为追求，以明确荣辱观为要求的社会先进文明的总和"①。

（二）外延

当然，除了明确"红色文化"的核心内涵，我们更应该认识到其外延。"红色文化"的外延能够充分体现出它与政治文化的区别。"红色文化"的外延一方面是指在新的历史时期中，红色文化精神伴随着时代的发展而发展。例如全心全意为人民服务的"雷锋精神"；特别能吃苦、特别能战斗、特别能攻关、特别能奉献的"载人航天精神"；自强不息、顽强拼搏、万众一心、同舟共济、自力更生、艰苦奋斗的"抗震救灾精神"等。"红色文化"作为从革命文化中诞生的文化，其本身具有强大的生命力和群众影响力，它扎根于我国的优秀传统文化，在实现中华民族伟大复兴的征途中深深地鼓舞着人民群众。另一方面"红色文化"的外延也包括各种与"红色文化"有关的文化产品、文化产业和文化品牌等。

二 我国现今红色文化传播的误区

（一）传播主体：过于重视商业价值

"红色文化"作为一种文化，本身具有文化价值和商业价值。对于

---

① 赖宏、刘浩林：《论红色文化建设》，《南昌航空工业学院学报》（社会科学版）2006年第4期。

各地政府而言，加强"红色文化"的传播既可以迎合主流意识形态，又可以给当地的"红色文化"产业带来很好的宣传广告效果。

不过，在传播"红色文化"的过程中，出现了诸多挂羊头卖狗肉的现象。表面上是借着"红色文化"的旗子进行宣传传播，但是实际上却充斥着各种各样的商业味道，截取"红色文化"中的某些噱头进行夸大宣传，而完全忽视了"红色文化"的精髓和精神，让受众在获取相关信息的时候产生一种错误的认识，严重误导受众。例如某红色革命旅游区为了吸引游客，开发了一种活动，活动内容竟是让游客假扮日本兵进村抢花姑娘，官方称这是让游客了解这段历史。

忽视"红色文化"的精髓，为了商业利益而胡乱给各种活动冠以"红色文化"的种种行为，其实是很值得思考的。这里面最重要的原因是商品经济充斥着整个社会，无论是民众还是政府都以"钱"为中心，同时原有的社会价值的分解，使得红色信仰很轻易地受到商业话语的消解，人们有意识地进入一种"摆脱红色"后的精神狂欢。受众享受着这种"摆脱红色""践踏红色"的精神娱乐和物质享受，而作为"红色文化"的传播主体则获得了相应的商业利益。

"红色文化"资本的发展本应是文化和资本的相互融合，资本推动"红色文化"的发展和成熟，让"红色文化"在市场中跟其他的商品进行竞争，从而使其能够在竞争的环境中获得发展的同时带来一定的商业利益。但是，目前的情况是传播主体为了取得一定的经济利益而传播"红色文化"，放弃了对"红色文化"本身的尊重，更是忽视了对"红色文化"中符合时代发展需求的价值的发掘，一味地迎合市场的需求，致使"红色文化"附庸于各种庸俗化、功利化的文化中，让曾经受人尊重、鼓舞人心的"红色文化"变成任人践踏的"非主流文化"。

（二）传播内容：空壳化

"红"作为一种色彩，在我国传统文化中具有欢乐、祥和、喜庆的象征意义。从新民主主义革命以来，特别是新中国成立之后，伴随着"文化大革命"的到来，"红色"被人为地赋予了革命、热忱、团结、奋进等带有特定意识形态色彩的含义。现在人们一提到"红色文化"，往往就会自然而然地联想到那段火红的革命年代。"红色文化"在特定的年代曾在我国社会中占据绝对的主流文化地位。"红卫兵"

"红领巾""东方红""红色娘子军"等都是反映了那个特殊年代的特定文化现象。

可是,我们也注意到,由于我国的宣传工作过去长期处于一种说教式的传播模式,在传播的过程中不重视传播的方法和效果,给受众形成一种内容单一、空洞、假大空、令人反感的传播印象。因此,"红色文化"本身已经在受众的印象中有着某种特定的认识,从传播学角度看这叫"受众的刻板印象"。如果现在对"红色文化"的传播依然是说教式的、一厢情愿的,而且这种传播呈现出一种人为的、官方大力推动的爆炸性传播,应该说这种传播的效果是否能够让受众产生共鸣、凝聚当代受众的精神,是值得商榷的。这种说教式传播、抽空具体内涵的做法使得"红色文化"呈现出空壳化的结果。如何让今天的受众深入了解"红色文化"所包含的崇高美,已经成为我们必须面对的难题。假如只是为了迎合各种活动的需求而进行红色宣传,除了显示一种训导主义的霸道和教条之外,难以取得很好的传播效果。这种空壳化的传播所导致的另一个严重后果是"很多传播主体明知道传播效果不佳,而且很难深入人心,但还是依然装模作样,花费大量的人力物力,形成一种自己都不相信自己所传播的、令人没有信心的'应景式'传播的怪异现象",而传播受众更是表现出对"红色文化"的不屑,严重颠覆和漠视"红色文化"所蕴含的主流价值。

(三) 传播方式:陈旧单一

目前,我国的"红色文化"在与其他文化的竞争中依然处于劣势的原因之一与传播"红色文化"的方式较为陈旧单一有关。

想要吸引受众的注意力,需要让受众跟传播内容产生共鸣。而产生共鸣的前提就是受众要能够接收到相关的传播内容。

我党的宣传工作长期以来主要采取运动式的、急风暴雨般的宣传,缺少长效机制。例如,地方政府或机关只有在上级部门下达要求借某个契机进行宣传的时候,才会临时进行宣传,而宣传的方式常常采用开大会、作报告等单一陈旧的方式。这些运动式的宣传方式在某些时候能够产生相应的效果,能够让群体的感染性、暗示性等特征充分发挥,能够在极短的时间内最大程度地把舆论引导到正确的方向。但是,这种宣传方式也存在很多的不足,例如追求形式感、做表面文章、不讲时效、搞形式主义，特别是对社会上一些根深蒂固的问题，很难通过这种宣传方式得以解决。

改革开放之前，由于所有制的单一化致使意识形态的宣传方式采用运动式的、自上而下的灌输方式。但是我国自改革开放以来，社会的开放、所有制形式的多样化等大幅度、全方位地改变着人们的生活方式和思维方式。意识形态"从对社会意识的全面控制转变为法定边界内的控制，政治生活不再是人们生活的全部，社会生活、私人生活的空间越来越大"①。因此，假如意识形态宣传依然延续以往的方式，效果必定会不如人意。而"红色文化"作为一种具有强烈的意识形态的文化，它也就相应地面临着转变传播方式的任务。现代的传播，特别是有网络以来，传播讲究的是传播者和受众的对等，受众已经不再是以前那种被动接受的角色了。所以，转变传播方式是传播"红色文化"的必然选择。

（四）传播受众：忽视受众的需求

受众作为传播内容的接收源，是整个传播活动的归宿。因此，在"红色文化"的传播过程中，受众占据着十分重要和关键的地位，对传播的有效性起到了决定性作用。

受众的需求是传播的起点，只有当受众产生一定的需求，才会主动的接触媒介或者说接收某些传播的信息。"红色文化"的传播过程同样需要关注受众的需求。

受众在"红色文化"传播中的心理需求包括：首先，"红色文化"的传播可以满足受众某种程度上追求崇高的心理需求，"红色文化"中的各种英雄人物所代表的崇高品质，在人自我发展的过程中面临困难、危机的时候，给予了特殊的精神鼓励；其次，"红色文化"的传播还可以满足受众求知探索的心理需求，"红色文化"的传播中带有革命战争年代的相关信息和知识，这既能够解答受众对于革命战争年代的一些特定的问题，也能够满足受众关于革命战争年代的历史的好奇心；最后，"红色文化"的传播可以满足受众娱乐缓释的心理需求，我国的受众从小就生活在特定的意识形态的环境中，因此，对于"红色文化"的了

---

① 杨河主编：《社会主义和谐社会与意识形态》，北京大学出版社2009年版，第178页。

解和态度已经在潜移默化中产生,所以,"红色文化"传播中的一些产品在与市场结合之后满足受众的精神和娱乐需求,例如近几年来出现的电影《建国伟业》、《集结号》,芭蕾舞剧《红色娘子军》等一些叫座又叫好的作品。

可是,我们发现,在传播"红色文化"的时候,传播者没有很好地了解受众的心理需求,或者满足受众的心理需求。例如,有些作品为了突出英雄人物的勇敢、机智,胡编乱造地夸大历史,完全无视现实,前段时间有部抗日电视剧,剧中出现了一幕让人匪夷所思的场景,抗日女英雄一开始遭到日本兵的围攻,因寡不敌众惨遭轮奸,在被三个日本兵轮奸之后,女英雄在痛苦中突然挣扎着抓起了地上的弓和箭,翻身而起,裤子自动穿上,抽出弓,搭上箭,每一发都有三支箭,箭无虚发,一众日本兵纷纷被射倒。本来这一幕的目的主要是为了突出女英雄伟岸的形象,可是,由于不尊重实际,严重夸大了女英雄的能力,不仅仅没能满足受众追求崇高的需求,反而让受众大跌眼镜,直呼天雷滚滚,变成一幕闹剧。还有一些"红色文化"作品,没有照顾到通过展现历史事件来展开历史叙述,用十分简化的、脸谱化的历史事件和人物,说教式地传输一些道理和精神,这样做很难满足受众对于革命战争或者特定年代历史的探索需求。而受众对这些"红色文化"传播中"诸如片面、极端、虚夸、脱离实际、主题单一等现象所表现出来的怀疑、反感、抵触甚至否定、排斥的心理,很容易就引发受众对于'红色文化'的逆反心理"[①]。这种逆反心理如果一旦产生,就很可能会泛化,导致对后续的"红色文化"传播产生不信任。

三 如何走出我国现今红色文化传播的误区

我们已经谈了现今我国在"红色文化"传播过程中所面临的问题,如何解决这些问题并走出误区,使得"红色文化"传播的方式和效果得到最大程度的优化,应该做到以下四个方面:

第一,更新"红色文化"传播的理念,坚持以人为本,尊重人性。

---

① 曾喜云:《红色文化资源开发利用中存在的问题、原因及对策》,硕士学位论文,华中师范大学,2008年。

"红色文化"在我国建设社会主义核心价值体系中起到了重要作用,大力发扬"红色文化",有赖其有效传播。而当今世界,文化纷繁复杂,各种思想和思潮此起彼伏,"红色文化"面临着前所未有的挑战和威胁。受众在面对如此众多的可以自由挑选的文化的时候,自主性是非常强的,不像以前只能接收一种单一文化。再者,"红色文化"在受众心目中已经形成一定的刻板印象,特别是年青一代对"红色文化"有一种逆反心理。所以,想要吸引受众的注意力,必须首先转变"红色文化"传播的理念,改变以往那种高高在上的姿态,把自己跟受众放在同一水平,尊重人性,让受众觉得宣传的内容和方式是平易近人、合乎人性的。受众现在的辨识能力越来越强,对于不真实、虚伪的传播内容,自然会产生抗拒、厌烦的心理。更新传播理念,坚持以人为本,就是要做到不人为拔高,客观对待事件或者人物,不回避、不淡化某些不足和缺陷,给受众一种真实情感,从而让受众对"红色文化"产生信任感。

第二,发挥大众媒体在"红色文化"传播中的作用。传播渠道中包括人际传播、组织传播和大众传播等方式,而在全球化、信息化时代,我们在巩固以往的人际传播、组织传播渠道之外,更应该重视大众媒体的作用,借助大众媒体本身所具有的覆盖面广、传播速度快、现实感强等特点,做到电视、网络跟报刊等诸多大众媒体形成全方位、立体的传播系统,保证"红色文化"在传播时间和空间上拥有必要的保证,从而达到有效传播。形成立体的、全方位的传播系统,这样做的目的是为"红色文化"传播提供一个环境。传播学中"拟态环境"理论认为,在"大众传播极为发达的现代社会,人们是生活在一个虚拟的媒介环境中,这是一个被大众媒介选择和解释过的世界。在这个环境中,人们不知不觉地深受媒体建构的象征性现实的影响,往往将拟态环境所传递给他们的信息当做对现实世界的感知,并依此调整自己的行为策略"[①]。因此,我们需要强化对"红色文化"的传播,利用各种大众媒介为"红色文化"制造出相应的"拟态环境",让受众置身其中,并接受潜移默化的影响,继而让受众的行为和行动作出一定的改变。这种通过"拟态环境"推动传播效果的方式,充分尊重了传播学的传播规律,不会给人一种赤裸裸的宣传的印象,而且能够获得长期、稳定的传播效果。

---

① 《兰台世界》上半月刊,2011年第2期。

第三,用"营销"的观念传播"红色文化"。传播"红色文化",主要的目标是传播"红色文化"中所包含的精神和思想,让"红色文化"的精神和思想给受众一种精神鼓励和支持,展现了"红色文化"本身的思想魅力。而用"营销"观念传播"红色文化",主要功能在于利用文化商品和商品文化全面参与到市场经济的竞争。我们知道,现代社会是一个消费文化的社会,商品是消费的载体,消费者通过消费商品来满足自身的思想、情感和物质需求。所以,"红色文化"必须借助商品这个载体,把自身的文化精髓赋予商品之上,让消费者在消费商品的时候感受"红色文化"的魅力和价值。就像西方文化在我国社会那么受欢迎一样,西方文化通过商品输入,让消费者在消费商品过程中感受、认知和融入西方文化,这种消费行为是一种主动行为,让受众在消费商品时主动接近商品之中的文化。既然把"红色文化"的产品当成一种商品看待,我们就需要利用"营销"的观念推广"红色文化"产品,把这些产品推向市场,寻找对应的顾客群,从不同顾客群的需求中开发出相应的产品,构筑"红色文化"商品价值链,愉悦受众,使受众在娱乐和欣赏"红色文化"商品的时候不自觉地得到熏陶,达到传播效果。

要让"红色文化"保持生机,在建设社会主义现代化中起到引导作用,就必须注重"红色文化"的传播。而面对"红色文化"传播中所出现的问题和误区,我们必须做到及时更新"红色文化"传播的理念,坚持以人为本,尊重人性,发挥大众媒体在"红色文化"传播中的作用,让"红色文化"与大众媒体有机结合,同时适应时代发展的需求,用"营销"的观念传播"红色文化",给予"红色文化"新的生命力和创造力,充分利用"红色文化"的历史资源。

(作者单位:广东科技学院)

陕西红色文化资源在高校思政教育中的作用及应用的思考

谷 曼

一 引言

"红色文化"是中国共产党人和人民群众在革命和建设的过程中共同创造的极具中国特色的文化产物,蕴含着在中国共产党领导下的革命时期的政治、经济特点和人民群众的精神面貌。红色文化作为中国共产党先进文化的重要组成部分,有着重要的价值体现和精神指向。当前,大学生面临着很多思想价值观念的冲击,他们在思维方式、生活方式、社会道德上都受到不同程度的影响。陕西是红色文化资源最丰富的省份之一,继承革命传统,发扬革命精神,弘扬红色文化,是加强和改进大学生思想政治教育的有效途径,对提高思想政治教育的效果,具有重要的意义。

二 陕西的红色文化资源

陕西红色文化资源可分为遗存资源和精神资源。遗存资源是革命战争年代在陕西留下来的中国共产党人和人民大众进行革命活动的文献、文物、革命战争遗址、纪念地等,是红色文化资源的有形部分。精神资源是凝结在物质性的红色文化资源中的革命精神、革命传统、革命历程以及中国共产党组织在革命战争年代中的政治、经济、文化、思想形态、规章制度和红色风情等,是红色文化资源的无形部分。

陕西红色文化资源数量多、分布广、影响大、内涵丰富,全省有革命遗址 2051 个，其中已确定为国家级爱国主义教育基地 19 个，省级爱国主义教育基地 30 个，市级爱国主义教育基地 49 个，县级爱国主义教育基地 128 个[①]。陕西的革命文献、文物、纪念地等历史遗址、遗存蕴含着丰富的革命精神和厚重的历史文化内涵。

陕西红色文化资源存在的一个重要特点，就是以革命根据地为依托，据此，按照陕西红色文化资源的历史空间分布，我们把陕西红色文化资源分为三部分：

（一）西北根据地的红色文化资源

西北根据地是以刘志丹、谢子长、习仲勋等为主的陕西共产党人在党的领导下带领人民经过长期艰苦的浴血斗争逐步建立的，党中央到达陕北后，在西北根据地的基础上，创建了陕甘宁革命根据地。西北根据地是土地革命战争时期存在时间最长、也是土地革命战争后期全国仅存的一块完整的革命根据地。陕西共产党人和广大人民群众，在创建西北根据地的革命斗争历程中，在陕甘边和陕北地区留下了丰富的红色文化资源，形成了西北根据地的革命精神。西北根据地革命精神的内涵是：独立自主的探索精神、团结奋斗的合作精神、勇于牺牲的献身精神、对党和人民的革命事业无限忠诚的精神。

（二）陕南苏区红色文化资源

陕南苏区指在土地革命战争时期，红四军和红二十五军创建的川陕和鄂豫陕革命根据地的陕西省陕南地区，包括今天汉中市、安康市、商洛市的 28 个县、区。陕南苏区红色文化资源是中国共产党领导人民在陕南进行的革命斗争中留下的宝贵资源，陕南苏区红色文化资源存在的一个重要特点就是陕南地区苏维埃政权的普遍建立，陕南苏区红色文化资源的精神内涵是：建国执政的坚定信念、执政为民的宗旨观念、人民当家做主的主体精神。

（三）中共中央在陕北时期的红色文化资源

抗日战争时期和解放战争初期，陕北作为中国革命的大本营，党中

---

① 万生更：《陕西红色文化软实力研究》，三秦出版社 2010 年版，第 52 页。

央领导全国人民在此战斗了十三个春秋，建立了陕甘宁抗日民主根据地，进行了转战陕北的延安保卫战，并在实践中形成了以坚定的理想信仰、不懈的艰苦奋斗、全心全意为人民服务为主要内容的延安精神，延安也因而成为中国的"红色首都"，这一时期也成为陕西红色历史上浓墨重彩的一章。

三 陕西红色文化资源在高校思想政治理论课教学中的作用

大学是人生接受教育最为关键的阶段，这个阶段最为突出的特点是逐渐形成个体的世界观、人生观和价值观。青年学生在这个阶段除了努力学习专业知识外，形成一个什么样的世界观、价值观是事关国家与民族振兴的大事。然而，近些年有关这个象牙塔里的天之骄子们迷失生活方向，进而导致种种不端行为的报道却屡见不鲜。反思这些现象的发生，与大学思想政治理论课教学有着直接的联系。为此，有必要将我党千辛万苦积累的红色文化资源结合到思想政治理论课教学中来，这将在高校的思想政治教育教学中发挥重要的作用。笔者认为，其具体表现在以下几个方面：

（一）红色文化资源为思想政治理论课教育教学提供了本源性优质资源

红色文化资源是指中国共产党成立起到全境解放期间所形成的革命理论、革命经验和革命精神凝结而成的革命传统。它折射着共产党人和人民军队的革命精神、思想作风和优良品质，彰显出中国革命理论的先进性，是中国革命最终能够取得胜利的强大的精神动力。中国共产党在人民军队进行革命斗争的实践中，始终坚持马克思主义信仰和共产主义信念，始终坚持党的先进性教育，始终坚持"为人民得解放"、"为推翻三座大山"、夺取新民主主义革命胜利的历史使命。由此可见，陕西红色文化资源中所呈现出的理想信念、政治立场、价值追求、精神品质与思想作风，与我们今天的思想政治理论课教育教学的基本内容同宗同源，同时在新的时代我们又赋予了红色文化资源新的内容，既体现其优质性，又凸显出教育的本源性。因此，红色文化资源为我们的思想政治理论课教育教学提供优质资源和本源性的思想理论教育支撑。

(二) 红色文化资源为思想政治理论课教育教学提供了正确的价值观导向

据 2002 年版《辞海》所释,价值观是"关于价值的一定信念、倾向、主张和态度的系统观点。起着行为取向、评价标准、评价原则和尺度的作用"。这说明了价值观是支撑人类生活的精神支柱,它决定着人类行为的取向,人类生活中有什么样的价值观就有什么样的行为取向,因而它对于人类的生活具有根本性的导引意义。就陕西红色文化资源彰显出的价值观来看,它再现了革命战争时期以毛泽东同志为代表的中国共产党人为实现最广大人民根本利益的价值观及其伟大实践,这种价值观与实践观科学地把党的利益、人民利益、国家利益、民族利益以及个人利益,统一到民族独立、人民解放、争取新民主主义革命胜利的伟大斗争中。这就客观真实地为思想政治理论课教育教学提供了正确的价值观导向。特别是延安红色文化资源中所呈现出的要忠诚于党、忠于革命首先就是要以党的利益和革命利益为重;忠于人民就是要把人民的利益放在首位,报效国家、献身革命就要坚持国家民族利益至上,坚持个人前途命运与国家前途命运高度统一。可见,在革命战争时期中国共产党人的人生价值观与我们今天的思想政治理论课的价值观教育教学内涵,形成了天然的"联姻",并为其提供了正确的教育教学导向。

(三) 红色文化资源为思想政治理论课教育教学奠定了优秀的革命文化根基

思想政治理论课教育教学的基本职能就是提高人们的思想政治素质,调动人的积极性、主动性、创造性,为人们的社会实践活动提供强大的精神动力。正如习近平同志所指出的"坚持思想建党和制度治党紧密结合。从严治党靠教育,也靠制度,二者一柔一刚,要同向发力、同时发力。现在,一个比较明显的问题就是轻视思想政治工作"[①]。由此可见,我们今天的思想政治理论课教育教学应该充分体现出先进文化的

---

① 习近平:《在党的群众路线教育实践活动总结大会上的讲话》,《人民日报》2014 年 10 月 9 日。

支撑性和根基性。陕西的红色文化资源承载着中国共产党人的先进思想和制度，承载着革命军人听党指挥、匡正勇胜的军魂，勇往直前、艰苦奋斗、不怕牺牲、敢于胜利的革命精神，保家卫国、爱国爱民的革命情怀，英勇牺牲、献身使命的革命气节。这种优秀革命文化的先进性，既被红色革命历史所印证，又被中国革命胜利的实践所检验，还被时代所认同和接纳。它的内涵特质、历史地位、精神价值，与我们今天的思想政治理论课教育教学基本内涵本源上达到了有机统一，因而客观上、本质上为思想政治理论课教育教学奠定了优秀文化根基。

（四）延安红色文化资源增强了思想政治理论课教育教学的感染力和说服力

陕西的红色文化资源是一种历史文化遗产，也是一种优质的教育教学资源，是人们超越时空感悟红色历史的客观载体。每一件珍贵文物、每一处革命遗址、每一个革命事件、每一位革命先辈、每一种革命精神，都以无可辩驳的事实展示着中国共产党人英勇斗争的光辉历史，都以不容置疑的史实诠释着中国共产党人热爱祖国、依靠群众、无私奉献、艰苦奋斗的思想道德境界，诠释着人民军队忠于党、忠于国家、忠于人民、爱国奉献的价值观和人生观。关于人生观、价值观、利益观和道德观等方面的教育，可以在陕西红色文化资源中找到真实的、有说服力的教育素材。开发、利用陕西红色文化资源成果，开展思想政治理论课教育教学，其优势就在于它不是空洞的说教，而是通过与红色革命历史事实进行对话，与中国共产党人正确的人生观、价值观和利益观对话，让大学生在深刻的思想内涵和信服的事实面前亲自去感知和体验，从而增强了思想政治理论课教育教学的吸引力和说服力。

四　陕西红色文化资源在高校思想政治理论课教学应用的几点思考

有效地借助和依托陕西红色文化进行高校思想政治教育，对大学生课堂教育、生活教育以及社会实践等方面进行引导，笔者认为可以从以下几个方面展开。

(一) 利用红色文化，丰富课堂的教育内容

课堂是对学生进行思想政治教育的重要场所。把陕西红色文化与课堂教育结合起来，不仅可以丰富思想政治理论课教学的内容，而且还能增强思想政治教育的感染力、亲和力和说服力。在继承革命前辈精神财富和光荣传统的同时，大学生的思想道德修养得到提升。高校在开展红色文化课堂教育时，应制定相应的课堂教育计划，制定培养目标和方向，明确提出计划实施方案，开展好评估与考核，从而让大学生更好地接受革命传统教育和爱国主义教育，促进大学生思想政治教育的科学发展。例如，在思想政治理论课上，就可以结合毛泽东等老一辈无产阶级革命家的人生历程来讲解，增加课堂的趣味性与生动性。

(二) 依托红色精神，增强大学生的生活感受

思想政治教育要取得成效，就必须坚持贴近学生、贴近实际、贴近生活。陕西红色文化蕴含着丰富的革命精神，承载着革命先辈的崇高理想和高尚品质，是我们取之不尽、用之不竭的宝贵精神财富。把延安精神与生活教育结合起来，引导大学生从一言一行和身边的点滴小事做起，使延安精神"无时不在、无处不在"，发挥潜移默化的功效，从而使他们牢固树立热爱祖国、决心为中国特色社会主义建设贡献自己全部智慧和力量的信念，让大学生的学习和生活更有追求和指引。

(三) 挖掘红色资源，大力推进校园文化建设

校园文化是高校思想政治教育的有效载体。把陕西红色资源与校园文化结合起来，充分发挥校园文化传承民族精神、体现时代特征、彰显青春活力的功能。例如，可以以红色资源所承载的红色文化为主题，开展丰富多样的学术、娱乐活动；可以在校园网设立"红色网站"，构建红色文化教育的网络阵地；利用学校的学报、校报、广播等媒体加强对红色文化的广泛宣传和教育；利用重大纪念日开展红色讲坛、组织红色演讲等，积极营造校园红色文化传播与教育的氛围，让良好的校园文化环境陶冶大学生的情操，塑造大学生的心灵，实现环境育人。

（四）借助红色载体，有效地开展社会实践活动

社会实践活动是思想政治理论课课堂教学的延伸和补充。借助红色载体，开展社会实践活动，有助于高校思想政治教育工作的全面发展。因此，要积极动员和组织学生充分利用课余时间和节日假期，投身到社会实践中去，可以组织学生去参观红色胜地、革命遗址、名人故居等，体验红军生活，重走红军路，亲眼目睹老一辈革命者的艰辛生活，身临其境地感受中国革命的来之不易，亲身体验延安红色资源的巨大魅力；还可以组织学生看望老红军、老战士，听他们讲述革命传统故事，帮助大学生重温历史、净化心灵、提高觉悟、升华精神。

（作者单位：中山大学新华学院）

以用为本：新时期传承延安精神的活力所在

谢霄男　李　净

延安精神是中国共产党在马克思主义指导下，结合自身实际，领导中国人民进行革命斗争实践而逐步形成，并随着党的中心工作的变化而不断充实和发展的精神文明成果。它在革命年代曾是党领导人民进行革命斗争的思想武器，是党密切联系群众获得人民群众拥护支持的法宝，是党领导人民革命建设新社会的精神动力。新时期，它在加强中国共产党自身建设和促进中国人民现代化建设中仍然发挥着重要作用。而要使延安精神发挥长效作用，就必须抓住"以用为本"这个核心，"以用为本"是新时期传承延安精神的活力之所在，其能推动延安精神在更高层次、更广空间上实现更大发展，在更广领域、更深范围里发挥更大作用。

一　新时期以"以用为本"激活延安精神传承事业的必然性

随着时代变化、社会发展、环境改变，延安精神传承事业也必然与时俱进，新时期要适应新情况、新形势下的新实践，就必须坚持"以用为本"为核心传承延安精神。传承延安精神以"以用为本"为核心具有其必然性。

（一）"以用为本"是推动精神转化为物质的根本前提

马克思主义认为人不仅有物质的需要而且有精神的需要。马克思曾指出："工人必须有时间满足精神的和社会的需要，这种需要的范围和数量由一般的文化状况决定。"① 在这里马克思明确强调了工人有精神需要。人们有精神需要，关键在于精神的能动作用。精神的能动作用的突出表现就是精神能转化为物质。列宁指出"观念的东西转化为实在的东西，这个思想是深刻的，对于历史很重要。"② 列宁认为观念、意识不仅能反映客观世界，并且能创造客观世界，强调观念、意识、精神具有创造性。江泽民在新的历史条件下更加明确地指明了精神能转化为物质，他认为"按照马克思主义的唯物辩证法观点，在一定条件下，精神可以变物质，精神的力量可以转化为物质的力量"③。而如何实现精神与物质的转化，关键在于精神是否真正发挥其精神支撑、动力源泉的作用，也就是在实践中实践者是否真正重视精神力量，是否真正做到"使用"精神，是否真正坚持"以用为本"。从这种意义上说，推动精神转化为物质的根本前提是"以用为本"。延安精神是实现国家繁荣昌盛、民族伟大复兴的精神支持和动力源泉，是华夏民族的宝贵精神遗产，其要真正能转化为物质力量，在传承的过程中，就必须抓住"以用为本"这个核心，以"使用"延安精神为途径，追求延安精神的"效用"为目的。

（二）"以用为本"是改变延安精神传承现状的迫切需求

毛泽东、邓小平、江泽民、胡锦涛等几代中央领导都对延安精神的现实价值做了高度评价，都明确强调要大力推进延安精神的弘扬工作。如胡锦涛同志于2006年赴延安考察工作时指出："在全面建设小康社会的伟大征程中，我们要把延安精神作为凝聚人心、团结奋进的强大动力，作为战胜困难、夺取胜利的重要法宝，让延安精神放射出新的时代光芒。"④ 然而在社会现实中，弘扬延安精神的效果却并不尽如人意，延安精神传承工作存在诸多问题。形式上，延安精神的话语体系过于官方、过于理论化；内容上，延安精神实质内涵深层次挖掘不够；载体上，延安红色景点保护程度不够，失真程度颇大，致使延安精神高高在上，远离人们的生活，难于进头脑，更难于转化为真正的行动、实际的

---

① 《马克思恩格斯全集》第23卷，人民出版社1972年版，第260页。
② 《列宁全集》第55卷，人民出版社1990年版，第97页。
③ 《毛泽东邓小平江泽民论思想政治工作》，学习出版社2000年版，第14页。
④ 《胡锦涛总书记春节期间在延安慰问和考察纪实》，《人民日报》2006年1月31日。

物质力量。调研发现,在延安农村,农民的思想依旧保守、落后,缺乏政治参与意识,缺少创新探索精神,对于具有革命旧址,延安精神发源地的延安,却仍存在这样的情况,不得不令人反思。而现阶段要真正弘扬延安精神,改变其传承现状,就必须以延安精神的作用发挥为重心,关键是要抓好"以用为本"这个核心。

(三)"以用为本"是保证延安精神长效作用的必然诉求

延安精神是我党革命先辈们用血和汗换来的精神宝藏,是我党的传家宝,因为它的支撑,革命先辈们勇往直前、奋力拼搏、浴血奋战,终于取得了国家的胜利,民族的独立。延安精神就是民族精神之升华,革命精神之结晶,时代精神之显现。深刻理解延安精神的丰富内涵,继承延安精神的这一珍贵的历史遗产,有着深远的现实和历史意义。胡锦涛同志特别指出:"延安精神是党的宝贵财富,要世世代代继承下去,发扬下去。"延安精神代代相继,永不断章,就要让延安精神发挥长效作用。延安精神的精神动力作用如何能够得到真正发挥则是制约延安精神长效作用的瓶颈,坚持"以用为本"为核心传承延安精神,抓住了"使用"和"效用"两个维度,遵循革命精神传承的内在规律,符合新时期、新形势、新情况下新要求的,是激活延安精神传承事业的活力所在,也是解决这一瓶颈的关键。只有坚持"以用为本",使延安精神深入人民群众的实践,才能使其获得现代气息,增强时代活力,才能使其真正发挥作用,真正让人民群众享受其实惠,从而深入人心,代代相继。否则在不久的将来,延安精神或许就剩下四个字,其内涵已经流失殆尽,后辈们可能会怀疑延安精神是否存在过,发生在延安的革命事迹是否真实存在。

二 新时期以"以用为本"激活延安精神传承事业的基础支撑

"以用为本"是新时期传承延安精神的活力所在,只有保证延安精神传承的"以用为本"才能真正弘扬延安精神,才能使延安精神发挥长效作用,而要始终坚持"以用为本"为核心,必须有坚实的基础支撑。

（一）科学化延安精神，树立"以用为本"的延安精神传承观

观念是人们在长期的生活和生产实践当中形成的对事物的总体的综合认识，也是人们对事物主观与客观认识的系统化之集合体。人们会根据自身形成的观念进行各种活动，包括对事物进行决策、计划、实践、总结等。因此实践正确的前提是观念正确。目前传承延安精神的实践效果不理想，很大程度上是因为存在某些错误观念，如弘扬延安精神只是喊口号，走形式；延安精神过时论；延安精神无效论等。新时期，要振兴延安精神传承事业就必须转变观念，端正人们对延安精神的认识，科学化延安精神，积极引导人们树立"以用为本"的延安精神传承观。树立传承延安精神需要"以用为本"，这既是时代发展与进步的需要，也是弘扬延安精神时代效用的迫切要求，即发挥其精神支持和动力源泉的作用。根据"使用"和"效用"两个维度，"以用为本"的延安精神传承观具体表现在两个方面：一是动态过程，指将革命精神转化为动力，指导实践，推动实践；二是静态角度，指通过评估活动，评估革命精神实际起到的功效和作用，再根据评估结果反馈进一步改进革命精神弘扬工作。在实际中，科学化延安精神，树立"以用为本"的延安精神传承观，才能进一步推动延安精神传承事业，真正保障"以用为本"为核心的延安精神传承实践。

（二）生活化延安精神，构建长效化延安精神传承机制

注重"以用为本"为核心传承延安精神，要大力开展延安精神的弘扬工作，扩大延安精神的影响面。要扩大延安精神的影响面，就必须多样化延安精神的弘扬方式，将其形式生活化，贴近人们的生活，让人们真正有路径去了解、认识延安精神。如重庆市组织的以践行社会主义核心价值观、弘扬中国传统优秀文化为主题的"唱读讲传"活动，因其"内容具体化、形式生动化、主体群众化、机制常态化"的特点，博得广大群众的热爱和支持。延安精神传承工作也完全有必要和有可能引入"唱读讲传"活动机制，创新"唱读讲传"传递的内容，使其成为弘扬延安精神的创新载体。以"唱读讲传"活动弘扬延安精神，唱，就是唱歌颂延安精神的歌，如《延安颂》、《只怕不抵抗》和《我们多么幸福》等；读，就是要读关于弘扬延安精神的书，如《延安精神》、《延安文史资料》、《延安轶事》等;讲,就是要讲在抗日战争和解放战争时期为革命奋斗的打动人心、催人奋进的人和事,如我党对任弼时同志道德品质和光辉人格的形象比喻"骆驼精神",自己动手丰衣足食的大生产运动;传,就是要传歌颂延安精神的经典警句,如延安精神语录。通过"唱读讲传"活动,将延安精神生活化,真正走进人们群众的生活。延安精神首先推进当地老百姓的生活,让当地老百姓真正领会到它的实惠,因为它发展强大起来,才能有将其推向全国、全世界的资本和强大支撑,也只有这样才能保证延安精神长效存在,才能长效化延安精神传承机制。

三 新时期以"以用为本"激活延安精神传承事业的实践

江泽民同志指出,"延安精神的实质内涵包括四个方面的内容,分别是坚定正确的政治方向,解放思想、实事求是的思想路线,全心全意为人民服务的根本宗旨,自力更生、艰苦奋斗的创业精神"①。突出"以用为本"为核心传承延安精神,就是要真正落实好这四个方面。本文试从一个"完人"的角度,即把延安精神看成一个完人,以这四个方面的实践合力来激活它的传承事业。

(一)激发"头脑"活力:树立坚定正确的政治方向

坚定正确的政治方向就是党领导人民进行革命和建设,要按照中国历史发展的客观实际,以中国人民的根本利益为宗旨,坚持科学的马克思主义政治方向。延安时期,中国共产党根据现实国情和国际趋势,坚持原则性与灵活性的统一,一切从实际出发确定革命的政治方向,先后制定了抗日民族统一战线和新民主主义革命总路线。正因为党坚持了这样的政治方向,才团结了人民,打败了日本帝国主义,争取了国家的独立,民族的解放。新时期,我们要坚定正确的政治方向,就是要做马克思主义的坚定信仰者,做中国特色社会主义的践行者。做马克思主义的坚定信仰者,就是要相信社会主义和共产主义,要用马克思主义的辩证唯物主义立场思考问题,观察问题,解决问题;做中国特色社会主义的

---

① 《十四大以来重要文献选编》(下),人民出版社1999年版,第1958页。

践行者，就是要高举中国特色社会主义伟大旗帜，坚持中国特色社会主义理论，走中国特色社会主义道路，拥护中国特色社会主义制度。坚定的政治方向是延安精神的灵魂，坚持它以激活延安精神的头脑活力，使之指导实践朝着正确的方向发展，保证实践的成功。

（二）激发"躯干"活力：坚持解放思想、实事求是的思想路线

坚持解放思想、实事就是的思想路线是在延安整风运动后确立起来的，其基本内涵是：一切从实际出发，理论联系实际，把马克思主义基本原理同中国具体革命实践相结合，坚持实践是检验真理的唯一标准的唯物主义思想路线。延安时期，为了克服主观主义和经验主义的唯心主义思想，确立科学唯物主义思想路线，我党开展了党历史上的第一次整风运动。长达4年的延安整风运动，使党在马克思列宁主义思想一致的基础上，获得了空前的团结和统一，使全党的马克思列宁主义水平提到了一个新高度，极大地增强了全党贯彻执行党的路线的高度自觉性，解放思想、实事求是的思想路线在全党得到基本确立。党的抗日民族统一战线，新民主主义革命路线等的制定和执行无不体现了我党解放思想、实事求是，理论联系实际的品质。新时期坚持解放思想、实事求是的思想路线，就是要求人民思考问题，观察问题，解决问题都要抛出成见，转变观念，从实际出发，理论联系实际，实事求是。解放思想、实事求是的思想路线，是延安精神的精髓，坚持它以激活延安精神的活力，使之推动"以用为本"为核心的延安精神传承事业发展，真正实现延安精神的精神支持和动力源泉作用。

（三）激发"手臂"活力：秉承全心全意为人民服务的根本宗旨

中国共产党自诞生之日起，就以人民解放事业为己任，坚定不移地践行着"一切为人民服务"的宗旨。毛泽东在《纪念白求恩》、《为人民服务》、《论联合政府》等报告中都对全心全意为人民服务这一宗旨做过精辟论述。毛泽东指出："全心全意地为人民服务，一刻也不脱离群众，一切从人民的利益出发，而不是从个人或小集团的利益出发；向人民负责和向党的领导机关负责的一致性；这些就是我们的出发点。"[①]

[①] 《毛泽东选集》第3卷，人民出版社1991年版，第1094页。

为人民服务，就是党的工作一切从人民的利益出发，时刻密切联系人民群众，做到向人民负责和党的领导机关负责的高度统一。延安时期逐步形成和完善的全心全意为人民服务的思想，在我国革命和建设实践中逐渐发展壮大，并成为我党的指导思想，成为延安精神的重要组成部分。新时期，秉承全心全意为人民服务的宗旨，就是要坚持密切联系群众，走群众路线，坚持集体主义价值观，要把集体利益、国家利益放在首位。秉承全心全意为人民服务的宗旨才能真正获得人民群众的支持和拥护，它能激活延安精神的"手臂"活力，助推延安精神传承事业发展。

（四）激发"腿脚"活力：培养自力更生、艰苦奋斗的创业精神

延安十三年，陕甘宁边区不仅面临日本侵略者的残酷扫荡和疯狂进攻，而且面临着国民党顽固派的军事包围和经济封锁。面对重重困难，边区军民在自力更生、艰苦奋斗的革命精神指引下坚持革命斗争。经济上，边区军民开展了轰轰烈烈的大生产运动，抗击了敌对势力的经济封锁，丰富了边区军民的物质生活，为党领导的革命事业的胜利提供了物质基础。军事上，党领导的革命力量把抗日斗争立足点放在发展壮大人民武装上，依靠广大人民群众，以持久的艰苦的人民战争反抗日本帝国主义的侵略。政治上，党始终坚持和践行群众路线，主张密切联系群众，奉行一切依靠群众，一切源自群众，一切为了群众的方针，不断发展壮大人民群众的力量，独立自主，艰苦奋斗。组织上，在极其艰苦的条件下，依靠自己的力量先后创办了"抗大"等二十多所"窑洞大学"，自己培养了大批德才皆备的优秀军政干部，为党领导革命的胜利提供了组织基础。正是在自力更生、艰苦奋斗的革命精神指引下，党不断壮大人民革命力量，充分发挥人民群众的革命作用，取得了新民主主义革命的伟大胜利。新时期新阶段，坚持自力更生、艰苦奋斗的创业精神就是要依靠我们自己的力量，排除艰难，英勇斗争，自力自强。培养自力更生、艰苦奋斗的创业精神，能让我们变大变强，是支撑我们前行的基石，是激活延安精神"腿脚"活力的关键，是推进"以用为本"的延安精神传承实践的重要一环。

综上所述，新时期，要振兴延安精神就必须坚持"以用为本"为核心传承延安精神，这是推动精神转化为物质的根本前提，是改变延安精神传承现状的迫切要求,是保证延安精神长效作用的必然诉求。以"以用为本"的延安精神传承观的树立和长效化延安精神传承机制的构建为基础支撑,对以"以用为本"为核心的延安精神传承实践进行浅略探索,在当今的社会历史条件下,有着重要的理论价值和现实意义。

(作者单位:电子科技大学马克思主义教育学院)

浅论海南国际旅游岛建设中红色文化资源的开发利用
——基于红色文化的德育视角

何宏米

2009年年底,《国务院关于推进海南国际旅游岛建设发展的若干意见》（国发〔2009〕44号）正式发布，标志着海南国际旅游岛建设上升为国家战略。海南国际旅游岛建设，关键是要充分发挥文化对旅游产业的提升功能。重视与文化的结合，加强与文化的深度融合，是海南国际旅游岛建设的重要方向和今后的工作重点。红色文化是社会主义文化的精髓，在海南国际旅游岛建设过程中有着重要的意义。

一 红色文化资源现状

海南是红色文化资源大省，革命先烈足迹遍布全岛。1927—1950年，中国共产党领导海南岛人民进行革命斗争，酝酿出了"二十三年红旗不倒"的琼崖革命精神。1926年，中国共产党开始在海南岛组织农民武装。1927年9月，中共琼崖特别委员会根据指示，将琼山、文昌、澄迈、陵水等县的农民武装统一编为琼崖工农革命军，并举行武装起义。1928年夏琼崖苏维埃政府成立，至1930年春，建立了阳江、母瑞山、六连岭、羊山等根据地。1932年秋，国民党军发动进攻，红军和根据地遭受严重损失。琼崖特委书记冯白驹带领剩下的一部分人员在母瑞山长期坚持斗争。抗日战争开始后，1938年12月，琼崖特委将琼崖红军游击队改编为广东省第14统率区民众抗日自卫团独立队。1939年2月，琼崖特委领导全岛军民开展独立自主的抗日游击战争。1941年

11月，成立琼崖东北区抗日民主政府。在抗日战争期间，独立队发展成琼崖人民抗日游击队独立纵队。解放战争初期，成立了琼崖民主政府。1947年，先后建成了白沙、保亭、乐东三县在内的五指山中心根据地。1948年秋至1949年夏，解放了全岛大部山区和农村。1950年海南岛解放。

海南省是中国共产党唯一一个"23年红旗不倒"的革命根据地。根据相关普查，海南岛目前有500余处红色遗址。海南革命遗址分布相对集中，海口、文昌、琼海、儋州、定安、澄迈等地处海南岛东部、北部的市县遗址较多。

二 海南国际旅游岛建设与红色文化资源建设

海南国际旅游岛建设，关键是要充分发挥文化的功能。重视与文化的结合，加强与文化的深度融合，深入践行社会主义核心价值观是海南国际旅游岛建设的重要举措。

社会主义核心价值体系是兴国之魂。十六届六中全会提出并论述了社会主义核心价值体系的内容、实质与意义。十七大强调要"切实把社会主义核心价值体系融入国民教育和精神文明建设全过程"。十七届四中全会提出"开展社会主义核心价值体系学习教育"。十八大强调要"积极培育社会主义核心价值观"。《国家中长期教育改革和发展规划纲要》（2010—2020）要求"立德树人，把社会主义核心价值体系融入国民教育全过程"。

红色文化是进行社会主义核心价值观教育的重要资源。2005年，中宣部、教育部等部门联合发布的《关于进一步加强和改进大学生社会实践的意见》提出，要"积极开展'红色之旅'学习参观"。深化社会主义核心价值观教育研究，深入挖掘当地丰富的红色文化资源，构建依托海南红色文化推进社会主义核心价值观教育的全新模式是海南国际旅游岛建设的重要课题。

红色文化是中国革命和建设光荣历史的见证。红色文化渗透着对中国特色社会主义共同理想的向往、对民族精神的传承、对时代精神的创造和对社会主义荣辱观的践行，是社会主义核心价值体系的内在组成部分。挖掘红色文化的内在价值，大力传承与弘扬红色文化，对培育社会主义核心价值观具有重要的意义。

依托红色文化推进社会主义核心价值观教育，需要构建科学、系统的红色文化教育内容体系，为社会主义核心价值观教育培育生动的载体。加强海南红色文化资源的系统性研究，实现全省红色文化资源的整体效益，不断把红色文化资源转化为价值观教育资源，建立红色文化产品体系，打造红色文化精品，创新红色文化传播方式，建立起全方位覆盖、多渠道渗透、情与理交融的红色文化教育新模式。贯彻科学发展观的理念，加强全省沟通协调，实现红色文化资源共建共享、社会主义核心价值观教育协同推进。

依托海南红色文化资源的开发与利用，深入践行社会主义核心价值观，提升海南文化品牌，促进海南国际旅游岛建设新常态。

三 海南红色文化资源建设中存在的问题

海南国际旅游岛建设启动以来，海南部分市县将红色旅游纳入当地发展规划之中。但是，海南各个地区红色文化资源的开发利用程度不一，存在很多问题。

1. 政府投资不足，民间投资过于薄弱。在对红色文化资源的保护和开发之中，政府扮演着重要角色。根据调查分析，全省红色文化资源开发还不充分，政府投资不足，且各地投入并不均衡，导致部分红色文化资源没有得到应有的保护和开发。由于当地经济水平有限，民间并没有把投资倾向于红色文化资源的保护和开发之中。在笔者调研中发现，琼海和儋州等地区，部分民间人士和群众通过捐赠的方式对部分革命遗址和纪念馆进行修缮和建设，但是民间资金投入仍然显得捉襟见肘。

2. 民间对红色文化资源认同感有偏差。通过调研和走访，部分老年人对过去的革命历史稍有了解，年轻人基本上不知道当地过去的革命历史。在某种程度上，当地民众对革命历史不是完全了解，民间也没有自觉地对当地红色文化资源进行更好的保护和开发形成一个统一的意见。

3. 政府对红色文化资源开发利用的宣传不足。在信息社会里，信息传达的形式呈现出多元化现象。在对红色文化资源开发利用的宣传过程中，仍旧过度依赖传统的媒介和官方媒体。对红色文化资源的开发宣传，大部分停留在官方的报道之中，没有在其他媒介中出现新颖或者有影响的宣传。

4. 红色文化资源开发利用的队伍良莠不齐。在海南国际旅游岛建设中，海南部分地区把红色文化资源的保护和开发作为当地旅游开发的一部分，以提升当地旅游的品牌和质量。但是由于条件限制，还没有建设起来专业的工作队伍。大部分游客只是从其他地方获得相关讯息，并慕名前来。由于没有专业的向导和解说员，游客只是走马观花式地"欣赏"一番，并没有满足其事先的期待。通过零碎化的了解，游客没有对这些地方形成深刻的印象。

5. 与红色文化资源相关题材的文艺作品缺乏。历史上，海南省在红色文化资源的保护和开发方面不断努力，创作出一批较有影响的关于红色文化的文学作品。革命歌曲、影视、舞剧等方面得到过社会的认可，但是远远没有充分地进行发掘创作。近年来，一批新的革命歌曲、影视剧相继问世，但是由于这些方式比较单一，缺乏新颖性，不能给观众带来新的视觉和听觉刺激。

四 德育视角下海南红色文化资源建设的对策思考

海南国际旅游岛建设的深入推进和社会主义核心价值观的践行，需要进一步对海南红色文化资源进行开发利用。

1. 深化认识，确保红色文化资源充分开发利用。红色资源是一种宝贵的财富，不仅具有经济价值，还有革命文化价值、历史文化价值、审美文化价值、社会教育价值。从经济价值来分析，它可以转变旅游资源，成为旅游吸引物，为影视创作提供素材，提高收视率，使相关的创作人员获利；从革命文化价值分析，它是进行革命传统教育的有效载体，给人以教育启迪；从历史文化价值来看，它是历史的记忆，历史的见证；从审美文化价值分析，它可以教育人、传承文化、给人教益。因此开发利用红色资源就是保护历史文化，保护经济资源，保护文化记忆，需在思想认识上高度重视。

2. 政府应该充分认识红色文化资源的价值，加大投资力度。在实地调研中发现，能够对红色文化产生兴趣的人员主要集中在党史研究和党政干部等部分领域。政府许多部门和人员并没有红色文化资源保护和开发意识。在相关的节庆期间，应组织大批公务人员前往红色文化资源景点和遗址处参观，或者在红色文化资源所在地建立纪念园，把党政人员放在这里定期组织培训。对文化资源的利用，必须坚持"保护为主、抢救第一"的方针和"有效保护、科学研究、合理利用"的原则。在旅游景点的开发过程中，政府适当地在红色文化景点方面增加投资，并出台相关政策以吸引民间资金投入到红色文化资源的保护开发之中。

3. 普及红色文化知识，传承优秀红色文化核心精神。红色文化资源的传承与发扬，需要得到民众的认可。在现有的资料中发现，对红色文化资源的了解比较透彻的群体主要集中在革命人士后代、高级知识分子、部分老年人以及相关学术研究者身上。年轻群体，尤其是本地的年轻群体里，甚至对当地的红色文化资源没有系统的了解，出现了红色文化资源传承与发扬的断层。通过多种方式的宣传与教育，培养青少年及民众的爱国主义情怀。红色文化的传承，需要其内在精神。在对其宣传之时，需要尊重客观事实，深挖背后的故事，了解核心精神，才能达到预期的效果。

4. 宣传途径多元化，提升宣传力度。在经济高速发展的社会里面，信息的传递也在飞速地进步。在充分利用传统媒体进行宣传之时，也要不断地拓宽红色文化的宣传途径，通过形式多样的、百姓喜于乐见的方式，把红色文化资源整合后系统地传向社会，便于民众的接受。宣传教育要在立足琼崖革命精神的基础上，挖掘传统和人物事迹，全方位，多层次辐射。充分发挥红色资源的宣教主阵地、活教材作用，尤其加大对青少年的宣传教育，使海南的红色文化代代相传。开通相关红色文化资源景点的网站、微博和相关杂志，建立专门的宣传队伍，促进形式多样的宣传，加大宣传力度。

5. 建立导游培训制度，培养专业化导游。游客对海南当地红色文化的了解程度以及感兴趣的程度，受到导游和讲解员的很大影响。海南全省的红色文化资源分布不集中、开发程度不均衡，但是仍旧需要拥有一批优秀的向导和讲解员来宣传当地的红色文化资源。通过定期培训、异地交流工作、定期考核及建立专门的宣传队伍来提升红色文化资源的宣传质量，更好地保护和开发当地的红色文化资源。

6. 深入挖掘红色文化资源相关的文艺作品。文艺作品是生活方方面面在精神方面的反映，利于人们接受。在国共战争期间、抗日战争期间以及解放海南岛之后，海南产生了以一批优秀的音乐、话剧、舞蹈、影视剧等文艺作品，获得社会的普遍认可。在此后的年代里，关于红色文化资源方面的文学作品创作，没有产生巨大的突破。在文学创作的新时代里面，我们应该通过形式多样、内容丰富、手段多元的文学作品来唤醒沉睡已久的民众，在潜意识里培养人们对红色文化资源的保护和开发的理念。

7. 与海南省本土文化包括海南少数民族文化相结合。海南由于特殊的地域条件，本土文化保存得比较好，这更能够促进国际旅游岛建设中旅游业等多方面的开发和利用。黎族文化、苗族文化等构成了海南本土文化的一部分，与红色文化相互融合，形成了一种多元化的发展。在红色旅游开发中，用历史的、地方的、民间的文化要素，结合现代的、国际的、主流的方式，开发出现代游客所需要的休闲娱乐与文化认识的产品，让红色旅游经营的每一项内容，和活动的每一个环节都充分体现海南独特的文化魅力。

海南国际旅游岛建设，文化建设是核心，需要大力繁荣社会主义文化。红色文化是社会主义文化的精髓，在海南国际旅游岛建设过程中，对红色文化资源的开发利用程度显示出其发展水平。

（作者单位：海南大学马克思主义学院）

文化发展成果共享视域下红色文化共享的思考[*]

苗瑞丹

文化是人类社会赖以生存和发展的基础，是人类文明进步的重要标志。马克思在《1844年经济学哲学手稿》中，就从社会有机体各个要素是相互关联的内在系统思想出发，指出人类社会存在着"三大生产"，即人类物质生活资料的生产、个体生命的生产和再生产、人的精神或意识的生产，这三个方面是一个不可分割的整体，它们是"一切人类存在的第一个前提，也就是一切历史的第一个前提"。作为一种特殊的历史文化，红色文化是在长期的革命和建设实践中，形成的反映实践变化与历史主题演变的特定文化精神和文化形态，是中国共产党人继承弘扬民族优秀传统文化和积极吸纳人类先进文明的产物，也是推动中国特色社会主义文化发展繁荣的宝贵精神财富。党的十八大提出，"建设社会主义文化强国，必须走中国特色社会主义文化发展道路，关键是增强全民族文化创造活力"。中国特色社会主义文化发展道路是人民群众共建共享的道路，要在坚持以人民作为创造主体的基础上，让文化发展成果由人民共享，才能够真正增强全民族的文化创造活力。因此，在红色文化传承与创新的过程中，推动红色文化发展成果在共建的基础上由人民共享，这是我们党全心全意为人民服务的根本宗旨在文化建设方面的根本要求，也是坚持群众路线在文化建设方面的根本要求。

---

[*] 本论文是国家社科基金重大项目：《习近平总书记系列重要讲话思想精髓研究》阶段性成果，项目号：14ZDA001；厦门大学哲学社会科学繁荣计划项目"中国发展道路的理论与实践研究"阶段性成果。

一 人民性、共享性是红色文化核心价值的重要内容

"一定的文化是一定社会的政治和经济在观念形态上的反映。"① 红色文化是自五四运动以后,中国共产党领导人民群众在革命斗争和建设的实践过程中逐步形成发展的,反映了在一定时代背景下,人民群众社会精神生活的历史内容和精神运动的状况。红色文化的核心价值理念,是中国共产党领导人民群众在革命实践活动中形成的世界观、政治信仰和价值取向的集中体现。这种核心价值理念的本质特征是一种具有崇高性的精神性的价值,突出表现为全心全意为人民服务的无私精神,以及在这一精神指导下的人民性、共享性的价值取向。

人民性是红色文化的出发点和立足点。关于文化的本质,马克思在《1844年经济学哲学手稿》中,从人与自然的基本关系——劳动实践出发,研究了人的本质及其表现形式,并进一步揭示了文化的本质即人的本质力量的对象化。马克思认为,在劳动实践中,人的自由的有意识的活动的类特性使人在改造自然过程中,使自然打上人的烙印,促使"自然的人化"。同时在改造自然的过程中,人增长了认识自然的知识和改造自然的能力,人也被从原始的自然状态"人化"了。因此,文化即人化,文化是人的创造性劳动的结晶,是人的本质力量的对象化。作为中华优秀文化发展成果的重要组成部分,红色文化的本质也是人的本质力量对象化的产物,红色文化的出发点和立足点是人民性。在红色文化创建过程中,人民始终是真正的主体,劳动人民群众通过劳动实践和社会革命实践创造了红色文化,他们既是红色文化的创建者,又是红色文化的传播者。正如毛泽东所指出的,尽管劳动人民所创造的文艺在形式上可能会比较"粗糙",但这是一切文艺创作所需要的最生动和最基本的东西,是一切优秀文化创作的唯一源泉。回顾红色文化的形成和发展的历程,从五四运动马克思主义的传播,到土地革命时期革命精神的形成,再到抗日战争时期、解放战争时期伟大民族精神的形成,都是立足于饱含了人民群众主体创造性的伟大革命实践,是人民群众将革命实践与主体创造性相结合的历史产物。因此,基于唯物史观的立场,人民群

---

① 《毛泽东选集》第2卷,人民出版社1991年版,第694页。

众是历史文化的创造者,始终面向人民群众,依靠人民群众并服务于人民群众,亦是红色文化的基本出发点和立足点。

共享性是红色文化的落脚点和归宿点。从文化发展传承的历史与规律来看,文化具有被特定的群体所共有和共享的特性。正如美国人类学家林顿所说,文化是"特定社会成员们共有的、传承的知识、态度和习惯行为类型的总和"①。美国文化学家格特鲁德·杰埃格和菲利普·塞尔斯尼克也强调:"尽管文化植根于个人的需要和现实当中,但它不是一种个人的东西,应该将其视为全人类共同具有的或广泛见于人群的共同现象。"② 美国文化人类学家克鲁克洪和凯利更进一步指出:"文化具有为整个群体共享的倾向,或是在一定时期中为群体的特定部分所共享。"③ 这些观点都说明了文化的共有性和共享性。文化的传播性、扩散性和继承性,使文化具有为一个群体、一个社会乃至全人类所共享的特性。人民群众既是红色文化的创造者,同时也是红色文化的传承者与享有者,这不仅是文化本身具有共享性的体现,也是推动红色文化发展传承的内在要求。早在民主革命时期,毛泽东就论述了新的文化不应该是"少数人所得而私"的文化,应该是"一般平民所共有"的文化,应该以服务人民大众为新的发展方向,强调人民群众能够享有文化发展成果,追求实现文化公平。例如在福建苏区文化建设上,苏区通过发展各种教育事业,实现教育的普及性;通过鼓励军民进行文艺创作,实现人民群众精神文化生活的丰富;通过发展新闻出版事业,实现人民群众对科学文化知识的学习。这些举措体现了红色文化在创建与发展的过程中,注重保障人民群众作为创造主体享受红色文化发展成果的权利,而这种权利的享有,又能够进一步推动红色文化的传承与创新,为红色文化的发展提供精神动力和智力支持,成为红色文化传承发展的根本落脚点和归宿点。

---

① 周蔚等:《人类文化启示录》,学林出版社1999年版,第5页。
② [美]克莱德·克鲁克洪等:《文化与个人》,高佳等译,浙江人民出版1986年版,第61页。
③ [美]克莱德·克鲁克洪、W. H. 凯利:《文化的概念》,转引自拉尔夫林顿《世界危机中人的科学》,哥伦比亚大学出版社1945年版,第78—107页。

二 红色文化共享的当代价值与现实意义

在半殖民地半封建的旧中国,红色文化创建与发展使广大人民群众获得了思想上的觉醒和精神上的解放,丰富提升了人民群众的精神文化生活和科学文化素质。改革开放以来,我们党更加注重红色文化的传承与发展,坚持红色文化发展为了人民、依靠人民和由人民共享,充分发挥人民群众在红色文化传承创新中的力量源泉作用。以人民为本位,实现红色文化发展成果人民共享具有重要的当代价值与现实意义。

(一)红色文化共享是坚持中国特色社会主义文化发展道路的内在要求

中国特色社会主义文化是以人为本的社会主义文化,在文化发展目的上,强调文化发展为了人民;在文化发展动力上,强调文化发展依靠人民;在文化发展成果分配上,强调文化发展成果人民共享。马克思指出:"任何一种解放都是把人的世界和人的关系还给人自己。"① 社会发展基本宗旨应该是以绝大多数社会成员的利益为基本着眼点,人人共享,普遍受益是社会发展的终极目标。从社会的形成和发展来看,"全部人类历史的第一个前提无疑是有生命的个人的存在",② 每个个体人的存在及其对社会的贡献是人类社会存在和发展的前提和基础。以人为本作为中国特色社会主义文化发展的根本价值追求,首先体现在要让全体社会成员共享文化发展成果。作为中华优秀文化的重要发展成果,红色文化是新时期弘扬主旋律、推动马克思主义中国化与大众化的重要载体与手段。而这种载体与手段作用的充分发挥,要以广大人民群众能够享受到红色文化发展成果与资源为前提。只有通过多种形式的教育与文化活动,让人民群众切身体验与感受到红色文化的内涵与魅力,才能使人民群众更加深刻认识中华优秀传统文化的丰厚底蕴,深刻认识中国特色社会主义文化发展道路的价值内涵,才能增强中国特色社会主义的文化自觉与文化自信,从而形成巨大的中国特色社会主义共同理想凝

---

① 《马克思恩格斯全集》第 3 卷,人民出版社 2002 年版,第 189 页。
② 《马克思恩格斯选集》第 1 卷,人民出版社 1995 年版,第 67 页。

聚力。

(二) 红色文化共享是增强全民族文化创造活力的客观需要

回顾历史，在新民主主义革命时期，红色文化是中国共产党领导下的团结教育人民、打击消灭敌人的一支革命生力军。红色文化革命推动了家庭、宗族、婚姻制度的改变，以共产主义为核心的红色文化教育，提高了人民群众的思想觉悟和文化水平，激发了人民群众的文化创作热情与创作活力，促进了民主气氛和共产主义革命风尚的形成。红色文化在剔除封建文化及恶习，在推动传统文化的现代化进程中产生了深远的影响。审视当代，红色文化仍然是增强全民族文化创造力的强大精神动力。先进文化的积极引领，人民精神世界的极大丰富是一个国家、一个民族屹立于世界民族之林的基础。在当今世界激烈的文化竞争中，我们要在引领中国先进文化的基础上积极弘扬中华优秀传统文化，才能增强全民族的文化创造活力。先进文化的重要特征是人民性，只有坚持人民本位、具有高度人民认同度的文化才是具有先进性的文化。坚持红色文化共享是以人民为本位的价值理念的集中体现，能够在广泛动员人民群众自觉主动参与红色文化的传承与创新的过程中，寻找红色文化与大众文化的契合点，使红色文化的核心精神影响、传承、渗透进大众文化的内容与主题之中。通过红色文化积极引领大众文化的先进性，在中国特色社会主义文化建设中全面激发全民族的文化创造热情与创造活力。

(三) 红色文化共享是推动红色文化传承与创新的动力之源

人民群众是红色文化的创造者，也是红色文化传承创新的主体。在新时期要实现红色文化的传承与创新，要以人民群众对红色文化的共享为基础和保障。因为，文化"共建"的基础是人民群众对文化成果的"共享"，即人民群众享受文化发展成果的权益要得到应有的尊重和保护。关于文化权益的论述，马克思在《〈黑格尔法哲学批判〉导言》中，用"既有钱又有文化知识"来表述人的经济权益和文化权益，他指出："对德国来说，彻底的革命、普遍的人的解放，不是乌托邦式的梦想，相反，局部的纯政治的革命，毫不触犯大厦支柱的革命，才是乌托邦式的梦想。局部的纯政治的革命的基础是什么呢？就是市民社会的一部分解放自己，取得普遍统治，就是一定的阶级从自己的特殊地位出发，从事社会的普遍解放。只有在这样的前提下，即整个社会都处于这个阶级的地位，也就是说，例如既有钱又有文化知识，或者可以随意获得它们，这个阶级才能解放整个社会。"① 马克思的这一论述，形象地表述了工人阶级获得经济权益和获得文化权益是同等重要的，只有两者得到切实的获得和保障，工人阶级才能够解放自己，解放整个社会。文化权益的核心是公平性，即每个社会成员都拥有平等享受文化成果的机会和权利。在红色文化发展历程中，人民本位，注重保障人民群众的基本权益与实现人民群众的现实诉求是红色文化的重要价值理念。如通过实行基层人民民主选举，制定保障人民享有土地及基本生产资料使用权的民权法律制度，建立基于一切权力归劳动人民所有的人民民主政权，建立基于劳动人民男女平等、恋爱自由的新型婚姻法等举措，保障人民群众的基本权益，维护人民群众的基本民生，都是红色文化民权、民生、民主价值追求的集中体现。红色文化之所以能够持续的传承与发展，并随着实践与历史主题的发展演变不断创新，一个根本的动因就是人民群众在认同、喜爱、享受红色文化发展成果的基础上，不断积极参与红色文化的传承与创建，这是红色文化传承与创新的重要动力之源。

三 红色文化共享的路径分析

"共享"的前提基础是"共建"。红色文化共享要与红色文化传承创新相结合，在红色文化传承创新中实现共享，在共享中实现红色文化传承创新。在文化建设的理论和思路上，党的十六大首次将文化建设分为公益性文化事业和经营性文化产业两部分。公益性文化事业强调文化的意识形态属性，是国家的精神价值与文化软实力的重要内容，注重将文化的社会效益放在首位；经营性文化产业强调文化的商品属性，强调辐射力，兼顾开发文化的经济效益。作为中华优秀文化的一种特定的文化精神和文化形态，红色文化是中国人民在长期革命与建设的实践中，在吸收整合各种优秀文化思想的基础上形成的，具有较高的传承价值与社会效益。同时，在市场机制下对优秀红色文化资源进行科学整合与开发，促进红色文化产业化发展，也是增强红色文化影响力、实现红色文

---

① 《马克思恩格斯选集》第1卷，人民出版社1995年版，第12页。

化经济效益的重要途径。因此,在这一思路的指导下,红色文化的传承创新要在正确区分对待文化事业与文化产业基础上,将红色文化事业化发展与产业化经营相结合,实现社会效益与经济效益有机统一。

(一) 注重社会效益,推动红色文化事业化发展是实现共享的基本途径

在我国文化事业建设和发展中,要坚持把社会效益放在首位,坚持文化产品的生产和供应最大限度地体现人民性和公益性,积极发展公益性文化事业,加强公共文化服务。2011年党的十七届六中全会通过的《中共中央关于深化文化体制改革推动社会主义文化大发展大繁荣的决定》中指出:"加强公共文化服务是实现人民基本文化权益的主要途径。"① 因此,发展公益性文化事业是社会主义制度下保障人民基本文化权益的基本途径,是实现文化发展成果由人民共享的制度保障。在红色文化传承创新中实现共享,要将红色文化的社会效益放在首位,更加注重红色文化的意识形态属性,注重发挥红色文化的政治教育功能和文化教育功能。

在这一发展思路下,要通过构建公共文化服务体系、发展现代传播体系、建设优秀传统文化的传承体系,有效地推动红色文化在传承创新中实现人民共享。首先,要将红色文化传承发展纳入各类公共文化建设。要增加政府对红色资源开发与红色景区的资金投入,制定红色景区门票价格的法规,并逐步实现爱国主义教育示范基地向社会免费开放,以进一步突出红色文化的政治教育功能。在红色文化建设中,要注重将红色文化融入各类公共文化建设之中。要以校园文化建设、公共社区文化建设、新农村文化建设为载体,使红色文化的传播与校园文化、社区文化、新农村文化建设相融合,使红色文化融入人们日常学习与生活之中,让人们在具体的生活实践中感悟其精髓,在红色文化传承与创新中实现共享。其次,增强红色文化场馆与爱国主义教育基地建设,创新红色文化传承方式。要综合运用多种现代技术还原红色经典,增加红色文化的体验性与现实性。如在福建上杭县著名的"古田会议"展馆的

---

① 《中共中央关于深化文化体制改革推动社会主义文化大发展大繁荣的决定》,人民出版社2011年版,第23页。

红色文化传承方式的选择上,就采用了情景复原的方式。在"古田会议"展馆内,对"古田会议现场"进行了重新还原,参与者穿上粗布红军服,重温入党誓词。在闽西红军出发地旧址上建起来的红军长征园,参与者穿上草鞋、红军服,吃上红米饭、南瓜汤,真正地体验了红军长征的艰辛。这种让参与者身临其境、亲身参与的对历史场景的真实演绎,能够增强参与者对红色历史文化的共鸣,能够极大地增强红色文化传承的实效性,让参与者在现实体验中共享红色经典文化的深厚精神内涵与崇高价值信念。最后,构建红色文化网络,为红色文化人民共享提供现代化平台。红色文化的传承创新要与时代紧密结合,体现时代化的特征。信息化时代下红色文化的传承创新要积极借助现代传媒,发挥大众传媒的传播主渠道作用,这是实现红色文化的传播融入人民群众日常生活的有效手段。在红色文化的传承创新中,要在充分利用报纸、杂志、广播、电视、电影等传播媒体基础上,借助现代网络技术,构建现代红色文化网络。要充分利用现代网络技术开发利用红色文化资源,政府要给予一定的财力支持,设立专项投入经费,构建多层次、广覆盖的红色文化资源共享网络。通过建立红色文化网站、红色文化论坛,给不同层次的群体提供了解红色文化信息、交流红色文化学习经验的便利平台,对于在红色文化传承创新中实现共享起到极大的推动作用。

(二)兼顾经济效益,促进红色文化产业化经营是实现共享的有效举措

党的十八届三中全会指出,在深化经济体制改革过程中要使市场在资源配置中起决定性作用。在社会主义市场经济条件下,发展文化产业是满足人民多样化文化需求,实现人民享受多层次、高水平文化发展成果的重要途径。2014年10月15日,习近平在文艺工作座谈会发表的重要讲话中指出,文艺发展应该是社会效益和经济效益相统一,优秀的文艺作品,最好是既能在思想上、艺术上取得成功,又能在市场上受到欢迎。[①]在坚持把社会效益放在首位的基础上,兼顾经济效益,积极支持红色文化面向市场,建设红色文化产业基地,健全红色文化市场体

---

① 《坚持以人民为中心的创作导向 创作更多无愧于时代的优秀作品》,《人民日报》2014年10月16日。

系,推动红色文化产业化发展,是增强红色文化辐射力与影响力,实现人民群众在传承与创新中共享红色文化成果的有效举措。

红色文化的产业化经营与发展,要结合红色文化资源的特色与实际,在整合挖掘历史红色文化资源的基础上,运用综合手段,积极开发与打造红色文化品牌与红色文化产业链条,构建新型红色文化产业模式。首先,要以红色文化为主题,开发多种形式的旅游模式。红色旅游为人民群众亲身感受红色文化精神内涵,提升思想境界提供了十分生动的载体,同时又能够通过红色旅游产业的发展给革命老区带来可观的经济效益。如何增强红色旅游的魅力,创新红色旅游的发展模式,也成为提升红色文化产业水平的关键。例如,在福建红色旅游开发中,根据福建红色文化资源开发的现状,将福建红色文化与生态文化、古迹文化、绿色文化等有机结合起来,进行了以"红色、客家、生态"为核心的龙岩旅游模式,以"红、绿、古、俗"为特色的沙县旅游模式等复合旅游模式的尝试与创新。这些复合型的旅游模式,既能彰显红色文化的主流价值,又能够增强红色文化的吸引力和感召力,极大地丰富了红色旅游的内涵。其次,推动红色文化影视、红色动漫产业规模化发展。在合理整合红色文化资源基础上,要综合运用各种媒介,创作红色文化精品。红色文化影视产业,借助现代影视技术,既以最直观有效的方式弘扬了优秀传统文化与爱国主义,又能够创造一定的经济价值。例如,重大历史文献片《古田会议》以真实的历史为创作素材,再现了中国人民在中国共产党领导下革命斗争的光辉岁月,对于红色文化传承创新,提升区域红色文化的知名度起到了重要的推动作用。作为新兴文化产业,红色动漫产业有着极大的拓展空间和较好的发展前景。借助现代动漫技术制作的红色动画电影,对青少年等特定群体进行爱国主义与革命传统教育,对于推广红色文化的传播都具有较好的效果。最后,结合经济发展实际,积极打造红色经济品牌。挖掘和利用红色历史文化遗产,以历史革命纪念地及其所承载的革命精神为主要内涵,积极开发富有红色文化发展特色的红色经济品牌,既能够弘扬红色文化的精髓,让人民群众在文化消费中享受红色文化发展成果,又能够实现较好的经济效益,带动经济社会的协调发展。

结　语

总之，在传承与创新中实现共享，是我们党在红色文化发展传承中始终坚持群众路线的根本要求，为红色文化传承与创新提供了不竭动力。正如习近平在 2014 年 10 月 15 日文艺工作座谈会发表的重要讲话中所指出，文艺不能在市场经济大潮中迷失方向，不能在为什么人的问题上发生偏差，否则文艺就没有生命力。[①] 红色的传承与创新也不能够脱离人民群众，不能当市场的奴隶，这是红色文化传承与创新的基本立足点与重要价值旨归。

（作者单位：厦门大学马克思主义学院）

[①] 《坚持以人民为中心的创作导向　创作更多无愧于时代的优秀作品》，《人民日报》2014 年 10 月 16 日。

弘扬苏区精神,加强党的作风建设

罗礼太

中央苏区精神是老一辈无产阶级革命家从中国国情出发,与苏区军民一起开展武装斗争、土地革命、农村革命根据地建设培育而成的,是一部伟大史实的真实写照,对于中国共产党、对于整个国际共产主义运动,都具有重要的时代意义,这种精神不仅体现了中国共产党人的革命品质,而且彰显了马克思主义的理论和实践的本质要求。2011年11月,习近平同志在纪念中央革命根据地创建暨中华苏维埃共和国成立80周年座谈会上发表重要讲话时,将苏区精神的主要内涵概括为"坚定信念、求真务实、一心为民、清正廉洁、艰苦奋斗、争创一流、无私奉献"①这7句话28个字,概括得非常精辟、准确。这一精神既蕴含了中国共产党人革命精神的共性,又显示了苏区时期的个性,是中国共产党人政治本色和精神特质的集中体现,是中华民族精神新的升华,也是我们今天正在建设的社会主义核心价值体系的重要来源。当前,在全党深入开展以为民务实清廉为主要内容的党的群众路线教育实践活动的新时期,我们更要总结党在中央苏区时期执政的历史经验,大力弘扬苏区精神,为我们党加强和改进作风建设,提供了永葆党的先进性和纯洁性的重要启示。

---

① 《纪念中央革命根据地创建暨中华苏维埃共和国成立80周年座谈会在京举行》,《人民日报》2011年11月5日。

一 苏区精神的内涵

大革命失败后,中国革命进入土地革命战争时期。中国共产党领导的武装起义如火如荼,遍及全国12个省、约150个县的广大地区,建立了一个又一个革命根据地,即苏区。至20个世纪30年代前期,影响甚大的苏区达13个,其鼎盛时期的面积共40余万平方公里、辖区人口3000万,星星之火成燎原之势。苏区精神,就是党在领导创建、发展和保卫苏区革命实践中培育形成的伟大革命精神。它是各个苏区的广大红军指战员和人民群众进行革命斗争的强大精神力量,是表现党领导的民主革命历程"精神"系列的重要组成部分。从历史的文脉来说,它是井冈山精神的传承和发展,是长征精神的直接源泉。苏区精神的基本内涵,包括以下五个方面。

(一)坚定理想信念,深信"星星之火,可以燎原",坚守共产党人精神追求

习近平同志在纪念中央革命根据地创建暨中华苏维埃共和国成立80周年座谈会发表讲话:"我们要始终教育共产党员坚定中国特色社会主义信念和共产主义信仰,满怀信心地为全面建设小康社会、加快推进社会主义现代化而不懈奋斗。"[①] 当年创建和发展革命根据地时期,是我们党处于革命环境极为艰难、斗争形势极为恶劣的非常时期,与此同时,1930年毛泽东在中央苏区写作了著名的党内通信《星星之火,可以燎原》,坚信中国革命"星星之火",一定"可以燎原"。实践证明了这一科学预言:由坚定的政治信仰铸造的革命意志,是中国共产党人战胜一切艰难险阻,走向胜利,推进党的事业不断前进的强大动力。

苏区精神的力量,归根结底是信念的力量。在革命战争年代,苏区人民抱着坚定跟党走的信念,倾其所有,几乎把最后一碗米、最后一尺布、最后一块银元、最后一枚铁钉,都奉献出来支援红军、支持革命。这种对党和国家的真挚情感,源于红色信念的熏陶,植根于对党的无限

---

① 《纪念中央革命根据地创建暨中华苏维埃共和国成立80周年座谈会在京举行》,《人民日报》2011年11月5日。

忠诚。甘作共产主义"铺路石"的寻乌县革命烈士古柏，在跟随毛泽东进行革命斗争的征程中坚定不移地执行正确的路线方针政策，无论是被诬为"江西罗明路线"代表而受到党内错误斗争打击，还是红军主力长征后在赣南坚持游击战争，他始终坚定革命信念不移，直至壮烈牺牲。兴国县革命烈士江善忠，1934年12月在游击战争中被敌人包围，弹尽援绝，誓死不投降敌人，猛然咬破手指，从身上脱下白布褂用鲜血写下"死到阴间不反水，保护共产党万万年"的铮铮誓言，随后纵身跳下悬崖，壮烈牺牲。① 赣东北和闽浙赣革命根据地的创建人方志敏在狱中最艰苦的环境下，犹殷殷讴歌《可爱的中国》。他说"敌人只能砍下我们的头颅，决不能动摇我们的信仰！因为我们信仰的主义，乃是宇宙的真理！为着共产主义牺牲，为着苏维埃流血，那是我们十分情愿的啊！"② 这种对党和国家的真挚情感，植根于对党的无限忠诚，源于坚定的革命信念。

（二）解放思想，勇闯新路，坚持"反对本本主义"，彰显共产党人务实的品格

中国共产党领导的新民主主义革命，曾经遵从苏联经验，走"城市中心论"的道路。第一次国内革命战争的失败，昭示"城市中心论"在中国的破产，促使中共党内的部分有识之士认真审视中国国情，重新思考中国革命道路。以周恩来（在中央）、毛泽东（在前线）为代表的中国共产党人，否定以城市为中心的革命道路，确定以农村为中心的革命道路。从井冈山革命根据地到中央苏区的创建和发展，就是这种创造精神最为集中的体现和实践。

毋庸讳言，周恩来最初也信奉"城市中心论"。但是，他在参与中共临时中央政治局推行第一次"左"倾盲动主义路线的过程中，最先觉悟到此路不通。为此，他代表党中央写给各地党组织的指示中，不仅提出限制盲目暴动的种种条件，而且提出中国革命必须实行"农民武装割据"这种"特殊方式"。于是，在暴动中组织起来的小股武装力量纷纷开向山区或农村。1930年4月，周恩来赴共产国际汇报工作途中，

---

① 凌步机：《解读苏区精神的丰富内涵和历史地位》，《赣州晚报》2012年4月28日。
② 《人民日报重要言论汇编》，人民出版社2011年版，第30页。

在德国共产党机关报《红旗报》上发表《写在中华苏维埃第一次代表大会召开之前》一文，明确提出"农民游击战争和土地革命是今日中国革命的主要特征"。这是在中共党内、在共产国际论坛上最早提出的、中国革命"乡村中心论"思想。

同样，毛泽东开始也不可避免地信奉"城市中心论"。但是，他在领导秋收起义的过程中，最早认识到这条道路行不通。当时的革命形势，迫使他毅然率领农民起义军开上井冈山，正式建立中国共产党领导的革命武装——中国工农红军，创建中国革命的第一块农村根据地，接着，他和朱德、彭德怀、陈毅等一起转战赣南、闽西，成立红一方面军，开辟中央革命根据地，形成中国革命的中坚力量和中坚阵地。在理论上，毛泽东率先挣脱共产国际指示和苏联经验的束缚，于1930年1月，在《星星之火，可以燎原》的个人通信中，最早提出红军、游击队和红色区域的建立和发展是"促进全国革命高潮最重要的因素"。同年5月，他又写出名文——《调查工作》（即《反对本本主义》），深刻阐述理论与实践相结合的极端重要性，首次提出实事求是、一切从实际出发的"思想路线"的基本原则，进而首次提出马克思主义理论一定要和中国革命实际相结合的伟大结论，认为中国革命的胜利"要靠中国同志了解中国情况"，才能"从斗争中创造新局面"。共产党的正确而不动摇的斗争策略，要在群众斗争中产生，要在实际经验中产生。①

在创建中央苏区的过程中，毛泽东发挥极大才智，进行了多方面的创造性工作：在共产党的建设方面，提出思想建党、也要组织建党的党建路线；在政权建设方面，设计符合苏区实际的机构和法规，特别是培养了"廉洁奉公为民"的一代干部；在军队建设方面，提出党指挥枪、支部建在连上、政治工作是军队工作的生命线等建军原则；在经济建设方面，提出以农业为中心的建设方针等。这些都是马列主义书籍中没有的和与苏联经验不同的，都是中国共产党人自主创造精神的体现。

（三）勤政为民，"真心实意地为群众谋利益"，密切了党与群众的血肉联系

中国共产党从成立的第一天起，就明确其宗旨是代表全中国最广大

---

① 《毛泽东选集》第1卷，人民出版社1991年版，第115页。

人民的根本利益。而真正的共产党人，时刻考虑人民利益，决不谋私利。这种奉献精神第一次比较完整地体现在中央苏区，应该是在中华苏维埃共和国临时中央政府成立之后。此前，我们党在井冈山地区建立过湘赣边界政权，仅维持一年多时间。直到开辟了中央苏区，建立了中央临时政府，我们党才算在一个地区初步站稳脚跟，开始学习执掌政权。而"真心实意地为群众谋利益"的奉献精神，正是共产党和人民政权的真正价值与第一要义。缺乏这种精神，共产党和人民政权都不能立足。

毛泽东领导临时中央政府开展执政，很好地践行共产党的宗旨和展现共产党员的奉献精神，赢得了中央苏区人民群众的衷心拥护。而毛泽东本人在为人民谋利益方面，身体力行，以身作则，给苏区干部树立最好的榜样。1929年4月，毛泽东第一次来到兴国时就告诫党员干部："共产党员要像和尚念阿弥陀佛那样，时刻叨念争取群众，密切联系群众，一刻也不能脱离群众"，"一个真正的革命者，不论什么时候，都要先想到大家，想到群众"。[①] 1934年1月，毛泽东在中华苏维埃共和国第二次全国工农兵代表大会上强调："我们现在的中心任务是动员广大群众参加革命战争"，因为"只有动员群众才能进行战争，只有依靠群众才能进行战争"。而如何去动员群众呢？只有切实关心群众利益，解决群众的实际问题，才能得到群众拥护。毛泽东指出：柴米油盐、衣食住行、生老病死等"一切群众的实际生活问题，都是我们应当注意的问题"，"都应该把它提到自己的议事日程上"，只有广大党员干部切实地去关心、去落实、去解决群众的一切问题，"真心实意地为群众谋利益"，才能"使广大群众认识我们是代表他们的利益的，是和他们呼吸相通的"，那么毫无疑问的是，"广大群众就必定拥护我们，把革命当作他们的生命，把革命当作他们无上光荣的旗帜。国民党要来进攻红色区域，广大群众就要用生命同国民党决斗"。而我们"就得和群众在一起，就得去发动群众的积极性，就得关心群众的痛痒，就得真心实意地为群众谋利益，解决群众的生产和生活的问题"。我们这样做了，广大群众就必定拥护我们，把革命当作他们的生命，把革命当作他们无上光荣的旗帜。敌人的第一、二、三、四次"围剿"，不是实实在在地被我

[①] 《井冈山革命根据地的经济斗争》，江西人民出版社1978年版，第99页。

们粉碎了吗?① 后来,到了延安,毛泽东将"真心实意地为人民谋利益"的提法,简化成为"全心全意为人民服务",又提出共产党员要做到"冲锋在前,退却在后;吃苦在前,享受在后"。这种忘我的牺牲精神,铸就了中国共产党人的光辉形象。

(四)无私奉献,奉行"一切为了苏维埃",是苏区广大党员干部和全体军民的崇高精神风范

由于共产党和苏维埃政府真心实意地为群众谋利益,换得了苏区群众真心实意地拥护革命、拥护苏维埃,无私地将一切奉献给革命,奉献给苏维埃。闽西和赣南苏区为中央苏区和中华苏维埃共和国作出了巨大的奉献和牺牲。比如,中央苏区政府部门下达的征集粮食任务,福建省全部超额完成计划;闽赣省宁化苏区完成筹粮等多项任务也很突出,有3个区获得省苏维埃政府授予的"筹粮模范区"称号。反"围剿"战争开始后,为了保卫苏区胜利果实,参加红军上前线,成为苏区青壮年男子的光荣。从1932年春到1934年9月,福建苏区参加红军的达15万之多。牺牲的烈士有4.2万多人。② 据统计,土地革命战争时期,赣南13个苏区县总人口约220万,其中青壮年人口仅50万左右,但前后参加红军的青壮年就有33万余人,参加赤卫队、担架队、运输队等支前作战的有60余万人;中央红军长征出发时约8.6859万人,其中赣南籍子弟有五六万人;赣南为革命牺牲的有名有姓的、民政部门登记在册的烈士有10.82万人,占江西全省革命烈士总数的43%,占全国革命烈士总数的1/16。其中兴国县苏区时总人口23.18万人,参加红军有5.5万人,有革命烈士2.32万余人,全县平均每4人中有1人参加红军,每10人中有一人为革命牺牲;瑞金县苏区总人口24万人,参加红军4.9万人,有革命烈士1.72万余人;于都县苏区总人口34.43万人,参加红军6.7万人,有革命烈士1.62万余人。③ 中央苏区平均每15名至20名农民就要供养1名脱产的红军官兵和苏维埃工作人员,还要保障数额巨大的军需供给。苏区人民的负担之重可想而知。但是,苏区人

---

① 《毛泽东选集》第1卷,人民出版社1991年版,第137—139页。
② 石仲泉:《"福建省苏"与中央苏区半壁江山》,《红色闽西》2012年第2期。
③ 李小三:《苏区干部好作风》,江西人民出版社2011年版,第243页。

民为了革命，为了苏维埃事业，毫不迟疑地承担了这一切，真是把自己的最后一把米、最后一尺布、最后一双鞋，全都献给了革命，献给了红军。如彭德怀所称赞的；先烈之血，浇成了革命之花。闽西、赣南苏区人民同整个中央苏区人民一样，在那艰苦的岁月里，作出了震撼天地的奉献和牺牲，在党的历史上写下了辉煌的一页。

（五）清正廉洁，躬行"自带干粮去办公"，是共产党的优良作风

清正廉洁是马克思主义政党的政治本色，是共产党人永葆先进性和纯洁性的根本要求。苏区时期，我们党从巩固苏区根据地与夺取反"围剿"胜利的战略高度出发，在党政军机关中大力开展反腐倡廉建设，坚决同腐败现象作斗争，教育广大党员干部要坚持清正廉洁的本色，甘当人民公仆，从而赢得了最广大人民群众的支持和拥护，为中央苏区的发展提供了有力组织保证。毛泽东指出："应该使一切政府工作人员明白，贪污和浪费是极大的犯罪"，而且明确要求"节约每一个铜板为着战争和革命事业，为着我们的经济建设"①。当时临时中央政府的主要领导人和广大苏区干部以身作则，艰苦朴素，廉洁奉公，与广大群众同甘共苦，堪称典范。1932年2月，中华苏维埃政府人民委员会发布第三号通令："务须立即实行节约运动，……一张纸一支笔都不要浪费。"此后，中央苏区立即掀起了一个节约运动，每人每天吃两餐，办公费减少三分之一或四分之一。有一首山歌这样唱，"苏区干部好作风，自带干粮去办公。日着草鞋干革命，夜打灯笼访贫农"。简单的山歌，却让苏区干部廉洁奉公的高尚品格迸发出耀眼的光芒。1934年，为了克服困难，节省开支，近2万名家住中央苏区已分田的本地干部，连伙食费都不要公家发。

毛泽东严于律己，生活上非常简朴，他率军行动指挥作战时，与红军官兵一起徒步行军，并常常将自己的坐骑让给红军伤病员乘用。按规定他可以点3根灯芯（菜油灯）晚上办公，但他始终只点一根。1932年初，中央总务处给毛泽东送了一件新棉袄，以替代已经打了许多补丁的旧棉袄，被毛泽东拒绝并将新棉袄退回发给别的战士了。朱德与战士们一起打草鞋、编睡席，在群众中传为佳话。张闻天带领中华苏维埃共

---

① 《毛泽东选集》第1卷，人民出版社1991年版，第134页。

和国机关干部利用礼拜六帮助红军家属耕地、种菜、上山砍柴的模范事迹,有力地推动了优待红军家属礼拜六运动的开展。① 同时,为预防出现官僚主义和贪污腐败现象,苏维埃临时中央政府还颁布和制定了一系列反腐倡廉措施和制度,如建立健全民主政治制度,建立包括党内、政府、审计、群众、舆论等监督机制,严明党纪国法,惩治腐败。这些措施和制度,使苏维埃政府的广大干部为民务实、清正廉洁,苏维埃政府成为中国历史上空前的真正的最廉洁的政府。

综合上述,中央苏区精神可以用20个字概括——"坚定信念,勇闯新路,勤政为民,无私奉献,清正廉洁"。

二 苏区精神对加强党的作风建设的启示

作风问题关系人心向背,关系党的执政基础。加强党的作风建设,始终保持党同人民群众的血肉联系,是保持党的先进性和纯洁性、巩固党的执政基础和执政地位的必然要求,是实现"两个一百年"的奋斗目标和中国梦的重要保障。在中国共产党领导的革命长河中,苏区历史是这长河中涡流险滩最多,因而时显惊涛骇浪的那一段。谱写这段历史的苏区精神也因之惊天地、泣鬼神。苏区斗争已成为历史。苏区精神尽管是80多年前铸就的,但它历久而弥新。随着新中国的成立和改革开放的发展,中国共产党的地位发生了根本变化,不仅由革命党变成执政党,而且是发展社会主义市场经济的执政党。当下,全党深入开展以为民务实清廉为主要内容的党的群众路线教育实践活动,我们更要回顾和总结党在中央苏区时期执政的历史经验,大力弘扬苏区精神,为我们党加强和改进作风建设,提供了永葆党的先进性和纯洁性的重要启示。

启示一:弘扬苏区精神,就要坚定中国特色社会主义自信,践行马克思主义中国化。无论搞革命、搞建设、搞改革,道路问题都是最根本的问题。把马克思主义的普遍真理同我国的具体实际结合起来,走自己的道路,这是一代又一代中国共产党人解放思想、实事求是、与时俱进,历经艰难曲折,付出巨大牺牲,在人民创造历史的伟大实践中得出来的基本结论。毛泽东、周恩来、朱德等践行马克思主义中国化,带领

---

① 傅克诚:《中央苏区廉政建设》,中央文献出版社2009年版,第118—119页。

中国共产党和中国工农红军，创建了井冈山革命根据地和中央苏区。以邓小平为核心的党中央领导集体践行马克思主义中国化，带领全党和全国各族人民开创改革开放和社会主义现代化建设的伟大事业。在改革开放的历史进程中，我们党把坚持马克思主义基本原理同推进马克思主义中国化结合起来，开辟了中国特色社会主义道路，形成了中国特色社会主义理论体系，确立中国特色社会主义制度。

中国特色社会主义道路、理论体系、制度，是经过全党全国各族人民长期奋斗取得的，也是经过长期实践检验的。我们对中国特色社会主义的自信，来源于实践、来源于人民、来源于真理。习近平总书记指出："当今世界，要说哪个政党、哪个国家、哪个民族能够自信的话，那中国共产党、中华人民共和国、中华民族是最有理由自信的。"[①] 要在深入把握中国特色社会主义科学性和真理性的基础上，坚定道路自信、理论自信、制度自信，不断开创中国特色社会主义事业新局面，不断交出坚持和发展中国特色社会主义的合格答卷。这条道路、这个理论体系和这个制度是马克思主义中国化的最新成果。它们从理论和实践两个方面，凸显中央苏区精神的时代价值。这就是解放思想、实事求是、与时俱进，勇于变革、勇于创新，永不僵化、永不停滞，不为任何风险所惧，不被任何干扰所惑，使中国特色社会主义道路越走越宽广，让当代中国马克思主义放射出更加灿烂的真理光芒。

启示二：弘扬苏区精神，就要坚持以人为本，执政为民，牢固树立马克思主义群众观点，切实做好新形势下群众工作，始终保持党同人民群众的血肉联系。中华苏维埃共和国临时中央政府是苏区时期成立的。它是党领导的第一个具有国家形态雏形的中央红色政权。它的成立标志着在这块土地上空前地建立了民主制度，社会最底层的人民破天荒地享受了基本的民主权利。从这个意义上说，它是党领导和管理国家政权的首次预演。凝聚了中国共产党执政的初始经验，对于当代中国共产党人执政为民、执政兴国，不断加强执政能力建设具有重要的借鉴意义。各级苏维埃干部领导苏区军民建立和保卫红色政权，打土豪、分田地，发展工农业生产，发展文化、教育、卫生、体育事业，实行广泛深刻的社

[①] 中共中央宣传部编：《习近平总书记系列重要讲话读本》，学习出版社、人民出版社2014年版，第24页。

会变革，提高了生产水平，改善了人民生活。这些都是人民群众看得见、摸得着的实际利益。在短短几年的执政实践中，我们党在努力民主建政，锻炼全心全意为人民服务的执政能力。如毛泽东说，"党开辟了人民政权的道路"，"学会了治国安民的艺术"。即锻炼了执政为民的能力、积累了治国理政，进行政治经济文化等多方面的建设的历史经验。

"密切联系群众是我们党的最大政治优势，脱离群众是党执政后的最大危险。"① 我们党90多年来之所以能从小到大、从弱到强的根本原因，就是因为我们党始终坚持马克思主义的群众观点和党的根本宗旨，因此有一个强大的群众基础，党的政策也才能够得到群众的支持和拥护。实践证明，什么时候我们能够团结广大人民群众，调动群众参与革命、建设和改革的积极性和主动性，我们的事业就会取得进步，反之，我们就会遇到挫折或遭受失败。当前我国已经进入了全面建成小康社会的重要历史阶段，党要领导人民实现这一宏伟目标，就必须弘扬苏区精神，必须牢记党的宗旨，摆脱官僚主义意识，切实改进工作作风，做人民的公仆，把实现好、维护好和发展好人民群众的根本利益作为一切工作的出发点和归宿，始终紧紧依靠人民群众，诚心诚意为人民群众谋利益，从人民群众中汲取前进的不竭动力和源泉。在战争年代，面临的是生与死的考验，而在和平建设时代则主要是权力、地位与利益的考验。我们清晰地看到，越是经济发展关键期、社会转型深水期，越需要唤起党员干部对人民群众的责任心，越需要坚守群众路线这条"执政生命线"。"照镜子、正衣冠、洗洗澡、治治病"，一场自上而下的党的群众路线教育实践活动，就是执政党拉开重申、重叙、重述党群之间鱼水之情、舟水之情、血肉之情的序幕，正如习近平同志一再强调对人民有感情、以人民为中心，有着重要的实践意义和现实针对性。能否走好群众路线，检验着我们的执政信念、考验着我们的执政能力。所以我们党员干部对于广大群众的切身利益问题，"一点也不能疏忽，一点也不能看轻"②。

启示三：弘扬苏区精神，就要以改革创新精神全面推进党的建设新

---

① 《在庆祝中国共产党成立九十周年大会上的讲话》，人民日报出版社2011年版，第11页。

② 《毛泽东选集》第1卷，人民出版社1991年版，第136页。

的伟大工程。苏区精神蕴含着党的建设丰富经验,毛泽东始终把党的建设放在极其重要的地位,着重从思想上建党,同时加强从组织上建党,把党内占大多数的农民成分的党员提高到无产阶级先进分子的水平,保持了党的先进性。全国各苏区在那样严酷的历史条件下,特别重视党的自身建设,在政治思想建设、组织纪律建设、干部素质建设、领导制度建设等方面都有具体要求,为造就出一大批治国安邦的党政军优秀领导干部奠定了基础。就培养干部而言,一是强调树立艰苦奋斗、廉洁奉公的优良作风。除上述外,老百姓还赞誉苏区干部:吃的金丝汤(红薯丝),睡的金丝床(稻草),穿的金丝鞋(草鞋),打的胜利仗;夸奖他们是联系群众、没有官架子的"提包政府"。毛泽东高度评价道:艰苦奋斗体现了"我们的政治本色"。二是严格法纪,建立有效的监督机制。毛泽东认为,"为了巩固工农民主专政,苏维埃必须吸引广大民众对于自己工作的监督和批评",要保证"每个革命的民众都有揭发苏维埃工作人员的错误缺点之权"。①凡贪污腐化行为一旦发现必受严厉惩治。在1932年4月至1934年3月两年间,苏维埃中央政府和江西省苏维埃政府处决了8名腐败分子。在红军离开中央苏区转移前,苏维埃中央审计委员会发表的审计报告说:"我们可以夸耀:只有苏维埃是空前的真正的廉洁政府。"苏区历史尽管成为过去,但这种既强调作风建设,又注重制度建设,使广大干部自觉地努力清正廉洁、克己奉公,成为广大群众所拥戴的好干部,这仍然是当前加强反腐倡廉教育和廉政文化建设所需要的。

在新的历史时期,党的建设凸显中央苏区精神的时代价值,就要按照党的十八大提出的要求,以改革创新精神来加强党的自身建设。我们党已经成立90多年,拥有8600多万名党员。党的教育任务和管理任务比过去任何时候都更为繁重。党领导的改革开放既给党注入巨大活力,也使党面临前所未有的新课题、新考验。世情、国情、党情的发展变化,决定了党的建设十分紧迫。十八大指出,始终保持惩治腐败高压态势,坚决查处大案要案,着力解决发生在群众身边的腐败问题。不管涉及什么人,不论权力大小、职位高低,只要触犯党纪国法,都要严惩不贷。这样,弘扬苏区精神的时代价值就更加凸显。

---

① 《红色中华》(第二次全国苏维埃代表大会特刊)第3期,1934年1月26日。

启示四：弘扬苏区精神，坚持求真务实的调查研究。"没有调查，就没有发言权"，"共产党的正确而不动摇的斗争政策，决不是少数人坐在房子里能够产生的，它是要在群众的斗争过程中才能产生的，这就是说要在实际经验中才能产生。因此，我们需要时时了解社会情况，时时进行实际调查"[①]。可见在准确掌握实情的基础上制定并贯彻执行党的方针路线是党执政成功的前提。1933年春，毛泽东以临时中央政府主席身份指导中央苏区的扩红、查田、政权建设、经济建设、文化建设和群团工作实践，亲身参与调查研究。他本人先后进行了"兴国调查"、"寻乌调查"、"长冈乡调查"、"才溪乡调查"等10多个调查，是他对中国党史的社会政治经济状况、农村阶级阶层状况有了切实的了解，为制定党的正确方针政策提供了现实依据。正如毛泽东在《反对本本主义》一文中指出："离开实际调查就要产生唯心的阶级估量和唯心的工作指导，那末，它的结果，不是机会主义，便是盲动主义。"强调"中国革命斗争的胜利要靠中国同志了解中国情况"，"要把官僚主义方式这个极坏的家伙抛到粪缸里去，因为没有一个同志喜欢它"[②]。

从总体上看，当前广大党员干部的作风主流是好的，对此应充分肯定。同时也要清醒看到，一些党员干部脱离实际、脱离群众、高高在上、漠视现实的形式主义、官僚主义现象严重，凸显出对待党的工作华而不实，与群众相脱离，个别党员干部在实地调研中仅仅是与工作对象约个时间、地点，匆匆"接头"，问个数字，填个表，打声招呼转身就走，这种调研只是浮于表面、流于形式，既不会了解到情况，也听不到真话实话，试想这样的调研结果产生的政策到底能多大程度地满足人民群众的需要呢？为群众办实事更无从谈起，很大程度损害了党在人民群众中的形象。所以我们学习苏区精神，借鉴苏区精神，发扬求真务实的工作态度，坚持实实在在的调查研究，做群众欢迎的干部，为群众办实事办难事，实实在在解决群众遇到的难题，急群众之所急，想群众之所想，真正做到情为民所系，利为民所谋，权为民所用。一件一桩都要手打手摸去完成，要把美好蓝图变成现实，脱下西装换农装，戴上草帽上地头。通过坚持不懈的努力，真正做到反对形式主义、官僚主义、享乐

---

① 《毛泽东选集》第1卷，人民出版社1991年版，第115页。
② 同上书，第124页。

主义和奢靡之风,树立党的优良作风,才能使我们党始终赢得人民群众的信任和支持并永远立于不败之地。

启示五:弘扬苏区精神,大力推进实现"两个一百年"目标,中华民族伟大复兴的中国梦。有5千多年历史文明的中华民族精神源远流长,丰富厚重,苏区精神只是中国革命精神洪流中一朵绚烂的浪花,是以爱国主义为核心的民族精神链条里的重要一环,是我们党带领人民群众走向国家富强、民族振兴、人民幸福的历史缩影,彰显着中国共产党的光荣传统和优良作风,是中华民族精神新的升华。也是我们今天正在建设的社会主义核心价值体系的重要来源。弘扬苏区精神有多方面启示。其中非常重要的一点,就是要不断推进中华民族的伟大复兴。

当前,全国人民正向着全面建成小康社会、实现中华民族伟大复兴中国梦的宏伟目标阔步前行。习近平总书记指出:"站立在九百六十万平方公里的广袤土地上,吸吮着中华民族漫长奋斗积累的文化养分,拥有十三亿中国人民聚合的磅礴之力,我们走自己的路,具有无比广阔的舞台,具有无比深厚的历史底蕴,具有无比强大的前进定力。"① 只要我们时刻牢记为人民而奋斗的崇高理想,坚持中国道路,弘扬中国精神,凝聚中国力量,中华民族伟大复兴的前途就不再只是梦想。正如毛泽东同志所说"它是站在海岸遥望海中已经看得见桅杆尖头了的一只航船,它是立于高山之巅远看东方已见光芒四射喷薄欲出的一轮朝日,它是躁动于母腹中的快要成熟了的一个婴儿"②。

(作者单位:厦门大学马克思主义学院)

---

① 《习近平总书记系列重要讲话读本》,人民出版社2014年版,第22页。
② 《毛泽东选集》第1卷,人民出版社1991年版,第106页。

专题三

中国发展道路问题研究

中国发展道路的经济路径与缘由

董志凯

中国发展道路的选择是由特定的资源禀赋、历史条件使然；主体的选择取决于客体及社会背景，这种选择既是主动的，也是被动应对、顺应客观条件的结果。

自中华人民共和国诞生以来，经过60多年，特别是改革开放30多年的探索、实践，我国摸索并走出一条中国特色社会主义发展道路。通过这条道路，初步改变了落后面貌，综合国力和国际地位空前提高。为了应对新局面，正在启动新的改革。恩格斯曾经说过，一切社会变迁和政治变革的终极原因，"不应当到有关时代的哲学中，而应当到有关时代的经济中去寻找"①。成功道路的选择绝不是主观愿望使然，而是顺应客观条件的结果。为了后续的探索符合国情和时代发展潮流，需要认真总结历史经验，其中离不开对60余年经济史的回顾与思索。

一 独特的资源禀赋是选择中国道路的基础

选择适合中国发展道路的基础在于适应中国独特的资源禀赋。中国是世界罕见的具有数千年历史的统一大国。地域和民族的多样性，统一国家历史的相对稳定性，造就了千姿百态的乡村、城镇，经济、文化。如何在现代化进程中抓住其中的关键环节和特点？

1979年邓小平在党的理论工作务虚会议上讲道，"过去搞民主革

---

① 《马克思恩格斯选集》第3卷，人民出版社1995年版，第355页。

命,要适合中国情况,走毛泽东同志开辟的农村包围城市的道路。现在搞建设,也要适合中国情况,走出一条中国式的现代化道路"。邓小平认为,要使中国实现四个现代化,至少有两个重要特点是必须看到的:一是底子薄;二是人口多,耕地少。"中国式的现代化,必须从中国的特点出发。比方说,现代化的生产只需要较少的人就够了,而我们人口这样多,怎样两方面兼顾?不统筹兼顾,我们就会长期面对着一个就业不充分的社会问题。这里问题很多,需要全党做实际工作和理论工作的同志共同研究,我们也一定能找出适当的办法来妥善解决。"①

邓小平抓住的两个特点与毛泽东的看法一脉相承。早在20世纪40年代初,毛泽东的《新民主主义论》提出了"新民主主义模式"。首先是实现孙中山提出的"耕者有其田",使无地少地的农民得到土地。土地改革不仅完成了从地主土地所有制向农民土地所有制的巨大转变,使3亿多农民能够在农村"有业可就",而且带来了乡村社会的历史性变革。② 在这场运动中,建构了新的、良性的国家与社会关系。新中国成立初期完成土地改革以后,在工业化和城市化还不能立刻吸纳农村和农业大量富余人口时,土地制度具有的社会安定保障功能就突显出来。这是农业合作化以后土地归公和1978年以后家庭经营直至今天仍然维护土地所有权公有的重要内在原因。

与此同时,鼓励在城市和乡村发展民营企业并广泛吸引外资,即以中国共产党为首的代表社会各阶层利益的联合政府领导国家,在涉及国家经济命脉的领域(如大型工业企业、交通运输、金融等方面)发展国家资本主义,同时对私人资本在发展的同时实行限制与监督。即"公私兼顾,劳资两利,城乡互助,内外交流"。这一方针指引了新中国建立后头七年的经济恢复和发展取得了举世瞩目的成就。

国民经济的迅速恢复以及朝鲜战争促使中国迅速推进以能源、原材料、机械为主的重工业发展,尽早建立独立自主的工业体系,从而提前、提速社会主义改造。对个体农业、手工业、资本主义工商业的"三大改造"在短短四年内基本完成。这一方面使国家得以通过集中财力、

---

① 《邓小平文选》第2卷,人民出版社1994年版,第163—164页。
② 王瑞芳:《土地改革是生产关系领域的伟大革命》,《中国社会科学报》2013年12月16日。

物力、人力，压低消费水平，在资金、技术、设备、人力资源等方面突破瓶颈制约，为中国建立独立完整工业体系提供了条件；另一方面随着经济的发展，地方、企业和个人积极性难以充分发挥的弊病越来越凸显出来。

改革开放以来，我国经济发展取得巨大成就，按汇率法计算的国内生产总值（GDP）已居世界第二，占全球经济份额已达10%以上。但由于人口众多，人均国民收入水平与发达国家仍存在较大差距。从世界银行公布的部分国家和地区的人均GNI[①]看，2011年我国人均CNI为4940美元，在列入统计的213个国家或地区中排名第114位，比2010年的排序提前7位。从历史发展的角度看，我国成为自20世纪90年代中期以来10个由低收入国家发展成为中等收入国家之一。然而即使按照世界银行的标准，高收入组的最低限12476美元衡量，我国还不及该限度的二分之一，比较包括美国、日本、德国、英国、法国、意大利和西班牙等最大的发达经济体，人均CNI均在3万美元以上的国家，我国人均国民收入尚不及其六分之一，差距仍很大。[②]

目前我国13亿人口，仍是世界上人口最多的国家。据2008年《中国国土资源公报》公布的全国耕地面积是18.26亿亩，同期全国总人口13.28亿（中国统计年鉴），人均耕地1.375亩[③]。人口多，耕地少，人均资源与财富相对较低，资源稀缺而需求强大，仍是我国的基本国情。正如习近平总书记2014年3月28日在德国科尔伯基金会的演讲所言：同样一桌饭，即使再丰盛，8个人吃和80个人吃、800个人吃是完全不一样的。我们深知，在相当长时期内，中国仍然是世界上最大的发展中国家，提高13亿多人的生活水平和质量需要我们付出艰苦的努力。

既要避免财富占有差距过大、社会不公造成的动荡，又要调动各方面的积极性，推动经济持续发展，还要应对国际竞争的挑战和压力。这是我国选择有中国特色社会主义道路的基本缘由与长远目的。

---

① GNI指国民总收入，它与GDP指标之间在数值上的差别反映为"来自国外的净要素收入"。

② 刘伟、蔡志洲：《我国人均国民收入的变化及展望》，《经济纵横》2014年第1期。

③ 人均耕地面积=18.26亿亩/13.28亿人=1.375亩/人。

二 曲折的路径体现了选择中国道路的艰辛与经验

60多年来，新中国经济发展道路经历了在诸多对立统一关系中的持续选择。譬如，在体制方面，包括公有与私有、计划与市场、中央与地方、政府与市场、国营与民营等；在增长发展方式方面，包括总量与速度、粗放与集约、要素投入与技术进步、布局均衡与非均衡、"农轻重"与重轻农、增长速度与资源环境保护、发展方式能否持续，等等；在中外经济关系方面，包括封闭与开放、独立自主与利用外援、内需与外需、引进与消化创新，等等；在经济社会方面，包括德治与法治、公平与效率、城乡分割与城乡一体、民主与法制、改革与稳定，等等。可以说，60多年的发展史就是一部在选择中改变思维定式、不断创新的历史。

选择和创新的道路经历了曲折的路径，有丰富的正反两方面的经验教训，成功的选择离不开汲取历史上的经验与教训。

（一）社会主义公有制、计划经济的建立使中国克服资本制约建立起工业体系

在国民经济全面恢复的基础上，中共中央于1952年年底提出了过渡时期总路线，其核心是"一化三改"，即在一个相当长的时间内，逐步实现国家的社会主义工业化，并逐步实现国家对农业、手工业和资本主义工商业的社会主义改造。当时认为，总路线的实质，就是使生产资料的社会主义所有制成为我国国家和社会的唯一的经济基础。① 而对于什么是社会主义所有制，一般理解为"单一的公有制"，即是全民与集体所有的两种公有制形式。从1953年至1957年，我国经济成分逐渐趋于单一。特别是1955年下半年以后，公有化的速度急剧加速。1957年参加农业生产合作社的农户比重达97.5%，私营工业已全部公私合营，批发与零售商业中，私营成分分别仅占0.1%和2.7%。这种认识与实践与社会主义初级阶段的生产力发展状况不相适应。

---

① 中共中央文献编辑委员会：《毛泽东著作选读》（下册），人民出版社1986年版，第705页。

另一方面，在新民主主义和社会主义改造中，中国共产党建立了动员能力特别强的现代国家体制，并且树立了非常强的国家意志。这个体制的动员渗透能力深入到社会底层。同时，共产党完成了一场相当彻底的社会主义革命，把私有财产权，尤其是最重要的土地资本，变为国有或集体所有，成为工业化与经济快速发展的保障与基础。

尽管如此，早在1956年党和国家领导人对改造中出现的问题即有所认识，试图"以苏为鉴"，修正苏联模式的计划经济体制，于1956—1957年提出了新的认识并制定了有关政策，试图建立适合中国国情的经济管理制度①。但是这一探索很快被中断了。相反1958年又对个体工商业者采取更加严厉的限制和改造措施；"文革"期间，更加盲目和片面地追求纯之又纯的公有制形式。生产资料单一公有制的所有制结构延续了20年，直至20世纪70年代末。

单一公有制基础上建立起来的是高度集中和统一的计划管理体制。计划经济的作用主要表现为最大限度地动员与集中社会资源，加速工业化步伐。它具有两个市场经济体制在短期内难以起到的作用：（1）在经济落后、西方封锁的条件下，保证了高积累和优先快速发展重工业，建立了比较完整的工业体系和基础实施。（2）在经济落后和高积累的背景下，除了个别时期外，保证了人民大体平均的起码生活水准。

由于社会主义实践鲜有前例，加之独立完整工业体系尚在建设，我国虽然试图克服苏联经济的弊病，但总体上仍把苏联的体制和做法等同于社会主义，"以阶级斗争为纲"的指导思想禁锢了改革的探索。譬如，在"大跃进"和"人民公社化运动"后农村政策刚刚纠偏，又在1959年庐山会议后再次遭受"左"倾错误的扼制。1960年11月3日，中共中央在痛定思痛中发布了《关于农村人民公社当前政策问题的紧急指示信》，在自留地、家庭副业、私养畜禽方面放宽限制，但仍顾虑许多。"文革"中又将这些方面作为资本主义尾巴割掉。只有当教训足够深刻的"文革"之后，改革的风帆才真正扬起。

因此，1982年9月，邓小平在中共十二大开幕词中明确宣告，把马克思主义的普遍真理同我国具体实践结合起来，走自己的道路，建设

---

① 中共中央文献研究室：《毛泽东年谱（1949—1976）》第3册，中央文献出版社2013年版，第46页。

有中国特色的社会主义,这就是我们总结长期历史经验得出的基本结论。十八大后,习近平总书记概括说,中国特色社会主义是改革开放新时期开创的,也是建立在我们党长期奋斗基础上的,是我们党的几代中央领导集体,团结带领全党全国人民历尽千辛万苦,付出各种代价,接力探索取得的。①

(二)改革计划与市场的关系决定于历史变迁

1978年以来中国的经济体制改革的核心是改革计划经济体制,建立社会主义市场经济体制。从经济史的角度,这一改革经历了曲折的探索。

如前所述,早在1956年毛泽东提出"以苏为鉴"时,开启了中国对社会主义经济发展道路的理论与实践探索。陈云是明确提出计划与市场关系的第一人。在1956年召开的中共八大,他首提中国的计划经济要有"三个主体"和"三个补充"。即要有一定数量的个体经营来补充国家经营和集体经营、一定数量的按照市场变化的自由生产来补充计划生产、一定范围内的自由市场来补充国家市场的思想②;并按照这一思想,于1957年主持制定和颁布了《关于改进工业管理体制的规定》、《关于改进商业管理体制的规定》、《关于改进财政管理体制的规定》③。力求将马克思的社会再生产理论运用于中国工业化建设,在经济总量上实现财政收支、信贷收支、物资供求、外汇收支四个平衡,并强调农业对经济建设的"约束力"。但是,经济路径没有按照这一轨迹直线前进,而是采取了与苏联作法也不相同的大搞群众运动的办法,发动了"大跃进"、人民公社化运动。由于违背经济发展的客观规律,盲目推崇高指标、刮共产风、大炼钢铁,实施强迫命令手段,导致浮夸、高征购,劳民伤财,经济遭受严重挫折,人民生活陷入困境。

此后的调整时期,走出困境的工作重点在于农业和市场。农业方面制定与实施《农业60条》,通过缩小社队规模、取消公共食堂和供给制、改变农业基本核算单位,否定了"一大二公"的大公社经济制度,

---

① 《紧紧围绕坚持和发展中国特色社会主义 深入学习贯彻党的十八大精神》,《人民日报》2012年11月19日。
② 《陈云文选》第3卷,人民出版社1995年版,第13页。
③ 中共中央文献研究室编:《陈云选集》第3卷,中央文献出版社2005年版。

确立了"三级所有,队为基础"新体制;同时减少粮食征购,试行包产到户,留足自留地和母猪私养。① 工业方面制定《工业70条》,扩大企业财权,改革工交企业财务管理和物资供应体制,试办托拉斯。商业方面国家计划收购市场和自由市场并行,恢复与发展传统经济的作用。五年调整不仅使经济走出困境,而且完成了重大工业建设项目,主要产品产量超过历史最好水平。其中许多成功做法成为"文革"结束后恢复调整国民经济的借鉴,并为日后的改革开了先河。情况表明,改革开放前后,是继承、发展、改革、创新的关系,不宜互相否定和割裂。

1978年以来,中国在走向市场化改革的过程中,对市场和市场经济的认识和实践也有多次重要进步和突破,每一次都对改革起到全面推动作用,其中影响最大的有五次。第一次是1984年十二届三中全会,提出了"发展社会主义商品经济"的重要论断;第二次是1987年十三大政治报告,提出了"加快建立和培育社会主义市场体系"的重要方针;第三次是1992年的十四大政治报告,提出了"建立社会主义市场经济"的重要命题,党的十七大报告提出了"市场在资源配置中起基础性作用",十八届三中全会提出"使市场在资源配置中起决定性作用",并进一步具体化指出"经济体制改革的核心问题仍然是处理好政府和市场关系"。② 其间的每一次进步背后,都有丰富的实践与纠偏,是实践中总结经验、提升认识与比较学习的结果。

(三) 改革的核心目标是调动社会各方积极性强国富民

改革开放以来,随着对所有制认识的提高与理论的突破,我国在实践中采取了一系列措施,改革和发展公有经济,鼓励、引导非公有制经济的发展,使所有制结构从1978年以前的单一公有制,逐步形成以公有制为主体,多种所有制成分共同发展的局面。

否定非公有制经济存在的必要性,曾经给我国经济社会发展带来损失。1978年党的十一届三中全会总结经验教训,明确了必须发展生产力和变革旧的生产关系。1982年,党的十二大提出了坚持国有经济的

---

① 辛逸:《"农业六十条"修订与人民公社的制度变迁》,《中共党史研究》2012年第7期;《"农业六十条"制订与修改的历史考察》,《中共党史研究》2013年第1期。
② 中共中央文献研究室:《习近平关于全面深化改革论述摘编》,中央文献出版社2014年版,第55页。

主导地位和发展多种经济形式的论断。这两次重要会议，奠定了我国非公经济发展的政策基础。1987年，党的十三大提出，要在公有制为主体的前提下，继续发展多种所有制经济，对私营经济的地位和作用提出明确的政策。1992年党的十四大召开，进一步肯定了非公有制经济存在和发展的必要性。指出，外国的资金以及作为有效补充的私营经济，都应当而且能够为社会主义所利用。在所有制结构上，以公有制包括全民所有制和集体所有制经济为主体，个体经济、私营经济和外资经济为补充，多种经济成分长期共同发展，不同经济成分还可以自愿实行多种形式的联合经营。1993年十四届三中全会，强调在积极促进国有经济和集体经济发展的同时，鼓励个体经济、私营经济和外资经济的发展，并依法加强管理，提出公有制在国民经济中应占主体地位，允许有的地方、有的产业有所差别，允许个人财产与资本可以作为市场要素参与收益分配。1997年党的十五大明确了非公有经济的地位和作用，强调所有制结构的调整和完善是经济体制改革的重大任务。到1997年，全国个体私营经济纳税540亿元，比1986年增长10倍多，占全国工商税收总额的比重由3.9%上升到7%。个体私营企业的发展成为解决下岗职工再就业、安置剩余劳动力的重要渠道。1999年8月30日，《中华人民共和国个人独资企业法》出台。这是我国继制定公司法、合伙企业法之后，制定的第三部涉及规范私营企业市场主体的法律，至此，我国关于私营经济三种主要形式——独资企业、合伙企业、有限责任公司的主体法律基本齐备。我国非公有制经济的另一个重要组成部分是外资经济，利用外资经历了四个阶段。自1993—1998年，我国连续6年成为利用外商直接投资最多的发展中国家,[①] 2003年成为吸引外资最多的东道国。

改革历程表明：要使公有制同市场经济相结合必须改革公有制，包括国有制的实现形式，寻找能够促进生产力发展的公有制实现形式。1995年，党的十五大对于公有制实现形式取得认识突破和理论创新。公有制产权的改革并非意味着"私有化"，可以并且在实践中实现了不改变公有制基础上的多种形式。其中包括：所有权与经营权相分离；国

---

① 中共中央宣传部理论局：《纪念党的十一届三中全会二十周年理论研讨会文集》，学习出版社1999年版。

家控股或参股、其他经济成分参与资本组合的联合所有制、共同所有制、混合所有制或股份制;国家授权的集团或企业所有,将实际上的资产所有权转移给国家控股的由若干国有企业或非国有企业组成的企业集团,在规定相应的责任和义务的前提下,可对一部分企业集团充分授权。社团、社区、基金和各种中介组织等新的公有制主体和公有制形式涌现。

三 紧迫的机遇挑战中国道路的应对能力

经济发展的本质是技术创新、产业升级,生产率提高。从19世纪中叶到现在,发达国家人均收入水平年均增长3%,由于发展中国家具有后发优势,如果善于利用,经济增长速度可以达到8%—10%。中国在改革开放以来30年中,经济增长平均实现9%的增长速度,正是调动各方面积极因素,利用了后发优势。

当前世界经济正处在以高新技术为动力,促使整个国际分工体系加速调整的动态过程中。未来经济竞争是高新技术产业的竞争。在我国经济成长的历史中,就经济成长本身来看,制度安排、产业结构发展战略、资本、劳动及科技进步等经济增长与发展的多种要素都对经济增长与发展有作用。在经济发展的不同背景、经济成长的不同阶段,各种因素的作用程度和影响大小有所不同。在新的形势下,科技进步的作用日益凸现。

我国已成为世界第二大经济体,但2013年人均GDP在世界的排位仅为89位[①];我国已成为世界制造业大国,但据全国机械行业协会报告,80%的核心制造技术不在我们自己手上;我们引进了无数条生产线,但制造生产线的技术专利多在国外;我们是世界汽车消费第一大国,但汽车市场几乎是外国车的天下;我们是众多世界名牌的生产国,但大部分为贴牌生产;我们是能源消耗的大国,却是节能技术小国;我们的农产品极大丰富,但分散、落后、技术含量低依旧是农业的现状;我国芯片产业每年进口消耗2000多亿美元,数量超过石油。[②]

---

① 见《第一财经日报》2014年4月8日。
② 《我国芯片市场被发达国家垄断》,《经济参考报》2014年06月09日。

情况表明，中国经济发展阶段和世界竞争形势发展的双重因素决定我国经济已经进入要素创新阶段。知识经济和信息化应成为新型工业化的重要内容。由经济大国到经济强国，这是当前中国经济发展的重大命题。

马克思把经济增长分为外延式和内涵式，即常说的粗放型和集约型。在经济发展初始阶段，搞外延式增长符合比较优势，尽管很大程度是"拿资源换增长"。而当经济发展到一定阶段以后，继续外延之路就面临着资源约束和环境约束。其对经济发展的束缚作用越来越大，需要从注重生产要素的投入到注重生产技术的进步，从注重物质资本的数量到注重人力资本的质量，从而在整体意义上整合和提高全要素生产率。根据美国《财富》杂志公布的2011年世界500强企业排名，我国入围的企业数量虽然增幅明显，但与世界同行业领先企业的差距仍然较大：石油石化行业中，中国石化、中国石油、中国海油三家企业的利润合计尚不及埃克森美孚石油公司一家；电信行业中，中国移动的利润不及美国电话电报公司的一半；航运业中，中国远洋的利润不到马士基的1/4；航空设备制造业中，中国航空工业集团的利润仅为美国波音公司的1/5；钢铁行业中，宝钢的营业收入不足阿塞洛米塔尔公司的一半……①

在产业布局方面，各区域的政策差异趋于缩小，区域之间公平竞争的格局逐步形成。新型工业化将在全国各省区市同时展开。各地将依托本地的资源、人才、技术等方面的比较优势，培育自身的区域核心竞争力，区域专业化和产业聚集现象将越来越多。政府要促进各地政策环境的公平化，对落后地区的工业化通过转移支付等办法进行扶持，同时要允许落后地区的人口和产业依据市场规则向先进地区转移。

在产业结构方面，要发展资源节约型和劳动密集型产业。目前，中国经济面临三大严峻挑战：劳动密集型制造业衰落，投资高增长难以维系，工业企业利润的可持续性堪忧。在全球产业价值链散布之际，保护国内高质量生产活动并为民族企业预留充足的投资机会重要性凸显。据报道，中国28个主要行业中，外国直接投资占多数资产控制权的已经达到21个，每个已经开放产业的前五名几乎由外资控制。② 要接受拉美

---

① 尚前名：《国企"垄断"真相》，《瞭望》2012年第6期。
② 同上。

的经验教训：外国直接投资先控制国家的资源和公用事业，后又控制主要制造业部门，之后夺走或建立要塞部门以控制其他部门。

国家创新体系在保护和创造这种高质量生产活动中发挥着关键性作用。只有通过各种政策措施把高质量生产活动牢牢掌握在自己手中，才能通过资本、劳动和政府之间"共谋式"地分配其生产率增益，实现经济崛起和社会和谐的双重目标。历史经验表明，以内需为核心的内向型发展战略更适合于发展中大国。中国道路是依靠新型发展方式的道路，不仅要经济体制与发展方式并重，而且要实现生产方式与发展方式互补。

按照新型工业化的思路，2013年我国经济正发生质变：1. 经济结构的良性变化；2. 劳动生产率与资源、能源利用效率稳步提高；3. 成为全球货物贸易第一大国。只有通过继续探索中国道路全面深化改革开放，不断释放改革红利、开放红利和人才红利，我国经济才能跨越陷阱和高墙，全面建成小康。

四　错综复杂的内外矛盾决定中国道路要在探索中坚持和发展

"中国特色社会主义"从提出就与"走自己的道路"联系在一起。改革开放的道路既突破了曾经对我国产生重大影响的苏联模式，又有别于西方发达资本主义国家的发展模式，彰显了不照搬他国模式而探索走自己道路的决心和信心。当前，中国正在从一个区域性的大国，向全球大国迈进，需要细致全面的规划。

20世纪80年代末90年代初，第一个社会主义国家苏联解体，对中国坚持社会主义道路质疑的声音甚嚣尘上。中国反对别人将其模式强加给我们。1992年1月20日，邓小平说："苏联东欧的变化，说明我们只能走社会主义道路。中国不能乱，中国一乱，便是一片灾难。"[①] 20世纪90年代初，中国由社会主义计划经济体制向社会主义市场经济体制转型。其分为宏观和微观两个层面。宏观转型包括了财税、金融、投

---

① 倪德刚：《未被整理到"南方谈话"要点中的"要点"》，《学习时报》2014年6月24日。

资、计划、外贸五方面改革。微观转型主要内容为通过产权改革，建立公有经济为主导、多种经济成分并存的现代企业制度。包括国有企业改革和国有经济的战略性调整；继续实施相关"三农"的改革和整顿市场经济秩序等。经济体制转型既是渐进的，又是多元的、多种措施并举的。从 1992 年正式提出向社会主义市场经济体制转型，到 2001 年中国正式加入世界贸易组织，中国的变化举世瞩目。

21 世纪初全球化加速，我国强调发展模式多样化，走适合自己的道路。2005 年在第七届 20 国集团财长和央行行长会议上，胡锦涛阐述："保持各国发展模式的多样性，推动各种发展模式之间的优势互补，对世界经济充满活力地向前发展十分重要。"①

21 世纪第一个 10 年过去后，世情、国情、党情发生深刻变化，面临的发展机遇和风险挑战前所未有，我国提出了于 2020 年实现全面建成小康社会宏伟目标，进入了加快完善社会主义市场经济体制和加快转变经济发展方式的新阶段。十八大报告强调，在改革开放三十多年一以贯之的接力探索中，坚定不移高举中国特色社会主义伟大旗帜，既不走封闭僵化的老路、也不走改旗易帜的邪路。

目前中国经济总量虽大，但除以 13 亿多人口，人均国内生产总值还排在世界第 80 位以后。中国城乡低保人口有 7400 多万，每年城镇新增劳动力有 1000 多万，上亿农村劳动力需要转移就业和落户城镇。让 13 亿多人口都过上好日子，需要付出长期的艰苦努力。

党的十八届三中全会通过的《中共中央关于全面深化改革若干重大问题的决定》指出："公有制为主体、多种所有制经济共同发展的基本经济制度，是中国特色社会主义制度的重要支柱，也是社会主义市场经济体制的根基。"② 以生产资料所有制的经营性资产价值量衡量，截至 2012 年，中国三次产业经营性总资产约为 487.53 万亿元，其中公有制经济的资产规模是 258.39 万亿元，占 53%；第二、第三产业非公有制经济占增加值和就业规模的比重分别为 67.59% 和 75.20%。公有制资

---

① 《第七届二十国集团财长和央行行长会议在京开幕，胡锦涛出席开幕式并发表重要讲话》，《人民日报》2005 年 10 月 16 日。

② 《中共中央关于全面深化改革若干重大问题的决定》，人民出版社 2013 年版，第 7—8 页。

产占主体，非公有制经济增长与就业比重占优。① 中国社会主义基本经济制度有活力，是我国坚持社会主义经济道路的依据与保障。中国有庞大的人口基数，在校学生2亿多，每年新增就业人口千万左右。农村稳，则社会大局稳。农村稳定的根源，在于农地未私有化；并随着有序土地流转，提高土地使用效率，实现新型城镇化。

中国特色的社会主义市场经济体制，就是把劳动群体当作出发点，通过市场配置资源与宏观调控，使资本为劳动创造条件和机会，劳动为资本增值提供可能；有意识地鼓励公私资本为民众多创造就业机会，有意识地增加劳动群体的报酬，有意识地让更多民众能够加入到消费市场中，有意识地为民众拥有更多的财富创造政治、法律和社会的条件。从出发点和落脚点代表最大多数人的利益。

习近平最近就改变单一军种作战思维定势指出，当前，国际形势正处在新的转折点上，各种战略力量加快分化组合，国际体系进入了加速演变和深刻调整的时期。②

在这个前所未有的大变局中，中国道路必将在继续探索中延伸。经济史研究将在坚持与发展中发挥作用。

（作者单位：中国社会科学院经济研究所）

---

① 裴长洪：《中国公有制主体地位的量化估算及其发展趋势》，《中国社会科学》2014年第1期。
② 习近平：《准确把握世界军事发展新趋势　与时俱进大力推进军事创新》，新华网（http://news.xinhuanet.com/politics/2014-08/30/c_1112294796.htm）。

中国向社会主义转变的理论与实践的历史考察

庞 松

1949年到1956年,中国有步骤地实现了从新民主主义到社会主义的转变。这是贯穿七年的一条主线。把握这段历史,对了解中华人民共和国是从哪里走来,又怎样一步步走到今天,十分重要。本文拟从历史与现实两个维度,考察20世纪50年代实行这个转变的国际国内背景、理论与实践的变换、道路选择的外源性与内生性,分析中国走向社会主义的历史特点和现实启示。

一 如何把握从新民主主义到社会主义的转变问题

中国共产党创建新中国的方略,其核心要点是第一步建立新民主主义社会,第二步再建立社会主义社会。在革命胜利以后一个相当长的时期内,一切有利于国计民生的城乡资本主义成分,都应当容许其存在和发展。这是中国经济还处在落后状态的历史特点所决定的。早在延安时期,毛泽东就论证了在新民主主义的国家制度下,除了国营经济、劳动人民的个体经济和合作社经济之外,还"需要资本主义的广大发展","资本主义的广大发展在新民主主义政权下是无害有益的"①。毫无疑问,这是一个不拘于经典著作的现成结论,真正立足于中国基本国情的彻底的历史唯物主义观点,它把中国共产党对资本主义与社会主义关系

---

① 中共中央文献研究室:《毛泽东在七大的报告和讲话集》,中央文献出版社1999年版,第100—101页。

的理论认识推到了前所未有的高度。旧中国经济十分落后，1949年现代性工业只占17%左右，其余都是分散落后的个体生产方式，毛泽东强调这是革命在全国胜利以后相当长时期内党的一切战略、策略和政策的基本出发点，也是为什么应当采取新民主主义经济政策而不应当采取别样的经济政策的根本依据。这是一个非常重要的国情判断。从这个基本点出发，党确定了"由发展新民主主义经济过渡到社会主义"①的发展方向。

什么是新民主主义经济？就是在国营经济的领导下，合作社经济、个体经济、私人资本主义经济、国家与私人合作的国家资本主义经济，五种经济成分并存，分工合作，各得其所的混合经济，以有益于社会向前发展。其基本方针是"公私兼顾、劳资两利、城乡互助、内外交流"，以达到发展生产、繁荣经济之目的。对公私、劳资、城乡、内外这四种关系和互为范畴的八个方面，都要统筹兼顾，所以也叫照顾四面八方的政策。这些政策思想，与今天改革开放的发展模式在本质上是相通的。

按照建国《共同纲领》的要求，新中国成立后的头三年，党领导人民将占全国面积1/3的解放区实行多年的新民主主义制度推向全国，第一，实行半殖民地半封建经济向新民主主义经济的转轨，创造了一种既非资本主义，又不同于苏联社会主义的"中国型"的经济模式。这种经济模式的特点，最根本的一条是它结束了帝国主义、官僚资本主义控制中国的历史，使国家经济命脉和社会发展方向完全掌握在中国人民自己手里。第二，通过没收官僚资本企业组建的国营经济，是社会主义性质的，成为国家发展生产、繁荣经济的主要物质基础和领导力量。第三，承认在革命胜利以后一个相当长的时期内，还需要尽可能地利用城乡私人资本主义的积极性。一切有利于国计民生的城乡资本主义成分都应当容许其存在和发展，同时对它们实行"恰如其分的、有伸缩性的"限制，使其不能操纵国计民生。第四，重视发挥市场调节的作用，承认在这个时期内"自由贸易和自由竞争"不但是不可避免的，而且是经济上必要的。第五，严格地防止过早地、过多地在国民经济中采取社会主义的步骤，以利于生产的恢复和发展。这些特点，反映了充分利用私

---

① 《毛泽东文集》第5卷，人民出版社1999年版，第146页。

人资本主义的社会化生产力，为向社会主义转变准备必要的物质条件的深刻思想。

多年以来，党史界有一种现象，就是把向社会主义转变的源头——新民主主义经济社会的发展，有意无意给忽略或者淡化了。认为搞了社会主义就不要再提新民主主义了。问题的纠结点在于，1953 年毛泽东提出党的过渡时期总路线时，确认中华人民共和国的成立标志着社会主义革命的开始，批评"确立新民主主义社会秩序"的观点，以致把新民主主义同社会主义对立起来，直截了当批评"所谓新民主主义秩序，实际上是资本主义民主秩序，是搞资本主义"①。这样一定性，就把 1949—1952 年党领导人民努力发展新民主主义经济、建设新民主主义国家的丰富实践给否定掉了。取而代之的是列宁的过渡时期学说，即"从资本主义到社会主义的过渡"。此后 20 多年，"从新民主主义到社会主义的转变"这个从中国实际出发的提法，就在党的文献和政治语境中被屏蔽了。党领导全国人民建设新民主主义社会的活生生的发展阶段无形中被割断了，导致长时期出现一个历史认识的断层。

实际上，列宁关于"从资本主义到社会主义过渡"的理论，并不适合近代中国从未经历过资本主义独立发展阶段的基本国情，给人以中国社会主义是脱胎于资本主义社会的错觉。其影响，是在很长时期里过分夸大城乡经济中资本主义自发势力的倾向，过分夸大社会政治生活中资产阶级的影响和能量，在基本完成社会主义改造后仍重提"以阶级斗争为纲"，不断进行两条道路的斗争。对于发展生产力的任务不是没注意到，但实际上把它推到了次要地位。这就为"左"倾错误大行其道留下了理论上的缺口，特别是为"文化大革命"的发动埋下了隐患。这就是为什么 1981 年党的《历史决议》在总结历史经验的时候，要重新恢复"从新民主主义到社会主义的转变"提法的历史背景和根本理由。

《历史决议》至今已过去 30 多年，对于党在转变问题上认识的曲折，很多人并不了解。对于当年发展新民主主义经济和多方面的新民主主义建设，有些人仍不愿正视。目前大学里有的教科书，仍因袭 1953 年时的旧说，即从一建国起就开始社会主义革命了，把帮助私营企业恢

---

① 林蕴晖、范守信、张弓：《凯歌行进的时期》，河南人民出版社 1989 年版，第 673—674 页。

复生产的加工订货、统购包销，把在私有制基础上建立农村互助组织，都说成是社会主义革命的实际步骤。这就把新中国成立初期的社会主要矛盾、党的主要任务和战略步骤给混淆了。按照历史唯物主义观点，在对革命转变问题的历史叙述上，科学的态度应该是：客观历史阶段是怎么样，就要如实地反映和叙述。后来对事物的认识发生了变化，可以在物质实践的基础上进行评述，但是不能把客观历史说成原本就是后来认识的那样。这种"倒填年月"的方法，偏离了马克思唯物史观的基本要求，即"始终站在现实历史的基础上，不是从观念出发来解释实践，而是从物质实践出发来解释观念的形成"①，因而是不符合这段历史的本质的，是不能令人信服的。

1981年胡乔木对《历史决议》有一个说明：1949—1952年间，中央从来都是讲新民主主义。否则新民主主义共和国就从来不存在也不可能存在了，新民主主义秩序能否巩固的问题也不会发生了。如果不是这样认识问题，就会损害1940年《新民主主义论》发表以来直至1949年《共同纲领》通过并加以实行的党的信誉，使党陷于在根本理论上自相矛盾的地位。② 这个说明针对一建国就开始社会主义革命的观点，澄清了是非。

事实上，只要尊重客观历史进程，就会看到新中国成立头三年同后四年相比，有一个阶段性区分，国内主要矛盾、党的主要任务、工作重点、基本政策都有很大不同。例如：全面贯彻公私兼顾、劳资两利方针，扩大加工订货、统购包销，帮助私营工商业克服经济转型的困难得到发展；积极扩大城乡交流，大量收购农民的农副土产品，增加农民的货币收入，努力改善民生，促进生产恢复和城乡市场繁荣；同美国等西方国家对我国的封锁禁运进行针锋相对的斗争，利用香港的特殊地位进行转口贸易，在西方禁运的壁垒上打开缺口。在国内依靠挖掘生产潜力，扩大内部需求，肃清旧社会经济对帝国主义的依赖性，加快我国在经济上完全独立自主的进程。由于全面贯彻了照顾四面八方的方针，不仅使半殖民地半封建经济顺利地转变为各种经济成分在国营经济领导下分工合作、各得其所的新民主主义经济，而且促进了工农业生产的发

---

① 《马克思恩格斯选集》第1卷，人民出版社1995年版，第92页。
② 《胡乔木文集》第2卷，人民出版社1993年版，第158—159页。

展,广大人民群众得到了物价稳定、生活改善的实惠,私营工商业者也获利颇丰,国营经济的力量迅速发展壮大。到1952年年底,国家财政经济状况根本好转,国民经济得到全面恢复。同时,也为逐步向社会主义转变准备了必要的物质条件。

概括地说,新民主主义经济发展模式,是多种经济成分并存,多种所有制关系并存,多种分配形式并存,多种经济调节方式并存,使经济社会内部的利益矛盾,在不超过发展生产的共同要求的基础上获得调节,呈现出灵活性、多样性的特点。这种发展模式,适合于我国生产力在地域之间、城乡之间、产业部门之间发展极不平衡的状况,以及由此产生的对生产关系、生产方式不同层次的要求,有效地利用了旧社会遗产中社会化生产力那个部分,照顾了公私、劳资、城乡、内外四面八方的利益,有利于调动全社会一切积极因素共同建设新中国。同时,较好地把握和处理了社会主义同资本主义的关系、计划与市场调节的关系,有力地推动了战后中国经济的恢复和重建,促进了现代工业在国民经济中的比重和生产力水平的提高。尽管新中国成立初期发展新民主主义经济的实践比较短暂,但可以从中找到改革开放以后从计划经济重返市场经济的历史源流。它为我国在社会主义条件下经济发展模式的最终选择提供了实证的经验。

二 加快向社会主义过渡的历史分析

如果说1949—1952年,贯穿的是为向社会主义转变准备条件的主线,那么,1953—1956年,则贯穿着实现党在过渡时期的总路线,即"一化三改造"的主线。为什么这个时候要推进向社会主义过渡呢?这不是哪个人头脑里空想出来的,而是国内外形势的发展和变化所决定的。

到1952年年底,我国基本完成土地改革和恢复国民经济任务,抗美援朝战争双方在停战的主要问题上已达成一致,战争不久可望结束。这表明,我国开始获得进行大规模经济建设的条件。同时,三年来经济社会生活中出现和积累了一些新的矛盾。在农村,主要是土改以后农民个体经济难以满足城市和工业发展对粮食和农产原材料不断增长的需要。国家开始有计划的经济建设,需要掌握大宗粮食和重要工业原料,而私人资本主义却要求扩大自由生产和自由贸易，经济运行中不可避免发生矛盾和冲突。要解决这些矛盾，就把转变问题提上了日程。

党的认识是随着实践的发展而前进的。原来设想经过10年到15年的新民主主义建设，待条件具备了再实行私人工业国有化。现在看到，经过三年经济恢复，社会主义国营经济不断发展壮大，已成为国家对整个国民经济实行社会主义改造的重要物质力量。私营工商业通过接受国家的加工订货有相当一部分被纳入国家计划的轨道，农村的互助合作运动也有了初步发展。依据新的形势变化，1953年党提出过渡时期的总路线，就是要逐步实现社会主义工业化，逐步实现对农业、手工业、资本主义工商业的社会主义改造，使我国过渡到社会主义社会。由此，我国从新民主主义到社会主义转变的进程大大加快了。

实现国家工业化，是中国真正获得独立和走向富强的当然要求和必要条件。但新中国的建设不能不受到第二次大战后世界两大阵营冷战对立的复杂国际因素的影响。新中国成立刚一年就被卷入朝鲜战争。在美军将战火燃到鸭绿江边的形势下，如果不经历一场严峻较量，新中国很难立住脚，国家安全也得不到保障。而这场战争在一定意义上就是打钢铁。当时美国钢产量8872万吨，我国开战时只生产61万吨钢，这个巨大的反差，意味着实现国家工业化、国防现代化的紧迫性非常突出。当时苏联的工业化模式刚刚经历了反法西斯战争的考验，对后发展国家具有很强的吸引力。面对帝国主义的战争威胁、经济封锁和禁运，中国领导人不能不更多地考虑尽快建立重工业基础，以增强国力，抵御外敌，由此学习苏联经验，确定了优先快速发展重工业的赶超型战略。可见一场朝鲜战争，对于我国加快混合经济向计划经济的转变、新民主主义向社会主义的转变，影响至深。

历史地看，1952年我国工农业主要产品的产量恢复到历史最高水平，但实际上还是1936年抗战前的生产水平。在这样低的起点上搞工业化，尤其是发展重工业投资大，周期长，回收慢，与我国的资源禀赋是相冲突的，最紧缺的资源是资金，商品粮食、工业原料和其他各类物资都严重不足。在资金短缺、物资匮乏的条件下，要建立国家工业化基础，用什么办法最便捷？就是实行苏联高度集中的计划经济，由国家来配置有限的资源，才能集中力量办大事，保证重点工业建设。当时个体、私营经济对发展生产、繁荣经济仍有积极作用，但与国家集中调配资源的快速工业化战略必然发生矛盾和冲突。这就需要对分散落后的个体农业、手工业，对与国家争资金、争原料、争市场的私营工商业进行社会主义改造，把它们全部纳入国家计划的轨道。非如此，不能建立起我国工业化的基础。

我国社会主义改造的进程，总体上是积极而又稳步发展的。但1955年夏季以后农业合作化突然提速，形成猛烈发展浪潮。这主要是1954年夏秋我国几大地区遭受特大洪涝灾害，农业受灾严重，农产品原材料不足，直接影响到1955年工业增长速度从上两年的百分之十几降至5.6%，其中轻工业出现负增长，这突出地反映了农业滞后对工业发展的瓶颈制约。这时第一个五年计划方案历经4年六易其稿，刚在全国人大二次会议上通过，如果计划有可能完不成，就不单纯是经济问题，而是一个重大政治问题了。所以毛泽东与邓子恢为农业合作社翻一番还是翻半番发生争论，就是要加快农业合作化的速度，基本上解决商品粮食和工业原料年年增长的需要同小农经济主要农作物产量很低之间的尖锐矛盾。客观地说，适当加快农业合作化步伐，在一定程度上是我国快速推进工业化的一种内在要求。但是用在党内批判"右倾机会主义"的方法来加速实现农业合作化，则不能不在指导方针上助长党内急于求成、急躁冒进的倾向。

1956年，我国广大城乡掀起跑步进入社会主义的高潮，基本完成了农业、手工业、资本主义工商业的社会主义改造。尽管出现了要求过急、改变过快、工作过于粗糙、形式过于单一的偏差，但在几亿人口的大国消灭私有制这样深刻的社会变革，是在保证国民经济稳定发展的情况下完成的，基本上得到人民群众的拥护。由于创造了从初级到高级逐步过渡的形式，并且根据生产发展的需要，对生产和流通的许多环节实行统筹兼顾、全面安排，从而保证了工农业生产和整个国民经济的增长。这说明，党对社会主义改造的领导总体上是成功的。由此实现了从新民主主义社会到社会主义社会的第二个历史性转变。

为什么50年代要进行社会主义改造？要把问题放在具体的社会历史环境中去考察。实际上，刚刚执政的中国共产党只能根据它所处的国际环境和所继承的历史遗产，去解决政治和经济上面临的迫切问题。当时最紧迫的是什么？是中国百年积贫积弱，现在要图强，要搞工业化。但是，工业建设刚开始就出现了粮食危机，国家粮食赤字40亿斤，北京、天津等大城市供应紧张，整个国民经济进入紧运行状态。如果仅依靠市场调节是一个缓慢过程，与快速工业化步骤不相适应。当时中财委对八种解决方案反复权衡利弊，最后决定实行粮食统购统销，接着是食油统购、棉布统销。粮食统购要一家一户向农民核实产量，征收工作非常繁难。所以有必要把一亿七千万农户组织在合作社内，才便于把大宗粮食和工业原料拿到国家手里。因此毛泽东将农业合作化和统购统销，看作是实现农业社会主义改造的两大战略步骤。

中国是个农业大国，工业化建设所需的大量资金，像"一五"计划建设投资766亿人民币折合7亿两黄金，一部分从现有工业来筹集，但有相当部分的资金积累来源于农业。粮食等主要农产品的统购统销，是我国工业化初创阶段为集中调配有限资源建立的一项供求制度，它对于满足国家对大宗粮食和农产原料的急需，在不高的水准上保证人民生活需要起了重要历史作用。一方面，由于存在工农业产品价格的剪刀差，中国五亿农民为奠定国家工业化基础做出了重大贡献或者说牺牲。所以在国家综合国力增强后，要转向以工业反哺农业。另一方面，为了实行粮棉油的计划供应，国家统一建立了票证发放制度和户籍身份制度，全国人口固定分成农业户口、非农业户口，形成城乡分割的二元社会结构，几亿农民被束缚在农村土地上，劳动力不能流动，无法进入非农产业。这使得工业化的一项重要指标——城市化进程受阻。这是不利于我国经济社会的现代化转型的。

从三大改造的相互关系来看，统购统销又是一把"双刃剑"，它使大部分主要农产品很快脱离自由市场被纳入国家计划的轨道。国家由此基本控制了生产过程中原料供给、市场销售这两个关键环节，进而将私营工商业自由购买原料和自由销售产品的路给堵死，使之不得不接受国家的统筹安排和所有制改造。这样一个环环相扣的客观进程，是当时我国受到帝国主义封锁禁运、加快建设工业化的要求十分紧迫的特定历史条件所决定的。除非不搞工业化，要在中国这样经济落后的国家推进工业建设，对分散落后的小农经济和私人资本主义经济的社会主义改造，是不可避免的。

社会主义改造后期出现的偏差，主要是单一公有制结构使社会主义经济缺乏活力和多样性；改造完成后，计划经济体制扩大到全部社会经济生活，使国家不得不包办一切它实际上包办不了，本来可以发挥各种社会力量来分担的事情。虽然当时也提出一些正确的调整措施，但由于对什么是社会主义以及怎样建设社会主义的问题的认识还远未成熟，这些措施不可能根本解决问题。所以对三大改造的评价不宜说得过满，要为后来改革开放和确立社会主义市场经济留有余地。同时，也不能拿几十年后对社会主义市场经济的认识，去衡量在50年代特定历史条件下进行的这场社会变革，因为对于第一代领导人来说，任何思维都不能超越他们所处的历史环境和自身经历。

三 关于中国向社会主义转变问题的若干思考

中国如何向社会主义转变的问题，是中国现当代历史的基本问题。它是涉及几亿人口生产、生活方式改变的深刻社会变革，关系到国家发展及社会生活的方方面面，对整个国家经济社会的长期发展产生着重大而深远的影响。因而成为理论界研究的一个重要问题领域。新中国成立后首先建立新民主主义社会，但不久就改变为加快向社会主义社会过渡，同时把新民主主义与社会主义对立起来，造成长期以来理论界对建设新民主主义社会讳莫如深。十一届三中全会以后，相当一部分研究者认为，新民主主义是适合中国国情的独具特色的经济社会模式，应该继续实行一个较长的时期；1953年以后对新民主主义的放弃，给我国经济社会的发展带来长期复杂的影响。这个问题的讨论，一开始就是与探讨社会主义初级阶段理论同时展开的。这两个切入点，正好是一个问题的两个侧面，反映了新民主主义社会与社会主义初级阶段之间有着直接的逻辑联系。

80年代末的研究，有代表性的是老一辈经济学家薛暮桥的观点，他认为：现在看来，社会主义改造总路线似乎提得太早了，在经济十分落后的中国，应当有一个较长的新民主主义时期，不宜匆忙消灭个体经济和资本主义私营企业。而且社会主义改造原定15年完成，结果四五年就搞完了，把资本主义经济和绝大部分个体经济统统消灭了，这显然是错误的，留下了不少后遗症。因为，衡量一种经济成分有无存在的必要，应当看它是否有利于生产力的发展。很显然，在50年代的中国，资本主义所能容纳的生产力远没有完全发挥出来，无论在城市，还是在农村，社会主义还远不能满足生产和交换的需要，私人资本主义还很有利于社会生产力发展的。后来他在回忆录中又指出，社会主义改造的主要失误可以概括为两句话：一是搞得太快了，二是搞得过头了。①

社会主义初级阶段论的提出，引起理论工作者更深入地研讨它的源头——新民主主义社会论。1988年11月，于光远在刘少奇研究学术讨论会上，首次提出新民主主义理论体系包括"新民主主义革命论"和"新民主主义社会论"两大组成部分，指出，新民主主义社会论是"关于新民主主义革命胜利后中国将要经历一个独立的民主主义社会的学说"。其基本点是："为了与中国的社会生产力发展水平相适应，在一个相当长的时间内中国要建立一个既要使社会主义经济迅速发展，又要允许资本主义经济也有一个相当的发展的历史时期。"② 这是一个卓越的见解。可是到1953年批评刘少奇的巩固新民主主义秩序，提出过渡时期总线以后，毛泽东就基本上放弃新民主主义社会论了。总之，新民主主义社会既不同于欧美式的资本主义，也不同于苏联式的社会主义，它是中国共产党人的创新，是一个全新的，有着特定的社会历史含义的范畴。它指明了经济落后国家在革命胜利后如何建设国家并准备条件向社会主义过渡的问题，是对科学社会主义学说的重要补充或发展。

为什么共产党从建党起就确立了在中国实现社会主义的奋斗目标，却要在革命胜利以后一个相当长的时期内允许城乡私人资本主义的存在和发展呢？最根本的原因是还没有做好全面取代资本主义工商业的物质准备。刘少奇在1949年5月"天津讲话"中有一个很好的注脚：目前"单就国内矛盾来说，无产阶级与资产阶级的矛盾的确是基本的矛盾，但无产阶级与资产阶级尚不能互相脱离，可以拖十年，到无产阶级不需要资产阶级也能活下去的时候，就可搞社会主义"③。第二条，如周恩来在1952年8月所说："因为中国私人资本主义的存在，工商各税还是财政收入和建设资金的一个重要来源。"④ 第三条，毛泽东在1953年6

---

① 薛暮桥：《从新民主主义到社会主义初级阶段》，《理论动态》1988年第802期；薛暮桥：《薛暮桥回忆录》，天津人民出版社1996年版，第230页。

② 于光远：《从新民主主义社会论到社会主义初级阶段论》，人民出版社1988年版，第152—153页。

③ 中共中央文献研究室：《刘少奇年谱（1898—1969）》下卷，中央文献出版社1996年版，第208页。

④ 参见周恩来《三年来中国国内主要情况及今后五年建设方针的报告提纲》1952年8月。中共中央文献研究室：《周恩来传》第3卷，中央文献出版社1998年版，第1071页。

月讲得很明白:"中国资本主义与苏联、东欧新民主主义国家的资本主义不同,没有理由采取没收的办法。"① 因为中国革命的最大特点,是在革命中和革命胜利以后,都保持了同民族资产阶级的政治联盟和经济联盟。这个历史和现实,决定了中国没有理由直接没收私人资本企业,无偿剥夺资本家的财产。

1952 年 6 月"五反"运动中,毛泽东将解决工人阶级同民族资产阶级的矛盾提上了日程。民族资产阶级过去是共同建设新民主主义的朋友,现在要转向消灭资产阶级,需要合法性"理由",要找到社会各界能够接受的私人工业国有化的方式,以集中力量推进国家工业化。1953 年 5 月,李维汉在给中央的调查报告中论证了由低级到高级的各种国家资本主义形式,是"逐步将资本主义工业纳入国家计划轨道,使有利于向社会主义过渡"的一个主要环节。这就找到了将私人资本主义企业改造成社会主义企业的具体途径,由此制定了对民族资产阶级实行和平赎买的方针,进而向社会各界表明,我国实行私人工业的国有化是有偿的、合理的,并且有了前几年的实证经验,具有可操作性。

这表明,我国的社会主义改造在过渡的步骤和形式上,确有自己的创造,自己的特点,从而保证了涉及几亿人口的深刻社会变革,没有像苏联、东欧国家那样引起社会上的巨大震动,使生产力受到破坏。然而,我国尽管在农业合作化的过渡形式方面有自己的创造,但是,从初级农业社迅速升级到高级农业生产合作社,根本上还是照搬苏联的集体农庄。尽管在资本主义工商业改造的过渡形式方面有自己的创造,但是,改造的目标和结果是在所有制结构方面实行全盘公有乃至国有,也还是照搬苏联的。毛泽东说得很直白:"我党的总路线,基本上是联共党史第九章至十二章的路线。"② 这是从"中国型"的新民主主义转向全面仿效苏联社会主义的一个历史拐点。所谓苏联社会主义模式,以公有制、计划经济、按劳分配为三大标志,并规定为社会主义的本质特征。当时所有社会主义国家都认同和接受苏联的模式,中国共产党对什么是社会主义问题的认识还很不成熟,自然也不能例外。

---

① 毛泽东在 1953 年 6 月 15 日、29 日中共中央政治局扩大会议上的发言记录,李维汉记录稿(手稿)。
② 同上。

从国际环境的影响来看，第二次世界大战后，美国实行投放巨资重建欧洲的"马歇尔计划"，斯大林为应对东欧各国由此产生的离心力，强力推动东欧人民民主国家完成了同苏联社会制度的一体化。在毛泽东酝酿提出过渡时期总路线的时候，东欧各国基本上实现了工业国有化和农业集体化，成为社会主义国家。从1949年到1953年，苏式社会主义经济社会体制在东欧的确立，用了4年时间。这对于中国党不能不是一种压力或推动力。从1953年起到1956年年底，中国基本完成生产资料私有制的社会主义改造，同样用了4年时间。不论东欧各国采取剥夺资本的方式，还是中国采取和平赎买方式，在完成过渡的时间表上则是一致的。这表明，依靠国家意志和政权的力量，建立单一公有制和高度集中计划经济是可以计日程功的。特别是在世界两大阵营对立、非此即彼的国际环境下，各人民民主国家要实现工业化，采取苏联社会主义模式是一种别无选择的历史现象。但是，苏式社会主义的种种弊端日益显露出来，对中国经济发展的负面影响则是长期的（持续20多年），深远的（转向社会主义市场经济曲折而艰难）。

理论上向列宁"从资本主义到社会主义过渡"学说的皈依，导致对社会主义的某种误解，似乎过渡到社会主义社会，可以在工业化尚未完成的基础上，通过提高生产资料的公有化程度和建立高度集中的计划经济体制就能够实现。就是说，1922年苏联实行列宁的"新经济政策"，没几年就"达到了'退却'所要达到的目的"；其间同"要求对国内外的私人资本作巨大让步"的党内"反对派"进行了尖锐的斗争。而中国对民族资产阶级实行"退让"的新民主主义政策，也没有维持几年。从1953年起，以批判"确立新民主主义社会秩序"、"确保私有财产"、"公私一律平等纳税"等党内右倾思想开道，加速推进所有制变革。在苏联集体农庄运动中，斯大林批判了布哈林"富农和平长入社会主义"、让资产阶级"发财致富"等理论观点，集中火力批判"富农在党内的代理人"。"剥夺富农财产"的政策，导致不少地区出现"农民严重不满的危险征兆"。中国农业合作化运动的大发展，同样出现农民大量杀猪宰牛，"对于党和政府在农村中的若干措施不满"，以致"生产力起来暴动"等紧张情势。对于坚持办社条件、主张稳步前进的党内意见，也是通过批判中央农村工作部及邓子恢所谓从资产阶级、富农或者富裕中农的立场出发，放任农村资本主义的自由发展的右倾机会主义，迅速掀起全国农村合作化高潮。随之而来的资本主义工商业的全行业公私合营，固然有"经济发展的结果"一面，但本质上是几年来国家在原料、销售两头"横直卡死"，造成私营工商业无以生存的大势，同时营造了敦促资本家尽早放弃资本主义所有制，放弃剥削，才能"一身轻快不受社会责备"的政治氛围，以致在压力下匆忙完成过渡，使一系列复杂问题没有得到仔细处理。

本来，在毛泽东的理论框架下，中国革命要争取非资本主义的前途，非搞新民主主义不可，即"马克思主义的天经地义"，"不可移易"的国家形式。但革命胜利以后很快改变了，这就触及毛泽东的理论内核——新民主主义亦称"新"资本主义，其本质是容许资本主义经济存在和发展。既然经典论著定义社会主义的本质是消灭资本主义，消灭剥削，那么搞新民主主义当然无异于发展资本主义。这是毛泽东的新民主主义论绕不过的"坎"。问题在于，以当时我国生产力的物质基础而论，是应当尽快让资本主义在中国"绝种"，抑或让一切有利于国计民生的私营工商业在适当的政策下，继续发挥促进生产力提高的积极作用？如薛暮桥所论：在50年代的中国，无论在城市，还是在农村，社会主义还远不能满足生产和交换的需要，私人资本主义还很有利于社会生产力发展的，资本主义所能容纳的生产力远没有完全发挥出来——答案是显而易见的。

由此可见，在物质实践基础这个层面，毛泽东未能将马克思主义的中国化进行到底。当时从理论概念上把新民主主义看作是经济落后国家通向苏式社会主义的桥梁，不惜舍弃"中国需要充分利用资本主义"的深刻思想，代之以列宁、斯大林的理论来指导中国过渡时期的实践。指导理论的中途变换，不仅失去了新民主主义社会论的独创性，而且失去了中国过渡到社会主义的特殊性。如果不是从理论概念出发，急于让资本主义在中国"绝种"，而是从实践基础上，更本质地把握多种经济成分在国营经济领导下共同发展的新民主主义经济，实际上具有了初级社会主义的某些特征，这将会更适合我国社会生产力发展的要求。这是今天重新认识毛泽东创立新民主主义社会论的历史价值所在。当然，历史不能假设。无论从当时的国内国际环境，还是从党对社会主义的认识还远不成熟来看，都不具备提出社会主义初级阶段论的时代条件。

这里有一个"二律背反"的问题。1917年俄国十月革命成功，列宁就宣布"开始建设社会主义"。但是先搞"战时共产主义冲击","余粮征集制",遭到资产阶级、富农的强烈反抗,经济社会受到严重创伤。列宁及时提出对资产阶级实行退让的"新经济政策",要求学会同资本家做生意,与私人资本合作开发国家的富源等。但新经济政策在列宁逝世后被斯大林提前终结了。中国共产党人则不囿于经典著作的现成结论,"没有像他们的俄国先行者那样被一种向往千年盛世的革命理想所束缚",[①]"没有像俄国革命那样,许诺要消灭阶级"[②],而是一开始就实行稳健务实的新民主主义政策,着重解决自己国家政治和经济上的迫切问题,取得了战后恢复经济和建立新社会秩序奇迹般的成功。然而,在理想主义与现实精神相互激荡,国际国内环境因素的交互作用下,没过多久又重返斯大林的社会主义模式。这种起于独创、归于折返的现象,反映了在社会主义转变的问题上,马克思主义的中国化比起民主革命时期要艰难曲折得多。本来,毛泽东的理论创造通向"中国型"的初级社会主义,只有一步之遥,却囿于时代的局限未能进行到底。我国社会主义革命和建设的经验表明,建立单一公有制结构,只需几年时间,但是要确立公有制为主体多种所有制经济共同发展的社会主义基本经济制度,却经历了几十年认识和实践的反复。

历史地看,当年对苏联社会主义模式的选择,确有集中调配有限资源加快建设工业化的内在需要。我国的单一公有制和集中统一的计划经济体制,虽然基本是"外源型"的,但也带有"内生型"特征。这一选择,如中共十四大报告中所指出,是"有它的历史由来"的,"起过重要的积极作用"。但是不能把它说成客观规律的反映,不能绝对化。毛泽东在社会主义改造完成后,曾针对公有制经济不能满足社会需要提出过"可以消灭了资本主义,又搞资本主义"的思想。刘少奇在1959年苏联《政治经济学教科书》学习讨论会上,提出过一个透彻的观点:"国家对经济基础的反作用,其力量之大,使生产力在一个时期内冲不破上层建筑的束缚。但是,十年,二十年,还得冲破,还是要改革那些

---

① [美]莫里斯·梅斯纳:《毛泽东的中国及其发展》,社会科学文献出版社1992年版,第74页。

② [美]杰克·贝登:《中国震撼世界》,北京出版社1980年版,第58页。

不符合实际的制度、政策，还是得承认错误。"① 这些思想和论述在 20 多年后完全得到证实，改革开放以来，我国不仅把个体、私营经济请回来，包括外国资本、外商独资和中外合资合作企业都请进来，占到整个国民经济的半壁江山，但仍坚持以公有制为主体。所以，第一代领导人的探索，从历史源头上，为改革开放后确立公有制为主体、多种所有制经济共同发展的社会主义初级阶段的基本经济制度，提供了理论依据和实证经验。

（作者单位：中共中央党史研究室）

---

① 中共中央文献研究室：《刘少奇论新中国建设》，中央文献出版社 1993 年版，第 401—402 页。

三线建设对中华民族携手
共圆中国梦的启示

郑有贵

三线建设,是中国共产党和政府在20世纪60年代面临国家受外来战争严重威胁和沿海与内地发展失衡,将约束整个国家工业化、现代化进一步推进的背景下,审时度势,果敢作出的重大战略决策。这一集建设国家战略大后方的战略纵深布局和改善沿海与内地生产力布局有机统一于一体的重大战略的实施,破解了中西部地区受制于"贫困陷阱"而无力推进大规模经济建设的难题,增强了中西部地区自我发展的能力,为国家的整体发展与进步奠定了基础,为探索形成符合国情的中国特色社会主义经济建设道路做出了不可磨灭的重大贡献。在社会主义市场经济条件下,借鉴三线建设战略构想和实施中的全国一盘棋、发挥社会主义制度优势、集中力量办大事的成功经验,发挥政府在促进区域协调发展中不可或缺的作用,构建帮带协作机制,传承和弘扬内含社会主义核心价值观的三线精神,有助于促进区域协调发展,有助于构建形成整个中华民族携手共圆中国梦的良好机制。

一 三线建设战略构想和实施中发挥政府不可或缺作用而促进区域协调发展的经验及其借鉴,有助于促进东中西部地区在社会主义市场经济条件下共圆中国梦

实现中华民族伟大复兴的中国梦,其要义之一,就是必须解决中西部地区生产力和经济社会发展落后的难题,实现区域协调发展的重大结

构性问题。

以毛泽东为核心的第一代中央领导集体作出三线建设的重大战略决策，其目标之一，就是通过对全国生产力的均衡布局，促进区域协调发展。通过跨越三个国家五年发展计划的三线建设战略的实施，改革开放以来国家对三线企业历时 23 年的调整改造，以及三线建设中培育起来的骨干企业和城市勇于改革而在社会主义市场经济条件下不断发展壮大，三线建设的战略构想得以实现。也就是说，从历史与现实乃至更长远的未来发展看，三线建设不辱使命，在推进区域协调发展方面，曾经有着并将持续发挥重大的作用。

首先，中西部地区迅速生成了以现代工业为引领力量的新的生产力，改善了东部地区与中西部地区生产力布局失衡的格局。新中国成立前，我国就存在着生产力区域布局不合理的问题。早在 1956 年，毛泽东在《论十大关系》中就提出了改变沿海与内地生产力区域布局失衡的命题，指出："我国的工业过去集中在沿海。所谓沿海，是指辽宁、河北、北京、天津、河南东部、山东、安徽、江苏、上海、浙江、福建、广东、广西。我国全部轻工业和重工业，都有约百分之七十在沿海，只有百分之三十在内地。这是历史上形成的一种不合理的状况。沿海的工业基地必须充分利用，但是，为了平衡工业发展的布局，内地工业必须大力发展。""新的工业大部分应当摆在内地，使工业布局逐步平衡，并且利于备战，这是毫无疑义的。"① 1963 年 9 月 6 日，毛泽东修改《关于工业发展问题（初稿）》所加的一段话中指出，"这里存在着战争可以避免和战争不可避免这两种可能性。但是我们应当以有可能挨打为出发点来部署我们的工作，力求在一个不太长的时间内改变我国社会经济、技术方面的落后状态，否则我们就要犯错误"②。1964 年 5 月 27 日，在面临国外核武器打击威胁的紧张局势下，毛泽东在主持召开的中共中央政治局常委会议上说，在原子弹时期，没有后方是不行的，要准备上山，上山总还要有个地方。③ 他在这年 5 月中共中央召开的中央工作会议及其后的较短时间里指出：只要帝国主义存在，就有战

---

① 《毛泽东文集》第 7 卷，人民出版社 1999 年版，第 25—26 页。
② 《毛泽东文集》第 8 卷，人民出版社 1999 年版，第 341 页。
③ 中共中央文献研究室：《毛泽东年谱（1949—1976）》第 5 册，中央文献出版社 2013 年版，第 355 页。

争的危险,要准备帝国主义可能发动战争。现在沿海地区搞这么大,不搬家不行。不仅工业交通部门的企业要搬,大学、科学院、设计院都要搬。总之,一线要搬家,三线、二线要加强,以改善我国工业布局。①经过一代又一代人的持续努力,三线建设在承担起建立国家战略大后方的战略纵深布局重任的同时,实现了国家生产力布局的改善,使内地的一些省市发展成为各具特点的新的工业基地,抑制并扭转了东部沿海地区与内地或中西部地区发展失衡的恶化态势。1952年至1978年,工业年平均增长率,内地为11.6%,比沿海的9.9%高1.7个百分点,比全国的10.5%高1.1个百分点;内地和边疆地区工业产值在全国工业总产值中的份额,由29.2%提高到36.7%,钢铁、煤、电、金属切削机床、水泥、棉纱、机制纸等主要工业产品产量的比重,分别由8%—30%上升到36%—60%。②

其次,三线建设迅速增强了中西部地区的自我发展能力。一是通过三线建设,建设形成一大批比较完整配套的能源、原材料、机械、电子、航空、常规兵器、战略核武器工业基地。例如,在山重水绕的不见经传的攀枝花建成钢铁基地,在六盘水建成"江南煤都",而传统农业区的德阳在20世纪70年代末发展成为全国三大重型机械、发电设备制造的骨干基地之一。二是通过三线建设,成长起一大批骨干工业企业,成为引领中西部地区发展的重要力量。三是在三线建设中,不仅实现了先进技术和优秀人才向中西部地区的聚集配置,还在建设进程中攻克一道道技术难题而不断开拓创新中锻炼成长起一大批科技人才和管理人才,并为当地输送和培养了多种人才,为中西部地区的发展提供了科技和人才支撑。四是在三线建设中,实施了包括川黔、贵昆、成昆、湘黔、襄渝、阳安、太焦、焦枝和青藏铁路西宁至格尔木段等铁路干线及大量的公路建设项目③,在较短时间内快速改变了中西部地区交通闭塞不畅的状况。例如,攀枝花钢铁基地和成昆铁路的建成,使攀西地区3000多万人的生存和发展条件实现了跨越式改善。五是在工业发展的基础上,生长起一大批新的城市,如在山沟野岭成长起来的钢城攀枝

---

① 何郝炬、何仁仲、向嘉贵:《三线建设与西部大开发》,当代中国出版社2003年版,第5页。
② 李悦:《正确处理沿海工业和内地工业的关系》,《人民日报》1981年12月15日。
③ 李慎明、李捷主编:《还历史的本原》,中国社会科学出版社2014年版,第438页。

花、煤都六盘水、汽车城十堰、镍都金昌，传统的小县城由于注入现代化工业要素而发展为都市和交通枢纽的绵阳、德阳、自贡、乐山、泸州、广元、遵义、都匀、凯里、安顺、曲靖、宝鸡、汉中、铜川、天水、平顶山、南阳、襄樊、宜昌、格尔木等①，成为辐射带动周边乃至范围更广地区经济社会发展的重要力量；已有较好工业基础、被中央和四川省委定位为"西南三线地区的'小上海'"②的重庆市，通过三线建设的实施促进了现代工业体系的构建和综合性工业城市的形成，很好地发挥着中心城市的作用。③ 在改革开放条件下，三线企业和三线城市焕发出生机和活力，并通过西部大开发和中部崛起战略的实施，逐步发展壮大，成为引领中西部地区发展的骨干力量。

三线建设及改革开放以来西部大开发、中部崛起战略的实施，探索形成中国特色社会主义区域协调发展和共同富裕的道路，或者说三线建设和改革开放以来实施的西部大开发、中部崛起战略是实现区域协调发展这一战略目标的不同阶段。这条道路的探索形成，彰显了中国特色社会主义制度的效能优势。其中，最为值得借鉴的经验，就是在促进区域协调发展和共同致富的道路上，必须发挥政府不可或缺的作用。

在三线建设中，政府发挥的不可或缺作用，就是解决了资源向高收益地区流动，并发生马太效应或"循环累计因果关系"现象，进而使区域发展失衡更加严重的问题。旧中国区域发展失衡，是由于区位优势和市场调节共同作用所致。国民政府试图利用抗战迁来都解决西南地区经济落后的问题，但所制定的私营企业在西南地区的发展计划仅靠市场的力量无力实现，区域发展失衡的问题也没有能够加以遏制。中国共产党和政府从大局出发，在20世纪50年代由毛泽东在《论十大关系》中提出改变生产力布局的命题，到1964年面对战争严重威胁的国际形势果敢抉择，充分发挥社会主义制度优势集中力量办大事，动员全国的人力、物力、财力开展大规模的三线建设。这是三线建设成功实施的经验，也是促进区域协调发展的重要经验。有着计划经济和市场经济两种

---

① 李慎明、李捷主编：《还历史的本原》，中国社会科学出版社2014年版，第440页。
② 《重庆经济发展基本情况和今后设想》，1973年，重庆市档案馆藏，资料号：1080/2/519卷。
③ 张凤琦：《论三线建设与重庆城市现代化》，《重庆社会科学》2007年第8期。

经历的三线建设者基于自己深深的体会肯定地说，如果完全靠市场手段而政府不采取如此强有力措施，三线建设战略实施不了，中西部地区能够发展到当今水平是不可能的。

而今天，经过三线建设，经过西部大开发和中部崛起战略的实施，中西部地区经济社会的发展已有一定的基础，也具有了较强的自我发展能力。但是，东部与中西部地区发展失衡的问题仍然存在，这对于整个中华民族共圆中国梦仍然是一个结构性约束因素。借鉴三线建设的经验，就是在发挥市场在资源配置中起决定作用的同时，要发挥好政府不可或缺的作用，解决因马太效应或"循环累计因果关系"而导致区域发展失衡更加严重的问题。具体而言，就是中央政府要统筹区域发展，通过区域发展战略和重大建设项目的统筹规划和实施，通过提供公共品而改善中西部地区基础设施，通过对中西部地区在财政、税收、金融政策的倾斜而引导社会资本、科技、人才等生产要素向中西部地区聚集，进而形成促进中西部地区快速发展和区域协调发展的机制。

二　三线建设形成的帮带协作机制及其借鉴和发展，有助于促进利益主体多元化的社会结构下全社会携手共圆中国梦

三线建设实际上是全国尤其是东部沿海地区的先进物质装备、技术、人才向中西部地区转移，并实现发展的过程。这种大规模先进生产要素的成功转移和集聚，以及在此基础上能够形成有效的新的生产力，其中的重要经验之一，就是在中央政府的统筹安排和建设祖国战略大后方的爱国主义旗帜召唤下，形成了各有关方面帮带协作，合力推进三线建设的机制。

三线建设中的帮带协作，不仅表现在项目建设工地各部门的帮带协作，更是在全国范围形成了帮带协作网。以攀枝花钢铁基地建设为例，中央要求有关部门和有关省市对攀枝花钢铁基地的勘探、设计、施工、竣工投产采取"以老带新，对口承包，支援到底"的承包制，并明确钢铁由鞍钢和冶金工业部第一冶金建设公司承包，煤炭由阜新矿务局承包，电力由华东和华北电力管理局承包，建材由唐山水泥厂承包，林业

由黑龙江、吉林林业局承包，交通和建工分别由中央两部所属单位承包，财贸、金融、医疗、公共交通等分别由上海、天津、北京及川滇等地负责。在重大科技攻关上，组织动员全国力量组成了多种团队，如组织全国冶金行业的高等院校、科研院所和各大钢厂的著名专家学者和有丰富实践经验的高炉炉长、工长以及技术人员共108人，联合攻克了普通高炉冶炼高钒钛型钒钛磁铁矿的重大难题。在设备的设计和制造上，全国27个省、市的734个工业企业紧张地为攀枝花钢铁基地建设制造所需要的设备。在物质运输上，交通部调集北京、辽宁、山东、河南、安徽5省市的汽车、驾驶员和领导干部组成五大车队，承担起为攀枝花钢铁基地建设提供所需物资的艰难而又危险的长途运输任务。相邻的凉山彝族自治州在攀枝花钢铁基地、成昆铁路、西昌卫星发射基地的建设上，一方面组织大量民工参加项目建设；另一方面还提供建设大军临时用房、建设用地、建设材料、三类物质、粮食和副食品、各种服务网点等支持。①

在当今利益主体多元化的社会结构下，仍应借鉴和发展三线建设的帮带协作机制，才有助于整个中华民族携手共圆中国梦。所不同的是，要在新的历史条件下，应当建立起与社会主义市场经济相适应的帮带协作机制。

首先，构建不同经济发展水平地区间帮带协作机制。改革开放以来，中央高度重视解决地区之间发展不平衡的问题，提出统筹区域发展的方略，并实施了一系列重大措施。一方面，中央实施国家扶贫开发、西部大开发战略、中部崛起战略等，从国家整体层面通过政策倾斜和实施重大建设项目等措施的引导，促进区域协调发展；另一方面，发挥社会主义帮带协作精神，组织实施了中央有关部门、发达地区对口扶贫、援疆、援藏、援边等措施，以及对口承担灾后重建任务等，这些都是在新的历史条件下，对三线建设所形成的帮带协作机制的传承和发展。先进帮后进，发达地区帮助落后地区，实现共同富裕，是社会主义的本质要求。只是需要注意的是，应当根据我国已经由社会主义计划经济转向社会主义市场经济的变化，在让市场在资源配置中起决定作用的同时，

---

① 郑有贵、张鸿春：《三线建设和西部大开发中的攀枝花——基于攀枝花钢铁基地建设和改革发展的研究》，当代中国出版社2013年版，第13、61、69、266、282页。

坚持社会主义帮带协作而实现共同发展富裕的价值取向，并通过实施帮带协作项目，使帮带协作对象增强自我持续发展的能力。

其次，构建特色经济圈（带）的协同发展机制。在一个大的特色经济圈（带）内，各地区应当围绕共同的发展战略目标，统筹发展规划，打破行政区域限制，建立与社会主义市场经济相适应的合作机制，携手打造特色经济圈（带）。为此，需要处理好经济圈（带）中经济增长极与被辐射带动地区的关系，促进资源的就地就近综合开发利用，进而促进中西部地区的资源优势转变成经济优势。以资源富集地区之一攀西—六盘水地区（区内能源、矿产、生物及旅游资源十分丰富）为例，早在三线建设启动之际，就根据资源特点和产业基础，设计了以产业链连接为导向的重庆、攀枝花、六盘水互为支撑发展的产业分工协作构想，这就是1965年邓小平提出的关于西南三线建设"两点一线"布局：以攀枝花为中心，通过成昆铁路线，向重庆和六盘水两点做钟摆式辐射，六盘水工业基地生产的煤炭运到攀枝花，攀枝花生产的钢铁运到重庆，重庆生产的机器运到攀枝花和六盘水。进入20世纪90年代以来，国家进一步统筹推进攀西—六盘水地区发展，1990年国家计委批准《攀西—六盘水地区资源综合开发规划》，2012年国务院在《关于进一步促进贵州经济社会又好又快发展的若干意见》中，进一步明确提出了"统筹攀西—六盘水经济区规划建设，强化资源集约开发和循环利用"的要求。未来在统筹攀西—六盘水经济圈的发展进程中，国家有关部门应当统一编制攀西—六盘水区域资源开发规划，四川、贵州、云南三省有关部门和地区也要强化"携手合作、共赢发展"观念，切实加强合作，从整个区域资源集约开发和循环利用出发，统筹区域内生产力布局，建立起以产业合作为重点、以项目建设为载体的资源综合开发机制，共同推动区域资源高效整合和产业聚集，促进相互间的经济协作和区域协调发展，促进区域经济整体竞争力的持续提高。

三　三线精神和三线文化资源的积极作用及其发挥，有助于培育和践行社会主义核心价值观而为共圆中国梦提供更加强大的精神动力

三线建设是在生产生活条件极其困苦的中西部地区的穷乡僻壤展开

的。从全国各地挑选的三线建设者（当时的提法是"好人好马上三线"、"精兵强将上三线"），离开生产生活条件舒适的地方，克服诸多困难，锤炼形成了为国家、为党、为社会主义建设事业勇于付出乃至牺牲，以及艰苦创业、团结协作、开拓创新的崇高的三线精神。三线精神是三线建设者创造一个又一个建设奇迹的力量源泉。

中共十八大提出要积极培育和践行社会主义核心价值观，广泛开展理想信念教育，把广大人民团结凝聚在中国特色社会主义伟大旗帜之下。2013年3月17日，习近平总书记在第十二届全国人民代表大会第一次会议上的讲话中指出，"实现中国梦必须弘扬中国精神"①。三线精神是社会主义核心价值观在当时历史条件下的生动而又具体的呈现，是弥足珍贵的财富，是中国精神的重要组成部分。在新的历史条件下，在保障物质利益的同时，仍需要传承和弘扬历史积淀形成的以爱国和社会主义事业担当责任为价值取向的三线精神。1993年4月9日，江泽民题词："让三线建设者的历史功绩和艰苦创业精神在新时期发扬光大。"②大力弘扬三线精神和发挥好承载三线精神的三线建设工业遗产的作用，有助于增强中国特色社会主义的道路自信、理论自信、制度自信，有助于培育和践行社会主义核心价值观，为实现中华民族伟大复兴的中国梦提供强大的精神动力。同时，大力弘扬三线精神和发挥好三线建设工业遗产的作用，为深入开展党的群众路线教育实践活动提供可以亲身感触到和更好学习践行的典范，有助于增强抵制享乐主义和奢靡之风的自觉性。鉴此，还应当进一步挖掘和发挥三线建设的精神和文化价值：

一是加强三线建设的研究和宣传。在很长时期内对三线建设实行严格保密制度下，对三线建设和三线精神的研究和宣传很不够，社会上对三线建设知之甚少。历史和现实都表明，三线建设对于探索形成中国特色社会主义经济建设道路做出了重大的历史性贡献。更为可贵的是，三线建设不仅是工业建设史、铁路建设史、城市建设史，还是一部弥足珍贵的爱国主义情怀史。应当加强三线建设的研究和宣传，把三线精神融入国民教育，更好地引三线建设历史价值之源泉，为更好地培育和践行

---

① 《在第十二届全国人民代表大会第一次会议上的讲话》，《人民日报》2013年3月18日。

② 王春才：《中国大三线报告文学丛书：蘑菇云作证》，四川人民出版社1993年版，第503页。

社会主义核心价值观提供生动而极具感染力的历史素材。

二是加强三线建设文物保护。三线建设留下了数量众多、种类丰富的工业遗产。据2007年贵州省六盘水市文物局对三线工业遗产的调查，全市拥有三线建设重要建筑46处、机器设备等48台（套）、生产生活工具等100余件。另外，还有一些厂房、车间、设备仍在使用中。随着生产的发展和技术装备的更新，有些三线企业的厂房、车间、设备等文物被拆除重建或淘汰，而淘汰的设备又被解体。鉴于三线建设文物的这一特性，应当增强对三线建设文物保护的紧迫感，采取切实有力的措施，促进企业生产与文物保护的有机统一。在此基础上，将全国特别是13个省的三线建设遗址遗存整体打包联合申报"世界文化遗产"。

三是促进三线文化产业的健康发展。在特殊年代的三线建设，形成和留下了内含时代特征明显，反映工业化、现代化进程，有着独特历史、社会、科技价值的不可再得的文化资源，应当对其加以充分开发利用。鉴于三线文化资源的特点，可秉承"保护带发展，发展促保护"的原则，挖掘历史文化资源的经济价值，寻求三线建设工业遗产保护和开发利用的结合和有机统一，发展三线旅游、三线影视、三线纪念品等文化产业，将其打造成三线建设地区尤其是攀枝花、六盘水等三线建设成功典范地区的特色品牌，并通过这一特色产业的发展，发挥其极强正能量的社会效益，以铭记三线建设历史，传颂三线建设成就，传承和弘扬三线精神，使社会主义核心价值观的培育和践行更加生动活泼地开展起来。

（作者单位：中国社会科学院）

生态文明解读与制度建设分析

刘　燕　黄寿松

工业化生产方式导致的生态危机，反映出征服与统治自然的行为偏差，"如果生态环境受到严重破坏、人们的生产生活环境恶化，如果资源供应高度紧张，经济发展与资源能源矛盾尖锐，人与人的和谐、人与社会的和谐是难以实现的"①。生态文明建设已成为中国国家战略的重要组成，中共十八大纲领正式确立了生态文明建设与经济、政治、文化、社会建设"五位一体"的发展布局，提出"给自然留下更多修复空间，给农业留下更多良田，给子孙后代留下天蓝、地绿、水净的美好家园"。这一发展前景引发强烈的社会共鸣。

一　"生态文明"的内涵与价值维度

（一）"生态文明"的内涵

"文明"指人类物质与精神成果的总和与凝聚，是社会进步的象征。"生态"即自然生态，指生物之间以及生物与环境之间的相互关系与依存状态；"生态文明"指人与自然、人与人、人与社会以和谐共生、全面发展、良性循环、持续繁荣为基本宗旨的文化伦理与价值追求。从前工业时代人类对自然满怀畏惧、延续三百年的工业文明以征服支配自然为主要特征，到后工业时代尊重和维护自然、善待和顺应自然日益被视为社会持续进步的前提，人与自然的关系经历了从"人类中心主义"到"生态整体主义"的嬗变。生态学家叶谦吉1987年针对当时

---

① 《十六大以来重要文献选编》（中册），中央文献出版社2006年版，第715页。

中国生态环境趋于恶化的态势,首次明确提出"人类既获利于自然,又还利于自然,在改造自然的同时又保护自然,人与自然之间保持着和谐统一的关系"①。美国学者罗伊·莫里森1995年在其《生态民主》一书中提出"生态文明"(ecological civilization)一词②,将其解释为节制工业文明对地球资源和生态环境破坏的新的文明形式。

作为文明形态的延续,生态文明并未脱离文明发展的方向而独辟蹊径,它以深刻反思工业文明为基础,探求先进的发展理念、模式和道路,强调人类保护自然的自觉自律。这种文明观以尊重和维护生态环境为主旨,以人类可继续发展为着眼点,追求和谐共生的发展状态;它并不否定物质生产与人的主体价值,其与工业文明的差异在于强调生态的重要性,视生态和谐为增进人们物质财富与幸福满足的前提。显然,生态文明是对工业文明的批判性继承和否定性超越,它承继工业文明的优秀成果并调整其发展方向,克服其缺陷、失误导致的矛盾冲突,削减人与自然的对抗性因素,将使人类从追求物质增长的单一性中得到解脱。这在客观上规定了生态文明追求"和谐"的核心价值或本质属性。

广义生态包括自然生态环境、人文生态环境与心理生态环境三种文明状态,分别构筑了物质文明、社会政治文明与精神文明的基础;狭义的生态文明仅指人与自然之间良好的自然生态环境。但无论广义与狭义,生态文明都是社会科学发展的前提与支撑,其终极目标指向和谐良好的自然生态系统和环境系统,不但直接关系到物质文明建设也关系到社会的稳定,且其本身即是精神文明的重要组成部分。换言之,生态文明的社会就是一个和谐的社会。

(二)"生态文明"的价值维度

生态文明是建设"美丽中国"的基本要求。十八大报告指出:"必须更加自觉地把全面协调可持续作为深入贯彻落实科学发展观的基本要求,全面落实经济建设、政治建设、文化建设、社会建设、生态文明建设五位一体总体布局,促进现代化建设各方面相协调,促进生产关系与生产力、上层建筑与经济基础相协调,不断开拓生产发展、生活富裕、

---

① 叶谦吉:《生态农业:农业的未来》,重庆出版社1988年版,第333页。
② Roy Morrison, *Ecological Democracy*, South End Press, 1995.

生态良好的文明发展道路。"①

第一，生态文明是建设"美丽中国"的目标指向，人与自然的和谐是中国贯彻可持续发展战略、全面建成小康社会的必然要求。"美丽中国"首先指生态文明之国，它建立于先进的发展意识和科学的运行机制，进而实现社会整体的良性发展。1972年罗马俱乐部出版研究报告《增长的极限》轰动全球，第一次向世人揭示了在一个资源有限的星球上无限制追求物质增长可能导致的恶果，其"零增长"理论提出，人类必须自觉地抑制增长，报告呼吁各国转变发展模式，将增长限制于地球承载限度之内。修复人与自然的关系即是修补工业文明的缺损，这是生态文明建设必须突出的方面。十八大报告将这种发展理念推进为国家战略，要求树立尊重自然、保护自然、顺应自然的生态理念，统筹兼顾经济发展与生态平衡、财富增长与生态和谐的关系，这是科学发展观的经验总结也是中国追求全面建成小康社会的选择。

第二，生态文明建设体现出以人为本的核心价值，将生态文明建设作为国家发展战略是执政为民的国家治理理念的具体表现。其一，社会关系和谐。富强、民主、文明、和谐的现代化中国有赖于全面发展与身心和谐的民众个体，十八大报告提出的"五位一体"的发展布局相辅相成，尊重自然是全面发展的前提，而广义生态进一步地指向提高物质生活水平、健全民主法治、丰富文化生活、夯实民生工程的和谐社会生态的价值追求，生态文明内含的"和谐"理念是构建和谐社会的价值依据。从社会关系角度，生态问题最终是利益问题，在利用自然资源与生态治理成本分担问题上存在的阶层、区域、城乡冲突反映出利益矛盾，而利益补偿与生态建设的激励惩罚机制正是协调利益关系的制度要求。如何构筑起各要素密切配合、相互促进的综合建设体系是推进生态文明建设必须重点关注的主题。其二，个人身心和谐。科技主义、物质主义、消费主义价值导向放大了物质诱惑，掠夺公共资源、破坏公共生态映射出个体利益至上的行动主张，对自然的敬畏、对生命意义的省察、对社会及他人的尊重让位于个人主义、自由主义，对稀缺资源的无限索求引发个体间激烈的竞争冲突。生态文明亦关注个体的身心和谐与

---

① 胡锦涛：《坚定不移沿着中国特色社会主义道路前进　为全面建成小康社会而奋斗——在中国共产党第十八次全国代表大会上的报告》，人民出版社2012年版，第9页。

丰富，平和选择个人的生活态度与方式，体现出以人为本。

第三，生态文明建设是中国政府推动建立"和谐世界"、维护全球生态安全的国家承诺，也是崛起中大国的国际责任。资源匮乏、环境污染、生物多样性遭到破坏等一系列生态危机是各国共同的挑战，加强合作以维护全球生态平衡、保护环境和自然资源是各国共同的责任。在利用自然资源与承担生态责任问题上，中国政府主张各国责任共担、机会均等、合理补偿，反对各种形式的利己主义，且在推动全球生态保护和环境建设方面付出了巨大努力。"可持续发展"自1996年作为中国发展的基本战略得到实施，并在节能减排、人口控制、生态恢复等重要相关领域取得显著成效。各国面临不同的生存境遇、发展起点，具有特殊的历史轨迹、独特的自然条件与人文传统，在社会发展模式与管理机制、文化观念与价值体系、工业化水准与深度等诸多方面存在差异，而全球生态环境保护的普遍性责任必须立足于一国实际，选择可行的生态建设模式或路径。建设生态文明、构筑"美丽中国"的战略决策，正是负责任的中国政府对国际社会做出的庄严承诺、对履行绿色发展的自觉担当，以及为全球发展贡献的中国力量。

二 中国生态文明制度建设的要求

确立生态和谐的新型生产方式和生活方式，既要考虑人们的物质需求，又要考虑社会整体利益和生态效应。资源滥用、能源紧张、生态消耗，废水、废气、废渣的排放，不可回收垃圾的增多，农药残留与白色污染以及近年不断出现的食品安全问题，都对中国社会发展与民众生活质量造成巨大压力。我国必须吸取过度工业化的经验教训，摒弃"先污染、后治理"的发展道路，充分发挥后发优势与比较优势，以先进的发展理念指导中国道路，建设资源节约型、环境友好型社会。而要根本上超越传统工业文明的窠臼，新型文明发展之路还需落实于制度层面。

第一，制度是生态文明建设的根本保障。"制度"泛指以规则或运作模式去规范个体行动的一种社会结构，作为社会博弈规则，它界定了人们的决策集合，是社会秩序有效运行的基础。因而，制度凝聚着实践智慧，巩固和传承着人类文明成果。王彬彬认为，"如果认为制度是文明的重要特征和主要内容，或者更宽泛地说，文明本身就是一种制度，那么生态文明就是一种为'人与自然'关系立法的制度体系"①。完善的制度为生态文明建设提供了监督、规范与激励约束的力量,是生态文明建设的保障,而缺少制度的建构、完善和执行将使理想成为梦想。制度进步代表文明进步,对生态文明建设进行整体规划,从而落实生态文明的各项具体要求是建设"美丽中国"的必然要求。

第二,制度建设深化对生态文明的认识,保证"美丽中国"的整体发展方向。中国当前的生态问题严重且危急,"如土地开发的刚性需求与城市土地存量不足的矛盾、城市人口快速增长与垃圾围城处理技术和能力不足的矛盾、工业增长中废水废气的增长快于处理设施和能力增长的矛盾,以及人们生活水平提高带来了私家车数量的巨增,道路资源供给与机动车保有量的矛盾,等等。诸如土地瓶颈问题、垃圾问题、空气、水质问题等,如果没有制度保障就不能得到很好的解决,不仅影响到经济的发展,而且还会引起一定程度的社会危机"②。生态问题的性质已从地区性政治问题转化为国家性政治问题。制度建设的过程是全面审视中国生态现状、有序规划的过程,吸取教训、总结经验有助于更加理性高效地选择生态文明的建设道路、实现方法和手段。离开制度建构,问题将难以得到根本解决。

第三,制度建设推进生态伦理,内化为人们的道德准则与行为指南。制度为各行各业、各个区域与组织、不同阶层个体确立了行动标准、实践指南与奖惩尺度。现实中,制度是各种法律法规、章程、规约、规则等的总称,更多地指向"正式制度",与相关执行的实施机制共同构成社会实践的激励约束。正式制度对人们的价值选择、文明信念、伦理规范、风俗习惯、道德观念以及意识形态等"非正式制度"产生关键影响,制度内化为自觉行动表现为强制性法律、法规、规则转变为民众道德标准、伦理倾向和舆论导向,形成社会共识与民众自觉,最终形成约定俗成的社会习惯。具有"自实施性"的道德、伦理、习惯将使制度实施事半功倍,这是强制性规范"无为而治"的理想境界,具有持久的生命力。生态文明制度建设即制定出符合生态文明要求的目

---

① 王彬彬:《论生态文明的实施机制》,《四川大学学报》(哲学社会科学版) 2012 年第 2 期。

② 赵建军:《加快推进生态文明制度建设》,《光明日报》2012 年 12 月 25 日。

标体系、考核办法、奖惩机制，完善系统的制度以及规则间的协同配合是生态文明建设取得预期成效的根本保证。

三 中国生态文明制度建设缺陷

资源约束趋紧、环境污染严重、生态系统退化是中国持续发展面临的严峻形势，全面建成小康社会要求生态环境、经济发展、社会进步之间的协调进步，必须降低发展成本与环境代价，反哺生态，实现环境改善、生态优化、经济增长的统一。中国以经济建设为中心，在以经济兴国迈向现代化工业国家的过程中，注重经济增长与社会利益关系调整，但忽视自然与经济协调发展的现象也同时产生，生态文明建设的要求与制度现状差距颇大。

第一，紧迫的制度建设与较低的生态政治意识与生态伦理观念间的矛盾。有学者指出，"在我国传统政治思维中一直将自然生态系统看成人类社会的附属物，忽视自然生态系统的内在规律，表现出人类中心主义的倾向。这种传统的政治思维定势，一直不同程度地影响着人们的认识"[1]。有学者指出较低的生态政治意识是束缚中国生态建设的重要因素[2]。较低的生态政治意识不仅表现在唯 GDP 的发展桎梏，而且表现在公众生态意识与维权意识的普遍薄弱，缺少主动性与独立立场，"经济靠市场、环保靠政府"是较为通行的观点。"思想是行动的先导和动力"，公众缺乏生态意识使得生态文明建设建立于脆弱的民意支撑之上，企业缺乏生态意识直接导致生态问题层出不穷，领导干部缺失生态意识阻碍生态制度的主流化进程，如果各级权力机构缺少将生态制度建设纳入主流制度体系的意识形态动力，未充分认识到生态文明建设的战略紧迫性与全局重要性，前者完全可能成为"制度陪衬"与"施政花瓶"。改变这种淡漠的生态政治观念需从强化制度建设入手。

第二，现有发展格局要求完善生态环境保护法规。累积多年的生态环境问题日益显性化，因健康受损、生存环境恶化引发的群体事件近年

---

[1] 陈治桃、李三虎：《生态的政治化与政治的生态化》，《广东社会科学》2002 年第 1 期。

[2] 张瑞、秦书生：《我国生态文明的制度建构探析》，《自然辩证法研究》2010 年第 8 期。

呈上升趋势。自 1978 年环境保护首次被写入宪法，中国已初步形成了资源环境保护的一系列法规和制度，先后颁布了 20 多部资源与环境法律，100 多个法规和规章。但现行环境保护法规重经济轻环保、重发展轻生态的格局未能得到根本改变。法规有待完善的方面表现为：其一，缺少保障生态安全的纲领性、统合性法规。生态文明建设指广义的生态安全，包含水、土地、矿产、森林等自然资源、能源、污染控制、耕地保护、环境安全、食品粮食安全等诸多方面，现有生态保护法规分别从以上部分各自相对狭义的领域进行规范，顾此失彼，忽略相互间的依存与关联。① 综合性环境保护法作为基本法的地位有待确立，各层次领域制度的体系化、统筹化有待提升。其二，法规修订滞后，与紧迫的生态文明建设差距较大。如大气颗粒物 PM2.5 在社会舆论的强烈要求下，直到 2011 年才纳入空气质量监测标准，而 2005 年确立的"森林碳汇"② 在现行森林法规中至今尚未得到体现与落实。其三，现行相关法规中存在导向差异甚至相互矛盾的情况。为控制污染而忽略节能、为节能而弱化环保的政策规定彼此冲突，节约能源与污染控制法规相对独立。有学者认为这种冲突性规定导致规则之间的"碎片化"问题。③

第三，制度操作、政策执行尚不到位。有法可依与执法必严、违法必究是连续的体系，即使是科学设计的制度规范其落实也有赖于到位的执行操作，没有后者，将使生态文明建设的成效大打折扣。经济合作与发展组织 2007 年 7 月 17 日公布《OECD 中国环境绩效评估》的报告认为，中国虽为世界第四大经济体，但环境标准却与经济地位差距悬殊。中国在改革开放初期就确立了环境保护政策，但环境与生态破坏与当初的保护目标渐行渐远。其原因，一在执行过程；二在地方政府注重经济发展与官员政绩考核导致的执政偏好。执行方面的主要问题，其一，地

---

① 例如，关于森林、湿地、生物多样性和湿地法规涉及的生态安全，对存在内在关联的粮食、能源、污染控制等核心内容涉及有限甚至完全忽略，仅为狭义的生态安全。

② 森林碳汇（Forest Carbon Sinks）是指森林植物吸收大气中的 CO_2（二氧化碳）并将其固定在植被或土壤中，从而减少大气中 CO_2 的浓度。"碳汇"源于 2005 年 2 月 16 日正式生效的《联合国气候变化框架公约》缔约国签订的《京都议定书》，形成了国际"碳排放权交易制度"（简称"碳汇"）。对于发展中的中国，通过有效地管理陆地生态系统提高固碳潜力、植树造林吸收 CO_2，抵减部分工业温室气体排放，降低国际减排压力，被认为是最为可行、有效的措施之一。

③ 潘家华：《加强生态文明的体制机制建设》，《财贸经济》2012 年第 12 期。

方利益与部门利益倾向严重。中央政府"命令式"和"补贴式"的执行模式并不能充分保证实施效果，生态建设效果欠佳。基层政府生态保护的地方规定其操作性有待落实，中央政府引领制度创新、地方政府依据区情再创新的格局有待提高。其二，生态文明建设的顶层法规和制度规定作为"宏观调控工具"而非刚性约束规则，原则性特色突出无助于严格执行，存在执行弹性过强、自由裁量空间过大的缺陷，执行的随意性甚至违规执行并不少见。其三，违法企业处罚力度不足扩散恶性示范效应，低成本违法、高成本守法增加了企业的违法、违规激励。"按需落实"、"权衡执行"降低了强制制度的权威性与约束力，相比较，守法与遵守制度规则对地方政府和企业反而可能是一种"愚蠢的选择"。这种执行中的外部负效应削减了制度作用。其四，生态制度的相关法规条文基本不含操作细节，多以细则、条例、政策等形式进行细化①，而细则、政策临时性、多变性与非连续性的特点，降低了法规的权威性和执行效果，也降低了参与者的长期预期，且提高了"投机性"选择偏好。

第四，生态文明制度的实施机制有待优化。系统化的制度除环境前提外，由具体规则设置和实施机制构成，制度建构与实施机制不可分离。实施问题表现在：其一，生态文明建设的核心环节是地方政府对国家制度、中央政府政策的再解释和再创新，法律法规、条文、政策的顶层设计需要地方政府积极配合扮演"第一行动集团"的角色②。利益差异与多元目标使得各部门间、中央与地方间的权力博弈导致环境管理体制条块分割的现象依然严重，如"九龙治水"。"自上而下"的制度供给与实施中的现实选择偏差较大。各级政府多重的"委托—代理"结构、不对称与不透明信息、过高的监控实施成本也减弱了制度实施与决策执行的监督效果。其二，在制度再创新方面，地方政府的能力与意愿与本地区生态资源富集程度、发展目标直接相关。除前文提到的地方领

---

① 如中国2005年颁布《可再生能源法》，全文不足4000字，基本不含操作细节；而美国参议院2010年发布的《美国电力法（草案）》，对CO_2交易明确规定最低限价为12美元（通货膨胀每年增长3%），最高限价为25美元（通货膨胀每年增长5%），十分具体。参见潘家华：《加强生态文明的体制机制建设》，《财贸经济》2012年第12期。

② 杨瑞龙：《我国制度变迁方式转换的三阶段论——兼论地方政府的制度创新行为》，《经济研究》1998年第1期。

导较低的生态政治意识,意愿不足,一方面,表现在"生态目标弱化",即注重招商引资、承继传统产业转移实现地方短期经济增长,生态建设与政策执行被作为长远目标,这是工业时代的典型做法;另一方面,还表现于"生态目标异化",在实施中不乏将其他政策、资金、项目金打包成生态文明建设的组成,出现"生态文明是个筐,什么都往里面装"的现象。其三,官员晋升的"锦标赛机制"与"赢家通吃"的奖惩规则已被用来解释官员升迁、地方经济绩效与"中国增长之谜"[①],这种晋升激励被视为是"中国改革和发展区别于其他发展中国家的最大特色之一"[②]。唯 GDP 为重的官员考核选拔规则也间接地导致了过度竞争、重复建设、牺牲资源环境换取任期内经济增长等额外的生态成本。绿色发展、低碳发展、循环发展作为生态建设的目标,尽管有规划和指标,却缺少具有操作性的责任考核、奖惩、监督、责任追究等以及公众参与机制,某种程度上,"晋升锦标赛"异化为"生态破坏锦标赛",出现了"GDP 越高、经济增长越快、生态破坏越大、政绩越高、晋升越快"的恶性激励。其四,建设资金限制使生态治理明显落后于经济发展。已有资金使用不当、预算"软约束"以及地方政府预算内配套环保资金到位不足是其中三大问题。各地环保部门地位尴尬,人、财、物受制于地方政府,有限的执行效力制约其作用发挥,而资源环境管理体制方面的政出多门、责权不清、高昂的协调成本也降低了生态治理成效。其五,生态恶化祸及子孙,透支子孙的资源与福利,对缺少发言权的后代是"先天的痛"。关注"代际补偿"是当代人道主义与伦理上的自我约束与承诺,而道德伦理既是教化的产物,亦是惩罚的"作品",需要法律规定、市场机制与舆论监督共同发挥作用。

如何针对我国生态文明的制度缺陷进行修正改进,是值得深入探讨的话题,本文因篇幅所限,文尽于此。愿抛砖引玉,相互交流。

(作者单位:中山大学社会科学教育学院)

---

① 周黎安:《中国地方官员的晋升锦标赛模式研究》,《经济研究》2007 年第 7 期。
② 周黎安、李宏彬、陈烨:《相对绩效考核:关于中国地方官员晋升的一项经验研究》,《经济学报》2005 年第 1 期。

试论邓小平协商民主思想

王 骏

邓小平协商民主思想是邓小平理论的重要组成部分。邓小平作为我们党第一代领导集体的重要成员和第二代领导集体的核心，在继承、坚持和发展毛泽东有关协商民主思想的基础上，结合时代的发展和中国革命、建设和改革的伟大实践，提出了一系列富有创新性的理论观点，丰富了我们党的民主执政理念，充分显示了我们党推进人民民主的坚定决心和信心。在新的形势下，认真学习和研究邓小平有关协商民主的思想，与时俱进，大力发展社会主义协商民主，对发展社会主义政治民主，发展和完善中国特色社会主义制度，推进国家治理体系和治理能力现代化将具有重要的现实意义。

一 坚持中国特色社会主义协商民主道路

协商民主是20世纪80年代一些西方学者提出的政治理论，其基本含义是指协商主体通过对话、讨论等方式参与公共决策。中国特色社会主义协商民主，作为一种内生性的民主，主要强调，在中国共产党领导下，各党派、各团体、各民族和社会各界人士，以经济社会发展重大问题和涉及群众切身利益的实际问题为内容，在全社会通过各种方式，在决策之前和决策实施过程中进行广泛的协商，达成共识，促进公共利益实现的一项国家民主制度。

中国特色的协商民主思想是在中国共产党领导中国人民进行革命、建设和改革的实践中形成、发展和不断完善的。新民主主义革命时期，中国共产党在同其他民主党派团体和党外民主人士团结合作过程中形成了协商民主思想的萌芽,并在"三三制"民主政权建设中进行了有效的实践。新中国成立后,中国共产党领导的多党合作和政治协商制度的确立,为中国的协商民主开始在全国范围内实施奠定了坚实的基础。改革开放以来,社会主义协商民主得到逐步恢复和发展,我们党在实践中进一步深刻地认识到协商民主对发展我国社会主义民主的重要性。党的十八大和十八届三中全会指出,协商民主是我国社会主义民主政治的特有形式和独特优势,要求"推进协商民主广泛多层制度发展",正式提出和确立了社会主义协商民主理论。在此过程中,邓小平提出了一系列重要的思想和观点,成为中国特色社会主义协商民主思想的重要来源和组成部分。

(一) 坚持党的领导,为协商民主发展提供根本保障

西方学者乔舒亚·科恩曾主张协商民主"对各种建议考虑不局限于预设规范或者必要条件的权威"。[①] 邓小平指出,"必须坚持四项基本原则,主要是坚持党的领导"[②]。他说,"我们多次讲过,在中国这样一个大国,没有共产党的领导,必然四分五裂,一事无成","中国由共产党领导,中国的社会主义现代化建设事业由共产党领导,这个原则是不能动摇的;动摇了中国就要倒退到分裂和混乱,就不可能实现现代化"[③]。办好中国的事情,关键在党。这是对中国革命、建设和改革发展历史规律的深刻总结,也是吸取国内外不同民主政治发展模式经验教训得出的重要启示。历史和实践证明,没有共产党就没有新中国,就没有社会主义,就没有人民民主。不懂得党的领导在我国民主政治建设中的决定性作用,企图削弱党的领导,脱离党的领导,放弃党的领导,社会主义民主政治就不可能建设好,协商民主也不可能建设好。只有共产党才能始终坚持全心全意为人民服务的宗旨,领导和支持人民当家作主,实现有序的政治参与,充分行使管理经济、政治、文化和社会事务的权利;只有共产党才能始终坚持群众路线,充分听取和吸纳广大人民群众的意见和要求,在和谐宽容的气氛中达成共识,形成科学民主的决

---

① [美] 乔舒亚·科恩:《协商与民主合法性》,陈家刚等译,中央编译出版社2006年版,第58页。
② 《邓小平文选》第三卷,人民出版社1993年版,第248页。
③ 《邓小平文选》第二卷,人民出版社1993年版,第358页。

策；只有共产党才能运用强大的组织能力和有效的组织方式，避免西方政治那种"议而不决"、"决而不行"，保证各方面各层次的协商都能实现广泛民主与高度集中的统一、充满活力与富有效率的统一，集中力量办大事，从而为协商民主的发展提供了根本保障。

（二）坚持发挥中国特色政治制度的特点和优势，为协商民主发展奠定重要基础

中国特色社会主义民主不断取得进展，应首先归功于邓小平在坚持和发展毛泽东创立的社会主义政治制度基础上，成功开辟和坚持了中国特色社会主义政治发展道路，既吸收人类政治文明优秀成果，又坚决不搞西方"三权分立"和多党制，为实现最广泛的人民民主确立了正确方向。中国特色社会主义政治制度及其基础，决定了社会全体成员虽然在具体利益上存在差异，但在根本利益上却是一致的，从而为协商民主的发展提供了重要的制度基础。中国共产党领导的多党合作和政治协商制度是发展协商民主最重要的制度平台，依托于人民政协这一发展协商民主的重要渠道和主要载体，参加政协的各党派、各团体、各民族以及各界代表人士围绕团结和民主两大主题，积极开展政治协商、民主监督、参政议政等活动，充分发挥了"协调关系、汇聚力量、建言献策、服务大局"的作用。人民代表大会制度是我国根本的政治制度，与共产党领导的多党合作和政治协商制度相辅相成，通过每年召开的"两会"，两者互相支持、互为补充，互相监督、共同发展。国家和地方的重大问题和重要人事任免，在人大票决前，都要坚持民主集中制原则，经过充分的讨论协商，充分体现了选举民主与协商民主的有机统一。在长期的实践探索中，协商民主已从政党的政治协商发展到政策协商，并伴随基层群众自治制度的确立，拓展到基层社会的公共事务和公益事业协商等不同类型和形式之中，为协商民主的进一步发展奠定了重要基础。①

（三）坚持人民的主体地位，为协商民主发展赋予持久动力

维护最广大人民的根本利益和人民的主体地位一直是中国特色社会

---

① 齐卫平：《以科学发展观指导人民政协工作的理论思考》，《中国政协理论研究》2010年第1期。

主义政治民主制度的根本性原则之一。我们党在创建中国特色社会主义政治民主制度之初,就确立了从政党到国家、从政治到社会、从中央到基层覆盖全社会的民主协商机制,参与民主协商的主体几乎包括了来自各方面政治活动的主要力量,这种协商机制的全面性和主体的广泛性,既确保了协商主体参与的平等权利,同时也为协商民主的进一步发展提供了前提条件。改革开放之后,适应人民群众提高物质文化生活水平的愿望,邓小平充分尊重人民群众的主体地位和创造精神,大力倡导和推动社会主义市场经济的发展。随着经济的发展,人们在物质生活逐步丰裕的基础上,表达自身利益诉求和政治参与的愿望日益迫切,促使民主协商、平等议事、求同存异、体谅包容的协商精神进一步向经济和社会生活的各个领域和层面拓展,不仅深化了既有的协商机制,同时也创生出多种多样新的协商形式。一方面,各级人民政协与党委、人大、政府之间的协商机制逐步规范化;另一方面,民主恳谈会、村民议事会和社区听证会,包括企业、劳资之间的协商对话以及网络论坛等基层社会领域的协商机制不断涌现并完善。尤其是有关方面"坚持以人为本,倾听群众呼声,关心群众疾苦"①,在凡涉及群众切身利益,如土地征用、房屋拆迁、物价调整以及教育医疗和收入分配等问题,都广泛进行听证、协商和对话,保证了社情民意得到充分反映,各种利益诉求得到高度重视,并逐步得到合理解决。无疑,这既增强了协商民主结果的实效性,也为协商民主的发展注入了不竭的动力。②

(四)坚持制度化、规范化和程序化建设,为协商民主发展确立基本路径

"文化大革命"以后,在认真总结历史经验教训的基础上,邓小平指出,"领导制度、组织制度问题更带有根本性、全局性、稳定性和长期性","为了保障人民民主,必须加强社会主义法制,使民主制度化、法律化"③。我们党"有领导、有步骤地"地推进协商民主制度化、规范化和程序化建设,这既是由我国人口众多、地区发展不平衡的现实国

---

① 中共中央文献研究室:《十七大以来重要文献选编》(中册),中央文献出版社2011年版,第210页。
② 郑慧:《中国的协商民主》,《社会科学研究》2012年第1期。
③ 《邓小平文选》第2卷,人民出版社1994年版,第146页。

情决定的，同时也因为发展协商民主是一个内容广泛的系统工程，需要我们进行多方面的长期努力。我们党坚持积极稳妥的原则，坚持、发展和完善多党合作的协商民主制度，通过对多年来协商民主实践中得出的经验进行总结，制定出切实可行并具有实际约束力的制度和规范，确保了协商民主在制度化、法制化的轨道上良性发展。新修订的人民政协章程，对民主党派、人民政协和统一战线的性质和任务作出了重新定位，为新时期共产党同民主党派之间合作奠定了理论基础；党的十二大上提出"长期共存、互相监督、肝胆相照、荣辱与共"的十六字方针，强调"在中国共产党的领导下，实行多党派的合作，这是我国具体历史条件和现实条件所决定的，也是我国政治制度中的一个特点和优点"①；十三大第一次把多党合作和政治协商制度作为一项基本制度同我国的根本政治制度人民代表大会制度并列提出；根据邓小平指示的精神，中共中央于1989年正式颁布了《关于坚持和完善中国共产党领导的多党合作和政治协商制度的意见》。与此同时，国家权力机关和社会基层等的协商民主制度化建设也都取得长足进展，推动了协商民主长期稳定的发展，并为在新形势下协商民主的进一步发展确立了方向和基本路径。

邓小平协商民主思想具有鲜明的时代特征，既坚持中国共产党的领导，又强调发挥各方面的积极作用；既坚持人民群众的主体地位，又贯彻民主集中制的组织原则和领导制度；既继承和发扬中华民族的优秀文化传统，又学习和借鉴当代世界政治文明的积极成果，极大地丰富和发展了马克思主义民主政治理论，对促进协商民主的进一步发展具有重要的指导意义。

二　协商民主对发展社会主义民主具有重要意义

在长期的革命、建设和改革的历程中，邓小平始终高度重视并积极探索推动协商民主的发展。

抗日战争时期，邓小平坚决贯彻执行党的统一战线方针政策，积极推动革命根据地"三三制"政权建设，他指出，"三三制政权的实质是民主问题。党在领导政权工作时，必须贯彻民主的精神"，"照顾一切

---

① 《邓小平文选》第2卷，人民出版社1994年版，第205页。

抗日阶级和阶层的利益"。①

新中国成立后,针对党内出现的"贫雇农打江山坐江山"的狭隘思想,邓小平强调,"过去需要统一战线,今后同样需要,不仅需要,而且还要进一步巩固"②。他要求"全党重视做统一战线工作","广泛地团结工人阶级、农民阶级、小资产阶级、民族资产阶级和社会各阶层人民"③。

改革开放以后,社会主义协商民主逐步得到恢复和发展。邓小平指出,我国的各民主党派和无党派人士"都已经成为各自所联系的一部分社会主义劳动者和一部分拥护社会主义的爱国者的政治联盟,都是在中国共产党领导下为社会主义服务的政治力量"④,要高度重视和发挥民主党派和无党派人士的作用。

邓小平认为,坚持、发展和完善中国特色协商民主,对于发展社会主义政治民主具有重要意义。

第一,发展协商民主有利于实现人民有序的政治参与。人民当家作主是社会主义民主的本质。邓小平指出,协商民主有利于推动和扩大公民的有序政治参与,充分体现社会主义民主的优越性。一方面,"社会主义民主,是工人、农民、知识分子和其他劳动者所共同享受的民主,是历史上最广泛的民主"⑤。人们通过不同的协商方式,就党和政府的重大决策和群众关心的热点难点问题表达意见和建议,可以最大程度地行使政治参与权力,确保人民民主权力得以充分实现。另一方面,协商民主使广大民众积极参与到与自身利益相关的政治社会生活中去,并在参与中学会理性地表达自己的利益和诉求,有利于养成民主的习惯和意识,形成公民、社会与国家之间有效的良性互动,进一步拓展社会主义民主的深度和广度。

第二,发展协商民主有利于促进社会的发展进步。协商民主的基本要义,就是通过广泛深入的协商,形成共识,从而调动各方面的积极性,形成推动社会发展进步的整体合力。对于协商民主的这种价值,邓

---

① 《邓小平文选》第1卷,人民出版社1994年版,第9页。
② 同上书,第155页。
③ 同上书,第187页。
④ 同上书,第186页。
⑤ 《邓小平文选》第2卷,人民出版社1994年版,第168页。

小平始终有着深刻的认识。抗战时期，他在谈到"三三制"政权时指出，这种政权既能团结大多数以对敌斗争，"又能保证由共产党员与进步势力结合起来的优势，不仅是今天敌后抗战的最好政权形式，也是将来新民主主义共和国所应采取的政权形式"。① 在建设新中国特别是改革开放新时期，邓小平指出，要继续发挥包括各民主党派在内的广泛的人民民主统一战线作用。他特别强调，要采取积极措施，使广大的群众有出气、说话、申诉和提意见的地方，要坚持"不抓辫子，不扣帽子，不打棍子"，使社会各界人士的"各种意见"在宪法和法律范围内都可以自由地"表达出来，进行辩论"，既尊重多数人的意愿，又照顾少数人的合理要求，在分歧中求和谐，在多样中获统一，营造宽容和谐的社会氛围，"同心同德，群策群力"，共同致力于社会主义现代化建设。②

第三，发展协商民主有利于实现科学民主决策。发展协商民主是我们党和政府广集民智、实行科学民主决策的重要环节。邓小平指出，"一部分人出主意不如大家出主意。共产党总是从一个角度看问题，民主党派就可以从另一个角度看问题，出主意。这样，反映的问题更多，处理问题会更全面，对下决心会更有利，制定的方针政策会比较恰当，即使发生了问题也比较容易纠正"③。很显然，在决策之前和就决策执行中的重要问题进行充分的协商，"使我们从群众的表现中去测验我党的政策是否正确，是否为群众所了解所拥护"，有利于集思广益，取长补短，克服缺点，减少错误。同时，邓小平还强调，作出决策前要让干部群众充分了解情况，掌握信息，"我们要在整风的基础上把党公开"，"无论是城市、乡村、工厂、机关，党都要公开"，这有利于"我们对事物感觉灵敏，随时具有高度的警惕性"，"使我们党得到群众的监督，克服党员堕落腐化的危险"，提高党的执政能力。④

邓小平强调发展协商民主的重要性，实际上表明了我们党坚持中国特色社会主义政治发展道路的高度自信。不容讳言，现代意义上的民主肇始并发展、成熟于近代西方社会，从20世纪后半期开始，世界范围内出现了一股以西方代议制民主、实行多党竞争选举为模式的民主化浪

---

① 《邓小平文选》第1卷，人民出版社1994年版，第8页。
② 《邓小平文选》第2卷，人民出版社1994年版，第187页。
③ 《邓小平文选》第1卷，人民出版社1994年版，第273页。
④ 同上书，第12页。

潮，对广大的发展中国家尤其是在改革开放中走向世界的中国民主政治建设产生了巨大的压力和挑战。以邓小平为核心的党中央韬光养晦，认真总结历史经验教训，坚持从国情实际出发，绝不照搬西方政治制度模式，积极探索和发展包括协商民主在内的一切有利于促进社会主义民主的民主机制、形式和制度，成功开辟和坚持了中国特色社会主义政治发展道路，推动了改革开放和社会主义现代化事业的发展。而与此同时，西方民主机制却陷入严重的合法性危机之中，一些学者由此提出了构建协商民主的设想，以弥补票决民主的不足。中国特色的协商民主，尽管与西方的协商民主之间存在着诸多差别，但在民主实践含义上却是有共通之处的。中国特色的协商民主在实践中所取得的非凡成就和丰富经验，无疑是中国人民对人类政治文明建设作出的重大贡献，具有世界经验性的价值和强大的生命力，这对于回应西方的挑战，坚定我们的"三个自信"具有重要而深远的意义。

三　协商民主在实践中的发展及其启示

改革开放以来，按照邓小平关于协商民主的思想的原则和精神，在党中央的领导下，协商民主在我国社会政治经济文化生活的各个领域稳步向前推进，取得显著成效，并在实践中积累了丰富的经验。

一是党内协商民主建设稳步发展。中国共产党是执政党，党内民主的发展对人民民主和整个社会民主具有重要的示范和带动作用。在发展党内民主的过程中，邓小平积极倡导并推进党内协商民主。他指出，"党委会讨论重大问题，要让大家畅所欲言，各抒己见。对于关系党和国家的根本利益和全局的重大政治性的理论和政策问题，有不同看法，可以在党内适当的场合进行讨论"，强调"党员有权在党的会议上和党的报刊上参加关于党的政策的制定和实施问题的讨论，有权在党的会议上对党的任何组织和个人提出批评"[①]。党的十一届五中全会通过的《关于党内政治生活的若干准则》及其后颁布的《关于严格按照党的原则选拔任用干部的通知》、《关于对党员干部加强党内纪律监督的若干

---

① 中共中央文献研究室编：《三中全会以来重要文献选编》（上册），人民出版社1982年版，第426页。

规定》等，对党内协商民主的基本方针和原则作了制度性规定，尊重党员主体地位，维护党员基本权力，强化了党的全委会在重大问题上的决策职能，避免了"一把手"的个人专权，对加强党的集体领导，提高党的决策科学化、民主化和制度化水平产生了积极的作用。同时，党中央还采取积极措施进一步完善党的代表大会制度和党内选举制度，从各方面推动党内协商民主发展。

二是政党协商民主建设进一步完善。中国共产党领导的多党合作和政治协商制度是协商民主的基本实现形式。中国共产党与各民主党派之间的党际政治协商主要是通过两种基本方式进行的，其一是共产党与各民主党派之间的直接政治协商；其二是共产党在人民政协同各民主党派进行政治协商。中共中央坚持在重大问题决策前和决策执行中，与各民主党派和无党派人士进行协商，建立健全重要情况通报、重大决策咨询、与民主党派领导人谈心等制度。每年中共中央和国务院都要召开并委托有关部门召开民主协商会、座谈会、情况通报会，就事关国计民生的重大问题充分征求各民主党派、无党派人士的意见建议。全国政协组织召开多次专题议政性常委会议、专题协商会等，中央领导同志参加全体会议分组讨论与政协委员共商国是。各民主党派、无党派人士认真履行职能，建言献策，政协委员、政协各参加单位和政协各专门委员会提出了大量提案，大都被吸纳并落实到国家相关决策、发展规划或部门工作中。

三是国家政权机关协商民主建设逐步推进。作为国家权力机构，人大选举和票决前的协商民主运行机制主要体现在人大代表选举、立法工作、审议重大问题和作出重要决定、人事任免、人大代表议案工作等方面。其中，立法协商是协商民主的重要内容。广泛征求社会各界的意见一直是我们立法的优良传统，从新中国第一部《婚姻法》和"五四"宪法开始，到现行"八二"宪法的诞生，都是经过全国各族人民的热烈讨论的，这实际上是立法协商的雏形。改革开放后，从地方人大召开立法听证会到全国人大常委会将法律草案公开征求意见制度化，立法协商在越来越多的人大开门立法中得以充分体现。人大通过建立立法论证听证制度等，鼓励公众参与，尽力使各方面的利益和要求都能得到体现和表达，制定出符合公众利益的法律、政策。协商民主在国家行政机关中的广泛应用，主要包括社会公示、听证、专家咨询以及重大决策前与社会各界充分协商对话等。社会公示制度目前在干部选拔、行政执法、公共工程投标和财务预算等方面得到广泛运用，产生了积极效果。①

四是基层协商民主建设长足进步。发展基层民主，实行群众自治，是中国特色社会主义民主的最基础性工程，直接关系到社会主义民主的未来。经过多年的探索和实践，目前，我国已经形成了以农村村民自治、城市社区居民自治和企业职工代表大会为主要内容的基层民主体系。协商民主是这些基层民主实践中常用的形式，通过民主协商，扩大了群众的参与渠道，丰富了协商民主的制度化内涵。不少地方在实践中，通过对村民群众关注的热点问题进行协商，并最后转向以民主参与、民主决策、民主监督为核心的乡镇基层政府治理模式，为基层民主特别是基层协商民主的进一步发展奠定了制度基础。与此同时，大众网络协商民主建设也得以迅猛发展。②

改革开放以来，我国协商民主建设取得的巨大成就和积累的丰富经验，为在新形势下继续推动协商民主的进一步发展提供了重要的启示。

第一，必须立足中国国情实际，坚定不移地走中国特色社会主义政治发展道路，进一步发展和完善中国特色社会主义协商民主，进一步拓展中国特色社会主义民主政治的广度和深度。

第二，必须坚持以人为本，充分调动、保护和发挥人民群众的主动性、积极性和创造性，培养、提高广大民众协商民主的意识和能力，努力建设和谐、宽容的社会文化氛围。

第三，必须进一步健全社会主义协商民主制度，完善协商民主的领导体制和工作机制，扩展协商民主的内容和形式，增强协商民主的真实性和有效性，推进协商民主广泛多层制度化发展。

第四，必须坚持好、发挥好和发展好人民政协的协商民主主渠道作用，完善人民政协制度体系，规范协商内容、协商程序，深入进行专题协商、对口协商、界别协商、提案办理协商，探索网络议政、远程协商等新形式，推进制度化、规范化、程序化建设。

（作者单位：北京工商大学）

---

① 刘佳义：《大力发展社会主义协商民主》，《人民日报》2012年12月24日。
② 包心鉴：《论协商民主的现实政治价值和制度化构建》，《中共天津市委党校学报》2013年第1期。

毛泽东的问题意识与中国梦

王盛泽

问题意识，就是对客观事物所存在矛盾的一种敏锐认知和思考，是主动发现问题、找准问题、分析问题的自觉意识，它为解决问题提供了前提条件。作为一代伟人和第一代中央领导集体核心的毛泽东，始终保持着强烈的问题意识，这更加促使他在进行中国革命和建设事业的探索中不断取得创新成果，保证了各项事业的顺利发展，取得巨大成就，为中国梦的实现奠定了基础。

一 毛泽东问题意识的主要表现

毛泽东的一生都具有很强的问题意识。青年时期的毛泽东就极为关注社会的各种问题，筹办了各种研究会，提倡多研究问题。1919年毛泽东提出成立问题研究会的设想，提出成立研究会的目的，就是要搞清当时社会和现代人生"所必需，或不必需"而"尚未得适当之解决"，因而"影响于现代人生之进步"的各种问题。[①] 列举出中国需要研究的71项共144个大小问题。虽然研究会最终没有成立，但充分体现出青年毛泽东关注民生、体察社会的强烈的问题意识。

随着毛泽东完成向马列主义者的转变，他的问题意识也得到发展和升华，他认为中国的问题就是为了人民的解放，建立一个独立自主的国家政权，使人民群众过上幸福生活的问题。为此中国共产党就要领导人民进行推翻旧政权、改造旧社会的革命。为了取得革命的胜利，毛泽东

---

① 《毛泽东早期文稿（1912.6—1920.11）》，湖南出版社1990年版，第396页。

又要思考革命如何才能取得胜利的问题，由此又生发出诸如中国革命道路问题，革命根据地建设问题，党的建设和军队建设问题，土地革命问题，干部问题，与人民群众关系问题，统一战线问题，军事战略战术问题等。

在坚持井冈山斗争时，毛泽东从边界的地位、经济问题、军事根据地问题等方面来解答了人们对中国的红色政权为什么能够存在的疑问，回答了"红旗到底打得多久"的问题。他在给中央的报告中还对井冈山斗争中的军事、土地、政权、党的组织、革命性质、割据地区等问题进行了探讨，对在农村建立革命根据地的各个基本问题，如土地革命中如何争取中间阶级的问题，政权建设中如何推行民主制度的问题，建党问题上如何纠正非无产阶级思想的问题等提出了明确的解决办法。他深深感到："无产阶级思想领导的问题，是一个非常重要的问题。"① 在农村游击战争环境，农民成分占大多数情况下，如何克服各种非无产阶级思想，把党建设成为无产阶级先锋队，把军队建设成为一支无产阶级领导的新型人民军队，成为根本性的问题。后来在古田会议上解决了这个问题。

毛泽东专门研究了中国革命战争的战略问题，指出：不了解中国革命战争的特点，就不能指导中国革命战争，就不能引导中国革命战争走上胜利的途径。② 提出带运动战的游击战。此后在抗日战争时期，更提出要实行人民战争，要打抗日游击战，在战术上是持久战。同时提出十大军事原则。正是在这种战略战术指导下，中国人民取得民族独立和人民解放战争的伟大胜利。

对民主问题他有过深刻的思考。在延安时期他就曾经与黄炎培探讨过"周期率（律）"的问题，最后确认依靠民主的方法来解决，就是加强民主政治建设，健全各方面的监督机制，让人民来监督政府。

在解放战争即将胜利时，毛泽东又在思考着如何保持本色，如何管理好国家的问题。他提出革命胜利以后的路更长，工作更伟大，更艰苦，"务必使同志们继续地保持谦虚、谨慎、不骄、不躁的作风，务必

---

① 《毛泽东选集》第 1 卷，人民出版社 1991 年版，第 77 页。
② 同上书，第 187 页。

使同志们继续地保持艰苦奋斗的作风"①。这充分表明中央领导集体面临新问题的重大责任担当。

中华人民共和国成立后,毛泽东的问题意识又转到了如何巩固人民民主专政,如何执好政、掌好权,如何加快社会主义建设,让人民群众过上富裕幸福的生活。同时还要巩固国防,维护国家主权和领土完整,实现国家的完全统一,等等。为此就必须加强学习,在全国和全党掀起了学习运动。他本人更是勤于学习的模范。

怎样把占人口绝大多数的农民组织起来走社会主义道路,是一个需要探索解决的大问题。毛泽东认为,个体农民存在很大局限,由于经营方式落后,无法抵抗自然灾害,提出必须把农民组织起来,在工业化帮助下,逐步走向集体化。他力推农村互助组、合作社,最后到高级合作社、人民公社,想以此调动广大农民的积极性,实现富裕目标。

随着社会主义改造的基本完成,毛泽东又把注意力转向经济建设特别是工业建设方面,在探索社会主义建设方面迈出了重要一步。在调查研究基础上,写出了《论十大关系》、《正确处理人民内部矛盾》等著作,提出一些对社会主义建设有长远指导意义的思考。强调要实现工作重点的转移,在新的生产关系下保护和发展生产力;要正确处理重工业和轻工业、农业,沿海与内地,经济建设与国防建设的关系的思想;要进行社会主义经济体制改革,打破高度集中统一的经营管理体制,主张分权,发挥中央和地方两个积极性等;必须想些方法来扩大民主,使人有讲话的机会②,民主既是目的又是手段。提出正确处理人民内部矛盾的问题。发展共产党领导的多党合作体制,他认为"恐怕还是几个党好。不但过去如此,而且将来也可以如此,就是长期共存,互相监督"③;在文化建设方面提出"双百"方针,主张对外文化开放,向包括西方在内的外国学习。这些思想都是问题意识的反映,具有重要的理论价值。

毛泽东特别注意不能照搬苏联经验,1955年他就提出要"以苏为鉴"的问题。他认为不能硬搬苏联模式和做法,"硬搬就危险,我们曾

---

① 《毛泽东选集》第4卷,人民出版社1991年版,第1438—1439页。
② 《毛泽东文集》第7卷,人民出版社1999年版,第127页。
③ 《毛泽东选集》第5卷,人民出版社1977年版,第278页。

经硬搬而吃了大亏"①。正是因为不想走苏联的老路，才越发促使他对中国社会主义建设问题进行探索，开始思考在社会主义建设问题上如何超越苏联模式，走适合中国国情的发展路子。他强调要独立自主，提出："最重要的教训是独立自主，调查研究，摸清本国国情，把马克思列宁主义的基本原理同我国的革命和建设基本实际结合起来，制订我们的路线、方针、政策。"②

人心的向背，历来是决定一个政权和一个政党兴衰存亡的根本因素。党在执政以后，最大的忧患来自于能否保持同人民群众的血肉联系。毛泽东特别关注三个问题，就是主观主义、宗派主义和官僚主义。"我们一定要警惕，不要滋长官僚主义作风，不要形成一个脱离人民的贵族阶层。谁犯了官僚主义，不去解决群众的问题，骂群众，压群众，总是不改，群众就有理由把他革掉。"③ 即使发动"文化大革命"，毛泽东的初衷也有反对官僚主义的意图。

二 毛泽东问题意识的鲜明特点

毛泽东作为一代伟人，在他身上所体现出来的问题意识具有突出而鲜明的特质。

毛泽东的问题意识彰显了强烈的责任意识。毛泽东深受中国传统文化的影响，希望能够达则兼济天下，所谓国家兴亡，匹夫有责，特别是信仰马克思主义后，在帝国主义加紧侵略、民族存亡的紧急关头，他以救国救民为己任，具有强烈的使命感和责任意识，所以他有一种当仁不让，舍我其谁的雄心和气魄。

毛泽东的问题意识具有预见性。他思考问题很有远见，能够洞察别人所未见。他十分重视党的建设，注意吸取历史教训。新中国成立前后，鉴于党成为一个大国的执政党，他多次提出要继续保持谦虚谨慎、戒骄戒躁、艰苦奋斗的作风，警惕资产阶级糖衣炮弹的侵蚀，告诫领导干部不能犯脱离群众的官僚主义错误。他敏锐地感觉到作为执政党存在

---

① 中央文献研究室：《毛泽东传》（上册），中央文献出版社2003年版，第540页。
② 吴冷西：《十年论战》（上册），中央文献出版社1999年版，第23页。
③ 参见毛泽东《在中共八届二中全会上的讲话记录》1956年11月15日。

脱离群众、变质变色的危险，采取了许多强有力的措施，防止领导干部做官当老爷、以权谋私、贪污腐化等行为。

对于领土完整和国家统一的问题也是毛泽东着重考虑的。根据香港的特殊历史地位，实行暂时不动香港，保持原状的政策；同时通过各种管道与台湾当局进行接触，探讨第三次国共合作的可能性。这些为邓小平提出"一国两制"做好了铺垫。实施民族区域自治政策等。建设强大的国防力量；不允许任何国家以任何理由随便干涉中国的内政，奉行独立自主的外交政策，顶住来自各方的压力，进行了维护主权的有限战争。这些都说明他的高瞻远瞩。

毛泽东的问题意识还显示了强烈的忧患意识。毛泽东具有忧国忧民忧党之心。忧国家能不能富强，能不能长治久安，能不能团结统一；忧人民能不能吃饱穿暖，能不能过上幸福生活，中华民族能不能永远屹立在世界东方；忧党能不能执好政，能不能领导社会主义现代化建设，能不能永葆先进性，巩固群众基础。毛泽东的忧患意识在政治、经济、文化、国防和外交等领域都有充分的表现。从 1965 年起，毛泽东越来越重视中央出修正主义的问题，告诫全党"要警惕出修正主义，特别是要警惕中央出修正主义"。同时提出："领导人、领导集团很重要，许多事情都是这样，领导人一变，就都变了，整个国家就会改变颜色。"① 毛泽东提出了反对和防止"和平演变"的问题，告诫全党要提高对"和平演变"的警惕性。

毛泽东的问题意识具有深邃的哲学思考。物质决定意识，思想来源于实践，他曾经强调："问题就是事物的矛盾。哪里有没有解决的矛盾，哪里就有问题。"② 事物的矛盾是普遍存在的，所以问题也是普遍存在的。既然问题是事物的客观存在，是普遍规律，那么就必须时时保持问题意识。对问题不可回避和视而不见，而要勇于面对，敢于解决，志于创新。毛泽东的问题意识充满着辩证法。比如他强调一方面要加强学习，但又不能照搬；在对外关系上，既要独立自主，又不能故步自封等，从而使他对事物和问题的把握更为深透。

毛泽东的问题意识具有与时俱进的品格。青年时期，他比较关注一些

---

① 逄先知：《重温毛泽东关于防止和平演变的教导》，《党的文献》1990 第 3 期。
② 《毛泽东选集》第 3 卷，人民出版社 1991 年版，第 839 页。

社会现实问题；走上革命道路后，着重运用马克思主义理论与中国革命实际相结合，对革命道路进行探索；大革命时期，他关注国民革命和工人、农民运动等；土地革命战争时期，他又关注根据地建设，土地革命，政权建设，党和红军建设，军事战略战术等；抗日战争时期，他关注国共合作，抗日民族统一战线，抗日根据地创建，抗日游击战争等问题；解放战争时期，他关注军事战役，动员人民，党和军队力量的壮大，为夺取政权做好各方面准备等问题；新中国成立后，他又十分重视国家建设和经济发展，重视发挥党的领导作用，思考党的建设和执政问题，保持与人民群众血肉联系和艰苦奋斗作风问题，国家现代化建设问题，祖国统一和国家独立问题等。毛泽东的问题意识既有前后一致性又有新的发展。

毛泽东的问题意识具有百折不挠的坚定性。他对问题非常的执着，只要是认定对革命有益的事，对人民有益的事，他都会坚定不移地努力探索，坚持自己的想法，不轻易改变。毛泽东强烈的问题意识不仅体现了毛泽东思维品质的灵活性和深刻性，也反映了他思维的独立性和创造性。

当然毛泽东的问题意识也难免存在局限性，特别是在社会主义时期。如存在着惯性思维和某些空想成分。未能完成从革命时期到建设时期的思想转变，过分强调阶级斗争，用革命时期的群众运动来搞建设。试图超越阶段，建立纯而又纯的公有制，发动"大跃进"和人民公社化运动等。

三 毛泽东问题意识与中国梦的有机契合

毛泽东的问题意识与中国梦在新的历史时期实现有机契合。

首先，毛泽东问题意识与中国梦具有很强的逻辑关联性。毛泽东问题意识的产生，显示出他作为一位马克思主义者和中国共产党人的理论自觉和实践自觉。中国梦中实现国家富强、人民幸福等内涵，正是以毛泽东等为代表的一代代共产党人毕生追求的伟大而长远目标。毛泽东的问题意识正是由此生发而来，为什么要领导人民进行新民主主义革命，要建立新中国，要进行社会主义建设，都是与中国梦有关，所以两者之间存在一脉相承性。

马克思曾经指出："问题就是公开的、无畏的、左右一切个人的时代声音。"① 每个时代都有属于它自己的问题。毛泽东为他那个时代的问题作过深刻思考并为解决问题进行了不懈努力，但仍留下许多未解的问题。特别是每个时代都有自身的问题，当前世界处在新的大变化、大调整、大转型时期，中国也处在改革和转型的重要时期，所以出现许多新的问题，有待于我们进行思考和解决。如中国特色社会主义建设的问题、社会公平正义问题、党的执政地位和执政基础问题、祖国统一问题等。毛泽东反"和平演变"的思想，在今天西方国家不断挑起"颜色革命"和集结各种力量围堵中国的时代，具有强烈的警示作用和现实意义。对于面临的各种问题的思考和解决，都将有利于中国梦的尽快实现。

其次，毛泽东问题意识着重于在实践中解决问题，从而为中国梦的实现奠定了基础，创造了条件。毛泽东强烈的问题意识，成为他思维和创新的动力，使他可以充分发挥主观能动性，能够尽快地发现问题、认识问题，正确地分析问题和解决问题。他曾宣称："问题之研究，须以学理为根据。因此在各种问题研究之先，须为各种主义之研究。"② 可见他是将研究主义与研究问题统一起来，甚至将研究主义作为研究问题的前提条件，进而提出"主义譬如一面旗帜，大纛一张，人们便知所趋赴"。问题意识要有主义作为指导，只有主义明确了，研究和解决问题才有正确的方向。为了解决问题就必须进行调查研究，他提出"调查就是解决问题"③。为此他开展了众多调查研究，从而将马克思主义与中国革命和建设的具体实践相结合，实现马克思主义中国化，对各种问题进行有益探索，正确解决了前进道路上遇到的众多问题。

正是在不断解答问题的进程中，为了实现中国梦这个目标，以毛泽东为核心的党的第一代中央领导集体领导中国人民，经过浴血奋战，克服了数不清的艰难险阻，完成了新民主主义革命，实现了民族独立和人民解放，创建了新中国，进行了社会主义改造，确立了社会主义基本制度，实现了从半殖民地半封建社会到民族独立、人民当家作主新社会、从新民主主义革命到社会主义革命和建设的两次历史性转变。同时开始对社会主义建设的探索，提出许多可贵的值得思考的问题，取得独创性

---

① 《马克思恩格斯全集》第40卷，人民出版社1982年版，第289页。
② 《毛泽东早期文稿（1912.6—1920.11）》，湖南出版社1990年版，第401页。
③ 《毛泽东选集》第1卷，人民出版社1991年版，第110页。

理论成果和巨大成就,为新的历史时期开创中国特色社会主义提供了宝贵经验、理论准备和物质基础。[1]

最后,毛泽东的问题意识留下了宝贵的精神财富,为中国梦的最终实现提供了不绝的力量源泉。毛泽东曾经说过,人是要有一点精神的。毛泽东的问题意识及其作为表明,这一代中国共产党人,以天下为己任,常怀忧患之心,保持艰苦奋斗的传统和作风,为中华民族的复兴贡献了自己的一切,这都源自于他们对共产主义的坚定理想信念。在革命时期坚信"星星之火,可以燎原",坚信群众的力量,牢记历史使命,甘愿承受一切艰难困苦,不惜牺牲个人的一切。这些也体现了毛泽东等共产党人的一种崇高精神,就是强烈的自信、自尊、自主、自立、自强的精神,为革命和建设事业勇于牺牲的拼命精神,为人民服务甘于奉献的精神,艰苦奋斗的精神。

要实现伟大梦想离不开精神力量。在新的历史时期,更应该使共产党人特别是广大干部,秉持坚定的理想信念,以老一辈无产阶级革命家为榜样,学习他们的精神,把先辈的革命精神化为推进实现中国梦的力量源泉,增强责任感和使命感,不断提升文化自觉、增强文化自信,实现文化自强;增强对中国特色社会主义的道路自信、理论自信和制度自信,振奋精神,团结一致,为实现中华民族伟大复兴这一中国梦努力奋斗!

(作者单位:中共福建省委党史研究室)

---

[1] 胡锦涛:《坚定不移沿着中国特色社会主义道路前进 为全面建成小康社会而奋斗——在中国共产党第十八次全国代表大会上的报告》,2012年11月8日。

发展中国特色社会主义要处理好其道路、理论和制度的关系

吴克明

众所周知，中国特色社会主义是在国际共产主义运动遇到严重挑战的历史条件下，中国共产党人从中国自身国情出发，在坚持和完善科学社会主义的长期艰辛探索中所取得的伟大成果。从历史上看，中国特色社会主义的准备、孕育、点题、破题和奠基以及不断完善，都有其历史必然性；从理论上说，中国特色社会主义是"上下篇两大文章"中继新民主主义理论之后中国化马克思主义又一重大成果，是科学社会主义中国化创造性运用所取得的最新理论形态。这样的理论，来之不易，而要继续坚持和发展好也是颇不容易的。诚如习近平所说，"新民主主义革命的胜利成果决不能丢失，社会主义革命和建设的成就决不能否定，改革开放和社会主义现代化建设的方向决不能动摇。这是党和人民在当今世界安身立命、风雨前行的资格。中国近代以来的全部历史告诉我们，中国的事情必须按照中国的特点、中国的实际来办，这是解决中国所有问题的正确之道"。"中国特色社会主义是适合中国国情、符合中国特点、顺应时代发展要求的理论和实践，所以才能取得成功，并将继续取得成功。""我们的国权，我们的国格，我们的民族自尊心，我们的民族独立，关键是道路、理论、制度的独立。"① 因此，发展中国特色主义要处理好其道路、理论和制度的关系。

---

① 《在纪念邓小平同志诞辰110周年座谈会上的讲话》，《人民日报》2014年8月21日。

一　发展中国特色社会主义具有历史的必然性

中国特色社会主义是世界社会主义的重要组成部分。世界社会主义五百年来，经历了从空想到科学、从理论到实践、从一国实践到多国发展的过程。如果说，2013年年初习近平在新进中央委员会的委员、候补委员学习贯彻党的十八大精神研讨班上的讲话中，分空想社会主义产生和发展、马克思恩格斯创立科学社会主义理论体系、列宁领导十月革命胜利并实践社会主义、苏联模式逐步形成、新中国成立后我们党对社会主义的探索和实践、我们党作出进行改革开放的历史性决策并开创和发展中国特色社会主义等6个时间段，对世界社会主义五百年的历史进行了系统回顾和梳理并展现了中国特色社会主义的历史渊源和发展依据，那么，中国特色社会主义自身从准备、孕育、点题、破题和奠基以及不断完善，也凸显出发展中国特色社会主义具有历史的必然性。

事实上，中国特色社会主义是伴随着我国社会主义建设和改革开放的新的伟大革命实践的历史进程而逐步产生和发展起来的，"是要进一步解放和发展生产力，经过长期奋斗，把中国由不发达的社会主义国家变成富强民主文明的社会主义现代化国家，使社会主义优越性在中国充分体现出来。这场新的革命，是在过去革命取得成功和社会主义建设取得巨大成就的基础上进行的，是在我们党领导下有秩序有步骤地进行的"①。就是说，中国特色社会主义是党的十一届三中全会以后，我们党领导全国人民进行拨乱反正、总结历史经验和开动脑筋研究新情况并解决新问题的基础上逐步形成的。因而，这一历史进程，如果说从党的十一届三中全会到十二大是中国特色社会主义的点题；十二大到十三大是中国特色社会主义的破题；十三大到十四大尤其是1992年邓小平南方谈话，标志着中国特色社会主义的奠基；那么，十四大以后尤其是进入新世纪后，中国特色社会主义则不断得以继续完善和发展。

十一届三中全会是我国历史上的一个伟大转折。这次会议不仅承担起了开创我国社会主义建设事业新局面的艰巨任务，而且为开辟中国特色社会主义创造了前提。这一点，邓小平指出："一九七八年我们党的

---

① 《江泽民文选》第1卷，人民出版社2006年版，第212页。

十一届三中全会对过去作了系统的总结，提出了一系列新的方针政策。中心点是从以阶级斗争为纲转到以发展生产力为中心，从封闭转到开放，从固守成规到各方面的改革。"① 具体讲，从十一届三中全会到十二大近四年时间里，我们党在推进中国特色社会主义点题进程中，取得了丰硕的理论成果。主要有：一是恢复并确立了解放思想、实事求是的思想路线。邓小平说："实事求是，是无产阶级世界观的基础，是马克思主义的思想基础。过去我们搞革命所取得的一切胜利，是实事求是；现在我们要实现四个现代化，同样要靠实事求是。""只有解放思想，坚持实事求是，一切从实际出发，理论联系实际，我们的社会主义现代化建设才能顺利进行，我们党的马列主义、毛泽东思想的理论也才能顺利发展。"② 二是确立了以经济建设为中心的政治路线，实行改革开放，提出了允许一部分人和地区先富起来并逐步达到共同富裕的政策以及坚持四项基本原则的问题，强调这是实现社会主义现代化的根本保证。三是对新中国成立以来党的历史进行了总结，正确评价了毛泽东和毛泽东思想的历史地位；提出了"小康"范畴，对社会主义现代化建设目标开始重新认识；指出走中国式的社会主义现代化建设道路，并初步概括出这条道路的主要内容体系等。正如邓小平所言，"从十一届三中全会到十二大，我们打开了一条一心一意搞建设的新路"③。这条新路，就是他说的"把马克思主义的普遍原理同我国的具体实际结合起来，走自己的道路，建设有中国特色的社会主义，这就是我们总结长期历史经验得出的基本结论"④。这一新路就是中国特色社会主义的道路。

十二大之后，在全面开创社会主义现代化建设新局面纲领的指引下，经济体制改革在全国全面展开，其他领域的改革也迈出了重大的步伐，我们党在建设中国特色社会主义的一系列重大问题的认识上取得重要突破。在此基础上，十三大全面阐述了关于社会主义初级阶段理论和"一个中心、两个基本点"的基本路线，并把建设中国特色社会主义概括为十二个方面。这十二个方面，构成了一个较为完整的理论轮廓，回答了我国社会主义建设的阶段、任务、动力、布局和国际环境、祖国统

---

① 《邓小平文选》第3卷，人民出版社1993年版，第269页。
② 《邓小平文选》第2卷，人民出版社1994年版，第143页。
③ 《邓小平文选》第3卷，人民出版社1993年版，第11页。
④ 同上书，第3页。

一、外交政策等基本理论问题，是十一届三中全会以来全党探索成果的科学概括，成为中国特色社会主义破题的突出标志。从十三大到十四大是极不平凡的一个时期，由于国际国内出现一系列重大事件，对我们党和我国改革开放事业是一个严峻考验，不得不引起我们党对社会主义前途命运的深刻思索。1992年年初的邓小平南方谈话及之后召开的十四大，正确回答了困扰我们多年的关于社会主义本质、市场与计划关系等许多重大认识问题，对建设中国特色社会主义理论进行了新的概括，标志着中国特色社会主义的奠基。从此，我们党对中国特色社会主义的认识进入了更为成熟的阶段。

十四大之后尤其是新世纪以来，以江泽民、胡锦涛、习近平为主要代表的中国共产党人，在新的历史条件下深化了对中国特色社会主义的认识，不仅牢记我国处在社会主义初级阶段，牢记我们要解决的社会主要矛盾，坚持党的基本路线，而且更加清醒地研究和把握世界发展的进步潮流，以宽广的世界眼光借鉴和吸收东西方文明的最新成果，中国特色社会主义不断得以继续完善和发展。习近平指出："中国特色社会主义，承载着几代中国共产党人的理想和探索，寄托着无数仁人志士的意愿和期盼，凝聚着千千万万革命先烈的奋斗和牺牲，凝聚着全国各族人民的奋斗和实践，是近代以来中国社会发展的必然选择，是历史和人民的选择。中国特色社会主义伟大实践，不仅使我们国家快速发展起来，使我国人民生活水平快速提高起来，使中华民族大踏步赶上时代前进潮流、迎来伟大复兴的光明前景，而且使中国人民和中华民族为世界和平与发展做出了重大贡献。事实雄辩地证明，要发展中国、稳定中国，要全面建成小康社会、加快推进社会主义现代化，要实现中华民族伟大复兴，必须坚定不移坚持和发展中国特色社会主义。"[1] 正是基于这一点，我们说，发展中国特色社会主义具有历史的必然性。

二 发展中国特色社会主义要处理好其道路、理论和制度的关系

由上述可知，中国特色社会主义是植根于中国大地、反映中国人民

---

[1] 《党的群众路线教育实践活动学习文件选编》，党建读物出版社2013年版，第4页。

意愿、适应中国和时代发展进步要求的科学社会主义。如果说，世界社会主义历经高潮与低潮、成功与挫折的历程，是一部气势恢宏、跌宕起伏的交响乐，那么，坚持和发展中国特色社会主义就是这部雄浑交响乐的华彩乐章。党的十八大报告指出："发展中国特色社会主义是一项长期的艰巨的历史任务，必须准备进行具有许多新的历史特点的伟大斗争。我们一定要毫不动摇坚持、与时俱进发展中国特色社会主义，不断丰富中国特色社会主义的实践特色、理论特色、民族特色、时代特色。"① 当前，发展中国特色社会主义的内容很多，其中重要的一点是要处理好其道路、理论和制度间的内在辩证统一关系。②

一方面，中国特色社会主义道路、理论和制度"三者统一于中国特色社会主义伟大实践，这是党领导人民在建设社会主义长期实践中形成的最鲜明特色"③。这就表明，中国特色社会主义是由实践、理论和制度三位一体构成的，既把成功的实践上升为理论，又以正确的理论指导新的实践，还把实践中已见成效的方针政策及时上升为党和国家的制度，由此形成了中国特色社会主义道路、理论和制度。2012年11月，习近平在中央政治局第一次集体学习时就明确提出："中国特色社会主义特就特在其道路、理论体系、制度上，特就特在其实现途径、行动指南、根本保障的内在联系上，特就特在这三者统一于中国特色社会主义伟大实践上。"④

这种内在统一性，还具体体现在历史、实践和理论上。从历史上看，改革开放30多年来，以邓小平、江泽民、胡锦涛、习近平为主要代表的中国共产党人带领人民进行的坚持和发展中国特色社会主义伟大事业，是包含道路、理论和制度三位一体在内的一以贯之的接力探索。其间，一路坎坷，艰难险阻不断。然而，经受了一次又一次的严峻考验，当代中国共产党人的底气更足了，义无反顾地坚持将中国特色社会主义走顺了。在今后的前进道路上，不管再遇到多大的困难和坎坷，由

---

① 《中国共产党第十八次全国代表大会文件汇编》，人民出版社2012年版，第12—13页。
② 中共中央宣传部：《习近平总书记系列重要讲话读本》，学习出版社、人民出版社2014年版，第11页。
③ 《中国共产党第十八次全国代表大会文件汇编》，人民出版社2012年版，第12页。
④ 同上书，第11页。

于有了免疫力而不会被压垮。这一历史性的根本成就,我们必须倍加珍惜并不断积累和发展。从实践上看,中国特色社会主义道路、理论和制度,三者不仅其源相同——是党和人民90多年奋斗、创造、积累的,而且其流也汇为一体——统一于中国特色社会主义伟大实践,恰恰是在这一伟大实践进程中,使三者之间形成为一个不可分割的有机整体。从理论上看,包括道路、理论和制度三位一体的中国特色社会主义,既坚持了科学社会主义基本原则,又根据时代条件赋予其鲜明的中国特色,以全新的视野深化了对共产党执政规律、社会主义建设规律、人类社会发展规律的认识,从理论上系统回答了在中国这样一个人口多底子薄的东方大国建设什么样的社会主义、怎样建设社会主义这个根本问题,使我们国家快速发展和人民生活水平快速提高起来。因而,发展中国特色社会主义是当代中国发展进步的根本方向,只有发展中国特色社会主义才能发展中国。这是对建党90多年理论,特别是改革开放以来30多年理论发展深刻总结的科学论断。

另一方面,中国特色社会主义道路、理论和制度三者又具有相对独立性。其中,"中国特色社会主义道路是实现途径,中国特色社会主义理论体系是行动指南,中国特色社会主义制度是根本保障"①,各有侧重又相辅相成。中国特色社会主义道路作为实现途径,是发展中国特色社会主义的必由之路,也是创造人民美好生活的必由之路。具体来讲,它既坚持以经济建设为中心,又全面推进政治建设、经济建设、文化建设、社会建设、生态文明建设以及其他各方面建设;既坚持四项基本原则,又坚持改革开放;既不断解放和发展社会生产力,又逐步实现全体人民共同富裕、促进人的全面发展。这条道路,既不是传统社会主义的老路,也不是外来的或西化的资本主义邪路,而是我们自己独创的,是一条人间正道,切符古训"淡则欲心平,和则躁心释。优柔平中,德之盛也;天下化中,治之至也。是谓道配天地,古之极也"②。只有这条道路而没有别的道路,能够引领中国进步、实现人民福祉和民族复兴。中国特色社会主义理论作为科学社会主义中国化的"最新版",是深深扎根于中华大地、连通中国优秀传统文化、符合中国实际的当代中国马

---

① 《中国共产党第十八次全国代表大会文件汇编》,人民出版社2012年版,第12页。
② 周敦颐:《周子通书》,上海古籍出版社2000年版,第37页。

克思主义。它同马克思列宁主义、毛泽东思想是坚持、发展、继承、创新的关系，也就是既一脉相承又与时俱进。因而，马克思列宁主义、毛泽东思想一定不能丢，丢了就丧失根本；同时，我们一定要以我国改革开放和社会主义现代化建设的实际问题、以我们正在做的事情为中心，着眼于马克思主义理论的运用、着眼于对实际问题的理论思考、着眼于新的实践和新的发展。在当代中国，坚持和发展中国特色社会主义，就是真正坚持和发展社会主义、马克思主义。根据马克思主义基本原理，社会主义基本制度包括社会主义的基本经济制度、基本政治制度、基本文化制度和社会建设制度以及建立在一定经济基础和上层建筑基础之上的法律体系等，与之相对应，作为"更带有根本性、全局性、稳定性和长期性"并"关系到党和国家是否改变颜色，必须引起全党的高度重视"① 的中国特色社会主义制度，这一制度要始终坚持把根本政治制度、基本政治制度同基本经济制度以及各方面体制机制等具体制度有机结合起来；既坚持把国家层面民主制度同基层民主制度有机结合起来，又坚持把党的领导、人民当家作主、依法治国有机结合起来，符合中国国情；既坚持马克思主义社会主义的根本性质，又借鉴古今中外制度建设的有益成果，集中体现中国特色社会主义的特点和优势，是发展中国特色社会主义的根本制度保障。当然，也要看到，中国特色社会主义制度是特色鲜明、富有效率的，但还不是尽善尽美、成熟定型的，也需要不断补充、创新和完善。这一点，邓小平在南方谈话中有言："每年领导层都要总结经验，对的就坚持，不对的赶快改，新问题出来抓紧解决。恐怕再有三十年的时间，我们才会在各方面形成一整套更加成熟、更加定型的制度。在这个制度下的方针、政策，也将更加定型化。现在建设中国式的社会主义，经验一天比一天丰富。经验很多，从各省的报刊材料看，都有自己的特色。这样好嘛，就是要有创造性。"② 因而，要坚持以实践基础上的理论创新推动制度创新，不断坚持和完善现有制度，从实际出发，理论联系实际，解放思想、实事求是、与时俱进、求真务实，及时制定一些新的制度，构建起系统完备、科学规范、运行有效的制度体系，使各方面各领域的制度更加成熟、更加定型、更加系

---

① 《邓小平文选》第 2 卷，人民出版社 1994 年版，第 333 页。
② 《邓小平文选》第 3 卷，人民出版社 1993 年版，第 372 页。

统，为发展中国特色社会主义提供更加科学有效的制度保障。

道路是一步一步走过来的，理论是在实践基础上不断总结出来的，制度是逐步形成和完善起来的。发展中国特色社会主义要处理好其道路、理论和制度间这种既内在统一又相对独立的辩证关系，要求"在前进道路上，我们一定要加强全党的理论武装，按照建设马克思主义学习型政党的要求，深入学习和掌握马克思列宁主义、毛泽东思想，深入学习和掌握中国特色社会主义理论体系，牢固树立辩证唯物主义和历史唯物主义世界观和方法论"。"要通过理论武装，推动全党特别是各级领导干部坚定理想信念，增强为党和人民事业不懈奋斗的自觉性和坚定性，真正做到坚定不移、矢志不渝。"① 正是基于此，"我们一定要坚定不移高举中国特色社会主义伟大旗帜，坚持和拓展中国特色社会主义道路，坚持和丰富中国特色社会主义理论体系，坚持和完善中国特色社会主义制度。我们党在坚持和发展中国特色社会主义实践中，先后形成了党的基本理论、基本路线、基本纲领、基本经验，党的十八大又提出夺取中国特色社会主义新胜利必须牢牢把握的'八个必须'基本要求，这是对我们党坚持和发展中国特色社会主义新鲜经验的科学总结，用新的理论认识和实践经验进一步回答了坚持和发展中国特色社会主义这个重大问题"，党的基本理论、基本路线、基本纲领、基本经验、基本要求这"五个基本"是管全局、管方向、管长远的，也是发展中国特色社会主义要处理好其道路、理论和制度互动关系的根本遵循和着力之处。

（作者单位：湖南科技大学马克思主义学院）

---

① 《党的群众路线教育实践活动学习文件选编》，党建读物出版社2013年版，第6页。

民族院校大学生认同中国特色社会主义的路径选择

张 琳 成 嫒

随着经济全球化、文化多元化、信息网络化及市场经济的影响，特别是"3·14"、"7·5"、"10·28"和"3·1"事件后，民族关系出现了一系列新情况和新问题。经济社会发展差距以及极端宗教势力的渗透、破坏，对少数民族大学生的思想和情感形成新的冲击，对民族院校思想政治教育产生了不利影响。新生代少数民族大学生的思想、心理特点的发展变化，也对思想政治政治理论课教学提出了新的要求。如何让少数民族大学生接受和认同中国特色社会主义，就成为民族院校思政教育者亟须破解的问题。

一 民族院校的特殊性及少数民族大学生的鲜明特点

民族院校是我国高等教育事业重要的、有特色的组成部分，在我国高等教育体系中占有特殊地位，尤其在培养少数民族干部和各类人才等方面发挥着独特而重要的作用。目前，我国共有15所民族院校，各类全日制在校生超过20余万人，包括55个少数民族，少数民族学生比例为65%。《国家民委　教育部　关于进一步办好民族院校的意见》中指出："民族院校是党和国家为解决国内民族问题而建立的综合性普通高等学校，是培养少数民族高素质人才的重要基地，是研究我国民族理论和民族政策的重要基地，是传承和弘扬各民族优秀文化的重要基地，是展示我国民族政策和对外交往的重要窗口。"① 从实际工作成效看，民族院校培养的少数民族干部以及各级各类人才，在维护国家统一和社会稳定、促进民族团结和共同繁荣发展、加快和民族地区经济社会发展中做出过重要贡献。

民族院校的特殊性主要体现以下几个方面：

一是特殊的政治属性。创建和发展民族院校是为了团结各民族人民、解决国内民族问题、实现国内诸民族平等及共同繁荣发展之需要。中国多民族存在的现实及民族地区发展不平衡的问题，促使国家在多方面给予优惠政策和相应扶持，使少数民族和民族地区的各项事业得以繁荣发展，而发展离不了人才的战略储备和智力支持，因此，消除民族之间和民族地区之间事实上的不平等，解决民族问题，需要少数民族和民族地区长远的人才培养部署。早在1941年，中国共产党就创建了第一所民族高等院校，即延安民族学院。之后，为了帮助少数民族发展、解决民族问题，尤其是为了维护国家统一、促进民族团结，党和国家投入了大量的人力、物力和财力，先后在全国建立了15所民族院校（部属高校6所，地方所属高校9所）。

二是特殊的人才培养模式。民族院校承担着培养少数民族干部和高素质人才的重任。正如费孝通所言："民族学院的办学目的只有一个，就是要培养少数民族高级知识分子，培养为民族工作服务的各级工作人员和干部。"② 因而，民族院校与其他院校相比，不仅具有普遍的教育功能，一定意义上享有国家赋予的特殊政策和采取了不同的办学模式，如招生主要针对少数民族和民族地区招生，对处于经济文化起点低的民族学生给予分层教学和补偿性教育等。学科专业设置基本上以民族学、语言学、宗教学等为主干学科，干部培训及预科教育等成为其突出的办学模式。

三是重要的文化传承功能。在漫长的历史进程中，中国各族人民密切交往、相互依存、休戚与共，形成了中华民族多元一体的格局，同时，也共同推动和共同创造了灿烂而丰富的中华民族文化。民族院校的一个重要使命就是传承和弘扬中华各民族优秀的传统文化。因此，研究

---

① 参见《国家民委　教育部　关于进一步办好民族院校的意见》，民委发［2005］240号（2005年12月15日）。

② 费孝通：《在西北民族学院建校五十周年庆祝大会上的讲话》，《西北民族研究》2001年第1期。

和保护少数民族文化，就成为民族院校的重要任务。民族院校在充分利用自身学科优势与人才资源的同时，也在主动服务和密切关注于少数民族和民族地区的文化政策法规的制定和完善、文化工作体制机制创新、重大文化项目开发、文化市场体系健全、政府文化管理和服务职能转变、少数民族文化的对外交流等系统工程建设、传承和创新。通过民族院校的文化传承，促进了各民族文化间的了解和交融。

四是服务地区发展的重要支撑力量。民族院校始终将学科建设、专业结构设置的适应性放在首位，坚持培养模式、课程体系、教学内容、教学方法和教学手段等方面的深化改革，着力为民族地区培养用得上、留得住的创新型人才。同时，将服务少数民族和民族地区经济社会发展作为一项长期的任务，合理整合人才资源和科研力量，始终围绕推进民族地区经济社会发展开展基础研究、应用研究和开发研究，为少数民族和民族地区提供了符合实际的发展对策、适用技术和开发路径。通过各种方式和途径，努力增强社会服务能力，尤其注重为民族地区政府决策咨询服务，为民族地区提供技术和智力服务，为促进民族团结、实现共同进步提供强有力的经济支撑，已成为促进国家稳定和民族团结的重要力量。

五是实现少数民族权利、展现党的民族政策和教育政策的重要窗口。中国是具有多元一体格局特征的统一性多民族国家，法律规定各民族享有同等的权利，包括最根本的与汉族同等的政治权利，也包括受教育权利等。党和政府是十分重视少数民族高等教育事业的，《中华人民共和国高等教育法》规定：国家根据少数民族的特点和需要，帮助和支持少数民族地区发展高等教育事业，为少数民族培养高级专门人才。《中华人民共和国民族区域自治法》也规定：国家举办民族高等学校，在高等学校举办民族班、民族预科，专门或者主要招收少数民族学生，并且可以采取定向招生、定向分配的办法。同时，也在不断满足少数民族在渴望顺利实现社会地位流动方面的诉求。

除上述几点外，民族院校的特殊性还体现在教育对象上，即少数民族学生具有鲜明的特点。

一是从生源结构上讲，民族生和贫困生较多。民族院校学生大多来自少数民族地区、贫困地区和偏远山区，其中民族生比例较高，约占60%以上；贫困生的比重也较大，为30%左右。由于贫困和落后等原因，致使相当多的民族学生因家庭困难而交不起学费，所受教育因相对滞后而显得基础知识相对较差。相当多的学生到大学后又面临诸多困难，比如交往沟通困难、情感困惑、心理困扰、就业压力等，也常常会出现有学生只会讲本民族语言而不会讲普通话的现象，因而，部分学生也因此有着强烈的自卑感。

二是多文化性以及较强的民族意识。受各种不同民族文化背景因素之影响，民族院校学生多具有本民族传统文化特征的多文化特点。其文化重塑性较高，有较强的接受新生事物的能力和愿望，但由于他们作为一个受教育的整体从小受到不同特点、不同类型文化的熏陶，本民族文化因素的影响始终成为一种顽强的力量。这使得他们的思想、道德和政治意识以及行为在文化表现上始终存在着显著的差异。另外，受民族文化、民族心理、个体生活环境以及成长经历的影响，大部分学生有着强烈的民族意识和民族自尊，甚至个别学生有着狭隘的民族意识和高傲的自卑心理。

三是信仰的复杂与多样。少数民族学生多民族性就决定了其信仰的复杂与多样，不同民族学生由于文化背景、族别背景、认知差异等，在信仰方面就体现出多向性和多面性的特点。加上宗教和民族密切关联，部分学生的信仰受到宗教的影响，少数民族学生常常自觉或不自觉地从自己民族宗教的角度观察问题、体验人生，甚至形成自己的人生价值观。近些年，随着我国改革开放的逐步深入以及国内外教育市场的双向作用及其影响，少数民族和民族地区社会从经济基础、上层建筑到思想观念，正经历着一个较之其他地区都深刻复杂得多的转型时期，表现为经济成分和经济利益的多元化，人们的价值取向也趋于多样化，社会变化趋于复杂、深刻，社会生活方式的选择日趋多样化，社会组织的多样化，就业岗位和就业方式的多样化等。这些都必然会使各族学生的信仰更加趋于复杂多样化。这些不仅给民族院校的教学管理带来了困难，更给思想政治教育者提出了新课题和新要求。

二 民族院校大学生接受和认同中国特色社会主义的突出问题

在国家民委、各省市教育主管部门以及各院校领导的高度重视和民族院校思想政治教育者的共同努力下，各民族学生对中国特色社会主义尤其对中国特色社会主义理论体系的接受和认同有所提升，学生思想状况的主流呈现出积极、健康、向上的态势，民族大学生对祖国的未来、民族的未来更加充满信心，自主意识、成才意识、创新意识也有所提高。但也不可否认，新时期、新阶段、新生代少数民族学生在接受和认同中国特色社会主义方面面临新挑战，并依然存在一些突出的问题。

问题一：民族地区经济社会发展相对滞后与道路、理论和制度自信的矛盾。现阶段我国少数民族和民族地区经济社会发展还是相对滞后，与东部地区发展水平的差距仍然较大，仍然是我国全面建成小康社会的难点和重点，在一定程度上影响了少数民族大学生对中国特色社会主义的道路、理论和制度自信。尽管随着改革开放和国家对少数民族和民族地区的多项战略措施的实施，我国民族地区的面貌发生了历史性的变化，民族地区的工业、农业、科技、教育、文化、卫生事业等有了很大的发展。然而，由于历史、自然环境及政策实施等原因，民族地区经济、文化落后的状况并没有得到根本改变，少数民族地区与东部地区在经济文化发展水平上的差距越来越大。显然，这是与社会主义共同富裕的本质要求有较大差距的。如果这种差距超出一定的度，就会转化为政治问题和社会问题。近些年，随着国际社会的变化莫测，形形色色的民族主义狂飙突起，国外敌对势力更是千方百计地利用地区发展差距，特别是少数民族和民族地区与其他发达地区的实际差距，利用民族、宗教问题，并通过利用教育文化开放的机遇和信息网络传播等手段，进行政治分化和思想渗透，造成少数民族学生接受和认同中国特色社会主义的特殊困难和复杂矛盾。"民族、宗教无小事"[①]，民族问题解决不好，小则不利于民族团结和社会稳定，大则危及国家统一大业。没有少数民族和民族地区的繁荣发展，没有各民族间的亲密团结，就不可能有我国政治的安定和经济的发展，就没有中华民族的振兴和腾飞。

问题二：宗教信仰与马克思主义信仰的矛盾。少数民族大学生接受和认同当代中国马克思主义时受到原有宗教信仰和民族传统观念的影响。因为，宗教在少数民族和民族地区有着较为广泛的社会基础，一些民族习惯和宗教意识已渗透到少数民族生活的各个方面，并演化为民族

---

① 江泽民：《在1993年全国统战工作会议上的讲话》，《人民日报》1993年11月8日。

性的生活习惯，影响着民众的思想、意识和行为。许多少数民族学生从小就受家庭熏陶和生活环境影响，形成了严格的民族习俗和信仰习惯，需要我们给予尊重和认同。并且，由于少数民族和民族地区大多地处边远地区甚至山区，交通不便、信息闭塞、居住分散，传统观念和民族习惯保留得相对比较完善。其中有值得继承和弘扬的优秀传统，也有需要舍弃的陈规陋习。这些根深蒂固的传统观念和信仰习惯交织在一起，或积极或消极地影响着民族院校大学生的思想意识。据统计，民族院校有明确宗教信仰的学生约占60%以上。① 在大部分少数民族学生看来，宗教信仰才是信仰，马克思主义不是信仰，仅仅是一种理论或学说。因此，在这里就隐含着这样一对矛盾，即宗教信仰与马克思主义信仰的矛盾。有了宗教信仰，是不是就不能再信马克思主义了？如何恰当处理宗教信仰与马克思主义信仰的关系问题呢？事实上，马克思主义不仅是一种科学理论，更是一种科学的信仰。邓小平曾经讲过："马克思主义是科学。他运用历史唯物主义揭示了人类社会发展的规律。"② 列宁也曾指出，"马克思的历史唯物主义是科学思想中的最大成果。人们过去对于历史和政治所持有的极其混乱和武断的见解，为一种极其完整严密的科学理论所代替，这种科学理论说明，由于生产力的发展，从一种社会生活结构中会发展出另一种更高级的结构"③。

问题三：民族认同与国家认同的矛盾。民族认同与国家认同一直以来都是学界关注的重要话题。在现代社会，民族认同和国家认同实质上是人们在群体里担任的角色中较为重要的两种身份引发的讨论，即作为某个民族的成员和某个国家的公民。民族与国家之间是一个相互作用的历史过程，民族认同与国家认同的关系和社会秩序紧密关联，换言之，民族与国家之间需要协商调适才能和谐共生。按照金利卡的观点，无论我们是否承认民族分离的权利，如果不学会调适民族文化差异，分离就会随时威胁国家。一旦少数民族认为他们的利益无法在现存国家中得到安排，他们就会考虑分离。④ 事实上，民族认同与国家认同的关系是如

---

① 张琳：《90后少数民族大学生信仰特点析论》，《北方民族大学学报》2011年第6期。
② 《邓小平文选》第3卷，人民出版社1993年版，第382页。
③ 《列宁选集》第2卷，人民出版社1972年版，第443页。
④ ［加］威尔·金利卡：《少数权利：民族主义、多元文化主义和公民》，邓红风译，上海译文出版社2005年版，第90页。

影随形的,如果过于突出民族认同会被民族主义者所利用,从而导致社会动荡,国家分裂。反之,如果忽视民族认同存在或者压制民族认同也会引发民族不满,破坏民族团结,导致社会失序,在多民族国家里,民族认同与国家认同的博弈甚或决定国家的命运,或兴或衰,或合或分,至今很多国家仍然深陷其中,难以轻装前行。因此,如何恰当处理民族认同与国家认同的关系,是多民族国家所面临的重大课题。

国家认同不仅是国家生存与发展的需求,它同时也是生活于现代国家中的每个公民的需求。按照霍布斯鲍姆的理解,国家认同"乃是他们个人安身立命最基本而不可或缺地认同所在,是他们赖以为生的社会价值所系"①。林尚立认为,国家认同可分为三个层次:对建构现代国家有决定意义的国家制度体系的认同、制度体系所规定的公民身份和权利的认同、对国家制度体系所构建出来的具有现实社会基础的整个政治共同体本身的认同。人们所形成的具体国家认同,则取决于人们生活其中的国家制度及其所决定的国家结构体系。② 所以说,国家认同含有对国家主导价值体系的认同,即对马克思主义的认同、对当代中国的马克思主义(即中国特色社会主义)的认同。

问题四:少数民族学生思想意识新变化与国家社会要求的矛盾。一是少数民族学生群体呈现出许多新的变化:时代感强、责任意识弱;认同感强、践行能力弱;参与意识强、辨别能力弱;主体意识强、集体意识弱;个性特征强、承受能力弱。另外,部分学生不同程度地存在着中国特色社会主义理想信念迷茫模糊、价值取向扭曲、诚信意识淡薄、社会责任感缺乏、艰苦奋斗精神淡化、团结意识观念差、心理素质欠佳等问题,特别是"3·14"、"7·5"、"10·28"和"3·1"事件后,民族关系出现了一系列新情况和新问题。经济社会发展差距及宗教极端势力等,对少数民族大学生的思想和情感形成新的冲击,对民族院校大学生接受和认同中国特色社会主义产生了不利影响。二是汉语水平低与理论艰深的矛盾。部分少数民族学生汉语水平低,极大阻碍了他们对中国特色社会主义理论的学习和掌握。

---

① [英]埃里克·霍布斯鲍姆:《民族与民族主义》,李金梅译,上海人民出版社2006年版,第5页。

② 林尚立:《现代国家认同建构的政治逻辑》,《中国社会科学》2013年第8期。

三 民族院校大学生接受和认同中国特色社会主义的路径选择

习近平在第二次中央新疆工作座谈会上强调,"要增强各族群众对伟大祖国的认同、对中华民族的认同、对中华文化的认同、对中国特色社会主义的认同"①。只有让少数民族大学生普遍认同当代中国马克思主义,中国特色社会主义才能在更自觉的实践层面上形成强大的精神动力。因为,让少数民族大学生认同中国特色社会主义,是关系国家长治久安、社会和谐稳定的大事,是关系民族地区团结稳定和繁荣发展的大事,是关系民族院校的办学方向和办学目标的大事。如何让少数民族大学生接受和认同中国特色社会主义呢?

第一,通过利益引导,让中国特色社会主义与少数民族大学生现实利益紧密相连。马克思曾说过,"人们奋斗所争取的一切,都同他们的利益有关"②。对学生来说,最关注的莫过于利益问题。一种价值或理论被学生信服的重要方式是最大程度地反映、表达学生的利益,包括各种各样、不同程度的利益。学生对一种价值或理论的态度,通常视这种理论对自身各种利益的反映状况和实现程度而定,即他们往往不是直接地接受或者拒绝这种理论,而是根据这种理论与自身利益的相关程度决定所采取的态度。中国特色社会主义只有渗透进少数民族大学生的生活中,作为指导和改善学生生活的一种精神力量,才能获得学生最大程度的认同与支持。因此,要让民族院校大学生充分地认识到科学理论对其自身成长成才地重要指导意义,包括马克思主义不仅可以帮助他们提高分析问题、判断问题敏锐性的能力,还有一个人民的、大众的立场、人性的关怀,是真正为个人地全面自由发展而奋斗的科学学说。在马克思那里,"人的根本就是人本身","人是人的最高本质"的命题可以归结为:必须推翻那些使人成为被侮辱、被谴责和被蔑视地东西的一切关系。

第二,解决理论认知,让少数民族学生认识到,作为一种理论体系

---

① 《习近平在第二次中央新疆工作座谈会上发表重要讲话》(http://www.xj.xinhuanet.com/zt/2014-05/30/c_1110932196.htm)。
② 《马克思恩格斯全集》第1卷,人民出版社1961年版,第187页。

地中国特色社会主义也是来源于现实生活的。认知是认同的前提，要让学生认识到中国特色社会主义是理论的逻辑，但这个理论来源于现实生活，也归于现实生活，是对现实生活的理论升华和价值引导。马克思指出："一切人类生存的第一个前提，也就是一切历史的第一个前提，即人们为了能够'创造历史'，必须能够生活。但为了生活，首先需要吃喝住穿以及其他一些东西。因此第一个历史活动就是生产满足这些需要的资料，即生产物质生活本身。"要使中国特色社会主义理论由抽象变为具体，理论要通俗化和生活化。列宁用一个公式简洁而直观地强调了通俗化的重要性，他说："最高限度的马克思主义＝最高限度的通俗化。"我们要将当代中国马克思主义（即中国特色社会主义）科学精神融入少数民族大学生现实生活当中，须将中国特色社会主义理论逐渐内化为少数民族大学生的思想、观念和意识，使这种思想、观念和意识的指导成为一种习惯，成为学生生活的一个组成部分。这就需要"从自发的、经验的、本能的日常生活图式逐步向以中国特色社会主义为指导的理性的、自觉的活动图式的转变，使中国特色社会主义日常生活化"①。具体来说，中国特色社会主义需要实现由理论术语向大众话语的转换，要使中国特色社会主义理论具有新鲜活泼的、为少数民族学生所喜闻乐见的中国风格和中国气派。在保持中国特色社会主义基本原理、基本观点的科学精神前提下，要将其转化为群众的生活语言，使用通俗的大众的语言，契合大众生活的话语方式，使理论简明、扼要，易于接受。这方面，毛泽东和邓小平的民族语言、通俗语言均是典型代表。中国特色社会主义理论体系，生动地体现了当代中国特色社会主义科学化和通俗化的内在统一。

第三，**最大限度地尊重差异、包容多样、进而增强认同**。首先是针对部分少数民族大学生的宗教信仰情况，在教学中把马克思主义"人类解放的情怀、人生进取的境界、道德奉献的情操、社会历史的视野"讲授清楚，让学生充分了解当代马克思主义的崇高境界，使学生在比较中学习、思考，提高对中国特色社会主义的认同度。其次要把中国特色社会主义特别是理论体系内化为少数民族大学生崇高的理想信念，化为科学的世界观、方法论，内化为正确的价值追求。内化的过程，是真诚信

---

① 谢加书：《日常生活理论视阈下的马克思主义大众化传播》，《教学与研究》2010 年第 5 期。

奉的过程，是入脑入心的过程，是把外在要求变为内在需要的过程。理论只有被群众掌握，才能变为巨大的物质力量，只有使全体中国人普遍认同、接受和信仰当代中国特色社会主义，才能在更自觉的实践层面上形成建设和发展中国特色社会主义的强大精神动力。最后是尊重各民族间的文化差异，接受和认同少数民族优秀文化。少数民族学生很看重本民族文化，在对他们进行中国特色社会主义理论教育时，一定要尊重少数民族传统文化，把少数民族传统文化作为中华文化的有机组成部分。"如果有一种促进团结的意识与共同目的的意识的话，那么，它必然要求包容民族认同，而不是置民族认同于从属地位。如果不同民族群体的人们将更大的政治体看作是扶持而不是降低他们的民族认同的环境时，他们才会共同效忠更大的政治体。"①

第四，广泛采用适合少数民族学生接受和认同的文化方式和载体。一要以少数民族学生熟悉的文化符号、民族语言、民族文学、民族伦理规范、民族规约等手段传递中国特色社会主义理论；二要通过大量历史事实和多种途径的实践活动，让少数民族学生了解中国共产党在少数民族地区的伟大实践，增强少数民族学生对中国特色社会主义理论的认同感，坚定他们对中国特色社会主义的理想信念；三要发挥宗教场所和教职人员的积极作用，促成中国特色社会主义理论对宗教文化的价值引领。习近平同志指出："发挥宗教界人士和信教群众在促进经济社会发展中的积极作用，最大限度团结一切可以团结的力量。"② 如宁夏吴忠市利通区政府一次就聘任了 203 个清真寺的 566 名阿訇和寺管会人员担任义务讲解员。四要加强培训，增强认同。胡锦涛总书记也曾指出："要加强培养培训，下大气力建设一支具有很强政治意识和大局意识、较高理论和政策水平、丰富民族专业知识、务实工作作风的民族工作干部队伍。"通过少数民族干部的培养进一步推动民族地区中国特色社会主义大众认同的进程。

（作者单位：北方民族大学马克思主义学院）

---

① ［加］威尔·金利卡：《多元文化的公民身份——一种自由主义的少数群体权利理论》，马莉、张昌耀译，中央民族大学出版社 2009 年版，第 269 页。
② 《习近平在第十二届全国人民代表大会第一次会议上的讲话》，《人民日报》2013 年 3 月 18 日。

20世纪末21世纪初中国共产党对农村社会多元性政治整合分析

孔繁金

20世纪90年代,农村群体职业分化放缓、横向流动增强、利益分化突出,至21世纪初,阶层结构渐趋清晰,收入差距持续扩大。改革以来各阶层普遍受益的格局受到挑战,农村阶层矛盾越来越显性化。如何在深化农村改革的同时,平衡各阶层和利益群体的利益,缩小贫富差距,促进各阶层关系健康和谐,保持社会稳定,成为政治整合的重要任务。为了完成这一历史重任,中国共产党顺应市场经济发展的要求和农村群体多样化、利益多元化的实际,综合运用行政、法律、社会、经济等多种手段,比较成功地实现了对农村社会的多元性政治整合。

一 多元性政治整合的内涵

多元性政治整合是一种综合运用行政、经济、法律、社会等多种整合方式,主体多元、手段多种、内容多样的政治整合。这种整合常见于现代社会,它强调多元化,推崇包容,目的是通过培育社会组织,促进社会力量发展,实现多元治理,扩大政党执政的群众基础,从而更好地确保党的政治权威。这种政治整合是一个双向过程,即通过国家、社会组织、公民的良性互动,来确保党和国家政令畅通,实现对社会的有效治理。改革开放后,经过30多年的发展,我国在经济、政治、社会、文化等方面都取得长足发展和巨大进步。经济方面,市场经济体制不断完善,以公有制为主体的多种所有制经济得到充分发展,资源配置实现了多元化。政治方面，社会主义民主政治建设取得明显成效，民主制度不断健全，法制体系不断完善，政治环境日渐宽松，中国共产党的执政能力不断提高。社会发展方面，国家对社会的控制逐渐减弱，多种社会组织相继出现，并得到发展壮大，公民社会参与的积极性空前提高。思想文化方面，社会主义主流意识形态与核心价值体系的统治地位不断巩固，多种思想、多种文化纷纷出现。这些发展与进步为多元性政治整合的推行和成功提供了条件。

二 多元性政治整合的实施

（一）深化改革，强化农村不同阶层的利益整合

首先，进一步深化改革。改革开放30多年的经验表明，应对农村阶层分化所带来的问题及提出的挑战，最根本的出路还在于进一步深化农村各项改革。为此，20世纪末至21世纪初，中共中央先后颁布《关于农业和农村工作若干重大问题的决定》、《关于促进农民增加收入若干政策的意见》、《关于进一步加强农村工作提高农业综合生产能力若干政策的意见》等多个中央文件与规定，加大农业投入，加快农业发展，增加农民收入。其次，采取多种措施，进一步减轻农民负担。1996年12月，中共中央、国务院做出《关于切实做好减轻农民负担工作的决定》。进入21世纪，为进一步减轻农民负担，规范农村收费行为，中央明确提出对现行农村税费制度进行改革，并从2001年开始，逐步在部分省市进行试点、推广。2005年12月，十届全国人大常委会第十九次会议高票通过决定，自2006年1月1日起废止《农业税条例》，这意味着在中国延续两千多年的农业税正式成为历史。

加快和深化改革，增加农民收入，减轻农民负担，在一定程度上提高了农村贫困群体的收入水平，有利于缩小农村不同群体之间的贫富差距，缓和农村阶层关系。

（二）积极吸纳新兴阶层，扩大政治认同

随着农村群体分化的持续，"私营企业家阶层、自由职业者阶层和乡镇企业职工阶层等从基本阶层中分化出来，突破了原来社会结构的格局。随着经济实力的增强，新兴阶层队伍特别是私营企业主阶层参与政

治的需求与动机越来越强烈"①。如何对待这些新兴阶层的政治诉求,能否客观公正地给他们以准确的政治定位,直接影响到新时期政治整合的成败。为了将这些阶层团结和组织在自己周围,增强他们的政治认同,党和国家主动改变了自社会主义改造至20世纪末,50多年不准私营企业主入党的规定,同意把承认党的纲领和章程,自觉为党的路线和纲领而奋斗,经过长期考验,符合党员条件的社会其他方面的优秀分子吸收到党内来。同时充分肯定新社会阶层为发展社会主义生产力和其他事业所做出的贡献。整合起到了维系对执政党和政府政治认同的目的。

(三) 完善村民自治,进一步理清国家与社会的关系

20世纪90年代以后,随着农村群体的持续分化,村民自治出现了新问题。主要是新分化出的农村各阶层随着生活水平的提高,政治参与意识与日俱增;一些阶层特别是弱势阶层对农村基层干部的信任感、认同感降低,政治热情下降,导致为数不少的农村基层干部无凝聚力、战斗力和号召力,甚至出现基层政权组织衰败、瘫痪,村民自治无法有效运作;乡政村治关系处理不好,乡镇对村委会工作干预太多,影响了村民自治的自主性、有序性和有效性。

为了解决这些问题,从1994年到2010年,通过一系列法律法规,国家提升了村民自治的制度环境,体现出国家通过基层组织整合农村社会,重构农村社会秩序的努力。这种提升和努力,无疑为我们在实行村民自治过程中,积极吸纳农村各阶层、各群体中的优秀分子,确保新兴阶层和社会群体进行政治参与,保护他们的政治热情,提供了制度保障。有利于将农村各种新兴力量纳入村民自治的范畴,保证村民自治的群众性、自觉性,有利于和谐阶层关系的构建和农村社会的稳定。

(四) 高度重视农村各种社会组织的政治整合作用

转型时期农村社会结构分化,城乡二元结构松动,社会成员利益多元化、价值观念多样化,导致农村社会分化出众多社会组织。"客观而

---

① 吴晓林:《从改造式整合到总体性整合:新中国政治整合60年》,《中国社会科学报》2009年11月5日。

言,农村社会组织的发展,提升了社会的组织化程度,可以解决政府和市场都难以解决的诸多社会问题,因此农村社会组织的发展是社会进步的显著标志之一。"① 目前,这些农村社会组织已经成为农民利益表达的有效渠道和推进农村民主管理的重要载体,党和政府通过积极鼓励和扶持农村社会组织的发展,把不应由政府承担的职能还给社会,可以加快政府职能转变,提高行政效率。同时农民通过各种组织,自愿组合、民主管理,可以使广大农民在活动中养成行使民主权利、进行民主管理的习惯,增强民主管理意识,提高民主决策能力,有助于推进农村民主政治发展进程。

(五) 建设和谐社会,舒缓社会紧张

首先,促进农村资源和财富在群体间的合理流动和分布。党和政府进一步加强了宏观调控的力度,建立起合理的资源和财富分配协调机制,确保社会资源和财富在社会成员之间公平分配,缩小贫富差距。其次,注意提高各阶层的聚合力和凝聚力。在和谐社会构建过程中,党和政府充分利用农村社会各阶层、各利益群体都是有中国特色社会主义事业的建设者,其长远利益和根本利益具有一致性这一实际,不断加大政治整合的力度,注意处理好各阶层之间的关系,营造团结和谐的良好局面,提高各阶层的聚合力和凝聚力。再次,加强农村基层党组织建设。一方面,要求农村基层党组织及其领导班子提高认识,保持头脑清醒,增强防范和处理和谐社会构建中发生问题的预见性和主动性;另一方面,要求农村基层党组织及其领导班子要不断强化自身的理论学习和业务学习,提高认识问题、分析问题和解决问题的能力,注意改进工作方式和方法,力戒形式主义和官僚主义,保持与人民群众的密切联系。最后,健全社会保障制度,完善社会保障体系。十六大以后,各级政府按照构建社会主义和谐社会和科学发展观的要求,积极发挥公共财政的作用,不断加大投入,加强农村社会保障体系建设,在医疗、教育、最低生活保障等方面取得明显成就。

---

① 陈朋:《农村社会组织与农村公共危机管理》,《重庆社会科学》2013 年第 4 期。

三 多元性政治整合作用评析

(一) 多元性政治整合的巨大作用

改革开放以来，多元性政治整合的全面开启，对我国政治经济发展与社会进步起到了巨大的促进作用，具体到对农村群体分化的政治整合，其作用主要表现在：

1. 极大地调动了农村各群体的积极性，促进了农村生产力的发展

多元性政治整合极大地调动了农村群体的积极性，农民群众进行农业生产的积极性空前提高，农村生产力得到迅猛发展。以粮食生产为例，我国农业以占世界7%的耕地养活了占世界22%的人口。同时，农业发展，农村生产力提高，也为传统农业向采用先进科学技术和生产手段的现代农业转变奠定了基础，从而有助于我国农业现代化的实现。

2. 有效容纳了新兴阶层，减少了社会矛盾

党和政府通过法律、制度等一系列安排，接纳新兴阶层，承认他们的政治地位，规范他们的政治行为，逐步将他们纳入政治系统，变成体制内的一部分，避免了将他们留在体制外产生的各种矛盾。农村改革三十多年，新兴阶层和利益群体纷繁复杂，价值追求多种多样，在他们发展和成长过程中也产生过一些矛盾，发生过一些摩擦。但是，从总体上看各阶层、各群体能够和谐相处，共同发展，这是新时期党和政府多元性政治整合成功的有力证明。

3. 培育了社会组织和社会力量，促进了国家与社会的适度分离

对于新兴社会组织，党的鼓励扶持政策，有力地促进了农村社会组织的发展。"据统计，目前中国有农村各类社会组织约200万个，主要包括各类专业经济协会、老年协会、庙会、灯会、用水者协会以及环境保护协会等。"[①] 这些组织在推进村民自治、发展农村经济、搞好乡村治理、维护农民权益等方面，都发挥了十分重要的作用。也正是这些作用，分担了党和政府的社会管理职责，使党和政府的权力能够逐渐从农村适度退出，保证了社会的自主性和独立性。

---

① 张云英：《农村社会组织：农村社会管理创新的基础》，《湖南农业大学学报》2011年第6期。

4. 维护了党的政治权威，提高了社会成员的政治认同

首先，多元性政治整合顺应了农民的改革诉求，改善了农民的物质生活条件，为农民由温饱向小康转变提供了政治和政策保障。其次，党和政府通过开展新农村建设，加大对农村的公共财政投入，提高乡村社会的社会保障和社会福利水平，既照顾了农村传统利益群体的利益需求，又给新兴阶层及利益群体以恰当的政治地位，形成了农村各群体、各阶层在新一轮政治整合中普遍受益的格局。再次，充分利用农民自发成立的各种社会组织，发挥它们党和政府与农民群众桥梁纽带的作用，减少基层党政组织对村民自治中自我管理、自我服务、自我发展的干预，确保农民群众在基层社会管理、社会发展中的主人翁地位。最后，多元性政治整合在优先考虑满足农村群体物质利益的同时，也不断加大对农村政治、文化、社会等事业发展的投入，注重满足农民群众日益增长的政治生活、文化生活、社会生活等方面的需求。正是多元性政治整合的上述作用，才使乡村民众对于执政党和中央政府的信任度始终维持在较高水平上，并且近十年来有了进一步的提升。

(二) 多元性政治整合的不足及努力方向

值得指出的是，尽管改革开放以来党和政府在对农村群体进行政治整合时，"政治整合机制有了长足的改善，它在释放社会自由的同时，还较好地维持了社会秩序。但是这并不代表当下的政治整合机制就是完美无瑕的。其本身还存在一些需要特别注意的隐忧"[①]。还有许多需要改进和强化的方面。

1. 对阶层关系失衡重视不够，需要加大对群体关系、阶层关系的整合力度

在过去30多年农村改革与发展过程中，由于一个时期内，我们过分强调效率优先，兼顾公平，鼓励一部分人先富起来，没有处理好效率与公平、先富与后富、先富帮贫穷的关系，致使农村各群体之间的收入差距、贫富差距不断扩大，贫富悬殊十分明显。这种差距导致了部分群

---

① 吴晓林：《回顾与反思：改革开放以来中国政治整合的变迁》，《北京理工大学学报》2011年第4期。

体和阶层政治心理失衡，造成了阶层关系、群体关系紧张。从整合我国农村群体分化和促进基层社会发展的角度看，各级党和政府、各级领导干部在这方面的重视程度和努力程度还远远不够。突出表现在我国农村阶层的利益关系、合作关系、政治心理、有序流动等方面的失衡尚未得到根本扭转，这些失衡正在增加农村阶层关系紧张与冲突的风险，正在加剧我国农村社会的不稳定。因此，当前党和政府整合农村群体的重点应当放在通过政治整合，改变农村阶层关系失衡的状态，化解由此导致的矛盾与纠纷，塑造健康和谐的阶层关系。

2. 参与平台及通道较少，需要加强农村政治参与渠道与平台建设

农村阶层分化背景下，农民的利益表达诉求和维权意识与日俱增，致使农民的政治参与与改革开放前及改革开放初期相比较，发生了许多新变化，具体表现在：政治参与主体多元化，各政治主体主动参与意识增强，参与方式日趋多样复杂化，参与的内容层次明显提升。政治参与的新变化使我国农村传统政治参与机制的弊端日益显现，现有参与渠道和参与平台与满足农民参与需求的矛盾比较突出。为此，党和政府在政治整合过程中，必须进一步加强农村群体政治参与渠道与平台建设。目前当务之急是要不断完善政治参与机制，强化农村基层民主政治建设，实现政治参与和民主政治建设的双向良性互动，提高政治系统的开放性和吸纳力，实现政治参与的规范化和制度化。

3. 对政治思想及意识整合效果不佳，需要强化对农村各群体、各阶层的思想整合力度

我国农村群体在分化过程中，部分利益受损阶层或群体的政治思想和政治意识，已经产生了不利于政党政治认同的分化，已经影响到主流意识形态和价值观的传播与统治地位。为此，党和政府必须加大对农村群体多元政治意识与政治思想的整合力度，巩固主流意识形态的统治地位。具体方法至少包括：进一步创新政治社会化形式，大力弘扬主流政治文化和主流意识形态，用主流政治意识占领农村文化阵地，培养各阶层共同的政治信仰和政治文化。在注意发挥报纸、杂志、广播、电视等传统政治社会化工具作用的同时，面对互联网迅速发展，作用日益强大的新形势，要积极思考如何利用互联网这一政治社会化的新工具、新阵地，传播和弘扬主流政治文化和主流价值观，确保农村主流意识形态的统治地位。

4. 对阶层固化的消极影响重视不够，需要消除群体间流动障碍，增加弱势群体向上流动的机会

针对农村阶层之间隐性壁垒出现，层际间流动机会减少的实际，党和政府在进行政治整合过程中，必须深化农村各项改革，大力发展农村生产力，创造更多物质财富。在此基础上，加大对弱势群体的扶持力度，尽快使他们走上富裕道路，增加弱势群体、贫困阶层向上流动的机会，以遏制和缩小各阶层之间日益扩大的贫富差距，促进社会公平，维护社会和谐。

（作者单位：临沂大学法学院）

论掌握意识形态话语权的当代价值[*]

葛彦东

习近平总书记在"8·19"重要讲话中指出,"我们必须把意识形态工作的领导权、管理权、话语权牢牢掌握在手中,任何时候都不能旁落,否则就会犯无可挽回的历史性错误",对新形势下改进和加强意识形态建设工作提出了明确要求。牢牢掌握意识形态建设工作的话语权,就是高举马列主义、毛泽东思想的伟大旗帜,高举中国特色社会主义的伟大旗帜,理直气壮地向世界发出中国主流意识形态的强音;就是用当代中国主流意识形态统一全党全国人民的思想,奏响改革开放、全面建设小康社会的时代主旋律;就是推进全国人民团结一心建设中国特色社会主义,汇聚实现中华民族伟大复兴中国梦的正能量。当代中国,探索意识形态话语权建设的价值与路径具有十分重要的现实意义。

一 意识形态话语权及其分类

(一) 话语权

话语是用来传递信息、交流和表达思想的工具,也是用来解释和理解世界与社会的基本符号,还是用来掌握和控制世界、社会,特别是人的精神世界的一种工具和武器。话语权是话语表达所呈现出的基本态势,是话语表达主动与被动的体现。拥有话语权,就是拥有了支配和主

---

* 本文系江苏省社科规划项目"中国共产党90年领导意识建设的历史经验研究"(项目批准号:10DJD009)和国家社科基金项目"中国共产党领导意识形态建设的历史经验研究"(项目批准号:12BKS034)的阶段性成果。

导地位。话语权是近年来在文化与传媒研究中出现频率较高的一个词句。国内外专家学者对话语权的研究成果，概括起来表述为，"话语权就是说话权，即控制舆论的权力。话语权掌握在谁手里，谁就决定社会舆论的走向。在当代社会思潮中，话语权指影响社会发展方向的能力"①。"话语权是掌握在媒体控制者的手里，掌握在拥有经济权的人手里。他们一般学有所成，控制着媒体和其他经济实体，而他们想说的，一定和自己有关。"② 对于权力的理解，以美国社会科学家科尔曼为代表研究创建的"信任——权威"模式认为，话语权是一种潜在的现实权力。话语权在更多程度上体现的是一种社会关系。"权力只能存在于群体中，权力是个人基于利益的权衡，由信任（尽管在具体个体上并不总表现如此）而出让对自身一定行动的控制所形成的外部管理约束机制，也就是说个体出于自身利益的考虑，出让自身的一部分利益由他人掌控的一种社会行为。"话语权是一种集合权力，不是单独个体的权力；是一种社会综合权力，不是单纯的某项权力；是一个群体对另外群体形成的管理和约束机制。

（二）意识形态话语权

意识形态的话语权是意识形态领域话语主题、话语主体和话语载体的集中体现，沾染着文化、意识形态和价值观因素，具有鲜明的理论特性、价值特性与实践特性。"话语权内涵具有伦理与阶级两个基本维度，伦理维度体现为'权利'内涵，阶级维度则体现为'权力'意蕴。"意识形态话语权所拥有的是体现阶级利益关系的"权力"。话语权在表象上是以话语为载体，但由话语所产生权力则是因为其中包含着价值观和意识形态的因素。一个国家、民族、阶级、阶层和集团组织掌握了话语权，就会控制社会舆论的走向，并从其根本意志和利益出发，实现对社会的融合控制，进而统领社会的发展趋势。意识形态总是力求通过与国家权力相结合成为统治和管理社会的力量，对其他文化形式具有强大的渗透性，其他文化形式被其决定并或显性或隐性地反映主体的意识形态。概括起来说，意识形态话语权是体现阶级利益关系的"权力"，是

---

① 王兵：《从媒体话语权看微博与传统媒体的关系》，《赤峰学院学报》2011年第12期。
② 钱广荣：《道德悖论研究的话语权问题》，《齐鲁学刊》2009年第12期。

一种特殊的文化形式，是经济、政治等社会因素占统治地位的利益群体将其思想文化与国家权力相结合，实现统治和管理社会的重要力量。意识形态话语权的经济、政治、文化和社会的基本属性具有相对的稳定性，是意识形态话语权的"常态"形式，需要在加强和完善中得到巩固。意识形态话语权的理论资源、表达方式、传播手段等，是在前进发展中体现变化的"动态"形式，需要在经济和社会发展中更新理念、拓宽渠道、创新方法。

（三）马克思主义意识形态话语权

马克思主义意识形态话语权是指马克思主义意识形态被认可、接受和推广应用。是"依据自身地位，拥有控制、引导或规范社会，以致足以为社会立言的权力，也就是马克思主义意识形态的价值判断、理论观点有资格、有能力主导、领导、指导社会的问题"，马克思主义创始人在《德意志意识形态》中通过揭露和批判"虚假的意识形态"，从反面论证了意识形态强大的社会感召力和统治控制力。科学性是马克思主义的意识形态话语权的理论根基。其科学性在于始终把辩证唯物主义与历史唯物主义作为最根本的世界观和方法论。列宁指出，"马克思主义哲学是完备的哲学唯物主义，它把伟大的认识工具给了人类，特别是给了工人阶级"[①]。合法性是马克思主义意识形态话语权的现代内核，是马克思主义意识形态引领社会思潮的社会主体基础和条件。现代社会，只有将马克思主义的意识形态所体现的内涵和价值诉求不断转化为全社会普遍认同的主流社会意识，才能使公众对马克思主义从内心上给予认同，从而获得坚持马克思主义的合法基础。时代性是马克思主义意识形态话语权的理论品格。马克思主义意识形态话语权是时代的产物，并随着时代的发展呈现出鲜明的特色。恩格斯强调，"我们的理论是发展着的理论，而不是必须背得烂熟并机械地加以重复的教条"[②]。马克思主义中国化的进程就是马克思主义意识形态话语权时代性的体现。

---

① 《列宁选集》第 2 卷，人民出版社 1995 年版，第 311 页。
② 《马克思恩格斯选集》第 4 卷，人民出版社 1995 年版，第 681 页。

二　掌握意识形态话语权的价值指向

掌握意识形态话语权，就是掌握了意识形态建设的主动权；掌握意识形态话语权，就是增强了意识形态的吸引力、凝聚力、说服力；掌握意识形态话语权，就是增强了意识形态的抵抗力、批判力和战斗力。把中国意识形态话语权牢牢掌握在党和人民手中。这是当代中国掌握意识形态话语权的目标追求和价值指向。

（一）掌握话语权是意识形态建设的内在要求

掌握意识形态话语权与增强意识形态建设能力是一致的。只有掌握意识形态话语权，才能更好地发挥意识形态的建设功能。关于意识形态建设的功能，目前学术界有两种主要观点：一是从宏观方面和国家发展的视角，将意识形态的功能归纳为政治功能、社会思想文化功能、经济和外交功能；二是从微观方面，把意识形态功能归纳为预测、调控、教育与整合功能。新时期意识形态建设，更需要从观念上层建筑出发、从意识形态的本质特点出发来梳理、探讨其功能，并在此基础上反思其对政治、经济、文化和社会等诸方面显示的作用，以应对我国意识形态面临的挑战。"我们必须更多地看到意识形态本质上是一种价值观，是一种规范、高级的社会意识形式，并且立足于社会存在。因此，意识形态所显示出来的作用更多来自意识的功能和精神的力量，来自这种社会主导价值观对社会成员的精神信仰、理想追求等方面的作用。"[①] 只有加强意识形态建设，扩大意识形态的话语权，才能"真正发挥主流意识形态的辩护——推广功能、整合——凝聚功能、引领——提升功能，使其成为推动国家和社会发展的积极力量"。当前我国意识形态建设的功能主要体现在三个方面：一是宣传中国共产党的指导思想，宣传中国特色社会主义，坚定中国特色社会主义的自觉、自信；二是加强社会主义思想文化建设，揭露和批判各种非马克思主义的社会思潮；三是教育引导广大党员干部和人民群众坚定中国特色社会主义的理想信念。发挥意识形态建设的功能，就要充分壮大意识形态话语权。积极构建有利于主流

---

① 王岩：《我国意识形态建设的使命与方略》，《光明日报》2011年4月18日。

意识形态传播的意识形态话语体系，坚决批判和遏制各种错误思想和各种不良信息，"处理好主流意识形态体系中的'常'与'变'的关系、结构的稳定性与内容的开放性的关系、立场的坚定性与策略的灵活性的关系、精神的统一性与形式的多样性的关系、思想的先进性与影响的广泛性的关系，形成内容更加充实、表达更具活力、效果更为明显的意识形态话语符号体系。下大力气打造意识形态传播新理念、新形象、新渠道、新载体，实质性增强意识形态的话语权"①。

（二）掌握意识形态话语权是党和人民的共同愿望

近代以来，因闭关锁国等多种因素，中国被世界先进国家远远地甩在后面，中国没有与西方资本主义国家抗衡的实力，没有话语权。中国共产党领导中国人民建立社会主义新中国以后，为争夺社会主义意识形态话语权做了很多积极的探索。在大力发展社会主义经济、政治和文化中统一全党全国人民思想，抵制资本主义"和平演变"等思想侵蚀；运用团结社会主义国家、争取第三世界国家等外交手段和策略，创造条件争取国际话语权。中国在国际交往和参与国际重大事项上占有了一席之地。改革开放以来，在建设中国特色社会主义伟大实践中，中国壮大了经济实力、政治实力和文化实力，提高了综合国力。中国意识形态话语权在巩固中得到提高，中国在处理国际事务中有着举足轻重的地位，发挥着不可替代的作用。从鸦片战争以来的旧中国到现在，中国综合国力的提升和意识形态话语权的提高经历了一个艰难困苦的漫长历史过程。党和人民深刻认识到这个结果来之不易，因此，倍加珍惜我们改革开放和中国特色社会主义建设成果，倍加珍惜我国拥有的意识形态话语权。当前，在错综复杂的国际国内环境下，中国主流意识形态的引领作用受到干扰，个人主义、享乐主义、拜金主义严重影响了中国主流意识形态的社会认同；中国主流意识形态的整合与引导功能受到考验，各种社会思潮相继涌现，社会意识形态呈现出进一步多元化的发展态势；中国主流意识形态建设的社会影响受到国际敌对势力的冲击，西方资本主义国家千方百计遏制中国意识形态的发展，控制中国意识形态话语权；中国主流意识形态建设载体创新受到新兴媒体技术的挑战。一些敌对势

---

① 吴新文：《掌握意识形态工作领导权》，《解放日报》2013年9月27日。

力利用媒体特别是新兴媒体,加大了意识形态宣传力度,对中国共产党和中国政府的路线、方针、政策进行恶毒攻击,美国甚至扬言,要用互联网打败中国。我们要从实现党和人民共同愿望的高度认识掌握意识形态话语权的重要性,从争取国际地位的角度认识掌握意识形态话语权的紧迫性,从加强主流意识形态建设的层面认识掌握意识形态话语权的艰巨性。把中国意识形态话语权牢牢掌握在党和人民手中。

(三) 掌握意识形态话语权是争得国际地位的标志

意识形态话语权是国家综合国力的一个重要方面。改革开放以来,中国已经成为世界上发展速度最快,变化最活跃的国家。中国目前是过去几十年,甚至是过去几个世纪发展最快的时期,中国的发展变化正对世界产生广泛而深刻的影响。"当代中国同世界的关系发生了历史性变化,中国的前途命运日益紧密地同世界的前途命运联系在一起。"① 中国在政治、外交、军事和科技力量的国际对比中取得了突破性进展。在政治方面,中国在国际上的地位主要表现在拥有充分的政治观点和政治主张上。当今世界,美国不停地提出新的政治主张,如人权、国际安全、反恐、核威胁、减排等。与之相比较,中国则一直强调生存权、发展权、和平共处五项原则、和平磋商解决国际争端、反对武力对抗等等。中国在关键领域保持着意识形态的话语权力。在外交方面,中国坚定维护国家利益和我国公民、法人在海外的合法权益,加强同世界各国交流合作,推动全球治理机制变革,积极促进世界和平与发展,在国际事务中的代表性和话语权进一步增强,为改革发展争取了有利的国际环境。在国防和军队建设方面,开创新局面,中国特色军事变革取得重大成就,军队革命化现代化正规化建设协调推进、全面加强,军事斗争准备不断深化,履行新世纪新阶段历史使命的能力显著增强,出色完成一系列急难险重任务。中国政府提出的"和平发展"战略,使世界各国对中国的信任、肯定和信心有所增强。中国在联合国事务、国际经济金融改革、联合国维和、反恐、防止大规模杀伤性武器扩散、反海盗等方面的行动和表现,受到世界范围的肯定和认可。在科技发展方面,中国

---

① 胡锦涛:《高兴中国特色社会主义伟大旗帜 为夺取全面建设小康社会新胜利而奋斗——在中国共产党第十七次全国代表大会上的报告》,人民出版社 2007 年版,第 47 页。

在航天技术和载人飞船等相关人类高端的科技领域的科研成就和贡献，深刻地影响着国家在国际上的形象和地位。① 总体说来，中国的全面发展、快速发展，提高了中国的国际地位和国际影响。中国在国际交往和国际事务处理中，充分展示了完美的大国形象。中国在经济、政治、文化、外交、军事和科技等各个领域拥有充分的话语权力。体现中国意识形态的思想文化、价值观念也越来越多地影响着世界。

三 掌握意识形态话语权的路径方法

掌握意识形态话语权是一项长期、艰苦的工作，需要在积极应对国内外敌对势力的挑战，积极创新意识形态建设载体，积极整合意识形态建设资源中探索意识形态话语权建设的路径和方法。

（一）在坚持马克思主义指导地位中打造意识形态话语权建设优势

多年来，在中国共产党的积极引领、广大人民群众的主动参与下，以马克思主义为指导的中国主流意识形态话语权建设呈现出良好的发展态势。然而，在中国社会转型和市场经济深入发展的过程中，非主流意识形态也在不断地增长蔓延，意识形态领域出现了"多种话语"交锋的局面。以美国为代表的西方国家用文化和信息构建的话语霸权挤压中国意识形态话语权的作用力；分化中国意识形态话语权的主导力；削弱中国意识形态话语权的控制力。国内多样化的社会思潮消解意识形态话语权的整合力；干扰意识形态话语权的影响力；减弱意识形态话语权的凝聚力。中国意识形态话语权建设受到严重冲击和挑战。打造新形势下中国意识形态话语权建设优势，必须坚持马克思主义的指导地位不动摇。中国革命和建设的胜利，特别是中国的改革开放取得成功的事实证明，坚持和发展马克思主义是我们取得胜利的根本保障。苏联解体、东欧剧变也从反面证明，社会主义国家如果脱离马克思主义指导就会犯无法挽回的历史性错误。要坚决反对以各种形式诋毁马克思主义的思想和行为。在十几亿人口的中国，"动摇马克思主义的指导地位，就会扰乱

---

① 胡锦涛：《坚定不移沿着中国特色社会主义道路前进　为全面建成小康社会而奋斗——在中国共产党第十八次全国代表大会上的报告》，人民出版社2012年版，第11页。

整个国家的意识形态,侵蚀全党全国人民的精神支柱,危害社会安定团结,偏离改革开放的正确方向,最终葬送中国特色社会主义事业"①。要培育和打造意识形态话语权建设的组织优势,坚持党管意识形态的原则。进一步强调党性和人民性的统一,充分凝聚广大人民群众的智慧和力量;进一步发挥好各级党委的核心领导作用、基层党组织的战斗堡垒作用,党员、干部的先锋模范作用和骨干带头作用;进一步打造优秀的宣传思想文化干部队伍,构建完整的意识形态话语权建设体系。要培育和打造意识形态话语权建设的宣传优势。"坚持用科学理论武装全党、教育人民、指导工作,帮助广大干部群众学好马克思列宁主义、毛泽东思想特别是中国特色社会主义理论体系,学好党的十八大以来习近平同志一系列重要讲话精神,坚定理想信念,巩固共同思想基础,形成强大的精神支柱。"② 要培育和打造意识形态话语权建设的主体优势。引领广大人民群众积极参与各种思想文化建设活动,自觉抵制各种反动和腐朽思想文化的侵蚀,积极主动参与反对非马克思主义意识形态的斗争。

(二) 在推进马克思主义大众化进程中创新意识形态话语权建设方法

人民群众对主流意识形态的认同是中国意识形态话语权建设的目标追求和价值指向。在全面深化改革和全面建设小康社会的新形势下,只有在推进马克思主义大众化进程中不断创新主流意识形态话语权的建设方法,才能实现人民群众对马克思主义、对中国特色社会主义理论体系的理论认同、政治认同和情感认同,才能增强主流意识形态的吸引力、凝聚力。在推进马克思主义大众化进程中创新意识形态话语权建设方法,一是创新理论学习内容。选择人民群众普遍关心的理论热点和现实问题开展理论宣传和理论学习,解决和回答人民群众普遍关心的现实问题,以通俗的理论、朴实的语言、现实的内容,推进马克思主义中国化、时代化、大众化的理论成果深入人心。要坚持马克思主义理论大众化,让更多的人民群众掌握和运用理论,实现理论掌握群众并变成巨大

---

① 贾建芳:《坚持马克思主义不动摇》,《解放军报》2012年6月3日。
② 王伟光:《牢牢掌握意识形态工作领导权 管理权 话语权》,《人民日报》2013年10月8日。

的物质力量。二是创新理论教育方法。选择人民群众喜闻乐见的载体和方法，解决传统思想教育方式不活、针对性不强、效果不好的问题，推进思想教育取得扎实的效果。要发挥各级党委和基层党组织的作用，精心组织开展教育实践活动，最大限度地延伸思想教育的触角；要分层次开展思想教育工作，重点研究解决两新组织、农民工等新兴群体的教育难点问题，提高思想教育的针对性和实效性；要利用各种有效载体，特别是互联网等现代媒体技术，创新思想教育方法，增强思想教育的吸引力。三是创新理论研究渠道。马克思主义大众化包含"理论大众化、实践大众化和创新大众化"。其中创新大众化既包含马克思主义理论研究的内容的创新，强调研究解决人民群众关心的现实问题，也包含马克思主义理论研究的主体的创新，强调通过提高人民群众的思想理论水平，自己提出和解决现实问题。要变少数人的研究为广大人民群众主动参与的自觉行为，变少数人的观点为人民群众的普遍认同，变少数人的方法为人民群众的集体智慧。

（三）在凝练社会主义核心价值观中提升意识形态话语权建设能力

提升意识形态话语权建设能力指的是增强意识形态话语权建设的积极性和主动性，体现意识形态话语权建设的时代性和规律性，实现意识形态话语权建设的科学性和实效性，推进意识形态话语权建设科学发展。凝练社会主义核心价值观与提升意识形态话语权建设能力在本质上是一致的。在凝练社会主义核心价值观中提升意识形态话语权建设能力，一是提升用社会主义核心价值观引领社会思潮的能力。当今世界正处在大发展大变革大调整时期，全球思想文化不断交流、交融、交锋。当代中国正处在改革发展的关键阶段，社会思想意识日益多元、多样、多变。在这种错综复杂的形势下，普世价值、民主社会主义、新自由主义、历史虚无主义等各种反动、多样的社会思潮乘虚而入，与中国主流意识形态对抗，与中国意识形态争夺话语权。只有大力凝练社会主义核心价值观，才能对各种社会思潮形成有力的批判。二是提升用社会主义核心价值观凝聚社会共识的能力。多元文化背景下，中国国内产生的不利于主流意识形态建设的思想和言论，虽然与西方敌对势力、与各种非马克思主义的社会思潮有所不同，但同样传递着西方的价值观。他们有的专拿党史国史说事，有的以"反思改革"为名否定改革开放，否定四项基本原则。他们当中的一些人,可能滑向敌对势力一方。这些错误思想在与意识形态争夺话语权。我们只有积极主动地清除这些思想,才能统一中国特色社会主义的思想和行动。三是提升用社会主义核心价值观激励社会追求的能力。党的十八大倡导"富强、民主、文明、和谐、自由、平等、公正、法制、爱国、敬业、诚信、友善"的社会主义核心价值观,是马克思主义与中国社会主义现代化建设相结合的产物,与中国特色社会主义发展要求相契合,与中华优秀传统文化和人类文明优秀成果相承接,是凝聚全党全社会价值共识作出的重要论断,是全党、全社会的价值追求和精神动力。要坚持用社会主义核心价值观引领国家、社会和人民群众的价值追求,在全社会形成奋斗有为的精神动力。

(作者单位:常州大学思政部)

唯物史观视域下中国特色社会主义道路的历史现象学分析

魏忠明

胡锦涛同志在《坚定不移沿着中国特色社会主义道路前进 为全面建设小康社会而奋斗》的十八大报告中再一次明确指出："中国特色社会主义道路，就是在中国共产党领导下，立足基本国情，以经济建设为中心，坚持四项基本原则，坚持改革开放，解放和发展社会主义生产力，巩固和完善社会主义制度，建设社会主义市场经济、社会主义民主政治、社会主义先进文化、社会主义和谐社会、社会主义生态文明，促进人的全面发展，逐步实现全体人民共同富裕，建设富强民主文明和谐的社会主义现代国家。"中国特色社会主义道路的探索、形成和完善，是在党的领导、人民群众主体性参与、中华民族共有精神家园的建设中进行的，是建立在对我国现代化的特殊国情和人类社会发展的普遍规律之辩证统一中实现的，是对马克思唯物史观的丰富和发展。

马克思唯物史观告诉我们"社会存在决定社会意识，社会意识对社会存在具有能动的反作用"，科学地揭示了人类社会是在一定客观规律支配下的人类主体能动地改造自然、认识社会、了解自身的实践活动，并且主体的能动性与规律的客观性之间的矛盾构成了人类社会发展的动力，也正是在实践的基础上人类通过对主观性实践活动与客观性规律认识的辩证统一来推动人类社会不断地向前发展。历史现象学分析就是根据不同阶段的历史背景、时代主题、主要矛盾、根本任务之特点将中国特色社会主义道路的形成划分为探索、形成和完善三个历史阶段，从而更加全面准确地理解中国特色社会主义道路的历史必然性、现实可行性和未来理想性的特点，更好地增强我们社会主义现代化建设的道路自信。

一 阶级斗争与中国特色社会主义道路的探索时期

"阶级斗争"阶段是指中国共产党成立之后到十一届三中全会召开之前所进行的"以阶级斗争为纲"的中国特色社会主义道路探索的时期,这一时期主要特征是强调在党的领导下充分发挥人民群众主体性参与来积极调动社会历史创造者主观能动性继而完成新民主主义革命、社会主义革命和建设的根本任务。

1921年中国共产党成立以后经过28年的浴血奋战终于取得了新民主主义革命的胜利,1949年新中国成立以后社会主义"三大改造"的顺利完成标志着社会主义革命和建设的全面展开。在全国各族人民的共同努力下,我国建立了比较完整的工业体系和国民经济体系,确立了社会主义的基本制度,发展了社会主义的经济、政治和文化。但由于本阶段的新民主主义革命、社会主义革命和建设在一定意义上仍然属于殖民地、半殖民地反抗殖民压迫、争取民族独立的解放运动,其步伐和进程不得不受国际环境的影响和制约。二十世纪上半叶两次世界大战的爆发和结束表征了二十世纪是一个大动荡的世纪,帝国主义在争战中谋求利益的最大化,民族国家在战争中寻找生存和发展的可能空间。于是,"压迫和反压迫、剥削和反剥削、奴役和反奴役"成为时代的特色,"战争与革命"成为时代的主题,"帝国主义和民族主义"之间的矛盾成为时代的主要矛盾,"争取民族独立和解放"则成为殖民地、半殖民地国家的根本任务。在这种国际环境下,中国共产党始终将自己的民族使命和世界无产阶级的命运紧密联系起来,中国人民与世界爱好和平的人民同呼吸共命运,国际共产主义精神也就成为我国新民主主义革命、社会主义革命和建设时期非常显著的特色,中国在国际舞台上也发挥着越来越重要的作用。三个世界的划分、中苏论战的爆发、"冷战"的开始、和平演变和反和平演变的斗争等都充分显示了意识形态斗争的激烈性,"深挖洞、广积粮、不称王"、"备战备荒为人民"的中国特色社会主义道路探索是在对国际和国内两个环境的科学分析之基础上而采取的措施,这也充分说明了新民主主义革命、社会主义革命和建设时期的艰难性和繁杂性。

在新民主主义革命、社会主义革命和建设时期，我国依次经历了"以俄共（布）为师"、"以苏联为榜样"、"独立自主、自力更生、艰苦创业"的艰难历程，探索了殖民地、半殖民地国家如何争取民族独立和国家解放的历史性难题。然而，由于国内形势和国际局势双重影响，在新民主主义革命、社会主义革命和建设时期我们忽视了主观能动性的发挥与客观规律的遵从之间的辩证关系，主要强调人民群众的主观能动性在新民主主义革命、社会主义革命和建设中的根本性地位，突出思想领域的意识形态改造和造就社会主义新人，经济工作的开展是以政治领域的运动为中心，从而使这一历史阶段主要表现为"阶级斗争"特征。在"以阶级斗争为纲"口号的指引下，我们突出强调"千万不要忘记阶级斗争"，着重对思想领域的改造而相对忽视和延缓物质领域的建设，在保护革命成果巩固政权建设方面取得了伟大的成就，与此同时却使经济建设出现了极大的波折，并在一定程度上影响了社会主义现代化的进程。究其原因就在于我们没有充分认识社会发展的整体性，对社会主义经济建设任务的艰巨性和长期性认识不足，乐观地认为靠人的能动性的发挥就可以实现经济的腾飞。殊不知，社会主义上层建筑的建立只是提供了经济发展的一定空间和某种可能性，但其实现并非简单地仅靠主观愿望和革命激情，还必须遵循社会经济发展的客观规律。所以在社会主义革命和建设过程中，我们在对阶级斗争的认识中存在扩大化的倾向，在对社会主要矛盾的认识中存在盲目的主观性，在对马克思唯物史观中关于主客体对立统一关系的理解中存在一定的片面性，而这一切都可以归结于"斗争学说"的理论支持，即"与天奋斗，其乐无穷，与地奋斗，其乐无穷，与人奋斗，其乐无穷"①。

二　经济增长与中国特色社会主义道路的形成时期

"经济增长"阶段是指十一届三中全会之后到党的十六大召开之前所进行的"以经济建设为中心"的中国特色社会主义道路形成的时期，这一时期力图在党领导下着重强调经济规律的至上性来重点推动物质财富的生产进而满足社会主义建设和改革的时代需求。

---

① 《解放军报》1969 年 7 月 23 日。

随着对社会主义认识的不断加深,我们懂得了"阶级斗争将在一定范围内长期存在,在某种条件下还有激化的可能"①的道理,也清楚地认识到社会的主要矛盾是"人民日益增长的物质文化需要同落后的社会生产之间的矛盾",开始把工作重心转移到经济建设上来,毕竟"贫穷不是社会主义"。十一届三中全会以后,随着"两个凡是"的终结,我们进入了"实践是检验真理的唯一标准"的社会主义建设和改革时期,进入了"以经济建设为中心"的社会主义建设和改革时期,进入了中国特色社会主义道路的形成时期。"以经济建设为中心"的思想早在社会主义革命和建设时期就已初具雏形,如在1956年,为了充分调动一切积极因素,毛泽东提出一系列关于社会主义建设的重要理论观点,初步探索了符合我国情况的发展道路,并在党的八大上经过全面分析国内外形势后指出我国社会的主要矛盾是人民日益增长的物质文化需要同落后的社会生产之间的矛盾,强调要集中力量发展社会生产力,实现国家工业化,只不过后来国内和国际形势的急速发展,八大的这个精神没有很好地得以落实。直到1978年,十一届三中全会深刻总结了过去近30年的经验教训,确立了把党和国家的工作重点转移到经济建设上来,实行了改革开放的基本国策。因为社会实践反复证明了"发展才是硬道理",社会主义的根本任务是解放生产力和发展生产力。

中国特色社会主义道路的形成,既是对我国社会主义现代化建设过程中的巨大成就和宝贵经验的总结,也是对其出现的严重曲折和重大失误的反思,更是对经济文化落后国家如何建设社会主义、如何发展社会主义等重大时代课题的回答。因此,中国特色社会主义道路的形成,是在总结中国革命和建设的经验、借鉴苏联的革命和建设的经验、吸取其他社会主义国家革命和建设经验的基础之上进行的。十一届三中全会以后中国进入了改革开放的新时期,一方面来自于国内政治经济文化发展的需要;另一方面来自于国际形势新变化的需要。二十世纪下半叶开始兴起的信息革命同样表征了二十世纪也是一个大发展的世纪,无论是资本主义国家还是社会主义国家都必须谋求和平环境从而能够促进本国经济的发展,于是"和平与发展"成为时代的主题,尽管在世界范围内

---

① 中共中央文献研究室:《中共三中全会以来重要文献选编》,人民出版社1982年8月版,第841页。

存在的不稳定因素仍然有可能导致世界大战的爆发,但遏制战争的和平力量在不断地加强,"国际合作替代国际对抗"成为时代的主旋律,各个国家都清醒地认识到只有在本国的政治经济文化发展的基础上才能更好地在国际事务中发挥其作用。在社会主义建设和改革阶段,人民群众日益增长的物质文化需要与落后的社会生产是其主要矛盾,解放和发展生产力则是其主要任务,实现人民富裕和国家强大是其根本目的。因此,在社会主义建设和改革时期,我们改变了"以阶级斗争为纲"的思维方式,确立了"以经济建设为中心"的战略重点,形成了"建设和改革"并举的实践模式,从而能更好地推动中国特色社会主义道路向前发展。

然而在社会主义建设和改革进程中,由于认识论和价值观上的各种原因,我们在发展观上的偏差和误区导致我们走上了一条主要以"经济增长"为特征的发展之路。例如,有的认为"高速度就是发展"、"建设规模大就是发展"、"保护地方利益就是发展",有的把"发展是硬道理"简单地理解为"增长就是硬道理",把"以经济建设为中心"视为"以速度为中心",从而导致了"GDP上去了就是发展"即GDP拜物教的产生,结果导致了不惜以牺牲环境和资源为代价而追求产值增加的片面发展观,这种片面的发展观所带来的负面影响正在日渐显现,并且日益成为制约中国特色社会主义道路进一步发展的严重障碍。以"经济增长"为特征所进行的社会主义现代化建设实践,为解决人民群众日益增长的物质文化需要做出了应有的努力,然而"经济增长"也不是万能的,社会的进步是一种全面的进步,仅仅侧重一个方面而忽视了其他相关方面不是马克思唯物史观应有的态度。

三 和谐发展与中国特色社会主义道路的完善时期

"和谐发展"阶段是指自党的十六大胜利召开之后到"以人与自然和谐统一"的中国特色社会主义道路完善时期,这一时期力争在党领导下通过建设中华民族共有精神家园来实现人、自然、社会和谐统一从而实现社会主义改革和发展的战略目标。

当人类进入二十一世纪之后,中国社会主义现代化建设的国内外环境发生巨大改变。随着全球化的进程深入世界的每一个角落,"全球化生存与发展"的理念正被越来越多的民族和国家所认可，"反恐与合作"成为时代的主题，我国现阶段的主要矛盾是"在经济发展到一定水平下如何正确处理人与自然、人与社会、人与人之间的矛盾"，我们的根本任务是"在本世纪头二十年的战略发展机遇期如何实现中华民族的伟大复兴"。"如何正确处理人的主观能动性和社会规律的客观性"再一次摆在了我们的面前，"科学发展"、"两型建设"、"和谐世界"的提出和实践是对这些问题的总体性回答，从而表明了中国特色社会主义道路进入了"和谐发展"的新阶段。

"和谐发展"阶段主要是指以"科学发展观"和"社会主义和谐社会理论"的提出与实践为标志的社会主义改革和发展时期，是对"阶级斗争"阶段和"经济增长"阶段的"扬弃"。在"和谐发展"阶段，我们强调"人民群众的主体性"、强调"社会规律的客观性"、强调"发挥人民群众的主观能动性与尊重社会规律的客观性"之辩证统一，既是社会主义改革和发展时期我国在新世纪面对新问题所积极进行的理论成果，也是全国各族人民通过主观努力和客观条件共同作用下的必然结果；既是由我国社会主义初级阶段的经济必然性所决定的，也是我国与世界的当代发展的内在必然性所要求的。在"阶级斗争"阶段，由于国内局势和国际形势双重环境影响，巩固新生政权就必须充分调动人民群众的主观能动性，并且这在一定时期也产生了积极的效果，人民群众对新生政权的拥护便是明证，但由于经济的贫困造成社会主义革命和建设进程中物质财富的严重不足。在"经济增长"阶段，为了解决好人民群众日益增长的物质文化需要与落后的社会生产之间的矛盾，我们以经济建设为中心，解放和发展生产力，并在一定程度上产生了明显的效果，人民群众生活水平的提高便是说明，但由于精神家园建设的缺位造成了在社会主义建设和改革进程中人们道德水平的相对下滑。通过对我国社会主义现代化建设进程中"阶级斗争"和"经济增长"的回顾，我们在某个阶段对"主观能动性"和"客观规律性"两者之中的某一个方面的着重强调而导致对另一个方面的相对忽视，虽说一定程度上可以在一些领域中取得举世瞩目的成就，但从总体上来说必然会产生这样或那样的问题，并且这些问题如果不能在有限的时间内得到合理的解决，必将从根本上制约我们社会主义现代化建设。在"以阶级斗争为纲"的时期，我们充分发挥人民群众的主观能动性而忽视了对客观规律的重视，希望以"大跃进"的发展态势跑步进入共产主义社会；在"以经济建设为中心"的时期，我们高度重视经济规律的客观作用而忽视了对人民群众的主观世界的建设，希望通过"大增长"的经济形态快速进入物质财富极大丰富的社会。实践证明，我们单单强调"人的主观能动性"或"经济的客观规律性"对于社会主义现代化建设都是不够的，必须将"人民群众的主观能动性"和"经济的客观规律性"有机地结合进来并在实践过程中适时地使两者能够达到高度的统一，即必须在理论和实践中实现马克思唯物史观中的主体性与客观性的辩证统一，从而在中国特色社会主义道路上更好地建设中华民族共有的精神家园。

四 中国特色社会主义道路的开辟对马克思唯物史观的丰富和发展

在中国特色社会主义道路的探索、形成和完善历程中，我们对马克思唯物史观的认知、认同和内化是贯穿于党的领导、人民的主体性参与和中华民族精神家园的建设"三位一体"的现实活动中展开的，是与国际共产主义运动的起伏息息相关的。马克思唯物史观形成之后，在国际共产主义运动史上曾出现了两种较为突出的倾向：一种是仅仅侧重于社会的规律性，力求把社会规律当作一种能够以严谨的科学方法加以规定和把握的永恒不变的客观规律，这种倾向看不到社会发展规律能且只能在人们有意识的活动中产生并得以体现出来的特征，忽视了社会规律中人的地位，从而带有浓厚的机械决定论的色彩，这种倾向在第二国际和共产国际的"唯生产力论"中是颇有市场的；另一种是夸大社会活动中人的自由意志的作用，力图通过人的主观能动性的充分发挥来解除经济必然性对人的束缚从而实现当下的政治、经济和文化的自由性，这种倾向看不到社会活动的规律性以及规律的客观性，无视主体活动客观的前提条件和物质基础，最终滑向唯心主义的深渊，这种倾向在卢卡奇所开创的西方马克思主义"唯意志论"中表现得较为突出。

马克思唯物史观的理论研究和实践探索本来应该是在现实基础上实现主体性和客观性的辩证统一，从而在根本上推动人类社会不断地向前发展。然而由于历史和现实的落差、主观和客观的错位、理论和实践的脱节，我们对马克思唯物史观的认知和实践经历了单单"对主观能动性的强调"或"对经济必然性的重视"两个阶段，目前正处在"人与自然、人与社会、人与人之关系协调发展"的全面理解和正确实践之阶段。马克思唯物史观为中国特色社会主义道路的探索、形成和完善提供了必要的理论指导和重要的实践支撑，与此同时，中国特色社会主义道路的开辟为马克思唯物史观的丰富和发展准备了理论来源和实践内容。在探索、形成和完善中国特色社会主义道路的历程中，我们始终关注中华民族的前途和命运，始终以"人民群众"作为根本的出发点和最后归宿，始终强调中国共产党人的历史使命感、现实紧迫感、理想神圣感。因此，中国特色的社会主义道路历经的三个阶段共同表达了中国共产党人在努力履行马克思主义政党历史使命过程中所经历的艰辛，共同代表了中国人民在探索具有中国特色社会主义道路过程中所付出的努力，共同标志了中华民族在建设精神家园的进程中所取得的成果，共同体现了我们社会主义现代化建设的道路自信。

（作者单位：湖北大学哲学学院）

十六大以来党的历次代表大会文化建设的理论创新研究

李贵忠

十六大以来,中国共产党在领导中国特色社会主义建设的伟大实践中,高度重视文化建设,每一次党的代表大会都以其创新的文化建设思想推动了中国特色社会主义文化建设理论的发展。中国共产党的文化建设理论不断完善,日益走向成熟。

一 十六大:大力发展社会主义文化

十六大提出"全面建设小康社会,必须大力发展社会主义文化,建设社会主义精神文明"的战略命题,号召党和人民创造出更加灿烂的先进文化。

第一,从国情、世情和时代主题高度强调文化建设的重要意义。报告指出:"当今世界,文化与经济和政治相互交融,在综合国力竞争中的地位和作用越来越突出。文化的力量,深深熔铸在民族的生命力、创造力和凝聚力之中。"

第二,强调社会主义文化的性质。报告指出:"在当代中国,发展先进文化,就是发展面向现代化、面向世界、面向未来的民族的科学的大众的社会主义文化。"

第三,明确了文化建设的指导思想和基本方针。报告指出:"必须坚持马克思列宁主义、毛泽东思想和邓小平理论在意识形态领域的指导地位,用'三个代表'重要思想统领社会主义文化建设。坚持为人民服务、为社会主义服务的方向和'百花齐放、百家争鸣'的方针,弘扬主旋律,提倡多样化。坚持以科学的理论武装人,以正确的舆论引导人,以高尚的精神塑造人,以优秀的作品鼓舞人。大力发展先进文化,支持健康有益文化,努力改造落后文化,坚决抵制腐朽文化。"

第四,对文化建设作出工作部署:1. 牢牢把握先进文化的前进方向,以发展先进文化总揽社会主义文化建设全局。2. 弘扬和培育以爱国主义为核心的民族精神。3. "切实加强思想道德建设","要建立与社会主义市场经济相适应、与社会主义法律规范相协调、与中华民族传统美德相承接的社会主义思想道德体系"。4. 继续深化文化体制改革。5. 积极发展文化事业、文化产业。

十六大进一步强调先进文化建设的战略意义,把牢牢把握先进文化的前进方向作为全面贯彻"三个代表"重要思想的一个基本组成部分,把发展社会主义先进文化作为全面建设小康社会宏伟蓝图的一个重要架构,确实高瞻远瞩。

十六大第一次明确将经济建设和经济体制改革、政治建设与政治体制改革、文化建设与文化体制改革相提并论,物质文明、政治文明、精神文明并驾齐驱,共同构成全面建设小康社会的三大基本板块。这表明,经济、政治、文化三位一体、三足鼎立的新格局得到进一步认同。这种认同有着重要的现实意义,将极大地推动我国文化的发展。

十六大报告明确提出了文化体制改革的问题,报告中专门有一节提出深化文化体制改革的问题,明确了文化体制改革要"根据社会主义精神文明建设的特点和规律,适应社会主义市场经济发展的要求",这是今后文化体制改革的基本原则。报告还谈到改革步骤,指出首先"抓紧制定文化体制改革的总体方案",这是非常明确而紧迫的要求,过去没有过。报告对文化体制改革的具体目标和任务要求非常明确:把深化改革同调整结构和促进发展结合起来,理顺政府和文化企事业单位的关系,加强文化法制建设,加强宏观管理,深化文化企事业单位内部改革,逐步建立有利于调动文化工作者积极性,推动文化创新,多出精品、多出人才的文化管理体制和运行机制,文化体制改革要从多个层面展开。

十六大对于文化事业与文化产业的区分厘清了长期以来困扰文化体制改革的一个关键性问题。在很长的时期内,我党主要强调文化的意识形态功能,习惯于用行政手段管文化、办文化,把经营性文化产业混同于公益性文化事业,政府统包统揽,应该由政府主导的公益性文化事业长期投入不足,应该由市场主导的经营性文化产业长期依赖政府。由于市场经济体制改革向纵深发展,对文化生产和文化管理体制带来巨大冲击,文化产品的意识形态属性和商品属性的双重性问题也越来越被人们所认识,作为商品生产,文化产品应当遵循生产、流通、交换和消费的一般规律。十六大第一次将发展文化产业的问题写进党的纲领性文献,强调文化既具有社会属性,又有商品属性,把文化事业和文化产业分开,将"文化"明确区分为"文化事业"与"文化产业",强调要大力发展文化事业和深化文化体制改革,标志着中国共产党最终对于文化发展规律有了准确的把握。

党的十六大报告将"人民的文化权益得到切实尊重和保障"作为全面建设小康社会的基本目标之一,提出了满足人民群众精神文化需求的观点,进一步奠定了社会主义文化建设发展在事关我国前途命运以及国计民生中的突出地位。

十六大报告在关于文化建设的文字中专门有一节论述思想道德建设。精神文明建设理论中的思想建设已经独立出来,表明了我们党对精神文明建设理论的认识的深化,标志着我们党对社会主义精神文明建设的理论认识正走向成熟。

二 十七大:推动社会主义文化大发展大繁荣

十七大从中国特色社会主义事业四位一体的总体布局的高度,提出"兴起社会主义文化建设新高潮,开创文化建设新局面,推动社会主义文化大发展大繁荣的战略任务"。报告有两处提到文化建设:第四部分"实现全面建设小康社会奋斗目标的新要求"中,提出了五点新要求,加强文化建设就是其中之一;报告的第七部分,专门阐述"推动社会主义文化大发展大繁荣"的问题。十七大对文化建设的理论创新主要表现在:

第一,从民族复兴、国家强盛和满足人民群众基本要求等更宽广的视野上强调文化建设的意义。报告指出:"当今时代,文化越来越成为民族凝聚力和创造力的重要源泉、越来越成为综合国力的重要因素","中华民族伟大复兴必然伴随着中华文化繁荣兴盛","丰富精神文化生活越来越成为我国人民的热切愿望"。同时,十七大报告在深刻分析新世纪新阶段我国发展的阶段性特征时强调,"社会主义文化更加繁荣,同时人民精神文化需求日趋旺盛,人们思想活动的独立性、选择性、多变性、差异性明显增强,对发展社会主义先进文化提出了更高要求"。

第二,明确了社会主义文化建设的指导思想。报告强调要用社会主义核心价值体系引领社会思潮,既尊重差异、包容多样,又有力抵制各种错误和腐朽思想的影响。

第三,明确了社会主义文化建设的重点任务:1. 建设社会主义核心价值体系,增强社会主义意识形态的吸引力和凝聚力。2. 建设和谐文化,培育文明风尚。3. 弘扬中华文化,建设中华民族共有家园。4. 深化文化体制改革,推进文化创新,增强文化发展活力。

第四,提出了文化建设的新要求、措施。1. 不断赋予当代中国马克思主义鲜明的实践特色、民族特色、时代特色。2. 要使我国传统文化与当代社会相适应、与现代文明相协调,保持民族性、体现时代性。3. 在时代的高起点上推动文化内容形式、体制机制、传播手段创新,解放和发展文化生产力。4. 文化建设始终把社会效益放在首位,做到经济效益与社会效益相统一。5. 要充分发挥人民在文化建设中的主体作用,让人民共享文化发展成果。6. 加强和改进思想政治工作,注重人文关怀和心理疏导,用正确方式处理人际关系。

十七大从高举中国特色社会主义伟大旗帜、走中国特色社会主义道路、坚持中国特色社会主义理论体系的高度,论述了文化建设的极端重要性。"举什么旗、走什么路、坚持什么理论体系"这一前所未有的高度,大大深化了人们对加强社会主义文化建设重要性的认识,从而把文化建设作为重要组成部分有机地纳入了一面伟大旗帜、一条正确道路、一个科学理论体系之中。

十七大报告用推动文化"大发展大繁荣"作标题,这不仅是量的扩大,而且是质的提升。"大"说明了发展、繁荣的紧迫性,"大"也意味着要把文化的发展提高到与经济、政治发展相适应的高度,提高到有能力应对国际文化竞争和挑战的高度。

十七大指出,新世纪新阶段,我们必须"更加自觉、更加主动地推进文化大发展大繁荣"。两个"更加",对文化建设提出了更高水平的要求,凸显出我们党的文化意识和文化使命感。十七大第一次提出的

"重要源泉"和"重要因素"这"两个重要"的新论断,有力彰显了我们党对文化建设重大地位和作用认识所具有的世界眼光和战略思维,充分体现了我们共产党人高度的文化自觉和清醒的文化态度,使人们对当今中国特色社会主义文化认识的视域更加广阔、更加深邃。

十七大报告文化部分的最大的亮点,是首次把"提高文化软实力"作为一个战略任务提出来。"文化软实力"理念,是在提高"综合国力"的框架中提出的,将"软实力"与"硬实力"对举,作为"综合国力"的重要组成部分。改革开放以来,以经济建设为中心的发展战略,是以硬实力(及其资源)作为比较、衡量一个国家和地区发展的主要标准,忽视了作为综合实力基础之一的文化软实力的发展和提高。国家的战略方针停留在"经济强国"的认识层面上,缺乏从提升文化软实力角度增强国力的战略思考和总体规划。十七大报告在明确提出四位一体的中国特色社会主义建设总体布局以后,再从软实力的角度对文化建设进行定位,由此文化建设在中国特色社会主义建设总体布局中的定位更加清晰。把"国家文化软实力"作为一个重要命题正式写入党的报告,这充分反映了我们党对当今世界文化发展的历史趋势和我国文化发展方位的科学把握,体现了在新的历史条件下的高度文化自觉,是在文化建设领域总结历史、面向世界、着眼未来做出的重要论断。以文化促进发展是绿色的,是可持续的发展,这也和十七大提出的建设资源节约型社会的精神是一致的。

十七大报告文化部分的另一个亮点是明确提出了保障人民群众基本文化权益的问题。十七大将满足人民群众的文化需求提升到保障人民基本文化权益的高度,明确地将人民的文化权益问题列为社会主义文化建设的重要目标之一,明确提出发展文化公益事业作为保障人民基本文化权益的主要途径。这标志着中国共产党人对文化价值观有了更深刻的认识,将文化建设的着力点从强调政治思想教育转变为满足人民群众精神文化需求和促进人的全面发展上;体现了文化建设中以人为本的科学发展观的思想,既是加快我国文化发展,满足我国人民日益增长的精神文化需求的要求,也是顺应时代发展趋势,应对国际综合国力竞争的要求。

十七大关于文化的论述的另一个重要特点,就是将教育问题从文化建设中离析出来,放在民生问题中论述,这在党的文化建设理论史上具有划时代的意义,这说明我们党对文化在社会主义建设中的意义的理解发生了重大的改变。

十七大报告对当前文化建设工作的重点部署,揭示了中国特色社会主义文化建设的不同层面,其中,社会主义核心价值体系被置于首要位置,其目的在于增强社会主义意识形态的吸引力和凝聚力,为中国特色社会主义建设提供文化动力。十七大将中华文化作为一项重要工作任务提了出来,并且提出了"全面认识祖国传统文化"的方针,说明我们党对待传统文化的态度有了一个根本性改变。十七大提出的"保持民族性,体现时代性"的原则,是一个真正的马克思主义的文化态度。

党的十七大,报告采用了"社会主义文化"的提法,不再强调"有中国特色",突出了中国特色社会主义理论体系对文化建设的统领。十七大报告中有关文化部分论述的都是文化的核心问题和事关文化发展全局的重大问题,其他一些问题,比如教育问题,被放到了别的地方。

三 十八大:扎实推进社会主义文化强国建设

十八大报告,提出了"文化强国"的战略命题,号召"要坚持社会主义先进文化前进方向,树立高度的文化自觉和文化自信,向着建设社会主义文化强国宏伟目标阔步前进"。十八大报告在总结过去十年工作和部署未来工作中,都以重要的篇幅讨论了文化建设。报告第六部分"推进社会主义文化强国建设",对于文化建设问题做了全面的论述,其观点如下:

第一,党的十八大报告科学把握世界文化发展趋势和中国文化发展的历史方位,从坚持和发展中国特色社会主义的战略高度,对于中国特色社会主义文化建设,确定了更高、更明确的目标——"扎实推进社会主义文化强国建设","显著提高文化软实力"。

第二,十八大报告从文化的本质属性和基本功能两方面对于文化的地位做出了新的概括。十八大报告指出:"文化是民族的血脉,是人民的精神家园。"十八大报告科学阐明了社会主义文化在中国特色社会主义建设中的重要功能,那就是"引领风尚、教育人民、服务社会、推动发展"。

第三,对于文化建设的内容,十八大报告提出了四个新要求,即加强社会主义核心价值体系建设、全面提高公民道德素质、丰富人民精神文化生活、增强文化整体实力和竞争力。

第四，十八大报告指明了文化强国建设的道路方向和主攻方向。十八大报告指出："建设社会主义文化强国，必须走中国特色社会主义文化发展道路。""建设社会主义文化强国，关键是增强全民族文化创造活力。"增强全民族文化创造活力，一要深化文化体制改革，解放和发展文化生产力；二要发扬学术民主、艺术民主，为人民提供广阔文化舞台，让一切文化创造源泉充分涌流。

提出文化强国战略目标，表明中国共产党对推进中国特色社会主义文化建设，更注重文化建设的自身效果，更强调文化建设过程中政策的确实性和在实施过程中的有效性；表明对实施目标的界定更高、更明确了；使文化建设的主题更鲜明、方向更明确、操作更具体了。文化强国战略的提出，标志着中国共产党从文化的角度深化和丰富了对中国特色社会主义的认识。

十八大强调文化软实力建设，说明我们党对文化建设的路径的认识越来越清楚。强调"显著增强"，意味着现在的文化软实力发展力度还不够强硬，也说明文化软实力还有很大发展空间和发展可能，文化强国建设的任务很重。

十八大对文化功能的概括堪称完整准确，言简意赅，标志着中国共产党人对文化功能的认识提高到一个新的水平。这一概括包含了文化的精神属性、社会属性和产业属性，也包含了社会主义价值体系、人的全面发展、人民基本文化权益、文化事业和文化产业等文化建设工作，是对社会主义先进文化的重要理论总结，是对文化功能的准确、全面、科学的认识和把握。

十八大报告对中国特色社会主义文化发展道路的基本内涵作出了科学阐述："坚持为人民服务、为社会主义服务的方向，坚持百花齐放、百家争鸣的方针，坚持贴近实际、贴近生活、贴近群众的原则，推动社会主义精神文明和物质文明全面发展，建设面向现代化、面向世界、面向未来的，民族的科学的大众的社会主义文化。"

十八大对社会主义核心价值观首次进行科学的概括，是对社会主义核心价值体系核心内容和精神实质的高度凝练及抽象概括，这是对社会主义核心价值体系建设的一个重要的理论贡献。十八大对社会主义核心价值观的表述，极具理论价值和现实意义。十八大对社会主义核心价值观的论述是我们党立足社会主义核心价值体系建设实践作出的重大理论创新，反映了我们党对社会主义核心价值观问题的最新认识，必将为化解国内社会矛盾、维护社会和谐提供强大的思想支持，有利于提高中共在意识形态领域的领导能力和执政水平。

十八大报告强调只有坚持中国特色社会主义文化发展道路，才能使文化建设沿着正确方向前进，才能更好更快地实现文化强国之梦。中国特色社会主义文化发展道路符合基本国情、顺应时代发展要求，体现文化建设发展规律。这条发展道路，指明了我国文化建设前进的正确方向和发展路径，是实现建设社会主义文化强国宏伟目标唯一正确的道路。坚持这条道路，就会使文化生产力不断解放，就会使我们的文化能够实现又好又快的发展。中国特色社会主义文化发展道路是中国特色社会主义道路的一部分，是中国特色社会主义道路在文化领域的表现形态，深化和拓展了中国特色社会主义道路。坚持中国特色社会主义文化发展道路，就是坚持中国特色社会主义道路。中国特色社会主义文化道路从根本上解决了一系列事关社会主义文化建设全局的重大问题，充分体现了中国共产党关于文化建设的总任务、总要求、总目标的认识，具有全局性、战略性、前瞻性和系统性。这个体现科学发展观要求的文化建设道路，是建设社会主义文化强国的行动指南，贯穿建设社会主义文化强国的全过程，在建设社会主义文化强国的伟大征程上发挥重大而深远的指导作用。

十八大报告提出建设社会主义文化强国的关键所在这个科学论断，深刻把握了我国文化发展的总态势，在对既往文化建设的经验深刻总结的基础上，明确提出了引领未来文化建设的方向，不仅充分揭示了建设社会主义文化强国力量源泉所在，而且为建设社会主义文化强国路径安排指明了主攻方向。

（作者单位：内蒙古师范大学政法学院）

中国近现代的现代化道路选择及启示

李宏斌

对于近代中国来说,现代性和近代化的问题发生在晚清以后。晚清以来,中国社会出现了两大严重危机:一个是由制度奠定的社会政治秩序发生巨变引起的政治危机,另一个是由信仰奠定的价值和意义秩序发生巨变引起的社会心理(灵)危机。从整体上来看,当时中国处于国家衰落、社会瓦解、西文飘荡(西来的政治制度、西方的文化精神等无法与中国国情结合、无法在中国的土壤中落实)、中国固有的文化精神衰落。长期处于社会核心主流意识形态的儒家文化随着清王朝的崩溃而成为了浮云和游魂,社会原有的德性伦理和规范伦理在五四以后全乱套了,人们的道德取向和精神取向均发生了严重危机,社会内乱与强敌压境(压迫、入侵等)同时发生了,来自内部和外部的社会矛盾、社会冲突日益加剧。换言之,中国社会从晚清开始走向了由传统社会向现代社会转变的历史转型时期,其目标是最终在中国建构一个现代的文明秩序。到今天为止,这个转型期依然没有结束,仍然在继续中。

一 中国近代现代化道路探寻中的纠结

晚清先贤和志士为了挽救国家与民族于危亡而进行了思想、理论、道路、实践等多种探索。① 在各种思想、理论激辩与实践勇探中,笔者认为存在"五大纠结":

---

① 罗荣渠:《从"西化"到现代化》,北京大学出版社1990年版。

(一) 已有的探索进路：一百多年前模式对比选择的纠结

回顾我国晚清以后的近代历史，有两条线路、三种模式。其中两条线路：一是中外对比；二是革命与改革。

俞可平先生认为："中国的现代化已经有了一个半世纪的历史，它可以追溯到19世纪中叶清政府领导的洋务运动。自从洋务运动启动了中国的现代化航程后，中国的现代化进程就从未完全中断过，也从未一帆风顺过，而是断断续续，一直到现在。其间经过了三个阶段，即从19世纪中叶到1911年清政府领导的现代化，从1912年到1948年国民党领导的现代化，1949年以后，特别是20世纪80年代的改革开放后中国共产党领导的现代化。这三个不同的现代化阶段其实也是三种不同的现代化模式，因为他们分别与三种不同的政治框架相结合。用国内通行的术语来说，这三种模式就是：清王朝的封建主义现代化、国民党的资本主义现代化和共产党的社会主义现代化。"① 他认为这三种模式背后存在和贯穿着一个共同的内在逻辑："就是从'西化'到'中化'，'中化'与'西化'之间不断的相互冲突和相互交融。'西化'VS'中化'成为中国现代化进程中一个拂之不去的悖论。"② 在中西方对比中，人们陷入了西式现代化还是中式现代化的模式纠结中。

此外，俞可平先生认为③分别由清政府和国民党领导的两次现代化事实上都以失败而告终，而中化论和西化论均对此解释失败的原因在于方法论上有致命弱点，即"把文化当做决定性的变量，把文化当做现代化的根本驱动力……把文化是否转型看作是制约中国现代化的最终原因"；他强调了另外一种相反的观点："决定性地影响中国现代化历程的首先是经济和政治的因素，而非文化的因素。文化是制约中国现代化的重要力量，但不是根本的驱动力，推动中国现代化进程的根本力量是特定的社会政治经济机制。"

在微观层面，还有诸如兴办实业、兴办教育、兴办军事等具体实践

---

① 俞可平：《"西化"VS"中化"：中国现代化进程中一个拂之不去的悖论》，浙江大学出版社2006年版，第11页。
② 同上。
③ 曹天予、钟雪萍、廖可斌：《文化与社会转型》，浙江大学出版社2006年版，第43—45页。

路径的选择和探索，这一方面也不容后人忽视。例如，1895年，盛宣怀先生领衔在天津创办北洋西学学堂（次年更名为北洋大学堂，今天津大学），1896年他又在上海创办了南洋公学（1921年正式定名"交通大学"，今上海交通大学），形成了中国最早的现代意义的两所大学。在那个年代（19世纪末20年代初），"交通"就是"现代化"的代名词，在交通大学身上寄托着中华民族迈向现代化的梦想。余秋雨先生曾诠释到：当中华民族在19世纪的苦难和泥泞中挣扎的时候，交通大学搭建了中国通向现代化的第一座桥梁。笔者认为：在学术研究和社会大众的普遍认识当中，从关键词的演变轨迹也能看出现代化的进程轨迹和方向。这个轨迹是：最初是"生产"（以大工业、大生产、流水线、自动化为代表），进而转变到"运输"（以国际贸易、航运、航空、铁路、高速公路为代表），目前转变成为了"运营"（以服务业、信息化、客户化为代表），其中有一个变化就是从有形生产转变到了无形生产。

中国一百多年来的现代化进程中，"西化"VS"中化"是一个客观存在的现象、事实。综观洋务运动后的一百年的争论和探索，有三大缺陷：其一**极端化**。之所以陷入长期的论争和纠结，拨开这个纠结的理论之争的浮层，其中间层面是政治、文化、经济、实力等惯性因素，原因深处则是我国大众固有的落后的二元对立、极端化线性思维模式在作怪，争论双方都未能在世界历史视域下深刻把握历史趋势和发展规律。其二**实用化**。此进程均是发端于外来性压力、冲击和危机，深受实用主义和现学急用等思想影响，过程中多常有投机取巧式的小聪明表现出来。其三**去人化**。忽略了现代化进程的现代性内核，忽略了现代化的主体——现实的人，现代化的探索没有与社会大众的现实和发展相结合。既非文化，亦非经济政治，而是人，特别是中国大众的素质、才能、意愿、行动等，才是中国现代化的主体、根本的决定因素和最具活力的驱动力。

（二）两种现代性的内在冲突：新中国实践路径选择的纠结

新中国成立以后，中华民族从政治上获得了完全的独立自主，中国现代化的两大基本任务完成了一半。在实现中国现代化的实践路径选择上，中国共产党和中国人民又开始了新的探索。

冲突一：学习西方与民族独立。刘大年先生认为，中国近代化的两大主线和两大基本任务是：一是富国强兵，即实现现代化；二是民族独立和国家独立。① 向西方学习以实现现代化和保持民族独立是有冲突的，即存在依附与自主的矛盾，学术研究和政治实践都纠结于此。

冲突二：两种现代性的现实冲突。浙江大学高力克在其论文《中国社会转型与两种现代性》② 中指出："现代性的困境，是东方前现代共产主义所特有的困境。"现代性的困境（局）即由两种现代性引起的现实冲突：一方面中国社会的发展、富强（即解放现代性）依赖于工业化（即技术现代性）；另一方面在推进工业化的进程中，其内在的理性化、官僚化、资本化、两极分化等趋势和后果却与消灭"三大差别"的共产主义理想背道而驰。

"中国现代化的历史进程亦伴随着现代性的内在冲突。毛泽东（时代）的富强与平等的中国社会主义现代化方案，包含了技术现代性和人类解放现代性的双重目标。"③ 易中天先生 2010 年在北大的演讲中曾概括到：晚清诸贤提出的强国路径是资本主义＋儒家思想，而毛泽东说自己是"马克思加秦始皇"，就是社会主义＋法家思想。1949 年中共七届二中全会所规划的建国纲领、1952 年从新民主主义社会向社会主义社会转型的过渡时期总路线。1964 年，我国政府首次提出了实现"四个现代化"的目标：农业现代化、工业现代化、国防现代化和科学技术现代化。这是一个技术现代性目标。这个目标的背后，蕴藏了一个更大的目标——"追赶（或赶超）美国"，这是毛泽东为新中国提出的"中国梦"或"强国梦"，他在党的八大上提出了用五十年、六十年的时间赶上并超过美国的战略设想：中国要"赶上世界最强大的资本主义国家，就是美国。美国只有一亿七千万人口，我国人口比它多几倍，资源也丰富，气候条件跟它差不多，赶上是可能的。应不应该赶上呢？完全应该。……假如我们再有五十年、六十年，就完全应该赶过它"④。这个梦想的实现方法论起初是"持久战论"，但在 1957 年受苏联领导人赫鲁晓夫赶超美国的影响，毛泽东突然转向"速胜论"和"大跃进

---

① 刘大年：《中国近代历史运动的主题》，《近代史研究》1996 年第 6 期。
② 曹天予、钟雪萍、廖可斌：《文化与社会转型》，浙江大学出版社 2006 年版，第 248 页。
③ 同上书，第 247 页。
④ 《毛泽东选集》第 7 卷，人民出版社 1999 年版，第 87 页。

论"——1957 年提出了"赶超英美",即在 15 年内中国将在钢铁等主要工业产品产量方面赶上和超过英国的设想,并于 1958 年发动了"大跃进"。后来,邓小平充分吸取了毛泽东"大跃进"的教训,提出了"分步走"的战略设想,采用了"台阶论"(指"每隔几年上一个台阶")的技术路线,而后中国领导人秉承这条积极的渐进式的现代化路线,不仅彻底摆脱了绝对贫困,基本解决了温饱问题,还逐渐成长为名副其实的世界经济强国。[①]

(三)从一元论到多元论的反思:克服现象背后思维模式的纠结

现代化在中国的探索和现代性在中国的探讨历史,中国长期局限于二元化分立和对立的思维模式,以及一元现代化性模式窠臼中。一元现代化性即在一元单线历史观的影响下,在现代化模式上仅认可西方霸权模式——"二战"后尤以美国为代表,在时间上认为西方的今天就是中国的明天,认为中国和西方的现代化关系是一种发展先后的时间系列,行动上中国必定要重复西方国家现代化所做过的事和所走过的路。1994年,多元现代性的出现才改变了这种模式。

"从晚清到 1980 年代,(中国的)现代化的问题在相当大的程度上,是对时间和空间的重新理解。中国启蒙主义的现代化思想,建立在两个二元的思维模式基础上,一个是在时间关系上的传统/现代二分法,另一个是在空间关系上的中国/西方二分法,而这两种二元的思维模式背后,却分享着同一个一元论的历史发展目的论的思想预设。也就是说,从晚清的社会达尔文主义的进化论,到现代的马克思主义唯物主义历史发展观,以及从五四到 80 年代的启蒙主义,都建立在线性的一元论历史观基础上,如何从传统到现代,从中国到西方(在传统社会主义那里,西方的目标置换为苏联),称为中国现代化的历史诉求和必经之路。"[②] 多元现代性把现代化放在多元的空间关系里面加以理解,不再将现代化看作是一元单线历史目的论的产物,关注了亚洲地区的现代化模式,提出了制度创新论,提出了走一条制度创新的中国现代化道路。

[①] 胡鞍钢:《麦迪森是经济史的考古学家与预言家》,《21 世纪经济报道》2010 年第 5 期。

[②] 许纪霖:《启蒙思想的内在歧路——对 90 年代中国思想的若干思考》,《书城》2005 年第 5 期。

"法国式的激进改革模式被抛弃了，（中国的）思想界更倾向于英国式的渐进变革模式，现代性被重新理解为有可能在传统和现代调适的背景下得以实现。中国的现代性，无论从制度还是文化层面，都有可能和有必要探索出一种不同于西方的新的建构和文化认同的模式。"①

还有另外一种思维模式的纠结——民族精英与社会大众思维、思想、行为的脱节。民族精英是民族中的时代性精英，他们往往能敏锐地意识到世界的新变化与新进步并及时地结合中国的实际而给中华民族指明前进的方向，但问题出在了社会大众不能很好地理解、不能全面和及时地跟进及紧跟，使得中国频频失去了与世界同步发展的历史性机遇。如，16世纪欧洲工业革命以来，时值我国"明朝中晚期，商业规模和城市经济呈空前发展，诸多新技术的萌芽开始出现；但上层的淫靡、宫廷的恶斗、知识分子热衷政治，历史给与机会却没有形成社会需求"②。18世纪中叶，社会稳定，经济复苏，但政治统治严酷，"盛世"的君主又"盛势"——过于傲慢自大，终于对科技领先的西方关上了国门。

（四）从模仿借鉴到创新独立的过渡：当前赶超跨越目标的纠结

现代化一直是中国人民追求的重要目标，也是社会转型的一个动力、目标和必然趋势。从发展思想和历史路径来看，近代中国的现代化道路走过了三个阶段，也是三个维度和三种认识。

首先是从思想认识上追求工业化，认为工业化就是现代化，这一时间节点可以从洋务运动算起；其次是建立社会主义国家，认为只要从政治和经济体制上、国体上实现了公有制、全民所有制等就是现代化，这一时间节点可以从1956年完成的社会主义改造算起；最后是实行改革开放国策，推动国家和社会各个方面实行改革和对外开放，进而促进国家富强、社会发展、民族复兴等，这一时间节点应该从中国共产党的十一届三中全会以后算起。

第一阶段是与当时的世界思潮有关，通过工业化而走上现代化的经济发达国家给世界经济不发达国家树立起了一个样本、一种发展模式；第二

---

① 曹天予、钟雪萍、廖可斌：《文化与社会转型》，浙江大学出版社2006年版，第179页。

② 刘梦溪：《大师与传统：中国文化与传统40小讲》，中国青年出版社2007年版，第180页。

阶段是我国在中国共产党领导下，在马克思主义思想的指导下，在苏联十月革命和社会主义国家建设成绩的启发和影响下，我国走上了社会主义国家的发展道路，为我国今后的发展奠定了核心政治基础、核心发展方向；第三个阶段是我国根据当时的国情，实事求是，与时俱进，选择并坚定地实行了改革开放政策和市场化具体路径，以经济建设为中心，坚持四项基本原则，坚持改革开放，极大地解放了生产力，改善和完善了社会主义生产关系，国富民安，为我国今后的科学发展、跨越发展、和谐发展、小康社会建设等奠定了良好的经济基础、实践经验、科学理论。

这里还存在一个"认知困境"，含义有二：其一，就是中国的现代化进程和西方有一个错位或者说时差问题，这就从时间、空间、理论、信息、标准、方法、手段、路径等方面对西方的认知、对西方现代化的认知、对西方后现代化等造成了一个困境，在众多的理论、现象、争论等面前使得后发展国家往往显得很迷茫。这就需要在面对现代化问题时，要注意从认识论和方法论上，从时间和空间，从脉络和流派等方面把它梳理清楚。例如，从时间上说，在现代化的道路上，美国、日本比中国先行了200年，目前均比较成熟。其二，中国的近代历史进程中，虽然一直在与现代文明、西方文化等国际化、现代化方面对接、在做着各种各样的"试错"式努力，但对于社会大众来说，始终缺少了一个步骤：就是文化的启蒙、思想的启蒙、精神的洗礼，我国社会大众对现代化、现代文明、现代法制、现代产业等存在"认知困境"。这一直是中国现代化和中国发展、复兴等过程中的一个重要问题，也是各种尝试和努力所遭遇到的抵触、冲突、失败、反复、混乱等表象后的深层原因。当前则需要补上民族精神现代化这一历史漏项。

（五）在自强与他扰中前行：来自国际干扰的历史教训

刘梦溪先生在一次名为《百年中国》的演讲中，曾提醒到："在我国由传统走向现代的历史上，曾经有过三次现代化的努力：一次是清朝政府迫于列强的侵扰所做的初步现代化尝试，特别是洋务派的三十年的辛勤积累，由于1894年至1895年的中日甲午战争，被日本强行打断了；第二次是民国政府的现代化努力，由1937年日本军国主义的全面侵华战争，再一次被打断；我们现在正在进行的现代化进程，是中国共产党领导的现代化，也是中国近代历史上的第三次现代化努力，已经取得了令世界瞩目的成果，但我们的现代化进程还没有完成。我想提出一个问题：我们这次的现代化进程，还会被打断吗？"① 这个问题提醒得很好很重要。我们在取得一定进步成绩的同时，都有必要多保持一份清醒。

回顾中国近代以来的历史，国家内有外患，国势衰微，国人饱受屈辱和痛苦，但中国志士仁人一直勇于探索中国实现现代化的具体模式和路径。回顾一百多年来所走过来的探索之路，可用下图表示：

时间步序	国家落后原因	探索内容	结果
第一步	政府不重视科技和工业，需要加强	洋务运动	1894年甲午海战失败，宣告洋务运动破产
第二步	国家的政治制度，需要进行变革	进行政治改良运动，即"戊戌变法"、"百日维新"	被1937年爆发的日本侵华、抗日战争所打断。
第三步	封建政治体制，需要进行政治革命	辛亥革命，推翻君主制，建立共和制	
第四步	国家落后的根本原因在于中国文化落后了	批判和极端否定中国传统文化，五四运动	
		新文化运动	
第五步	中国的生产力太不发达，经济落后	解放生产力，发展生产力；建立市场经济；改革开放等	工业化基本实现；生产力得到了显著解放，经济得到了发展；中国逐渐走向现代的市场秩序、社会政治秩序、生态秩序与国际安全秩序，并一步步融入国际体系，成为全球系统的一部分
第六步	从世界历史和国际环境来看，中国不是富裕与否，而在于整体上仍不够强大	全面求强，新文化构建	

---

① 刘梦溪：《大师与传统：中国文化与传统40小讲》，中国青年出版社2007年版，第197页。

有部分专家认为自晚清以来的百年近代中国现代化过程，也是中国文化传统的解构与重建的过程。笔者亦认同此观点，但补充并强调两点：第一，这个过程是全面解构、部分重建的过程，而非系统性重建的过程，当代中国需要的则是整体性设计、系统性重建和全员全面投入。以儒学为例，不仅仅需要儒学与世界各种文明对话，更重要的是对接。第二，这个过程是个从学习西方开始的，由浅入深、由表及里的过程，这个过程虽然经历了多个阶段或多次停顿，但一直没有停止，仍然在进行着。屈指算来，已经走过了 160 多年的路，但这条现代化的探索之路还远远没有走到尽头，甚至走到了最难、最复杂、最纠结的多维路口。现实需要中国和中国人勇敢地继续往前探索，继续多走几步。除了改革开放所作出的种种探索和努力之外，其中一步必然是文化变革，其任务就是找到一类与现代市场经济和全球化大趋势相吻合相适应的文化。这种文化变革的资源，不外乎来自两个方面：一方面从中国优秀的传统文化中再挖掘再开发出一整套与现代市场经济、现代政治相适应的文化伦理；另一方面就是继续通过学习吸收和借鉴引进的方式再造文化基因。

中国现代化，首先意味着求变，但是这个持续求变的核心是求强——追求国家强大、民族强盛、社会进步等，而不是仅仅停留于求富（无论是国富还是民富，而应该是国强 + 民强）；其次意味着建构东方现代文明，也意味着中国特色社会主义文化（特别是社会文化）建构的必要性和迫切性。把这几个方面结合起来，就是求好。

二　中国现代化的模式选择

回顾全球历史，现代化历程和模式转换大体为：19 世纪的西方在走向现代化过程中，出现的是"肺病模式"——一种以沉重劳作、牺牲劳动者的生命健康来换取剩余价值的工作模式；20 世纪上半叶则转变为"精神分裂模式"——其分裂潜在于消费模式、行为模式、文化模式和精神生产模式之中，"分裂"的原因在于观念扭转造成传统与现代错位而导致；20 世纪后半叶（即所谓后现代时期），则进一步转变为"游戏赌博模式"——以股票、网络等虚拟财富、虚拟空间等为标志，是一种丧失了诚实劳作和心灵重负以后，标榜"机遇"的投机主义心态的转型，同时也呈现出知识话语和知识者话语操作的转型。

关于现代化的模式，目前国内外的学者都有一个共识：现代化的模式不应唯一，应该是多样化的，并且一定要与本国的实际结合、随本国的变化相应地变化。现代化道路不只有走资本主义道路一条路，一些国家（如中国和巴西等），通过走自身特色的现代化道路，已经取得了巨大的成功。现在，越来越多的国家，抛弃了走西方模式的道路（即臣服于标准化、霸权主义的英美模式），而是探索符合自己国家国情的现代化道路。从学理上来说，也是跳出了文化比较范式。

综观世界历史，笔者认为现代化的模式有四种：

● 欧洲模式。是人类历史上第一个现代化的模式，核心是产业革命。

● 北美模式。是对现代化影响最大的一个模式，核心是科技革命、消费主义。

● 日本模式。是政府主导下、"外力推动功利力主义"[①]的发展模式，以"富国强兵、殖产兴业、文明开化"为目标，以行政指导、行政规制、财政投融资为手段，以权威、集团、国家为核心文化因素，实行了政治、经济、教育和社会体制等同时向现代化转型的模式。

● 中国模式。

近代中国要走上现代化之路和实现现代化目标，首先就需要凝聚国家和社会各方面力量。在如何凝聚力量方面，中国共产党采用的方法是统一思想、集中权力、党对军队的绝对领导、整合资源等。在此基础上通过抗战和新民主主义革命建立了新中国、新国体、新政体、新经体，完成了国家的社会主义改造，进而通过改革开放成功解放了生产力，解决了温饱问题和初步步入了小康社会。当前，"中国马克思主义者把探索中国特色的市场化道路作为马克思主义中国化的主题，通过社会整合寻求马克思主义中国化的主力，在国家重建中把党建设成马克思主义中国化的主体，重新对市场、社会和国家进行结构功能定位，推动负面的、自在的、单向的全球化转向正面的、自为的、双向的全球化，促使片面的、外生的、被动的现代化变成全面的、内生的、主动的现代

---

① 徐雪英：《教育现代化的不同演变路径——欧美、日本与中国模式的比较》，《江南大学学报》（人文社会科学版）2007年第6期。

化"①。并且用"中国梦"来进一步凝聚思想和力量，全面推进改革和建设具有和谐型、法治型、学习型等特征的新型小康社会。在这个过程中，中国人民和中国共产党以自觉的民族自信、文化自信、力量自信，坚持在自信、自力更生基础上的开放合作、吸收借鉴，走出了一条具有中国特色的社会主义道路。后面的现代化之路目前依然是通过全面深化改革，"改革开放是党在新的时代条件下带领全国各族人民进行的新的伟大革命，是当代中国最鲜明的特色。……改革开放最主要的成果是开创和发展了中国特色社会主义，为社会主义现代化建设提供了强大动力和有力保障。事实证明，改革开放是决定当代中国命运的关键抉择，是党和人民事业大踏步赶上时代的重要法宝"②。

今后，摆在中国全体人面前的如何继续走向现代化的难题主要是三个：一是继承、借鉴和创新的关系问题；二是如何解决权力问题（如从集权走向民主、从政府权力到社会权力等）；三是如何在发展中解决公正（公平、正义）、平等等社会问题，仍需要继续研究和探索。

三 几点启示

综上所述，从现代化概念的甄别和现代化思想演变的过程来看，现代化的内容可具体化为制度现代化、经济现代化、社会现代化、人的现代化等。但有三点必须强调：一是全球下一步的现代化是文化现代化，集中体现在文化产品和文艺产品的供需充足化、丰富化、高价值化，即促进了人的全面化、现代化发展，也对后发展国家、地区的人们提出了很迫切、很高的素质能力方面的要求和压力；二是在政治上不存在现代化。有人认为西方部分国家的"三权分立"模式就是现代化模式，首先从概念上讲就是错误的；三是人的现代化是所有现代化内容和形态中最重要的部分、核心。

笔者认为，当代全球现代化的较为理想的模式是经济、政治、社会等方面围绕人的全面发展这一中心主体而协调、共存的立体化、系统化发展模式。"从世界范围内的现代化进程来看，不管是处于哪一种文明

---

① 靳书君：《全球化现代化与马克思主义中国化的互动关系》，人民出版社2013年版。
② 《中共中央关于全面深化改革若干重大问题的决定》，人民出版社2013年版，第1页。

传统之中,市场经济、民主政治和个人尊严等现代文明要素是具有普遍吸引力的。"① 此模式中,经济领域的核心要素是市场经济,政治领域的核心要素是民主政治,社会领域的核心要素是公平正义或正义秩序。

21世纪,中国进入了全面现代化、全面改革和全面创新时代。党的十八届三中全会所制定的《中共中央关于全面深化改革若干重大问题的决定》,将全面统筹推进经济体制、政治体制、文化体制、社会体制、生态体制"五位一体"全方位体制改革。"五位一体"就是当代中国推进全面现代化、全面实现小康社会发展目标的理论模式、实践模式,是具有中国特色的模式,也是对世界发展的一种文化和理论贡献。

(作者单位:广西师范大学马克思主义学院)

---

① 昝涛:《转型时期的开放政治隐忧》,《人民论坛》2013年第24期。

中国特色社会主义道路的世界意义

夏静雷　张　娟

当代世界社会主义国家大都产生于经济文化比较落后的国家，现在面临大体相同的曲折道路、历史任务和国际环境，都要解决社会主义发展亟须的共同性课题。中国特色社会主义道路具有实现中华民族伟大复兴的中国特色、民族特色和时代特色，对世界社会主义运动具有重要的指导性、针对性和适应性，对亚非拉地区的发展中国家建设具有重要借鉴意义。

一　中国特色社会主义道路推动社会主义建设和发展实践

（一）中国特色社会主义道路，研究和解决了世界社会主义的"历史难题"

以邓小平为主要代表的中国共产党人，紧紧围绕"什么是社会主义"和"怎样建设社会主义"等一系列现实问题，坚持将马克思主义基本原理，同本国具体国情和世界历史发展的时代特征相结合，以改革开放开辟了中国社会主义初级阶段理论，创造性地提出了社会主义本质理论，并逐步走出了一条中国特色社会主义道路，形成了中国特色社会主义理论体系。中国作为世界上人口最多的发展中国家，中国特色社会主义现代化事业蓬勃发展，无疑对于经济文化比较落后国家解决自身发展难题和探索发展道路，具有典型的示范作用和普遍的借鉴意义。可以说，中国特色社会主义道路的理论创新与成功实践，初步破解了20世纪世界社会主义发展的"历史难题"。苏联模式和中国特色社会主义道路的不同命运，充分表明社会主义没有"统一模式"和"固定模式"。世界上各个社会主义国家建设、改革和发展模式越是异彩纷呈，越能证明世界社会主义运动的旺盛生命力。随着世情和国情的发展变化，世界各国都应走独具本民族特色的多样化的发展道路，积极建设具有本国家、本民族特色的社会主义制度、理论和道路。

（二）中国特色社会主义道路，创造和形成了"民族形式"和"本国模式"的社会主义建设和发展道路

由于世界各国产生的历史条件、文化背景和思维方式差异比较大，世界上社会主义国家建设和发展必然会呈现出不同的特点。在世界社会主义发展的历史进程中，苏联和中国的发展模式是最独特的发展模式。中国发展模式是在吸收和借鉴苏联模式成功经验和失败教训的基础上，结合中国特色社会主义现代化建设实践及其国情、世情、党情，逐渐形成一种内部改革、对外开放的社会主义发展模式。为了实现经济的发展、民族的复兴、国家的富强、人民的富裕和社会的和谐，以其强大的生机与活力形成了中国特色的发展模式，彻底打破了苏联社会主义发展模式的单一化，促进了中国特色社会主义道路的形成与发展。中国特色社会主义道路，形成了社会主义建设和发展的"民族形式"，创造了社会主义建设和发展的"本国模式"。中国特色社会主义道路，给全世界每一个国家、地区和民族，展示其特有的中国特色、民族特色和时代特色。这为其他国家、地区和民族建设和发展树立了榜样，也为其他社会主义国家建设和发展提供了宝贵经验和现实启示。中国特色社会主义道路，推动了民族国家走向现代化的选择路径，丰富和发展了人类对社会发展规律的认识，并为其他国家开辟民族道路提供新的发展模式参考。

二 中国特色社会主义道路对当代世界社会主义运动复兴的重要借鉴意义

（一）为世界社会主义运动注入生机与活力，增强社会主义国家和人民的坚定信念

20世纪末，苏联解体和东欧社会主义国家剧变，世界社会主义运动遭受严重挫折，开始陷入低谷和经历低潮阶段。在世界社会主义运动处于低潮的情况下,国际舆论和西方资本主义势力一片哗然,社会主义"失败论"和"历史终结"等一时兴起,纷纷预言将来共产主义意识形态和社会主义制度将从地球上消失。例如,福山在《历史的终结》一书中,就曾说道:"西方自由民主制度是人类历史发展的终点,随着苏联解体,再也没有其它意识形态与西方的自由民主制度相对抗,这是社会主义运动史的耻辱。"①

中国特色社会主义道路是对世界社会主义和国际共产主义的扬弃,是全世界对社会主义有一个全新认识。中国特色社会主义道路的理论创新和成功实践,昭告世人:"当今世界,马克思主义没有过时,社会主义仍然具有旺盛的生命力。"迄今为止,社会主义制度仍然是人类社会最先进的社会制度。正如邓小平曾指出:"只要社会主义不倒,社会主义在世界将始终站得住。"②"社会主义经历一个长过程发展后必然代替资本主义。这是社会历史发展不可逆转的总趋势,但道路是曲折的。……从一定意义上说,某些暂时复辟也是难以完全避免的规律性现象。一些国家出现严重曲折,社会主义好像被削弱了,但人民经受锻炼,从中吸取教训,将促使社会主义向着更加健康的方向发展。因此,不要惊慌失措,不要认为马克思主义就消失了,没用了,失败了。哪有这回事!"③

事实证明,中国特色社会主义道路,为世界社会主义运动复兴开辟了正确方向,为世界社会主义走出低谷奠定了坚实基础。中国特色社会主义现代化建设是在人口多、底子薄的农业大国基础上起步的,远远落后于资本主义国家现代化建设的起点和基础。改革开放30多年来,走上中国特色社会主义道路,中国经济以持续快速发展起来,中国综合国力和社会全面进步日益增强,人民群众生活从温饱不足发展到总体小康水平。中国特色社会主义道路的理论创新和成功实践,展示出了世界社会主义发展的复兴之路和希望之光。这势必会坚定世界上共产党人的马克思主义信仰,有助于增强社会主义国家和人民的坚定信念。正如邓小平预言的:"我坚信,世界上赞成马克思主义的人会多起来,因为马克思主义是科学。"④

---

① [美]弗兰西斯·福山:《历史的终结》,远方出版社1998年版,第111页。
② 《邓小平文选》第3卷,人民出版社1993年版,第346页。
③ 同上书,第382—383页。
④ 同上书,第383页。

（二）中国特色社会主义道路的理论创新与实践探索，将为世界上其他社会主义国家提供经验借鉴

马克思认为，社会主义首先应该，而且只能在高度发达的资本主义基础上建成。然而，俄国十月革命一声炮响，经济文化比较落后的俄国开始走上社会主义发展道路，而"二战"胜利后，绝大多数成立的社会主义国家也都是经济文化比较落后的发展中国家。列宁、斯大林等马克思主义经典作家，丰富和发展了马克思恩格斯关于社会主义的革命理论，实现了科学社会主义由理想变为现实。理论与现实是存在差距的，无产阶级领导社会主义革命取得伟大胜利，而如何建设社会主义制度和发展社会主义则是举步维艰。在社会主义制度确立后，社会主义国家如何建设社会主义呢？经过几十年的摸索，苏联模式的社会主义发展道路，积累了一些社会主义建设的宝贵经验，但未从根本上解决"什么是社会主义，怎样建设社会主义"这个问题。在社会主义建设实践活动中，很多社会主义国家长期处于困难和困惑的尴尬境地，经济发展缓慢甚至出现倒退现象，人民群众生活需求长期得不到改善。苏联解体和东欧十几个社会主义国家改旗易帜，也未能彻底解决本国经济发展和民生改善问题。

中国特色社会主义道路的理论创新和成功实践，为那些经济文化比较落后的社会主义国家，如何建设、巩固和发展社会主义等重大现实问题提供理论经验和实践借鉴。这将有利于像中国这样经济文化比较落后的社会主义国家，探索适合本国国情的社会主义发展道路。实际上，在中国特色社会主义道路的影响下，越南、老挝、古巴以及朝鲜等现存的社会主义国家，纷纷提出要走符合本国特色的社会主义发展道路的政治口号。在越南改革开放过程中，越南共产党领导本国人民对内改革、对外开放，积极探索走越南特色的社会主义道路。在古巴改革伊始，卡斯特罗就强调要借鉴中国的经验，但强调要从古巴的实际情况出发，不能照抄搬别国经验。朝鲜要结合自己国情学习国外经验，正在探索适合朝鲜的社会主义道路，而非囫囵吞枣式地照抄照搬某种模式。总之，中国特色社会主义道路充满生机与活力，是世界社会主义发展的星光大道，让人们重新看到世界社会主义运动的崭新曙光和发展希望，有助于激励人们继续探索适合本国国情的社会主义理论、制度和道路。

三 中国特色社会主义道路丰富和发展了科学社会主义的理论和实践

科学社会主义理论是不断发展的真理和与时俱进的理论创新，而不是"神圣不变"的教条或一成不变的模式。中国特色社会主义道路，是党领导人民群众在不同阶段，把马克思主义基本原理同本国具体国情相结合，不断进行的科学社会主义理论创新和实践革新。与时俱进是科学社会主义理论发展的鲜明品格，是科学社会主义实践深化的突出特征。中国共产党带领中国人民进行科学社会主义理论和实践的伟大实验，确立了中国特色社会主义制度，开辟了中国特色社会主义道路，形成了中国特色社会主义理论体系，是科学社会主义在当代发展的重要理论成果。中国特色社会主义道路具有重大的世界历史意义，必将推动世界社会主义事业的快速发展，为其他社会主义国家建设提供理论和智力支持。

中国特色社会主义道路彰显了社会主义制度的优越性，指明了实现共产主义社会的光明前途。中国特色社会主义道路的理论探索与成功实践，不仅为亚非拉地区的发展中国家和第三世界国家指明了正确的发展方向，更为人类社会展现了社会主义制度的优越性。由此可见，社会主义是一个国家发展进步的必由之路，具有强大的生命力、感召力和广阔的发展前景。中国特色社会主义道路的兴旺发达，将有利于推动世界社会主义运动走出低谷，向全人类展示国际共产主义运动的发展前景。

中国特色社会主义道路，有力地证明了社会主义模式多样化原理，是人类社会和社会主义社会发展相结合的真实体现。中国特色社会主义道路，既要遵循人类社会发展的一般性规律，又要遵循社会主义社会发展的特殊规律。中国特色社会主义道路，打破了苏联模式单一的社会主义发展道路，实现了社会主义发展模式的多样化。同时，中国特色社会主义道路，也摒弃了迂腐守旧的社会主义发展观念，突破了"斯大林模式"固化的社会主义发展模式。我们必须认清中国国情和世界发展潮流，坚持走适合中国基本国情的社会主义发展道路，建设中国特色社会主义现代化事业，为科学社会主义理论和实践创新提供正能量。

改革开放 30 多年来，我国不断探索适合中国国情的中国特色社主义道路，大力推动马克思主义中国化、时代化、大众化，与时俱进地把马克思主义基本原理同中国具体国情和世界发展潮流相结合，坚定不移地走中国特色社会主义道路。中国特色社会主义道路，弘扬解放思想和实事求是的工作作风，创新科学社会主义的发展理论和发展模式，不断丰富和发展科学社会主义理论，推动科学社会主义与时俱进和增添活力，促使其成为摧毁资本主义旧世界的强大思想武器。

在20世纪90年代，苏联和东欧等社会主义国家纷纷解体和改旗易帜，使世界社会主义运动开始走向低潮。目前，世界社会主义运动处于低潮，但资本主义国家的周期性经济危机，却给整个世界社会主义运动的发展提供了机会。党中央国务院领导全国各族人民群众，坚持走中国特色社会主义道路，不但顶住了世界经济危机带来的巨大压力，而且依然能够继续稳步发展。中国特色社会主义道路的成功实践，不仅开拓了世界社会主义运动的崭新局面，也为其他国家社会主义发展道路做好了表率。

四 中国特色社会主义比资本主义发展路径的优越性和先进性

长久以来，资本主义制度就是政治民主、经济发达、社会福利优越等道路发展优越的代名词，而社会主义制度则是政治不民主、经济落后、没有自由和人权等道路发展滞后的代名词。中国特色社会主义道路彰显了社会主义制度的优越性，并强调了社会主义的本质是"解放生产力，发展生产力，最终达到共同富裕"。这是中国特色社会主义道路的优越性和价值追求，更是发展中国特色社会主义与资本主义道路的本质区别。中国特色社会主义道路的伟大实践已获得了初步的成功，极大地推动了中国社会生产力的迅速发展，彻底改变了旧中国的贫穷和落后面貌，大大提高十几亿中国人民群众的生活水平。然而，资本主义发展道路却存在自身难以克服的发展难题，资本主义的基本矛盾实质上就是资本家压榨和剥削无产阶级的剩余价值理论的剥削产物，它始终伴随着资本主义社会化大生产，且无法通过资本主义制度自身来调和。因此，资本主义发展道路不能摆脱必然灭亡的最终命运。只要存在资本主义制度，周期性的经济危机就始终困扰着资本主义国家，资本主义发展道路的优越性和先进性无从谈起。

中国特色社会主义道路的价值目标实现和优越性彰显需要一个逐步深化的过程，经济文化比较落后的中国，不到百年的时间却实行了由农业社会向工业社会，再由工业社会向信息社会的双重跨越，走完了发达资本主义国家二三百年的发展路程，这让资本主义国家和全世界人民震撼。尤其是，在资本主义国家引发的几次世界经济危机中，中国特色社会主义道路对资本主义发展道路显示出了救世主的重要作用，这更让资本主义世界为之动容，让社会主义制度的优越性更为明显。例如，第二次世界大战后的世界经济危机，美国罗斯福新政采用了社会主义实践做法，并将市场经济和国家宏观调控相结合，以实现资本主义经济发展的国家强制干预。中国特色社会主义道路，有利于集中全国各族人民群众的人财物，充分调动一切可以调动的积极因素办大事。无论是在抗震救灾和中国特色社会主义现代化建设过程中，还是在战胜世界经济危机和举办重大国际事务过程中，都彰显了中国特色社会主义道路的强大威力和超强效率。

2008年，由美国金融危机引发的世界性经济危机，再次展现了中国特色社会主义道路的优越性。为了研究和解决世界性的经济危机和金融危机，国际社会需要加强沟通、交流与合作，中国始终以负责任的态度高度重视同世界各国强化沟通、交流与合作，不断增强本国经济发展和维护世界政治经济顺利发展。世界金融危机和经济危机所带来的种种危害，不得不让人们质疑资本主义经济制度和金融体系的优越性。为了积极应对和突出解决重大危机，突显中国特色社会主义发展道路的巨大潜力和优越性，以及中国"落后"、"不民主"模式所显现出来的发展潜力与活力，纷纷被资本主义国家学习和追捧。在世界经济危机与金融危机面前，中国同世界各国一道，积极应对经济危机，对全球经济增长贡献巨大。这充分体现了社会主义制度的优越性和发展优势。中国特色社会主义道路对资本主义发展道路，克服自身弊端和危机提供了重要的理论借鉴和现实启示。

（作者单位：赣南师范学院）

力量转移与中国道路

张艳涛

暴力、财富和知识这三种力量在人类发展过程中，同时并存，共同作用，但比重、影响和价值排序不同。总的看来，"力量转移"的趋向是由"暴力主导"到"资本主导"再到"创新能力主导"的转移，既是科学技术广泛应用的必然结果，也是人类社会发展的必然趋向，还是人类社会历史逐渐走向人本身的内在要求。合理把握"力量转移"趋向，建设创新型国家，提升社会自主创新能力，发掘每个人的创新潜能，是打造"中国经济升级版"和实现"中华民族伟大复兴"中国梦的新契机。

一 力量转移的时空背景

最早提出"力量转移"观点的是美国学者奥根斯基。他对近三百年国际关系史进行系统考察后对"均势理论"及其效应提出质疑，认为大国间权力关系变化最重要的原因是彼此实力的接近，尤其是当大国间权力再分配出现"对等"趋势时，发生战争的可能性最高。蓝普顿将国家力量归纳为三种：军力、财力和智力，按照力量形态分别对应着暴力、财富和知识。他认为，"力量使用者如同一位指挥，总是寻求最简便有效的力量形式组合以达到目标"。托夫勒在《力量转移》一书揭示了暴力、财富和知识这三种力量在三次文明浪潮的历史过程中作用大小各不相同，质量最高的力量来自知识。如今，"力量转移"成为人们观察世界发展和中国转型动向的重要指标之一。因此通过对"力量转移"时空背景、内在机理和基本规律的研究，可以更加清晰地把握未来世界格局的走向和中国的转型发展。

历史地看，在不同时代，主导社会历史发展的基本力量是不尽相同的。在农业经济时代，土地是主导社会历史发展的基本力量；在工业经济时代，资本是主导社会历史发展的基本力量；当今世界正在走向知识经济时代，创新能力正日益成为主导社会历史发展的基本力量。这表明，历史发展的主导力量正在由物质资本向创新能力转移，由物质驱动向创新驱动转移。

现实地看，当今世界正处于一个新的"力量转移"期。个人应捕捉"力量转移"的新机遇，努力掌握个人发展的命运，打造创新的"火花"；社会应反映"力量转移"的新变化，营造创新的社会氛围，凝聚创新的"火苗"；国家应把握"力量转移"的新动向，积极主动抢占"力量转移"的制高点，形成创新的"火流"。

从未来趋向看，一种建立在互联网和新能源相结合基础上的新经济即将到来。第一次工业革命发轫于蒸汽机技术带动印刷技术发展，从而产生了"大众传媒"；第二次工业革命肇始于电力通信技术和石油燃料内燃机技术的结合，从而产生了"数字化生存"；如今，第三次工业革命正由于互联网技术和新型绿色能源的结合而风生水起，正孕育着"智能化生存"的新时代。

二 力量转移的基本规律与内在机理

"力量转移"是不以人的意志为转移的客观历史过程，既然是客观历史过程就必然有其基本规律，掌握这些基本规律及其内在机理，有助于我们把握世界历史主导力量的发展趋向，也有助于我们掌握中国发展的主动权。

（一）力量转移的基本规律

第一，从主导要素看，"力量转移"的基本规律是：由"暴力主导"到"资本主导"再到"创新能力主导"的转移。第二，从时间看，"力量转移"的基本规律是：社会越往后发展，其力量转移的加速度越快，导致不同国家、地区和全球发展的时间落差越大。由于各国发展阶段的落差，导致不同力量在起主导作用。第三，从空间看，

"力量转移"的基本规律是：古代世界力量主要在中国，近代世界力量主要在欧洲，当代世界力量主要在美国，但当前有向亚太地区转移的趋向。

（二）力量转移的内在机理

第一，力量重心转移：由外在"物质暴力"走向内在"创新能力"。历史越往前追溯，人以外的物质因素在经济社会发展中的作用越大，历史越往后发展，人的创新能力在经济社会发展中的主体作用越突出。当前，西方发达国家依然是绝大多数国际产品规格、价格与标准的制定者，后发展国家沦为"追赶者"和"模仿者"。当今中国发展的总趋势，就是从以物质为主导的发展模式走向以创新能力为主导的发展模式。

第二，力量链条转移：由中间的"加工制造"走向两头的"创意研发与营销服务"。在工业化时代，社会经济链条的重心在中间的"加工制造"，而在后工业化时代，社会经济链条的重心由加工制造业转向两端的"创意研发与营销服务"，从事前端的"创意研发"与后端的"营销服务"的白领阶层日益成为经济发展的主力军。拥有大量创新型人才是一个国家繁荣发展的重要基础。

第三，力量作用方式转移：由静态的"线形水平转移"走向动态的"旋涡效应"。由前现代和现代静态的"线形水平转移"走向当代动态的"旋涡效应"。在过去200年中建立起来的现行的世界经济体，已形成"中心—过渡—边缘"型结构的不平等国际分工，以此为基础建立了以西方发达国家的利益和游戏规则为主导的国际经济秩序。结果导致一些国家不由自主地被"吸入"全球性的力量转移进程中，造成国家自主发展主导权不同程度的丧失，此时更应坚定"道路自信"、"理论自信"和"制度自信"。

三 力量转移的基本要素

（一）暴力主导：军事力量——战争主导

在人类历史很长一段时期，主导世界力量转移的基本力量是暴力。因此军事力量成为力量转移最主要的手段，战争成为力量转移的主要形式。当前，暴力也正在发生革命性的"力量转移"，战争正处于由机械化战争向信息化战争的转型期。虽然"冷战"已经结束，但"冷战思维"依然存在。因此，没有强大的国防（军队），就不可能有强盛的国家，军力永远是和平发展的重要保障。

（二）资本主导：商品力量——市场主导

随着财富资本化、货币霸权化、全球产业链条化，在资本时代金融中心成为全球力量的主导。在"力量转移"过程中，一国的财富不仅包括"有形"的物质资本和自然资本，同样重要的还有"无形"的人力资本、社会资本和环境资本。传统的创造物质财富，以满足人们生存需求为主的经济形态，正在被不仅创造物质财富而且创造附加其上的精神财富，以主要满足人们发展需求和心理需求为主所取代。

（三）创新能力主导：知识力量——创新主导

当前，应用知识即创新能力已成为当今时代的主导力量和发展的倍增器，资讯传媒、教育培训、研发创意成为时代关注的中心，这反映了力量转移从"制造"到"创造"的趋向。当前，应加大创新型人才培养力度，把好人放在关键位置、把能人放在重要位置。传统"发达国家"与"发展中国家"的划分将逐渐被"创新型国家"与"创新能力弱国家"取代。

四 "力量转移理论"作为一种分析框架

"力量转移理论"是分析世界历史、中国历史和当代中国发展的一个有效理论框架。

（一）用"力量转移理论"分析"世界历史"

虽然殖民主义已经退出历史舞台，军事占领已经不是剥夺的主要形式，但是当代世界的发展模式依然是一个不平等的发展模式。不同国家围绕主导权、话语权、发展权的斗争将更加复杂，围绕能源资源安全、国际货币金融体系等问题的博弈也将更加激烈。

(二) 用"力量转移理论"分析"中国历史"

反思近代中国的衰落，主要教训就是中国没有抓住世界历史"力量转移"的趋向，结果导致落后挨打。1949年新中国成立以来尤其是1978年改革开放以来，中国崛起是人类历史上最大规模、最快速的现代化过程。中国现代化既是中国文明的"转型"，也是顺应"力量转移"趋向的结果。

(三) 用"力量转移理论"分析"当代中国发展"

当前，自主创新能力是当代中国发展"最需要同时也是最缺乏的"。因此，在中国发展中应注重自主创新能力的培养及其在经济发展中的重要作用，即在经济发展过程中，由"物质资源驱动"经"资本驱动"逐渐走向"创新能力驱动"。为此，中国应基于自主创新精神培育新兴产业，除了培育各种新领域如技术、信息、金融等"硬实力"之外，还应注重文化、形象、核心价值观等"软实力"。

五 "力量转移理论"对我国发展的启示

(一) 树立并践行科学发展观，把握中国发展的主旋律，稳健发展，平稳适度增长

"转型发展"就是中国当前发展的主旋律，"转型发展"应契合"力量转移"的发展趋势，注重通过推进"力量转移"加快发展模式转型。中国要增强发展的包容性与内生动力，减少发展的盲目性和代价阵痛，推动从"竞争式发展"走向"竞合式发展"，从"零和博弈"走向"共赢共生"。

(二) 掌握"世界体系论"，把握历史大方向和时代主潮流，把握世界发展和中国发展的"基本面"，对"发展主义"进行反思

当代中国发展应置于中华民族复兴和全球力量转移的历史进程中进行整体考量。既要看到经济发展依然是中国的"第一要务"，又要认识到科学发展、均衡发展与可持续性发展是中国的"必然选择"；既要注重"文化理念创新"，又要强调"人力资源开发"；既要在时间向度上

注意发展的可持续性和代际公正,又要在发展的空间向度上注意发展的均衡性和代内公正。

(三)遵循市场经济规律,创新和完善社会主义市场经济体制,充分发挥市场在资源配置中的决定性作用,适时推进利率和汇率市场化改革,加强对金融风险的管控

按照力量转移的趋向,美元迟早会失去世界储备货币的独占地位,但是完全取代美国的超主权货币也很难在短期内出现。在过渡期,国际贸易会呈现多种货币结算的多元化局面和区域化格局。因此,中国在金融领域,要适时推进利率、汇率市场化改革,积极推进人民币的国际化,为建立一个公平、公正、包容、有序的国际货币金融体系而努力。

(四)深刻总结西方世界在近代的兴起及其经验教训,把握国际国内大势,践行新安全观

近代以来,国际体系变迁的本质就是霸权的转移和大国在国际体系权力结构中的替代。非西方国家崛起能否超越或改变这一"霸权转移"的特征?能否找到避免战争的道路?中国要善于把握和平、发展、合作、共赢的国际大"势",善于把握富强、民主、文明、和谐的国内大"势"。应树立互信、互利、平等、协作的新安全观,倡导综合安全、共同安全、合作安全的新理念。

总之,中国要占据"力量转移"的制高点,拓宽中国发展空间,赢得世界的广泛认同,显示制度优势或独特优势,关键是集中"智力"来分析(判断力),集中"民力"来发展(发展力),集中"脑力"来思想(创新力),集中"心力"来落实(执行力)。

(作者单位:厦门大学马克思主义学院)

理解"道路自信"的三个维度

刘洪刚

中国共产党十八大报告指出:"中国特色社会主义道路,就是在中国共产党领导下,立足基本国情,以经济建设为中心,坚持四项基本原则,坚持改革开放,解放和发展社会生产力,建设社会主义市场经济、社会主义民主政治、社会主义先进文化、社会主义和谐社会、社会主义生态文明,促进人的全面发展,逐步实现全体人民共同富裕,建设富强民主文明和谐的社会主义现代化国家。"[①] 同时要求全党和全国人民树立中国特色社会主义的道路自信。这种"道路自信"就是充分肯定和相信中国特色社会主义道路既符合社会主义发展的一般规律,又符合中国现实国情,是一条成功的、科学的、正确的发展之路;坚持这条道路就能够实现社会主义现代化和中华民族的伟大复兴。"道路自信"既有坚实的历史和实践之基,又有着深厚的科学理论之源。坚定"道路自信"就是要凝聚共识和改革力量,全面深化改革,实现社会主义现代化和中华民族的伟大复兴。

一 历史维度:"道路自信"的历史与实践之基

习近平在中央政治局第七次集体学习讲话中指出:中国特色社会主义道路"是在改革开放30多年的伟大实践中走出来的,是在中华人民共和国成立60多年的持续探索中走出来的,是在对近代以来170多年

---

① 《坚定不移沿着中国特色社会主义道路前进 为全面建成小康社会而奋斗——胡锦涛在中国共产党第十八次全国代表大上的报告》,人民出版社2012年版,第12页。

中华民族发展历程的深刻总结中走出来的,是在对中华民族5000多年悠久文明的传承中走出来的,具有深厚的历史渊源和广泛的现实基础"①。这揭示了"道路自信"的历史与实践之基。

第一,"道路自信"源自中国特色社会主义道路是对中华民族悠久文明传承的结果。在5000多年的发展历程中,以农业生产为基础的中华文化在保留自己核心文化基础上,不断吸收周边少数民族文化、印度文化以及西方文化,逐步形成了持续到今的中华文明。中华文明是一种具有包容性、开放性和整合性的文明,拥有强大的生命力。这使得中国能在近代西方文明的强烈冲击下,将马克思主义吸收进来,把马克思主义基本原理同中国实际相结合,使中国走上社会主义道路,从而开启了民族复兴的征程。中国特色社会主义道路是中华文明在发展进程中的历史产物,具有深厚的历史文化源泉。

第二,"道路自信"源自中国特色社会主义道路是近代中国现代化发展历程的结果。1840年鸦片战争之后,中国开始了现代化的征程。但在经济文化相对落后的中国实现现代化是极为艰巨的任务。清朝末期的洋务运动、维新变法和"新政"囿于旧有的封建传统体制而使现代化运动以失败告终。中华民国时期的国民党政府试图走资本主义发展道路,但由于其目的是为了维持国民党一党统治,加之长期战争的破坏也以失败结局。中华人民共和国成立后,中国人民在中国共产党的领导下选择了社会主义的现代化道路。虽然在之后的探索中受到苏联模式的影响,现代化建设出现了诸多失误和挫折,但中国共产党及时总结经验教训,在坚持社会主义基本制度基础上实行改革开放,成功开辟了中国特色社会主义道路,中国的现代化进程快速推进。近代中国170多年的历史表明,中国特色社会主义道路从根本上改变了中国人民和中华民族的前途命运。

第三,"道路自信"源自中国共产党领导人民在改革开放实践中所取得的伟大成就。改革开放30多年来,社会主义中国的面貌和人民的面貌都发生了历史性变化。从1978年至今,中国国内生产总值年均实际增长接近10%,是同期世界经济年均增长率的3倍多;国内生产总值

---

① 《在对历史的深入思考中更好走向未来 交出发展中国特色社会主义合格答卷》,《人民日报》2013年6月27日。

上升为世界第二位。中国大多数工农业产品产量已居世界第一位,具有世界先进水平的重大科技创新成果不断涌现。水利、能源、交通、通信等基础设施建设取得突破性的进展,生态文明建设不断推进。人均国民生产总值由1978年的不足300美元增长到2013年的6000多美元,人民生活水平实现了由温饱不足到总体小康的历史性跨越。

与此同时,中国成功应对了一系列国内外的重大挑战,彰显了中国特色社会主义道路的力量:中国成功克服了苏联解体和东欧社会主义剧变对国际共产主义运动带来的巨大苦难,成为世界社会主义的中坚力量;中国战胜了1998年特大洪水灾害、2003年非典疫情和2008年汶川特大地震等特大自然灾害和突发事件,保证了人民的生命财产安全;中国有效应对了1998年东南亚金融危机和2008年以来的世界金融危机,保持了经济平稳快速发展。在世界各国发展相对乏力的背景下,中国已经成了世界经济发展的新引擎,为世界经济发展做出了积极的贡献。"中国奇迹"、"中国模式"、"中国经验"、"中国道路"已成为世界各国学者和政要谈论的主要议题。实践证明,中国特色社会主义道路是完全正确的、符合中国国情的成功道路。

二 理论维度:"道路自信"的思想之源

胡锦涛指出:"中国特色社会主义道路之所以完全正确、之所以能够引领中国发展进步,关键在于我们既坚持了科学社会主义的基本原则,又根据我国实际和时代特征赋予其鲜明的中国特色。"[①] "道路自信"的科学理论渊源就在于中国特色社会主义道路既坚持了科学社会主义的基本原则,又在实践中创造了这些基本原则在中国的具体实现形式,发展和丰富了科学社会主义。

科学社会主义基本原则可以从共产主义的价值目标、方法论和制度特征三个层面来把握和理解:(1)共产主义"是以每一个个人的全面而自由的发展为基本原则的社会形式"[②],其价值目标是实现所有人的全面自由发展。(2)唯物史观所提供的方法论,即从客观事实出发,

---

① 《十七大以来重要文献选编》(上册),中央文献出版社2009年版,第9页。
② 《马克思恩格斯文集》第2卷,人民出版社2009年版,第683页。

坚持社会生产力具有最终的决定意义，用发展的观点来看待共产主义。恩格斯说："我们对未来非资本主义社会区别于现代社会的特征的看法，是从历史事实和发展过程中得出的确切结论；不结合这些事实和过程去加以阐明，就没有任何理论价值和实际价值。"① 马克思恩格斯坚持生产力标准，剖析了生产力社会化发展与资本主义私有制之间不可克服的矛盾，指出共产主义能够更好地适应和促进生产力的发展。马克思恩格斯也指出共产主义社会是不断发展和改革的社会。（3）共产主义社会的制度特征：经济领域，实行生产资料的社会所有制、有计划地组织生产，在共产主义第一阶段（列宁称之为社会主义）实行按劳分配，在共产主义高级阶段（列宁称之为共产主义）实行按需分配；政治领域，公共权力将失去政治性质，国家的各项职能回归到社会和全体人民手中；社会领域，个人与社会、个人与个人之间的矛盾将得到彻底地解决，实现了个人与自身、个人与社会、个人与自然的和谐。

科学社会主义基本原则为现实社会主义建设提供了一般方法和原理。由于马克思恩格斯是在生产力高度发达、阶级和国家消亡的基础上提出这些基本原则的，因此，经济文化相对落后国家要走社会主义发展道路，就需要把这些科学原则与本国国情相结合，创造它们的具体实现形式，从而向着马克思恩格斯科学论证的未来理想社会迈进。中国特色社会主义创造了科学社会主义基本原则在中国的具体实现形式，这从根本上保证了中国特色社会主义道路的科学性。

价值目标方面，中国特色社会主义道路坚持了"人的全面而自由的发展"的意旨，并用中国语言给予表述——以人为本、共同富裕和促进人的全面发展。邓小平在提出社会主义本质论断时，阐述了共同富裕的社会主义价值目标。江泽民进一步指出促进人的全面发展的观点："我们建设有中国特色社会主义的各项事业，我们进行的一切工作，既要着眼于人民现实的物质文化生活需要，同时又要着眼于促进人民素质的提高，也就是要努力促人的全面发展。"② 新世纪新阶段，胡锦涛提出了以人为本的科学发展观，强调社会主义发展要"保障人民各项权益，走

---

① 《马克思恩格斯文集》第 4 卷，人民出版社 2009 年版，第 548 页。
② 《江泽民文选》第 3 卷，人民出版社 2006 年版，第 294 页。

共同富裕道路，促进人的全面发展"①。习近平总书记更是明确指出，中国特色社会主义道路"既不断解放和发展社会生产力，又逐步实现全体人民共同富裕、促进人的全面发展"②。

方法论方面，中国特色社会主义道路坚持了唯物史观的方法论，坚持实事求是的思想路线，"在马克思主义指导下打破习惯势力和主观偏见的束缚，研究新情况，解决新问题"③。实事求是的思想路线是以毛泽东为代表的中国共产党人在革命实践中确立起来的，是唯物史观和马克思主义认识论在中国的运用和发展。从1957年下半年开始，实事求是的思想路线被不同程度地偏离了。中国共产党十一届三中全会重新确立了实事求是的思想路线，坚持"实事求是，一切从实际出发，理论联系实际，坚持实践是检验真理的唯一标准"④。实事求是的思想路线成为中国特色社会主义道路的方法论原则，成为中国共产党制定路线、方针和政策的思想基础。

社会主义制度方面，中国共产党重新确定了中国所处的社会主义初级阶段的历史方位，形成了"五位一体"的建设格局。经济方面，从生产力落后的情况出发，突破单一公有制，实行以公有制为主体、多种所有制共同发展的基本经济制度；经济运行体制由传统计划体制转变为由国家实施宏观调控的社会主义市场经济；分配制度从纯粹的按劳分配转变为以按劳分配为主体、多种方式并存的形式。政治方面，由于政治国家的存在，在坚持四项基本原则的基础上，提出了建设中国特色社会主义的政治文明。一方面保证国家权力的社会主义性质；另一方面保障人民的政治权利和自由，促进公民有序政治参与，以加强对政治权力的监督，防止国家和政府机构成为社会和人民的主人。文化方面，提出了建设中国特色社会主义先进文化，坚持马克思主义和社会主义意识形态的主流地位和话语权，保持文化领导权和主导权，既尊重差异、包容多样，又有力抵制各种错误和腐朽思想的影响，用社会主义核心价值体系引领社会思潮，凝聚共识。社会建设方面，提出以保障和改善民生为重

---

① 《十七大以来重要文献选编》（上册），中央文献出版社2009年版，第12页。
② 《紧紧围绕坚持和发展中国特色社会主义 学习宣传贯彻党的十八大精神》，《人民日报》2012年11月19日。
③ 《邓小平文选》第2卷，人民出版社1994年版，第279页。
④ 同上书，第278页。

点，努力使全体人民学有所教、劳有所得、病有所养、老有所养、住有所居，建设和谐社会。生态方面，为了应对国内和全球日益严重的生态环境问题和可持续发展问题，提出建设社会主义生态文明，并融入经济建设、政治建设、文化建设和社会建设的各个方面和全过程，实现中华民族的永续发展。

三　政治维度：凝聚中国力量之需

"道路自信"的提出还具有深刻的政治意涵，即凝聚共识和改革力量，坚定"高举中国特色社会主义伟大旗帜，既不走封闭僵化的老路、也不走改旗易帜的邪路"的信念，全面深化改革，实现社会主义现代化和中华民族的伟大复兴。

改革开放取得巨大成就，同时也出现了一些复杂的矛盾和问题。例如，收入差距、地区差距、城乡差距有拉大的趋势；经济发展和社会建设不协调，教育、医疗、住房和社会保障等公共事业发展相对滞后；资源环境压力加大，人民生活环境日益恶化；政治腐败现象仍然多发；等等。有人提出，之所以出现这些问题是因为改革开放引入了市场经济，发展了私有制，丢掉了社会主义的性质而走向了资本主义。他们企图恢复计划经济和依靠群众运动来发展社会主义。也有人认为，之所以出现这些问题是因为公有制的主导地位、国有企业的存在，以及中国共产党的集权统治。他们主张彻底放弃社会主义，走西方资本主义道路：在经济上实行私有化，放弃公有制主体地位；在政治上实行西方"三权分立式"的民主制度，否定中国共产党的领导地位和执政地位，实行政党轮流执政；在文化领域放弃马克思主义的指导地位，实行思想的多元化。

其实邓小平早在改革之初就预见到"发展起来以后的问题不比不发展时少"[①]。关键是如何看待改革进程中出现的矛盾和问题。首先，这些矛盾和问题是中国经济社会深刻变革中难以完全避免的现象。在经济文化相对落后的国家，实现从计划经济向市场经济转变和从农业社会向工业社会转变是十分艰难的跨越。作为世界上人口最多的国家，中国要

---

① 《邓小平年谱（一九七五——九九七）》（下册），中央文献出版社 2004 年版，第 1364 页。

同时进行这两大转型,其艰巨性和复杂程度是人类历史上罕见的。其次,中国特色社会主义道路是中国共产党在新的时代条件下带领人民进行的新的革命,是一项全新的实践,涉及经济、政治、文化和社会等各个方面。面对这样一个巨大的改革工程,中国共产党缺乏足够的知识和信息,没有现成的经验可以借鉴,只能摸着石头过河。如同邓小平所说,改革"是新事物,所以要摸索着前进。既是新事物,难免要犯错误"①。最后,中国特色社会主道路走了一条从农村到城市、从沿海到内地、从体制外到体制内、从经济到社会和政治的渐进改革之路。这种由易到难的渐进主义改革方式,总体上符合了中国改革初始阶段的主、客观条件,有利于改革的启动与推进,但也在一定程度上决定了此后改革的阶段性和艰巨性。

经过30多年的改革开放,中国已经形成了社会主义基本经济制度和市场机制的发展道路,人民当家作主的社会主义民主政治的发展道路,为人民和社会主义服务的文化发展道路,构建社会主义和谐社会的社会发展道路和中国特色的生态文明发展道路。这些都构成了中国特色社会主义道路向前发展的不可逆转的强大因素。"没有改革开放,就没有中国的今天,也就没有中国的明天。改革开放中的矛盾只能用改革开放的办法来解决。"② 坚定"道路自信",就是要树立中国特色社会主义这个共同理想,"坚持党的领导,贯彻党的基本路线,不走封闭僵化的老路,不走改旗易帜的邪路,坚持中国特色社会主义道路"③,实现社会主义现代化和中华民族伟大复兴。

(作者单位:厦门大学马克思主义学院)

---

① 《邓小平文选》第3卷,人民出版社1993年版,第174页。
② 《以更大的政治勇气和智慧深化改革　朝着十八大指引的改革方向前进》,《人民日报》2013年1月2日。
③ 《中共中央关于全面深化改革若干重大问题的决定》,人民出版社2013年版,第6页。

习近平"劳动美"思想是对马克思主义的新贡献

李仙飞　吴　茜　陈盼盼

在 2013 年同全国劳动模范代表座谈时的讲话中，习近平全面论述了"劳动美"思想①：其一，"劳动美"与"中国梦"。"我们已经确定了今后的奋斗目标，这就是到中国共产党成立 100 年时全面建成小康社会，到新中国成立 100 年时建成富强民主文明和谐的社会主义现代化国家，努力实现中华民族伟大复兴的中国梦。""人民创造历史，劳动开创未来。劳动是推动人类社会进步的根本力量。幸福不会从天而降，梦想不会自动成真。实现我们的奋斗目标，开创我们的美好未来，必须紧紧依靠人民、始终为了人民，必须依靠辛勤劳动、诚实劳动、创造性劳动。"其二，劳动最美丽与劳动者的体面劳动、全面发展。"必须坚持崇尚劳动、造福劳动者。劳动是财富的源泉，也是幸福的源泉。人世间的美好梦想，只有通过诚实劳动才能实现；发展中的各种难题，只有通过诚实劳动才能破解；生命里的一切辉煌，只有通过诚实劳动才能铸就。""必须牢固树立劳动最光荣、劳动最崇高、劳动最伟大、劳动最美丽的观念，崇尚劳动，造福劳动者，让全体人民进一步焕发劳动热情、释放创造潜能，通过劳动创造更加美好的生活。全社会都要贯彻尊重劳动、尊重知识、尊重人才、尊重创造的重大方针，维护和发展劳动者的利益，保障劳动者的权利。要坚持社会公平正义，努力让劳动者实现体面劳动、全面发展。"

---

① 《在同全国劳动模范代表座谈时的讲话（2013 年 4 月 28 日）》，《中国工运》2013 年第 5 期。

习近平"劳动美"思想的提出不是偶然的,是把人类优秀的文明成果与当今面临的世情、国情结合,发展马克思主义的必然结果。

一 马克思劳动价值论视域之"劳动"

"劳动是生产的真正灵魂。"① 马克思在《资本论》及其手稿等论著中,对劳动和劳动价值理论进行了精辟的阐述。从19世纪末开始,西方经济学者对马克思劳动价值论的争论,从《资本论》一、三卷是否"矛盾",到"转形问题"能否求解,进而提出劳动价值论是否"必要",沿袭了由表及里的推进思路。争论的核心是抛弃,还是坚持马克思的劳动价值论。

从历史的维度看,在马克思劳动价值论的研究进程中发生了两次大的转向。第一次是对古典劳动价值论从否定到肯定;第二次是现代科技劳动价值论的萌发与建构。

对古典劳动价值论从否定到肯定。劳动价值论是资产阶级古典经济学派的伟大发现。18世纪50—70年代,古典政治经济学的杰出代表和理论体系的建立者是亚当·斯密在著名的《国民财富的性质和原因的研究》一书中,考察了分工、交换和货币以后,从商品的价格中抽象出交换价值,并提出什么是交换价值的真实尺度的问题。他的回答是:"劳动是衡量一切商品交换价值的真实尺度。"② 马克思认为斯密所说的劳动,与配第和重农学派所说的劳动已经不同了,"他抛开了创造财富的活动的一切规定性,——干脆就是劳动,既不是工业劳动、又不是商业劳动、也不是农业劳动,而既是这种劳动,又是那种劳动"③。即劳动一般。亚当·斯密正确地指出,商品价值是由生产商品的一般劳动决定的,劳动是价值的源泉和尺度。④ 但是,亚当·斯密并没有把劳动价值论贯彻到底。他在承认劳动创造价值的同时,又认为商品所能购买和支配的劳动也能决定价值。从威廉·配第到比埃尔·布阿吉尔贝尔,从亚

---

① 《马克思恩格斯全集》第42卷,人民出版社1979年版,第100页。
② [英]亚当·斯密:《国民财富的性质和原因的研究》上卷,郭大力、王亚南译,商务印书馆2011年版,第26页。
③ 《马克思恩格斯全集》第12卷,人民出版社1962年版,第754页。
④ 苏星:《劳动价值论一元论》,《中国社会科学》1992年第6期。

当·斯密到大卫·李嘉图，资产阶级古典学派虽然已经认识到商品的二重性，但谁也不懂得劳动的二重性，弄不清究竟是什么劳动创造价值，所以他们的劳动价值论是不彻底的。马克思说："经济学家们毫无例外地都忽略了这样一个简单的事实：既然商品有二重性——使用价值和交换价值，那末，体现在商品中的劳动也必然具有二重性，而象斯密、李嘉图等人那样只是单纯地分析劳动，就必然处处都碰到不能解释的现象。实际上，这就是批判地理解问题的全部秘密。"①

现代科技劳动价值论的萌发与建构②。在他的代表作《资本论》，特别是其中的第一卷第十三章"机器和大工业"中，以及他的《1861—1863年经济学手稿》中，马克思不仅将科技纳入生产力范畴，而且还隐含着对科技劳动与价值的关系的论述，潜含着科技劳动创造价值的思想。"现实财富的创造较少地取决于劳动时间和已耗费的劳动量，较多地取决于……科学水平和技术进步"③，归根到底来源于"智力劳动特别是自然科学的发展"④。在这个意义上理解，马克思科技劳动价值论思想的"对象域"已经超出了"物质生产领域"而进入到了"精神生产领域"，甚至可以说已经拓展到在"物质生产"的基础上所形成的"物质生产"和"精神生产"相统一的"科技与经济一体化"。精神生产是"指通过精神劳动创造精神产品、精神财富的生产。科学家、教育家、思想家等所从事的科学实验、理论著述、智力开发、文学艺术创作等精神劳动，都属于精神生产活动"⑤。科技既表现为以范畴、定理、定律形式反映现实世界各种现象的本质和运动规律的知识体系，又表现为一种实践活动，是科技知识的生产活动，其"突出的特点是它的创造性。科学劳动的特点是自由劳动。科学的任务是正确说明和解释现实世界的过程和现象，探究其运动规律，揭示客观真理"⑥。

---

① 《马克思恩格斯全集》第32卷，人民出版社1975年版，第11—12页。
② 刘冠军：《马克思劳动价值论研究进程中的三次转向》，《文史哲》2006年第6期。
③ 《马克思恩格斯全集》第46卷（下册），人民出版社1980年版，第217—218页。
④ 《资本论》第3卷，人民出版社1975年版，第97页。
⑤ 舒炜光、李秉平：《自然辩证法辞典》，天津人民出版社1995年版，第918页。
⑥ 冯契：《哲学大辞典》，上海辞书出版社1990年版，第712—714页。

二 马克思劳动异化理论与"劳动创造了美"

与黑格尔把异化看作是绝对观念的异化、费尔巴哈把异化看作是抽象的人的本质的异化不同,马克思在《1844年经济学哲学手稿》(以下简称《手稿》)中提出了"异化劳动"及其四个规定:劳动产品的异化;劳动活动本身的异化;人的类本质的异化,人与人的异化。

在马克思看来,在异化劳动中被异化出去的人的精神能力,既不是哲学家头脑中那种脱离物质活动的、抽象化了的"纯粹"的精神或意识,更不是动物式的情欲和自保本能,而是劳动意识,它是作为人的自由自觉的生命活动或有意识的生命活动的劳动的本质环节之一。人的劳动与动物的生命活动之区别,正在于人"把自己的生命活动本身变成自己的意志和意识的对象","有意识的生命活动直接把人跟动物的生命活动区别开来"。人的意识使人的本质与人的存在有了区别,能把自己的生命活动当作意识的对象,这本来使人无限地优越于动物,使人能进行"摆脱肉体需要"的全面的生产①。但劳动的异化使这种相区别变成了相脱离,使人不得不通过非人的劳动来维持人的生存,这就使"人对动物所具有的那种优点变成缺点"。②"对劳动者说来,劳动是外在的东西,也就是说,是不属于他的本质的东西:因此,劳动者在自己的劳动中并不肯定自己,而是否定自己,并不感到幸福,而是感到不幸,并不自由地发挥自己的肉体力量和精神力量,而是使自己的肉体受到损伤、精神遭到摧残。"③

马克思把异化劳动叫作"片面的、抽象的劳动",也就是这样一种劳动:它被抽掉了人的劳动意识,抽掉了劳动者在其中所表现的智慧、美感、创造性和主动性,只剩下动物式的或机械般的体力支出。马克思指责那些资产阶级经济学家把无产者(即靠"片面的、抽象的劳动为生的人")"只是看作劳动者",认为劳动者"应当和牛马完全一样","国民经济学不考察不劳动时的劳动者,不把劳动者作为人来考察"④,

---

① 《1844年经济学哲学手稿》,人民出版社2000年版,第50页。
② 同上书,第58页。
③ 同上书,第54页。
④ 同上书,第14页。

"把劳动者只是看作劳动的动物,只是看作仅仅具有最必要的肉体需要的牲畜"①;而我们有些想作历史唯物主义者的人也认为劳动、实践仅仅只是一种物质活动,仅仅是人的肉体与客观自然界之间的作用和关系,一听说劳动还包含主观精神的环节,就以为是唯心主义,对于"主观目的"是不是实践的要素也大为怀疑。莫非在他们看来,资产阶级经济学家把片面的、抽象的即异化了的劳动当作真正的、完全意义上的劳动反倒是"唯物史观"?马克思对这种抽象劳动从来就没有作诗意的赞美。相反,他在《德意志意识形态》中多处干脆提出了"消灭劳动"。②

在马克思看来,劳动,非异化的、完全意义上的人的劳动,本身包含两个不可分割的本质环节:精神活动和生命活动。由于有这两个环节,劳动才是主体对客观世界的能动的改造,才是"实践"本身的规定。可以想象,在未来共产主义社会的劳动中,这种基于性别、年龄、个人生理特质和自然地域的分工以及基于劳动对象的自然特性的日益精密的技术性分工,仍将存在着,但劳动活动本身的本质环节即精神劳动和物质劳动的分离,则将被扬弃。③

马克思在《手稿》中指出,在人类社会中,各种异化,包括人的异化,人性的异化,根源于劳动的异化。在此基础上,马克思提出了"劳动创造了美"这一命题,但未作论证。在马克思的美学观出现之前,对美是什么这一有关美学的根本问题,当时在欧洲流行的是两种回答:一是黑格尔的唯心主义回答,认为美是理念的感性显现,就是说,美是主观的;二是机械唯物主义的回答,认为人类在地球上出现以前美就已经存在于自然界,美如同物质一样独立存在于人的意识之外,与人无关④。

马克思批判性继承了席勒的美学思想,提出的"美的规律"说。在《美育书简》中,席勒写道:为了人在每个个别的情况下,有能力使自己的判断和自己的意志成为整个类的……并从依赖性提高到独立自主和自由,他就必须注意使自己在任何时刻也不要只是单独个体,只是服从自然。为了使他有能力和有准备地从自然目的的狭窄圈子过渡到理性

---

① 《1844 年经济学哲学手稿》,人民出版社 2000 年版,第 15 页。
② 《马克思恩格斯全集》第 3 卷,人民出版社 1979 年版,第 61 页。
③ 邓晓芒:《劳动异化及其根源》,《中国社会科学》1983 年第 3 期。
④ 陈辽:《"劳动创造了美"是否马克思的美学主张?》,《上海大学学报》(社会科学版) 2010 年第 1 期。

的目的，他就应该还在前者支配之下的时候做好向后者过渡的准备，他就应该从精神的某种自由，也就是按照美的规律来履行自己的肉体的规定。……美的文化使一切服从美的规律，在这里无论是自然规律和理性规律都不能把人的自由束缚起来，并且美的文化使人在给予他的外在的生活以形式之中，已经显示出内在的生活。马克思的《手稿》，中译本有五六种，与"按照美的规律来建造"相关的一段话就有多种译文。其中影响较大的是《马克思恩格斯论艺术》（曹葆华译）、《马克思恩格斯全集》第四十二卷、《〈经济学哲学手稿〉新译片断》（朱光潜译）的译文。现将三种译文摘录如下："动物只是按照它所属的物种的尺度和需要来制造东西，可是人善于依照任何物种的尺度来生产，并且善于对对象使用适当的尺度；因此，人也是按照美的规律来制造东西的。"（曹译文）"动物只是按照它所属的那个种的尺度和需要来建造，而人却懂得按照任何一个种的尺度来进行生产，并且懂得怎样处处都把内在的尺度运用到对象上去；因此，人也按照美的规律来建造。"（四十二卷译文）"动物只按照他所属的那个物种的标准和需要去制造，而人却知道怎样按照每个物种的标准来生产，而且知道怎样把本身固有的（内在的）标准运用到对象上来制造，因此，人还按照美的规律来制造。"（朱译文）。那么，"人也按照美的规律来建造"是什么意思呢？特别是"美的规律"是指什么而言的呢？笔者赞成这样一种观点，这里所讲的"美的规律"，不是指审美的规律，这里的"美"，是美好、完美、完善、良好的意思①。习近平正是在这个基础提出"劳动最美丽"、"劳动创造人世间的一切美好"思想的。

三 习近平关于在社会主义市场经济中的"劳动与学习"思想对劳动价值论的发展

劳动价值论作为整个马克思主义政治经济学的逻辑起点②，在马克思主义理论中的地位毋庸置疑。然而在进行社会主义市场经济改革和发展的今天，我们讨论劳动价值论的目的是什么？是强调劳动、劳动者，

---

① 毛庆其：《论马克思"美的规律"的概念涵义》，《学术月刊》1982年第10期。
② 晏智杰：《重温马克思的劳动价值论》，《经济学动态》2001年第3期。

还是强调资本等其他生产要素的地位和作用？这个问题及马克思对它的分析貌似简单，实则含有相当复杂和深刻的内涵。

早在1998年，习近平就已系统研究了"社会主义市场经济和马克思主义经济学的发展与完善"问题。他认为，建立社会主义市场经济体制是一场伟大的社会实践，进行这样一场伟大实践不能没有与之相适应的科学理论作指导。但是，面对自成体系的不同经济学说以及众说纷纭的学术流派，如何使马克思主义经济学在建立和发展社会主义市场经济的实践中不断趋于完善，并使之更好地指导建立社会主义市场经济体制的具体实践，是广大理论工作者和实践工作者共同面临的一个亟待解决的重大问题。

习近平认为，马克思的《资本论》是一部博大精深的政治经济学巨著，也是马克思主义政治经济学作为完整的科学理论体系得以形成和确立的重要标志。在这部以《政治经济学批判》为副标题的巨著中，马克思运用辩证唯物主义和历史唯物主义的科学世界观和方法论，在科学总结、批判地继承前人经济思想成果的基础上，对资本主义生产进行了深入分析，揭示了资本主义经济发展的内在规律和人类经济社会发展的一般趋势，书中所阐述的一系列理论经受了一个多世纪以来的社会实践检验，至今仍然闪耀着真理的光辉。但是，由于马克思的《资本论》毕竟是以资本主义生产为研究对象的，它所揭示的许多原理对于社会主义生产来说，必然带有明显的社会局限性。①

此外，从新古典主义经济学和凯恩斯主义主流经济学方面来看，由于二者都是从资本主义私有制的角度来研究市场经济，尽管新古典主义经济学对人的需要与资源配置、技术选择的关系进行比较详尽和深入的分析并达到了相当高的科学水平；尽管凯恩斯主义主流经济学在继承古典主义经济学的有关成果的基础上揭示了信息、预期等因素在经济运行过程中的重要作用，但它们都将社会关系排除在研究范围之外，不承认经济活动的特殊社会规定性和社会经济关系在经济运动中的决定作用，不承认资本主义私有制经济关系所决定的无政府状态与经济循环和危机的内在联系，不承认资本主义有效需求不足的根源在于资本主义私有制

---

① 《社会主义市场经济和马克思主义经济学的发展与完善》，《经济学动态》1998年第7期。

等，因而与马克思对资本主义市场经济研究相比，就有着更为明显的缺陷。①

在至今所有的关于社会主义市场经济的论著中，看到的几乎全是西方市场经济理论的重述，谁也没有说清楚社会主义市场经济的内涵、特征、运行机制以及社会主义与市场经济是怎样结合在一起的，因而也更无法对社会主义市场经济与资本主义市场经济进行理论上的比较和论证。当代马克思主义经济学对资本主义经济的研究尚未超过马克思在《资本论》中的研究成果，后人对社会主义经济的研究又大都是超越历史发展阶段的东西，而新古典主义经济学、凯恩斯主义主流经济学研究的又都是资本主义形态的市场经济，因此，对现代三大经济理论体系无论怎样进行比较和综合，都只能停留在资本主义市场经济的范畴。换句话说，就是对现代三大经济理论体系的现有成果无论怎样综合，都不可能综合出社会主义市场经济理论。所以，社会主义市场经济理论的形成与完善必须立足于现有的理论成果，着眼于社会主义市场经济的实践探索，深入总结建立和发展社会主义市场经济的实践经验，及时将之上升到理论高度，并在此基础上将之与过去的理论成果相综合。只有这样，才能综合出科学的社会主义市场经济理论。②

有些学者提出，要通过对马克思主义经济学、新古典主义经济学和凯恩斯主义主流经济学的比较与综合，来建立、丰富、改进和发展适合我国需要的科学的、现代化的经济理论体系。习近平认为，这种观点虽很有见地，但并不完全正确。必须以基本范式最为科学、最能适应社会主义市场经济要求的马克思主义经济学作为基础和主体，去对西方经济学中的优秀成果进行兼收并蓄。故而，在运用马克思主义经济学指导建立和发展社会主义市场经济的社会实践时，有三个问题应引起我们的高度重视。其一，不能照搬照抄西方的市场经济理论。其二，切忌用抽象的理论去指导被抽象化的实践。其三，不可忘记中国有着不同于西方的历史、文化、哲学传统和社会主义优良精神的具体实际。中国与西方国家在国情上的这些差异，要求我们在建立社会主义市场经济体制时，必须将马克思主义经济学理论与中国的具体实际相结合，特别是要求我们

---

① 《对发展社会主义市场经济的再认识》，《东南学术》2001年第4期。
② 同上。

的经济学家在学习、借鉴西方经济理论来解决中国的经济问题时，必须重视人的复杂因素和关系所造成的复杂影响，必须重视发挥社会主义的巨大优势，切不可见物不见人，切不可套用西方的思维方式和价值取向去认识、解决中国的社会主义经济问题。①

习近平重视人的复杂因素和关系，进而强调人的劳动。"人，本质上就是文化的人，而不是'物化'的人；是能动的、全面的人，而不是僵化的、'单向度'的人。"② 这是在社会主义市场经济建设的伟大实践中继承和发展的马克思劳动价值论。"劳动是积极的、创造性的活动。"③ "土地是财富之母，劳动是财富之父。"一切物质的和精神的产品，都是人类劳动运用自然资源创造出来的。科学技术的发展，是劳动创造性不断提高的集中体现。人类劳动所独有的创造性，正是科学技术发展的源泉。生产力是劳动者和生产资料的结合，科学技术既渗透到生产资料中，也体现在劳动者身上。劳动者的科学技术素质，是劳动能力的基本要素。劳动能力的提高，劳动能力的大小，主要取决于劳动者的科学技术素质。在这个意义上，我们可以更深刻地理解马克思对科学技术的高度评价。邓小平同志关于科学技术是第一生产力的论断以及江泽民同志关于"人才资源是第一资源"的思想。科学技术，正是在人们认识世界、改造世界的创造性的劳动过程中不断发展的。在生产力中，劳动者是首要的、起主导作用的因素。生产力的发展过程，在本质上就是劳动的创造性和劳动者的创造能力不断提高的过程。社会主义从本质上讲，就是为了克服资本对劳动的奴役，以实现劳动的解放和发展。解放人的劳动，也就是解放人本身。科学技术的发展和生产的规模化、社会化，促进了分工和协作在更高的层次上发展，因而产生了大量新的劳动形态。科技劳动、管理劳动、服务劳动等，成为当代突出的劳动形态。④

当代各种劳动形态比以往任何时代都需要劳动者"善学善思善作善成"、"实干兴邦"（习近平语）。正是在重视劳动者的"学习"能力，

---

① 《社会主义市场经济和马克思主义经济学的发展与完善》，《经济学动态》1998 年第 7 期。
② 《文化育和谐》，《当代贵州》2014 年第 19 期。
③ 《马克思恩格斯全集》第 46 卷（下册），人民出版社 1980 年版，第 116 页。
④ 李铁映：《关于劳动价值论的读书笔记》，《中国社会科学》2003 年第 1 期。

"实干巧干真干","授劳动者以渔"这些重要方面上,习近平继承和发展了马克思的劳动价值论。

2012年11月29日,在参观《复兴之路》展览时,习近平指出,空谈误国,实干兴邦。2013年4月28日,在与全国劳动模范代表座谈时,他进一步强调:"幸福不会从天而降,梦想不会自动成真。'空谈误国,实干兴邦',实干首先就要脚踏实地劳动。"《在中央党校2012年秋季学期开学典礼上的讲话》中,习近平则强调:"知识就是力量、就是财富。知识可以改变一个人的命运,也可以改变一个民族、一个国家的命运。古今中外,传承知识、创新知识、学习知识、运用知识,始终与历史进步相伴、与社会发展共存,是人类提高自己的重要阶梯,是国家发展兴盛的重要基础。"《在中央党校建校80周年庆祝大会暨2013年春季学期开学典礼上的讲话》中,习近平指出:"新问题每时每刻都在出现,而且多数又是我们过去不熟悉或者不太熟悉的。出现这样的状况,是由世情、国情、党情的发展变化引起的。不论是新问题还是老问题,不论是长期存在的老问题还是改变了表现形式的老问题,要认识好、解决好,唯一的途径就是增强我们自己的本领。增强本领就要加强学习,既把学到的知识运用于实践,又在实践中增长解决问题的新本领。""本领不是天生的,是要通过学习和实践来获得的。当今时代,知识更新周期大大缩短,各种新知识、新情况、新事物层出不穷。如果我们不努力提高各方面的知识素养,不自觉学习各种科学文化知识,不主动加快知识更新、优化知识结构、拓宽眼界和视野,那就难以增强本领,也就没有办法赢得主动、赢得优势、赢得未来。"不善于学习,犹如"盲人骑瞎马,夜半临深池",虽勇气可嘉,却是鲁莽和不可取的,不仅不能在工作中打开新局面,而且有迷失方向、落后于时代的危险。

四 习近平"美丽中国梦"思想对"劳动创造美"的运用与发展

习近平在党的十八大报告中关于加强生态文明建设的论述实质上勾勒了一个美丽中国的生态梦。《在同全国劳动模范代表座谈时的讲话(2013年4月28日)》中,习近平强调指出:"我们已经确定了今后的奋斗目标,这就是到中国共产党成立100年时全面建成小康社会,到新中国成立100年时建成富强民主文明和谐的社会主义现代化国家，努力实现中华民族伟大复兴的中国梦。"作为生态文明建设目标的"美丽中国梦"旨在为实现国家富强、民族振兴和人民幸福的中国梦奠定坚实的自然基础。

习近平"美丽中国梦"思想对"劳动创造美"的运用与发展主要体现在以下四个方面：

其一，绿色与生命。早在2002年任福建省省长时，习近平就概括说："绿色，象征生命、象征文明"，"绿色它代表发展，代表可持续，代表一种环保意识，代表着这里的这种未来的生命力，所以我觉得绿色确实是一个希望，我们为绿色的这种目标应该是竭诚全力"。"我们讲世界眼光，要有长远的眼光，既要有经济效益的眼光，又要用生态效益、社会效益的眼光。"①

其二，"生态兴则文明兴，生态衰则文明衰"②。推进生态建设，是功在当代的民心工程、利在千秋的德政工程。2003年7月11日，浙江省委书记习近平在生态省建设动员大会上说："不重视生态的政府是不清醒的政府，不重视生态的干部是不称职的干部，不重视生态的企业是没有希望的企业，不重视生态的公民不能算是具备现代文明意识的公民。"在接受《绿色中国》记者田雄的专访中，习近平指出："如果在经济建设中不首先考虑环境问题，则无疑等于人类在自己毁灭自己，可持续发展更无从谈起。生态和环境是经济社会发展的基础。发展，应当是经济社会整体上的全面发展，空间上的协调发展，时间上的持续发展。"③ 因而，搞生态省建设，好比我们在治理一种社会生态病，这种病是一种综合征，病源很复杂，有的来自不合理的经济结构，有的来自传统的生产方式，有的来自不良的生活习惯等，其表现形式也多种多样，既有环境污染带来的"外伤"，又有生态系统被破坏造成的"神经性症状"，还有资源过度开发带来的"体力透支"。总之，它是一种疑难杂症，这种病一天两天不能治愈，一副两副药也不能治愈，它需要多管齐下，综合治理，长期努力，精心调养。④

---

① 《榕树下面好乘凉——访福建省省长习近平》，《中国林业》2002年第4期。
② 《生态兴则文明兴》，《求是》2003年第13期。
③ 《让生态省建设成为全社会的自觉行动》，《绿色中国》2004年第2期。
④ 《生态省建设是一项长期战略任务》，《西部大开发》2013年第3期。

其三，绿色发展和可持续发展。在博鳌亚洲论坛2010年年会开幕式上的演讲中，习近平指出，从20世纪90年代中期、特别是进入新世纪新阶段以来，我们提出，要坚持以人为本、全面协调可持续发展的科学发展观；要以极其认真负责的历史责任感对待环境与发展问题，坚持走可持续发展道路；要实施科教兴国战略，实行经济结构战略性调整，积极推动创新发展；要把经济发展建立在主要依靠国内市场的基础上，高度重视以内需特别是消费需求拉动发展；要努力开创生产发展、生活富裕、生态良好的文明发展道路；要走出一条科技含量高、经济效益好、资源消耗低、环境污染少、人力资源优势得到充分发挥的中国特色新型工业化道路；要把节约资源作为基本国策，发展循环经济，保护生态环境，加快建设资源节约型、环境友好型社会，促进经济发展与人口资源环境相协调；要呵护人类赖以生存的地球家园，建设生态文明，形成节约能源资源和保护生态环境的产业结构、增长方式、消费模式，把建设资源节约型、环境友好型社会落实到每个单位、每个家庭；要以对中华民族和全人类长远发展高度负责的精神，全面加强应对气候变化能力建设，为中国和全球可持续发展作出不懈努力；要更加自觉地认识到，加快经济发展方式转变刻不容缓，必须在发展中促转变、在转变中谋发展，等等①。

其四，美丽中国梦与生态文明建设的国际合作。2013年在给"生态文明贵阳国际论坛"的贺信中，习近平表示，本次论坛凝聚了国际社会对生态文明建设的共同关注。习近平强调，走向生态文明新时代，建设美丽中国，是实现中华民族伟大复兴的中国梦的重要内容。中国将按照尊重自然、顺应自然、保护自然的理念，贯彻节约资源和保护环境的基本国策，更加自觉地推动绿色发展、循环发展、低碳发展，把生态文明建设融入经济建设、政治建设、文化建设、社会建设各方面和全过程。2013年4月2日，习近平在参加首都义务植树活动时强调，"把义务植树深入持久开展下去为建设美丽中国创造更好生态条件"。"全社会都要按照党的十八大提出的建设美丽中国的要求，切实增强生态意识，切实加强生态环境保护，把我国建设成为生态环境良好的国家。"

---

① 《携手推进亚洲绿色发展和可持续发展——在博鳌亚洲论坛2010年年会开幕式上的演讲》，《青海科技》2010年第2期。

2013年5月24日，中共中央政治局就大力推进生态文明建设进行第六次集体学习。习近平在主持学习时强调，生态环境保护是功在当代、利在千秋的事业。只有实行最严格的制度、最严密的法治，才能为生态文明建设提供可靠保障。要建立责任追究制度，对那些不顾生态环境盲目决策、造成严重后果的人，必须追究其责任，而且应该终身追究。

（作者单位：厦门大学马克思主义学院）

专题四

中共党史其他问题研究

农村包围城市道路研究中的难点
——《毛泽东给林彪的信》是否有了农村中心思想

刘晶芳

在农村包围城市道路研究中，毛泽东与道路形成的关系备受关注。在认可工作重心的解决是开辟农村包围城市道路的标志的前提下，党史研究者对毛泽东何时形成农村中心思想认识并不一致。其中争论的焦点是1930年1月5日《毛泽东给林彪的信》（经毛泽东修改后以《星星之火，可以燎原》为题收入《毛泽东选集》第一卷）中是否有了农村中心思想。

1990年以前，党史研究者依据收入毛选的《星星之火，可以燎原》一文中毛泽东对农村斗争的重要性及在促进全国革命高潮中的作用的论述，认为毛泽东对农村斗争的极端重要性作了充分肯定，并把红军和根据地的发展与全国革命高潮联系起来了，标志着毛泽东农村中心思想已经形成。

1990年以来，虽然肯定毛泽东1930年年初已有了农村中心思想的看法作为主流观点仍具有很高的认同度，但对这种看法质疑的文章也有数篇。其中最有影响力的是1990年鲁振祥的《略谈"农村包围城市"道路理论的形成与确立》[①]一文。作者认为收入《毛泽东选集》的《星星之火，可以燎原》对《毛泽东给林彪的信》在一些关键论断上作了重要修改。将原文"红军、游击队和红色区域的建立和发展……是促进全国革命高潮的重要因素"，改为"最重要因素"；将"创造红军成为将来大革命的重要工具之一"[②]，改为"主要工具"；将"党的无产阶级

---

① 参见《中共党史研究》1990年第6期。
② 中央档案馆：《中共中央文件选集》第6卷，中共中央党校出版社1989年版，第554页。

基础之建立,中心区域产业支部之创造,是目前党在组织方面的最大任务"改为"重要任务"。作者认为修改后的信中农村中心思想是突出的,而原文没有农村中心思想,说行文中表达的是城市中心思想可能更为准确。因此,说《毛泽东给林彪的信》提出农村中心思想的观点难以成立。

要考察《毛泽东给林彪的信》是否表达了"乡村中心"思想,在没有找到当年印发的信的原件的情况下,无疑应以最早收录此信的《六大以来》版本为准（此版本被中央档案馆编的《中共中央文件选集》第6册收入,本文使用的即是这一版本）。从当年信中的文字表述看,的确没有明确表达不同意中央的城市中心思想,甚至还赞同了中央文件中的一些提法;不仅没有以农村为中心的词语,农村中心思想似乎也并不那么突出。而修改过的信中农村中心思想明确,也更突出了。那么究竟应当怎样看当年毛泽东在信中对工作重心问题的认识,到底其主导思想是城市中心思想还是农村中心思想?笔者认为要正确认识毛泽东这封信,不仅要看在一些问题上的语言表述,更重要的是把它放在当时的历史背景下,看它是针对什么写的,要解决的问题是什么?毛泽东在信中所强调的又是什么?

一 《毛泽东给林彪的信》的历史背景

要正确认识《毛泽东给林彪的信》的主旨,必须把它放在当时的历史背景下。毛泽东写给林彪信的大背景是,大革命失败后全党探索革命道路。八七会议后,党开始独立领导中国革命。这个革命主要包括城市中的工人运动,农村中的武装斗争两大部分。党虽然把工作重心放在城市,但在白色恐怖下,以城市工人运动为主的白区斗争成效很小,损失很大。农村斗争则有了一些成绩,建立了红军和一些小块政权。在当时的状况下,如何处理城市斗争与农村斗争的关系?走什么样的道路才有利于革命的发展?全党都在探索。毛泽东在井冈山和赣南闽西的革命斗争实践中,对在大革命失败后白色恐怖严重,敌我力量对比悬殊,经济政治发展不平衡的条件下,革命力量如何生存发展进行了艰辛的探索。经过了深入思考,初步形成了红色政权理论和工农武装割据思想。毛泽东给林彪的信就是在这样的大背景下写的。

毛泽东给林彪写信的小背景是红四军第九次党的代表大会（即古田会议），解决了在中国特殊的国情和党情下如何保持党的无产阶级先进性问题。

解决这个问题非常重要。因为中国以农民为主体的民主革命要取得胜利，关键在有无先进政党领导。共产国际之所以在较长的时间里坚持城市中心道路，最根本的也是担心中共长期在农村，党员成分主要是农民，会变成农民党，丧失无产阶级先进性。所以解决在特殊的国情和党情下，中国共产党如何保持无产阶级先进性的问题，对开辟新道路至关重要。

红四军党内在如何建党建军的问题上曾发生过一场大争论，即有名的朱毛之争。红四军七大没能正确解决这个争论。毛泽东的建党建军主张不仅未被接受，还落选了前委书记，被迫离开红四军。最终在中央九月来信的指导下，召开红四军九大，通过了《古田会议决议》，确定了着重从思想上建设，同时从组织上建设，通过用无产阶级思想克服各种非无产阶级思想，使农民小资产阶级出身的党员无产阶级化的建党新路，解决了走农村包围城市道路的关键问题。

与此同时，古田会议还批评了流寇主义思想，强调了建立巩固根据地的重要性，指出"历史上黄巢、李闯式的流寇主义，已为今日的环境所不许可"，它"极大地妨碍着红军去执行正确的任务，故肃清流寇思想，实为红军党内思想斗争的一个重要目标"①。古田会议对流寇思想的否定，为毛泽东形成农村中心思想奠定了基础。了解了上述背景，就容易理解毛泽东信中的思想了。

二 《毛泽东给林彪的信》是针对什么写的，要解决的问题是什么？

判断《毛泽东给林彪的信》中是否有农村中心思想，要弄清楚毛泽东的信是为什么写的。信的开篇即说清楚了写这封信的原因和目的。就是要解决"对于形势的估量伴随而来的我们的行动问题"。信的主题非常明确，即是针对林彪前不久写给他的信中表现出来的红四军党内存

---

① 《毛泽东选集》第1卷，人民出版社1993年版，第86—87页。

在的对时局的悲观估量，以及由此而来的在红军的行动方针上，不赞成建立巩固的根据地，主张流动游击的思想，阐述他对形势和行动方针的看法。

毛泽东不赞成林彪对形势的悲观估计，认为他只看到了红军在井冈山上和下山以来生存困难的现象，而没有透过现象看实质，没有把中国的特殊国情和军阀混战对革命的影响看清楚。毛泽东在信中详细分析了帝国主义殖民地化中国，帝国主义互相争夺在中国的权益导致的军阀混战给中国带来的灾难，揭示了中国社会的深刻的矛盾，以及广大人民群众在极度困苦之中，求生不得的惨状。从而揭示了中国革命的深刻根源。同时也指出了帝国主义的争夺和军阀混战，给红军和小块红色政权的生存和发展提供了空间。一九二七年"大革命失败以后，革命的主观力量的确大为削弱，剩下的一点小小的主观力量，若据形式上看，自然要使同志们（作这样看法的同志们）发生悲观的念头，但若从实质上看，便大大不然。这里用得着中国的一句老话：'星星之火，可以燎原。'即是说，现在虽只有一点小小的力量，但是它的发展会是很快的，它在中国的环境里不仅是具备了发展的可能性，简直是具备了发展的必然性。"①

毛泽东通过对形势的分析，说明党内盛行的怀疑红旗到底打得多久的悲观估计是错误的，进而证明由此而来的在行动上的流动游击思想是不符合实际的。他批评林彪，说"由你相信×××式的流动游击政策一点看来，似乎你认为在距离革命高潮尚远的时期做建立政权的艰苦工作为徒劳，而有用比较轻便的流动游击方式去扩大政治影响，等到全国各地争取群众的工作做好了，或做到某个地步了，然后来一个全国暴动，那里把红军的力量加上去，就成为全国形势的大革命。你的这种全国范围的，包括一切地方的，先争取群众后建立政权的理论，我觉得是与中国革命不适合的"②。通过毛泽东对林彪的批评，可以看出他要解决的最主要问题是党内较普遍存在的对时局的错误估量，以及由此而来的对在农村建立巩固根据地缺乏信心问题，以便肃清古田会议后党内仍存在

---

① 中央档案馆：《中共中央文件选集》第6册，中共中央党校出版社1989年版，第555页。
② 同上书，第553—554页。

的流寇主义思想,确立建立红色政权的深刻观念,提高党内对坚持农村斗争,建立巩固的根据地的重要性的认识。

三 《毛泽东给林彪的信》中强调的是什么?

毛泽东的信在否定错误主张的同时,集中阐述了对农村斗争重要性的认识。他强调:"如果认清了中国是一个许多帝国主义国家互相争夺的半殖民地,则一,就会明白全个世界里头何以只有中国有这种统治阶级混战的怪事,而且何以混战一天激烈一天,一天扩大一天,何以始终不能有一个统一的政权。二,就会明白农民问题意义的严重,因之,也就明白农村暴动何以有现在这样的全国形势的发展。三,就会明白工农政权口号之绝对的正确。四,就会明白相应于全世界中只有中国有统治阶级混战的一件怪事而产生出来的另外一件怪事,即红军和游击队的存在与发展,以及伴随红军与游击队而来的,成长于四围白色政权中的小块红色政权(苏维埃)之存在与发展(中国以外无此怪事)。五,也就会明白红军游击队及苏维埃区域之发展,它是半殖民地农民斗争的最高形式,也就是半殖民地农民斗争必然走向的形式。六,也就会明白无疑义的它(红军和农民苏维埃)是半殖民地无产阶级斗争最重要的同盟力量(无产阶级要走上去领导它),无疑义的它是促进全国革命高潮的重要因素。七,也就会明白单纯的流动游击政策是不能达到促进全国革命高潮的任务,而朱毛式、贺龙式、李文林式、方志敏式之有根据地的,有计划地建设政权的,红军游击队与广大农民群众配合着组织着从斗争中训练着的,深入土地革命的,扩大武装组织乡暴动队、区赤卫大队、县赤卫总队、地方红军以至于超地方红军的,政权发展是波浪式向前扩大的政策,是无疑义地正确的。必须这样,才能树立对全国革命群众的信仰,如苏俄之于全世界然;必须这样,才能给统治阶级以甚大的困难,动摇其基础而促进其内部的分解;也必须这样,才能真正的创造红军,成为将来大革命的重要工具之一。总而言之,必须这样,才能促进革命的高潮。"① 上述文字表述中虽然没有用"最"字,没有用"主

---

① 中央档案馆:《中共中央文件选集》第6册,中共中央党校出版社1989年版,第554页。

要力量"的词,但我们看到了毛泽东坚信在中国特殊国情下农民的斗争、红军和根据地的存在和发展的必要性和可能性;充分肯定了朱毛式、贺龙式、李文林式、方志敏式重视建立红军赤卫队等形式的革命武装,重视土地革命,重视建立巩固根据地的做法,认为无疑义是正确的;高度评价了农村斗争在中国革命中的地位和促进革命高潮中的作用,称其是半殖民地农民斗争的最高形式,必然走向的形式,是无产阶级斗争最重要的同盟力量,促进革命高潮的重要因素,认为总而言之,必须这样,才能促进革命的高潮。从上述一段论述中,可以看到毛泽东对农村斗争的重视,看到他是把目前还是弱小的零星的红军和农村根据地与中国革命的大局紧密地联系在一起,从战略高度肯定了农村斗争的极端重要性和夺取革命胜利的重大意义。

毛泽东在充分论述了农村斗争在中国革命中的重要性的同时,还阐述了他对城市斗争关系的认识。毛泽东引用了中央决议中的一句重视城市斗争的话:"无产阶级领导是革命胜利的唯一关键,党的无产阶级基础之建立,中心区域产业支部之创造,是目前党在组织方面的最大任务",但紧接着又强调"农村斗争的发展,小区域苏维埃的建立,红军之创造与扩大,亦是帮助城市斗争,促进革命潮流高涨的条件","所以抛弃城市斗争,沉溺于农村游击主义是最大的错误,但畏惧农民势力发展,以为将超过工人的领导而不利于革命,如果党员中有这种意见,我们以为也是错误的。因为半殖民地中国的革命,唯有农民斗争不得工人领导而失败,没有农民斗争发展超过工人势力而不利于革命本身的"①。从上述表述可以看出毛泽东在四五复信中虽然没有否定城市中心论,但在党内普遍轻视农村斗争的情况下,强调了农村斗争的重要。在当时教条主义统治全党的情况下,能够做到这一点已相当不易。作为全信的点睛之笔,毛泽东一针见血地指出党内在红军行动问题上出现错误的原因,即是"没有建立红色政权的深刻的观念,因之也没有用这种红色政权的深入与扩大去促进全国革命高潮的深刻的观念"②。

从《毛泽东写给林彪的信》的动机(批评没有建立红色政权的深

---

① 中央档案馆:《中共中央文件选集》第6册,中共中央党校出版社1989年版,第558页。

② 同上书,第553页。

刻观念，否定先争取群众后建立政权的理论），信中对工农割据必要性、重要性的认识和对朱毛、方、李式的根据地的肯定，以及他从国情出发阐述的七个"就会明白"，强调的四个"必须"，可以看出毛泽东是非常看重农村斗争在中国革命中的地位和作用的。虽然在行文中没有用最字，也应当说有了以农村为中心的思想。

四　如何看1930年毛泽东的军事活动？

思想支配行动。判断《毛泽东给林彪的信》中有无农村中心思想，还要在实践中来检验。

1930年春，红四军在赣南、闽西和粤东开展游击战争，深入进行土地革命，建立红色政权，使赣闽粤三省边界的苏区连成一片，红军和根据地获得了发展和巩固。以此为基础，毛泽东主持制定了建立以江西为中心旁及周围各省的大片农村革命根据地，以形成一个革命的大局面的奋斗目标，领导红四军、红五军、红六军展开了大规模的分兵游击。实践证明毛泽东的主张是正确的。但毛泽东的做法遭到主持中央工作的李立三的否定。早在1930年2月26日中央发出的第七十号通告中，就批评朱毛对红军的集中进攻不积极，还保存有过去躲避和分散的观念。4月3日，在中央给红四军前委的指示信中，批评红四军前委"造成粤闽赣三省边境红色割据"和"争取江西"的观念是"极端错误"的割据政策和保守观念。要求红四军必须"立即纠正这一错误"，把"猛烈的扩大红军与坚决地向中心城市发展"[①] 作为当前的最主要的任务，夺取九江和武汉。由于毛泽东没有立即按照中央的要求去做，在6月9日的中央政治局委会议上，李立三大批割据观念，说以一省或几省的政权来推动全国的革命高潮，完全是农民意识。他还点名批评毛泽东，说"在全国军事会议中发现了妨害红军发展的两个障碍，一是苏维埃区域的保守观念，一是红军狭隘的游击战略。最明显的是四军毛泽东，他有他一贯的游击观念，这一路线完全与中央的路线不同"[②]。6月11日，

[①] 中央档案馆：《中共中央文件选集》第6册，中共中央党校出版社1989年版，第58—60页。

[②] 同上书，第108—109页。

李立三主持召开中央政治局会议，通过了《新的革命高潮与一省或几省的首先胜利》的决议，提出"准备一省与几省的首先胜利建立全国革命政权"的战略总方针，随后制定了以武汉为中心的全国总暴动和集中红军进攻中心城市的计划。6月15日，李立三以中央名义给红四军前委发了一封措词严厉的指示信，批评毛泽东固执过去的路线，主张"农村工作是第一步，城市工作是第二步"，"完全反映着农民意识，在政治上表现出来机会主义错误"[1]。把毛泽东与李立三的促进革命高潮战略对比，可以明显地看出毛泽东的主张与李立三的城市中心论完全不同。当年李立三对毛泽东的批评，准确地反映了毛泽东在城市斗争和农村斗争关系上的主要倾向，能够反证毛泽东已有农村中心思想。

受到中央的批评后，在中央的一再督促下，1930年6月，毛泽东和朱德执行中央争取湘鄂赣数省首先胜利方针和红军攻打大城市的命令，率领红军向南昌进发，并领导红一方面军实施攻打长沙的作战计划。对毛泽东这段实践，学者们有不同看法。持否定1930年1月毛泽东农村中心思想形成说的学者认为，1929年四五复信中毛泽东提出的争取江西，兼及闽西、浙西的思想与立三争取一省数省首先胜利的"左"倾冒险主义没有区别。1930年5—10月毛泽东执行了立三路线，而且不是被动地执行。毛泽东在形势估量上同中央基本一致，对打南昌、长沙是赞同并积极执行的。另一种意见认为毛泽东作为下级不得不服从中央。因此在组织上曾一度服从和接受、执行过立三路线，但始终未赞成过，在实践中是有效地抵制了。笔者认为从实际情况看，不能说毛泽东没有执行中央的决议。因为有汀州北上誓师，有进军南昌的行动，有二打长沙的作战。但同样都是执行，怎样执行是有区别的。关键是以城市中心思想指导还是以农村中心思想指导。以城市中心思想为指导，就会不管主客观条件是否具备，机械地执行中央决策，死打硬拼，结果导致革命力量受到重大损失。反之有农村中心思想，则不会把攻占城市作为必须实现的作战目的，不顾主客观条件机械执行，而会审时度势，灵活地执行中央指示，结果是较少牺牲，较多地保存了革命力量。在李立三为核心的党中央实施争取湘鄂赣数省首先胜利方针和红军攻打

---

[1] 中央档案馆：《中共中央文件选集》第6册，中共中央党校出版社1989年版，第139页。

大城市作战计划中，毛泽东没有机械地不折不扣地执行中央的命令，而是能打则打，打不了就走，从而避免了大的牺牲，较多地保存了力量。事实上，在1930年夏执行中央一省数省首先胜利攻打大城市的作战中，红一方面军在全国各支红军中是保存力量最多的。在全党头脑发热的情况下，能做到不盲动或少盲动，也说明他是有农村中心思想的。

小　结

在中国的特殊国情下，开辟出一条适合中国革命的新道路是非常艰难的。这不仅是因为在近代世界各国的资产阶级民主革命中没有现成的经验借鉴，也因为在教条主义盛行的年代，俄国革命的城市中心模式严重地束缚着中国共产党人。要冲破城市中心模式，另辟蹊径，需要很大的理论勇气。同时在实践中要认识中国革命的规律也是非常不容易的。因为人的认识总要受到许多限制。不但要受到自身认识水平的限制，而且也受事物本身的发展及表现程度的限制。一个正确认识往往要经过实践、认识，再实践、再认识，多次反复才能实现。对农村包围城市这样一个中国革命根本规律的认识，更是这样。毛泽东是大革命失败后一直坚持在农村从事武装斗争实践的人。他不仅实践经验丰富，而且注意总结经验，把实践经验上升到理论，探寻中国革命的规律。他最早系统、完整地阐述了红色政权理论和工农武装割据思想，找到了建党新路，解决了走农村包围城市道路的关键问题。在此基础上形成了农村中心思想，并在给林彪的信中初步表达出来了。但毛泽东也不是一下子就把城乡关系看得那么透彻。在这封信中也还有城市中心的痕迹。1930年上半年受局部形势好转的影响，对全国革命形势的估计也一度出现了偏差，没有认识到中国革命的长期性。这种状况在从城市中心向农村中心的转换中是不可避免的。在新思想从旧思想中形成的过程中，对工作重心的认识也常常不是非此即彼的，要么是城市中心思想，要么是农村中心思想，而是亦此亦彼的，应看主要倾向。有了农村中心的思想，就可以说新道路开辟出来了。无论从实践上，还是从理论上看，毛泽东都不愧是开辟农村包围城市道路的先行者。

（作者单位：中共中央党校）

《才溪乡调查》的历史价值与党的群众路线的继承

蒋伯英

一 才溪乡调查体现了党的实事求是和群众路线的思想作风

1933年11月20日前后,毛泽东从瑞金前往福建上杭县才溪乡,展开深入的苏维埃建设和社会经济调查,写出了著名的《才溪乡调查》。

毛泽东始终把调查研究作为解决中国革命问题的重要途径。特别是在赣南、闽西创建中央苏区时期,以毛泽东为代表的中国共产党人所面临的不只是单纯的军事斗争,更承担起了农村根据地建设、经济危机的化解、人民群众生产生活的安排等一系列生存与发展的重大民生课题。如何解决这些问题并获得人民群众的支持,成为革命成败与苏维埃政权能否坚持下去的关键。

面对错综复杂的阶级斗争和社会经济问题,毛泽东深感要做好党的领导,必须到社会实际当中去做调查研究。毛泽东特别强调,做好社会调查这件事,"第一是眼睛向下,不要只是昂首望天。没有眼睛向下的兴趣和决心,是一辈子也不会真正懂得中国的事情的";"第二是开调查会"。①

毛泽东在红军党内建立了群众工作和开展社会调查的制度,要求部

---

① 《毛泽东农村调查文集》,人民出版1982年版,第15—16页。

队各级党领导每到一地"必须经过调查工作以后,才能开会决定该地工作",因为红军行动如行云流水,所到之地皆不了解当地情形,"若不调查则一切决定必不能切合当地群众需要"①。《古田会议决议》更是把调查研究列为克服唯心主义和盲动主义的武器,要求党员"注意社会经济的调查和研究,借此来决定斗争策略和工作方法。使同志们知道离了实际调查,便要堕入空想和盲动的深坑"②。

在此前后,在创建中央苏区戎马倥偬的艰难岁月,毛泽东展开了大规模的社会调查。特别是 1930 年 5 月至 11 月,毛泽东在短短 7 个月内,先后写出了《寻乌调查》、《兴国调查》、《分田后的富农问题》等 8 篇调查报告,达 14 万余字;特别是他完成了马克思主义中国化的经典之作《反对本本主义》,提出"没有调查没有发言权"的著名论断,从而在理论上创立了调查研究,实事求是的思想路线,标志着毛泽东思想的初步形成。

1933 年前后"左"倾错误发展到了顶峰。"左"倾错误指导的第五次反"围剿"初战即溃,却又不顾群众民生需求而提出所谓"创造百万铁的红军"口号,试图以官僚主义的政治动员替代脚踏实地的群众工作,诋毁人民群众对苏区建设的贡献和支援前线的牺牲精神;对战争条件下的经济建设提出质疑,甚至指责苏区群众生活没有改良,群众不愿意当红军,扩大红军便没有人生产。毛泽东到才溪乡调查,是要到人民群众当中去,到苏维埃建设的第一线作调查研究,获取第一手实际的材料与数据,回击一切机会主义的诽谤。正如毛泽东在才溪乡调查结束以后说:"反对官僚主义的最有效方法,就是拿活的榜样给他们看。"③毛泽东的选择是正确的,才溪乡调查给了他这样有力的武器。

毛泽东何以选择这个时机作调查?又为什么选择到才溪乡调查?主要有以下几种原因。

第一,为全国第二次苏维埃代表大会的召开作准备。1933 年 6 月 8 日,苏维埃中央执行委员会作出决定,召开第二次全国苏维埃代表大会,内容是总结两年来全国苏维埃运动经验,决定新的方针,改选中央

---

① 中央档案馆:《中共中央文件选集》第 5 册,中共中央党校出版 1990 年版,第 762—763 页。

② 同上书,第 807—808 页。

③ 《毛泽东农村调查文集》,人民出版社 1982 年版,第 287 页。

执行委员会。同时决定，1933年12月以前完成各级苏维埃政府的改选，选举产生了苏大代表，完成大会各种文件的起草等准备工作。毛泽东负责政府工作报告的起草工作，才溪乡调查就是这项工作的一部分。

第二，总结典型经验，指导苏区建设。才溪乡是中央苏区的模范乡，在苏维埃建设的各项工作中做出了非凡的业绩，特别是在政权建设、经济与文化建设以及人民群众的生产生活、扩红支前等方面的成就突出，堪为全国学习的榜样。

第三，回击"左"倾错误对苏区建设的否定，批判脱离群众，以政治口号代替民生建设的官僚主义作风，纠正党内存在的轻视经济建设、轻视民主和民生问题、轻视群众路线等错误倾向。

毛泽东选择到才溪乡调查，体现了毛泽东坚持实事求是的思想路线和群众路线的工作作风。他用自己的行动和丰富理论证明了中国共产党人崇尚实践，不尚空谈和密切联系群众，拜群众为师，为群众谋利益的行为准则。才溪乡调查这一事实再一次折射了毛泽东倡导的这一思想路线和作风。

二　才溪乡调查及其主要成果

才溪是福建省最早传播马列主义和建立党组织的乡村之一，1929年7月在红军四入闽的影响下举行武装暴动，建立了农民协会和区、乡苏维埃政府。在土地革命中获得了胜利成果的才溪人民积极投身于政权、经济、文化等各项建设。人民群众的翻身解放和经济改善，激发了扩红支前和参军参战的热情，绝大多数青壮年男子毅然走出家门参军参战或参加各种革命工作，保卫土地革命的胜利成果。特别是，人民群众直接选举产生的苏维埃政府和区、乡干部，与人民同甘共苦，同心同德，密切联系群众，以人民公仆艰苦朴素的工作作风和全心全意为人民服务的精神，深得群众的信赖和拥护。才溪区各项工作名列前茅，是中央苏区著名的模范区，1933年6月被福建省苏维埃政府表彰为"第一模范区"。

毛泽东选择才溪乡作为调查研究对象，目的在于总结和发扬他们的经验，"供给一切落后的乡苏、市苏以具体的榜样，使他们的工作提高到先进乡苏、市苏的地位，团结千百万群众于苏维埃的周围，争取一切苏维埃工作适合于粉碎敌人'围剿'的要求，这就是我们的目的"①。

1933年11月18日，毛泽东完成了江西兴国县长冈乡调查之后，随即前往上杭县才溪。毛泽东在才溪大约五六天时间，分别召集了有区乡干部、工人代表、农民代表、耕田队长等各类代表人物参加的各种座谈会，特别是在听取了上才溪乡苏维埃政府主席卓兴华、上才溪乡文书阙绍光、下才溪乡苏维埃代表王得清三个地方干部的口头汇报后，于11月26日写出了《才溪乡调查》这篇著名的调查报告。

《才溪乡调查》包含有七个部分，约12000字。其中关于才溪乡苏维埃建设、扩大红军和经济建设三个方面的内容特别引人关注。

关于苏维埃建设。才溪乡政府换届选举，一切从实际出发，充分发扬民主，尊重群众意愿。从《才溪乡调查》可以明白，由于才溪乡泥水工人占很大比例，苏维埃代表的工人成分是比上一届大幅增加；才溪乡因为青壮年男子大部分参加了红军与政府工作，选民以妇女为主，因此妇女代表的比例也比上一次选举大幅增加，由30%增加到60%—65%。正因为代表成员充分体现了广泛的群众性，人民群众踊跃参选，参选比例高达80%，甚至行动不便的老人也"撑着棍子到会"。对候选人实行公开张榜民主评议，选民们对候选人分别批注"好"、"不好"、"同意"、"消极"，甚至注有"官僚"二字。被批评人或者是自私自利者、或者是"不顾群众利益"和工作消极者。上才溪乡选举的结果是53名前任代表中，有21人再当选，32人落选，新当选54人。显然，才溪乡的选举充分体现了民主制度和群众路线，获得了群众的拥护。所以毛泽东评价说："上下才溪的选举一般是成功了的"，"成为苏区选举运动的模范"。②

据毛泽东调查，才溪乡苏维埃政府的组织机构中，设立有"拥护红军"、"优待红军"、"查田"、"选举"、"土地"、"劳动"、"山林"等许多个委员会，成为乡苏工作的重要一部分。《才溪乡调查》对这种组织形式予以充分肯定，认为"这一制度的明确的统一的建立，将使苏维埃与民众的关系更加密切，将使一切苏维埃工作的执行得着雄厚

---

① 《毛泽东文集》第1卷，人民出版社1993年版，第277页。
② 同上书，第327页。

的力量"①。

关于扩大红军。这是毛泽东最为关注的问题之一。中央苏区正在全面动员参军参战,投入紧张激烈的第五次反"围剿"战争。问题在于如何动员,如何保障红军家属的生产生活不受影响。通过调查,毛泽东获悉才溪人民踊跃扩红参战,上才溪乡当红军和外出工作的青男壮年男子达88%,下才溪乡达70%。才溪乡的扩红经验,绝不是单纯地作空洞的政治动员,而是通过充分宣传鼓动,"废弃一切强迫办法",健全并加强地方武装;特别是"充分地优待红军家属",是"使群众欢喜并且安心留在红军部队的一个根本工作"。经过这样的调查,毛泽东从群众利益和群众观点的立场上得到结论:"这样大数量地扩大红军,如果不从经济上、生产上去彻底解决问题,是决然办不到的。只有拿经济的动员配合着政治上的动员,才能造成扩大红军的热潮,达到如长冈乡、才溪乡一样的成绩。"②

关于苏区经济建设和群众生活,是毛泽东特别关心的一个问题。在长期的军事斗争和国民党经济封锁环境下,苏区经济困难重重。究竟在战争环境下能不能开展经济建设?是当时中共党内争论的一个重大问题。毛泽东对才溪乡的劳动力、消费合作社和各种劳动合作社、群众生活、市场物价、公债发行等各方面的社会经济情况作了深入调查。结果令他欣慰和振奋。

才溪乡的大部分青壮年男子参加红军上了前线,或者参加革命工作去了,留在家乡的大多是妇女和老人儿童,但人民群众在苏维埃政府领导下,组织了各种耕田队、合作社,调剂劳力,开垦荒地,展开劳动竞赛,创办了全苏区最早的"劳动互助社",打破了国民党的经济封锁,粮食不仅够吃,而且有余,生活水平比革命以前明显提高。苏维埃政府不只是政治宣传,也不强迫群众,也讲经济建设,使大家充分了解经济建设的重要性。《才溪乡调查》中指出:才溪乡通过广泛发动群众,把政治动员和经济建设结合起来,通过各种形式的合作社组织全乡群众的经济生活,极大提高了经济上的组织性,"成为全苏区第一个光荣的模范"。而"这种经济战线上的成绩,兴奋了整个群众,使广大群众为了

---

① 《毛泽东文集》第1卷,人民出版社1993年版,第328页。
② 同上书,第329—330页。

保卫苏区发展苏区而手执武器上前线去,全无家庭后顾之忧"①。

才溪乡的这一重要经验表明,革命战争的胜利不能单纯依靠政治动员,只有加强苏区经济建设,提高群众生活,取得群众的真诚拥护和支持,革命才能成功。由此,毛泽东得出结论:"这一铁的事实,给了我们一个有力的武器,去粉碎一切机会主义者的瞎说,如像说国内战争中经济建设是不可能的,如像说苏区群众生活没有改良,如像说群众不愿意当红军,或者说扩大红军便没有人生产了。"②

三 才溪乡调查的历史意义与时代价值

毛泽东的才溪乡调查对当时盛行的"左"倾教条主义作了严正的回击,他以才溪乡、长冈乡这样的模范和典型,指导中央苏区各项建设,在中国革命的历史上有着重要的影响。而从更加宏观的层面来看,才溪乡调查为推进马克思主义中国化发挥了重要作用,为中国共产党坚持实事求是、坚持群众路线的思想路线和工作作风树立了榜样。

毛泽东在结束了才溪乡的调查以后,1934年1月22日至2月1日在瑞金主持召开第二次全国苏维埃代表大会,把《才溪乡调查》和《长冈乡调查》两份调查报告印发给参加大会的代表。毛泽东推荐这两个乡的经验,特别着重于坚持实事求是和群众路线,反对形式主义和官僚主义的典型意义。

当时中国共产党的中心任务,是动员广大群众参加革命战争,打退国民党军对中央苏区的第五次"围剿"。然而如何动员群众参加革命战争并取得胜利这一中心任务,成为各级苏维埃政府不可回避的问题。毛泽东的主张是只有坚持群众路线,依靠群众,才能取得战争的胜利。

毛泽东以才溪乡、长冈乡的模范典型为例,阐明了当时条件下实行这一群众路线的内容和方法,首先是关心群众生活,最大限度地调动群众的积极性和创造精神。"因为革命战争是群众的战争,只有动员群众才能进行战争,只有依靠群众才能进行战争。"③ 同时,毛泽东批评汀

---

① 《毛泽东文集》第1卷,人民出版社1993年版,第340页。
② 同上。
③ 同上书,第136页。

州市政府脱离群众的官僚主义,只是片面地扩大红军和动员运输队,对于群众所关心的柴米油盐问题却不闻不问,以致引起群众不满,扩大红军和运输队的任务也难以完成。毛泽东说:"江西的长冈乡,福建的才溪乡,扩大红军多得很呀!"才溪乡 100 个人中有 80 个当红军去了,公债也销得很多,"其他工作也得到了很大的成绩。什么理由呢?"就是因为苏维埃政府关心并切实帮助群众解决生活问题,这样的乡政府,是真正模范的乡政府,"我们要学习长冈乡、才溪乡,反对汀州市那样的官僚主义的领导者!"① 毛泽东强烈地呼吁,必须和群众在一起,关心群众的痛痒,真心实意地为群众谋利益,如果能够这样做,"广大群众就必定拥护我们,把革命当作他们的生命,把革命当作他们无上光荣的旗帜"。毛泽东把群众比作铜墙铁壁,是"千百万真心实意地拥护革命的铜墙铁壁",只有"在革命政府的周围团结起千百万群众来,发展我们的革命战争,我们就能消灭一切反革命,我们就能夺取全中国"。②

其次是实行群众路线的方法。毛泽东认为,中国共产党担负着组织革命战争和改良群众生活两大任务。要完成这两大任务,必须解决一个方法问题。如果只讲任务而不讲方法,结果还是不能成功。这个方法就是反对官僚主义而采取实际的具体的工作方法,是反对命令主义而采取耐心细致的说服方法。一句话,就是相信群众、依靠群众的方法。

毛泽东在第二次全国苏维埃代表大会上所作上述结论,在许多方面依据了才溪乡调查所获得的生动材料,并且把才溪乡坚持走群众路线同汀州市脱离群众的官僚主义的不同结果作为对照,肯定与宣扬了党的群众路线的必要性和重要性。通过这样的阐述,把才溪乡的经验推广到全国各苏区,产生了重要的影响。

毛泽东的才溪乡调查及其调查报告,不仅在当时对于党的建设、苏维埃建设和指导第五次反"围剿"战争有着重要的意义,而且在漫长的中国革命历史上,也一直有着重要影响。1934 年 2 月,中共苏区中央局机关报《斗争》第 45、46、48 期,这篇调查报告以《上杭才溪乡的苏维埃》为题连载发表;1941 年 1 月收入毛泽东著《农村调查》在延安出版,篇名改为《才溪乡调查》。新中国成立以后,《才溪乡调查》

---

① 《毛泽东文集》第 1 卷,人民出版社 1993 年版,第 137—138 页。
② 同上书,第 138—139 页。

多次印刷出版，先后收入 1982 年人民出版社出版的《毛泽东农村调查文集》和 1993 年人民出版社出版的《毛泽东文集》第 1 卷。

才溪乡调查不只是一次普通的社会调查，而是延续了毛泽东一贯倡导的从群众中来，到群众中去，密切联系群众的工作作风，及其贯彻和坚持"调查就是解决问题"的实事求是的思想路线；才溪乡调查也不仅仅是浮光掠影、走马看花那样做一篇表面文章，而是通过对才溪乡这个"全苏区第一个光荣的模范"的深入调查，获得"发言权"和"一个有力的武器"，去粉碎那种以为在土地革命战争中经济建设是不可能的"一切机会主义者的瞎说"①。

才溪乡调查虽然已经过去 80 年，但是其精神是永存的，在今天和将来仍然有着不可估量的价值。才溪乡调查体现了毛泽东坚持马克思主义中国化，把马克思主义同中国革命实际相结合，就是反对教条主义、坚持"实事求是"的思想路线；体现了"调查就是解决问题"的思想方法，解剖典型，树立榜样，为制订正确的方针政策提供客观依据，反对形式主义和主观唯心主义；体现了共产党人密切联系群众，关心群众生活，始终代表人民利益的群众路线。这样的精神应当永远坚持和发扬。

(作者单位：中共福建省委党校)

---

① 《毛泽东文集》第 1 卷，人民出版社 1994 年版，第 340 页。

中国革命道路理论的历史考察和现实启示

傅柒生　赖文燕

20世纪20年代后期至30年代初期,以毛泽东为代表的中国共产党人在实践中不断探索并总结出了中国革命的正确道路——农村包围城市、武装夺取全国政权。这一理论是对马克思主义关于武装夺取政权学说的重大发展,更是马克思主义中国化的重要成果;是在中国这样一个半封建半殖民地的农业国家里开展革命斗争背景下形成的,也是通过实践不断发展和证明的,不仅在中国革命历史上具有特别重要的意义,产生了深远影响,而且对新时期新形势下坚持中国特色社会主义道路,实现中华民族伟大复兴的中国梦,仍然具有重要的现实启示意义。

一　中国革命道路理论形成的时代背景

土地革命战争时期,中国是一个半封建半殖民地的农业国家,在这里开展党的建设、军队建设和政权建设,开展革命斗争,都必然会有其特殊性,这正是马克思主义中国化过程中必然会出现的新的实际问题,提出新的理论挑战。首先,农业国家的农民是主体,占了全国人口的80%以上,自然成为革命的生力军,特别是第一次国内革命战争失败后,中国共产党和人民军队在农村中才能找到立足之地,面对着广大农村地区的广大农民,必然以此为事实根基,发动农民、武装农民、领导农民,开展土地革命。其次,中国的广大农村恰恰是统治阶级相比于城市显得薄弱的环节,中国共产党必须把工作重点放在农村,建立农村革命根据地,以避免在力量不足时与敌人决战而遭失败。这亦是中国革命的特殊性和不平衡性所决定的。最后,半封建半殖民地农业国家因其内无民主，外无民族独立，没有议会等制度，亦无组织罢工等合法权利，更受多重压迫剥削，其革命特征就是军事暴动斗争。因此，中国革命就必然形成了以农民问题和土地问题为核心问题的特殊革命形式，在这种环境下，能否找到一条适合中国国情的革命道路，成为一个根本性的重大时代问题。

解决这个问题的障碍主要来自共产国际。共产国际坚持以"城市中心论"来指导中国共产党和中国革命，他们极力主张中国共产党要重点抓工运，夺取中心城市，开展城市斗争。在20世纪"二十年代后期和三十年代前期在国际共产主义运动中和我们党内盛行的把马克思主义教条化、把共产国际决议和苏联经验神圣化的错误倾向，曾使中国革命几乎陷于绝境。毛泽东思想是在同这种错误倾向作斗争并深刻总结这方面的历史经验的过程中逐渐形成和发展起来的"①。

1928年2月，共产国际执委会第九次扩大全会作出《关于中国问题的决议案》，对于纠正当时中共中央的盲动主义错误有重要的指导作用，但是，决议提出中国共产党在武装暴动方面的主要任务是"准备城市与乡村相配合相适应的发动"②，断定中国共产党进行的游击战争，建立的小块根据地是散乱的，不相关的，必致失败的，强调要以城市为中心。6月，共产国际领导人布哈林在中共六大上作报告，认为中国党应以城市为中心，反对在农村建立巩固的根据地，大会决议强调"党的主要任务是争取工人阶级的大多数"③。而当时共产国际是中国共产党的上级组织，具有权威性，它的指导思想在中国共产党内占据着很大的市场。

当然，马克思主义理论着重强调"城市中心论"和"薄弱环节"一类观点的时候，没有关照到农村也可以成为革命的中心。那么，马克思列宁主义或者共产国际所指引的这种革命道路程式可不可改变？中国的革命道路又该如何走？以毛泽东为代表的中国共产党第一代领导人为此进行了不懈的探索和努力。

1929年，毛泽东和朱德、陈毅率领红四军下井冈山，开辟了赣南

---

① 《中共中央关于建国以来党的若干历史问题的决议》（1981年7月），人民出版社1983年版。
② 《中共中央文件选集》第4册，第760页。
③ 《周恩来选集》上卷，人民出版社1980年版，第177页。

和闽西革命根据地,并逐步发展形成为中央革命根据地,呈现出"分田分地真忙"的繁荣景象和"寥廓江天万里霜"喜人局面。但是,从井冈山斗争开始,党内一部分同志就存在着"红旗到底能打得多久?"的悲观思想,主张不要根据地的流动作战,更不可能树立甚至赞同毛泽东所提出的农村包围城市的思想。

正是在这样的时代背景和历史条件下,20 世纪 20 年代后期至 30 年代初期,以毛泽东为代表的中国共产党人,以革命的首创精神和大无畏气概,反对来自共产国际的错误指导和党内连续出现的或"左"倾或右倾的错误,在实践中不断探索中国革命道路问题,指明了中国革命的正确道路——农村包围城市、武装夺取全国政权。这一理论是对马克思主义关于武装夺取政权学说的重大发展,更是马克思主义中国化的重要成果。

二　中国革命道路理论的初步形成

秋收起义后,毛泽东率领农民武装走向罗霄山脉中段的农村地区,创建了中国的第一块农村革命根据地——井冈山革命根据地,实际开始了农村的革命斗争。在井冈山斗争时期的 1928 年下半年,毛泽东先后撰写了《中国的红色政权为什么能够存在?》、《井冈山的斗争》等著作,首次提出了工农武装割据的光辉思想,比较明确地提出了红军和农村根据地建立的可能性、必要性。这是中国共产党人在探索革命道路问题上的一个非常重大的进步,也是正确的论点,但必须客观地认识到,此时的毛泽东并没有完全摆脱"城市中心论"的束缚,其目的仍是为了配合城市斗争,虽然提出了"工农武装割据"的思想,但还没有形成"农村包围城市"的理论,换言之,"工农武装割据"并不等同于"农村包围城市"的思想。正如周恩来所分析,当年毛泽东认识到了在农村搞武装割据的重要性与可能性,"但是,关于把工作中心放在农村,共产党代表无产阶级来领导农民游击战争,我认为当时毛泽东同志也还没有这些思想。他也还是认为要以城市工作为中心的"[①]。

[①] 周恩来:《关于党的"六大"的研究》(1944 年 3 月),《周恩来选集》上卷,人民出版社 1980 年版。

1929年，全国各地农村的革命斗争此起彼伏，风起云涌，红军和农村革命根据地进一步得到巩固和发展，毛泽东在更坚实的革命实践基础上，特别是经过红四军党内思想斗争的洗礼，完成了《古田会议决议》的著名篇章，正确地提出了用无产阶级思想来建设党和人民军队的一系列新做法，例如提出了要加强思想政治工作，注重从思想上建党建军，注重在农村游击战争的环境下建党建军，还明确将农村根据地的政权建设与党和红军自身的建设有机地结合起来，从而冲破了"城市中心论"的束缚，进一步深化了对中国革命道路探索的认识。1930年1月5日，毛泽东在距古田会议会址不到一公里的赖坊村"协成店"住处给林彪写了一封长篇通信，后来取名为《星星之火，可以燎原》，进一步比较完整、科学地阐明了农村包围城市、武装夺取政权的中国革命道路理论。

毛泽东在《星星之火，可以燎原》一文中指出："全国范围的、包括一切地方的、先争取群众后建立政权的理论，是于中国革命的实情不适合的。"因为，"全世界只有中国有统治阶级内部长期混战的一件怪事而产生出来的另一件怪事，即红军和游击队的存在和发展，以及伴随着红军和游击队而来的，成长于四周白色政权中的小块红色区域的存在和发展"，"中国以外无此怪事"。

毛泽东认为："单纯的流动游击政策，不能完成促进全国革命高潮的任务，而朱德毛泽东式、方志敏式之有根据地的，有计划地建设政权的，深入土地革命的，扩大人民武装的路线是经由乡赤卫队、区赤卫大队、县赤卫总队、地方红军直至正规红军这样一套办法的，政权发展是波浪式地向前扩大的，等等政策，无疑是正确的。"这条道路才是中国革命要走的正确道路。

毛泽东还强调指出："红军、游击队和红色区域的建立和发展，是半殖民地中国在无产阶级领导之下的农民斗争的最高形式，和半殖民地农民斗争发展的必然结果"，"无疑义地是促进全国革命高潮的重要因素"。20年后，毛泽东又在"重要因素"前加了一个"最"字，显而易见地是要把建立苏维埃政权的重要性表达得更为明确，更为突出。

因此，《星星之火，可以燎原》应是毛泽东关于农村包围城市的中国革命道路理论形成的标志。当然，中国革命道路理论也是随着形势变化和社会发展而不断丰富完善的，红军长征到达陕北后，毛泽东进一步丰富了农村包围城市的整体战略思想，并把农村包围城市道路理论作为党的指导思想确立下来。1938年11月，毛泽东在《战争与战略问题》的光辉著作中又一次从理论的高度对中国革命道路理论作了深入浅出的文化韵味浓厚的科学论述："中国的特点：不是一个独立的民主的国家，而是一个半殖民地半封建的国家；在内部没有民主制度，而受封建制度压迫；在外部没有民族独立，而受帝国主义压迫。因此，无议会可以利用，无组织工人举行罢工的合法权利。在这里，共产党的任务，基本地不是经过长期合法斗争以进入起义和战争，也不是先占城市后取乡村，而是走相反的道路。"①

1944年3月，周恩来在延安中央党校作报告时，曾说："我不是说乡村中心的思想永远不会产生，在'六大'以后，1929、1930年，应该产生这个观点。"而"乡村中心"的思想亦即"农村包围城市"道路的理论是以《星星之火，可以燎原》为基本标志。周恩来还阐述了他的观点，"在'六大'那时候，关于要重视乡村工作、在农村里搞武装割据的重要与可能等问题，毛泽东同志是认识到了的，而'六大'则没有认识"。但是，毛泽东直到在1930年1月"给林彪的信中才明确指出要创造红色区域，实行武装割据，认为这是促进全国革命高潮的最重要因素，也就是要以乡村为中心"②。

三　中国革命道路理论的科学实证

《中国共产党历史》总结道："以毛泽东为主要代表的中国共产党人正因为坚持了这样一条辩证唯物主义的思想路线，善于向实践学习，向群众学习，善于总结群众斗争的新鲜经验，所以才能够在中国革命的转折关头，表现出革命的首创精神，显示出巨大的理论勇气，提出农村包围城市、武装夺取政权道路的思想，从而为复兴中国革命和夺取中国

---

① 《毛泽东军事文集》第2卷，军事科学出版社、中央文献出版社1993年版，第417页。
② 周恩来：《关于党的"六大"的研究》（1944年3月），《周恩来选集》上卷，人民出版社1980年版。

革命的胜利指明了唯一正确的道路。"①

客观地说，毛泽东关于中国革命道路理论也是在实践中不断提高总结发展而来的。因为，与人类的发展规律一样，"毛泽东同志的思想是发展的"②。

从历史的考察来看，毛泽东开展的一系列卓有成效的社会调查，尤其是前期社会调查是中国革命道路特殊理论的直接因素和坚实基础。而且，从时间来看，以农村包围城市革命道路理论的形成，与毛泽东思想的初步形成是一致的，也与毛泽东社会调查思想的成熟相一致。从1928年至1930年，毛泽东先后撰写了《中国的红色政权为什么能够存在》、《井冈山的斗争》、《星星之火，可以燎原》和《反对本本主义》等著作，通过深入的社会调查，充分认识到中国是一个政治经济发展极不平衡的半殖民地半封建大国，这一基本国情是红色政权能够存在和发展的根本原因，从而在此基础上，毛泽东经过科学研究和理论分析，创造性地提出了只有以农村包围城市、武装夺取政权，才能取得中国革命的胜利。

虽然，以农村包围城市、武装夺取政权道路的思想，反映了中国革命发展的特殊规律，是客观存在的，然而，正确地认识规律，按客观规律办事却是非常不容易的，需要不断地提高认识和实践论证。认识来源于实践，实践检验着理论。1933年11月，毛泽东分别在江西兴国长冈乡和福建上杭才溪，进行了系统周密的调查和全面科学的总结，写下了《长冈乡调查》和《才溪乡调查》的光辉著作，这两个调查是毛泽东在土地革命战争时期著名的农村调查，是毛泽东对中国革命时代重大课题的正确回答，对于中国革命道路理论的探索等方面的理论总结和实践指导都发挥了重大的作用。

正是由于土地革命战争时期开展的一系列调查研究，使得以毛泽东为代表的中国共产党人对中国革命的任务和规律有了更进一步的正确认识，特别是毛泽东在1933年通过调查研究，以中央苏区模范乡——长冈乡和才溪乡为典型示范，尤其是这些模范苏维埃政府能够以农民阶级

---

① 中央党史研究室：《中国共产党历史》第一卷（上册），中央党史出版社2002年版，第377页。

② 周恩来：《关于党的"六大"的研究》（1944年3月），《周恩来选集》上卷，人民出版社1980年版。

代替工人阶级为主要成分开展成功的苏区建设,从而引导中国革命胜利向前发展的模范事实,科学论证了中国革命道路理论的正确性,从而更坚定地坚持走中国革命特殊道路。"毛泽东通过才溪乡等一系列农村调查,极大地丰富、发展和形成了中国共产党领导中国革命走以农村包围城市、武装夺取政权道路的理论。"①

四 中国革命道路理论的现实启示

以"农村包围城市、武装夺取政权"为内涵的中国革命道路理论是中国革命唯一正确的理论,对于中国革命的胜利具有特别重要的意义,而毛泽东是"成功地把党的工作重点由城市转入农村,在农村保存、恢复和发展革命力量的主要代表"②。同时,这一理论所体现的基本观点、方法和精神,对于新形势下坚持中国特色社会主义道路,仍具有重要的启示作用。

(一)坚持实事求是的思想路线,了解当代中国的实际情况。

中国革命道路理论是建立在对革命战争环境下中国独特国情准确地把握和认识的基础上的,是以毛泽东为代表的中国共产党人坚持实事求是原则,深入实际开展调查研究,把马克思主义的基本原理同中国革命的具体实践相结合,不断形成发展起来的正确理论,揭示了中国革命发展的规律,随着革命新道路的开辟,中国革命开始走向复兴。

习近平同志指出:"以毛泽东同志为代表的中国共产党人把马克思主义基本原理同中国具体实际相结合,科学分析中国社会的性质和特点,把武装斗争、土地革命和党的建设结合起来,创造性地解决了在中国革命实际条件下党和军队建设的一系列基本问题,逐步探索并成功开创出一条建立农村根据地、以农村包围城市、最后武装夺取全国政权的中国特色的民主革命道路。"③

---

① 石仲泉:《中国·才溪》序,中共党史出版社2013年版。
② 《中共中央关于建国以来党的若干历史问题的决议》(1981年7月),人民出版社1983年版。
③ 习近平:《在纪念中央革命根据地创建暨中华苏维埃共和国成立80周年座谈会上的讲话》,《人民日报》2011年11月5日。

在新的历史条件下,进行中国特色社会主义建设,对于中国共产党来说,在许多方面,还是一个"未被认识的必然王国",还缺乏实际经验,还不可能完全避免盲目性。因此,同样要同毛泽东所处的时代一样,坚持实事求是的思想路线,要把马列主义普遍真理和我国的具体情况相结合,就是要通过深入基层,调查研究,了解和掌握中国的实际情况,制定并落实党的路线、方针和政策,走出一条独特的建设发展之路。邓小平、江泽民、胡锦涛等历代中央领导集体的核心人物都曾明确表达了相同的观点:无论革命还是建设,都要注意学习和借鉴外国经验。但是,照抄照搬别国经验、别国模式,从来不能得到成功。

习近平同志指出:"坚持实事求是,就必须坚持一切从实际出发。""调查研究是从实际出发的中心一环。没有调查就没有发言权,没有调查也没有决策权。"① 他还形象地比喻说:"鞋子合不合脚穿着才知道,一个国家的发展道路,只有这个国家的人民才知道。"②

(二)坚持改革创新的无畏精神,开辟中国道路的崭新境界。

中国革命道路理论是在针对党内"左"和右的错误的斗争中艰难产生的,体现了追求真理的科学态度和开拓创新的无畏精神,指引中国革命走向胜利,这一重要理论构成为毛泽东思想的重要组成部分,甚至可被视作为毛泽东思想初步形成的重要标志之一。同时,这一理论丰富和发展了马克思主义关于暴力革命的学说,为殖民地半殖民地国家的人民革命斗争提供了重要经验,开辟了共产主义运动的多元化进程。

邓小平同志说过:"一个党,一个国家,一个民族,如果一切从本本出发,思想僵化,迷信盛行,那它就不能前进,它的生机就停止了,就要亡党亡国。"③

实事求是与解放思想是互为一体、相辅相成的,既要调查研究、联系实际,又要实事求是、求真务实,更要与时俱进、解放思想,坚持改革创新,实现科学发展。历史经验告诉人们,因循守旧、墨守成规永远只能原地踏步、碌碌无为,意气风发、锐意进取才能创新发展、建功立

---

① 习近平:《坚持实事求是的思想路线》,《学习时报》2012 年 5 月 27 日。
② 习近平:《顺应时代前进潮流 促进世界和平发展》,2013 年 3 月 24 日新华网(http://news.xinhuanet.com/2013-03/24/c_124495576.htm)。
③ 《邓小平文选》第 2 卷,人民出版社 1994 年版,第 143 页。

业。在新形势新环境下,国际竞争越来越激烈,社会发展越来越快速,只有更加保持改革创新、开拓开放、无惧无畏的精神姿态,才能不断激发和增强社会发展的生机活力,开辟和拓展中国特色社会主义道路的崭新境界。

胡锦涛同志曾指出:"无论是当年在半殖民地半封建的旧中国进行革命,无论是新中国成立后在经济文化落后的基础上建设社会主义,还是党在十一届三中全会以后实行改革开放的新政策,都是马克思主义和社会发展史上从未遇到过的新课题,必须根据马克思主义基本原理,从我国具体实际出发进行探索。""要敢于和善于把马克思主义基本原理同新的实际和时代条件结合起来,坚决走充满生机活力的新路。"①

党的十八大指出:"实践发展永无止境,认识真理永无止境,理论创新永无止境。全党一定要勇于实践、勇于变革、勇于创新,把握时代发展要求,顺应人民共同愿望,不懈探索和把握中国特色社会主义规律,永葆党的生机活力,永葆国家发展动力,在党和人民创造性实践中奋力开拓中国特色社会主义更为广阔的发展前景。"

(三)坚持道路自信的科学态度,实现民族复兴的中国梦想。

中国革命道路理论是被历史证明了的中国革命唯一正确的道路,是引导中国革命走向胜利的成功之路,是中国历史乃至世界历史的一个光辉亮点,让中国共产党和中国人民引以为自豪和骄傲,并让世界所瞩目称颂。

道路决定命运,道路指引方向。党的十八大指出:"道路关乎党的命脉,关乎国家前途、民族命运、人民幸福。在中国这样一个经济文化十分落后的国家探索民族复兴道路,是极为艰巨的任务。九十多年来,我们党紧紧依靠人民,把马克思主义基本原理同中国实际和时代特征结合起来,独立自主走自己的路,历经千辛万苦,付出各种代价,取得革命建设改革伟大胜利,开创和发展了中国特色社会主义,从根本上改变了中国人民和中华民族的前途命运。"习近平同志强调:"道路问题是

---

① 胡锦涛在新进中央委员会的委员、候补委员学习贯彻党的十七大精神研讨班开班式上的讲话,2007年12月17日。

关系党的事业兴衰成败第一位的问题,道路就是党的生命。"①

十八届三中全会指出:"改革开放是党在新的时代条件下带领全国各族人民进行的新的伟大革命,是当代中国最鲜明的特色,是决定当代中国命运的关键抉择,是党和人民事业大踏步赶上时代的重要法宝。面对新形势新任务,全面建成小康社会,进而建成富强民主文明和谐的社会主义现代化国家、实现中华民族伟大复兴的中国梦,必须在新的历史起点上全面深化改革。"同时,明确指出:"不走封闭僵化的老路,不走改旗易帜的邪路,坚定走中国特色社会主义道路。"②

中国特色社会主义道路是中国全面建设小康社会,实现科学发展的必由之路,也是实现中华民族伟大复兴的中国梦的必由之路。道路已确定,方向已指明。尽管前行路上会有艰辛坎坷,甚至曲折磨难,但是,道路的自信和精神的支撑引领中国人民不断前行,努力实现中华民族伟大复兴的中国梦。正如党的十八大提出了宏伟的目标:"只要我们胸怀理想、坚定信念,不动摇、不懈怠、不折腾,顽强奋斗、艰苦奋斗、不懈奋斗,就一定能在中国共产党成立一百年时全面建成小康社会,就一定能在新中国成立一百年时建成富强民主文明和谐的社会主义现代化国家。全党要坚定这样的道路自信、理论自信、制度自信!"

(作者单位:龙岩市委宣传部)

---

① 习近平 2013 年 1 月 5 日在新进中央委员会的委员、候补委员学习贯彻党的十八大精神研讨班开班式上的讲话。
② 《中国共产党第十八届中央委员会第三次全体会议公报》2013 年 11 月 12 日。

以闽西为核心的福建中央苏区的
形成及历史贡献

苏俊才

以闽西为核心的福建中央苏区，是由毛泽东、朱德直接领导开辟的中央苏区的重要组成部分。1930年3月，闽西苏维埃政府的成立，标志着闽西苏区正式形成；1931年4月，中央决定将闽西苏区划入中央苏区。1932年3月，福建省苏维埃政府在长汀成立。此后，红色区域不断向闽南、闽西北、闽北拓展，形成了以闽西为核心的福建中央苏区，它的区域、人口都占据整个中央苏区的半壁江山。福建中央苏区在中央革命根据地以至中国革命史上都具有重要地位和作用。

一 在闽西长汀首先绘制了创建中央苏区的蓝图，福建苏区成为中央苏区的策源地

从1928年3月初开始，龙岩后田、平和、上杭、永定等地先后爆发了震撼全省乃至于南方各省的闽西农民四大武装暴动，将福建的革命斗争推进到创立苏维埃政权和实行土地革命的新阶段。通过武装暴动各地先后建立起了革命的武装，并开始尝试建立革命政权，土地革命的先声在这里吹响。

1929年3月，毛泽东、朱德率领红四军为了避开数量上占优势的敌军，经江西瑞金壬田进入闽西长汀境内，一举占领了汀州城。与红四军在赣期间"官兵在弹尽援绝之时，用树枝、石块、空枪与敌在血泊中

挣扎始获最后胜利"相比①，顺利攻占当时闽赣两省边界最为繁华的重镇汀州，实属意外的收获。为此，朱德曾感叹道："出现了在长汀的意外战果，这是革命发展的转折点。"②

实行工农武装割据，开辟革命根据地，是毛泽东在井冈山就提出并付诸实践的理论。毛泽东率领红四军主力下山后，经过沿途与敌人进行多次较量，并开展广泛的调查以后，发现福建全省、浙江全省、赣东赣南两边，统治阶级的军力非常薄弱，赣南、闽西党组织、群众斗争基础比较好，这一带经济状况比之井冈山地区要好得多；同时地理上为广东、江西、福建三省边界地带，这里崇山峻岭，地势险要，易于割据。特别是到了汀州后看到了不少城市的国民党报纸，知道国民党军阀混战在即，便于红军的行动和发展。在这种情况下，毛泽东对中国革命的战略和红四军的行动问题，又有了新的思索。

1929 年 3 月 20 日，毛泽东在汀州主持召开了红四军前委扩大会议，讨论制定红军的行动方针和斗争策略，绘制了创建中央苏区的宏伟蓝图。这一蓝图的大背景是"在全国范围内要猛力的夺取群众"。重点是"在江苏直隶，红军、小区域苏维埃使个数加多，这不仅在湘赣粤闽等地，江苏北皖鄂北南直隶，都应有红军及小区域苏维埃之创立"。亮点是"福建全省，浙江全省，赣东赣南两区边，统治阶级的军力非常薄弱"，"三地统治势力既弱，又通海口"。③ 最后聚焦于在国民党混战初期，"以闽西赣南二十余县为范围，从游击战术，从发动群众以至于公开苏维埃政权割据，由此割据区域以与湘赣边界之割据区域相连接"④。

毛泽东此时虽仅率红四军在长汀，但胸怀的是全局，站在全国的高度指点江山。并将目光聚焦在"福建全省、浙江全省、赣东赣南两地"，由此勾勒出"以赣南闽西二十余县为范围"的公开苏维埃政权割据的蓝图。正是这一蓝图促使中国革命从低谷走向高潮，中央苏区得以迅速建立和发展。它标志着毛泽东关于"工农武装割据"思想向"农村包围城市"理论的方向迈出重要的一步。

---

① ［美］艾格尼丝·史沫特莱：《伟大的道路》，生活·读书·新知三联书店 1979 年版，第 285 页。
② 《中共中央文件选集》第 5 册，中共中央党校出版社 1990 年版，第 755 页。
③ 《红四军前委致中央的信》1929 年 4 月 5 日。
④ 《红军第四军前委给中央的信》1929 年 3 月 20 日。

这一符合中国革命斗争实际，产生于福建长汀的富有前瞻性的宏伟蓝图，一开始并不为远在上海的党中央所认同。在《中央给润芝、王阶两同志并转湘赣特委信》中，要求红四军将部队分成小部队的组织，部队的大小可依照条件的许可，定为数十人、数百人，最多不要超过五百人。尽可能地散在农民中间，发动农民的日常斗争，进而开展土地革命。同时，还要求毛泽东和朱德离开红四军，到中央去工作。

中央的指示精神显然与毛泽东所勾勒的革命蓝图大相径庭。对此，毛泽东在回信中明确指出："中央此信对客观形势及主观力量都太悲观了。"在他看来革命的蓝图依稀可见，革命斗争的发展蓝图很快会变成现实。随后毛泽东于1930年1月5日在上杭县古田赖坊协作店所写的《星星之火，可以燎原》，和1930年8月在闽西出版的《调查工作》（新中国成立后改名为《反对本本主义》）中，进一步论证了自己的观点。他以诗人般的情怀描绘了蓝图实现时的壮观场景："它是站在海岸遥望海中已经看得见桅杆头了的一只帆船，它是立于高山之巅远看东方已见光芒四射喷薄欲出的一轮朝日，它是躁动于母腹中快要成熟了的一个婴儿。"毛泽东坚信"惟闽西赣南区内之由发动群众到公开割据，这一计划是决须确立，无论如何，不能放弃，因为这是前进的基础"①。

二　以闽西为核心的福建中央苏区的形成

1929年5月19日，毛泽东率红四军从瑞金出发第二次入闽，在一个月的时间里，巧妙地利用了军阀混战、敌人内部处于分裂状态的有利时机，"分兵以发动群众，集中以应付敌人"，三占龙岩县城、攻占永定县城，横扫连城庙前、新泉，永定坎市、湖雷，上杭白砂、旧县、古田、才溪、南阳等乡镇，歼灭了地方军阀陈国辉和卢新铭旅的主力。中共闽西特委认识到，红四军再度入闽"不仅将打开闽西革命局面，而且可以借红军主力消灭闽西军阀，发展革命力量"。立即决定在永定、龙岩、上杭3县发动群众，在各处举行暴动，在敌后骚扰，破坏交通，宣传红军胜利的消息，造成四面响应的局面。在红四军的帮助下，永定县、龙岩县革命委员会先后成立，永定溪南、龙岩白土、上杭蛟洋等曾

---

① 《红军第四军前委给中央的信》1929年3月20日。

举行过暴动的区域，成立了苏维埃政府，其他乡村相继成立了革命委员会。连城县举行南部十三乡暴动，并建立了连南区革命委员会。从而使龙岩、永定、上杭、长汀、连城、武平六县的边界地区全部成为红色区域。正如陈毅给中央的报告中所说的，"红军两次到闽西，即就原有四个区域（龙岩白土、上杭蛟洋、永定金丰及永定溪南）扩大而成为长汀、武平、上杭、永定、龙岩、连城之六县游击区域"①。

1929年7月20日，中共闽西第一次代表大会在上杭蛟洋召开，毛泽东在大会上进一步强调了闽西革命根据地在全国革命中的意义，即与赣南东江及湘赣边界的革命取得联系，促进革命高潮的到来，进而促进全国武装暴动夺取政权的斗争。并论述了闽西苏区发展和巩固的有利条件和基本方针。有利条件是：（一）闽西已有80万群众，经过长期斗争和武装暴动的锻炼；（二）各县都有了能够密切联系群众的共产党；（三）各县已经建立了人民武装；（四）粮食可以自给；（五）地处闽粤赣3省边界，地形险要，适于与敌人作战；（六）敌人内部矛盾重重，可以利用。三个基本方针是：（一）深入地进行土地革命；（二）彻底消灭民团土匪，发展工农武装，有阵地地波浪式向外发展；（三）发展党，建立政权，肃清反革命。② 由此可见，在毛泽东眼里，此时的闽西已不再仅仅是革命的绿洲，而且是对全国革命具有重要意义的革命热土。

为了打破国民党军队的"三省会剿"，红四军采取了分兵游击的战术，有效地保住了闽西苏区，使闽西革命根据地得到新的发展，各级苏维埃政权迅速成立，上杭县成立了县级革命委员会；而且促进了宁洋、漳平一带革命斗争的发展，永福、龙车一带迅速建立起4个乡苏维埃政府，使苏区区域向南得到进一步扩展。

9月20日，红四军连同地方武装攻克"铁上杭"后，分赴武平、永定、上杭等地，分兵发动群众，打土豪分田地，建立革命政权，扩大工农武装。在红四军的帮助下，上杭、永定分别成立了县苏维埃政府，武平东部的高梧、六甲、十方等区先后成立了20多个乡苏维埃政府。随之，红四军又一举攻下武平城，武平县苏维埃政府也宣告成立，使闽

---

① 陈毅：《关于赣闽西粤东江情况的报告》1929年9月1日。
② 邓子恢、张鼎丞：《闽西的春天》，载中共龙言地委纪念"两个五十年"办公室编《闽西的春天》，福建人民出版社1979年版，第5页。

西红色区域又扩展到武平一带。1929年10月，红四军主力第一、第二、第三纵队出击东江，留在闽西的第四纵队在连城的新泉、朋口、温坊和长汀的涂坊一带开展游击，于11月初，协助成立了连城县临时革命委员会。

至1929年11月，闽西红色区域已扩展到龙岩、上杭、永定、武平、长汀、连城、漳平、宁洋等县，在纵横数百里的红色区域内，已成立4个县苏维埃政府，50多个区苏维埃政权，400多个乡苏维埃政权，成为继井冈山之后全国最大的红色根据地之一。

1930年3月18日，闽西第一次工农兵代表大会在龙岩召开，宣布成立闽西苏维埃政府，在拥有龙岩、永定、上杭、长汀、武平、连城6县及平和、漳平、宁化、清流、归化的局部地区，纵横300里的广大区域，高擎起苏维埃政权的旗帜。闽西苏维埃政权的成立，将原有各块小的苏区连成了一片，形成一块统一而巩固的苏维埃区域，标志着闽西革命根据地的正式形成，革命根据地由初期的创建进入了稳定发展的阶段。

1930年5月18日，《闽西出席全国苏代会代表的报告》中，明确列出此时"闽西赤色区域"范围："汀属八县（长汀，连城，上杭，武平，永定，清流，宁化，归化），龙属三县（龙岩，漳平，宁洋），共十一县，和广东的大埔、江西的瑞金交界。"并指出"数月来，平和暴动起来，也合并在闽西"。到1931年4月，闽西苏区已有9个县成立了县级苏维埃政权，即永定、上杭（武杭）、龙岩、（长）汀连（城）、连城、汀东、饶（平）（平）和（大）埔以及五（华）兴（宁）龙（川）县、蕉（岭）平（远）寻（乌）县（这两个县1931年4月后划归广东东江地区管辖）。1931年4月，中共中央对中央苏区的区域范围作了调整，以赣西南、闽西苏区为基础组建中央苏区。由于这两块根据地当时尚未完全打通，故这一时期还是"中央苏区"和"闽西苏区"并提，闽西苏区在隶属上已为"整个中央区的一部分"。1931年9月红军第三次反"围剿"战争胜利后，赣南、闽西革命根据地连成一片，形成以瑞金为中心的中央革命根据地。这时的大体区域范围，辖有21座县城，即江西省11个县（瑞金、会昌、寻乌、安远、信丰、于都、兴国、宁都、广昌、石城、黎川），福建省10个县[龙岩（今新罗）、长汀、连城、上杭、永定、建宁、泰宁、宁化、清流、归化（今明溪）]。

中央革命根据地形成时，主要是以赣南、闽西为中心。随着反"围剿"斗争的开展和苏维埃区域的拓展，福建又有大片区域纳入中央苏区的范围。特别是地处中央苏区东面的闽西北和闽北地区，以其地势偏僻、山地纵横、无河川阻隔、有粮可筹、有充足兵源，适合于游击战争的特点，被毛泽东称为"西南北三面都不方便，只有东面是好区域"。在中央苏区鼎盛发展时期，这一广大区域的苏维埃运动得到迅速发展，并划入了中央苏区的版图。

1932年3月18日，福建省第一次工农兵代表大会在长汀隆重召开，成立福建省苏维埃政府，标志着福建苏区的革命斗争进入了一个全盛时期，所辖有长汀、兆征（汀州为中心）、汀东、汀西、武平、上杭、杭武、代英（上杭、永定间）、新泉、连城、宁化、清流、泉上（宁化、清流、归化间）、归化、澎湃（1932年1月，该县与宁都县合并，属江西省苏维埃政府管辖）、龙岩等县。长汀成为福建红色区域的首府和政治、军事、经济、文化的中心。福建省苏维埃政府成立后的闽西、闽北苏区得到进一步巩固。

1933年12月12日至15日，在建宁县召开闽赣省第一次工农兵代表大会，正式成立闽赣省苏维埃政府。中央苏区闽赣省成立后，其所辖区域，先后包括建宁、黎川、泰宁、黎南、光泽、崇安、建阳、崇（安）浦（城）、铅山、上（饶）铅（山）、广丰、广（丰）浦（城）、邵武、东方、建东、金（溪）南（城）、贵南、建（瓯）松（溪）政（和）等18个县。1934年1月，红军东方军解放沙县、将乐后，建立闽中特区委，也归闽赣省委领导，成为中央苏区闽赣省的组成部分。同年5月，中央将原属福建苏区省委领导的宁化、清流、归化、彭湃、泉上5个县委划归闽赣省委领导。为此，中央苏区闽赣省的区域先后共辖25个县，面积约2万平方公里，人口100余万。

随着中央主力红军的不断征战，以闽西为核心的福建中央苏区疆域进入了鼎盛时期，辖有福建、闽赣两省37个县。其中福建省有12个县，即长汀、上杭、龙岩、永定、武平、平和、漳平、兆征、汀东、连城、代英、新泉。闽赣省有25个县，即建宁、黎川、泰宁、黎南、光泽、崇安、建阳、崇（安）浦（城）、铅山、上（饶）铅（山）、广丰、广（丰）浦（城）、邵武、东方、建东、金（溪）南（城）、贵南、建（瓯）松（溪）政（和）、沙县、将乐、宁化、清流、归化、彭湃、泉上。福建中央苏区已占据着中央苏区版图的半壁江山。

三 以闽西为核心的福建中央苏区的历史地位和贡献

中央苏区在中共的历史上有着极其重要的历史地位和作用。早在 1934 年 1 月，毛泽东在第二次全国苏维埃代表大会的报告中就对中央苏区作了科学定位，指出："中国苏维埃区域是全中国反帝国主义的革命根据地，中国工农红军是全中国反帝国主义的主力军"，"至于中央苏区，这里是苏维埃中央政府的所在地，是全国苏维埃运动的大本营"。1981 年 6 月 27 日党的第十一届六中全会通过的《关于建国以来党的若干历史问题的决议》指出："在土地革命战争中，毛泽东、朱德同志直接领导的红军第一方面军和中央革命根据地起了最重要的作用。"这是我党对中央苏区的历史地位和作用的客观评价，这也奠定了以闽西为核心的福建中央苏区的历史地位和贡献。

（一）福建中央苏区是无产阶级革命家、军事家锻炼成长的摇篮，是中共领导人学习治国安民艺术的实践基地

在创建中央苏区的过程中，毛泽东、朱德、周恩来、刘少奇、任弼时、邓小平、张闻天、陈云、杨尚昆等众多中共重要领导人，都在福建苏区战斗生活或担任过职务。新中国成立后授衔的十大元帅中有九大元帅（除徐向前外）、十大将中有八位（除王树声、徐海东外）、57 位上将中有过半的将军在福建战斗过。此外，中共的许多著名将领，如叶挺、左权、彭雪枫、罗炳辉等都曾在这里留下战斗的身影。这里也洒下了瞿秋白、何叔衡等中共重要领导人和胡少海、刘安恭、王良、许卓等著名红军将领的鲜血。可以说，福建中央苏区是中共领导人用心血浇灌的红土地。福建中央苏区先后成立了两个直属苏维埃中央政府的省级苏维埃政府，40 多个县级苏维埃政府，占据中华苏维埃共和国的半壁江山，为中央苏区的创建和发展起到了鼎力的作用。在这里，中国共产党积累了治党、治政、治军和进行经济、文化建设的丰富经验，是中共领导人学习治国安民艺术的实验基地。同时，这里培养、造就了一大批优秀的领导骨干，不少人后来成为缔造和建设共和国的元勋和中坚。而从福建中央苏区涌现出来的无产阶级革命家就有邓子恢、张鼎丞、陈丕

显、杨成武、刘亚楼等。

（二）福建在中央苏区军事斗争中地位独特，在人民军队的建设史上做出过突出的贡献

以闽西为核心的福建中央苏区，为红四军的生存发展、为红四军入闽创建革命根据地提供了空间和条件。红四军于1929年3月在闽西的长汀首次统一着装，首次发军饷，至1929年9月打下上杭城后，红四军已由1929年年初离开井冈山时的3600余人扩充到7000余人，壮大了一倍。同时，因为古田会议的召开，使古田成为建军路线的形成地。古田会议成为中国红军完成创建的标志，人民军队正式从这里走来。1930年6月，全国红军统一整编的命令在长汀传达，随后，中国工农红军第一军团（后改为红一方面军）在长汀县城宣布成立，闽西由此成为全国红军第一次整编的地方。与此同时，以毛泽东为主席的中国革命军事委员会这个直属军委领导的全国各根据地红军统一指挥机关也是在长汀成立的。在整个苏区时期，福建先后有10多万工农子弟加入红军和赤卫队，先后创建了红九军、红十二军、红二十军、红二十一军、新十二军、红十九军等六个军及独立师、独立团等。福建中央苏区的长汀、宁化是中央主力红军二万五千里长征的出发地。在参加长征的8.6万红军队伍中，有近3万的福建子弟兵，到达陕北时，仅剩下2000人左右。可以说，红军长征每走一里路就倒下了一名福建儿女。从战火中走出来的福建子弟兵，新中国成立后被授予将军衔的就有83人，福建由此成为名副其实的红军故乡，将帅的摇篮。

（三）福建苏区早期的建政实践为全国苏区的政权建设积累了经验，此后在中央苏区各项建设事业中，有着不可或缺的作用

1929年3月在红四军帮助下成立的长汀县革命委员会，是中央苏区开创中建立的第一个县级红色政权；1930年3月，闽西第一次工农兵代表大会制定并通过的《苏维埃政权组织法》、《苏维埃代表选举条例》、《婚姻法》、《劳动法》、《裁判条例》等法令，都是中共创建苏区中最早制定的较完备的法律，为后来全国苏区政权建设提供了范文，并在执政为民、民主执政方面，进行了许多的探索与创新，积累了初步的经验，是中国共产党民主政治的最先尝试。此外，交通事业方面，从上海通往中央苏区的红色地下交通线是在闽西工农通讯社基础上建立，并主要经由福建苏区而后到达红都瑞金的；在金融事业方面，苏维埃国家银行的基础来自闽西工农银行；在邮政事业方面，苏区赤色邮政起始于闽西；在文化教育事业方面，红军在闽西创办了第一所妇女夜校——新泉妇女夜校，中央苏区正规的红军学校来源于闽西红军学校；福建苏区印刷业发达，其中《青年实话》、《苏区工人》等刊物就是在长汀印刷或创办的；在卫生事业方面，当时中央苏区的卫生人员主要是福建苏区培养的，苏维埃国家医院是傅连暲将福音医院从长汀迁至瑞金后改建的；等等。

（四）福建在中央苏区经济建设上成绩显著，有力地保障中央苏区军需民用的供给

以闽西为核心的福建苏区是中央苏区的经济中心，在土地革命和发展农业生产及工业、手工业方面，创造了许多宝贵的经验。当年，汀州的手工业、公营工业占了整个中央苏区的一半，是中央苏区的物资集散地，这里交通方便，商店林立、市场繁荣，被誉为"红色小上海"；涌现出"中央苏区模范乡"——才溪乡等先进典型；宁化是中央苏区的重要产粮区，被誉为"中央苏区乌克兰"；福建苏区创造的土改经验（如，抽多补少、抽肥补瘦等）推广到全国苏区，直接影响到新中国成立后的土改运动；上杭县才溪乡创造的劳动合作社，是中央苏区第一个劳动互助组织，成为我国农业合作化运动的最早发源地；福建苏区创办的各种类型的合作社，特别是粮食合作社、粮食调剂局，后来推广到整个中央苏区。此外，福建苏区对打破国民党军队的经济封锁方面也发挥了独特的作用。

（五）福建中央苏区是毛泽东思想的重要发祥地，为毛泽东思想的初步形成做出过重大的贡献

按照1981年党的十一届六中全会通过的《关于建国以来党的若干历史问题的决议》所说，20世纪20年代末期至30年代前期，是毛泽东思想的形成时期。在这个时期，毛泽东通过福建苏区的革命实践，创造性地把马列主义基本原理同中国革命具体实践相结合，提出了一系列带有普遍意义的理论观点，初步形成了毛泽东思想，主要表

现在：一是1929年12月起草的《古田会议决议》，形成了建党建军史上的纲领性文件，解决了在农村游击战争条件下如何加强党的建设，保持党的无产阶级先进性，和如何将以农民为主要成分的军队，建设成为无产阶级领导的新型人民军队的时代课题，从此，中国革命"成功从这里开始，胜利从这里开始"。二是1930年1月5日在上杭古田写了《星星之火，可以燎原》，进一步阐明了武装斗争、建立革命政权和土地革命三位一体的工农武装割据理论，提出了中国革命要以农村为中心，走"农村包围城市，武装夺取政权"的道路。中国革命独创性道路的开辟和新理论的提出，是毛泽东思想初步形成的重要标志。三是为了反对当时红军中存在的教条主义思想，毛泽东于1929年下半年在闽西写下了反对本本主义的短文，之后又于1930年5月在江西寻乌改写了这篇短文，题名《调查工作》（1959年龙岩地委征集到并送中国革命历史博物馆，1961年3月重新发表时又改名为《反对本本主义》），该文鲜明表达了实事求是、群众路线和独立自主的根本观点，表明毛泽东思想的活的灵魂已初具雏形。此外，毛泽东土地革命、群众路线也是在福建苏区实践的基础上逐步形成和完善的。这些理论概括成为毛泽东思想的重要内容，福建苏区为毛泽东思想的初步形成作出了重大的贡献。

（六）福建中央苏区对长期坚持和发展革命斗争发挥过重大的作用，是红旗不倒的革命堡垒

中央主力红军长征后，福建成为南方八省坚持三年游击战争主要区域，保存和发展了革命力量。在这里，有存在着20余年的党的省、地、县领导机关和1928年武装暴动时就建立起来的党支部；在这里，有14.6万人口的地区一直保存着20余万亩土地革命的果实，创造了全国绝无仅有的奇迹。由于坚持革命斗争长达20余年，福建因而赢得了"红旗不倒"的光荣赞誉。福建苏区的党组织和人民为中国革命史写下了光辉的一页，为此，也付出了惨痛的代价。据新中国成立后不完全统计，仅福建中央苏区的闽西全部被毁灭的村庄就有539个，被烧毁、倒塌房屋12.6万间；被国民党反动派迫害、贫病、饥饿致死的有16.7万人，绝灭户数近3.8万户，为革命牺牲的在册烈士2.36万人，占全省烈士总数的一半；如果加上没留下姓名的烈士，总数应在5万以上。闽西长期坚持革命的基点村就有 1163 个。

　　苏区时期是中国革命发展过程中的重要历史阶段,以闽西为核心的福建中央苏区人民为中国革命所做出的重要贡献和所付出的重大牺牲,将以光荣的历史永远载入中国革命史册。

(作者单位:中共福建省龙岩市委党史研究室)

论毛泽东对"第三次'左'倾路线"的认识发展

郭圣福

党内以王明、博古为代表的"第三次'左'倾路线",发生在20世纪30年代前期,"第三次'左'倾路线"的概念却出现在40年代。毛泽东是最早认识这次"左"倾错误的领导人,但又经历了相当长的时间。他先是认识到临时中央的军事路线和组织路线的错误,继而认识其政治路线的错误,在40年代初才全面认识"第三次'左'倾路线"的错误。理清毛泽东对"第三次'左'倾路线"的认识历程,对深入了解这一复杂的历史问题会有所裨益。

一

1931年9月,以博古为首的临时中央成立。1933年1月,博古等抵达瑞金,开始推行临时中央的"左"倾错误。毛泽东虽然在军事和组织工作方面与临时中央产生了严重分歧,但在若干重大问题上所持的看法与临时中央又是基本一致的。

(一)关于中国革命形势的分析和估量

临时中央成立之初,认为"革命势力急速发展与反革命统治的日益崩溃的丝线,织成了全中国成熟着的革命危机的图画。这一图画,很明显映出了争取革命在一省与数省首先胜利的前途","目前中国政治形势的中心的中心,是反革命与革命的决死斗争。"[①] 党内的"主要危

---

① 《建党以来重要文献选编(1921—1949)》第8册,中央文献出版社2011年版,第555页。

险还是右倾机会主义"。① 临时中央对革命形势的这个判断,一直在全党特别是中央苏区进行持续地宣传。国民党开始部署对中央苏区的第五次"围剿"后,临时中央认为,整个形势继续朝着有利于我们的方面发展。1934年1月18日,六届五中全会通过《目前的形势与党的任务决议》,指出:"中国的革命危机已到了新的尖锐的阶段——直接革命形势在中国存在着。"粉碎国民党第五次"围剿"的决战,是"苏维埃道路与殖民地道路之间谁战胜谁的问题"。②

显然,面对九一八事变后民族危机的上升,临时中央并未实行革命战略的转变。毕竟,国民党发动重兵对苏区的"围剿",是关系根据地和苏区红军生死存亡的现实问题。先粉碎国民党的军事"围剿",扫除抗击日本侵略的绊脚石,再进行抵抗日本侵略的民族解放战争,就成为临时中央的基本方针。然而,临时中央对形势的错误估计,将使这个方针无法实现。

毛泽东与临时中央的看法是基本一致的。他认为:"领导全国工农红军和苏区广大工农劳苦群众,积极进行革命战争,向外夺取中心城市,摧毁国民党统治,正是实际去进行民族革命战争,是直接对日作战的必要前提。"③"苏维埃政权是继续胜利的开展,国民党政权是更加腐烂和崩溃,这两个政权对立的形势,推到了更尖锐的程度。"④"现在的形势,也是反革命与革命日渐走近决死斗的时期,是历史上很重要的阶段。"⑤ 在1934年1月召开的中华苏维埃第二次全国代表大会上,毛泽东进一步指出,中国苏维埃政权与国民党地主资产阶级政权的对立日益尖锐化,"目前正是在两方面斗争决定胜负的历史的时期。反革命的五次'围剿'正在继续着四次'围剿'粉碎之后大规模的向着我们前进。苏维埃政权的历史任务,就在号召、组织、领导全苏区、全中国一切革命的民众进入这一伟大的决战中……彻底粉碎帝国主义、国民党的五次

---

① 《建党以来重要文献选编(1921—1949)》第8册,中央文献出版社2011年版,第561页。
② 同上书,第36、50页。
③ 《建党以来重要文献选编(1921—1949)》第9册,中央文献出版社2011年版,第247页。
④ 中国现代史资料编辑委员会翻印:《苏维埃中国》,北京大学印刷厂印刷,1957年,第179—180页。
⑤ 同上书,第180页。

'围剿'……争取苏维埃的一省与几省首先胜利以至在全中国范围的胜利"。①

（二）关于肃反

土地革命战争时期，各根据地普遍开展了肃反运动。毛泽东一贯重视肃反。1931年3月28日，中央政治局作出《关于富田事变的决议》，肯定"在泽东同志领导下的总前委，坚决反对阶级敌人的路线，实质上是正确的"。②同时指出，在江西要继续进行反AB团的斗争，"福建的社会民主党，湘鄂西的硬肚会、北极会，各苏区的改组派、取消派，以及最近从党内分化出去的罗章龙右派小组织，都必然是江西AB团的第二"，必须"严厉的消灭"。③毛泽东坚信："肃反问题，更成为我们保障胜利的一个重要条件。"他代表中华苏维埃中央政府号召，"彻底消灭反革命的一切派别——AB团，社会民主党，托陈取消派，第三党、改组派等和其活动。"④在第二次全苏大会上，毛泽东强调"利用革命武力与革命法庭镇压一切反革命活动"。"如中央苏区与湘赣苏区等处的AB团，福建的社会民主党，湘鄂西、鄂豫皖、闽浙赣、闽浙与闽赣等地的改组派，湘鄂赣的托陈取消派等。"⑤肃反造成的后果是十分严重的，毛泽东说："内战时期，在肃反问题上，我们走过了一段痛苦的弯路。"⑥

（三）关于福建事变

1933年11月20日，在福建剿共的国民党十九路军发动反蒋事变，成立"人民革命政府"。临时中央和红军第二天即派代表与之谈判并签订了《抗日作战协定》，但临时中央对福建事变的总体判断是不正确

---

① 《建党以来重要文献选编（1921—1949）》第11册，中央文献出版社2011年版，第89—90页。
② 《建党以来重要文献选编（1921—1949）》第8册，中央文献出版社2011年版，第317页。
③ 同上书，第318页。
④ 中国现代史资料编辑委员会翻印：《苏维埃中国》，北京大学印刷厂印刷，1957年，第184页。
⑤ 《建党以来重要文献选编（1921—1949）》第11册，中央文献出版社2011年版，第108页。
⑥ 《毛泽东文集》第3卷，人民出版社1996年版，第408页。

的。在事变发生后近1个月中共中央发布的宣言中，认为"人民革命政府""除了反帝国主义与反对军阀官僚豪绅地主等的空喊之外，并没有任何真正反帝与反军阀官僚豪绅地主的实际行动"。因此，"这一政府还不是人民的，而且还不是革命的"。"不过是一些过去反革命的国民党领袖们与政客们企图利用新的方法来欺骗民众的把戏。"① 在蒋介石镇压了福建事变后，中共中央再次发表宣言说："福建人民革命政府的历史，正是反革命的改良主义的历史，正是空费气力的第三条道路的找寻者的历史"，"他们的政策与步骤与蒋介石国民党是没有区别的"。②

对中央认定的福建人民革命政府的性质，毛泽东亦作如是观。在事变刚被蒋介石镇压时，毛泽东说："当着帝国主义、国民党进行五次'围剿'之际，福建出现了一个人民革命政府……企图于国民党道路与苏维埃道路之外寻找第三条道路，以保持反动统治阶级垂死的命运"③，这一企图只是徒劳。他还说："人民革命政府的出现，是反动统治阶级的一部分，为着挽救自己将死命运而起的一个欺骗民众的新花样，他们感觉苏维埃是他们的仇敌，而国民党这块招牌又太烂了，所以弄个什么'人民革命政府'，以第三条道路为号召，这样来欺骗民众，没有真正革命意义。"④

（四）关于土地革命与民族资产阶级问题

临时中央在土地革命中实行"地主不分田，富农分坏田"的政策，地主、富农和资产阶级也被剥夺了政治权利。根据斯大林和共产国际指示，临时中央把民族资产阶级看成"最危险的敌人"。

毛泽东的意见与中央也是一致的。1931年12月1日，《中华苏维埃共和国土地法》颁布，规定："被没收土地的以前的所有者，没有分配任何土地的权利"，"富农在没收土地后……可以分得较坏的劳动份地。"⑤ 1932年11月7日，毛泽东与项英联名发出《中华苏维埃临时中

---

① 《建党以来重要文献选编（1921—1949）》第10册，中央文献出版社2011年版，第630、630—631页。
② 《建党以来重要文献选编（1921—1949）》第11册，中央文献出版社2011年版，第144、146页。
③ 同上书，第96页。
④ 中国现代史资料编辑委员会翻印：《苏维埃中国》，北京大学印刷厂印刷，1957年，第305页。
⑤ 同上书，第305页。

央政府在一周年纪念时向全体选民工作报告书》,提出"彻底执行土地法……使土地革命的利益完全属于贫农中农雇农等来享受,不致为富农所夺取"。毛泽东说:"在大多数的地方,没收了豪绅地主土地,没收了富农的土地而给了他们一份坏田,使贫农中农雇农得到实际利益。""颁布税则,彻底废除国民党军阀一切苛捐杂税,实行统一的累进税,将税的重担加在富农资本家和富裕者的身上。"① 在全苏二大上,毛泽东专门谈到了"苏维埃对于地主资产阶级的态度",包括"完全取消地主的选举权","剥夺一切地主资产阶级的言论出版集会结社的自由"等。② 他还肯定了含有"地主不分田,富农分坏田"规定的《中华苏维埃共和国土地法》的正确性,"第一次全苏大会颁布了土地法,使得全国土地问题的解决有了正确的依据"③。

(五)关于党中央的政治路线

六届四中全会后,中共中央发布的文件中,经常提到"四中全会的国际路线",肯定"四中全会完成了党在布尔什维克化的方面极大的进步",④ 强调"在党的正确的布尔什维克路线的基础上……领导工农群众和工农红军获得新的胜利"。⑤ 毛泽东是赞成中央的政治路线的。在第二次全苏大会上,毛泽东阐述了中央苏区和其他根据地反"围剿"斗争的胜利后说:"这些胜利的取得,决不是偶然的。他依靠了中国共产党政治路线的正确。"⑥《中央关于反对敌人五次"围剿"的总结决议》也指出:"一年半反对'围剿'的困苦斗争,证明了党中央的政治路线无疑义的是正确的。"五次反"围剿"的失败,主要是"军事领导上的错误","对于我党的整个路线说来不过是部分的错误"。⑦ 这里所谓"党中央的政治路线",

---

① 中国现代史资料编辑委员会翻印:《苏维埃中国》,北京大学印刷厂印刷,1957年,第182—183页。

② 《建党以来重要文献选编(1921—1949)》第11册,中央文献出版社2011年版,第107页。

③ 同上书,第115页。

④ 同上书,第40页。

⑤ 同上书,第50页。

⑥ 《建党以来重要文献选编(1921—1949)》第12册,中央文献出版社2011年版,第50页。

⑦ 同上书,第66页。

联系党中央和毛泽东后来的说法，显然是指六届四中全会路线。

从上列材料不难看出，在若干重大问题的认识上，毛泽东与党中央是基本保持一致的。这也不难理解，由于交通和通信困难，对党的六届四中全会和临时中央的政治路线，身在中央苏区的毛泽东并不十分了解，中央的许多文件他也没有读到。六届四中全会后，"中央还没有来得及贯彻其错误路线"。① 1933年春的第四次反"围剿"战争胜利前，临时中央的错误路线亦未完全贯彻到红军中去。直到1933年秋的第五次反"围剿"战争中，"极端错误的战略就取得了完全的统治……'左'倾路线的错误也得到了完全的贯彻"。② 在这条"左"倾路线统治时，毛泽东频受打击，甚至被剥夺了对红军的指挥权。"泽东积年的经验多偏于作战，他的兴趣亦在主持战争。"③ 对政治路线表现于军事和组织问题上的严重错误，毛泽东感受尤深，也明确表示过批评和反对。但在当时的情况下，"毛主席并没有认识到临时中央领导者的错误是路线错误"。④ 对党中央的重大决策，除军事问题外，毛泽东未持异议，对于党的政治路线，他也一般地表示赞成。遵义会议决议对党中央政治路线的肯定，也是毛泽东当时认识的反映。

毛泽东曾说过："一九三五年的遵义会议，则主要地是反对战争中的机会主义，把战争问题放在第一位，这是战争环境的反映。"⑤ 正因为战争环境决定了军事问题的极端重要地位，所以遵义会议克服"战争中的机会主义"错误，同时对中央领导机构和军事领导机构的组织调整，实质上标志着六届四中全会以来统治全党四年之久的"左"倾错误路线的终结，和以毛泽东为代表的马克思主义正确路线的确立。

二

遵义会议后，红军继续长征，抵达陕北后，全党面临的重大问题，是实现革命战略和策略的转变，即从土地革命向抗日民族战争的转变。

---

① 《毛泽东选集》第3卷，人民出版社1996年版，第965页。
② 同上书，第967页。
③ 中共中央文献研究室：《毛泽东思想年编》，中央文献出版社2011年版，第56页。
④ 《胡乔木回忆毛泽东》，人民出版社2003年版，第215页。
⑤ 《毛泽东选集》第2卷，人民出版社1996年版，第548页。

抗日战争爆发后，党面临的形势更加复杂。讨论党的历史问题，特别是十年内战中的问题，清偿历史旧账的条件并不具备。因此，在20世纪30年代的后半期，毛泽东仍然一般地肯定六届四中全会和临时中央的政治路线是正确的。

（一）1935年8月5日，中央政治局会议通过《中共中央关于一、四方面军会合后的政治形势与任务的决议》

针对"在一、四方面军会合后，红军中个别同志"认为党中央政治路线不正确的议论，文件援引《六届五中全会决议》肯定四中全会以来党的工作的话，以及《遵义会议决议》肯定党的政治路线的话，反驳对党中央政治路线正确性的怀疑。① 同时，决议肯定"四方面军党的领导在基本路线上是正确的，是执行了四中全会后国际与中央路线的"。② 张国焘叛变后，中共中央于1938年4月19日发出《关于开除张国焘党籍的党内报告大纲》，认为张国焘在鄂豫皖苏区担任领导工作时，开始"尚能执行四中全会的路线"。③ 这从侧面表明党中央对六届四中全会及其以后的政治路线是肯定的，这自然也反映了毛泽东的认识和看法。

（二）1935年12月27日，毛泽东在党的活动分子会议上作《论日本帝国主义变中国为殖民地和中国共产党的策略任务》的报告

他说：大革命后期，民族资产阶级"为革命所吓坏，因而叛变出去同地主买办阶级结了个同盟，成为坚决的反革命者。因此，斯大林同志在那个时候曾经说过：中国革命要在坚决反对民族资产阶级的条件之下才能胜利。这话是对的么？完全是对的。因此，党从大革命失败后九年来，曾经坚决执行了斯大林同志这个路线。党的执行是对的么？完全是对的"④。这表明，毛泽东赞成斯大林的中国革命要坚决反对民族资产

---

① 《建党以来重要文献选编（1921—1949）》第12册，中央文献出版社2011年版，第277页。
② 同上书，第280页。
③ 《建党以来重要文献选编（1921—1949）》第15册，中央文献出版社2011年版，第258页。
④ 本文收入《毛泽东选集》时，题目改为《论反对日本帝国主义的策略》，内容也作了重大修改，这段引文被删除。参见刘晶芳著《毛泽东新民主主义理论研究》，中共中央党校出版社2009年版，第237—238页。

阶级的论断，同时，毛泽东也肯定了"大革命失败后九年来"，中共中央"坚决执行了斯大林同志这个路线""完全是对的"。"坚决反对民族资产阶级"是大革命失败后"左"倾政治路线的重要内容之一，毛泽东对此所持的肯定态度，表明他对此前中央"左"倾路线的错误仍然缺乏足够的认识。

（三）1937年11月29日，毛泽东与张闻天、朱德等到延安机场迎接从苏联归国的王明

这是毛泽东与王明的第一次见面，毛泽东致了《饮水思源》的欢迎词，他说，王明是"昆仑山上下来的神仙"，他现在回国是"喜从天降"，是马克思给我们送来了"天兵天将"。并特别提到他在莫斯科起草《八一宣言》和提出抗日民族统一战线。毛泽东的欢迎词，热情动人，既表明了他对王明这位陌生的年轻领导人的赞许，又释出了与之建立良好共事关系的期许。显然，毛泽东并未将王明视为土地革命战争后期的严重失败的主要责任者，否则，二人就不会相见甚欢了。

尽管王明回国后的表现使毛泽东很不满意，甚至使毛泽东一度感觉"孤立"，命令出不了窑洞，①但毛泽东在六届六中全会上仍说："王明在党的历史上有大功，对统一战线的提出有大的努力，工作甚积极。"②说王明"对统一战线的提出有大的努力"，明显是指他起草《八一宣言》，但"大功"何所指？我们不得而知，不过，有一点是可以肯定的，即毛泽东仍未将王明与土地革命后期的严重失败相联系。

（四）1938年10月，毛泽东代表中央在六届六中全会上作《论新阶段》的政治报告

在谈到中共成立17年来的"两条战线斗争"时，毛泽东说："五中全会以前，我们党反对了陈独秀的右倾机会主义与李立三的'左'倾机会主义。由于这两次党内斗争的胜利，使党获得了伟大的进步。"③我们知道，三中全会强调了"中央的路线的正确，中央的领导的坚决，

---

① 李维汉：《回忆与研究》上册，中共党史资料出版社1986年版，第443页。
② 金冲及：《毛泽东传》（1893—1949），中央文献出版社1996年版，第520页。
③ 《建党以来重要文献选编（1921—1949）》第15册，中央文献出版社2011年版，第647页。

与全党布尔什维克化的进步",只是认为"政治局在六月十一号的政治决议案(指 1930 年 6 月 11 日政治局会议通过的《新的革命高潮与一省或几省的首先胜利》的决议——作者)之中,犯了些冒险主义的与'左'倾的关门主义的错误(仅仅是策略上的错误)"。① 三中全会的所有文件甚至没有出现"立三路线"的提法。因此,可以断定,毛泽东不是肯定三中全会纠正了"立三路线",而是肯定四中全会反对"立三路线"的斗争(详见下文——作者)。毛泽东接着说:"五中全会以后,又有过两次有历史意义的党内斗争,这就是遵义会议与开除张国焘。"② 他在指出了以博古为首的临时中央"表现于反五次'围剿'斗争中的严重的原则错误"后继续说:"当时的这种错误并非党的总路线的错误,而是执行当时总路线所犯的战争策略与战争方式上的严重原则错误。"③ 与《遵义会议决议》一样,毛泽东仍然认为临时中央主要犯了严重的军事上的错误,而并非政治路线的错误。

(五) 1939 年 10 月,党内刊物《共产党人》创刊发行

毛泽东在为《共产党人》写的"发刊词"中说:"党与革命在一个时间中是遭受过李立三'左'倾机会主义的危害,而在另一个时间中,又遭受过革命战争中的'左'倾机会主义与白区工作中的'左'倾机会主义的危害。然而这一切,是在党的四中全会与党的遵义会议这两个历史的会议中所先后战胜了。"④ 毛泽东不但明确肯定了四中全会对纠正"立三路线"的贡献,而且将其与遵义会议一起并称为"两个历史意义的会议"。这篇文章在编入《毛泽东选集》时,上述肯定四中全会的话被删掉。

遵义会议后的几年时间里,虽然毛泽东还肯定六届四中全会和临时中央的政治路线,但是,毛泽东对临时中央错误的批判,比之遵义会议已有所不同。在六届六中全会上,毛泽东严肃地指出了临时中央"在反五次'围剿'斗争中所犯的'左'倾机会主义性质的严重的原则错

---

① 《建党以来重要文献选编(1921—1949)》第 7 册,中央文献出版社 2011 年版,第 481 页。

② 《建党以来重要文献选编(1921—1949)》第 15 册,中央文献出版社 2011 年版,第 647 页。

③ 同上书,第 648 页。《论新阶段》的《中国共产党在民族战争中的地位》部分,后来以同题编入《毛泽东选集》第 2 卷,这段话被删除。

④ 见《共产党人》创刊号,第 9 页。

误",以及在"党的干部政策与组织原则方面"所犯的"严重的原则错误"。① 他明确肯定,"我们的党已经从两条战线斗争中巩固与壮大起来了"②。而其中的重要表现当然包括毛泽东自己关于反对"左"倾机会主义的认识发展。

需要说明的是,载入《毛泽东选集》的毛泽东在遵义会议后发表的文章中,曾多次提到"一九三一年至一九三四年的'左'倾机会主义",这些过去都被笼统地解释成"王明为代表的'左'倾冒险主义"。③ 在毛泽东六届六中全会的结论中,更有这样的话:"一九三一年一月的六届四中全会,在名义上反对政治上的'左'倾机会主义,在实际上重新犯了'左'倾机会主义的错误。"④ 笔者认为,这种说法和《毛泽东选集》中的相关注释存在明显的疑点。因为长时期里毛泽东所批评的是土地革命后期以博古为代表的临时中央的"左"倾错误,其时限是1931年9月至遵义会议前。认为"六届四中全会……犯了'左'倾机会主义的错误"是后来的事情,显然不符合毛泽东对"第三次'左'倾路线"的认识实际。前已指出,毛泽东在1939年10月的《〈共产党人〉发刊词》中,明确肯定了六届四中全会在"纠正""立三路线"中的贡献,他直到1941年的九月会议才提出四中全会路线也是错误的,怎么可能在1938年11月的六届六中全会上提出否定六届四中全会的说法?这从历史逻辑的角度也说不通。

三

毛泽东全面认识"第三次'左'倾路线"的错误,是在40年代初期。

土地革命后期,中国革命的严重失败,在毛泽东的心中刻下了难以忘怀的痛楚记忆。王明回国后的表现使毛泽东颇感失望,他在十二月会

---

① 《建党以来重要文献选编(1921—1949)》第15册,中央文献出版社2011年版,第647—648页。
② 《建党以来重要文献选编(1921—1949)》第12册,中央文献出版社2011年版,第649页。
③ 《毛泽东选集》第1卷,人民出版社1996年版,第185、195、196、239页。
④ 《毛泽东选集》第2卷,人民出版社1996年版,第548页。

议和三月政治局会议上提出的右倾错误主张，干扰了党的工作，也使毛泽东一度处境困难。毛泽东认为，土地革命时期的"左"倾错误和抗战初期的右倾错误，都是不从中国革命实际出发的主观主义影响使然，不肃清指导思想上的错误，是无法从根本上解决问题的。六届六中全会虽然批评了王明抗战初期的右倾错误，但事后证明，他并没有接受。1940年3月，王明在延安三版其《为中共更加布尔什维克化而斗争》一书，再次深深触动了毛泽东，使他下决心弄清历史上党的路线是非问题。

（一）编辑《六大以来》和中央政治局十二月会议

自1940年下半年开始，毛泽东布置收集六大以来的历史文献，以供1941年上半年召开的七大讨论十年内战中党的历史问题时使用。《六大以来》于1941年9月经中央同意编印成册，同年底正式出版。这部汇集了中共六大以来500余篇文献的历史文献集，成为高级干部学习和研究党的历史的主要依据。在收集、编辑《六大以来》的过程中，毛泽东读到了他过去未见过的许多中央文件，使他对教条主义严重危害中国革命有了更为系统的了解与认识，同时，也从根本上找到了土地革命失败的原因。可以说，编辑《六大以来》的过程，也是毛泽东真正全面了解"第三次'左'倾路线"的过程。党的高级干部通过阅读和研究《六大以来》，在认识"左"倾错误路线的同时，也深刻感知到毛泽东是正确路线的代表。所以，《六大以来》在思想上的拨乱反正方面发挥了重要作用。胡乔木回忆说："当时没有人提出过六届四中全会后的中央存在着一条'左'倾路线。现在把这些文件编出来，说那时中央一些领导人存在主观主义、教条主义就有了可靠的根据。有的人就哑口无言了。毛主席怎么同'左'倾路线斗争，两种领导前后一对比，就清楚看到毛主席确实代表了正确路线，从而更加确定了他在党内的领导地位。"[①]

1940年12月4日，中共中央召开政治局会议。毛泽东在发言中说，临时中央的错误造成"苏维埃后期的损失，实际上比立三路线时的损失

[①] 中共中央文献研究室：《胡乔木回忆毛泽东》，人民出版社2013年版，第48页。

还大……实际上是路线上的错误"。① 他还提到了抗战初期的右倾错误。毛泽东明确肯定临时中央的错误是路线错误，是他对六大以来党的历史文献深入研究的结果。因此，编辑《六大以来》是"毛主席对'左'倾错误认识的一个里程碑"②，反映了毛泽东对临时中央错误性质认识上的重大变化。

（二）1941年的九月会议

12月会议后，党的高层领导人中，对历史错误的认识已经开始发生变化。在1941年3月26日的政治局会议上，张闻天就说："过去苏维埃后期的错误，虽经过遵义会议得到纠正，但在十二月会议时也还有同志有不同意见。"③ 这表明，张闻天是赞成毛泽东的看法的。同时，通过认真阅读毛泽东主持编辑的《六大以来》，中央领导人对临时中央错误性质的认识趋于一致，毛泽东说："党书（指《六大以来》——引者）一出许多同志解除武装，故可能开九月会议。"④

1941年9月10日至10月22日，中共中央召开政治局扩大会议（即九月会议），重点讨论十年内战后期党的路线问题。毛泽东在第一天的会议上作报告，重申了他对苏维埃后期错误的看法，强调"苏维埃运动后期的主观主义表现更严重，它的形态更完备，统治时间更长久，结果更悲惨"。⑤ 虽然，"遵义会议，实际上变更了一条政治路线，……但在思想上主观主义的遗毒仍然存在"，要集中力量反对主观主义和宗派主义。⑥ 会议经过比较充分的讨论，对苏维埃后期党的领导机关的错误是路线错误达成共识。会议也讨论了王明在武汉时期的错误问题。

值得一提的是，这次会议开始涉及六届四中全会的问题。毛泽东在会议第一天的报告后，宣读了王稼祥所拟的从四中全会至遵义会议这段

---

① 中共中央文献研究室：《毛泽东传》（1893—1949）下册，中国人民大学出版社2006年版，第650页。
② 中共中央文献研究室：《胡乔木回忆毛泽东》，人民出版社2013年版，第51页。
③ 中共中央文献研究室：《张闻天年谱》，中共党史出版社2010年版，第649页。
④ 中共中央文献研究室：《毛泽东传》（1893—1949）下册，中国人民大学出版社2006年版，第631页。
⑤ 中共中央文献研究室：《毛泽东年谱》中卷，人民出版社2002年版，第326—327页。
⑥ 中共中央文献研究室：《毛泽东传》（1893—1949）下册，中国人民大学出版社2006年版，第655页。

历史的 16 个研究题目。张闻天、博古、王稼祥等在自我批评中,表示同意毛泽东意见时,都提到了他们思想上的主观主义与教条主义错误,说过去在四中全会上反"立三路线",是"洋教条反对土教条","主观主义反主观主义","教条主义反教条主义"。① 自然,由于事关重大,此前也没有人对四中全会的路线表示怀疑,所以,会议对四中全会的评价存在较大分歧。

毛泽东为会议起草了《关于四中全会以来中央领导路线结论草案》。本来,在 10 月 13 日的中央书记处会议上,毛泽东就明确指出:"王明在四中全会中形式上纠正了立三路线,但后来在实际工作中仍未克服立三路线。"② 考虑到会议的讨论情况,毛泽东在结论草案中,将六届四中全会以来党的路线分为三个时期:"四中全会及其以后一个时期,中央领导路线虽有缺点,错误,但在基本上是正确的。九一八至遵义会议这一时期内,中央的领导路线是错误的。遵义会议及其以后,中央的领导路线是正确的。"③ 毛泽东在简要概述了四中全会的"成功方面"后,以较大篇幅讲了四中全会的五个方面的错误。结论草案还从思想形态、政治形态、军事形态和组织形态等方面,对以博古为代表的临时中央的错误路线进行了严厉的批判。

也是在九月会议后,毛泽东还写了《关于一九三一年九月至一九三五年一月期间中央路线的批判》的长文,从思想上、政治上、组织上和策略方面系统批判了临时中央的错误路线。

通过九月会议,"结论草案"和"九篇文章",毛泽东对第三次"左"倾路线的认识大为深化。虽然此时党中央领导人对四中全会的评价还有分歧,但作为第三次"左"倾路线关键的四中全会的盖子已经揭开。随着整风学习的普遍展开,王明"左"倾教条主义的最终现形已为时不远了。

(三) 1943 年的九月会议与六届七中全会

自 1941 年冬季始,全党高级干部整风和普遍整风次第展开。通过

---

① 中共中央文献研究室:《胡乔木回忆毛泽东》,人民出版社 2013 年版,第 194—195 页。

② 同上书,第 222 页。

③ 中共中央文献研究室:《胡乔木回忆毛泽东》,人民出版社 2013 年版,第 223 页。

整风学习，全党进一步深化了对党的历史，特别是十年内战时期历史的认识。针对王明坚持错误，并攻击抗战以来党的路线，中央决定召开政治局会议，继续揭发和批判苏维埃运动后期的错误，讨论抗战时期党的路线问题。

1943年9月7日至10月6日，中央政治局会议举行。毛泽东以中央政治局主席、中央书记处主席的身份主持了这次会议。他在会上提出："内战时期的错误路线，第一个是王明，第二个是博古。王明是这个路线理论的创造者与支持者，博古等是执行者与发挥者。"[①] 这就点明了王明与"内战时期的错误路线"的直接关系，实际否定了"六届四中全会及其以后一个时期"中央的领导路线。比之毛泽东在"结论草案"中的看法，已经有了根本的变化。

在9月13日的会议上，康生提出："要用历史的方法来检讨王明的投降主义错误"，即在批判王明抗战时期的错误时，"要联系十年内战时期王明主义的来源"。他认为，苏维埃运动后期的"左"倾路线错误，不应从1932年9月算起，王明《为中共更加布尔什维克化而斗争》的小册子，实际是"机会主义的纲领"。刘少奇、周恩来也在会上提出四中全会是错误的。[②] 这样，对王明错误的批判，开始从抗战时期入手，溯及他在六届四中全会及其以后的错误，并将其与临时中央的错误相提并论。

自1943年冬起，党的高级干部开始学习党内两条路线斗争史，中央政治局和书记处也召开多次讨论党的历史问题的会议，最后政治局形成了关于党内历史问题的6项意见，由毛泽东在六届七中全会第一次会议的报告中提出。会议一致通过了这6项意见，"自四中全会至遵义会议期间，党中央的领导路线是错误的"，[③] 最终成为这段历史的结论。1945年4月20日，扩大的六届七中全会原则上通过《关于若干历史问题的决议》。决议将自四中全会至遵义会议期间党中央的错误路线与之前的"'左'倾盲动主义路线"、"立三路线"排列，称之为"第三次'左'倾路线"。决议从政治上，军事上、组织上、思想上对第三次

---

① 中共中央文献研究室：《毛泽东传》（1893—1949）下册，中国人民大学出版社2006年版，第659页。
② 同上书，第659—660页。
③ 中共中央文献研究室：《胡乔木回忆毛泽东》，人民出版社2013年版，第301页。

"左"倾路线进行了深刻的批判,全面反映了毛泽东对第三次"左"倾路线的新认识。

毛泽东对第三次"左"倾路线的认识,经历了一个相当长的时间。毛泽东的意见通过延安整风成为全党的共识,不但对历史上第三次"左"倾错误进行了彻底的清算,更使全党认识了毛泽东的正确而接受他为自己的领袖。

(作者单位:华中师范大学马克思主义学院)

试论苏州"五卅路"的修筑起因与资金来源
——兼与退款筑路说之商榷

许冠亭

引 言

苏州1926年建成的"五卅路",是迄今全国唯一一条"五卅路",是苏州各界支持五卅运动的直接产物,成为苏州五卅运动的重要历史见证,具有丰富的历史文化价值。流行的退款筑路说认为,"五卅路"是上海退还苏州各界五卅运动时期捐款后修筑的纪念路。退款筑路说的文献缘起,按时间排列,主要有如下四种。

第一种认为,"上海五卅运动的领导权后来被以虞洽卿为首的大资产阶级所篡夺。不久,他们便与帝国主义者妥协,并扣留和退回国内外援助工人的捐款。同样,苏州人民的捐款,被扣压半年之后,也被退了回来。当时苏州各界人士(主要是丝织工人)原计划继续募捐,在苏州造一条环城马路,称为五卅纪念路,以教育后人。后来因款项不足,几度研究才决定修建现在这条五卅路"。①

第二种认为,"工人、学生的捐款全部寄给上海总工会,后来,上海工人罢工结束,又将余款退回苏州。工人、学生将这笔款子用作公益

---

① 廖志豪等:《苏州史话》,江苏人民出版社1980年版,第266—267页。

基金。他们把乐益女中左边的小路开拓为大马路，正式命名为'五卅路'"①。

第三种认为，"工人、学生、店员、艺人等都自觉开展爱国募捐活动，一个月内募金达 1 万余元。现今苏州体育场旁的五卅路，就是用当时从上海退回的部分捐款筑成的"。②

第四种认为，"苏州各界共募集捐款近 2 万元。这笔款子中的一部分因运动后期上海总商会态度暧昧，被退回苏州。7 月 10 日，经苏州各界联合会讨论决定，用这笔余款将马军弄拓宽成大路，取名'五卅路'永志纪念"。③

以上文献，都把"五卅路"修筑的起因和资金来源归结为上海退还苏州各界五卅运动时期的捐款，但对退款主体则说法不一，有以虞洽卿为首的大资产阶级、上海总工会、不予明言、上海总商会四种，对退款数量、筑路提议者、道路命名、修路费用等方面的表述也多有出入。全面梳理五卅运动时期各种报刊文献及史料汇编，认真比对"五卅路"修筑的未刊和已刊档案，退款筑路说并无史实依据，"五卅路"是苏州各界自募资金、自力更生修筑而成。

一

按照退款筑路说，苏州修筑"五卅路"的倡议当在五卅运动结束之后，但史料清楚地表明，修筑"五卅路"的动议始于五卅运动初，根本设想不到上海退还捐款来修路。据筑路委员戈秋潭在五卅惨案一周年纪念大会上的报告，"五卅路之提议，始于去年今日，惨事发生，工商罢业，本埠教务联会、小学教员沪案后援会暨救火联合会代表，议以沪工建筑娄葑间城外车路"。④ 这就说明修筑"五卅路"之提议，是在五

---

① 中共党史人物研究会：《中共党史人物传》第八卷，陕西人民出版社 1983 年版，第 151 页。

② 政协吴县委员会文史资料委员会：《吴县文史资料》第八辑，内部资料，1991 年 11 月第 1 版，第 6 页。

③ 中共苏州市委党史工作办公室：《中共苏州地方史》（第一卷）（1919—1949），中共党史出版社 2001 年版，第 23—24 页。

④ 苏州地方志编纂委员会办公室、苏州市档案局：《苏州史志资料选辑》第一辑，内部发行，1984 年 6 月编印，第 202 页。

卅惨案发生、上海罢工罢市之初，由苏州教务联会、小学教员沪案后援会、苏州救火联合会三个团体联名提议，苏州救火联合会则是其中主角。其办法就是招用上海罢工工人来苏，实行以工代赈，修筑娄门至葑门一段城外车路，最终能使环城车路得以衔接。

五卅运动时以工代赈修筑道路的主张，最早由上海群益书社经理陈芝寿提出。6月16日，陈芝寿在上海各路商界总联合会代表会议上提议，"罢业工人赴吴淞筑路，可获五利：（一）可免闲居滋事；（二）捐款不致坐耗；（三）路成可资纪念；（四）商埠早成，可减少租界势力；（五）苦力所得工资，较协济为丰"。该议案当场决议通过，推定陈芝寿、程兰亭、周霁光、王肇成与虞洽卿接洽，并公决设立筹备处积极进行筑路方针的制订。之后，陈芝寿等人面谒6月6日履新淞沪特别市市区会办虞洽卿，"条陈以罢业工人往吴淞筑路办法"，并函请浚浦局、工巡捐局、吴淞江水利局、南洋烟草公司尽量安置罢业工人。[①] 当时，上海募款救济20万罢工工人是严峻难题，而"罢工补贴对有些工人来说，很有诱惑力，但对另一些工人尤其是要靠工资养家糊口的人来说，这点钱就远远不够了"。[②] 以工代赈修筑吴淞路，确实具有多方面意义，《新闻报》进行报道也产生了一定社会影响，上海各路商界总联合会还与地方政府、企业进行沟通联络，但这一计划并未取得实效。

苏州救火联合会等社团代表的提议，或许受到上海各路商界总联合会主张的启发，但苏州的可贵之处在于，最终修筑了一条纪念五卅运动的"五卅路"。苏州各界联合会讨论通过了该议案，议决函请市公所、工巡捐局查照。苏州各界联合会派代表与娄门、葑溪两市民公社接洽，推举市公所代表沈鸿揆、商会代表程干卿、救火联合会代表戈秋潭、范君博、学生联合会代表潘著林、对日外交后援会代表李楚石6人组成筑路委员会，进行实地测勘。7月10日，筑路委员会在青年会开会，讨论拟订移沪工来苏筑路的各项计划，规定了道路宽度、路面用材，"路

---

① 上海社会科学院历史研究所：《五卅运动史料》第2卷，上海人民出版社1986年版，第1043页。

② ［美］裴宜理：《上海罢工：中国工人政治研究》，刘平译，江苏人民出版社2001年版，第207页。

名定为'五卅路',以资纪念国耻"。①

然而,7月16日苏州各界联合会第十二次常会,在讨论上述计划时对修路经费产生了分歧。学生联合会代表声明,"截留救济沪工之捐款,指定用途系沪工工资,不得充作购地买材之用,以符原议"。学生联合会这一声明,强调了募捐款、以工代赈都是为了救济上海罢工工人,用作购地买材就是改变用途、挪作别用,就违背捐款人的意愿和以工代赈的初衷。对此,商会代表程干卿提议,"现截留之款学生联合会既声明专供沪工工资,则无须如此巨款,不如将此款进行解沪,以济燃眉。至于筑路一层,应另行筹款办理,商会可负责集款"。提议获得会议通过。② 7月24日,上海总商会收到苏州学生联合会捐款洋2110元3角3分。此后,苏州学生联合会又将募捐款项乃至历次募集积累的劣洋均悉数汇寄上海,可谓毫无保留。

不久,"当道方面,表示反对沪工来苏,而事实上有种种困难",③以工代赈计划无法实行。苏州地方当局反对沪工来苏,可能主要出于上海罢工工人来苏滋生事端之揣测。事实上的"种种困难",在于8月10日上海总工会发表《五卅罢工最低复工条件宣言》,随后上海总商会、上海总工会、各马路商界联合会派出代表与日本、英国工厂先后进行复工谈判,罢工工人陆续复工,原定与上海总工会联络招收罢工工人来苏筑路计划完全丧失运作可能,以工代赈计划只能作罢。

二

在以工代赈无法实行时,苏州艰难筹措经费,最终调整计划,放弃修筑娄门至葑门之间城外车路的设想,自筹资金、自力更生修成了城内言桥至平桥的这条"五卅路",与所谓上海退还捐款毫无瓜葛。

苏州各界联合会在以工代赈计划无法实行时,仍想依靠苏州工人按照原计划的线路规模修建"五卅路",但娄江、葑溪市民公社不能如数提供资金,苏州总商会又不能追加资金,市公所与工巡捐局也无法承诺兜

---

① 苏州地方志编纂委员会办公室、苏州市档案局:《苏州史志资料选辑》第一辑,内部发行,1984年6月编印,第139—140页。
② 同上书,第140—141页。
③ 同上书,第202页。

底。为了避免因经费筹措而迁延下去，苏州各界联合会决定放弃原先修筑娄门至葑门城外车道计划，"照市公所提议"，将修筑线路更改为城内言桥至平桥一段，将原来的马军弄拓宽平整成一条"五卅路"。这样做的好处是"工省而用繁"，工程规模大为缩减，既省工钱，也能尽早修筑完工，又因是城内道路使用价值更高。为了节省费用，还将原先规划的碎石块平铺杂砌路面改为更省钱的煤屑路面，成为苏州第一条煤屑路。修筑这一条"五卅路"，"雇工价须一千三百元，由商会担任拨济工款六百二十五元，市公所、工巡捐局合助四百元，余不敷之数由各界联合会担任筹足"。筑路委员会与苏州市公所、工巡捐局联合派员会勘路线，1926年1月11日开工，从事平路男女工人计有数十名。1926年5月30日，苏州各界联合会在王废基公共体育场召开五卅惨案一周年纪念大会，宣布"五卅路"工程只须加铺煤屑后即可告竣。然后，苏州各界联合会在新筑之五卅路竖立两方纪念界石，一方竖于公共体育场门前，另一方竖于言桥堍，"俾我苏人，永矢弗忘"。① 至此，苏州这条"五卅路"终于基本建成，实际完工应在1926年6月。苏州社会各界自筹资金、自力更生修成的这条"五卅路"，不及五卅运动初提议时的工程规模，实际费用1300多银元，苏州总商会资助625银元，占修路资金将近一半，苏州总商会对"五卅路"的建成具有重要贡献。这条"五卅路"附近的乐益女中就是上海五卅惨案发生后苏州中共组织发动领导支持五卅运动的重要基地，周边的体育场、大公园正是苏州各界集会声援支持上海五卅运动的重要阵地，"五卅路"承载的历史文化价值至为厚重。

三

退款筑路说无法提供上海退还国内外捐款的史料依据，史料依据只能显示苏州积极捐款支援上海罢工工人，上海方面并无退款之举。1925年上海五卅惨案发生，上海开展了罢工、罢课、罢市的"三罢"斗争。为了接济上海罢工工人，上海总商会、上海学生联合会、上海总工会、上海临时济安会、上海工商学联合会等积极组织募捐。"一时本埠、外

---

① 苏州地方志编纂委员会办公室、苏州市档案局：《苏州史志资料选辑》第一辑，内部发行，1984年6月编印，第201—203页。

埠、侨埠，军政农工商学各界以及妇女稚子，率皆出资输助，为正义之前驱，作外交之后盾。"① 苏州大中学生响应最早、行动最快，东吴一中学生会于 6 月 6 日捐款洋 300 元（即银元，下同）成为上海总商会收到的第一笔捐款。6 月 9 日，担任苏州学生联合会主席的东吴大学学生蓝琢如又将苏州各校学生募捐救济上海工人的捐款洋 6000 元送到上海总商会。② 对苏州东吴大学、东吴一中学生的积极捐款，已有学者进行过详细的阐述③。需要强调的是，苏州学生联合会募集款项之多，既在于学生热情劝募和收支有据，更在于苏州社会各界的慷慨解囊。此后，苏州各界联合会各团体依然发动工人、学生、商人、艺人千方百计支援接济上海罢工工人，将捐款陆续汇寄上海总商会。

　　上海总商会等机关将收到的捐款拨交济安会，临时济安会按照上海总工会开列需要救济工人名册会同发款，这样收支分开，账目明晰，容易核查。评价上海总商会在五卅运动时期的募捐表现，自然见仁见智，但学者早已指出所谓"上海总商会公然扣压各地捐款"缺乏史料依据。④《上海总商会经收五卅捐款收支报告册》完成于 1926 年 9 月，其时运动早已结束，将 1925 年 6 月初至 1926 年 6 月底的捐款收支明细备于一册。该报告册记录的最后一笔捐款是 1926 年 6 月 15 日来自山西的捐款，这表明上海总商会在工人罢工结束以后仍然接收捐款、来者不拒。若是边募捐、边退捐，显然不通情理。事实上，该报告册也没有任何退款记录。相反，该报告册统计上海总商会经收的各项捐款共计 240 余万银元。先后移拨临时济安会的接济费等，共计 250 余万银元。收支相抵不足之数共 11 万 1 千多银元，其中上海总商会垫银 7 万 1 千余银元。⑤ 对此不足之数，北京政府财政部"允拨而未拨迄"。南京国民政府建立，已卸任总商会会长的虞洽卿继续向南京政府呈请酌拨，但"亦

---

① 上海总商会：《本会经收五卅捐款收支报告册》1926 年 9 月编印。上海市工商联资料室藏，全宗号 200/目录号 1/卷号 052，第 3—4 页。
② 上海总商会：《本会经收五卅捐款收支报告册》1926 年 9 月。上海市工商联资料室藏，全宗号 200/目录号 1/卷号 052，第 94 页。
③ 吴竞：《五卅运动在东吴》，《苏州大学学报》（哲学社会科学版）1990 年第 2 期。
④ 何毅亭、柳丁：《评五卅运动上海资产阶级的募捐活动》，《上海社会科学院学术季刊》1987 年第 3 期。
⑤ 上海总商会：《本会经收五卅捐款收支报告册》1926 年 9 月。上海市工商联资料室藏，全宗号 200/目录号 1/卷号 052，第 2—4 页。

未蒙惠拨"。1929年5月，国民党中央决定上海总商会、上海县商会、闸北商会及上海所有商民协会停止办公，将会务移交虞洽卿为首的上海特别市商人团体整理委员会。虞洽卿向财政部诉说因五卅垫款陷入尴尬，各债权人以事系他一人经手，"催迫集于一身，索还急于星火"，务请财政部"先行赐拨五万元，俾偿急欠，而免逼催"。经多方交涉，财政部电赐江苏省财政厅"先行借拨一万元应用"。1930年1月25日，上海五卅惨案被难家属会与工部局交涉成功，由上海商整会及五卅公墓董事会为证，向工部局如数领到恤金15万余银元，将其中4万银元"拨付前上海总商会对惨案代垫款项之一部分"，"候政府拨还商会时再行分配"。① 既然上海总商会捐款收不抵支并一直恳求政府补偿，它怎会"退回国内外援助工人的捐款"？所谓"苏州人民的捐款，被扣压半年之后，也被退了回来"之说法，显然于籍无据。"五卅路"只能依靠苏州各界自筹资金修筑。

结　论

上述分析表明，苏州各界在上海五卅惨案发生后积极捐款，主要通过苏州总商会的联络汇解到上海总商会接济罢工工人。苏州救火会等3个团体提议修筑五卅路，始于五卅运动初，是以工代赈招收上海罢工工人来苏修筑娄门至葑门的城外车路，定名"五卅路"。苏州各界联合会讨论通过这一提议，设立筑路委员会讨论实施计划。但为解上海燃眉之急，苏州学生联合会将截留捐款尽数汇寄上海。在以工代赈计划流产、修筑经费困难的情形下，苏州各界联合会接受苏州市公所的提议更改线路，压缩规模，苏州社会各界自募资金、自力更生，最终修成了城内言桥至平桥的"五卅路"，苏州总商会承担了近半费用。"五卅路"的修筑艰难曲折，但自始至终与退款筑路毫无关系，上海总商会收不抵支，没有退款之举。"五卅路"的修筑历程，彰显出近现代苏州的爱国精神、争先精神、创新精神。

(作者单位：苏州大学政治与公共管理学院、中国商会发展协同创新中心)

---

① 中国第二历史档案馆：《五卅运动和省港罢工》，江苏古籍出版社1985年版，第232—237页。

中央苏区时期邓小平的人格魅力

黄惠运

1931年2月，时任红七军前委书记兼政治委员的邓小平，同军长张云逸等率领红七军从广西千里转战，到达中央苏区，"汇合朱毛红军"后，赴上海向党中央汇报工作。同年8月，邓小平携未婚妻金维映从上海到达中央苏区瑞金，就任中共瑞金县委书记。1932年5月，邓小平调任中共会昌中心县委书记。1933年3月至6月，邓小平被"左"倾错误领导者作为"江西罗明路线"的代表，受到打击迫害，这是邓小平政治生涯中"三落三起"传奇经历中第一次"落"。1933年夏、秋间，邓小平调任中国工农红军总政治部秘书长，后任《红星报》主编，这是邓小平政治生涯中"三落三起"传奇经历中第一次"起"。邓小平在中央苏区不仅经历政治生涯中第一次"落起"，而且在担任县委书记的领导岗位上，开展了党的建设、政权建设、军事斗争、反腐倡廉等各项建设工作，取得了巨大的成绩，显示了令人敬佩的人格魅力。

以崇高的理想和坚定的信念投身苏区革命

1930年8月，在红七军攻打广西柳州、桂林等大中城市，遭到失败的严峻关头，时任红七军政委的邓小平怀着"汇合朱毛红军"的坚定信念，和军长张云逸率领部队毅然撤出左右江革命根据地，千里转战，前往中央苏区。1931年2月14日，邓小平和李明瑞率领红七军55团抵达江西苏区崇义县城，恢复崇义党组织，建立苏维埃政权，举办"地方党团训练班"，扩编崇义红色独立团。不久，邓小平赴上海向中共中央汇报工作。临行前，邓小平交待红七军领导人之一许卓，"必要时可向井冈山靠拢"。① 1931年3月下旬，红七军的55团与58团在江西吉安天河会合。后根据中共中央决定，调往中央苏区腹地，编入红三军团，参加中央苏区反"围剿"战争，成为中央红军中的一支劲旅。

邓小平在中央苏区始终拥护和坚持毛泽东的正确主张，抵制"左"倾错误的干扰，抨击"左"倾错误领导者。1948年4月25日，刘邓大军千里跃进大别山九个月后，邓小平在河南鲁山召开的豫陕鄂前委和后委联席会议上的报告指出："如果有同志参加过十年苏维埃时期的内战，就会懂得这一点。那时不管在中央苏区，还是鄂豫皖苏区或湘鄂西苏区，都是处于敌人四面包围中作战。敌人的方针就是要扭在苏区边沿和苏区里面打，尽情地消耗我苏区的人力、物力、财力，使我们陷于枯竭，即使取得军事上若干胜利，也不能持久。在反对敌人的第五次'围剿'时，要是按照毛主席的方针，由内线转到外线，将敌人拖出苏区之外去打就好了，那样苏区还是能够保持，红军也不致被迫长征。可惜'左'倾机会主义者不这样做，中了蒋介石的计。"②

始终保持实事求是的思想品质

邓小平任瑞金县委书记期间，注重调查研究，实事求是地纠正了瑞金肃"社会民主党"错误，卓有成效地开展了地方政权建设。1931年5月，闽西苏区肃"社会民主党"黑风刮到瑞金。瑞金县委书记兼肃反委员会主任李添富，错误抓捕杀害了瑞金原县委书记邓希平、县苏维埃主席肖连彬、县总工会委员长杨舒翘等领导干部。据全国解放后统计，当时瑞金以"社党分子"罪名被杀害的共有453人，其中县委、县苏维埃政府部长以上的领导干部28人；区委、区苏维埃政府和乡一级的领导干部77人；县、区、乡村一般干部273人，造成严重的冤假错案。③邓小平任瑞金县委书记后，认为瑞金乱肃所谓"社会民主党"的行为

---

① 余伯流：《邓小平在中央苏区》，《党史研究与教学》2004年第4期。
② 《邓小平文选》第1卷，人民出版社1994年版，第97页。
③ 黄少群：《邓小平在中央苏区（上）》，《百年潮》2004年第6期。

是绝对错误的，必须立即予以纠正。在中共赣东特委书记谢唯俊的大力支持下，邓小平与金维映、余泽鸿等人经过一个多月的深入调查研究，在广泛听取各级干部和群众的意见、掌握大量事实后，召开全县党员活动分子会议和县、区、乡三级主要干部会议，下令拘捕并公审严处了民愤极大的李添富等人，释放了在押的干部群众，使全县300余人免遭杀害，制止了乱捕滥杀的错误行径，为蒙受冤屈的一大批干部群众平了反。苏区干部群众纷纷称赞：邓小平是"包公再世"。[1] 此后，如邓小平后来所言，瑞金"全县局面大为改观"[2]。因此，著名党史专家黄少群指出："邓小平是我党历史上勇敢地站出来大刀阔斧、雷厉风行地纠正肃反扩大化错误并取得重大战果的第一人。"[3]

邓小平以很大的精力投入地方苏维埃政权建设。邓小平果断决定取消村一级苏维埃政府，只在村一级设苏维埃代表；建立乡苏维埃政府，归苏区管辖，建立乡的代表会议，选举坚决革命分子担任乡苏政府的领导工作。他坚持实事求是的思想路线，调查了解了瑞金二次土地分配中出现的假分田、过分打击地主豪绅等情况，及时纠正了瑞金县土地革命斗争中出现的"地主不分田，富农分坏田"的错误做法，耐心地向广大干群强调不要侵犯中农的利益，讲述"要给富农以经济出路，给地主以生活出路"的道理，从而在一定程度上纠正了一些"左"的分田做法。邓小平遵照毛泽东制定的正确的土地分配政策，坚持"按人口平均分配"的办法，实行"抽多补少，抽肥补瘦"的原则，使广大农民比较满意，消除了贫苦农民对分得土地的疑虑。同时，邓小平和瑞金县苏维埃政府干部一道，采取组织耕田队、犁牛合作社、劳动互助队，建立消费合作社、粮食合作社，组织生产竞赛，兴修水利，开垦荒地，开展赤白贸易等措施，发展农业生产。其中，瑞金县在革命竞赛中的成绩仅次于兴国模范县。邓小平后来回忆说："那时苏区的工作，兴国是第一，瑞金是第二。"[4] 为了培训地方工作干部，解决"肃反"后干部奇缺的问题，1932年9月、10月间，邓

---

[1] 凌步机、舒龙：《血铸赤国——中华苏维埃共和国纪事》，江苏人民出版社1998年版，第112页。

[2] 余伯流：《邓小平在中央苏区》，《党史研究与教学》2004年第4期。

[3] 黄少群：《邓小平在中央苏区（上）》，《百年潮》2004年第6期。

[4] 黄健民：《让苏区精神代代相传》，《保护视力色》2011年5月23日。

小平在瑞金县城同善社举办了一期干部培训班,他亲自讲授《共产主义ABC》等课程。邓小平在瑞金工作期间,还创办了县委党刊《瑞金红旗》,深入进行干部教育。1931年11月27日,红三军团攻下会昌,邓小平撰写了一篇题为《惊人的好消息——红三军团攻下会昌》评论,在《瑞金红旗》第7期上发表,号召全县工农群众乘胜前进,"向反动势力进攻,取得更大的胜利"。邓小平曾回忆:瑞金全县局面大为改观,"关键在于有了大批与群众有联系的本地干部"。邓小平是实事求是的典范,从不夸大自己的工作成绩,在他担任会寻安中心县委书记时,由于三县是中央苏区的边区,赤白对立很厉害,没有正规红军驻扎,只有百几十人的地方武装,由于"左"的经济政策,商店大都关了门,财政经济很困难。他在《我的自述》中还说:"我在会昌工作半年多一点时间(实际为10个月——笔者注)未能打开局面。"

具有坚毅刚强的人格特征

1933年3月至6月,邓小平被"左"倾错误领导者作为"江西罗明路线"的代表,即所谓邓、毛、谢、古"四个罪人"的"头子",受到错误的批判斗争和无理的关押劳动,时间长达3个月。这是邓小平政治生涯"三落三起"传奇经历中的第一次"落马"。1933年夏、秋间至1934年10月,邓小平在王稼祥、李富春的关照下,调任红军总政治部秘书长,后调任《红星报》主编,直到遵义会议前夕。这是邓小平政治生涯"三落三起"传奇经历中的第一次"复起"。在这第一次"落起"中,邓小平表现了非凡的坚毅刚强的人格魅力,终于战胜诬陷迫害,重新走上领导岗位。

1931年11月,中共苏区中央局在瑞金召开了中央苏区党的第一次代表大会(史称赣南会议)。在讨论通过《政治决议案》等文件时,会上出现了争议。瑞金县委书记邓小平、永吉泰特委书记毛泽覃、赣东特委书记谢唯俊、总前委宣传部长古柏等,都表示不同意决议案中对毛泽东和中央苏区工作的批评、指责,他们的言行引起"左"倾错误推行者的不满,批评"邓小平到了苏区,即曾在党大会(即赣南会议——引者注)前后,与毛、谢等共同提出了对四次战争的机会主义的口号,共同进行反对中央局的活动"①。邓小平等人的正确言行为临时中央"左"倾领导人所不容,成为"江西罗明路线"的打击对象。

1933年3月,中共临时中央撇开江西省委,以中央局名义,直接在会昌筠门岭召开会、寻、安三县党的积极分子会议,给邓小平正式扣上"江西罗明路线"的帽子,邓小平没有参加会议,受到"缺席审判"。同年4月,在宁都七里村召开的"江西党三个月工作会议"上,邓小平等被指为"罗明路线在江西的创造者"、"反党的派别和小组织的领袖",被中央"左"倾领导人撤销领导职务,会昌中心县委书记由罗屏汉担任。邓小平在"书面检讨"中承认工作中存在一些缺点和错误,但一概不承认强加在他头上的"反党的派别和小组织"活动的罪名。随后,邓小平被"左"倾错误领导者撤销了江西省委宣传部长职务,给他以"最后严重警告"处分,派到乐安县属的南村区委去当巡视员,被指令接受劳动改造。邓小平落难宁都后,还承受了劳动中"经常挨饿"和"夫妻离异"的痛苦。后来,邓小平在王稼祥、罗荣桓、贺昌等人帮助下,调任红军总政治部,接替杨尚昆担任总政秘书长职务。后当宣传干事,主编总政机关报《红星报》。邓小平在这场错误的党内斗争面前,表现了一个马克思主义者的原则立场和态度,没有动摇他的坚定信念和意志。江西省委书记李富春派邓小平前往万泰、公略、永丰苏区巡视工作,代表省委解决那里的问题。邓小平在万、公、永的工作得到江西省委的肯定。从1934年6月到10月,身处逆境的邓小平勤勤恳恳、默默无闻地在总政主编《红星报》,采编、选稿、校对、刻印等工作,几乎他一人包干。毛泽东、朱德、博古、贺昌等人,为《红星报》写过不少社论和文章。1933年8月11日,毛泽东署名"子任",在《红星报》发表《吉安的占领》一文,描写1930年10月4日红一军团攻占吉安的英雄事迹。这篇文章是邓小平特约毛泽东撰写的。《红星报》办得丰富多彩,生动活泼,通俗易懂,图文并茂,发行量达17300份,在苏区数十种刊物中名列第三(仅次于《红色中华》、《青年实话》),深受广大红军指战员的喜爱,被誉为"红军党的工作指导员"、红军部队的"一架大无线电台""一面大镜子""红军的俱乐

---

① 《为党的进攻路线而斗争》,《斗争》第12期,1933年5月20日。

部"、红军的"政治工作讨论会"等①。有学者指出:"邓小平办《红星报》所体现出来的那种敬业精神和他所创造的工作业绩,将会成为人们永久的楷模。"②

毛泽东曾多次提及中央苏区邓小平挨整的历史,称赞邓小平坚毅刚强的人格。1972年8月14日,毛泽东在邓小平的一封来信上批示,说邓小平"在中央苏区是挨整的,即邓、毛、谢、古四个罪人之一,'毛派'的头子"。③邓小平后来回忆说:"我是'三落三起'"、"三十年代在江西的时候,人家说我是毛派,本来没有那回事,没有什么毛派"④。"比较正确地说,我是实事求是派。"⑤ 曾经和邓、毛、谢、古一起在中央苏区工作过的林伯渠,在延安赋诗写道:"偶忆往事便心惊,谢古邓毛剩小平。"⑥ 表达了对邓小平人格魅力的崇敬与赞赏之情。

顾全大局的奉献精神

邓小平在担任"红都"瑞金第一任"京官"期间,带头节约粮食,保证红军给养。在中央苏区第三次反"围剿"战争中,邓小平领导瑞金全县人民开展群众性节省粮食运动,号召苏维埃干部节衣缩食,支援前方。他带头身体力行,每月最少节省8斤口粮,并要求妻子遵守规定,顾全大局,不搞特殊化。在邓小平的影响下,瑞金苏区的干部自觉地保持了清正廉洁的作风。

邓小平受命领导筹备在瑞金召开的中华苏维埃共和国第一次代表大会的后勤工作。中华苏维埃共和国第一次全国代表大会选址瑞金召开,除了瑞金地理位置优越,便于"居中指挥"外,与邓小平主政瑞金的出色工作是分不开的。毛泽东听了邓小平的汇报后,觉得瑞金当前的政治形势和党群基础都很不错。他很高兴,当面称赞邓小平:"很好,你

---

① 黄少群:《邓小平在中央苏区(上)》,《百年潮》2004年第6期。
② 同上。
③ 余伯流:《邓小平在中央苏区》,《党史研究与教学》2004年第4期。
④ 《邓小平文选》第3卷,人民出版社1993年版,第301页。
⑤ 同上书,第209页。
⑥ 余伯流、凌步机:《中央苏区史》,江西人民出版社2001年版,第1042页。

们做了很多工作。"① 邓小平和瑞金县苏维埃政府的杨世珠、朱开铨等人，积极为大会筹备了足够的物资，与专门负责大会代表膳宿的毛泽民、康克清、贺子珍、钱希钧等一道，深入到叶坪、洋溪、黄埠头、合龙、沙洲坝等乡村，察看、落实代表住宿地点，组织了规模宏大的群众庆祝活动和提灯晚会，庆祝第三次反"围剿"战争的胜利和"全苏一大"的召开。邓小平《我的自述》回忆："三次'围剿'粉碎后，开了几万人的祝捷大会，热情是很高的。"邓小平是"全苏一大"会议的主持人之一，曾陪同毛泽东到各个会场讲话。② 1931年11月，中华苏维埃共和国临时中央政府在瑞金成立，瑞金改名为"瑞京"，成为红色首都，邓小平正式就任第一任红都"京官"，取得了显著的政绩。1932年3月，中华苏维埃共和国临时中央政府执行委员会检查了瑞金县的工作，高度评价说："瑞金全县工作自中央政府成立后，在某些工作上已有相当的进步：（甲）统一财政在县苏及有些区苏（特别在黄安区渡黄区等）都是相当的执行了财务条例和统一财政训令，那种浪费和漫无限制的开支状态已大为减少了，开始在实行预算决算。（乙）在肃反问题上，一般说，对于过去的错误，如随意捕人偏信口供使用肉刑等，已有大的转变，并且对于过去政治犯在县苏已遵照第六号训令正式开庭审判，革命秩序相当建立。（丙）扩大红军工作已获得相当成绩，留红军公田已实行。"③ 邓小平作为首任红都"京官"，成绩斐然，成为一代优秀干部的楷模。瑞金县后来成为苏区模范县之一，受到中共中央和中华苏维埃共和国中央政府的多次表扬，"这与邓小平在瑞金开创性的工作分不开"。④

1932年5月下旬，因原会昌县委书记古柏调江西省苏维埃政府裁判部工作，邓小平调任会昌县委书记。7月，出任中共会（昌）、寻（乌）、安（远）中心县委（又称会昌中心县委）书记。1933年2月，调离会昌。在此期间，邓小平领导了会昌、寻乌、安远三县工作，开拓了红色区域。会、寻、安的工作环境比较艰苦。邓小平不负江西省委书

---

① 黄少群：《邓小平在中央苏区（上）》，《百年潮》2004年第6期。
② 毛毛：《我的父亲邓小平》上卷，中央文献出版社1993年版，第294页。
③ 《中央执行委员会检查瑞金工作后的决议》，《红色中华》第16期，1932年4月6日，第5版。
④ 凌步机：《邓小平在赣南》，中央文献出版社1995年版，第53页。

记李富春的重托，排除万难，努力工作，终于开创了较好的局面。邓小平狠抓党的组织建设，纠正党包办苏维埃的倾向，大力发展工人雇农苦力分子入党，据1932年7月、8月、9月三个月统计，会昌发展党员1638人，寻乌发展476人，安远发展590人。邓小平以马克思列宁主义的民主集中制和《新党员训练大纲》，教育和改造党的基层组织，保持党组织的先进性和纯洁性，提高了基层党组织的战斗力。邓小平很重视武装力量的建设，到会昌上任后，立即成立了军事部，随后又奉中革军委和江西军区命令成立了江西军区第三作战分区（简称三分区），钟亚庆为司令员，邓小平兼任政委。邓小平在各乡都组织了调查土地委员会与分田委员会，深入开展土地革命斗争，并注意防止出现"拿富农也乱打，甚至打到中农贫家身上去"的现象。① 1932年年底，会、寻、安三县土地没收分配工作顺利完成。邓小平大力领导了三县扩大红军突击运动，组织实施了宣传队、游艺团、"提灯"大会等，动员青壮男子参军参战。仅会昌一县，1932年下半年就扩大红军784人。邓小平还亲自带领县委干部走访红军家属，解决实际困难，各区乡普遍组织了耕田队，帮助红属发展生产。会、寻、安三县还响应中华苏维埃共和国中央政府的号召，第一、二期公债共推销20万元，仅会昌县就超额8000元。三县工人开展了退还认购公债票活动，自愿无偿支援革命战争。邓小平还在三县推行干部礼拜六义务劳动制度。刘质彬在：《回忆会寻安中心县委和粤赣军区的一些情况》说："邓小平带领大家到桥东劳动，大家唱着歌：'共产儿童团，实行礼拜六，帮助红军家，各做半天工……'。"由于邓小平的倡导，三县苏区干部密切联系群众，蔚然成风，形成了较好的党群关系。

习近平总书记在纪念邓小平同志诞辰110周年座谈会上的讲话指出：我们纪念邓小平同志，就要学习他对共产主义远大理想和中国特色社会主义信念无比坚定的崇高品格，对人民无比热爱的伟大情怀，始终坚持实事求是的理论品质，不断开拓创新的政治勇气，高瞻远瞩的战略思维，坦荡无私的博大胸襟。② 这是世纪伟人邓小平一生光辉业绩和人

---

① 《中央苏区各县革命竞赛工作报告之七——会昌县委七八九三个月报告》，1933年2月8日。转引自余伯流《邓小平在中央苏区》，《党史研究与教学》2004年第4期。

② 习近平：《在纪念邓小平同志诞辰110周年座谈会上的讲话》，新华网，2014年8月20日。

格魅力给予人们的深刻教育和长远启示。邓小平在中央苏区时期所展现的高尚的人格魅力，是中国共产党人的宝贵财富。对新的历史条件下党的建设新的伟大工程，密切党群关系，巩固党的执政基础，全面建成小康社会和实现中华民族伟大复兴的中国梦等，具有长远的教育激励作用和现实指导意义。

（作者单位：井冈山大学人文学院）

新中国成立前夕党对纯洁性建设的探索与启示

李朝阳

1948年11月11日，毛泽东作出判断，我们将在一年的时间里根本上打败国民党。同时，党比以往更紧锣密鼓地准备建立新中国。在新中国成立前不到11个月的时间里，党一如既往地重视纯洁性建设，并结合革命即将胜利的新形势制定了纯洁性建设的新政策，在理论上有新发展。新中国成立前夕党对纯洁性建设的探索不仅具有历史意义，也对当前党的纯洁性建设有诸多启示。

一 新中国成立前夕党加强纯洁性建设的特殊背景

新中国成立前夕，党重视纯洁性建设，除因为这是党的政治本性的要求、是对党的优良传统的弘扬外，还有其特殊背景。

第一，在革命胜利前夜，领导人的警醒意识为党加强纯洁性建设提供了极大动力。

中国共产党人特别注意从历史治乱中汲取经验教训。早在延安整风中，毛泽东就将郭沫若所著《甲申300年祭》作为整风文件之一，旨在"叫同志们引为鉴戒，不要重犯胜利时骄傲的错误"。[①] 总结历代兴衰成败的经验教训，回顾党的奋斗历程，毛泽东对以民主的方式跳出"兴勃亡忽"的历史周期律有了明确认识，并在同黄炎培的"窑洞对"中做了精彩阐释。

---

① 《毛泽东选集》第3卷，人民出版社1991年版，第948页。

越是临近革命胜利，党的领导人越是警醒。1948年12月14日，刘少奇在马列学院发表讲话时不无忧患地指出，在推翻国民党政权后，"如果搞不好，别人也能推翻我们的"，"得了天下，要能守住，不容易。很多人担心，我们未得天下时艰苦奋斗，得天下后可能同国民党一样腐化。他们这种担心有点理由。在中国这个落后的农业国家，一个村长，一个县委书记，可以称王称霸。胜利后，一定会有些人腐化、官僚化"。[①] 在党的七届二中全会上，毛泽东进一步表达了党中央的警醒意识。他指出，在民主革命后，特别是在向社会主义转变中能否避免流血，"要看我们工作的努力情况。如果国家，主要的就是人民解放军和我们的党腐化下去，无产阶级不能掌握住这个国家政权，那还是有问题的"。[②] 他提醒全党一定要克服"四种情绪"，牢记"两个务必"。1949年3月23日，中共中央机关从西柏坡动身前往北平时，毛泽东又提出了"赶考"的命题，强调决不当李自成。毛泽东等党的领导人的警醒意识，推动着党重视新中国成立前夕的纯洁性建设。

第二，党在保持纯洁性中面临的挑战，要求党必须加强纯洁性建设。

在解放战争时期，党开展了土改整党、新式整军运动，1948年的"九月会议"后又开始了以加强纪律性为主要内容的党的建设，取得了纯洁性建设的很大成绩。但是，随着民主革命即将胜利，一系列纯洁性方面的新问题又涌现出来，引起了党中央的关切。

一是非无产阶级思想有所滋长。随着党的工作重心开始向城市转移，部分久居乡村的党员干部进城后不适应城市工作，对资产阶级的腐蚀缺乏必要的思想防范，产生了贪图享乐、不思进取等不良思想和行为。部分党员干部产生了革命到头的思想，不愿意再艰苦奋斗，对工作拈轻怕重，甚至害怕在革命胜利前夕流血牺牲。

二是队伍纯洁面临新问题。在革命即将胜利之时，有越来越多的人希望加入中国共产党。这种情况是有利于党的发展的。但同时，投机分子比以往更有意愿混入党内，一些反革命分子也伺机混入党内准备破坏

[①] 《刘少奇选集》上卷，人民出版社1981年版，第413页。
[②] 《建党以来重要文献选编（1921—1949）》第26册，中央文献出版社2012年版，第197页。

党的事业。这些问题引起了党的极大关注。1949年2月的《中共中央关于在新解放区及待解放城市必须谨慎地发展党员的指示》指出:"目前反革命分子和投机分子正千方百计企图混入我党组织",要求必须提高警惕,甚至"宁肯在吸收党员时对上层知识分子暂时关门"①。

三是党的作风纯洁面临一些新问题。一些党员进城后乱抢物资,甚至贪图享乐。"这些现象的发生,不独严重地损害国家和人民的财产,且在人民中种下极不好的印象,严重地妨害了工作的进行,妨害了党内的团结,并引起了若干干部的生活腐化。"② 一些党员以功臣自居,引起群众反感。如在北平刚解放时,人民"几乎把党理想化为毫无缺点和万能的救星",但由于一部分党员干部傲态凌人、神气十足等,群众对此"甚为不满"③。

上述问题的存在,警示中国共产党人在大好的革命形势中,必须对所存在问题有清醒认识,并以加强纯洁性建设的方式予以解决。

二 新中国成立前夕党加强纯洁性建设的重要举措

(一)以重视党员干部的理论学习来加强纯洁性建设

新中国成立前夕,党中央虽把主要精力集中在战争、土改和筹措建立新中国方面,但始终坚持思想建党,加强党员干部的理论学习。1948年12月14日,刘少奇在马列学院发表的讲话中,把加强理论学习与巩固政权、防止革命胜利后干部腐化官僚化联系起来,指出在革命胜利后,一定会有党员干部"腐化、官僚化。如果我们党注意到这一方面,加强思想教育,提高纪律性,就会好一些"。④ 因此,在革命胜利后,马列主义的书不是可以不要读了,而恰恰相反,要更多地读书、学习。12月16日,向全党发布的《中共中央对东北局〈建党工作发言大纲〉的修改意见》进一步强调了理论学习的重要性,明确指出经验主义是"目前党内的主要危险倾向",很多干部"缺乏应有的理论修养",而要

---

① 《中共中央文件选集》第14册,中共中央党校出版社1987年版,第556页。
② 《建党以来重要文献选编(1921—1949)》第25册,中央文献出版社2012年版,第736页。
③ 陈至立:《中国共产党建设史》,上海人民出版社1991年版,第615页。
④ 《刘少奇选集》上卷,人民出版社1981年版,第413页。

适应革命胜利后的局面和新中国建设的要求，需要把"我们的各级干部，特别是高级干部的理论水平，普遍地提高到应有的高度"①。

为加强党员干部的理论学习，适应建设新中国建设以及防止腐化、官僚化滋长的需要，党采取了以下重要措施：1. 创办马列学院，比较有系统地培养具有理论的领导干部和宣传干部。2. 加强在职干部学习。华北局于1948年年底作出的《关于在职干部理论教育的决定》等推动了革命胜利前夕干部学习的经常化、制度化。3. 规定干部必读书目。在党的七届二中全会上，毛泽东要求干部必须读《社会主义史》等12本书。4. 加强基层组织生活中的党员教育。任弼时在党的七届二中全会上，对在反教条主义、形式主义后的一段时间里取消了党内教育制度的做法提出了批评，认为这是很大的损失，要求恢复基层组织的党内教育，宣传部门要如抗日战争时期那样仍编印党员课本，以及用恢复和健全组织生活，改变一揽子会等方式加强党员的思想教育。

（二）以在新解放区和城市中公开建党、提高党员发展质量来加强纯洁性建设

在土改整党中，党中央向全党推广了刘少奇总结的平山县公开建党经验，有效推动了土改整党的深化。随着民主革命的节节胜利和工作重心向城市的转移，在新解放区和城市的公开建党工作也不断推展开来。

公开党组织是公开建党的重要一环。以北平为例，在和平解放初期，大多数党员的表现是好的，但一些党员逐渐暴露了自己的缺点，群众产生了意见。为加强党与群众的联系，中共北平市委决定在1949年6月底7月初将工厂、学校的党组织和党员全部公开，并邀请群众参加支部会议，在会上检讨支部和党员的工作，分情况对党员予以教育、改造、处分直至清洗。公开党组织改善了党群关系，教育了党员，提高了党员质量。

在公开党组织的同时，党加强了党员发展特别是工人党员的发展工作。随着革命节节胜利，城市中越来越多的知识分子、工人、手工业者提出了入党要求。同时，投机分子、反革命分子也伺机混入党内。为了

---

① 《建党以来重要文献选编（1921—1949）》第25册，中央文献出版社2012年版，第713页。

大力发展党的队伍、提升党员质量，1949年1月，中央政治局会议要求"在一切新占领区域必须谨慎地发展党的组织。对于上层知识分子入党尤其采取严格地审查的方针，在大城市内尤其要注意这一点，宁少勿滥"。① 1949年2月的《中共中央关于在新解放区及待解放城市必须谨慎地发展党员的指示》除传达上述指示外，又明确提出在工人中及学生中，则应采取多吸收积极分子入党的方针。为在城市中大量吸收工人党员，党批评了以贫雇农的眼光看工人，认为工人阶级落后复杂等错误观点，确定在新时期应该在工人中建立党的基础，并计划从党的七届二中全会开始的"五年或更长一点时间，在产业工人中发展一百万党员"，在非产业工人的劳动者中，"也要争取吸收一百万人进党来"②。随后，发展工人入党的情况发生了明显好变，大量工人党员入党为党提供了新鲜血液，提高了党员总体质量。

（三）以严肃城市接收中的纪律性来加强纯洁性建设

随着战场上的不断胜利，越来越多的城市需要接收、管理。久居农村的党员干部在进城后能否保持清正廉洁、艰苦奋斗，对党是一场严峻考验。

1948年12月20日，针对以往在接受城市中公共房屋管理环节出现的问题，刘少奇起草了《中共中央关于城市公共房产问题的决定》（以下简称《决定》），要求"免除城市工作人员各种散漫现象，及不适合城市工作的各种生活样式"，"一切城市工作人员中，不能容许有不守纪律及贪污和腐化的现象，如有不守纪律及贪污和腐化的行为，必须立即加以处理，令其离开城市工作"。③《决定》要求一切房屋一律由房屋管理委员会统一接收、保管，任何人不得私自占用民房。不管是在解放已久还是新解放的城市，都严格禁止任何人霸占、争夺、移走、拆毁公共房屋、家具、设备。这样做，不只是为了保护好城市的国家财产，"最大的好处，还在维持我党和党外工作人员在城市中的秩序，及防止

---

① 《建党以来重要文献选编（1921—1949）》第25册，中央文献出版社2012年版，第28页。
② 《建党以来重要文献选编（1921—1949）》第26册，中央文献出版社2012年版，第186页。
③ 同上书，第740页。

城市工作人员的腐化与官僚主义化"。①

（四）以倡导"两个务必"来加强纯洁性建设

在新中国成立前夕，党对如何加强纯洁性建设的思考，最有影响的莫过于毛泽东在党的七届二中全会上提出的"两个务必"。

"两个务必"的提出有深刻的内在原因。其一，这是党坚持和发展马克思主义政党理论的表现。它反映了党的宗旨，反映了党独立自主、艰苦奋斗的政治品格，反映了党永远革命的精神气概。其二，这是对王朝更替及李自成失败历史的总结，也是对党的经验教训的深刻总结。其三，这体现了中国共产党人对于巩固民主革命胜利、建设新中国的深刻思考。毛泽东分析道，巩固民主革命的胜利，需要很久的时间和花费比夺取革命胜利的更大气力。毛泽东敏锐地认识到需要我们克服的不只是经济、政治等方面的巨大困难，还有党内因为胜利可能会产生的骄傲情绪、以功臣自居的情绪、停顿起来不求进步的情绪、贪图享乐不愿再过艰苦生活的情绪，会受到资产阶级"糖衣炮弹"的进攻，一些人可能会被腐蚀而腐化、官僚化，从而丧失先进性和纯洁性。据此，毛泽东提醒全党，在胜利时要认识到潜在的危险，要眼光长远、目标远大，要认识到这不过是万里长征走完了第一步，必须坚持"两个务必"。对于"两个务必"的价值，习近平指出，这"包含着对我国几千年历史治乱规律的深刻借鉴，包含着对我们党艰苦卓绝奋斗历程的深刻总结，包含着对胜利了的政党永葆先进性和纯洁性、对即将诞生的人民政权实现长治久安的深刻忧思，包含着对我们党坚持全心全意为人民服务根本宗旨的深刻认识，思想意义和历史意义十分深远"。②

在党的七届二中全会上，党中央根据毛泽东的提议，提出了防止资产阶级腐蚀和反对突出个人的六条规定，即禁止给党的领导者祝寿；不送礼；少敬酒；少拍掌；禁止用党的领导者的名字作地名、街名和企业的名字；不要把中国同志和马、恩、列、斯平列，禁止歌功颂德现象。在出发前往北平时，毛泽东又提出"赶考"的严肃命题。"两个务必"、

---

① 《建党以来重要文献选编（1921—1949）》第 26 册，中央文献出版社 2012 年版，第 739 页。
② 《习近平在调研指导河北省党的群众路线教育实践活动时强调　充分调动干部和群众积极性　保证教育实践活动善做善成》，《人民日报》2013 年 7 月 13 日。

"六条规定"和"赶考"不仅为新中国开创了廉政新风,还有力地推动了纯洁性建设。

三 新中国成立前夕纯洁性建设的历史启示

新中国成立前夕,党对纯洁性建设的探索为党领导人民夺取民主革命胜利、建立新中国有重要意义。在当时及新中国成立初期,党的建设成就斐然,党在人民群众中有良好形象和崇高声誉,这都与党对包括"两个务必"在内的探索与坚守密切关联。虽然60多年过去了,现在党情、国情与当时有了很大区别,但新中国成立初期党在纯洁性建设上的理念和很多做法还值得我们在今天借鉴,有丰富的历史启示。

启示一,必须以高度的警醒意识重视纯洁性建设。

新中国成立前夕,毛泽东等中央领导人没有因革命即将成功而陶醉,而是一再警示全党,这不过是万里长征走完了第一步,夺得政权不容易,但建设好国家、巩固好政权更不容易,党有被腐化、官僚化的危险,搞不好还会被人推翻。由此,党作了一系列加强纯洁性建设的部署。回顾党的历史,这种警醒意识始终是党不懈加强纯洁性建设的重要力量源泉。新中国成立60多年后,党在纯洁性方面积累了很多迫切需要解决的问题。以习近平为核心的党中央保持了党一贯的警醒意识,下决心加强纯洁性建设。党的十八大以来,习近平多次提示全党要保持警醒意识。强调在"新形势下,我们党面临着许多严峻挑战,党内存在着许多亟待解决的问题……全党必须警醒起来"。①"大量事实告诉我们,腐败问题越演越烈,最终必然会亡党亡国!我们要警醒啊!"② 习近平一再强调党要警醒的内容都与纯洁性建设紧密相连,也正是因为有这样强烈的警醒意识,党的十八大后,党在重拳反腐、纠正"四风"、严明政治纪律等方面取得了许多进展,扫除了一些笼罩在纯洁性建设上的雾霾,赢得了人民赞誉。展望未来,前进的道路并不平坦,党的纯洁性建设会遭遇许多难题,但只要党有警醒意识,做到"凡是影响党的创造力、凝聚力、战斗力的问题都要全力克服,凡是损害党的先进性和纯洁

---

① 《十八大以来重要文献选编》上册,中央文献出版社2014年版,第70页。
② 同上书,第81页。

性的病症都要彻底医治，凡是滋生在党的健康肌体上的毒瘤都要坚决祛除"①，我们就能最终克服一切困难，始终保持领导核心和执政地位，不断将中国特色社会主义事业推向前进。

启示二，要始终坚持"两个务必"。

"两个务必"是毛泽东在党的七届二中全会上对党的作风建设的重要发展，它与在党的七大上提出的三大作风一样，都是党的优良作风的有机组成部分。在党的七届二中全会后，党的领导人始终强调要坚守"两个务必"，并不断赋予其具有时代特色的新内涵，使"两个务必"成为中国共产党人加强自身建设、保持先进性和纯洁性的重要武器。

当前，党的纯洁性建设中存在诸多突出问题，这损害了党的形象，影响了党与人民群众的血肉联系。习近平在推进党的纯洁性建设时，特别注意发挥"两个务必"的作用。他强调"全党同志要不断学习领会'两个务必'的深邃思想，始终做到谦虚谨慎、艰苦奋斗、实事求是、一心为民，继续把人民对我们党的'考试'、把我们党正在经受和将要经受各种考验的'考试'考好，使我们的党永远不变质、我们的红色江山永远不变色"②。要取得作风建设的长期效果，永葆纯洁性，重要方面之一就是必须不断开展"两个务必"教育，将弘扬"两个务必"内化于党员干部之心，外化于各种制度法规之中。

启示三，注意发挥群众的作用，把群众视为判断党的纯洁性高低的考官。

在土改整党及新解放区、城市的纯洁性建设中，"公开建党"是一条重要的历史经验。党组织和党员向群众公开，党组织邀请群众参加党的支部会议，并充分发表意见、检讨党的工作及党群关系。这既发动群众帮助党发现、修正了错误，提高了党员质量，巩固了党的领导，又密切了党群关系。在新中国成立后的历次整党整风运动中，党都重视并发挥群众的作用，期间虽有过偏差，但帮助党保持了先进性和纯洁性是主要方面。

党的十八大以来，党开展了群众路线教育实践活动，有效推动了党

---

① 习近平：《在庆祝中华人民共和国成立65周年招待会上的讲话》，人民日报2014年9月30日。

② 《习近平在调研指导河北省党的群众路线教育实践活动时强调 充分调动干部和群众积极性 保证教育实践活动善做善成》，《人民日报》2013年7月13日。

的先进性和纯洁性建设。在继续推进纯洁性建设的过程中，都必须相信人民、依靠人民，让人民来监督，由人民来检验纯洁性建设效果。只要我们牢固树立了充分发挥群众作用、以群众为纯洁性建设最好考官的理念，不断创造群众参与、监督、评判纯洁性建设的新途径，党的纯洁性就一定能够不断得到实现、保持和发展。

（作者单位：天津师范大学马克思主义学院）

革命精英、底层民众与政治动员：
万源保卫战取胜之道

李万斌

"假如万源失守，我军就有被敌压出川北的危险。敌人拼了死命，我们也拼了死命。这是关系川陕革命根据地生死存亡的一次决战，不拼命不行啊。"

——徐向前《忆创建川陕革命根据地》（1984年）

万源保卫战在川陕苏区史上具有关键性的意义。1933年12月至1934年8月，四川实力派刘湘、邓锡侯、田颂尧等人集合了三十余人万人兵分六路，向建立不久的川陕苏区发动了"六路围攻"，历经十月激战，红四方面军最后取得了这个被称为军史上规模最大、历时最长的反围攻斗争的重大胜利，有效地保卫了苏维埃政权，万源保卫战则是此次战争的转折点。但目前学界无论是党史还是军史研究中，万源保卫战都未能引起足够的关注。① 事实上，川陕苏区以五万余人的兵力对抗来自四川军阀三十余万之众的围攻而大获全胜，万源保卫战不仅是一次以少胜多的著名战例，更是关乎川陕苏区存亡的关键一战。鉴于此，本文拟从红军的战略战术、苏区内部的组织动员机制，以及苏区如何通过政治动员实现革命精英与底层民众之间的思想对接等维度，探究万源保卫战取胜的深层次原因，并以此文纪念保卫战胜利80周年。

---

① 据笔者所知，目前学界关于万源保卫战的相关学术研究尚十分薄弱，相关专题论文也较为少见，如仅有何守义：《万源保卫战——保卫川陕革命根据地的关键之战》一文对此次战役进行了关注，载温显美《川陕革命根据地论丛》，四川大学出版社1987年版，第114—122页，该文对战役过程进行了平面化叙述。其他过程描述则散见于一些通史类著作中。

一 以徐向前为代表的红军领导人战略战术得当

1933年6月上旬,红四方面军取得了反"三路围攻"①的胜利后,并于1933年6月底在旺苍县木门召开军事会议,总结红军反三路围攻的作战经验,确定了扩大与改编红军和加强政治思想工作并将红军原有的四个师扩展为四个军,设立苏区的最高军事领导机构为西北革命军事委员会,由张国焘为主席,徐向前、陈昌浩为副主席,曾中生为参谋长。苏区军事力量大大增强。为了进一步扩大战果,1933年8月中旬,红军发动仪(陇)南(部)、营(山)渠(县)和宣(汉)达(县)战役,歼敌万余人,并将王维舟下属的川东游击军改编为红三十三军,使红军总兵力达到八万多人,总面积为四万两千多平方公里,控制了通江、南江、万源等八座县城,总人口达到五百多万。②

红军力量的迅猛发展引起了四川实力派刘湘与南京国民政府的高度关注。1933年10月,蒋介石调集100万兵力,200架飞机向江西中央苏区发动第五次"围剿"之时,为了消灭川陕苏区,他委任刘湘为"四川剿匪总司令"。刘湘在与刘文辉的内争中胜出后,10月4日,他在成都宣誓就任该总司令职,随即开始了对川陕苏区的进攻部署。根据刘湘的计划,四川军阀兵分六路进攻川陕苏区,即为著名的"六路围攻"。此外,为了配合"六路围攻",刘湘在成都组织了"剿匪后援会"、"安抚委员会"等组织,同时将接近苏区的乡场城镇,划定封锁区域,对粮食、食盐、可供以制作弹药武器之材料,以及汽油、煤油、卫生物品等实施禁运,颁布《封锁条例七条》,③加紧对苏区的经济封锁。依据这种明显优势,刘湘对外公开宣称要三个月内肃清"赤匪"。

相较之下,此时的红军面临着严峻的形势:尽管此前取得了宣达等

---

① "三路围攻"是红军进入川北后遭遇的首次大战。1933年春,蒋介石任命负责该地防务的四川实力派田颂尧为"川陕边区剿匪督办",企图将红军消灭。田集合三十八个团六万余人,从南江、巴中及仪陇三个方向对根据地进行围攻,红军以一万余人应战,经过四个月的艰苦战斗,最终取得了胜利,并趁势将根据地扩大了一倍以上。此次战役在四方面军史上被称为反"三路围攻"。

② 陈再道:《陈再道回忆录》上册,解放军出版社1988年版,第261页。

③ 《成都快报》1933年11月19日,第3版,转引自四川博物院《西行壮歌——川陕革命根据地斗争史》,四川教育出版社2011年版,第176页。

三次战役的胜利,但部队处于疲劳阶段;红军总兵力不超过八万人,在兵力上远逊于对手;武器方面,红军武器装备较为落后,而对手则拥有较为先进的重武器,如飞机、大炮等;后勤保障方面,由于刘湘对苏区展开交通封锁,使得苏区难以与外界进行物资交换,长此以往内部资源将陷于枯竭的危险境地。

面对这种力量对比失衡的局面,以徐向前为代表的红军领导人经过仔细分析敌我力量,制定了避其锋芒、收紧阵地的战略方针。从1933年12月中旬到1934年4月底,刘湘先后发动了三期围攻,此时苏区采用"收紧阵地"的方式,使得根据地范围不断缩小,最后仅余万源一座县城。若万源一战失败,红军将难以在川北立足,势必入陕南与装备精良的国民党中央军对抗。可见,万源一役,事关整个川陕苏区全局。万源县(今万源市)地处巴山腹地,号称"秦川锁钥",是四川东北的门户。万源县城坐落在群山中的坝子上,东有花萼山、笋子梁,南有大面山、孔家山,西有南天门、玄祖殿,地势极为险要,平均海拔为850米,① 最高峰海拔则达2000余米。红军退到万源后,决定据此固守。

为了将红军彻底驱逐出川,刘湘决定以万源为突破口,一举完成对红军的战斗。1934年5月,刘湘在成都再次召开军事会议,决定发动第四期总攻,准备集中力量夺取万源,刘湘先后集中的力量达150余团,其中刘湘的第二十一军就有80余团,共计20万余人,并准备于七月底"会攻万源"。② 为了总结反"六路围攻"以来的经验教训以及完成从万源的反攻作战,1934年下旬,红四方面军总部在万源举行军事会议,此次会议总结了红军8个月来的反"六路围攻"情况,肯定了在大量消耗敌人兵力、物力、财力方面所取得的成绩,同时制定了反攻方案,认为红军必须集中力量击破川军东线主力。前敌总指挥徐向前在会上强调:"万源保卫战,是关系着川陕革命根据地和川陕红军生死存亡的一场你死我活的战斗。我们各级指战员,首先要充分认识打好万源保

---

① 奉四川省政府统计处指令,1943年驻达县的第十五行政督察专署曾对下辖各县的海拔高度进行了测量,万源平均海拔为850米,为原川陕苏区范围内各县中海拔之最。参见《四川省十五行政区各县海拔高度》(1943年11月23日),达州市档案馆藏,档案号:0160-3-39。

② 《川五路军克城口,各路追剿会攻万源》,《中央日报》1934年7月16日。

卫战的重大意义，并通过政治工作提高全体指战员认识，全军上下一致行动起来，发扬红军不怕艰苦、不怕牺牲、英勇善战的优良传统，誓死守住万源一线阵地，决不能让敌人前进一步，同时要在坚守防御中，采取各种手段，继续消耗敌人的有生力量，为反攻创造更有利的条件。"① 同时，红四方面军总部还发出"紧急关头，准备反攻进行决战"的号召，指出"现在是我们的紧急关头，是消灭刘湘的决战关头"，对部队进行战前动员。② 在经过紧密部署后，红军随即开始了反攻作战。

8月初，红军夜袭青龙观，正式展开了全面反攻。红军士气高昂，一路势如破竹，东、西线战事顺利，川军各路顿时溃不成军，红军乘机收复之前通江、南江及巴中等县。刘湘的六路军队"第1、2、3路残敌逃至嘉陵江以西；敌第4路逃至营山、渠县地区防守"。③ 至此，红军反"六路围攻"大获全胜，击毙对手六万余人，俘虏两万余人，缴获长短枪三万余支，其中还击落飞机一架。④ 此次胜利的取得，与以徐向前为代表的红军领导人制定的正确作战方略分不开。大体说来，主要表现在以下几个方面：

首先，收紧阵地，诱敌深入。面对川军的优势兵力，红军采取了避其锋芒，收紧阵地的方式，诱敌深入。徐向前指示全军："要发动群众，采取积极防御的方针，逐渐收缩阵地，诱敌深入，利用川北多山的有利地形，在运动中狙击和消耗敌人，将肥的拖瘦，瘦的拖死，以便积蓄力量，最后反攻。"⑤ 这种战略战术，是红军自身力量所决定的，更是共产党领导军队由弱小走向强大的重要方略。无独有偶，这与当时毛泽东在江西苏区指挥红军打破国民党的几次"围剿"的战术不谋而合。⑥

其次，攻其一点，不计其余。此次万源保卫战，是红军同时与各路

---

① 张才千：《红四方面军战史上光辉的一页》，《星火燎原》1984年第1期。
② 《紧急关头的号召》，《干部必读》第83期，1934年7月，转引自《川陕革命根据地历史长编》编写组《川陕革命根据地历史长编》，四川人民出版社1982年版，第264页。
③ 《川陕革命根据地历史长编》，四川人民出版社1982年版，第271页。
④ 中共达州市委党史研究室：《中国共产党达州历史大事记（1919—2012）》，上册，四川师范大学电子出版社2013年版，第34页。
⑤ 程世才：《悲壮的历程》，春风文艺出版社1959年版，第75页。
⑥ 红四方面军此次反"六路围攻"的战术后来也得到了毛泽东的赞扬："江西叫做'诱敌深入'，四川叫做'收紧阵地'。从前的军事理论家和实际家也无不承认这是弱军对强军作战时在战争开始阶段必须采取的方针。"毛泽东：《中国革命战争的战略问题》（1936年12月），《毛泽东选集》第1卷，人民出版社1991年版，第206页。

军阀作战的艰苦一役。面对各路军阀,红军并未采取四面出击的方针,而是分析各路军阀存在的内部矛盾,① 集中攻击刘湘的嫡系部队——第二十一军,并促使其他军阀作壁上观。即张国焘所说的:"不让四川的军阀真诚合作,而以打击刘湘的直属第五路军为主要目的。"② 红军的此种战法,亦为时人所认知。如当时上海的《申报》后来分析:"徐匪(对徐向前的贬称——笔者)洞烛剿匪军内部涣散,唯第五路均为其唯一之敌人。故不惜出全力与之相搏斗,前方军事紧急关头,其余各路袖手作壁上观者人多。"③ 红军的这种作战思路,在此次万源保卫战甚至反"六路围攻"中效果显著。

最后,积蓄士气,大举反攻。为战之要,在于士气,一而再,再而衰,三而竭。红军在长时间坚守万源,并毙伤大量来犯之敌后,如据张国焘回忆,万源争夺战长达三月之久,红军据险防守,川军每次进攻,川军"伤亡至少三百,好几次超过一千",川军士气低落,红军士气旺盛。④ 在经历了一个时期的防守后,红军趁川军士气低落之际,当机立断,夜袭青龙观开展全线反攻,乘势收复失地,最终实现了万源保卫战的胜利。

万源保卫战无论是在持续时间、力量对比还是战略意义上在川陕苏区史乃至红四方面军史上都是浓墨重彩的一笔。它成为扭转战局的关键,更是给这些红军领导人留下了终身记忆。徐向前说:"反'六路围攻'中,最有决定意义的是万源一带的决战防御";⑤ 开国上将许世友回忆道:"万源防御战,是我一生中经历过的一次规模最大、时间最长,也极为残酷的坚守防御战。"⑥ 但万源保卫战之所以能持续如此之久,与以红四方面军领导人徐向前等为代表的革命精英选择正确的战略战术

---

① 1933年12月29日,刘湘在给各路军负责人的电文中,亦对各路军队心思各异的现象大加斥责:"据调查所得,或则以民团作先锋,而军队自居于后防;或仅士兵苦守河川,而将领逍遥于都市。或则平时筹饷,号称若干团营;而一朝剿匪,辄以少数部队之移防去留,互相推诿。"周开庆:《刘湘先生年谱》,台北四川文献研究社1975年版,第89页。
② 张国焘:《我的回忆》第3册,东方出版社1980年版,第197页。
③ 廷:《川北匪患之瞻前与后顾》,《申报》1934年9月2日,第2版。
④ 张国焘:《我的回忆》第3册,东方出版社1980年版,第198页。
⑤ 徐向前:《忆创建川陕革命根据地》(1984年),中国工农红军第四方面军战史编辑委员会:《中国工农红军第四方面军战史资料选编(川陕时期)》下册,解放军出版社1993年版,第14页。
⑥ 许世友:《许世友上将回忆录》,解放军出版社2005年版,第195页。

有着直接的关系外,苏区民众的大力支持则是无法忽略的重要因素。反"六路围攻"坚持大半年之久,特别是在万源保卫战中,若无源源不断的后勤保障,战事断难持久。这即与苏区自身相对完善的组织动员机制密切相关。

二 组织机制与宣传动员:保卫战胜利的重要保障

列宁主义政党与西方议会政党相区别的一个重要标志,就在于前者有着极为严密的组织;此外,与西方议会党成员以政见认同为群体特征不同,列宁主义政党则是有着浓厚的意识形态认同色彩。概言之,组织与宣传两项工作是列宁主义政党生存壮大的关键。早在1922年中共"二大"上通过的决议案中明确指出:"凡一个革命的党,若是缺少严密的集权的有纪律的组织与训练,那就只有革命的愿望便不能够有力量去做革命的运动。"① 红四方面军进入川北后,迅速在当地发展党组织,组建基层苏维埃政权,同时开展了卓有成效的宣传工作,苏区政权从扩红、支前及劳军等方面开展工作,为万源保卫战的胜利提供了重要保障。

川陕苏区为大巴山区所在地,该地在20世纪30年代的交通极为不便,难以接受到来自外界的最新信息,党团组织基本处于空白阶段。在川北通江、南江、巴中、平昌、达县(今达州市达川区)等县份中,党团组织发展情况总体落后。据徐向前回忆,红军入川时,巴中全县五十余万人,但却找不出几名党员,"许多农民住在交通闭塞的山旮旯里,连三民主义、国民革命也闻所未闻,更不要说什么共产主义和苏维埃运动了"。② 在达县,五四运动后尽管涌现了张鲤庭、戴治安、张爱萍、王维舟等革命先驱,③ 但总的来说难以满足苏区建党建政的任务。红四方面军进入川北后,共产国际对此十分重视,要求红军"要尽一切可能

---

① 中央档案馆:《中共中央文件选集》(1921—1925)第1册,中共中央党校出版社1989年版,第90页。

② 徐向前:《历史的回顾:徐向前元帅回忆录》,解放军出版社2005年版,第259—260页。

③ 李万斌:《红色巴山——大学生红色资源教育读本》,四川大学出版社2012年版,第12页。

在居民的积极支持下保卫已占领的土地，特别是南江、通江和巴中诸城市"。① 在红军在川北立足并建立根据地后，共产国际亦要求在该地"加强党、共青团、工会和其他群众组织，在实践中组建有群众基础的苏维埃"。②

为了向川陕苏区提供援助，共产国际还曾打算在该地成立直属中共中央驻共产国际代表团的西北局，以便通过秘密交通线与联共（布）在中亚的党组织联系，"从他们那里获得联共（布）的相应干部援助"，③ 但这个意图随着苏区形势的变化而作罢。除此之外，中共中央亦高度重视川陕苏区的组织干部队伍建设，在反"六路围攻"期间，中共中央向共产国际建议"有必要向那里派最强的同志"，甚至一度提议派遣在莫斯科担任中共中央驻共产国际代表团团长的王明（陈绍禹）前往川北。④ 在共产国际与中共中央的支持下，红四方面军入川伊始，就在通江县两河口建立起第一个基层政权——两河口苏维埃。此后，各级党政机构亦陆续建立。

1933年2月7日，在通江县城召开川陕省第一次党代会，正式成立川陕省委。川陕省委成立后，迅速整合川陕地区原有的党团组织，先后建立了赤江、巴中、南江、红江、赤北等二十余个县委，内设常委会、秘书处、组织部、宣传部等机构，区设区委，乡设支部，受市（县）委的直接领导。面对几近空白的组织基础，各级党组织建立后，积极发展新党员。第一次党代会后，许多原本没有党员的乡，发展党员至十余人以上，有的甚至达到二三十人，有的区党员人数达一百人以上。如当时的赤北县苦草坝区（今通江县永安乡）党员达六百人等。据当时的

---

① 《共产国际执行委员会远东局给中国工农红军第四方面军的军事指示》（1933年2月13日），中共中央党史研究室第一研究部译：《联共（布）、共产国际与中国苏维埃运动（1931—1937）》第13卷，中共党史出版社2007年版，第317页。

② 《埃韦特给李竹声的信》（1934年3月6日），中共中央党史研究室第一研究部译：《联共（布）、共产国际与中国苏维埃运动（1931—1937）》第14卷，中共党史出版社2007年版，第97页。

③ 《施特恩关于支持四川省苏区和发展中国西北革命运动的建议》（1934年9月16日），中共中央党史研究室第一研究部译：《联共（布）、共产国际与中国苏维埃运动（1931—1937）》第14卷，中共党史出版社2007年版，第239页。

④ 《李竹声给共产国际执行委员会政治书记处政治委员会的电报》（1934年2月27日），中共中央党史研究室第一研究部译：《联共（布）、共产国际与中国苏维埃运动（1931—1937）》第14卷，中共党史出版社2007年版，第95页。

《川报》称，红军入川不到一月，在通江县即发展了党员二百余人，1933 年更是达到六百人。① 同时，各级党组织还建立了各类群众性团体，如工会、贫农团、妇女生活改善委员会、少先队、童子团等。党组织与群众团体的建立与完善，有效地推动了苏区的政权建设。

在反"六路围攻"及万源保卫战中，四川及陕西地下党组织亦发挥了重要作用。"它们除在敌后开展武装斗争及抗租抗捐和抗日救亡群众运动外，还不断供给地图、情报和协助购买大批重要军需物资。达县党组织在这段时间内，曾于黄都场、大树坝、万家坝地区发动武装起义，虽然起义失败，但对牵制敌人起了一定作用。"② 1934 年 2 月，中共陕南特委派往安康地方军阀张飞生部队中工作的王建英等，发动该部士兵起义，计划若起义失败，则"撤向川北，与红四方面军会师"，尽管计划泄露而失败，但对于处于围攻中的川陕苏区也起到了一定的策应作用。③ 1933 年春至 1934 年春，在中共陕西省委和陕南特委的领导下，在与川陕苏区毗邻的含中地区先后建立了红 29 军第 2、3、5、7、11 等多支游击队，在该地广泛开展游击队，有效地牵制并削弱国民党方面的力量，为反"六路围攻"起到了配合作用。④

政权是苏区得以存在的重要载体。1932 年 12 月 29 日，在通江成立了以旷继勋为主席的川陕省临时革命委员会，成为临时最高政权机关。1933 年 2 月中旬，在通江召开第一次工农兵代表大会，通过了《川陕省苏维埃组织法》，明确指出川陕省苏维埃即川陕省工农兵代表大会是川陕省工农兵最高政权机关，大会选举出以熊国炳为主席的川陕省苏维埃执行委员，成立了川陕省苏维埃政府。红军入川后，每解放一个地方，便发动群众建立基层政权组织——村苏维埃，通过村的群众大会，实行普选，选举出穷苦人担任村苏维埃主席和委员，接着又建立乡、区和县苏维埃，最后成立省苏维埃。⑤ 省苏维埃的建立，标志着苏区政权建设的基本完成。随着红军三次进攻战役、川东游击军与四方面军的胜

---

① 四川大学历史系：《川陕革命根据地的建立和发展》，《四川文史资料选辑》第 21 辑，第 29 页。
② 《红四方面军战史（送审稿）》，转引自《川陕革命根据地历史长编》，第 235 页。
③ 《川陕革命根据地历史长编》，四川人民出版社 1982 年版，第 235 页。
④ 同上书，第 236 页。
⑤ 四川大学历史系：《川陕革命根据地的建立和发展》，《四川文史资料选辑》第 21 辑，第 30 页。

利会师,使得红军共五个军八万余人,苏区总面积达到四万二千余人,五百万人口,八座县城,二十二个县一个市政权。

面对刘湘发动的"六路围攻",1933年11月4日,川陕省县苏维埃主席联席会议决定,进一步动员群众,加紧扩大红军和地方武装,迅速平分土地,组织查田运动。各道苏维埃迅速组织起来,支持红军,如巴中道县苏维埃主席联席会议决定,在1934年1月完成5万新红军主力的扩建任务。在中共川陕省委第三次党代会的号召下,各地民众积极参加红军,如巴中道苏维埃所属各县民众踊跃参加红军和地方武装。在仪陇县,10天之内扩大红军460人,阆南县扩大红军575人,苍溪县扩大红军674人,恩阳县扩大300人。地方武装也迅速得到发展,在六天内,苍溪县第五第六区扩大赤卫军两个团,恩阳成立了独立第六团。① 中共川陕省委于1933年12月1日发出《为庆祝全国苏维埃第二次代表大会动员工农群众消灭刘湘的宣言》,号召苏区民众热烈支持苏区反"六路围攻"。

为了支持万源保卫战,地处万源的红胜县苏维埃政府在罗文坝设立了一个兵站,主要负责为来往的红军、地方工作人员服务,据回忆,来人"只要随身带有介绍信或路条,不论早晚,均予以热情接待。白天饭菜招待,晚上安排住处",并积极"给红军送粮送猪送鞋抬担架,接送红军伤员等",因此得到被接待方的交口称赞,还受到了川陕省苏维埃政府的表扬。② 这生动地体现苏区政权建设在万源保卫战中所发挥的成效。但实际上,苏区底层民众对于红军的支持并非简单地"箪食壶浆",而是经历了一个疑惧到认识的过程。对此,苏区动员中的宣传工作功效颇大。

红军入川前后,四川军阀即对共产党、红军进行了"共产共妻、青面獠牙"的歪曲宣传,使得苏区民众对于红军持疑惧态度。此外,对于"苏维埃"之类的外来名词,苏区民众更是难以理解。如张国焘即发现,在鄂豫皖地区,当地农民还知道苏兆征其人,但川北农民"除了知

---

① 四川博物院:《西行壮歌——川陕革命根据地斗争史》,四川教育出版社2011年版,第176—177页。

② 邱大兴:《万源保卫战期间的红胜县苏维埃政府》,《万源文史资料》第1辑,1994年,第185—186页。

道四川几个军阀的名字以外,对于苏维埃,是完全陌生的"。① 对此,为了澄清外界的歪曲宣传以及将共产党、苏维埃政权的宗旨、目的以通俗的方式向民众予以阐明,以刘瑞龙为部长的川陕省委宣传部及苏区其他宣传部门做了大量的工作。他们通过各种形式宣传共产党的政纲,迅速地建构起底层民众利益代言人的形象,即"苏维埃是工农的政府"。② 对此,笔者已有专文发表,此处不赘。③

在反"六路围攻"及万源保卫战中,苏区各级宣传部门更是紧急行动起来,时任川陕省委宣传部长的刘瑞龙指出:"今年一九三四年也就是我们和匪贼刘湘拼命决战的关头。在决战中只有依靠我们自己的百倍努力和艰苦不动摇的斗争去动员全苏区工农群众参加作战,组织大规模游击战争,配合红军主力行动。"④ 1934 年 6 月 22 日,刘湘发动"第四期总攻",集中五十余团兵力重点猛攻万源城至通江城北一线红军阵地,万源保卫战正式开始。6 月,川陕省委宣传部印发刘瑞龙撰写《消灭刘湘三字经》:"一尺布,也要款,穿草鞋,也要捐。刘湘活,穷人死;刘湘死,穷人生","灭刘湘,也争先。全四川,赤化完,有土地,有政权。不焦吃,不焦穿,享太平,乐安然"。⑤ 这种通俗易懂的宣传形式,将刘湘的"生与死"与穷人的"死与生"紧密结合在一起,对于推动底层民众投入到反"六路围攻"的战争中具有明显的效果。关于苏区宣传工作所发挥的功效,外界媒体亦有相当的认知,他们发现,在川陕苏区的动员下,"贫苦人民,争相附和",且"每与官军(即川军——笔者)作战,先以宣传着手",以致"官兵受其诱惑,多无斗

---

① 张国焘:《我的回忆》第 3 册,东方出版社 1980 年版,第 186 页。
② 笔者在四川省通江县王坪发现了川陕省委宣传部印发的一张名为《苏维埃是工农的政府》传单,里面对"苏维埃"一词做出了简单的解释:"苏维埃是各国运用的名字,简称工农政府,是各界的工农和被压迫阶级联合起来一致打倒帝国主义、地主资产阶级的共同的国际名字,并不是我国一国的专(用)名称,英法意等一切国家内的工人农民都用这个名字。"参见川陕省委宣传部《苏维埃是工农的政府》(时间不详),王坪川陕革命根据地红军烈士纪念馆藏。
③ 关于刘瑞龙为川陕苏区宣传工作所做的贡献,参见李万斌、陈岗、何志明《刘瑞龙与川陕苏区宣传工作成效简论》,《中华文化论坛》2013 年第 6 期,第 108—113 页。
④ 中国工农红军第四方面军战史编辑委员会:《中国工农红军第四方面军战史资料选编(川陕时期)》下册,解放军出版社 1993 年版,第 34 页。
⑤ 《刘瑞龙文集》第 5 卷,人民出版社 2010 年版,第 6 页。

志"。① 这实际上成为苏区宣传动员效果的直接展现。

较为完善的组织结构与有效的宣传动员,是万源保卫战取得胜利的重要保障。基层党政组织是苏区在资源汲取的唯一途径,宣传动员是底层民众认同苏区政权的关键因素。两者看似独立,实则存在共通之处,均为政治动员不可或缺的内容。

三 政治动员:革命精英与底层民众间的思想对接

20世纪中叶中国建立民族国家的过程经历了国民党的精英动员到共产党底层动员之间的转换过程。此为国内外学术界的共识。这种重大转变的一个关键性原因即在于,中国共产党在推进社会革命的过程中运用了一种特殊的权力技术——政治动员,这种权力技术的运用对现代国家的构建起到了极其重要的推动作用。② 在土地革命时期,身为革命政党且区域执政的中国共产党,在苏区内部开展的政治动员,顺利取得了底层民众利益代言人的形象,并实现了对资源的最大程度汲取。

近年来,不少学者运用西方的资源动员理论(resource mobilization theory)来分析中共的革命动员之路,如围绕动员过程中的"理性选择—搭便车"、情感力量等方面展开论述,并取得了较为可观的研究成果。③ 有论者指出,"资源动员理论的核心问题在于探究地方精英、底层民众等各种社会力量如何被中共革命精英基于构建现代民族国家这一目标而整合在一起"。④ 换言之,革命精英是以构建现代民族国家为最终目的展开政治动员。但实际上,这一目标并不容易为被动员方所

---

① 《川战停止赤祸又炽》,《盛京时报》1933年2月15日。
② 李斌:《政治动员与社会革命背景下的现代国家建构——基于中国经验的研究》,《浙江社会科学》2010年第4期。
③ 如美国学者裴宜理对中共底层动员中运用"情感"力量的研究,见[美]裴宜理:《重访中国革命:以情感的模式》,李寇南等译,《中国学术》第3卷,商务印书馆2001年版;李里峰运用理性选择理论对土改动员及参军的分析,见《"运动"中的理性人——华北土改期间各阶层的形势判断和行为选择》,《近代史研究》2008年第1期;《土改与参军:理性选择视角的历史考察》,《福建论坛》2007年第11期;等。
④ 胡悦晗:《底层政治与革命精英:资源动员理论的视角》,《二十一世纪》(香港) 2012年8月号。

顺利接受。国家是一个宏大的抽象概念，对于广大底层民众来看颇为遥远，特别是在其处于困窘的生存压力情况下，要他们去理解民族国家的概念，并为革命精英的最终目标——构建现代民族国家而奋斗，无疑是困难的。面对这种情况，革命精英必须从实际出发，将近期与长远目标结合起来，首先从解决苏区底层民众最关心最迫切的问题入手。

如在本文中，保卫战所在地万源县，地处川东北的大巴山区，交通闭塞，经济发展滞后。根据1948年学者对大巴山地区的考察报告："大巴山地区包括川东北之通、南、巴、城口、万源等县，这一带地区，山峦起伏，地势高峻，土地浇薄，谋生不易，故人口稀少。"① 1948年尚是如此，1930年前后经历了四川军阀混战及红军入川战事的影响，万源县的经济不可避免地受到冲击，在这种情况下，民众最需要解决的是生计问题。对于他们来说，日常经受的"苦难"、"穷困"、"剥削"等词语，较之"阶级"、"苏维埃"、"帝国主义"乃至"国家"诸如此类的现代性词汇更贴近他们的日常生活。因此，对于以构建全新民族国家为宗旨的革命精英而言，必须通过"群众路线"的工作方式，抓住当下底层民众最为关心，感受最为真切的问题，方能实现两者之间的思想对接。

在川陕苏区宣传工作中，以刘瑞龙为首的省委宣传部以通俗直白的语言，宣传共产党、红军为穷人翻身求解放的宗旨，苏区革命的奋斗前景，向底层民众做了形象的宣达，生动地践行了党的群众路线工作方针。② 川陕苏区宣传工作中最有特色的便是至今仍然分布于达州、巴中市等地的石刻标语了。笔者通过田野调查后发现，在达川区石桥镇现存的四座孝节牌坊上仍然存有大量标语，这些标语大都存在一个共同点，那就是通过"穷"、"苦"的叙说来引起底层民众的共鸣。③ 如以"苏维埃"一词为例，除川陕省委宣传部外，各级苏维埃政权通过直白的解释

---

① 崔广佃：《从人口分析看四川社会》，《政衡》1948年新2卷第3、4期合刊。
② 李万斌、陈岗、何志明：《川陕苏区宣传工作中的群众路线观及其实践——以刘瑞龙为例》，《四川文理学院学报》2013年第6期。
③ 如在马许氏牌坊上的石刻标语有"谁是世界上的创造者，唯有我们劳苦工农。一切都归无产者所有，哪能容得那些寄生虫"；在徐李氏牌坊上为"再不让刘湘来整穷人，穷人就要将苏维埃办好"等。笔者在石桥红色古镇的考察记录，2014年2月14日。

向底层民众解释"苏维埃"的意义。如在南江县,县苏维埃做了较为形象的说明:"苏维埃政府,就是我们工农兵穷苦大众的政府。"① 在苏区编订的小学教育教材中,首先对川北底层民众所受的苦难做了揭露,意在引起共鸣:"说起穷人真是苦,又冷又饿住茅屋。吃没吃顿好菜饭,穿没穿件好衣服。一年四季做活路,牛马畜牲都不如。忙来忙去忙个死,算起账来百事无。"

同时,对红军"救穷人"的宗旨进行了阐释:"帝国军阀富豪绅,都是穷人死敌人。不将他们打干净,穷人永远难翻身。再看工农的红军,才是穷人一家人,工农自己谋解放,拿起武器作斗争。"②

在该文本中,教材的编写者通过揭露穷人的苦难,并对其进行了归因——"帝国军阀富豪绅",同时将红军的打击目标与底层民众苦难的制造者联系起来,有效地实现了革命精英与底层民众之间的思想对接,达到了较好的动员效果。如前《盛京时报》所言,在川陕苏区的宣传动员下,"贫苦人民,争相附和"。这即是苏区政治动员效果的最生动体现。在万源保卫战中,为了保卫苏维埃这个"穷人的政权",万源民众付出了巨大的牺牲。尽管生活艰辛,但他们节衣缩食,支援前线,这在红军将领后来的回忆录中多有体现。如据红四方面军将领回忆,万源民众尽管生活艰辛,但"还是把最好的粮食——包谷米和最好的草鞋——竹麻鞋送给红军",他们筹措物资,充当向导"更是争先恐后"。③ 如当时率领部队坚守万源的许世友上将在回忆录中也谈到,由于根据地不断缩小,部队补给遇到了极大困难,"有时几天吃不上一粒米,只能吃些山果、野菜和半生不熟的土豆",万源民众"把仅有的口粮送给军队,自己则以野菜和未成熟的玉米充饥",而且男女老少都被动员起来支援前线,"许多青年把粮食弹药送到阵地以后,当即投入战斗"。④ 实际上,不仅是万源保卫战期间,而且在整个反"六路围攻"中,苏区民众在"扩红"、"支前"、"劳军"等方面

---

① 《苏维埃组织法及各种委员会的工作概要说明》(1933年2月15日),《川陕革命根据地历史文献选编》上册,四川人民出版社1979年版,第157页。
② 《川陕革命根据地历史文献选编》下册,四川人民出版社1979年版,第707—708页。
③ 中国工农红军第四方面军革命回忆录选辑:《苦难的历程》上册,人民出版社1984年版,第482页。
④ 许世友:《许世友上将回忆录》,解放军出版社2005年版,第192页。

都做出了巨大贡献。① 此外，苏区政治动员的效果，还体现在苏区妇女群体的政治参与上。

苏维埃区域的出现，是 20 世纪 30 年代中国复杂政治形态的一种彰显，而苏区内部的政治动员，更是成为革命精英与底层民众进行思想对接的关键沟通渠道。在中国共产党人的动员下，苏区内部出现了前所未有的阶层地位变动与成员分化。如果说土地改革中的划成分是苏区内部成员社会地位剧烈变动的直接体现，那么社会改革中的易风俗、禁缠足、识字等运动的出现，则打破了历史以来男子独享教育权及男尊女卑的格局，推动妇女自身权利意识的觉醒。黄道炫在研究中央苏区后亦发现，"苏维埃时期所有的社会变化中，妇女地位的改变可以说最为引人注目"。② 这种现象并非江西中央苏区所独有，而在川陕苏区中同样如此。

川北经济落后，妇女地位低下，承受了较之其他地区女性更为沉重的负担。在川陕苏区政治中心的通江县，即有"要吃通江饭，妇女打前站"的谚语。③ 红四方面军入川后，积极开展宣传动员，启发妇女权利意识觉醒。如 1933 年底，川北广元县委召开第一次党团代表大会并通过决议，明确指出要着力提高妇女的文化教育水平，使之"热烈来参加苏维埃政权"，摒弃男女不平等的传统观念，反对家庭暴力，实行"苏维埃婚姻条例"等。④ 红军在制定的《妇女斗争纲领》中，明确提出"劳动妇女是参加政权机关的权利与男子同样有选举权和被选举权"，以及有权参加工会、农会等社会团体。⑤ 在苏区的宣传下，在苏区各级政权中，不少妇女积极参加政府，并担任了相应的领导职务，走上了政治舞台。在她们的政治参与行为中，最为鲜明的表现就是直接参军。远处海南岛的红色娘子军广为人知，但在川陕苏区，在苏区的强力动员

---

① 当时达县石桥镇还流传一首支援红军的民间歌谣："叮叮当，叮叮当，快造刀矛，快造枪，打好刀矛，造好枪，支援红军，打刘湘"。参见四川省达县石桥镇志书编撰组《石桥镇志（1912—1986）》1986 年印行，第 59 页。
② 黄道炫：《张力与限界：中央苏区的革命（1933—1934）》，社会科学文献出版社 2011 年版，第 145 页。
③ 四川大学历史系：《川陕革命根据地的建立和发展》，《四川文史资料选辑》第 21 辑，第 2 页。
④ 《川陕革命根据地历史文献选编》上册，四川人民出版社 1979 年版，第 137 页。
⑤ 红九军政治部翻印：《妇女斗争纲领》（时间不详），四川省通江县王坪川陕革命根据地红军烈士纪念馆藏。

下，广大妇女踊跃参加红军，其规模发展最盛之时甚至达到两千人，为一个成建制师（后为团），其无论是规模还是坚持时间来说，都远远超过红色娘子军这支游击队。在反"六路围攻"中，妇女们更是表现得异常踊跃。

为了动员广大妇女积极支援此次反围攻斗争，1934年3月，川陕省委指出，在反"六路围攻"时，"各地妇女积极的参加拥护红军的工作是非常重要的"，要求"最近期内完成妇女独立团。各县组织一支女侦探队到白区侦探敌情，破坏敌人后方；组织看护队、慰问队、洗衣队，妇女参加运输队、担架队；在后方办招待处。男子在前方打仗，女将在后方煮饭送饭、站岗放哨。妇女鼓动自己的丈夫、兄弟大批去参加红军，完成党提出2万新红军的计划"。① 在各级政权的宣传动员下，妇女们在万源保卫战中更是有着感人的事迹。据曾任红四方面军政治部副主任的傅钟回忆，万源保卫战进行得最激烈的阶段，红军的物资补给遇到了很大的困难，就连"包谷洋芋也要两三日才能吃到一餐"。面对这种严峻局面，万源县苏维埃妇女部长何莲芝带领机关妇女干部发动各乡"妇女生活改善委员会"组织妇女为红军筹粮，白天把筹集到的粮食连夜加工好，第二天送到前线。此外，妇女们还为红军打草鞋、运送物资、照顾伤员、浆洗衣服等。②

而妇女们组成的这支部队——妇女独立团，在此次反"六路围攻"中更是巾帼不让须眉。独立团担负了战勤工作和警卫后方机关、清剿土匪的任务，如刘湘发动的第二期总攻中，红军抗击达到两月之久，"由于运输工具落后，战斗任务紧张，女战士常常转运伤员或背负几十斤上百斤的军需品，爬山涉水，连日连夜送上前线"。③ 在万源保卫战中，妇女们更是付出了辛勤的劳动甚至生命。在保卫战中的东、西线反攻中，妇女独立团也担负了主攻任务。据回忆，"战斗开始时，女战士们胆大心细，善于伪装，巧妙运用战术打击敌人"，④ 为保卫战最终取得胜利贡献了重要力量。

---

① 《川陕革命根据地历史文献选编》下册，四川人民出版社1980年版，第684页。
② 王玉兰：《万源保卫战中的妇女》，《万源文史资料》第1辑，1994年，第187—188页。
③ 《川陕革命根据地历史文献选编》上册，四川人民出版社1979年版，第286页。
④ 四川大学川陕革命根据地科研组：《红四方面军妇女独立团概述》，《四川文史资料选辑》第21辑，第198页。

原来被隔离于政治之外的妇女群体，在政治动员这种权力技术影响下，积极进行社会参与，不仅担任苏区各级政权的领导职务，而且不顾生命危险地投入到政治参与的最高形式——武装斗争的行列中来，并为万源保卫战的胜利贡献了自己的力量，这正是苏区政治动员本身力量的有效彰显。

四 结语

政治动员在整个苏区史研究中都是值得关注的一个重要论题。事实上，红四方面军在鄂豫皖苏区时期，就积累起丰富的动员经验，革命者通过将农村内部事实上存在的结构性矛盾，如官民、贫富等整合进阶级矛盾之中，并成功地实现了既定目标。[①] 在川陕苏区，他们更加得心应手地运用这种动员技术，进而实现了与底层民众对话，使原本宏大遥远的革命目标，演绎成具体而微的革命对象，最终取得了后者的认同。这种认同在苏区遭遇生存危机时发挥了关键性作用。在万源保卫战中，以徐向前为代表的革命精英除了指挥作战方略正确外，苏区较为完善的组织与宣传机动员机制，以及在这种机制中蕴含的政治动员力量实现革命精英与底层民众的思想对接，为保卫战的最终胜利奠定了基础。万源保卫战的胜利再次告诉我们，尽管战争是双方政治、经济、军事实力的综合较量，但是群众的支持则是战争胜利的保证，即人在其中扮演最重要的角色。习近平主席指出："实现中华民族伟大复兴，是中华民族近代以来最伟大的梦想。可以说，这个梦想是强国梦，对军队来说，也是强军梦。"保持军队与人民群众的血肉联系，更是实现强军梦的重要柱石。因此，纪念万源保卫战胜利八十周年，对于推进当下的军队建设乃至国防教育，仍然具有相当的指导意义。

(作者单位：四川文理学院)

[①] 黄文治：《中国苏维埃革命的民众动员之路——鄂豫皖苏区史论析（1920—1932）》，《二十一世纪》（香港），2013年6月号。

论中国共产党统一战线的同心圆模型特征
——兼论马克思主义大众化

谭 毅

统一战线是中国共产党在长期的革命与建设实践中积累的主要经验之一。不同历史时期，我党都建立了各种类型、不同范围与层次的统一战线，从而始终抓住了各个时期的主要矛盾，最大限度地凝聚了社会力量，成为我党事业兴旺发达的重要保证。

一 同心圆模型——中国共产党统一战线的基本结构特征

考察我党各个时期的统一战线，最鲜明的结构特征就是形成了同心圆模型。

同心圆模型就是典型的中心—外围同心圆模式，不是中心与外围两个圆，而是在中心与外围中都存在诸多不同的同心圆，都围绕统一战线的核心斗争目标，形成不断外向扩展的若干同心圆。一般以党员和党组织为中心，共青团员和革命群众等信仰者是最基本的支持力量，那些同情者、钦佩者、感动者也是比较支持的群体，那些利益相关者因为我党的政策能够为他们解决现实的问题、体现和维护他们最核心的利益而成为外围的支持者。

统一战线是不断内向收缩与凝聚的同心圆和不断外向延展与扩张的同心圆的辩证统一。一方面是统一战线质量上提升，内部的凝聚力加强，通过加强党的建设，把更多人召集到马克思主义这面大旗下；另一方面是数量上扩张，把统一战线各个阵营不断扩展，以壮大力量和声势。

统一战线同心圆模型具有如下基本特征：

一是层次性，指以中国共产党为核心、各种信仰者、拥护者、支持者、同情者、默认者、投降者等外围群体共同组成的不同圆之间的层次性。党的领导集体如早期的革命家与理论家是同心圆的最核心圆，是所有力量和影响的主要来源，各级党组织与党干部是围绕这个核心圆的第一个核心外圆，广大党员是第二个核心外圆，党直接领导和控制的力量（如军队、武警、公安等国家机器）是第三个核心外圆，这三个圆在不同历史条件下还可以细分成不同层次的同心圆，但都是紧密团结在党的核心领导层周围，是统一战线的内部或中心同心圆集群。其他受党领导和影响的军事力量与社会力量都可看作是外围的同心圆集群，而且外围的同心圆同样具有层次性，与党的核心圆之间的认同感与关系密切度不同，构成内外不同圆之间的层次性。

二是主导性，指处于核心和内部的各种力量（内圆）在整个统一战线中具有绝对的主导地位和影响，统一战线的各个组成部分并不是同等重要，地位影响大不相同，需要占主导地位的中心圆力量引领整个统一战线群体向前发展演进，统一战线的壮大既表现在外延式扩大，更表现在内涵式提高，主导力量即核心圆通过不断壮大自己来提高整个同心圆体系的力量，保证统一战线的性质与质量，保障完成统一战线的目标。主导性还体现在统一战线在核心同心圆集群领导下能够及时应对目标与环境的变化，灵活调整统一战线的政策与重点，强化对统一战线内外围力量的引领与利益表达，达到建立统一战线的目的。

三是互动性，指这个同心圆模型内外不同圆之间的互动，或者说是中心圆集群与外围圆集群之间及其内部的不断互动，中心圆通过加强党的建设、武装斗争、正确的政策与策略等扩大影响，使得团结到我党统一战线周围的外围圆规模不断扩大，同时，每个层次的同心圆随着规模扩大必然也带来质量提高，其中一部分积极分子就会自觉地向核心圆靠拢并加入，促进核心圆不断壮大，内外同心圆之间彼此良性互动，既不断内向凝聚，也不断外延扩展，最后在内涵与外延上都急剧发展扩张，造成我党事业的不断发展壮大。互动性使得统一战线所形成的同心圆集群不是层次分明的叠加同心圆，而是互动频繁、交叉紧密的同心圆体系，既有核心圆力量引导领导外围圆发展，也有外围圆积极分子主动靠拢参与核心圆的活动，形成各个层次的同心圆力量之间的互动与凝聚，带来统一战线的发展壮大。

四是群体性，指统一战线必须始终面向广大民众、始终坚持走群众路线，因此，统一战线各个层次的同心圆都是对广大群众开放的，并不是那种严格封锁的闭关性的圈子集团。中国人口众多，分布面广，差异性大，必须坚持群众路线才能组织起来强大的社会力量，组成强大的统一战线，统一战线本身就具有组织和争夺广大民众的目的和意义，所有人民群众都可以根据自己对统一战线目标的理解自由加入到不同的同心圆之中，虽然一般是由外及里逐步发展，也可以根据特殊环境情况与个人觉悟发展程度直接加入到某个同心圆。中国共产党发展壮大就是始终坚持走群众路线，坚持实践特色，坚持理论创新，保证核心圆能够不断发散光芒，影响外圆和圆外的民众，继续扩张扩展我党统一战线。

五是发展性，指我党领导的统一战线具有开放性和不断发展壮大的性质，不是关门主义，也不是封闭集团，更不是小圈子。统一战线要得到不断发展就必须保持不同圆之间的开放性、流动性、扩展性，内圆的影响不断向外扩展，不断提高外圆对统一战线的认识与认同，内圆领导力与主导型日益增强，外圆力量随着对统一战线核心目标的认同提高而不断进入内圆，形成影响与力量的流动性与互动性，从而促进统一战线的发展。发展性还体现在统一战线能够准确抓住时代特征与社会主要矛盾、及时制定出合理科学的政策措施，能够代表更广泛人民的利益诉求，并取得良好成效，在不断达到统一战线目的的前提下自身得到迅猛发展。

六是时代性，指党的统一战线始终保持与时俱进的性质，永远保持时代精神，必须时时刻刻都坚持以不断变化的时代特征为基础，始终保证满足时代化的需求，也就是要满足不同时代的不同群体的不同利益诉求，要适合不同群体的不同心理，始终代表最大多数的民众利益。时代性体现为统一战线具有的实践性特征，能够在具体的社会实践中正确把握自身使命、完成自身使命。正是我党统一战线的这种特质才使得我党事业有了牢固的群众基础，才能不断从胜利走向更大胜利，永葆生命力。

二 统一战线同心圆模型的基础是马克思主义大众化

我党统一战线发展壮大的过程就是马克思主义影响不断扩大的过程，马克思主义与中国革命实践相结合的过程同时就是马克思主义逐步实现中国化和大众化以扩大影响的过程。因此，统一战线是以马克思主义大众化为基础，两者互相促进、互为支撑，良性发展。

中国共产党加强自身的建设是保证我党事业发展的关键，目标是要实现马克思主义大众化与中国化。马克思主义大众化不断推进的结果就是马克思主义影响从点到面、逐步推广，根据对马克思主义的信仰程度和影响程度形成不同的同心圆，外圆成员逐步加入或靠拢内圆，逐步形成以坚定的中国共产党人为领导中心、马克思主义大众化影响受众为外围的层次性结构的同心圆模型。这也是一个日益紧密、内向收缩、不断凝聚的动态模型，构成层层外延式扩展，形成不断内向化的有机整体，为中国共产党建立统一战线奠定思想基础，并与统一战线保持同样的结构特征。

党的统一战线发挥作用的关键是圆心思想不断发散和马克思主义队伍不断壮大，这既是统一战线的支柱与核心，也是马克思主义大众化的基础与源头。要做到圆心不断有新思想发散，就需要不断加强党的理论创新与思想建设，核心圆不断发散出马克思主义的思想光辉、革命精神、政治力量、英明决策、现代气息，在不断推进马克思主义大众化的过程中逐步形成党的核心价值体系，不断推出党的理论创新，不断完善党的队伍建设，这样我党才能不断在思想上、组织上、政治上走向成熟，使所有同心圆日益紧密牢固，并不断与非同心圆的其他群体争夺社会影响和社会力量，我党的统一战线有了更坚定的领导核心和主导力量才能得以发展壮大。

统一战线就是不断求大同存小异，寻求最广泛的共同利益，组建各种范围、各个领域、各个层面的统一战线，就可以不断壮大人民的力量，有力支援我党的主要斗争。在统一战线的合作中逐渐放大我党的基本价值观念，逐渐推进马克思主义宣传，步步为营扩大我方的影响和力量，赢得最后的胜利。革命年代，这样一个同心圆包含的凝聚程度与范围大小也就决定了武装斗争的最后胜负。

武装斗争（人民军队建设）也采取了统一战线模式。在革命战争时期，我党形成了军事领域的统一战线，以正规军队为核心、地方武装、游击队（武工队）、民兵、群众组织依次作为外围圆。既可巩固根据地，又可相互支持、相互渗透，共同提高，在战争需要的时候，可以迅速壮大，在和平时期可以化整为零，发动群众，积蓄力量，促进各个领域的事业发展。

党的统一战线内部不断推进马克思主义大众化，扩大马克思主义的影响，形成更为强大的思想政治攻势，积聚日益统一的思想政治力量；对外则是以坚决斗争为主，采取包括武装斗争、思想斗争、政治斗争、经济斗争、社会斗争在内的各种形式的斗争，促使统一战线同心圆的范围不断扩张，同时使诸多斗争目标在统一战线的扩张中逐渐瓦解消失，形成更为明确的不断聚焦的斗争目标，统一战线达到最大范围，取得最后胜利。大革命统一战线的目标是帝国主义和北方军阀，所以国共两党联合使得北伐战争一度进展非常顺利；抗日统一战线是要打败日本侵略者，所以需要"工农兵学商一起来救亡"，在后方和敌后，我党都是抗日宣传的主力；解放战争统一战线的目标是推翻国民党政府，推翻"三座大山"，我党发动了军事斗争及其他一切形式的斗争来扩大我党的影响；新中国的统一战线目标是建设社会主义新中国，需要动员全国各式各样的社会力量，既要打赢朝鲜战争这样的对外战争，又要抓紧时间搞社会主义工业化和三大改造，建立社会主义新中国；1958年后"左"倾影响增大，统一战线工作遭到严重破坏，从而也就直接影响到我国社会主义建设出现严重偏差和倒退；改革开放以来建立的爱国统一战线的目标是在爱国主义和社会主义旗帜下团结一切可以团结的人，建设有中国特色的社会主义现代化强国，实现和平发展和民族伟大复兴。历史反复证明，统一战线关涉到我党我国事业的绩效与成败。

统一战线之所以成为我党的一大法宝，是因为在中国这样一个人口众多、国情复杂的大国，仅仅依靠某一种思想或政治派别在短时期内难以统括全国所有的政治力量和广大民众，只有通过统一战线才能够使得我党的事业凝聚起全国各族人民，最大限度地发挥中国共产党在其中的核心领导与带头作用，在加强统一战线工作的过程中，推进马克思主义大众化，扩大马克思主义价值的影响力，才能保证国家主流意识形态的稳定与安全，从而发挥凝聚和稳定社会的作用，因此，统一战线具有推进马克思主义大众化的工具性功能：巩固党的执政地位、提高党的执政能力、扩大党执政的社会基础；促进全面建设小康社会；构建社会主义和谐社会；推动祖国统一大业。

马克思主义大众化的层次性与同心圆模型直接影响了我党统一战线，马克思主义大众化的程度决定了我党作为统一战线主导力量的实力和影响大小，马克思主义大众化程度越高，马克思主义者阵营就越强大稳固，建立以我为主的统一战线就越容易，进一步推进马克思主义大众化的可能性和可行性就越大。反过来，我党的统一战线工作做得越好越顺畅，越有利于我党利益的维护和马克思主义大众化，其他社会力量对我党的意识形态——马克思主义就越有兴趣，就更容易认可和接受，从而帮助我党推进了马克思主义大众化。

三　统一战线模型形成的历史条件

我党形成统一战线同心圆模型，是因为它极其符合我国的社会历史条件。

中国传统的社会人际关系形成的差序格局，也是同心圆模型，与我党统一战线的基本结构特征相一致，这使得统一战线策略容易得到民众的理解与支持。

中国历史上一直非常强调故土家乡、父母在不远游，由此形成了以差序格局为特征的熟人社会，无论是血缘、地缘、学缘、业缘，都呈现出这种同心圆特点。随着共同事业与需要的扩大，不同层次的同心圆之间就会出现大规模的互动，既有内向型的凝聚（同一个圆内部的团结极大加强），也有外向型的扩展（团结的同心圆层次极大扩展）。这是乡土社会必然出现的特征，中国人的信任、幸福、道德等基本上都建立在这种同心圆的基础上，都带有一定的私密色彩与圈内特征。当然这也是缺乏公民社会的结果，中国不容易像西方社会那样基本上形成以某种思想为旗帜的统一政治与社会派别，而是需要一个渐进的过程、渗透的过程来逐步宣传这种思想，这也是在革命斗争的艰难岁月里为了安全起见，宣传革命思想必然采取的由熟悉人穿针引线逐步发展到更大规模的熟人圈以及陌生人的过程，这样难免出现马克思主义等革命思想大众化的同心圆特征，在此过程中建立的统一战线也必然具备同样的同心圆模式。马克思主义在中国的传播就是经历这样一个过程，中国共产党的事业发展也经历了这样的过程，统一战线的同心圆模型就必然形成了。

辛亥革命后统一皇权推翻，思想混乱，政党林立，农村相对成为现代化思想的空白地区，而革命斗争的残酷性、中国社会的阶级层次性逼使中国共产党采取统一战线策略，导致逐步形成同心圆模型。

清末以来，国外各种现代化的思想涌入中国，在城市里知识分子中间不断竞争影响力，形成了诸多流派与政党，中国的熟人社会与差序格局、个人恩怨盛行、公民观念淡薄等条件下，出现了思想极为杂乱纷呈、政党繁杂林立的局面。由于这些新的具有现代型的思想不是根源于我国历史文化的土壤，基本上都是从国外直接拿过来的，因此，这些思想基本上是在城市里特别是新式知识分子集中的大城市里传播，主要的民主党派、国民党、共产党等都是这样在大城市里发展的。由于这些新思想的差异性与对立性，政治与思想斗争日趋尖锐，加上我国社会矛盾的不断激烈与扩大，中国共产党在大城市里的斗争越来越困难，而以毛泽东为代表的共产党人开始把精力集中于广大农村，在这里，占中国人口绝大多数的农民受到外来现代思想影响很少，基本上是现代性与新思想的处女地，马克思主义进入乡村实际上是在现代化进程中抢占了最大一块思想真空地带，中国共产党人就利用马克思主义在这些乡村进行现代化的宣传和改造，从而使得中国传统乡村得以完全崭新的方式实现了现代化洗礼。经过改造的中国乡村就成为中国革命成功的基地。从中国共产党发展的历程可以看到，无论在城市还是乡村，开始占主导地位的还是中国的封建主义传统势力、帝国主义势力和官僚资本主义势力，也就是"三座大山"，白色恐怖盛行，中国共产党的思想传播与革命推广只能够充分利用中国传统的熟人社会和差序格局来循序渐进地建立、推广与宣传，没有类似西方社会的那种公开宣扬自己思想和政治主张的环境与条件，因此，无论秘密的白区地下工作还是公开的武装斗争都采取了层次扩展的同心圆模式。

（作者单位：中山大学社会科学教育学院）

中央苏区时期中国共产党反腐败斗争的历史经验及启示

张中国

从1932年2月起到1934年10月，局部执政的中国共产党在中央苏区领导开展了一场大规模的反腐败斗争，并取得重大成效。中央苏区的反腐败斗争的成功给我们留下了一笔宝贵的精神财富，认真学习、研究、总结中央苏区反腐败斗争的历史经验，对于我们高举邓小平理论伟大旗帜，按照"三个代表"的要求，搞好当前的党风廉政建设和反腐败斗争具有重要的意义。

一 中央苏区面临的反腐败任务及反腐实践

1931年11月，在中国共产党的领导下，中华苏维埃共和国临时中央政府在江西瑞金建立，这是中国历史上第一个人民当家作主的革命政权。成立后的苏维埃政权由于处在旧思想、旧风俗、旧习惯势力的侵蚀骚扰之中，又加之苏维埃制度上的不完善，贪污腐化、以权谋私等腐败行为在苏区出现，其主要表现在：一是贪污，"各级政府工作人员随便可以乱用隐报存款，吞没公款，对所没收来的东西（如金银物品等）随便据为己有"。二是浪费，1932年以前"各级政府浪费的情形实在惊人，一乡每月可用至数百元，一区可用数千元，一县甚至用万元以上"。三是任用私人，以权谋私。"干部的提拔引进，不是经过一定的组织系统，从政治上斗争中工作表现上去选择，分配工作无原则无标准，而是派别观念，感情关系，地方主义，往往许多来历不明的分子，可以由一个负责同志的'保荐'甚至不经过任何手续，而随便拉到党的机关里来。"①

腐败行为的发生破坏党群关系,危害着新生苏维埃政权的政治合法性,如不引起高度警觉,势必因自腐而脱离群众,失去存在的基础和应有的战斗力。因此为克服苏维埃政权中出现的腐败现象,保持政府的清正廉洁,争取革命战争的胜利,中国共产党在苏区领导开展了中共党史上的第一次大规模的以反对贪污腐化为主要内容的反腐倡廉运动。

中央苏区的反腐败斗争大致分三个阶段进行的。1932年2月至12月为发动阶段。在这一阶段里临时中央政府发布了许多文件,如《帮助红军发展战争实行节俭经济运动》的第3号通令(1931年2月17日),《关于战争动员与后方工作》的14号训令(1932年7月)等。文件揭示了腐败行为的表现、危害,阐明了反腐败的意义,表达了中央政府反腐败的决心,由此揭开了苏区反腐败的序幕。1933年1月到12月为深入阶段。在这一阶段临时中央政府开展了大规模的群众检举运动,号召群众检举清除政府机关和地方武装中的贪污腐化动摇消极分子,另外在继续建立健全各项法规、制度的同时,还加强了对腐败现象的监督,包括舆论监督、审计监督等。1934年1月至9月为高潮阶段。以中央执行委员会《关于惩治贪污浪费行为》的第26号训令,同时在《红色中华》发布为信号,中央苏区掀起了反腐败斗争的新高潮,一批腐败分子从快从重受到了处罚。

二 中央苏区反腐败斗争的经验

中共在苏区经过历时2年零8个月的反腐败斗争,不仅取得了重大成效,同时也积累了许多宝贵经验。

(一) 强化思想教育,在思想上提高防腐反腐的能力。

腐败现象的滋生繁衍有其思想根源,强化思想教育,调动"人"的内在积极性,使勤政廉政、反腐防变成为一种自觉的行动,是消除这一根源的治本手段。苏区中央政府十分重视对党员干部进行思想政治教育,从根本上提高他们的思想觉悟和拒腐防变的能力。

---

① 《中共中央文件选集》第7册,中共中央党校出版社1991年版,第340页。

1932年3月2日，人民委员会发布《政府工作人员要加紧学习》的第6号命令，规定各级苏维埃政府工作人员，尤其是主要负责人要学习马克思主义基本理论，学习党的方针政策，学习政府制定的制度和法规，学习文化知识，尽快提高思想理论水平和文化程度，为此，临时中央政府开办了多期培训班，培训县、区、乡苏维埃干部，主要内容之一就是针对性地对他们进行反腐倡廉的思想教育，敲响"贪污和浪费是极大的犯罪"的警钟。中共苏区中央局于1933年3月创办了马克思共产主义学校（中央苏区党校），同年8月，又创办了苏维埃大学，毛泽东、洛甫、周恩来、任弼时、董必武等都在苏大和党校讲过课，分别对苏区党、政干部进行系统的政治理论灌输和思想教育，大大提高了苏区干部的政治思想教育，增强了拒腐防变的能力，有力地推动和促进了反腐倡廉运动的发展，形成了廉洁奉公、勤政为民光荣，官僚主义贪污腐化可耻的政治环境。

（二）从严治党，对腐败分子不手软。

中央苏区除进行思想教育外，还严厉惩处腐败分子。1932年7月，中央苏区政府发布训令，指出"对苏维埃中贪污腐化分子，各级政府一经查出，必须给予严厉的制裁"。为严厉惩处贪赃枉法者，1933年12月15日中央执行委员会下发了由主席毛泽东、副主席项英签发的《关于惩治贪污浪费行为》的第26号训令。训令规定，凡苏维埃机关、国营企业及公共团体工作人员贪污公款在500元以上者，处以死刑；贪污公款300元以上500元以下者，处以2年以上5年以下监禁；贪污公款在100元以上300元以下者，处以半年以上2年以下的监禁；贪污公款在100元以下者，处以半年以下的强迫劳动。同时，对上述犯罪者还得没收其本人家产之全部或一部，并追回其贪污之公款。对挪用公款为私人营利者以贪污论罪。对于玩忽职守而浪费公款，致使国家受到损失者，依其浪费程度处以警告、撤销职务以至1个月以上3年以下的监禁。

根据此训令，一些公职人员或因贪污或因浪费，分别被判处死刑、坐牢、监禁、撤职、严重警告、强迫劳动等处分。据统计，仅在中央机关贪污分子共42人中，遭法庭制裁的29人，开除公职的3人，包庇贪污送法庭1人，撤职改调工作的7人，给严重警告的2人，警告的4

人。在反腐败斗争中，苏区中央还严厉查办了一些大案、要案，特别是中央苏区政府处决苏维埃工程所主任左祥云，中央总务厅长赵宝成，叶坪村苏维埃政府主席谢步升（谢是中华苏维埃枪毙的第一个贪官）等贪污腐化案的行动，在当时起到了振聋发聩、扶正祛邪的良好效果，也充分反映了以毛泽东为代表的苏区中央政府对清除党的肌体上发生的腐败现象所具有的高度警觉性和巨大的决心与魄力。通过对腐败分子的严厉打击，也表明中共决不会放任腐败现象侵蚀党和国家健康的机体，决不会听任腐败分子败坏党的千秋伟业。

（三）放手发动群众，把检察部门的工作同群众的检举揭发有机地统一起来。

中央苏区十分重视发挥人民群众的作用，注重依靠群众的力量来克服政府中的贪污腐败现象。临时中央政府副主席项英在《反对浪费，严惩贪污》一文中，严厉谴责贪污浪费是"反革命罪恶"，"是苏维埃政府的耻辱"，号召工农群众起来帮助政府，"驱逐各级政府中的贪污分子出苏维埃"。《红色中华》报号召各级政府把一切贪污浪费的罪恶行为公之报章，昭示天下，以群众的力量来肃清一切贪污浪费的罪恶行为，中央工农检察委员会颁发了第三号训令，要求各级政府要通过各种形式，大张旗鼓地宣传反贪污反浪费斗争的意义。要广泛开展检举运动，并吸收积极分子，组织检举委员会，使检举运动成为广大群众的斗争行动。随后开展了一场声势浩大的检举揭发运动。各级工农检察机关组织了临时检举委员会，由工农检察部长任委员会主席，吸收军事部、职工会、雇农工会、少先队等部门的代表参加，对各级苏维埃政府委员、各级政府委托的工作人员和各军事机关、地方武装、独立师团、游击队、赤卫军、少先队等指挥人员进行全面考察。同时，在各地悬挂控告箱，以便于工农群众检举揭发各种违法乱纪的行为；组织群众性的监察组织——突击队，对政府机关和企业事业单位的工作进行突然检查；设立工农通信员，由他们将本地区、本部门、本单位发生的事情及时报告给各级检察机关，许多案件就是"由于群众的参加与揭发"被查处的。

发动群众进行检举揭发不仅调动了广大人民群众参与反腐败斗争的积极性、主动性和自觉性，使腐败分子陷入人民群众反腐败的汪洋大海之中，使其无藏身之地，而且也使党的群众路线在这场运动中得到了充分体现。

（四）建立民主监督机制，约束权力

苏区中央在反腐败斗争中还十分重视运用各种监督形式对党和政府及其工作人员进行多层次、多方位的广泛监督。一是加强行政监督，临时中央政府成立后，从中央到地方建立了中央、省、县、区四级工农检察部（后改为工农检察委员会）。各级工农检察部既是各级苏维埃政府机关的组成部分，受同级执行委员会或主席团的领导，同时又接受上级工农检察部的命令和指挥。这种双重领导的监察体制，更有利于充分发挥各级检察部门的作用，工农检察部的主要任务是：监督苏维埃政府法令、政策和其他指示的执行，检举国家机关和经济机关中工作人员的贪污腐化、违法乱纪行为。为了强化工农检察部反腐化的职能，还在各工农检察部下面设立了控告局，专门负责接受工农群众对苏维埃机关或国家经济机关工作人员的控告，并派人对其控告事项进行调查。二是开展舆论监督，当时临时中央政府的机关报《红色中华》在"发刊词"中明确表示："要引导工农群众对于自己的政权尽到批评、监督、拥护的责任。"《红色中华》和《斗争》、《红星》、《青年实话》等苏区的主要报刊，经常刊登临时中央政府关于惩治腐败的文件，报道各地区反腐化斗争的消息。另外，报刊上还开辟了"突击队"、"警钟"、"自我批评"等专栏，集中火力抨击各种腐败现象。三是加强党内监督。中央苏区党的一大明确指出："为防止一切腐化官僚化贪污等现象的产生，党必须严格的执行纪律。""一切违反苏维埃法律对于革命有损害行为的党员必须比非党员的工农分子受更严厉的革命纪律制裁。"为了加强党内监督，1933年9月，中共中央决定在中央苏区成立党的监察机构，并作了《中共中央关于成立党务委员会及中央苏区省县监察委员会的决议》，对其职责、权限作了明确的规定。

三 中央苏区反腐败斗争的启示

中央苏区的反腐败斗争是获得局部执政地位的中国共产党如何防止执政党腐化变质、保护共产党人廉洁问题上的一次可贵探索。虽然在这

场斗争中存在一些缺陷，如有斗争扩大化、某些政策过激等现象，但总的来说，通过这场斗争教育了苏区干部群众，清除了党的队伍和国家干部队伍中的腐化分子，纯洁了革命队伍。有力地抵制了旧社会恶习和资产阶级的腐蚀，极大地提高了党和人民政府的威信。

回首往事，立足现实，我们从中央苏区反腐败斗争的历史经验中不难看出，虽然我们现在的反腐败斗争与中央苏区的反腐败斗争的背景、条件、环境、基础等不尽相同，但这两次反腐败斗争的实质、斗争的必要性、急迫性和切实性似乎并无什么两样。因此，我们应该从中央苏区反腐败斗争取得成功的历史经验中得到以下几点启示：

启示之一：要始终把反腐倡廉作为执政党建设的一件大事来抓。

党组织和人民政权内部出现的某些腐败现象是与党的奋斗目标、党的性质和宗旨根本不相容的，必须与之作坚决的斗争，早在1926年8月4日，中共中央就向全党发出《关于坚决清洗贪污腐化分子的通知》，它是我党历史上最早的一份反腐败斗争文件。中央苏区政府建立后，针对党内的腐化现象，苏区中央提出必须"同贪污浪费、官僚腐败作无情的斗争"。在世情、国情、党情都发生了巨大变化的今天，我们面临着全面建设小康社会的繁重任务，党要经受长期执政的考验，就要抓住反腐败这个重要环节不放松。反腐败斗争应强化预见性，增强主动性和实效性。要充分估计到反腐败斗争的复杂性、长期性和艰巨性。党内腐败现象的产生并非一朝一夕的事情，它的解决也不可能是一蹴而就的，不能幻想通过几次"彻底"行动就会把党内存在的消极腐败现象扫除干净；在取得一些成效后不能有丝毫懈怠，要作经常的长期的坚持不懈的打算，要警钟长鸣。同时，惩治腐败要像苏区中央处理左祥云、谢步升等那样态度鲜明，雷厉风行，措施严厉，决不姑息养奸，贻害国家和社会。

启示之二：制度建设是党的建设的根本。

加强党的建设要靠教育，但更根本的是要靠制度。我们之所以长期同腐败现象作斗争，而腐败现象又在滋生蔓延，一个重要原因就是缺乏强有力的监督制约机制。正如邓小平所说："制度更重要，制度好可以使坏人无法在党内横行，制度不好可以使好人无法充分做好事，甚至会走向反面"，"领导制度、组织制度问题更带有根本性、全局性和长期性"。因此必须着重加强制度建设，实现社会主义民主政治的制度化，规范化和程序化，强化各种监督制度机制，既要保证党的集中统一领导，保证党和国家干部行使职权，又要使他们在运用权力时受到党纪国法的制约和人民群众的监督，防止滥用权力现象发生。加强党的制度建设必须建立结构合理、配置科学、程序严密、制约有效的权力运行机制，保证把人民赋予的权力真正用来为人民谋利益；要深化组织领导制度改革，完善以党员民主权力为基础的民主集中制；要深化干部选任制度的改革，完善以公开、平等、竞争、择优为原则的干部选任制度改革。

启示之三：思想建党这个传统不能丢。

中央苏区反腐败一个重要特色就是注重从思想上建设党。历史经验告诉我们，正是由于我们党把思想建设放在首位，才保持了党的马克思主义纯洁性和朝气蓬勃的战斗精神。才使我们党能够从小到大不断发展壮大，战胜艰难险阻，始终站在时代前列，促进社会生产力的解放和发展，推动历史不断进步。思想建设是党的各项建设的前提和基础，是贯穿于党的一切建设的中心环节，其他各项建设都离不开思想建设。当前，我们党所面对的国际国内环境以及党所肩负的历史任务发生了重大变化，党员队伍的构成也发生了重大变化，加强思想建设更具有重要性和紧迫性。因此，我们要密切关注国际、国内环境和党的队伍状况变化给思想建党带来的新情况、新问题，按照"三个代表"要求，积极做好思想建党的各项工作，努力把思想建党提高到一个新水平。

启示之四：要依靠人民群众开展反腐败斗争。

重视人民群众参与反腐败斗争充分体现了马克思主义的群众观点和毛泽东所提出的"人民群众是历史创造者"的思想，也唯有如此，才能将执政党置于人民群众的监督之下，密切党与人民群众的联系，使权力受到有效的监控。没有广大群众的积极参与，而是"以官治官"，反腐败是不能取得实效的。当然，我们重视人民群众的参与作用，但我们坚决反对搞群众运动，不搞群众运动不等于不依靠群众，只有探索出一条适合社会主义市场经济发展要求的既扎扎实实又有一定声势的群众监督的新路子，才能使反腐败斗争获得强大的生命力。

（作者单位：吉林大学马克思主义学院）

论苏区时期毛泽东对群众路线的探索

陈再生

1929年年初，毛泽东、朱德等带领中国工农红军第四军（以下简称红四军）主动撤离井冈山，出击赣南，初进闽西，由此拉开创建赣南、闽西革命根据地的序幕。直至1934年第五次反"围剿"军事失败，中央红军撤离中央革命根据地进行战略转移，毛泽东在赣南、闽西渡过近六年的戎马生涯，此谓中央苏区时期。在此期间，毛泽东对中国革命问题进行了艰辛的探索，取得了丰硕的理论成果。

一

毛泽东率领红四军初抵赣南、闽西时，不仅面临当地反动武装的军事骚扰和国民党军队优势兵力的"围剿"，还深受非无产阶级错误思想的困扰以及"左"倾中央脱离实际的干预。因此，借助群众力量，探寻破敌良策，成为这支军队在此立足、谋求发展的关键。

第一，两种经历使毛泽东认识到，离开老百姓的支持与拥护，创建革命根据地是不可能的。一是井冈山革命根据地成功创建的经历。1927年10月，毛泽东收拾秋收起义失败的部队经过三湾改编后在井冈山扎根，首先是得到了劫富济贫的袁文才、王佐等"山大王"的首肯与支持，此后在湘赣边界逐渐打开局面，也是依靠了当地群众的鼎力相助。1928年的"三月失败"，使毛泽东更加坚信，良好的群众基础是工农武装割据存在和发展的重要条件，失去群众的支持将使弱小的红军陷入被动挨打局面，只有建立巩固的革命根据地，红军才能立于不败之地。因此，他对红军士兵强调，根据地之于部队，就像臀部之于人一样；没有根据地的部队就像没有臀部的人，就没有依托，只得到处奔跑，直到累死。① 而群众基础的创建，在于共产党依托农村根据地开展土地革命，切实解决农民的土地问题。二是出击赣南失利的经历。1929年年初，为解决经济上"给养匮乏"、破解军事上湘赣两省国民党军队"会剿"、贯彻政治上"向赣南发展"指示等，毛泽东与朱德出击赣南，但部队在离开根据地之后，很快失去群众基础的优势，"红军没有群众帮助，行军宿营侦探等事非常困难"，如同进入了一个完全陌生的世界，既无地方党组织的接应，群众也不知道红军为什么人打仗，红军陷入了被动挨打的境地②，难以摆脱赣军及地主武装的死死纠缠。红军只能以"打圈子政策"不断游击，以对付敌人的跟踪穷追政策，东奔南突的红军于3月9日抵达瑞金壬田，赣军依旧紧追不舍，直至进入闽西才摆脱赣军的追击。红军离开井冈山后的尴尬情形以无可辩驳的事实表明，抵达赣南、闽西的部队想要赢得新生，必须建立新的根据地，但要在半殖民地半封建社会的偏僻山区里创建革命根据地，离开群众的支持纯属幻想。

第二，两种特殊的状况，使幼年的中国共产党要抵制或"左"或右的错误思想干扰，急需得到群众的强有力支持。首先是中国共产党与共产国际的特殊关系。我们党在中共二大宣布加入共产国际，在当时是一种历史的选择，是获取国际共产主义运动支持的需要。作为共产国际的一个下属支部，中共在获得顶头上司经费、经验支持的同时，必然也要听命于它的掌控。尽管共产国际支持中国革命的力度不可谓不大，但远离中国本土、对中国国情未必熟知的共产国际的指示难免会偏离实际而导致瞎指挥，加上充满革命激情而又缺乏实际经验的年轻掌权者们未经判别而不折不扣地执行了共产国际的指示、遵循俄国十月革命的道路，导致在短时间内党内多次出现或右或"左"的错误。其次是半殖民地半封建社会的特殊国情。传统的小农经济社会和半殖民地半封建的畸形社会，造就了中国农民、小资产阶级在社会中占绝对多数的阶级状况，决定了中国共产党的党员中农民和小资产阶级出身的占大多数。中国共产党成立时，出席一大的13名代表基本是知识分子，他们所代表的全

---

① 罗荣桓、谭震林：《回忆井冈山的斗争》，人民出版社1955年版，第11页。
② 蒋伯英：《走出困境的毛泽东——土地革命战争的历史报告》，福建人民出版社1995年版，第212页。

国 57 名党员中知识分子及自由职业者高达 53 人，后者占全国党员近 93%。特别是随着国民革命的失败，党的工作重心转移到农村之后，使党时刻处在小资产阶级思想的包围之中，而小资产阶级思想恰恰是滋长"左"倾错误的温床。统计数据显示，1928 年 6 月，工人党员仅占全国党员人数的 10.9%，1929 年下降为 7%，1930 年又降为 5.5%，同年 9 月更是降至 1.6%，与此相反，农民党员比例则迅速攀升，1926 年 5 月，全国农民党员只占 5%，半年后这个数据达到 11.75%，1927 年 4 月上升至 18.7%，1928 年 6 月更跃升为 76.6%。这两种状况表明，尚未成熟的共产党人只有从群众中汲取符合中国实际的智慧，并得到革命群众的强有力支持，才能在与错误思想斗争中立于不败之地。

第三，反动军事势力的重兵压境，使毛泽东认识到只有获得广大群众的支持，才能击退强敌进攻。青年时期的毛泽东已意识到："历史上凡专制主义者，或帝国主义者，或军国主义者，非等到人家来推倒，决没有自己肯收场的。"① 事实正是如此，任何统治者总是千方百计地维护自己哪怕是腐朽不堪的政权，绝不容许其他阶级染指其既得利益。蒋介石依仗北伐战争建立起城市买办阶级和乡村豪绅阶级的政权后，对"在四周白色政权包围中"的"红色政权"自然是想置之死地而后快。因此，无论是毛泽东先后创建的井冈山革命根据地、赣南闽西革命根据地乃至中央革命根据地，抑或是其他共产党人领导的革命根据地，均招致国民党军队的轮番进攻。以毛泽东为例，无论是秋收起义败退至井冈山的途中还是开往赣南、闽西的途中，均遭到当地军阀的追击，待红军立足之后，国民党军队更是决意斩草除根，井冈山革命根据地在短短的一年多时间里，便招来赣军的四次"进剿"、湘赣军阀的三次两省"会剿"，而中央革命根据地在 1930 年 12 月至 1933 年 10 月间，国民党更是共出动兵力 150 万先后发动五次军事"围剿"。面对国民党地方军、中央军的军事压力，红军之所以能屡屡化险为夷，除了灵活机动的战略战术和红军将士的英勇善战，根据地老百姓在人力、物力上的无私支持也是屡挫劲敌的重要原因。据不完全统计，仅在第五次反"围剿"战争中，闽西苏区支援红军共收集的粮食就有 12 万担之多；被中华苏维

---

① 《毛泽东年谱（1893—1949）》上卷，中央文献出版社、人民出版社 1993 年版，第 74 页。

埃中央政府授予全苏区扩大红军"第一模范区"的上杭才溪区,全区人口16030人,16岁至55岁的青壮年男子4328人,参加红军人数就达3600余人,约占全区人口的22%,占青壮年男子总数的83%。

二

面对上述压力,毛泽东深切体会到,只有集中群众的智慧,充分调动广大群众的积极性,才能找出切实可行的解决问题的办法。为此,他紧紧依靠群众,充分相信群众,勤于在实践中探索,善于在理论上升华,对包括党的群众路线等中国革命问题进行深入的探索与总结,有效地推动了中央苏区的土地革命斗争。

第一,在调研中践行了从群众中来、到群众中去的工作方法。转战赣南、闽西之后,如何在信息闭塞的陌生山区制定出正确的工作政策,毛泽东毅然选择调查研究,从了解当地实情中捕获革命信息。在调查中他身体力行了从群众来、到群众中去的工作方法。首先是从群众中获取各方资讯。毛泽东开展调查的对象不仅包括广大农民与红军将士,而且面向钱粮师爷、老衙役、老裁缝、老私塾先生、老佃农、老妓女、无业游民等各类特殊群体,调查对象的广泛性,使毛泽东全面准确地掌握了农村各阶层的经济状况及其政治倾向,从而确保了所制定的政策的科学性。如中共闽西一大召开前,毛泽东发现与会代表对闽西的革命形势和社会状况缺乏全面的了解,于是决定推迟开会时间,他和代表们分散到当地群众中开展深入细致的调查,最终为大会制定切合实际的政策提供了详实的依据。其次是在群众中修正工作方案。"左"倾中央进驻中央革命根据地之后,受到排挤的毛泽东把主要精力倾注于农村工作,他注重从群众实际需求出发,制定符合农村实际的工作方案,修正中央过"左"的政策。1933年2月起,毛泽东经过在叶坪近两个月的查田试点,纠查出了28家地主、富农和一批混进革命队伍的坏人,并总结出分析与评定农村阶级成分的成功经验。据此他编写了《怎样分析阶级》一文,用于指导农村阶级成分的划定,防止发生工作偏差。在随后苏区查田运动出现严重侵犯中农利益、削弱农村革命力量时,毛泽东及时发出"侵犯中农的倾向是最严重的危险"的警告,要求"如已经没收了中农的土地财产的地方,苏维埃人员要向当地中农群众公开承认自己的错误,把土地财产赔还他"。① 在毛泽东的极力推动下,10月10日苏维埃临时中央政府发布了《关于土地斗争中一些问题的决定》和《怎样分析阶级》两份文件,查田运动随之转入纠错阶段,查田运动中的过"左"行为得到了有效遏制,在一定程度上减少了中央苏区的损失。

  第二,在实践中诠释了为了群众、依靠群众的工作内容。为谁革命、靠谁革命?这是新、旧民主主义革命的重要区别。作为最广大工农群众的利益代表者,中国共产党成立之初,就比较妥善地处理了这个问题。第一次全国工人运动高潮以及国民革命时期,年轻的共产党人紧紧依靠工农群众,成为工农运动的组织者与领导者,有力地推动了革命事业的发展。国民革命失败后,毛泽东借助工人纠察队和农民自卫军组建了工农革命军,并宣称,它就是为工农百姓打仗的革命队伍。秋收起义失败后,毛泽东毅然走上了为农民解决土地问题、以农民为主要依靠力量的创建农村革命根据地之路。当时,"以农村为中心"不仅马列本本上没有明确论述,世界无产阶级革命也无参考借鉴之案例,期间必然充满荆棘与坎坷。如何在反革命势力的重重包围之中谋得立足与发展?毛泽东再次把目光聚焦于纯朴而充满革命热情的农民兄弟。堪称民主革命时期建党建军杰作的《古田会议决议案》的成稿,是毛泽东遵循(落实)"为了群众、依靠群众"的典范。为清除入闽之后红四军中不断滋长的非无产阶级思想,1929年12月初,毛泽东在连城县新泉举行了为期10天的整训运动。期间他多次召开由支队、大队的干部和士兵代表参加的调查会,就官兵关注的肉刑、党组织约束等切身利益问题展开调研,从而准确掌握了广大红军将士的强烈诉求。随后他在《古田会议决议案》中提出红军是执行革命的政治任务的武装集团。决议案毅然废止了肉刑和枪毙逃兵制度,因为这两个问题是战士们普遍厌恶的,于红军建设无益。为说明这个问题,毛泽东还特别列举了三纵队第八支队、三纵队九支队第二十五大队、特务支队第三大队、四纵队、二纵队等官长打人的典型例子,说明"各部队中凡打人最厉害的,士兵怨恨和逃跑的就越多"。②

---

  ① 蒋伯英:《走出困境的毛泽东——土地革命战争的历史报告》,福建人民出版社1995年版,第477页。
  ② 《毛泽东文集》第1卷,人民出版社1993年版,第107页。

第三，在理论上初步阐述了群众路线的丰富内涵。在中央苏区时期，毛泽东在深入群众开展调研的基础上撰写了许多文稿。在这些文献中，毛泽东对群众路线进行了初步的理论阐述，为党的群众路线理论的形成做出重要贡献。首先是提出深入群众调研是共产党斗争策略的来源。针对当时党内盛行的未经周密调查而在"'下车伊始'，就哇喇哇喇地发议论，提意见，这也批评，那也指责"①的瞎指挥现象，毛泽东尖锐地批评那些"坐在机关里面打瞌睡，从不肯伸只脚到社会群众中去调查调查"②的干部，提出"共产党的正确而不动摇的斗争策略，决不是少数人坐在房子里能够产生的，它是要在群众的斗争过程中才能产生的"③思想。其次是提出群众工作是红军的重要任务。毛泽东在古田会议时特别强调了作为执行革命政治任务的武装集团，红军不仅要打仗，"还要负担宣传群众、组织群众、武装群众、帮助群众建立革命政权以至于建立共产党的组织等项重大的任务"。④同时规定"一切工作，在党的讨论和决议之后，再经过群众去执行"。⑤再次是论述了群众工作与革命事业的关系。毛泽东认为，维护群众利益是革命事业向前发展的重要保证，为此，必须扎实做好群众工作。他反复强调关心群众利益、改善群众生活是革命工作的基础，只有把群众冷暖挂在心上，落实在行动中，并加强群众的宣传教育，才能把群众充分组织、发动起来，使他们聚集在革命政党的周围，筑成一道反动势力无法撼动的铜墙铁壁。他说："革命战争是群众的战争，只有动员群众才能进行战争，只有依靠群众才能进行战争。"⑥而要动员群众投入革命战争，就必须关心群众的痛痒，真心实意地为群众谋利益，解决群众的生产和生活的问题，盐的问题，米的问题，房子的问题，衣的问题，生小孩子的问题，解决群众的一切问题。只有这样，群众才会"把革命当作他们的生命，把革命当作他们无上光荣的旗帜"。⑦最后是初步总结了群众工作的基本方法。鉴于群众工作的重要性，毛泽东提出做群众工作要讲究方法，即反对官

---

① 《毛泽东选集》第3卷，人民出版社1991年版，第791页。
② 《毛泽东选集》第1卷，人民出版社1991年版，第116页。
③ 同上书，第115页。
④ 同上书，第86页。
⑤ 同上书，第88页。
⑥ 同上书，第136页。
⑦ 同上书，第139页。

僚主义、命令主义的做法，提倡耐心说服的工作方法。毛泽东对官僚主义的领导方法深恶痛绝，提出"要把官僚主义方式这个极坏的家伙抛到粪缸里去"，而实行每一个工人、农民都喜欢接受的"群众化的方式"。① 在领导查田运动时，他又指出："一切脱离群众的官僚主义命令主义工作方式，是查田运动最大的敌人"，② 认为只有通过工会、贫农团耐心做好讲阶级、查阶级、通过阶级、没收分配等工作，"才能使查田运动得到完满的成功"。③ 在1934年1月的第二次全国工农兵代表大会时，毛泽东强调指出：如果"不反对官僚主义的工作方法而采取实际的具体的工作方法，不抛弃命令主义的工作方法而采取耐心说服的工作方法，那末，什么任务也是不能实现的"。④ 这些论述表明，经过10多年的实践探索，以毛泽东为代表的共产党人对党的群众路线理论已经有了较为全面的认识。

三

中央苏区时期，毛泽东之所以能在党的群众路线探索上取得上述的成果，与其本人的情怀和特质息息相关，当然个人的特殊经历与特定的历史环境也是他能成就一番伟业的重要原因。

第一，始终心系百姓的伟大情怀。心中装着群众冷暖，时刻关心百姓生活，是中国共产党带领群众取得革命胜利的关键，也是毛泽东固有的情怀，还是他在苏区时期探索群众路线的出发点。苏区初创时，毛泽东一再告诫红军官兵，要牢固树立"争取群众的观念，要像和尚叨念'阿弥陀佛'一样，随时叨念'争取群众'"。⑤ 至于如何"争取群众"？毛泽东从解决群众的吃饭、喝水、穿衣、住房等基本问题入手，直至解决农民的土地、生产和发展苏区经济政策等。无论是粮价下跌时果断成立粮食调剂局以平抑粮价，还是亲自带领士兵在沙洲坝开挖"红井"以解决百姓吃水难问题，抑或是在"抽多补少"原则基础上增加"抽

---

① 《毛泽东文集》第1卷，人民出版社1993年版，第124页。
② 同上书，第269页。
③ 同上书，第274页。
④ 同上书，第140页。
⑤ 《回忆中央苏区》，江西人民出版社1991年版，第12页。

肥补瘦"以解决土地分配中肥瘦不均、富农占便宜、贫农吃亏等问题，无不体现了毛泽东心系百姓温饱、把群众冷暖放心头的感人情怀。至于确立经济建设必须围绕革命战争的中心任务，依靠自己的力量发展苏区农工商业，以保障战争和后方建设与生活需要的经济建设基本方针，以及将农业生产放在经济建设第一位，有计划地恢复发展工业以达先自给后出口的目的，开放对外贸易以搞活商品流通，坚持国营经济、合作社经济与私营经济同时并进等①具体经济发展关系的处理，更体现了毛泽东善于将发展经济与解决群众生活有机结合以服务革命战争的统筹能力和驾驭全局的能力。

第二，始终坚持调研的工作理念。毛泽东一生勤于调查研究，青年时期就乐于"游学"，投身革命后，他更是把深入社会开展调查研究作为打开工作新局面的重要途径。井冈山根据地开展分田之初，为掌握农民对土地的要求，毛泽东于1928年5月赴永新县塘边村进行调研，在此基础上提出了《分田临时纲领》17条，其中按人口平均分配土地的办法，即是在听取农民关于按劳动力分田会伤害自耕农积极性的意见后确定的。转战赣南、闽西之后，为了掌握各方信息，身处闭塞山野的毛泽东每到一个地方，通过组织各种调查会，查阅地方志，阅读各种报纸，从而了解当地农村民情与当地历史，掌握时事政治与军事情报，以此作为制定革命政策和决策的依据。而深入实地调查则是他最为热衷且持之以恒的做法。在近六年的中央苏区时期，毛泽东一共进行了17次比较大规模的社会调查，最为著名的有借休养之机在闽西上杭永定两县的调查、古田会议前新泉整训时的调查、江西寻乌调查、长冈乡调查，上杭才溪乡调查等，这些调查时间长者达四五个月，短则10多天，调查内容包括经济社会、文化教育、根据地建设及红军建设等。这些调查不仅为毛泽东准确把握苏区实情，了解农民所思所想，制定符合苏区实际的政策提供了重要依据，而且为他抗衡"城市中心论"、探索中国革命新道路提供了有力武器。有鉴于此，坚持调研成为毛泽东一生乐此不疲的工作习惯。

第三，始终追求真理的高尚品格。追求真理是早期共产党人的真本

---

① 张玉龙、何友良：《中央苏区政权形态与苏区社会变迁》，中国社会科学出版社2009年版，第101页。

性，他们视理想高于天，为追随马克思主义真理，宁肯舍弃生命。抱定"只要主义真"信念的夏明翰为捍卫真理献出 28 岁的年轻生命，就是优秀共产党人的典型代表。作为早期共产党人的杰出代表，毛泽东对真理的执着追求不仅表现在敢于与脱离国情的"左"倾中央作坚决斗争，还体现在善于借助群众力量，从群众智慧中寻找捍卫真理权威的依据。北伐战争后期，为了批驳党内外对农民革命斗争的责难，毛泽东深入长沙周边五县调研，写出《农民湖南运动考察报告》这一极具代表性的杰作，用铁的事实捍卫了农民是中国革命重要力量的真理。土地革命战争前中期，毛泽东多次受到包括"开除党籍"、开除政治局候补委员、赶出红军等打击、排挤[①]。在这种窘境之下，他再次深入群众寻找鲜活素材，以验证自己在山沟里搞的马克思主义是符合国情的真理。即使在 1932 年宁都会议被彻底剥夺实权之后，他依旧没有屈服于权势的淫威而放弃对真理的追求，而是在只有虚职的苏维埃临时中央政府主席岗位上用辛勤的工作排遣心中的忧闷，同时在领导群众的实践斗争中继续寻找支撑自己主张的依据。这种对革命真理孜孜不倦的追求，充分表现了一个优秀共产党人不畏挫折、勇于坚守的气节，也成就了中央苏区时期毛泽东对包括党的群众路线在内的革命理论的探索成果。

（本文作者：闽南师范大学马克思主义学院）

---

① 1956 年 9 月 10 日毛泽东在八大预备会议第二次全体会上的讲话中说过自己在此期间受到 20 次的处分和打击。

抗战时期台湾同胞在福建的抗日活动

周雪香

福建和台湾一衣带水，隔海相望。海峡两岸不仅地缘关系密切，更有血浓于水的血缘亲情。日本割占台湾后，不甘于受异族统治的台湾同胞相继西渡，在福建从事抗日活动。在日据初期，坚持武装抗日的台湾义士，如简大狮、林少猫、林李成、许绍文等，在台湾岛内抗日形势恶劣的时候，往往潜回福建避难休整，谋求支持，并得到福建民众资金、弹药甚至人员的援助。① 1915 年以后，台湾的抗日运动进入反抗日本殖民统治、争取民族民主权益的时期，先后成立了各种不同的政治团体来推动反帝、反殖民的民族革命运动。② 但是，由于日本当局的弹压和取缔，台湾岛内的反殖反帝运动难以生存，迫使反日志士相继来到大陆，成立各种抗日组织，开展抗日复台运动。全面抗战爆发后，他们和祖国人民一道积极投身于抗日洪流中。根据初步统计，1921—1945 年，在大陆成立的台湾抗日团体至少在 40 个以上。③

一 抗日团体及其活动

七七事变后，在福建的台胞先后组织了台湾同胞抗日复土总同盟、

---

① 陈小冲：《日据初期台湾抗日运动与总督府的对岸经营》，《台湾研究集刊》1990 年第 4 期。
② 尹章义：《台湾抗日史的求真与分期问题》，收入氏著《台湾近代史论》，台北：自立晚报 1986 年版，第 73—74 页。
③ 吕芳上：《抗战时期在大陆的台湾抗日团体及其活动》，台北《近代中国》第 49 期，1985 年 10 月，第 11 页。

晋江县第三区台湾同胞抗日复土同盟会以及台湾革命青年大同盟,从事抗日活动。

1937年8月,日本驻福州和厦门总领事馆先后下令撤侨,不愿意撤走的台民纷纷申请恢复中国国籍。福建省政府发布训令,对于"有爱国思想、不忘祖国、情殷复籍之台民","可择其品行端正、有相当之财产及商业或艺能足以自立者",暂准其恢复我国国籍,先行登记备案,等抗战结束后再行汇案转内政部核办。① 后因申请复籍者较多,依照国籍法办理手续繁重,遂由福建省抗敌后援会召集有关机关联合成立"侨民归化复籍指导委员会",专责办理台民复籍指导审查事宜。② 据统计,从抗战爆发至1938年5月,全省共有1900名台人申请恢复中国国籍,其中厦门1395人,福州238人,晋江162人,其他漳泉地区105人。③

根据厦门《江声报》报道,1937年8月29日,台湾人宋重光、施朱、游新民、叶永隆等,假大中路回生医院一楼开会,决定组织台湾同胞抗日复土总联盟。其宗旨是:联络有志台胞,与祖国同胞站在同一阵线,以收复失地及力谋我中华民族自由解放。凡属有志台胞,均可加入为会员。④ 次日下午召开第一次筹备会(又称发起人会议),选举游新民、朱枫等11人为筹备委员,黄英和等4人为候补委员。⑤ 随后,筹委会又召开第二次会议,推举游新民、朱枫、潘文村、王任本负责起草本会组织大纲、工作大纲及宣言、通电;选举潘文村、薛胜雄等6人为代表,慰问回厦侨胞等。该组织后来宣布加入李友邦领导的台湾独立革命党。⑥

9月6日,居住晋江石狮的台籍医师周燕福、苏婉容等9人,联合呈请驻泉州80师239旅部、晋江县党部、晋江县政府暨第三区署,要求援照厦门台民抗日复土总同盟会组织办法,组织晋江县第三区台湾同胞抗日复土同盟会,"与厦会连成一气,作抗敌复土运动"。⑦ 周燕福等人的请求很快得到晋江县当局的批准,并于9月21日下午召开第一次

---

① 《台湾义勇队档案》,海峡文艺出版社2007年版,第6页。
② 同上书,第8页。
③ 《全闽新日报》1938年5月12日。
④ 《江声报》1937年8月30日。
⑤ 《江声报》1937年8月31日。
⑥ 浙江《东南日报》1938年12月1日。
⑦ 《江声报》1937年9月7日。

筹备会，推选周燕福等9位发起人为筹备委员，李国星为筹委会主席；推曾健龄、庄添和、邓秉仁3人起草本会章程；推周燕福、陈振义2人临时管理本会财政等。嗣后，即着手起草章程、宣言，招收会员。① 该组织成立后，"积极工作，对于救国公债的购买和各地献金运动之参加，计抗战以来即以晋江一地而论已有6000元之多"②。

福建台胞抗日组织除上述之外，还有台湾革命青年大同盟（亦称台湾革命青年团）。《泉州日报》1939年3月1日报道："最近台湾革命青年大同盟，配合厦鼓中华青年复土血魂团，在厦鼓一带，甚为活跃，近日屡发现两团体联合署名之传单。厦门前后发现传单3次，内容：一、劝导台人须切实觉悟，起来革命，返回祖国怀抱；二、台人应脱除敌人所加于台身上之镣铐，从事革命工作，刺探敌军情况，报效祖国；三、应帮助中华复土血魂团爱国分子，暗杀敌人高级军官。厦台人被感动觉悟者甚多。"

在福建的台湾同胞抗日组织中，影响最大的是李友邦组织的台湾义勇队。李友邦，1906年4月生于台北和尚洲（今新北市芦洲区），1924年3月，他与林木顺、林天进等八九位同学袭击海山郡新起街派出所，被台北师范学校勒令退学，便与林木顺等人潜往上海，后转厦门。③ 随后赴广州，入学黄埔军校第二期，并组建"台湾独立革命党"。全面抗战爆发后，李友邦在浙江金华以台湾独立革命党主席的名义展开活动，1938年9月修正该党党章，并制订10条行动纲领，其中第六条为"组织义勇队来华参加抗战"④。由于当时形势所限，难以从台湾岛组织义勇队来大陆参加抗战，他于是将工作重点转向号召和组织在大陆的台胞参加祖国抗战。

1938年11月，李友邦与秘书张一之来到台湾籍民集中的福建崇安，挑选优秀台民前往浙江金华参加训练。据福建省政府1942年12月统计，留崇台民中，"由军事委员会政治部台湾义勇队队长李友邦先后函请将优秀台民编入该队训练充任队员者计44人，又自愿参加义勇队

---

① 《泉州日报》1937年9月23日。
② 《台湾义勇队档案》，海峡文艺出版社2007年版，第97页。
③ 陈支平编著：《增修兑山李氏芦洲田野美支谱》（未刊稿），第130页。
④ 《台湾先锋》，第1期（1940年4月15日），台北：海峡学术出版社2004年合订本上卷，第88页。

及少年团者计 33 人，其系队员眷属随同赴浙或迁居建阳者计 75 人"①。台湾义勇队及少年团在金华活动期间，曾多次入闽工作。1940 年 6—7 月，台湾少年团回崇安慰问亲人，汇报少年团两年来的工作与生活情况，鼓励留崇台童参加少年团，以扩大组织。台湾义勇队区队长谢挣强于 7 月率队员李玉麒、黄授杰前往晋江整理台民留存在的医药、器材和家具，并用这些药品、器械开办了衢州台湾医院。12 月，指导训练组组长牛光祖率队到闽南调查漳属台胞情况并筹设驻闽通讯处。② 1942 年 2 月，台湾少年团第二次入闽，到崇安、南平、永安、连城、龙岩、南靖、龙溪、同安、晋江、惠安、莆田、闽侯等地巡回宣传。③

1942 年 5 月，浙赣战事爆发，金华沦陷。6 月，台湾义勇队奉命撤往福建浦城，10 月进驻龙岩，队部设于中山东路 24 号连氏祠堂（今闽西宾馆），④ 少年团住在城郊白土乡溪南村的邱氏宗祠。⑤ 台湾义勇队以龙岩为基地，在闽西南各地开展各项抗日工作。

(一) 宣传工作

主要有两方面：一为口头宣传，即根据形势需要，配合各种纪念日活动、从军运动、节约献金等活动，举行演讲、话剧公演、时事报告等宣传活动。还经常派出工作队到沿海各地巡回宣传，如 1943 年先后两次派出工作队到漳泉一带从事抗日宣传和为军中文化基金及豫灾救济金募捐公演，累计达 7 个月。这些宣传工作"颇得漳泉人士的好评，并蒙中干会以奖状嘉勉"⑥。二为文字宣传。除经常配合当地党政军团于各种纪念节日时绘制标语、漫画及纪念特刊外，还出版了几种报刊。台湾义勇队机关刊物《台湾先锋》于 1940 年 4 月 15 日创刊后，在浙江金华出版了 9 期，第 10 期于 1942 年 12 月 25 日于龙岩出刊，此后停刊。1943 年元旦在龙岩创办了《台湾青年》，初为旬刊，一年后改为周刊，"取材以发扬总理遗教，团长训示，激发革命情绪，揭露敌伪内幕，以

---

① 《台湾义勇队档案》，海峡文艺出版社 2007 年版，第 81 页。
② 同上书，第 223—228 页。
③ 同上书，第 251—255 页。
④ 郑坚：《寻访台湾抗日义勇队故迹》，《台声》2001 年第 6 期。
⑤ 黄旭茹、刘凌斌：《试论台湾少年团在福建的抗日活动》，《湘潮》2012 年第 7 期。
⑥ 《台湾义勇队档案》，海峡文艺出版社 2007 年版，第 323、328 页。

及报导盟军之威力与弱小民族反抗运动为主"。出版后销量达千余份，风行闽粤浙赣及全国其他地方。义勇队还创办了《台湾墙报》旬刊，以一般社会商人、农民及工人为主要对象。还编印了《台湾现状摘要》、《台湾复员对策纲要》、《台湾革命运动》、《日本军政界人物评论》等书籍，以提高队员的政治素质。①

（二）对敌工作

主要包括使用日语对敌宣传和从事情报搜集工作。由于义勇队员多半会说日语，在闽粤沿海以日语对敌广播，并在皖浙赣战地组织喊话队，印发中日文传单、标语等，还经常派驻部队教士兵简易日语会话、喊话以及鼓励战士等工作，使部队士气大增，台湾义勇队也因此受到"战区政治部之嘉奖"。义勇队员的语言特长，使他们较容易以各种方式进入日本占领区工作，通过各种途径获取情报。1943年1月至1944年10月，共提供敌伪情报178件，其中，厦金敌伪情报90件，崙山岛敌伪情报12件，浙江沦陷区敌伪情报8件，上海敌伪情报10件，沿海各地敌伪情报58件。②

（三）医疗工作

台湾义勇队员中，有医护背景者占有相当比例，曾在浙江先后开设金华、衢州、兰溪三所台湾医院。移驻福建后，又在建阳开设第四台湾医院。建阳地处闽北崇山密林，瘴气浓重，缺医少药，疟疾横行，台湾医院开诊后，大有应接不暇之势。自1942年9月至1943年4月的8个月间，就诊者达48536名，平均每日有200名左右。③ 1944年1月至9月，受诊的病人比之前有所减少，但仍有19124名，平均每月有2125名。在积极治疗的同时，台湾义勇队还十分注重防疫工作。如在龙岩配合有关机关进行夏季清洁大扫除、环境卫生大检查及普遍义务防疫注射。④

---

① 《台湾义勇队档案》，海峡文艺出版社2007年版，第324页。
② 同上书，第325—326页。
③ 福建省档案馆：《闽台关系档案资料》，鹭江出版社1993年版，第293—294页。
④ 《台湾义勇队档案》，海峡文艺出版社2007年版，第327页。

(四) 发起台湾复省运动和参加收复台湾的准备工作

李友邦 1938 年 9 月修正台湾独立革命党党章，明确指出该党宗旨为："团结台湾民族，驱除日本帝国主义在台湾一切势力，在国家关系上，脱离其统治，而返归祖国，以共同建立三民主义之新国家。"① 1941 年 12 月 9 日，国民政府正式对日宣战，宣布废止与日本相关的一切条约、协议、合同。对此，李友邦撰文指出："今天的台湾，已不再是单由台湾人向日寇争取'独立自由'的台湾，而是台湾人与祖国同胞共同向日寇'收复'的台湾了。"②《台湾先锋》第 10 期推出了《台湾光复运动特辑》；李友邦刊行《台湾革命运动》一书，强调"台湾复省运动是始终和台湾革命运动密切地结合着"③。在此推动下，重庆各报也相继出版了《台湾复省运动特刊》，台湾的抗日运动转而成为"复省"运动。

台湾义勇队积极为收复台湾做准备。首先是扩大队伍。1943 年，台湾义勇队改编为台湾义勇总队，并扩大编制。到 1945 年 5 月，义勇总队官兵合计 381 人。④ 在扩大队伍的同时，加强干部的军事政治训练。其次是提请中央恢复台湾省制并训练台湾干部。1944 年 11 月，三青团台湾义勇队分团第二届会议通过议决案，以大会的名义提请中央：（1）修改宪法草案第四条，在中华民国领域内补列台湾，以重国土主权。（2）划定台湾之国民大会出席代表及参政员名额，以示台胞为我国国民而利收复国土。（3）举办政治、军事等各种训练班组训台湾青年干部，设立"台湾建设研究委员会"，加强研究成果供中央参考。⑤ 最后是参加中央收复台湾的筹划准备工作。1944 年 4 月，国民政府成立中央设计局台湾调查委员会，聘请李友邦为兼任专门委员、谢挣强为兼任

---

① 《台湾先锋》第 1 期（1940 年 4 月 15 日），台北：海峡学术出版社 2004 年合订本，第 83 页。
② 李友邦：《台湾革命现阶段之任务》，收入氏著《台湾革命运动》，台北：世界翻译社 1991 年第 2 版，第 12 页。
③ 李友邦：《台湾革命运动》，台北：世界翻译社 1991 年第 2 版。
④ 《台湾义勇队档案》，海峡文艺出版社 2007 年版，第 293 页。
⑤ 同上书，第 345—355 页。

专员。① 台湾义勇总队还多次提供台湾问题资料，为做好接收台湾的准备工作献计献策，不少队员参加了中央训练团举办的台湾行政、警察等干部训练班。

为了集中大陆台胞的抗日力量，1940年3月，李友邦领导的台湾独立革命党与以谢南光为主席的"台湾民族革命总同盟"在重庆联合成立"台湾革命团体联合会"。随后，陈友钦领导的"台湾青年革命党"、柯台山领导的"台湾国民革命党"和张邦杰在福建沿海组织的"台湾革命党"亦先后加入联合会。1941年2月，联合会在重庆召开各党代表大会，正式成立"台湾革命同盟会"。台湾革命同盟会成立之初，领导机构为主席团制，推举谢南光、李友邦、张邦杰三人为主席，主席团下设南、北两个执行部，北方执行部设在浙江，由李友邦负责；南方执行部设在闽南，由张邦杰负责。同年9月1日，南方执行部在漳州马坪街20号宣告成立（后移设下沙街109号），② 在福建军政当局的支持下，在闽南从事组织训练、抗日宣传、刺探敌伪情报等抗日活动。1942年夏，台湾革命同盟会行动队与漳州预备第九师及军统局合作，并获福建省政府援助5000元行动费，在厦门发动了三次突袭，搞得日伪"风声鹤唳、鸡犬不宁"，在厦门产生很大的震撼。③

上述抗日团体之外，1943年4月，国民党直属台湾党部在漳州正式成立，委员10人，翁俊明任主任委员，属"战斗党部，秘密性质"。台湾党部成立后，积极开展各项工作。④ 一是发展党员。除在大陆敌方军政机关中吸收台籍党员689人外，在台湾本岛内秘密吸收的党员仅1943年上半年即有217人，分布岛内各地。⑤ 二是建立组织。派陈邦基等委员在台湾岛内建立25个据点小组，并在44个县市筹备党组织，联

---

① 陈鸣钟、陈兴唐主编：《台湾光复和光复后五年省情》（上册），南京出版社1989年版，第4—5页。
② 《台湾义勇队档案》，海峡文艺出版社2007年版，第243页。
③ 吕芳上：《台湾革命同盟会与台湾光复运动（1940—1945）》，收入《中国现代史专题研究报告》第3辑，台北：民国史料研究中心1985年版，第281页；洪卜仁：《厦门史地丛谈》，厦门大学出版社2007年版，第161页。
④ 参见林真《国民党台湾党部的筹组及其在福建的活动》，《闽台文化交流》2007年第4期。
⑤ 秦孝仪主编《台籍志士在祖国的复台努力》，台北：近代中国出版社1990年版，第302、327页。

络党内人士,进行抗日复台工作。① 三是建立交通联络站开展秘密工作。在香港、上海、厦门设立三个联络站,派大批工作人员潜赴南京、浙江等等大陆各沦陷区建立秘密工作站,开展策反及情报工作。② 四是开展抗日宣传。1943年6月,在漳州编印《台湾问题参考资料》(在漳州印了7辑,1944年3月迁到永安后印了3辑),1945年初创办机关刊物《台湾研究季刊》,提供中央决策参考。同时在宣传科长谢东闵的带领下,设计编印各式各样抗日宣传单,由美国飞机空投至台湾或由厦门的商船运送到台湾。还派人赴昆明、永安等地,用台语对台广播宣传。五是呼吁恢复台湾省制。1942年8月,美国《幸福》、《时代》、《生活》三大杂志印发了《太平洋关系》的小册子,公然提出战后要对台湾实行国际共管。对此,丘念台和台湾党部先后致函国民党中央,呼吁尽快恢复台湾省制,"以正内外视听,而促台湾内向"。③ 台湾党部还积极向中央提出收复台湾的各项计划,为收复台湾献计献策。1944年7月19日,丘念台在漳州向中央提出《复台大计管见》,并附《台湾区域略图》和《台湾军要略图》,从党务、军务、政务、经济、教育五个方面阐述接收台湾计划。④ 1945年5月5日,国民党在重庆召开第六次全国代表大会,指定谢东闵代表台湾出席大会,并受到蒋介石接见。谢东闵向大会提交三项议案,分别是《拟请中央统一和加强对台湾工作之领导案》、《拟请中央从速确定台湾法律地位案》、《拟请有关台湾事业之军政机关尽量录用台湾人案》,均获大会通过,并交行政院、军委会和政治部办理。⑤

二 台籍志士与国共抗战

抗战时期,台籍志士除了参加各种抗日团体和国民党台湾党部的抗日活动外,还有大量志士参加国、共军队的抗战。在福建参加国、共抗

---

① 秦孝仪主编《台籍志士在祖国的复台努力》,台北:近代中国出版社1990年版,第327—328页。
② 同上书,第302页。
③ 同上书,第354页。
④ 同上书,第365—382页。
⑤ 同上书,第399—405页。

战者，其代表性人物如林顶立、陈守山和蔡孝乾、李伟光、庄五州等。

林顶立，1908年出生于台湾云林莿桐，15岁时进入厦门鼓浪屿英华书院就读，再转入福建省立第三高中，后到日本明治大学学习。萨苏撰文称："他精明干练，从少年时期就被日本黑龙会在台湾的组织看中吸收，不久转入警视厅，林以精通各种特工手段，做事机警敏捷，熟悉华人情况而不断得到重用，1931年便成为日本特高课的高级特务。"① 1939年，林顶立被派往厦门担任日本兴亚院特派员泽重信的副手，负责中国沿海地区情报搜集。他在香港与军统取得联系，被任命为军统闽南站台湾挺进组组长，成为军统在日本特高课的双料特工。林顶立的贡献主要在两个方面：一是为军统的"对日经济战"提供保障。日本为了取得战备资源和贸易的需要，伪造了大量法币和地方货币，这些假币进入非沦陷区后，对法币价值及大后方物资补充造成了严重的威胁。为了阻止物资外流、稳定大后方经济，1942年年初，蒋介石批准了戴笠仿造敌伪货币、破坏其金融的计划。日伪为了打击假钞，采取了一系列防范和恐吓手段，不断地变换货币图案，使"特券"在沦陷区的流通受到一定影响。由于林顶立职位的特殊性，日本人每发现一种新的假钞或者发明一种新的检测手法，他都能从内部预先获得消息，提前通知军统，军统迅速安排印刷厂做出相应调整，使日军防不胜防。② 二是将日本陆海军在东南沿海的布防情况及其动向等情报传送给军统。如1943年3月，日本陆军情报机关——日华同志会，企图利用鼓浪屿基督教徒组织"婢女救拔团"作掩护，派遣多批特务情报员，潜入漳州、石码、龙岩一带，进行策反和情报工作。军统闽南站获知林顶立提供的这一情报后，立即展开侦查、抓捕行动，粉碎了"日华同志会"的阴谋。③

陈守山，1921年出生于台北，曾先后在南安莲塘小学和厦门同文中学读书。抗战爆发后，拒不回台，考取福建保安干部训练所。1939年8月进入中央陆军军官学校第三分校（位于江西瑞金）第十六期就读，次年8月毕业，分发福建保安第三团直属迫击炮排中尉排长，1941

---

① 萨苏：《民国海军中的大英帝国爵士——陈策将军传》，收入氏著《尊严不是无代价的：从日本史料揭秘中国抗战》，山东画报出版社2009年版，第191页。
② 曹强：《军统与抗日》，《文史天地》2010年第5期。
③ 何水道口述、啸华记录整理《一网打尽"日华同志会"派遣的特务》，《漳州文史资料》第9辑，第45—50页。

年初调升三营八连上尉连长。据其口述，他在连长任上，曾参加南日岛战役和福清战役。南日岛位于福建莆田外海，当时由张逸舟统率之汪伪政权"福建和平救国军"盘踞，福建保安第三团奉令于1943年春发动进攻，时任连长的陈守山参与战斗，伪军战败乘船逃亡。1941年4月19日至22日，日军接连攻占了长乐、福清、福州等县市。据陈守山口述，其所在福建保安三团在团长陈铨的指挥下，参与福清战役。该团于1942年4月10日东张作战中，攻取了宏路，并"乘战胜余威、士气可用之际"，进攻福清县城。由于战况猛烈，保安团伤亡不少，陈守山腿部受伤，血流不止，由人搀扶背负离开战场。① 不过，他所述时间明显有误。据陈惠芳《福清战役》一文，反攻福清的战役在1941年5月13日晚午夜后打响，9月2日福清光复。②

蔡孝乾（1908—1982），台湾彰化县花坛乡人。1924年春进入上海大学社会系就读，加入"上海台湾青年会"（后改组为"旅沪台湾同乡会"）。1926年7月返回台湾，加入文化协会，联合连温卿等人，将文化协会改组成左翼团体。1928年4月15日，台湾共产党在上海正式成立，他虽未与会，仍被选为台共5位中央委员之一，后又被推举为3位中常委之一。8月，蔡孝乾为了躲避日本当局搜捕，自台湾潜至漳州，先后在漳州的石码（龙海）中学和龙溪女中教书，还在诏安当过短时期的公路工程处临时职员。在此期间，他在1929年率台湾学生展开救援因共产党员嫌疑而被漳州第一师军法会议拘禁的蒋文来，并于10月组织成立漳州台湾解放运动牺牲者救援会。他还参与指导闽南学生联合会的活动。③ 1932年4月20日，红军进入漳州城，中共地下党员李文堂邀请蔡孝乾去苏区工作。在罗荣桓的安排下，蔡孝乾进入红一军团政治部，担任《红色战士报》编辑。6月，他随同红军进入江西苏区，担任列宁师范学校教师和"反帝总同盟"主任。1934年1月，他作为台湾代表，参加在瑞金召开的中华苏维埃"二大"，并被选为主席团成员、中华苏维埃共和国中央执行委员。同年10月，他参加中国工农红军长征，是长征中唯一的台籍共产党人。抗战爆发后，蔡孝乾随八路军

---

① 《陈守山口述历史》（下册），台北："国史馆"2001年版，第19—31页。
② 陈惠芳：《福清战役》，《福建党史月刊》2005年第1期。
③ 王乃信等译《台湾社会运动史（1913—1936）》第三册《共产主义运动》，台北：海峡学术出版社2006年版，第354—359页。

总部赴山西抗日前线，1938 年任八路军总部野战政治部所属敌工部部长（至 1939 年），负责管理日俘和对敌宣传。后因前线形势严峻，在党中央"保存干部"的政策下，蔡孝乾被调回延安。1941 年 10 月，他出席了在延安召开的东方各民族反法西斯代表大会，被选为主席团成员。他还是同年 6 月 17 日创建的有 20 多名成员的"台湾独立先锋社"的负责人。①

李伟光，原名应章，1897 年生于台湾彰化县二林，1920 年毕业于台北医学专门学校，同年底筹组"全台湾青年会"，后并入台湾文化协会。1930 年，他应邀参加台湾民众党大会，发表演说，受到日方的警告。他遂于 1931 年冬逃回厦门，开设神州医院，并加入了中国共产党，以其医院掩护地下党活动。②后因地下党遭到破坏，他便于 1935 年年初转到上海，在霞飞路开设伟光医院，继续作为地下党的一个联络据点，抗战期间做了大量的抗日工作。李伟光曾先后掩护中共地下党员曹荻秋和吴成方住在伟光医院三楼后房，从事党的地下工作；或利用医生身份接近日本人，搜集日军情况，向吴成方汇报；或为新四军提供药品，等等。后来他又在上海泰安路增设了疗养院。李伟光因为做戒烟医疗而闻名，求医者纷至沓来。他说："这又便于掩护我的抗日活动，许多革命同志常到我医院或疗养院'看病'、'住院'或做客，联系或谈工作……"③

庄五州，1914 年 7 月生于台湾高雄旗津中州，15 岁时回到祖籍泉州，进入厦门美术专业学校就读，与同学们一起创办画刊、编写剧本宣传抗日。1932 年毕业后，在闽西、闽南从事美术教育工作，创作了《不愿做奴隶的人们》等抗日宣传画作。1940 年，他离开泉州，经上海到江苏盐城，在刘少奇兼任院长的鲁迅艺术学院华中分院美术系任职。在极其艰苦与简陋的教学环境里，庄五州创作绘制了大量的抗日宣传画，并与许幸之一起设计了新四军的标志：N4A 臂章。后被调到新四军军部的一个宣传部门，在阜宁地区进行反战方面的宣传工作。在一次执行任务时，不幸落入敌手，后寻机逃脱，台湾光复后返台。④

---

① 房建昌：《蔡孝乾与台湾共产党》，《文史精华》1998 年第 10 期。
② 邱晨波：《抗战期间台湾同胞在大陆的抗日斗争》，《广东文史资料》第 50 辑，第 57 页。
③ 陶武亮：《台湾医生李伟光的抗日史迹》，《党史文汇》2005 年第 7 期。
④ 陈宗彪：《台湾一位新四军老兵的夙愿》，《文史春秋》1998 年第 5 期。

综上所述,在抗日战争时期,不甘于受异族统治的台湾同胞在福建组织抗日团体、从事抗日活动,或参加国、共军队,与祖国人民并肩奋斗,为抗战的胜利和台湾的光复做出了特殊的贡献。

(作者单位:厦门大学马克思主义学院)

"红色文化与中国发展道路"
学术研讨会综述

吴 茜

2014年11月1日至2日，由《中共党史研究》杂志社、厦门大学马克思主义学院、厦门大学马克思主义与中国发展研究所、厦门大学中国特色社会主义研究中心联合举办的"红色文化与中国发展道路"学术研讨会在厦门大学召开。与会学者围绕红色文化与中国特色社会主义发展道路的历史、理论与实践，红色文化的内涵与传承等问题，展开讨论。会议内容主要包括以下几个方面。

一 关于红色文化的历史与理论问题研究

与会学者们剖析了红色文化的科学内涵、本质特征以及生成机制，分析了红色文化在中国革命、建设过程中的历史作用和意义。有的学者指出，红色文化是中国共产党在领导中国人民实现民族解放和建设社会主义现代化国家的历史实践过程中凝结而成的社会价值观念体系，它不仅是马克思主义中国化实践发展和理论创新的精神动力，而且是加强理想信念教育的重要资源。一些学者认为，红色文化的器物形态是红色文化建设、发展的物质基础，是红色文化精神层面的外在物化形式；红色文化的精神层面是红色文化赖以存在的血肉与活的灵魂；红色文化的制度形态是红色文化得以繁荣发展的理性构建和根本制度保障。这三个层面相互依赖、相互促进、共同发展。有的学者主张，应从马克思主义中国化、时代化和大众化的角度研究红色文化：红色文化的生长伴随着马克思主义中国化的发展而发展，红色文化与马克思主义中国化在核心内容、思想精髓和价值诉求上具有一致性；红色文化为推进马克思主义大众化提供了重要载体，红色教育、红色旅游、红色艺术为推进马克思主义大众化提供了有效途径；红色文化是马克思主义时代化的产物，不同时期的红色文化与其时代使命紧密联系。

与会学者们对红色文化研究中的一些专题性问题作了深入的研究和探讨。有的学者提出，毛泽东将马克思主义基本原理与中国革命具体实际相结合而开创出"工农武装割据"的中国革命新道路，提出"全心全意为人民服务"是党的唯一宗旨，以及"从群众中来、到群众中去"的思想方法和工作方法，此"三位一体"构成了中国红色文化发展的灵魂、脊梁和路径。学者们分析了中央苏区时期的红色文化建设、探讨了中国共产党的"榜样文化"的内涵、特征、历史价值和现实意义、分析了江西红色廉政文化的物质、制度和精神形态。另有学者具体探讨了冷战时期厦门大学校园"英雄"文化的塑造问题等。

二 关于红色文化的传承和运用问题研究

与会学者对红色文化的物化形态载体在现实中的实践价值、精神传承以及开发运用规律进行了探讨。有的学者把红色文化传承的规律归结为：政府主导是红色文化传承的动力和保障；从具体感知到抽象领悟是红色文化传承的必然途径；情感共鸣是红色文化传承的理想状态；主流文化向非主流文化辐射和渗透是红色文化传承的渠道；媒介影响力决定红色文化传承的有效性。有的学者认为，倡导红色文化需要政府加大政策保证、品牌包装、教育基地建设、财政投入力度、人才培养等方面的工作，还要重视对革命先烈、无名英雄们的民间祭奠。

与会学者们对红色文化传播中存在的误区、当代大学生红色文化认同和教育现状及其可能性路径进行了思考。有的学者抨击当前文化领域过度产业化、市场化，强调文化的经济价值而忽视社会价值，过度渲染文化产品的娱乐功能而忽视了它的价值引领功能，导致红色影视作品失实和低俗化问题严重，在红色文化的建设和宣传中出现了红色文化符号和红色文化精神相分离的现象。有的学者提出，红色文化所承载和传递着的光荣革命传统、伟大革命精神以及优良民族品质等，在当前和未来都是培养良好社会风气和党风的重要资源和载体，是构建社会主义核心价值体系的重要途径，应当构建以红色文化为载体，以政治信仰教育、民族精神教育和思想道德教育为核心的大学生思想政治教育体系。

三 中国发展道路问题研究

与会学者们从科学内涵、马克思主义理论渊源、发展演变路径、本质特征、历史形态、具体实践模式以及对人类文明发展道路新形态形成的世界意义等多个层面，对中国发展道路问题进行了研究和探讨。

有的学者分析了中国发展道路的合理性和历史必然性，认为中国发展道路的选择是由特定的资源禀赋、历史条件使然。既要避免财富占有差距过大、社会不公造成的动荡，又要调动各方面的积极性，推动经济持续发展，还要应对国际竞争的挑战和压力，这是我国选择中国特色社会主义道路的基本缘由与长远目的。

有的学者专门探讨了中国特色社会主义发展道路的生成机制、发展路径和基本经验。认为三线建设是我国在20世纪60年代作出的重大战略决策，这一集建设国家战略大后方的战略纵深布局和改善沿海与内地生产力布局有机统一于一体的重大战略的实施，破解了中西部地区受制于"贫困陷阱"而无力推进大规模经济建设的难题，增强了中西部地区自我发展的能力，为国家整体发展与进步奠定了基础，为探索形成中国特色社会主义经济建设道路作出了贡献。

与会专家还探讨了中国特色社会主义发展道路的世界历史意义。有的学者指出，中国发展道路以独立的"中国因素"推动国际格局转型与世界秩序重构；以自身经济繁荣加速世界现代化历史进程；以独特的民族复兴战略丰富世界文明变迁或大国崛起模式；以改革与发展开创世界社会主义运动的新纪元，从而凸显中国形态的马克思主义理论和实践在世界学术研究中的话语权，推进世界社会主义运动的复兴和发展。

除了红色文化和中国发展道路问题外，与会学者还探讨和分析了其他一些中共党史问题。

总之，本次理论研讨会以新角度、新见解对红色文化与中国发展道路的诸多前沿问题进行了交流和探讨，拓宽了研究的视野，增进研究的深度，取得了一批有分量的研究成果，为今后该领域的研究提供了重要的启示与借鉴。

（作者单位：厦门大学马克思主义学院）

后　　记

　　受厦门大学哲学社会科学繁荣计划项目"中国发展道路的理论与实践研究"资助，2014年11月1日至2日，由《中共党史研究》杂志社、厦门大学马克思主义学院、厦门大学马克思主义与中国发展研究所、福建省高校人文社会科学研究基地中国特色社会主义研究中心联合举办的"红色文化与中国发展道路"学术研讨会在厦门大学召开。来自中共中央党史研究室、中国社会科学院、中央党校、中山大学、吉林大学等高校及科研机构的100多位专家学者出席会议。

　　这次会议的主旨在于传承和发扬红色文化，回顾和总结中国共产党20世纪以来带领中国人民进行革命、建设和改革的辉煌成就，进一步坚定人们对中国特色社会主义道路的信心，推动马克思主义理论的发展与创新。与会学者主要围绕红色文化的传承与创新研究，红色文化与马克思主义中国化研究，中央苏区研究，中国共产党与中国发展道路研究，中国近现代史基本问题热点难点研究，中国特色社会主义道路、理论、制度及其关系研究等议题进行了深入探讨和交流。

　　为了反映研讨会的丰硕成果，进一步加强学术交流，推进红色文化与中国发展道路问题的深入研究，现将会议论文择优选编出版。在此，感谢《中共党史研究》杂志社在会议筹备、组织和论文选编等方面的工作！厦门大学马克思主义学院张有奎教授、原宗丽副教授、李小平副教授、庞虎副教授、王筱辉老师、江春萍老师、张冬映老师、郑斌辉老师和一些研究生同学在会议筹备、组织、接待、录音、选编、校对等方面付出了不少心血，这里一并表示谢意！为了本书的出版，中国社会科学出版社的田文编辑付出了辛勤的劳动，我们表示衷心感谢！

  由于选编难免有偏差和遗漏，敬请各位参会专家原谅！个别未经作者同意而修改的地方，责任完全由编者负责。

编者
2014年11月